光啓人文論叢

六

上海师范大学
人文学院
SCHOOL OF HUMANITIES

Guangqi
Renwen
Luncong

06

主编
查清华

上海师范大学
中文学科优秀本科论文汇编
（语言学研究）

本卷主编
刘 辉

中西書局

教育部新文科研究与改革实践项目

中文学科拔尖创新人才培养与实践

上海高校本科重点教改项目

中文专业师范生优秀传统文化教育实践与创新

中国语言文学国家一流本科专业建设计划

序

《周易》云:“观乎人文,以化成天下。”“化成天下”,是人文学者的初心使命;培养“化成天下”的优秀人才,是教育工作者的神圣职责。

创建于1954年的中文和历史学科是上海师范大学历史最悠久、基础最雄厚的传统优势学科,于1996年组并为人文学院。学院现有中文系、历史系、世界史系、古籍所(文化典籍系)和信息管理系,开设汉语言文学、历史学教育、世界史、古典文献学、档案学5个本科专业;拥有一级学科博士点3个、博士后流动站3个、二级学科博士点18个、硕士学位点20个、国家一流本科建设计划专业3个;建有5个研究所、20个研究中心。

人文学院现有教职工200余人,有在读本科生1 100余人,研究生1 200余人。各专业始终重视一流本科和研究生人才培养,以立德树人为根本,以高水平的师资队伍和高质量的科研成果为保障,努力打造高水平的人才培养体系。迄今已培养大批优秀人才,具有良好的社会声誉。

近年来,学院积极探索拔尖人才培养创新与实践,努力培养品德高尚,具有家国情怀、人文情怀、世界胸怀,文史融通、底蕴深厚,能够引领中华优秀文化传承与创新的拔尖人才。为此,正致力于五个方面的改革:打破学科壁垒,重新建构跨学科的课程体系,更新课程内容,形成通才培养模式;建立贯通传统与现代、中国与世界的知识结构,提升学生的现代视野和国际视野;开展数字人文课程建设,引入新的课程资源,加强学生的数字人文素养;改变师生教学的主客关系,在教学活动中凸显创造性和批判性思维;加强原典精读,引导学生在优秀经典中进行生命体验和审美熏陶,从而达成知识传授、思政教育与审美教育合一的效果。

各专业尤其突出自主学习、问题导向的培养理念。改变“教—学”的单向教学方式,打造能力导向、问题驱动、师生对话的开放式课堂,并通过项目化、小组制培养,以科研创新项目、专题学术论文等方式,引领学生开展有效的自主学习，培养其创新思维和实践能力。各种研究生论坛与读书会，由学生自报选题、自主探究、自由组织，形成若干跨学科问题域。

为梳理和检视近年来学科建设和教学改革成效，我们从本科生和硕士生的优秀论文中选取一部分陆续结集出版，取名《光启人文论丛》。总体而言，选文作者勇于探索，思想活跃，体现了真诚的求知精神；语言清新，行文活泼，洋溢着青春朝气；文献翔实，言之有据，显示了良好学风；而其中所具有的原创性和思辨性，则透射出智慧之光。所选论文大多已公开发表，得到学界肯定。

虽难免稚嫩，但能看出其中蕴蓄的发展潜力。这是珍贵的初始脚印，是同学们走向辉煌的起点。

“光启先业，增曜重晖。”在此向各位指导老师致谢和致敬！感谢各卷主编的辛勤付出！希望人文学子锐意进取，博学慎思，明辨笃行，积极弘扬优秀文化，努力成为担当民族复兴大任的时代新人！

查清华

二〇二一年十月六日

于上海师范大学文苑楼

目　　录

初中语文词类活用教学研究
——以部编版初中语文教材为例

曹蔚婷

摘要　文言文凝聚着中华民族数千年的智慧和思想，是中华民族优秀传统文化的重要载体。在现如今的教学改革及时代背景下，文言文教学的重要性不言而喻。文言文语法知识是理解文言文基本内容的关键，其中词类活用现象出现较多，但词类活用教学却是实际教学中的一大难点。初中阶段正是学习文言文打牢基础的关键时期，但也存在着教师回避语法教学、学生望“文言”生畏等问题，导致初中语文词类活用教学效率大打折扣。

本文以部编版初中语文教材为例，首先采用文献研究法对教材中词类活用现象及相关语法知识进行系统整理分析。再通过问卷调查法深入上海地区一线教学实际，挖掘词类活用实际教学中存在的问题并进行原因分析。最后，针对初中语文词类活用教学问题提出教学改进策略。通过本次研究希望能够为初中语文教师如何合理运用教材带来一些反思与思考，也为初中语文词类活用教学提供一定的帮助。

关键词　词类活用教学；部编版；初中语文

绪　论

文言文作为中华优秀传统文化的载体，是延续了几千年的宝贵精神财富。而要想真正取其精华，首先需要读懂文言文。但随着时代的发展，文言文确实逐渐淡出了我们的日常生活，对于初次接触文言文的初中生而言更是谈“文言”色变。文言语法知识是读懂文言文的一个关键，其中词类活用现象在初中阶段也占据了重要的地位。然而，由于词类活用自身的争议性以及近些年来淡化语法的趋势，初中语文词类活用教学效果不尽如人意。因此，本文希望能够通过研究调查，深入挖掘目前存在的问题。在引发教育工作者思考的同时，提出一些行之有效的教学对策，从而为初中语文词类活用教学尽绵薄之力。

一、选题缘由

如果将文言文抛弃，我们将成为“没有记忆的民族”①。文言文教学的地位随着时代的变化不断改变，但文言文词类活用教学在实际教学中却处在较为边缘的境地。

（一）选题背景

新中国成立以来，我国教育事业不断进步与发展，取得了显著的成就。尤其在党的十八大以来，以习近平同志为核心的党中央高度重视教育发展，多次强调教育的重要意义，把教育摆在了前所未有的战略地位，而语文教育改革作为教育改革的核心内容也在不断地深入推进中。

我国义务教育阶段所使用的教材往往由当地教育部制定使用，各省市之间使用的版本不尽相同。而从 2019 年秋季新学期开始，我国所有地区中小学语文学科统一采用“部编版”教材，结束了“一纲多本”的时代。在“部编版”语文教材中，优秀古诗文的选篇在原有的基础上增加了一倍，初中文言文在选篇中占据重要地位。

由中华人民共和国教育部制定的《义务教育语文课程标准》（2011 年版）和《普通高中语文课程标准》（2017 年版，2020 年修订）中都十分强调语文课程对培养文化自信和文化认同，继承和弘扬中华民族优秀文化传统，推动文化创新发展的重要意义。同时，新时代背景对学生语言文字运用能力

---

① 吴薇：《台湾著名作家余光中接受〈环球时报〉专访：不读古文，我们会成为没有记忆的民族》，《环球时报》2017 年 9 月 29 日第 13 版。

的培养也提出了更高的要求。

（二）选题意义

文言文凝聚着中华民族数千年的智慧和思想，承载着中华民族优秀的传统文化，同时也是现代汉语的基础。学习文言文能够帮助学生了解和辩证地看待中国文化，而学好文言文更是对学生培养语言文字感知和运用能力、提高综合文化素养、传承和弘扬中华民族的传统文化及精神等都有着至关重要的作用。

文言文语法知识是文言文教学中的一大难点和痛点，但却也是读懂文言文、理解文言文基本内容的关键。在文言文语法知识中，词类活用现象出现较多，同时，因为文言文和现代汉语中的语法语法规则大的差异且存在一定的灵活性和争议性，所以在教学过程中更是容易出现很多问题。

综上所述，无论是从时代背景还是从目前的教学现状来看，文言篇目的占比及文言文学习的重要性都不断提升，但文言文教学尤其是其中的语法知识教学却存在一定的困难。因此，对初中语文词类活用的教学研究是十分必要的。本篇也将以部编版初中语文教材为例，对初中语文词类活用教学进行深入探索研究。

二、文献综述

笔者主要以"词类活用"为主题，对相关的著作、期刊论文和学位论文进行了检索查阅并归纳整理，作文献综述。

（一）"词类活用"历史发展

"词类活用"这一理论的形成经过了漫长的历史变迁。

在汉唐时期，词类活用现象在郑玄、陆德明等学者对《诗经》《汉书》等古籍进行注疏时初见端倪，为我国词类活用的学术发展奠定了基础。

在汉唐时期学者研究的基础上，之后的学者逐渐开始对词类活用进行系统性论述并对其规律进行总结，让词类活用研究不断向前推进。"实字虚用""死字活用"（袁仁林《虚字说》）等一系列相关理论也被提出，一直到明清时期,词类活用理论已初见雏形。

真正使得“词类活用”成为一个明确的语法理论学说则是始于著名语法学家陈承泽先生,陈承泽先生在其《国文法草创》中详细划分词类并明确提出“本用”和“活用”概念,对《马氏文通》(1898)中“字无定类”及前人“词无定类”(黎锦熙《新著国语文法》)的相关观点进行了修正。

自此之后,“词类活用”成为古代汉语语法中的热点问题,许多语法学家开始对其进行系统性论述,这一理论也逐渐被编入古代汉语及课本教材之中。

(二)“词类活用”相关研究

根据笔者的梳理和查阅,“词类活用”的相关研究成果较为丰富,大部分学者主要从理论和教学研究两方面就“词类活用”现象发表自己的见解,做出了很多有价值的研究成果,为本文的写作提供了丰富的资料。

1.“词类活用”理论研究

在近几十年对“词类活用”的研究中,一方面不少学者对“词类活用”的定义、“词类”的划分、“词类活用”的范围及合理性等理论问题提出了不同的见解,这部分文献在所有文献中占了较大的分量。

就定义来说,有“实词活用”(荆贵生,1997)、“词性活用”(张世禄,1978)、“词性变换”(周本淳,1990)等说法。在“词类”的划分中,又出现八类、九类、十一类等不同词类划分。

有关“词类活用”范围及其合理性的理论研究,一些学者认为词类活用说存在“定义过宽”“以今律古”等问题(邓明,2011;毛向樱,2008)。袁庆德(2009)、罗竹莲(2005)、阮绪和(2002)等一批学者对“词类活用”范围引发的混淆概念如“兼类”“本用”等进行了界定与区分。然而也有一部分作者认为“词类活用”从根本上应被彻底抛弃(白平,王定秀,1999;蔡振雄,1995)。另外有一部分学者(李轶坤,2014;王玉仁,2005)将“词类活用”与“修辞”联系在了一起,研究古汉语“词类活用”的“修辞功能”。

2.“词类活用”教学研究

另一方面,与“词类活用”教学相关的研究也逐渐成为学者研究的一个方向。

董旭午(2017)、姚祎(2013)、李杰(2012)等学者基于对理论的研究基础,提出了“词性比较”“借助语境”等教学建议。另一部分学者(马汉元,2010;贺笑楠,2019;李乾艳,2019)则结合自身教学经验分析“词类活用”存在的教学问题,从而对不同学段词类活用教学提出了相关教学建议。

不过“词类活用教学”本身研究文献数量占比较少,且在这部分文献中,“词类活用教学”研究往往被涵盖在“实词教学”研究或是“语法教学”研究之中(韩玉,2018;黄文丽,2020),范围较大并没有聚焦于词类活用这一现象上。另一部分文献提出的类似“改变师生观念”“记忆公式规律”等教学建议中则存在主观性过强、没有理论支撑或理论性过强、忽视教学实际的问题,与实际教学都存在一定的距离。

除了对“词类活用”这一主题进行检索和整理之外,笔者以“文言文教学”“文言文词类活用”“部编初中语文”为主题也进行了检索与整理。通过对这一部分文献的浏览与统计,笔者发现在近几年的研究文献中,最多以“教材比较”为主。在“词类活用教学”的相关研究中,由于高中阶段“词类活用”现象较多且考查频次较高,所以高中阶段的“词类活用教学”研究较多,相反,初中阶段的“词类活用教学”研究较少,近五年相关文献仅5篇。而在教材的选择上,由于“部编版”试用时间较短,因此在之前的研究中主要以“人教版”为主,“部编版”仍然具有很大的研究空间。

不过,在近两年发表的文献之中,张丝丝(2020)、周亚萍(2021)及于倩文(2021)的三篇文献补充了以往“部编版初中文言文词类活用教学”的研究空白,同时针对以往教学策略中的疏漏提出了许多具有可行性的教学策略,与本文研究最为贴近并为本文的研究提供了一定的帮助,但也在“教材研究”“问卷设计”“教学策略”等方面存在许多可以改进与拓展的地方。

三、研究内容

基于以上几点,我们可以发现关于“词类活用”的理论研究存在着颇多的争议。针对“部编版初中语文词类活用教学研究”虽有一定的研究成果但仍然有较大的研究空间。

因此,本论文的研究主要以初中阶段的文言文词类活用教学为切入点,并以部编版初中语文教材(五·四学制)的八本教材为例,系统归纳并深入研读教材,对教材中所有文言文篇目中的词类活用现象进行整理探究,同时对教材中的书下注释及课后相关补充知识点进行深入挖掘,进一步思考教材对词类活用教学的指导性,为教师如何用教材教、学生如何用教材学提供一定的理论基础。

在此基础上通过问卷、访问的形式对笔者所在的上海地区部分初中及其不同学段的师生进行调查,创新问卷的题型,综合考虑初中各年级之间教学的时效性和衔接性,使问卷更具有针对性和阶梯性。

深入发掘词类活用实际教学中存在的问题并尝试提出一些行之有效的教学策略与建议,希望能通过本文的研究对义务教育阶段初中语文词类活用教学提供一定的帮助。

第一章 “部编版”初中语文词类活用概况及分析

2017 年部编版教材走入课堂,到 2019 年秋季部编版教材覆盖全国义务教育阶段全学段,部编版教材的重要性毋庸赘述。但也由于是新启用的教材,当前的研究成果较少。本章节对部编版初中语文教材中词类活用现象及相关语法知识进行整理,为本文坚固理论基础的同时,帮助教师更好地理解与使用教材。

一、“部编版”初中语文词类活用概况

本节通过对教材中所涉及的文言篇目以及词类活用现象进行系统性梳理和分析,从而对初中语文课内词类活用现象有一个整体性的认识和把握,为后续的研究提供坚实的理论基础。

（一）教材文言文篇目梳理

首先笔者根据学段对部编版初中语文八本教材中的文言篇目进行整体的梳理和罗列，具体情况如表 1 所示：

表 1　文言文篇目梳理

学　段	篇　　目
六上(2)	《伯牙鼓琴》《书戴嵩画牛》
六下(2)	《学弈》《两小儿辩日》
七上(7)	《咏雪》《陈太丘与友期行》《〈论语〉十二章》《诫子书》《狼》《穿井得一人》《杞人忧天》
七下(5)	《孙权劝学》《卖油翁》《陋室铭》《爱莲说》《河中石兽》
八上(9)	《三峡》《答谢中书书》《记承天寺夜游》《与朱元思书》《得道多助，失道寡助》《富贵不能淫》《生于忧患，死于安乐》《愚公移山》《周亚夫军细柳》
八下(8)	《桃花源记》《小石潭记》《核舟记》《北冥有鱼》《庄子与惠子游于濠梁之上》《虽有佳肴》《大道之行也》《马说》
九上(3)	《岳阳楼记》《醉翁亭记》《湖心亭看雪》
九下(7)	《鱼我所欲也》《唐雎不辱使命》《送东阳马生序》《曹刿论战》《邹忌讽齐王纳谏》《陈涉世家》《出师表》

在部编版教材中，总计 43 篇文言文。六年级上下两册各两篇，共 4 篇。七年级上册篇目为 7 篇，下册为 5 篇，总计 12 篇。八年级上册 9 篇，下册 8 篇，总计 17 篇。九年级上册 3 篇，下册 7 篇，总计 10 篇。

在 43 篇文言文中，八年级所占据的篇目数量最多，是学习文言文的主要学段。其次是七年级和九年级，六年级学生初学文言文，篇目最少也较为简短。

（二）词类活用现象统计

笔者对教材中所有文言篇目里的词类活用现象以及所涉及的语法知识进行了整理和归纳，从词类活用现象总体分布、相关书下注释、相关语法知识补充三个方面对教材进行了详尽研读,从而进一步挖掘教材、解析教材。

1. 总体分布

笔者根据初步的梳理与统计,发现在部编版八本语文教材中,几乎所有的文言文篇目都存在词类活用现象,较为典型明确的词类活用现象总计约117处。

按照类型来分并根据其出现次数,依次是:名词用作动词、使动用法、名词用作状语、形容词用作名词、形容词用作动词、动词用作名词、意动用法、动词用作状语和为动用法。其中名词的词类活用和使动用法出现次数较多。如图1所示:

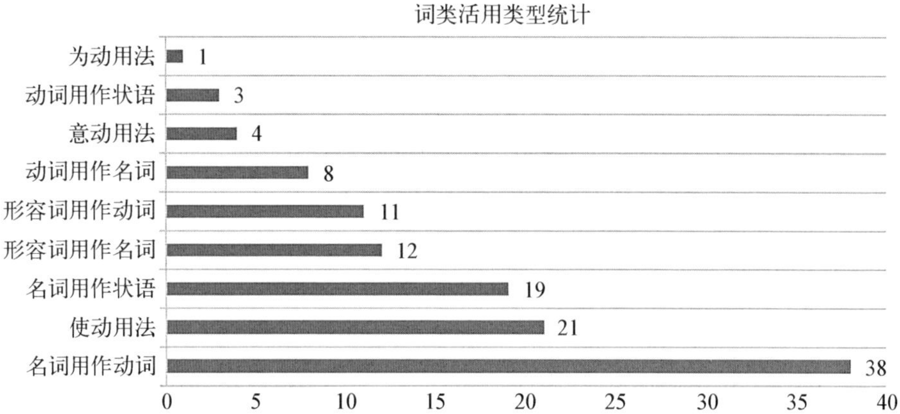

	名词用作动词	使动用法	名词用作状语	形容词用作名词	形容词用作动词	动词用作名词	意动用法	动词用作状语	为动用法
■ 数量	38	21	19	12	11	8	4	3	1

图1 词类活用类型统计

按照学段来分,各学段出现的词类活用现象数量不等:六年级两册最少,总计1处词类活用现象;七年级两册总计为23处,处于中间数量;在八、九年级的文言篇目中,词类活用现象出现大幅度增长,八年级最多,达到七年级的两倍以上,八、九年级分别为57处和37处。

2. “部编版”教材中词类活用现象的相关书下注释

笔者对出现在教材的书下注释中,有明确指出活用的字词进行了整理,具体结果如表2:

表 2 教材书下注释中明确指出词类活用的字词

年级	篇 目	例 句	书 下 注 释
七上	《狼》	一狼洞其中	洞：洞穴，这里用作动词，指挖洞。
		意将隧入以攻其后也	隧：通道，这里用作状语，“从通道”的意思。 课后积累拓展三的加点词练习中涉及“犬”“洞”“隧”的解释
	《穿井得一人》	闻之于宋君	闻：听到，这里是“使听到”的意思。
七下	《爱莲说》	不蔓不枝	蔓、枝：都是名词用作动词。
八上	《与朱元思书》	互相轩邈	轩邈：轩，高。邈，远。这里均作动词用。 课后思考探究三的加点词练习中涉及“东西”“上”“下”的解释和用法
	《富贵不能淫》	富贵不能淫	淫：惑乱，迷惑。这里是使动用法。
		贫贱不能移	移：改变，动摇。这里是使动用法。
		威武不能屈	屈：屈服。这里是使动用法。
	《周亚夫军细柳》	介胄之士不拜	介胄：铠甲和头盔，这里用作动词，指披甲戴盔。
		改容式车	式：同“轼”，车前横木。这里用作动词，指扶轼。
八下	《桃花源记》	渔人甚异之	异：惊异，诧异。这里是“对……感到惊异”的意思。
	《大道之行也》	故人不独亲其亲	亲：用作动词，以……为亲。
		不独子其子	子：用作动词，以……为子。
	《马说》	策之不以其道	策：马鞭，这里是动词，用马鞭驱赶。
九下	《唐雎不辱使命》	天下缟素	缟素：白色丧服。这里用作动词，指穿着白色丧服。缟、素，都是白色的绢。

（续表）

年级	篇　目	例　句	书 下 注 释
	《送东阳马生序》	腰白玉之环	腰：用作动词，在腰间佩戴。
	《邹忌讽齐王纳谏》	闻寡人之耳者	闻：这里是"使……听到"的意思。
	《陈涉世家》	置人所罾鱼腹中	罾：渔网，这里用作动词，用网捕。
		忿恚尉	忿恚：恼怒。这里是"使……恼怒"的意思。

通过表格的梳理可知，在书下注释中有明确指出词类活用的字词共20个，仅占据所有词类活用现象不到1/5。在这20个字词中共包括了名词用作动词8处，使动用法6处，意动用法3处，形容词用作动词2处和名词用作状语1处。而八年级在数量上出现的次数最多，占总数的将近一半，并且在种类上涵盖了4种词类活用现象。

3. "部编版"教材中与词类活用相关的基础语法知识

对词类活用进行学习和掌握，首先需要对基础的语法知识有一个熟悉和理解。通过梳理教材中的课后拓展部分可知（见表3），基础语法知识的补充大部分集中在七年级学段，且全部补充在现代文篇目后。六年级教材中还未涉及语法知识的补充，而八、九年级在七年级的基础上补充关于句法的知识较多，这一部分语法知识与本文研究主题关联性较小，故不多加赘述与罗列。

表3　教材课后拓展部分词类活用相关的基础语法知识分布情况

学段	位　置	语 法 知 识
六上	/	/
六下	/	/
七上	第一单元—《雨的四季》—第13页	名词

（续表）

学段	位　　置	语法知识
	第三单元—《再塑生命的人》—第 47 页	动词
	第四单元—《走一步，再走一步》—第 78 页	形容词
	第五单元—《猫》—第 95 页	数词和量词
	第六单元—《天上的街市》—第 118 页	代词
七下	第一单元—《邓稼先》—第 8 页	副词
	第一单元—《回忆鲁迅先生》—第 21 页	介词
	第二单元—《老山界》—第 36 页	连词
	第四单元—《叶圣陶先生二三事》/《驿路梨花》—第 86/91 页	助词(一)/(二)
	第五单元—《紫藤萝瀑布》—第 108 页	并列短语
	第五单元—《外国诗二首》—第 116 页	偏正短语
	第五单元—《古代诗歌五首》—第 120 页	主谓短语
	第六单元—《伟大的悲剧》—第 131 页	动宾短语
	第六单元—《带上她的眼睛》—第 147 页	补充短语
八上	第四单元—《散文二篇》—第 85 页	句子的成分
	第四单元—《昆明的雨》—第 90 页	句子的主干
八下	/	/
九上	/	/
九下	/	/

通过梳理可见，部编版初中语文教材中文言篇目数量增多，同时文言篇目中词类活用现象出现频次也较多。而在教材编排上无论是书下注释、课后练习抑或是课后补充知识中，都涉及基础语法知识以及词类活用知识，值

得深入研究和思考。

二、“部编版”初中语文词类活用现象分析及思考

通过对教材的梳理以及对词类活用现象的统计可发现以下几点：

首先，在八本教材中文言文篇目的占比是很大的，并且不同学段的文言文篇目数量和难易程度均不相等。六年级作为小升初的过渡时期，文言文篇目较少且要求并不高，以理解熟悉为主。到了七年级学段，虽然文言文篇目数量成倍地增长，但是七年级的文言文，绝大多数都较为简短且多为写人叙事类。八年级学段是整个初中阶段文言文篇目最多的一个学段，八年级学段中文言文篇目在难度上也进行了一定的提升。九年级学段中虽然文言文数量减少了，但是篇幅变长了，所涉及的内容也更为广泛。

其次，词类活用现象整体在文言篇目中出现次数较多，几乎所有的文言篇目都涉及词类活用的现象。教材中所涉及的词类活用现象，出现频次最高的为名词的活用、使动、意动用法和形容词的活用。但在不同学段，词类活用现象的出现频次和种类也有所区别。六、七年级词类活用现象出现频次不高且难度较小，大多为名词的活用以及使动用法。八年级词类活用现象出现次数最多，当然原因之一是其整体文言文篇目数量多。但在八年级中，词类活用的种类也大幅增加，出现了意动用法、形容词的活用等。同时某些词类活用现象在同一篇目中集中出现，例如在《生于忧患，死于安乐》与《富贵不能淫》的关键语句中，使动用法大量出现，是文章学习的重难点。到了九年级，词类活用现象虽有些许减少，但九年级学段词类活用现象的辨别难度加强。

另外，通过对教材中基础语法知识补充部分以及书下注释的梳理，可以看到教材中对基础语法知识的补充几乎都集中在七年级并且出现在现代文篇目的课后补充部分，而教材中书下注释出现次数最多且种类最多的学段是八年级，书下注释明确给出解释的词类活用现象为名词用作动词以及使动用法。在课后练习部分，七上的《狼》和八上的《与朱元思书》均考察词类活用现象的字词。

综上所述,部编版初中语文教材对词类活用相关知识的编排有以下一些特点,即文言篇目和词类活用现象整体数量较多,且都随着年级的上升难度逐渐变大。各年级侧重点不同,呈阶梯式编排:七年级主要针对基础语法知识掌握,八年级词类活用现象种类增多,九年级整体难度较大。

三、本章小结

笔者通过对“部编版”教材以及其中的词类活用现象进行统计与分析并思考,从而总结出以下几点:

首先,词类活用现象是文言教学过程中的重难点。

在“部编版”的八本教材中,词类活用现象总体出现次数比较多,是文言篇目语法知识以及理解文章内容的一个重点。但是教材中明确指出的词类活用现象较少,大多数词类活用知识需要教师在教学过程中进行补充。这也就意味着很多词类活用知识的教学需要基于教师的知识储备,教师水平的高低很大程度上影响了学生对词类活用现象辨别与学习的准确性,同时学生也需要自己进行不断积累和巩固,这也就使得对词类活用现象的教学成为一个难点。

其次,教材对词类活用的教学具有重要的指导意义。

教材是教师教学的主要依据,也是学生学习的首要材料。部编版教材中文言篇目的安排、课后拓展部分语法知识的设计以及词类活用现象的相关书下注释都能够为教师与学生的教和学提供一定的参考,给予一定的指导作用。

无论是文言篇目、课后拓展还是书下注释,都能发现教科书在编排上遵循着由浅入深的原则。七年级对语法基础知识的编排引导着教师在六、七年级教学时,有意识地让学生对语法基础知识形成一个初步的了解和认识,并在一定程度上打下基础。而教材中将语法基础知识放在现代文之后,也有助于学生在原有现代汉语的感知基础上能够更容易了解语法知识。八年级时文言篇目的增多以及词类活用现象的集中出现就需要学生充分调动六、七年级时所学习到的基础知识,通过现有的基础知识去建构新认识。同时八年级教材中所出现的词类活用书下注释也较为权威地规范了几种代表性词类活用现象的书写格式，为教师和学生提供了参考。在九年级时，难度的提升就对学生的能力提出了更高的要求。

因此，在教学过程中学生与教师都应当充分利用教材，从而辅助词类活用的教学。此外，通过对教材的分析也能够为本研究中所提出的词类活用教学策略提供一定的理论基础与指导意义。

最后，在词类活用中，名词的活用、形容词的活用以及使动用法需重点关注。

通过对教材中词类活用现象的统计与梳理，名词的活用、形容词的活用以及使动用法是整个初中阶段出现频次最多的词类活用现象。教师在进行教学时可以充分利用教材中出现这几种活用现象的文本材料，从而对词类活用知识进行补充。在本研究中，也将着重从这几种活用现象出发进行问卷设计与调查。

总而言之，通过对部编版初中语文教材的整理以及其中文言文词类活用现象的统计，我们能够认识到初中文言文中词类活用现象的重要性，同时也证明了词类活用现象的研究对初中语文文言教学存在一定的价值与意义。而通过较为全面、系统的梳理，也能够为后续教学调查与教学策略的提出提供坚实的理论基础与依据，使得调查研究更加科学可行。

第二章　初中语文词类活用教学现状调查及分析

为进一步了解初中语文词类活用教学现状以及教学中存在的问题，结合教材的分析，笔者设计了词类活用测试题，并对笔者所在地区的学生进行了调查。通过调查，真实了解上海地区部分学生对词类活用现象的学习与掌握情况。

一、调查设计和实施

本次调查主要针对上海地区初中学段的学生进行，由任课教师负责发放笔者设计的词类活用问卷并统一采用闭卷形式考查。

（一）调查情况

笔者主要根据部编版初中语文教材和所收集到的学生常见词类活用错误情况进行词类活用问卷的设计，并对上海地区两所初中六至九年级的200多名学生进行调查。

1. 调查目的

通过对初中生的调查，了解上海地区词类活用教学的真实情况，发现词类活用教学实际中存在的问题，从而为初中语文词类活用教学策略的提出方向提供参考。收集真实、有效的数据并进行分析，为“初中语文词类活用教学”研究提供真实数据和有价值的参考意见。

2. 调查对象

上海市奉贤区金水苑中学和上海市嘉定区迎园中学六至九年级部分学生。

上海市奉贤区金水苑中学于2015年9月创办，校园地处奉贤新城核心区，学校青年教师比例较高，以“自教育”为主要办学理念，是奉贤新城内最新且办学质量较好的学校之一。

上海市嘉定区迎园中学成立于1995年，是嘉定教育局直属的公办初中，师资力量雄厚，曾多次获得先进集体和个人的荣誉称号。

3. 调查时间

学生测验：2022年2月21日起陆续发放问卷至2月25日全部发放完毕，该段时间正值上海地区中学2021学年第二学期开始。学生逐渐进入学习状态，同时较多词类活用现象及语法知识都在上半学期已有涉及。

4. 调查内容设计

结合对教材的整理分析，本次词类活用问卷共设计25题，包括：划线字词词性辨析、解释加点字并指出用法、单项选择以及翻译这四种题型，所有测验题均来源于部编版初中语文教材，考查的词类活用类型涉及教材中出现过的几乎所有活用类型，名词的活用以及使动用法选入较多。

问卷的所有题目文本均选自教材，能够考查学生课内文言文的基本学习情况，同时每一种题型都对学生词类活用学习情况的考查有不同的侧重。

总体而言,本次问卷共25题,选题涉及七种常见词类活用类型,题型难度由易到难。考查范围为部编版初中语文教材七至九年级课文内词类活用现象,选题主要集中在七、八年级,共选七年级字词11道,八年级10道以及九年级4道。

(二) 调查实施

本次调查实施采用闭卷形式,语文教师自行在3月中旬前发放问卷并回收,同一学校的测验由该校抽选班级,各班级语文教师协商并于同一时间发放问卷,从而确保调查的真实性和有效性。

总而言之,结合教材和学生常见偏误类型来进行设计,能够更有针对性地考查学生文言文词类活用知识掌握情况,同时纸质问卷的下发和闭卷的考察形式都能够更真实地反馈学生的情况,使得此次调查数据更为有效。

二、调查结果及分析

本次共发放问卷202份,回收191份。其中有效问卷174份,无效问卷17份。在无效问卷中,六年级回收的问卷皆为无效问卷,共7份。六年级是由小学至初中的过渡学段,文言文接触较少同时对文言文的教学和考查都没有非常高的要求,且本次测验中所涉及的词类活用现象都以七至九年级为主。因此,在回收的六年级问卷中几乎都为白卷,学生看到未学过的内容都选择放弃作答。

在174份有效问卷中,八年级占比最多,共回收96份。七年级和九年级分别回收52份和26份。

在本次调查中,整体准确率为40.4%,总体情况并不理想。在174份有效问卷中,低于合格线的问卷数为98份,仅43.6%的同学达到合格线以上,能够基本掌握词类活用知识。能够完全掌握词类活用知识,即优秀的同学仅11位同学,占整体的6.32%。因此,初步可以看出学生课内文言文的基本学习情况以及词类活用学习情况欠佳。现就各年级每题的答题结果进行统计,在此基础上挖掘词类活用教学实际中存在的问题并进行原因分析。

（一）第一大题

第一大题为划线字词词性辨析，辨析词类活用现象需要对字词活用后的词性有一个初步的感知和认识，本题考查学生对字词词性的感知能力以及基本语法知识的掌握情况。本题整体准确率为40%，其中各年级都存在部分同学审题不清，将本题看作字词解释题的情况，七年级有5位同学，八年级14位同学，九年级有2位同学，以上21份问卷在本题统计过程中也均计算在内。各年级准确率分别为29.23%、30.01%和60.77%，具体情况如表4所示：

表4　第一大题准确率统计情况

序号	题　目	出　处	准　确　率			
			整体	七年级	八年级	九年级
1	传不习乎	七上《论语》十二章	24.71%	25%	8.81%	76.92%
2	饭疏食	七上《论语》十二章	64.65%	57.70%	55.41%	80.77%
3	猛浪若奔	八上《与朱元思书》	24.08%	1.92%	28.01%	42.30%
4	丈夫之冠也，父命之	八上《富贵不能淫》	19.99%	11.54%	25.34%	23.08%
5	政通人和，百废俱兴	九上《岳阳楼记》	49.06%	50%	16.40%	80.77%

该题从整体来看准确率并未过半，在各年级的准确率中，七、八年级的准确率相近，九年级的准确率较高且超过了50%。由此可见七、八年级对词性及词类活用基本语法知识的掌握有一些欠缺，九年级虽然准确率过半但仅达到合格，并没有达到完全掌握的程度。同时从表格中也可以看出，虽然3、4小题的准确率八年级高于七年级，但1、2小题均出自七年级教材，在七、八年级同等学过的情况下，八年级准确率却不如七年级。同样地，第4小题出自八年级教材，但也出现了九年级准确率低于八年级的情况，可见其中可能存在着知识易忘的问题。

在本题的各小题中,第二题和第五题准确率较高,第一、三小题准确率相近,而第四小题准确率最低。针对各小题具体偏误的类型如表5所示:

表5 第一大题偏误类型统计情况

序号	参考答案	七年级	八年级	九年级
1	名词	动词(65.38%)	动词(71.88%);助词(1.04%);介词(2.08%)	动词(15.38%)
2	动词	名词(32.69%)	名词(30.21%)	名词(7.69%)
3	名词	动词(80.77%);形容词(7.69%)	动词(44.79%);形容词(5.21%);副词(1.04%);状词(2.08%)	动词(38.46%);形容词(3.85%);副词(3.85%);状词(3.85%)
4	动词	名词(73.08%);形容词(3.85%);副词(1.92%)	名词(57.29%);代词(2.08%);形容词(2.08%);状词(1.04%)	名词(69.23%)
5	名词	动词(15.38%);形容词(21.15%);副词(3.85%)	动词(14.58%);形容词(6.25%);副词(1.04%)	动词(11.54%)

从各小题具体偏误的类型来看,大部分同学的错误答案都集中在活用后的词性不清。但也有少部分同学出现基本概念不清,词性完全混乱的情况。如在八、九年级的偏误答案中出现"状词"这一说法,以及在第一小题中将"传"活用后词性认为是"助词"和"介词"。

从上述数据中我们能够初步得出:虽然学习文言文篇目的数量和文言基础随着年级上升逐渐提高,但仍然存在学过的知识易忘、活用前后词性不清、基本概念不清、词性混乱等问题,归根到底这是对基本语法知识的掌握不够扎实和对词性的感知辨析不够清晰。

(二)第二大题

第二大题为解释加点词并指出用法,共9小题。本题需要学生按照示例写出每一个加点字的本义、用法以及活用后的释义,考查学生对字词解释的直接记忆以及课内重要词类活用现象的掌握情况，完整写出三部分答案难度是较大的，在本题中活用类型也较上一题增多。但是在本题所选的字词中，有7道题书下注释中都出现过用法及解释，且考查的字词都较为重要或常见，因此难度较为适中。

在本题中，整体准确率为27.70%，各年级准确率分别为：七年级12.18%、八年级12.38%以及九年级58.55%，具体情况见表6：

表6 第二大题准确率统计情况

序号	题 目	出 处	准 确 率			
			整体	七年级	八年级	九年级
1	其一犬坐于前	七上《狼》	26.68%	0%	3.13%	76.92%
2	一狼洞其中	七上《狼》	53.95%	48.07%	29.17%	84.62%
3	意将隧入以攻其后也	七上《狼》	14.45%	15.38%	1.04%	26.92%
4	国人道之，闻之于宋君	七下《穿井得一人》	18.64%	0%	2.08%	53.85%
5	中通外直，不蔓不枝	七下《爱莲说》	43.94%	21.15%	26.04%	84.62%
6	将军身被坚执锐	九下《陈涉世家》	41.99%	25%	12.5%	88.46%
7	负势竞上，互相轩邈	八上《与朱元思书》	18.06%	0%	4.17%	50%
8	威武不能屈	八上《富贵不能淫》	20.35%	0%	18.75%	42.31%
9	渔人甚异之	八下《桃花源记》	11.27%	0%	14.58%	19.23%

这一大题相较于第一大题，准确率明显下降。七、八年级的准确率依旧比较相近，九年级准确率相较而言高于另外两个年级但未达到合格标准。在本大题中，各年级都出现多次准确率低于20%的情况，七年级在已学过的

篇目中甚至出现了准确率为0%的情况。

由此可见,学生对于课内字词解释的记忆以及词类活用现象的掌握十分薄弱,这一部分存在较大的问题。针对每一小题具体的偏误情况如表7:

表7 第二大题偏误类型统计情况

序号	参考答案	七 年 级	八 年 级	九 年 级
1	狗,这里用作状语,像狗一样地	用作名词,指另一只狼/狗(36.54%);空(25%);名-形容词(17.31%);名-形容词/名词/动词,像狗一样蹲着(9.62%);名-副词/名词/修饰语(11.54%)	狗,这里用作名词,指另一只狼/狗(55.2%);空(23%);名-形(7.2%);名-副/定/介(7.2%);代词,代指狼(3,13%)	名-形(5.8%);名-状词(3.85%);名-介词(1.92%)
2	洞穴,这里用作动词,指挖洞	空(26.92%);用作名词,洞口(13.46%);名词,挖洞(3.85%);代词,在洞中(1.92%)	空(25%);名-状/副,在洞中(12.5%)	空(3.85%);名-谓语(1.92%);名-状语(1.92%)
3	通道,这里用作状语,“从通道”的意思	名-动,(从隧道)进/钻入(42.4%);名-动,从通道(9.62%);于是/就/立刻(5.76%);名-介词(5.77%)	名-动,挖隧道/进/钻/潜入(34.4%)于是/就/立刻/所以(16.7%);空(13.5%);名-介/副/动(7.3%)	名-状,从通道进入/钻入/潜入(30.8%);名-动,进入(23.08%),名-宾语/名/介(11.54%)
4	听到,这里是“使听到”的意思,使动用法	动词,听闻/报告/告诉(69.23%);动-副/动/名/空(17.31%);闻味道,用作动词,听说(7.75%);被动(2%)	动词,听闻/报告/告诉(77.1%);被动(11.5%)	动词,告诉/报告(26.92%);动-动/状语/谓语/状词(34.62%)
5	藤蔓,枝叶,都是用作动词,指横生藤蔓,旁生枝叶	藤蔓,枝叶,空(54%);名-形/名(15.4%)	空(40%);名-形/状/名(16.7%)	名-状语/谓语(7.7%)

（续表）

序号	参考答案	七 年 级	八 年 级	九 年 级
6	用作名词，指铠甲，指武器	坚硬、锐利，空（61.54%）；形-动，穿过/坚持/穿铠甲拿武器（5.77%）；形-代词/通假/形（5.77%）	空（47%）；形-使动/形/动（7.3%）	空（7.7%）
7	高，远。这里均作动词用。往高处、远处伸展	空（38.5%）；形-动词，比较/斗争（38.5%）；打量/鄙视（13.5%）；名-动，关窗（1.92%）	形-动，挣扎/比较（24%）；空（22%）	空（27%），形-状词/形容词（19.23%）
8	这里是使动用法，使……屈服	委屈/屈辱，这里用作动词，屈服（75%）；动-名/空/形（21.15%）；被动（1.92%）	空（58.3%）；动词（21%）	动/形-动（42.3%），动-状语/谓语（15.4%）
9	惊异、诧异。这里是“对……感到惊异”的意思，意动用法	奇异/惊讶，动词，感到惊异（34.62%）；形一名，不一样/异常（28.85%）；形-副/形/名/动，奇怪/不一样（17.31%）	空（56.3%）；形-动（12.5%）；使动（5.3%）；形-助/代/形/副（6.3%）	动/空（58%）；动-状词/使动/谓语（11.54%）

首先，在本题中，准确率较低的分别是第9、7、4题，都在20%以下，七、八年级在第7、4题的准确率甚至都低于5%。这几道题目所涉及的活用类型分别为意动、形作动以及使动用法。其中第7题，学生出错率高的原因主要是对“轩邈”这个词的意思不清。对于其用法，学生能基本感知这个词是动词，因此出现了“斗争”“看不起”“打量”等答案。

而在第4、9题，也就是使动和意动这两种活用类型，大部分学生并没有意识到这里存在活用的情况，没有翻译出活用后的释义，而是采用“组词法”直译，说明学生对这两种用法比较陌生。第8题同样也是考察学生对使动用法的掌握，错误与第4题类似。还有一部分同学能够翻译出“使……听闻/屈服”“对……感到惊异”，但是在活用类型上出现了用作状语、谓语、形容词、代词、助词等错误答案，原因明显是学生无法准确辨别词性。有一小部分同学将使动用法和意动用法，甚至和被动用法混淆在了一起，出现“使……被听闻/屈服”这类错误答案。而相较于使动用法，学生们对意动用法更为陌生，甚至九年级都很少有同学能够回答出意动用法。

其次，第1题和第3题都是活用作状语的类型，这一类题型学生的出错率也较高，都在70%以上。在第一题中出现最多的错误答案就是将“犬”解释为“另一只狼/狗”，将其理解为名词或是代词，这体现出学生对文章理解的偏误。值得注意的是这一错误答案八年级的占比要远高于七年级，能够看出学生对学过的知识没有根本掌握，甚至十分容易遗忘。同样在第三题中，不少同学将“隧”与“邃”“遽”混淆，出现文言字词释义的混乱，可见学生文言基础不够扎实。另外，本题也反映出学生对词性的理解不够透彻，活用类型和字词释义不能匹配。不少同学能够解释出“像狗一样地”“从通道”，却将活用后的词性认为是形容词、动词等，还有一些同学对活用的基本知识并不熟悉，出现了名词用作介词、定语、修饰语等错误答案。

最后，第2、5、6题准确率相对较高，均在40%以上。出现错误较多的类型是不清楚活用后的词性和活用类型，很多学生放弃作答。在写出答案的部分同学中，很多同学将活用为动词和活用为状语混淆，将“洞”译成“在洞口”。虽然也有部分同学出现词性混乱的现象，但是相较于其他类型题目，这两类题目错误答案种类较少，错误率较低。有一小部分同学在这几题中混淆了词类活用与通假的区别，自己生造了“通假字”这种错误说法。

在这一大题中，几乎每题都有“开天窗”的情况，同时学生也呈现出混淆活用类型，忘记字词释义或是和相近字形字词释义混淆，文章理解偏误，对词性理解不透彻，根据释义乱匹配活用类型等问题。从这些问题中可以反映出学生对课内字词解释的直接记忆能力较弱，文言语法基础也比较薄弱，同时对课内重要词类活用现象的掌握不够扎实，对课本书下注释及课后练习没有仔细研读，并未切实掌握。

（三）第三大题

第三大题为单选题，共7小题。该题与上海近五年中考中“对划线句理解恰当”一题形式较为贴近，都用比较相近和容易混淆的释义来编辑选项。本题中根据所收集到的学生日常反馈中常见的错误答案来编写选项，同时本题所选的字词均未在书下注释中出现过。不仅能够更灵活、真实地考察学生对词义的记忆与理解，更能深入考察学生是否能够真正清楚辨析词类活用现象。

在本题中，整体准确率为53.85%，各年级准确率为35.44%、55.78%和70.33%。这一大题准确率较上两题有些许上升。具体情况如表8：

表8 第三大题准确率统计情况

序号	出处	准确率			
		整体	七年级	八年级	九年级
1	七上《论语》十二章	90%	86.54%	83.45%	100%
2	七下《陋室铭》	40.8%	38.46%	45.60%	38.46%
3	七下《河中石兽》	51.24%	40.38%	40.26%	73.08%
4	八上《与朱元思书》	61.71%	25%	79.35%	80.77%
5	八上《生于忧患，死于安乐》	65.48%	7.69%	88.74%	100%
6	八下《小石潭记》	65.5%	44.23%	52.23%	100%
7	九下《唐雎不辱使命》	2.2%	5.77%	0.82%	0%

本题一共7小题，5道题的准确率均在50%以上，九年级在本题中第一次出现100%正确的题目并且有三题。第一题错误率最低，为10%；准确率较低的为第七题，仅2.2%。第三大题虽然准确率有所提高，但大部分题目仅处于合格标准，且几乎所有错误选项都有学生选择，表明学生对词类活用现象的辨析仍存在一定问题，并没有达到完全掌握或是较好掌握的程度。因此，每一小题依旧值得分析。在本题中，各年级偏误答案较为一致，故这里将各年级偏误类型综合来罗列。具体偏误情况如表9：

表 9 第三大题偏误类型统计情况

序号	出 处	A	B	C	D	E
1	七上《论语》十二章	0	*	8.05%	0.57%	
2	七下《陋室铭》	5.75%	45.40%	*	5.17%	青苔/苔藓 3
3	七下《河中石兽》	*	32.18%	18.97%	3.45%	河水 1
4	八上《与朱元思书》	2.9%	5.17%	28.74%	*	
5	八上《生于忧患,死于安乐》	25.86%	7.47%	*	1.72%	
6	八下《小石潭记》	2.87%	6.32%	*	10.92%	曲折 1
7	九下《唐雎不辱使命》	*	5.75%	19.54%	54.02%	

在 7 小题中,第 7 小题错误率最高,大部分学生选择了 D 选项,即通假用法,这里学生将词类活用与通假字混淆。可见学生对“与臣而将四矣”中“四”本身的字义以及如何活用并不清楚。此外,“四”并没有“死”这一解释,学生很有可能是在对句子进行自行翻译后,匹配哪个选项更通顺,而对句子翻译的偏误导致了对这一个字的理解错误。其余有部分同学选择 B、C 两个选项,将“四”解释为“四次”和“多次”,这里笔者认为学生可能是受到“三”字的影响,和“三”的释义混淆,但在这里词性并不匹配句子结构,学生对句子的结构的把握以及词性的辨析存在一定的欠缺。

第 2、3 小题错误率也较高,并且在这两小题中,三个年级的准确率较为相近。2、3 小题均出自七年级下册的课文之中,都是学生都学过的课文。这两题均反映出学生对使动用法的理解比较模糊,且对于句子中主语、宾语的区分并不清楚。使动用法是使宾语怎么样。在第 2 小题中很多学生都没有意识到“苔痕上阶绿”中“绿”的使动用法,而在第 3 小题“岂能为暴涨携之去”句中却有部分同学将“暴涨”理解为使动用法。

第 4、5、6 小题准确率较为接近,且都超过了合格线。但值得注意的是,“忍”和“斗”同样是使动用法和名作状,可第二大题中的“屈”和“隧”准确率却高了不止一倍。“屈”和“隧”都在书下注释写明了用法，而“忍”和“斗”在书下注释中则是以翻译的形式出现。可见学生能记住字词在句子中的意思，但是却不理解其中具体的用法，用法和释义无法匹配，甚至张冠李戴。

通过分析，能够看出这一大题反映出较多学生不清楚活用的具体机制，甚至认为活用与不活用没有区别；对于词类活用甚至通假等文言知识一知半解，导致用法和释义不能够匹配；对文言文句子结构和成分无法清楚辨析，对字词本身的释义以及理解大多凭借主观臆断代入句子或是直译等问题。

（四）第四大题

最后一道题为翻译题，共 4 小题，将词类活用的考查融入具体句子中，能够更加直观地发现学生词类活用理解和运用方面的问题。其中第 2、3 句为常考的句子翻译，第 1、4 句考查次数较少。该题整体准确率为 40%，各年级准确率分别为 8.65%、43.24% 和 76.16%。在该题中主要涉及“淫”“移”“幽香”等字词的词类活用。

在本题中各题的准确率分别为 33%、49.4%、50.17%以及 26.81%，可以看到考查频率较高的两句翻译准确率较高，其余两处翻译的准确率较低。本题学生的答案较为相同，偏误类型也较为统一。

大部分学生出错的原因之一都是采取组词法直译或者不译的方式，句子翻译得较为生硬。能够组成双音节词的就直接组词翻译，不考虑句子的通顺性，例如将“劳形”直接翻译成“劳累身体”。而无法进行组词的就采取回避的方式，如将“饿其体肤”直接翻译为“饿他的身体皮肤”。学生在这里没有意识到有使动用法，习惯性地将不及物动词也直接组词翻译为带宾语的形式。

另外在本题中也很明显地反映出学生对课内文言翻译时的一个现象，就是直接背给定的书下注释或是答案。在第一个例句中，将近半数的学生都直接采用的是书下注释给出的句子翻译，尤其是九年级的学生，全体学生给出的答案都和书下注释一字不差。同样地，在八年级学生的答案中也能发现这一点。八年级学生对第二大题“威武不能屈”中“屈”的用法和释义，答出的同学仅占 20%左右。但是在本题的第二句翻译中却有超过六成的同学能够翻译出“使……屈服”。这说明在实际教学中教师对词类活用的教学更注重应试,不可否认这确实可以帮助学生在短期内更好地记忆。但学生并没有真正地掌握知识,更不能纯熟运用。而这也会导致学生在回答课外文言文时受到一定的影响。

本问卷设计四种题型依次针对六至九年级学生基本语法知识掌握情况及词性感知能力、课内词类活用现象掌握情况、词类活用类型辨析能力以及词类活用在具体语句中的理解运用能力进行了检测。通过对各年级每道题的准确率进行统计,发现每一大题的准确率均未达到合格标准。从每道题学生的偏误情况中也反映出目前上海市初中语文词类活用教学确实存在一定的问题值得进一步深入分析和探究。

三、本章小结

结合对问卷调查结果的统计和分析,笔者了解到了目前上海地区词类活用教学的真实情况,总结出以下几点问题,并对问题产生的原因进行了分析。

(一) 初中语文词类活用教学问题

首先,学生文言语法基础较为薄弱,文言语法知识较为模糊且很多时候无法意识到有词类活用现象存在,对词类活用现象的敏感性较弱。从问卷结果中可以看出部分同学存在将词类活用和通假字、借代等其他文言知识混淆的问题。比如将《唐雎不辱使命》中“与臣而将四矣”句里“四”的活用认为是通假的用法,将《狼》中“其一犬坐于前”句里“犬”的活用认为是借代。另外一部分同学不清楚词性、无法明确辨析词性,将“名词”“动词”“形容词”这些词性混为一谈,抑或是自创词性。而绝大多数同学是不能意识到词类活用现象存在或是将词类活用中的活用类型混淆。

在学生的偏误答案中有一个非常普遍的现象,就是学生可以翻译出词类活用后的释义,但却不知道其中存在词类活用的现象。尤其是那些出现在句子翻译之中而没有在书下注释明确活用的字词。而另一部学生知道有词类活用现象存在,但是往往将活用类型和释义随意搭配。学生非常容易混淆词性和各类活用类型，产生张冠李戴的问题。例如，有半数以上的同学将《桃花源记》中“渔人甚异之”句里“异”的意动用法看作是名词用作形容词，解释为“对……感到惊异”。学生无法明确辨析词性和活用的类型，有的对是否存在词类活用的现象都无法明确判断。这都体现出学生对词类活用的类型和知识不够了解，文言语法知识的基础较为薄弱，知识点掌握得不够扎实等方面的问题。

其次，学生对于学过的知识非常容易遗忘。例如在《狼》这篇文章中“少时，一狼径去，其一犬坐于前”中“犬”字的活用需要结合上下文才能明确，但是它作为课内文言文中的知识点，学生在都已经学习过这篇文章的前提下，仍然有超过半数的同学还是将“犬”误解为名词，直接翻译成“狗”，甚至有同学将“犬”认为是指代狼或是直接认为“犬”有狼的释义。此外，在本次调查中所有的题目都来自课内文言文，而且在第二大题中几乎所有的释义都来自书下注释，但学生的准确率并不理想，甚至不足30%。可见学生对于已经学过的文言文以及字词释义非常容易遗忘，即便只是隔了半个学期或是一个学期，就已经把学过的知识遗忘了。在这样的情况下，学生在做题时更倾向于凭借自己模糊的主观印象和理解来辨析词类活用，从而也导致了很多题目出现了各种五花八门的答案。

最后，学生容易产生畏难和逃避心理。文言文的学习确实对于初中学段的学生而言有一定的难度，不仅需要积累大量的文言基础知识，更需要能够将这些基础知识合理输出，加以运用。这些难点都必须花费大量精力和时间去攻克。而文言文语法知识，尤其是词类活用更需要学生在记忆、理解的基础上学会运用。在这样的情况下，很多学生都会选择放弃和回避。即使是课内的知识，很多学生都选择了放弃作答，问卷中某些题学生放弃作答的比例甚至超过了一半。而在翻译和填空中，学生都会选择生硬直接的翻译方式而不去思考语句的通顺性。长此以往，对于课外没有学过的文言文以及之后高中阶段更加复杂、难度更大的文言文，学生的学习只会越来越困难，对文言文越来越恐惧，造成恶性循环。

（二）初中语文词类活用教学问题原因分析

基于调查结果，笔者认为产生初中文言文词类活用教学问题的原因可能有以下几点：

1. 注重实词教学，对语法知识教学有所缺失

从问卷调查结果中可以发现很多同学对基本的语法知识和词类活用相关知识都缺乏一个清晰的了解。在问卷的第一、二大题中，除了出现词性和活用类型的偏误以外，还有一部分同学的答案中出现“状词”“谓词”“定词”等提法。学生对词类活用现象的敏感性也较差。这些错误类型都体现了学生文言基础知识不扎实尤其是语法知识薄弱。笔者也对上海地区近五年的中考试题进行了梳理整合，现以2021年中考试题为例，具体见下：

（三）阅读下文，完成第9—11题（12分）

成化丁酉，王端毅公恕来巡抚云南，不挈僮仆，惟行灶一，竹食箩一，服无纱罗，日给惟猪肉一斤，乳豆二块，菜一束，酱醋水皆取主家结状，更无所供。其告示云“欲携家僮随行，恐致子民嗟怨，是以不恤衰老，单身自来。意在洁己奉公，岂肯纵人坏事”云云。人皆录辞而焚香礼之。

9. 解释下列句中加点词。（4分）

（1）更无所供（　　）　　（2）其告示云（　　）

10. 对画线句意思的理解，正确的一项是（　　）（3分）

A. 因此不顾及自己年老体衰，未成家就前来。

B. 因此不顾及自己年老体衰，独自一人前来。

C. 因此不照顾年老体衰的家人，独自一人前来。

D. 因此不照顾年老体衰的家人，未成家就前来。

11. 从文中看，王恕不带家僮随行的原因是__________（用自己的话回答）。文章体现了王恕“________”的品质。（5分）

通过整理可以见，在近几年的上海语文中考的课外文言文测试题中极少出现包含语法知识的试题。在解释加点字部分基本上都是以一般的实词解释为主。而在翻译或是划线句意思理解的考查中，也较多偏向于上下文的理解或是对某些实词的理解。例如在2021年的试题中，划线句理解考查的就是在理解上下文的基础上对“恤”“衰老”“单身”字词的解释。

在中考试题中对词类活用知识考查频次较少，一定程度上也影响了部分教师在教学时教学内容的选择。很多教师在教学时就会以中考得分项作为主要标准进行教学，偏向于实词、文意理解等方面的教学而忽视其中的词

类活用教学。这就与语文学科发展语言能力思维能力的总体目标相背离，也造成了学生对语法知识和词类活用知识十分陌生。

笔者也对上海地区部分语文教师进行了一些小型访谈。当问及教授词类活用知识现状时，大多数教师都提到目前对词类活用知识并不是十分强调，大多都是侧重理解文意和实词的记忆。

无论是上海市中考这一风向标还是平时的教学中，可见对词类活用这一部分知识的教学有所欠缺。这也就极大程度上导致了学生在问卷中反映出问题，即对语法和词类活用知识非常模糊，甚至在长期进行实词训练的环境下，根本无法意识到有词类活用的现象。

2. 过于依赖机械记忆，缺少及时归纳复习

文言文学习是长期积累的过程，而机械记忆对于文言文学习初期的学生而言，无疑是最便捷也是最高效的方法。当学生还没有真正建立起一个完整的文言文知识体系，并且学习到的文言知识相对较少时，机械记忆能够帮助学生丰富和充实文言知识储备，也能够让学生获得对文言文感性的认识，从而熟悉文言文，进入文言文学习的状态。同时，机械记忆作为即刻回忆能力能够让学生在较短的时间范围内记住所学习到的内容，并且可以做到快速提取做出反馈。

可是，机械记忆虽然能够帮助学生短期内获益，但是如果没有养成及时归纳复习的习惯，过于依赖机械记忆，很快便会产生知识的遗忘。再加上文言文本身在生活中运用率少，距离现代生活远，更会加剧知识的遗忘速度。从问卷的结果中也可以鲜明地看到这一点。虽然题目均选自课内，但学生的平均准确率却仍然不能达到合格线。而且对于同样学过的内容，不止一道题的数据显示低年级学生的准确率反而要远高于高年级。这些问题的产生都表明在初中学段，学生对词类活用知识及时归纳整理的缺乏。

此外，问卷中学生所出现的字词释义不清、相近字词释义搞混等问题也都表明了学生在学习过后没有进行及时的复习整理，从而导致了知识的遗忘。因此，在问卷中学生凭借自己模糊的印象和判断进行作答，使得在“互相轩邈”的解释中出现“打量”“看不起”等答案，将“与臣而将四矣”中的“四”解释为“多次”等问题层出不穷。

3. 学习主动性弱，思维缺乏灵活性

长期的机械记忆和固有死板的教学模式也会让学生逐渐养成不爱思考和探究的不良学习习惯，长此以往也导致学生对词类活用学习更加逃避和畏惧，不愿意主动探究和思考词类活用现象。

在问卷的翻译题中能够看到对于书下注释已有的翻译或是经常考查的句子翻译，大部分同学在长期操练下能够完整、一字不差地进行作答，但很少有同学注意到句中的词类活用。问卷翻译第一题中全体九年级同学都能作答出书下注释给出的翻译，但忽视了翻译中的使动用法。同样地，第二题中六成以上八年级学生能够直接正确写出"威武不能屈"的句子解释，但一旦深入考察句中字词的释义，却只有 1/5 的学生能够完整写出"屈"的活用类型及活用后的释义。"威武不能屈"句是该篇课文中的重要语句，学生日常考察操练的频繁促使学生更偏向于直接记忆整句话的翻译，但对其中字词的释义及活用类型考查较少导致学生并没有深入进行过思考与理解。此外，在书下注释中对"屈"字的解释虽然有点明用法但并没有补充活用后的释义。所以，当问卷中要求学生单独写出字词解释时，不少学生没有理解书下注释的意思，不经过思考就想当然地将活用后"屈"的释义也直接理解为是"屈服"。也有一部分学生选择直接放弃填写活用后的释义。这就体现了长期机械记忆让学生更多地依赖已有的解释或答案，而固有僵化的学习模式使得学生学习的主动性弱，对词类活用知识缺乏深度思考，不愿意去深入探究现象形成的原因和机理，而当出现背下来的答案无法解决的难题时，学生更大概率就会选择逃避和放弃。

思维缺乏灵活性也导致在对文言文进行翻译时，很多学生倾向于使用"直接组词法"。对于很多文言文中的单音节词来说，组词法确实能够解释字词，但是这也让学生养成了看到单音节词不分青红皂白直接组词变成双音节词，不考虑句子的通畅性。例如问卷翻译题中学生将"劳形"翻译成"劳累身体"。遇到无法直接组词的情况，就直接选择回避，问卷中"饿其体肤"这一句的翻译就有近 50% 的同学直接翻译成"饿他的身体"。这些现象背后很大程度上都是由于学生头脑变懒、思路变得狭窄，缺少灵活性和主动性。

综上所述,笔者就问卷分析所反映出的问题进行了深入探究,认为目前上海市初中语文词类活用教学存在的问题主要是由教师教授语法的意识、学生学习习惯以及学生学习主动性和灵活性这三个方面的原因所造成的,即教师缺少对语法知识的教学、学生过于依赖机械记忆,缺少及时归纳整理以及学生学习主动性和思维灵活性较弱。通过对问题的原因分析,给笔者带来一定的思考和启发,为词类活用教学对策的提出奠定基础。

总而言之,基于对问卷结果细致深入的整理和分析,笔者发现在目前上海市初中语文词类活用教学中存在学生文言基础薄弱、学过的知识易忘和容易产生畏难逃避心理的三个主要问题。再结合学生问卷中的偏误情况、近五年上海市中考试题以及对部分上海市初中语文教师教学现状的了解,对三个主要问题分别进行原因分析,从而得出教师语法知识教学意识淡薄、学生过于依赖机械记忆,缺少及时归纳整理和学生学习主动性及思维灵活性弱这三方面主要原因。通过对问题的挖掘和原因分析,在进一步了解上海市初中语文词类活用教学真实情况的同时,为笔者后文中教学对策的提出提供了依据和参考。

第三章 初中语文词类活用教学策略

基于对教材的梳理以及对初中语文词类活用教学现状的分析,本章从教师的教学入手,针对目前初中语文词类活用教学的问题,分别从基础建构、夯实基础、提升能力三个方面循序渐进、由浅入深地提出三个部分的教学策略,有针对性地帮助解决学生在学习词类活用时存在的问题,进一步提高初中语文词类活用教学质量和效率,为义务教育阶段初中语文词类活用教学提供一定的帮助。

一、重视教材,补充适当的语法知识

针对学生文言语法基础较为薄弱的问题,笔者认为首先需要帮助学生补充语法基础知识,让学生对语法的基本知识有一定的了解和熟悉。而这

就要先从教师的观念入手，转变教师自身对语法知识教学以及教材使用的态度，关注语法知识教学，重视教材的使用，为词类活用教学效率的提高打下基础。

（一）关注语法教学，补充基础语法知识

通过第一章节的整理可以看到，教材中对许多语法知识都有进行补充。基础的语法知识都安排在七年级学段，并且都编排在了现代文之后。文言和现代汉语归根结底都是汉语，他们的语法系统也必然不是完全割离的。而作为初中学段的学生而言，在大量接触文言之前，教师在日常教学时应当有意识地补充现代汉语基础语法知识，让学生在现有的对现代汉语语法现象感知的基础上，对基础语法知识有一定的了解。那么到了八、九年级大量学习文言文篇目时，教师教学就能够更容易地将古代汉语语法知识系统与学生已有的现代汉语语法知识接轨，以现代汉语语法知识作为参照和基石“固”同“补”异，对两者共通之处进行强调巩固，加深学生印象和理解，而不足之处进行补充，扩大学生知识储备。如此一来，可以帮助学生在逐渐加深对现代汉语语法理解的基础上，促进古代汉语的学习和理解。而问卷结果中所反映出的对词性辨析不清问题就能较好地改善，教师的教学以及学生的学习也都能够循序渐进、更加高效。

进行文言文教学时教师也应当有意识地补充和点拨词类活用知识。在最新的《2022 年上海市初中语文课程终结性评价指南》的例题中可以看到，课外文言文部分的示题出现了变化，如例 4 第 3 小题：

> 3. 解释下列句中加点词。
> （1）可烧而走也（　　）　（2）实以薪草（　　）
> 【参考答案】（1）使……逃跑　（2）填满（装满）

在加点词语解释的题目中，首次出现了词类活用现象的字词解释。虽然示题并不完全代表中考的形式和内容，但是这一处的改变也或多或少提醒着教师不能再像原先那样完全忽视词类活用教学，只注重初中 150 个实词的记忆和梳理。通过对词类活用知识的补充，学生也能够更加有意识地在进行翻译语句、理解文章时考虑到词类活用的情况,帮助学生更好地理解文言文的同时,增加学生知识储备。因此,教师在教学时不能完全避而不谈词类活用。

提高学生词类活用学习能力首先需要教师能够关注基础语法知识教学,关注词类活用知识的教学。教师教给学生一定的基础语法知识,补充词类活用相关知识,循序渐进帮助学生充实知识储备,打下学习基础。

(二)充分利用教材,重视教材的指导作用

教材中所选用的文言篇目都是经过精挑细选的优秀名家经典作品,每一篇文言篇目对学生熟悉文言表达习惯都有着重要价值。学好教材中的文言篇目能够有效帮助学生打下文言基础。同时,教材编排合理,无论是语法知识补充、文言选文还是词类活用现象出现数量和难度都是从少到多、从易到难,符合学生的认知和成长规律,依托教材进行教学有助于学生更好地打下语法基础,学习词类活用。

在教授文言文时,教师应当对教材中的文言篇目有针对性地进行细致讲解。不少教师为了完成教学任务,赶教学进度而匆忙了事,在进行课内文言文教学时所有文言篇目都是采用疏通文义、理解中心、背默实词的教学流程,甚至有些教师将文言文学习寄托在考前的最后冲刺上。这样的做法不仅拉低了学生的效率,还限制了教材的作用。课内文言篇目为学生学习文言文提供了高质量的语言材料,这些精挑细选的语言材料往往涵盖了许多具有一般规律的典型个例。抛弃教材,很大程度上就是切断了学生从个别到一般,从感性到理性的桥梁。

而在部编版初中教材中,对语法知识、词类活用知识并没有设置专题模块作为教学参考。但是通过第一章的梳理也能发现,部分语法知识及词类活用现象分布在现代文之后、书下注释以及课后练习之中。因此,教师在教学前应当对教材进行深入研究,以教材作为指导对教材中涉及的知识点、文言文篇目等编排有一个全局的把握。基于对教材的把握,结合学生基础情况对语法知识和词类活用知识进行补充。

因而,在词类活用的教学上,教师可以结合对文章的学习,利用教材中典型的词类活用现象,对词类活用相关知识进行适当的补充教学。而在进行补充时，也并不是对词类活用的概念和定义进行机械、系统性的灌输，而是应当“从所遇到的具体语言实例出发进行指导和点拨”①。例如：在学习《小石潭记》时，利用“斗折蛇行”这一典型的词类活用现象，对名词用作状语表示比喻的用法进行适当的补充教学和点拨，增加学生对词类活用现象的印象和敏感性。为了让教师自身能够对词类活用现象与知识有一个更清晰明确的认知，并且在进行教学时能有意识地进行词类活用知识补充。这里笔者进行了一个简单的框架梳理，希望能为教师教学提供一定的参考，具体见图2。

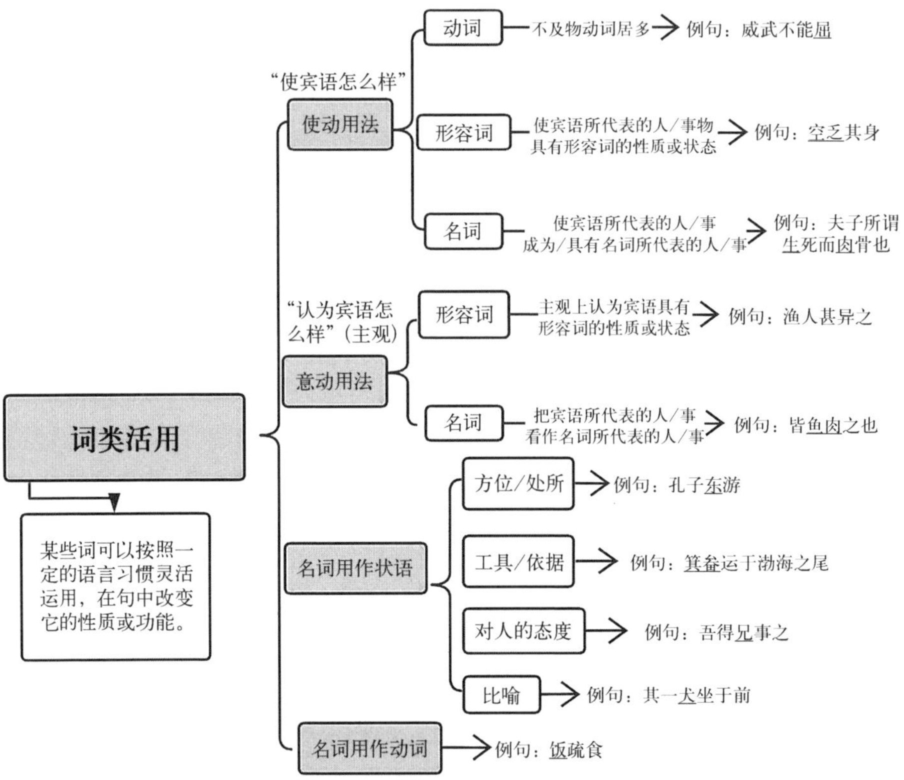

图2 词类活用知识基本框架②

① 中华人民共和国教育部：《义务教育语文课程标准(2011年版)》，北京师范大学出版社2012年版，第25页。

② 框架梳理参照郭锡良：《古代汉语(上)》，商务印书馆2018年版，第277—284页。

教师关注基础语法知识教学并充分利用教材，从而通过不断补充与积累，逐步让学生熟悉文言表达习惯，减少学生词性辨析不清、词类活用类型不了解等基础性问题，逐步形成对文言语法的感知理解，为词类活用教学打下坚实的基础。

二、勤读巧练，引导学生及时归纳整理

语文是一门非常注重长期积累的实践性课程。学生学过的文言知识易忘很大程度上是因为缺少归纳整理的习惯，同时也缺乏一定的科学训练去巩固强化记忆。因此，笔者认为在对基本语法以及词类活用知识进行补充的基础上，教师可以以学习方法的培养作为主要抓手，进一步引导学生培养提高词类活用学习效率的良好习惯，帮助学生及时复习巩固，夯实学生词类活用知识的基础，筑牢文言语法教学的根基。

（一）熟能生巧、科学练习，夯实词类活用基础

艾宾浩斯遗忘曲线表明：遗忘的速度先快后慢。如果学习了新的知识后不及时进行复习巩固，就会很快遗忘。此外实验也表明理解了的知识相比于死记硬背的知识记忆起来更快，遗忘也越慢。因此，对于学习词类活用易忘的问题，需要教师引导学生在初次学习之后及时巩固，并尝试着由机械记忆转化为理解性记忆。那么，这应当如何来实现？笔者认为，反复朗读和科学练习是帮助学生提高记忆效率的有效对策。

在文言文的朗读中，句子朗读节奏的划分十分重要。这就需要学生能够注意到其中的词类活用现象。反之，如果学生能够通过反复朗读不断加深对句子朗读节奏的划分，就可以极大程度上帮助其理解巩固语句中的词类活用知识。如《狼》中“其一犬坐于前”在本次问卷中出错率就非常高，很多同学出错就是因为将句子划分成了“其/一犬/坐于前”，而正确的划分应该是“其一/犬坐/于前”。再例如课文《陈涉世家》的“陈胜王”这一句中，“王”字的读音就提示着学生词性的改变。如果能够在进行词类活用教学时多进行朗读，那么学生在反复朗读中就会加深对句子中词类活用现象的认识和理解，降低遗忘的可能性。

及时练习进行巩固对提高记忆效率也十分有效，但并不是机械重复的题海战术。盲目训练只会加剧学生的抵触心理。在词类活用的训练上，笔者认为教师在补充学习词类活用知识后应当及时布置一些练习题帮助学生复习巩固。而针对题型的选择笔者认为以下一些形式可以供教师参考。

第一种可以采用对比练习，将同一个字活用与不活用的例句放在一起进行对比练习。如在问卷中“传不习乎”中的“传”出错率较高，教师不妨将其与“师者，所以传道授业解惑也”进行比较，从而让学生更加直观地感受到词类活用的变化。

第二种是同一类型的词类活用放在一起进行比较练习。如《与朱元思书》一文中就出现了非常多方位名词的活用，《富贵不能淫》中出现了很多使动用法的例句。教师可以将同一类型的例句整理在一起进行练习，从而帮助学生深入理解某一种类型的词类活用。

笔者问卷中第三大题的题目设计也可以作为教师出题的参考之一，针对一些学生常见的偏误类型来进行练习。比方说在问卷中“渔人甚异之”里“异”的意动用法学生理解较为不透彻，很多同学和其他用法混淆。教师就可以结合使动用法、被动用法等学生常见偏误类型来进行选项的设置，帮助学生区分不同词类活用类型之间的区别。

总之，通过反复朗读和及时练习，进一步加深学生对词类活用知识掌握。但也要避免盲目练习，有针对性地进行科学练习，提高练习的效率。从而让学生解决知识易忘的问题，提高记忆的效率，不断巩固所学到的知识。

（二）借助典型，引导学生养成归纳整理的意识

苏联心理学家索科洛夫的实验曾表明一次识记材料的数量与识记的效率呈负相关。文言知识与学生距离较远，学生较为陌生。文言文中的字词、语法现象与现代汉语也有一定差距，在初学时需要学生进行积累和一定的记忆。但初中课内教材中的词类活用现象就约有100多处，更不论课外的文言篇目。如果每一个词类活用现象都靠学生死记硬背，那么长此以往只会让记忆和学习的效率越来越低。

因此，引导学生养成归纳整理的意识非常重要，而在归纳整理时借助典型词类活用现象也能够帮助学生不断刺激巩固对词类活用知识的记忆，达

到巩固基础的效果。

1.培养学生养成记笔记的习惯

对于很多初中生而言，学习文言文时很少有学生能养成记笔记的习惯。也有很多学生习惯把笔记记在课本上，但往往是换了一个年级，书本一扔就把知识忘记了。所以，学习文言文时，教师应当在学生初次接触文言文就有意识地培养学生记笔记的习惯。

可以尝试着在学期初让学生专设一本关于文言文的笔记本，教授给学生一些记笔记的方法，例如康奈尔笔记法、思维导图法、目录索引法等。教师也可以定期举行"优秀笔记评选""笔记心得讨论"等活动，调动起学生记笔记的兴趣，而不仅仅把它作为一项任务。在进行词类活用教学时，教师就能够有意识地让学生对所遇到的词类活用现象进行积累。可以参照问卷中的第二大题，对遇到的词类活用现象根据"例句""本义""词类活用类型""解释"的模式进行记录，并进行定期总结交流。

在教学初期的课堂上可以多留存一些时间让学生进行笔记记录，养成习惯后逐渐缩短留存时间，提高教学效率。在课后教师也应当把整理笔记或复习笔记作为一项课后作业，逐步让学生培养起归纳整理的意识。

通过记笔记习惯的养成，帮助学生将模糊的知识进行整理，加深学生的印象，避免出现学过的词类活用知识易忘和混乱不清的问题。

2.借助典型词类活用现象

初中生来并不需要像语法学家一样，专门记忆词类活用或是文言语法的规律。文言语法是非常灵活的，同时在学术界也依旧存在很多争议和问题。无论是直接记忆词类活用现象背后的规律还是死记硬背每一个出现过的词类活用现象都只会在花费大量时间的同时，扼杀学生对文言文的兴趣，加剧学生对文言文的抵触心理。

就初中学段词类活用教学而言，教师可以借助典型词类活用现象。虽然课内词类活用现象也并不少，但却是有限的，并且对学生而言也是印象更为深刻的。教师在教学时可以以一些具有代表性的词类活用现象为范例，引导学生进行笔记的归纳整理。例如，《爱莲说》中"不蔓不枝"的"蔓""枝"都是名词用作动词，教师就可以以此为范例。当后续教学过程中再次遇到名词用作动词的词类活用现象,便可以让学生对标这一范例并且将其归纳整理在一起。这一项工作应当是学生自己完成,教师在这过程中仅需要做好最初的指导工作。

在借助典型词类活用现象进行笔记整理的方法下,学生如果遇到课外文言文中相同的词类活用现象,教师就可以引导学生回忆课内所学的典型现象,促使学生检索、匹配已有的典型范例,从而确定词类活用类型,在这个过程中不断刺激记忆达到巩固强化的效果。长此以往,学生学过的词类活用知识易忘的问题就能够得以改善。

总而言之,通过科学练习和反复朗读能够较高效地帮助学生在初次学习词类活用知识后及时巩固、加深印象。而借助典型词类活用现象,及时归纳整理则能更好地促使学生搭建新旧知识之间的联系,对零碎的词类活用现象加以整合完善,不断加深对词类活用现象的认识。最终真正能够让学生对词类活用知识进行强化巩固,达到夯实基础、筑牢根基的效果。

三、思考探究,提高学生学习的主动性

学生是教学活动中的主体,教师起到一定的主导作用。要想全面提高学生的语文素养以及对中华文化的认同感,在语言现象感知获得的基础上进一步形成和提升学生语言的运用能力,还是需要从根本上激发学生的学习兴趣。进行知识的延伸拓展,改变死板僵化的教学方式、转变学生角色,从思想上让学生能够真正积极主动地去学习和探究,才能使得词类活用教学乃至语文教学更为高效。

(一) 延伸拓展、迁移运用,激发学生学习兴趣

教师对学生进行词类活用知识的教学时,除了可以充分利用课内的文言篇目,也要多结合一些课外有趣的文言篇目。提高学生的学习兴趣,养成阅读文言文的习惯。

教师可以利用教材中“阅读提示”“课后练习”“自读推荐”等模块中出现的文言篇目,也可以选择一些短小有趣的寓言故事、耳熟能详的成语典故等达到教学目的。比如在学习《杞人忧天》《愚公移山》后,不妨推荐学生阅

读《列子》中其他有趣的寓言故事，定期让学生阅读这些课外文言文。这样的练习每次耗时不长，但日积月累，长期坚持，能让学生在有趣的故事中培养起阅读文言文的习惯。

在定期阅读的同时，逐渐将课内所学的知识拓展迁移到课外阅读中。在词类活用的延伸拓展中，教师不妨借助精辟凝练的成语或试着让学生阅读成语背后的典故加深对词类活用的理解。例如针对所学过的“斗折蛇行”这一类名词用作状语用法的延伸补充，就可以结合“星罗棋布”“烟消云散”“雷厉风行”等成语来帮助学生理解。再比如在“动心忍性”这一类使动用法的教学后列举“丰衣足食”“破釜沉舟”“赏心悦目”等同类别的成语就是不错的拓展选择。让学生在生活中或是阅读时多积累词类活用等文言现象并定期交流，分享在过程中遇到的问题，师生共同思考探究，尝试着用课内所学的知识来解决或补充新的知识。

而在学习和积累了一定量的词类活用现象之后，教师也能够尝试让学生在已有的词类活用知识基础上思考探究词类活用现象的一些规律和标志，比方说在名词活用作动词中，名词用“而”连结时，活用作动词，名词放在副词后活用作动词等规律。笔者在这里也整理了一些常见的词类活用现象判定标志与条件供教师参考，具体如图3所示。

图3　词类活用常见判定条件

在教师的指引下，学生通过自己的积累思考并总结归纳出词类活用的一些普遍规律，不仅能够拓宽其知识面、激发其思维，更能够在原有知识积累的基础上，进一步培养学生自主探究、迁移运用的能力。

在对词类活用相关研究进行整理时，笔者也发现词类活用中依旧存在一些具有争议的现象以及用法。这些具有争议性的问题却也是激起学生学习词类活用兴趣的重要抓手。教师带领学生一起深入探究一些有争议的词类活用现象,在探究的过程中规范学生查阅工具书的方法,补充词类活用学说的发展背景,让学生对词类活用现象的了解更为透彻,也使得学生能够养成问题意识和探究意识。

通过对词类活用知识的延伸拓展、迁移运用,帮助学生在已有的、储备较为完善牢固的感性认识基础之上进一步得到能力的锻炼,在提高学习的主动性的同时,培养学生的阅读能力和思维创新能力。

（二）角色转换,提高学生学习主动性

文言文对于初中生日常生活的距离感、其本身的难度以及教学过程中存在的不当方式都可能会挫败学生对文言文学习的兴趣,更不论对文言文语法中词类活用的学习兴趣。因此,在如何激发学生学习主动性上还需要教师改变原有些许枯燥、死板的教学方式,转换学生角色,让学生成为课堂的参与者,从而尽可能大地调动起学生的学习热情,提升学生自我探究与解决问题的能力。

在进行课内文言文教授前,教师可以抛出一些有趣的问题,也可以充分借助教材中的助读系统让学生当一回“小侦探”进行自主预习,使得学生从被动接受知识的学习模式转变为主动探究思考。通过学生预习过程中的圈画、思考,引导学生积极探索,借助书下注释以及工具书自己分析问题、解决问题。

在预习过程中也应当让学生记录下自己在阅读时所产生的问题。进行正式教学的过程中,让学生来当一回“小老师”。基于课前的预习,针对教学的文言篇目中所涉及的重难点,在教师的引导下请同学们互相提问、互相解答。以学生之间问答过程中遇到的问题和难点作为突破口展开教学,教师进行适时的点拨并不断组织学生交流讨论,让学生在交流中碰撞出思维的火花,在引起思考的同时激起同学们的学习兴趣和热情,让学生成为教师,成为课堂中的积极参与者。

“不愤不启,不悱不发”,让学生充当教师的角色,而教师则是在学生遇到思路郁结之处时,恰到好处地进行启发,进行总结和正向鼓励,在让学生获得成就感和满足感的同时,开阔学生思维,顺利解决文言教学中的问题。

“兴趣是最好的老师”，要想真正提高学生学习的主动性，需要减少学生对于文言文词类活用的畏难逃避心理，进一步培养学生文言阅读的习惯，提升语言感知和运用能力。教师还要改变传统的填鸭式教学，重视学生兴趣的培养、角色的转变和问题意识的激发。让学生多问为什么，教师进行引导、启发和总结，让学生在“学会”的基础上，真正能够“会学”。

综上所述，笔者以前文中所发现的学生语法基础薄弱、知识易忘和容易畏难逃避这三个问题为突破口，以原因分析为抓手，有针对性地提出了相关的教学对策并进行了论述。

通过教师对语法基础知识的补充和对教材的重视，为学生学习词类活用打下基础。再依托学习方法，以反复朗读、科学练习以及借助典型归纳整理笔记的方法为落脚点，解决学生学过的知识易忘问题，进一步帮助学生巩固基础、筑牢根基。最后，在学生打好坚实基础的前提下，延伸拓展、迁移运用，改变固有僵化的教学模式、转换学生角色。从根本上激发学生的兴趣，提高学生学习的主动性，帮助学生能力的培养和提升。

从问题出发，以循序渐进、由浅入深的原则，有针对性地解决初中语文词类活用教学中的问题，探索教学策略，提升教学质量。从而为义务教育阶段初中语文词类活用的教学提供一定的参考和帮助。

结　语

王力先生曾言：“培养阅读古书的能力，是批判地继承文化遗产的先决条件。”①上下五千年的悠悠历史创造了中华民族无数灿烂的文化，留下了许多宝贵的精神财富，推动着我们的民族不断繁荣发展。而要在历史长河中去芜存菁，真正继承优秀的中华民族传统文化、提升文化审美鉴赏能力、增强民族自信的前提是能够读懂古书，学习词类活用更是阅读文言文的有力抓手。义务教育阶段正是学生打好文言基础、培养文言阅读习惯的关键时期，因此，对初中语文词类活用教学的研究很有必要。

① 王力：《古代汉语常识》，商务印书馆2002年版，第4页。

论文以部编版初中语文教材作为切入点，系统整理归纳教材中词类活用现象并对词类活用类型进行了统计，发现词类活用现象在初中阶段出现频次较多，而其中名词、形容词的活用以及使动用法出现较多。同时，论文对教材中书下注释、课后练习以及语法知识等相关补充板块都做了统计和梳理，发现教材中的编排对词类活用教学起到了指导性作用，为教师充分利用教材教学提供了一定的参考。

基于教材梳理，针对学生学习的阶段性以及可能存在的偏误类型设计词类活用测验试题。对上海市两所中学的部分学生进行文言检测，真实了解上海地区部分学校的词类活用教学现状。数据统计分析发现学生普遍存在"文言语法基础薄弱""学过的知识易忘""畏难心理"的问题。经过深入研究和分析之后，挖掘出其背后学生"语法知识教学缺失""过于依赖机械记忆，缺少及时归纳复习""主动性弱""缺乏灵活性"的原因。论文针对这些原因从教师教学的角度展开思考，使教师能够在明确学生问题的基础上改善教学策略，充分利用教材，勤读巧练，借助词类活用现象中的典型示范，引导学生培养及时归纳复习的学习习惯，并且要从根本上提升学生对于学习文言文的主动性，培养学生的阅读兴趣，真正让学生自己迈开步子学习文言文，从而提高初中语文词类活用教学效率，打牢文言基础。

但由于笔者自身的学识和一线实践经验的限制，论文中对初中语文词类活用教学的研究还不够完善。例如：词类活用教学问题及教学策略的提出在全面性和深刻性上还仍需提高。对于初中语文词类活用教学的研究仍然需要更多专家、学者以及一线教师进一步地深入研究。笔者也希望本论文能为初中语文教师在进行词类活用教学时提供一定的参考，为初中语文词类活用的教学研究抛砖引玉。

参考文献

[1] 中华人民共和国教育部.义务教育语文课程标准(2011年版)[M].北京：北京师范大学出版社，2012.

[2] 中华人民共和国教育部.普通高中语文课程标(2017年版，2020年修订)[M].北京：人民教育出版社，2020.

[3] 王力.古代汉语常识[M].北京：商务印书馆，2002.

［4］王克仲.古汉语词类活用［M］.长沙：湖南人民出版社，1989.
［5］郭锡良.古代汉语（上）［M］.北京：商务印书馆，2018.
［6］吕叔湘.中国文法要略［M］.北京：商务印书馆，2014.
［7］马建忠.马氏文通［M］.北京：商务印书馆，2010.
［8］陈承泽.国文法草创［M］.北京：商务印书馆，1982.
［9］张世禄.古代汉语［M］.上海：上海教育出版社，1978.
［10］周本淳.古代汉语［M］.上海：华东师范大学出版社，1990.
［11］荆贵生.古代汉语［M］.济南：黄河出版社，1997.
［12］卢家楣.学习心理与教学［M］.上海：上海教育出版社，2016.
［13］卢家楣.心理学与教育［M］.上海：上海教育出版社，2016.
［14］邓明.从方法论的视角论古汉语词类活用说的偏误［J］.语文研究，2011（2）：35－39.
［15］毛向樱.浅论汉语语法教学中的词类活用现象［J］.牡丹江大学学报，2008（11）：96－98.
［16］袁庆德.勿以词义引申为词类活用［J］.古汉语研究，2009（1）：55－59.
［17］罗竹莲.词类活用与词的兼类论析［J］.九江师专学报，2002（3）：73－76.
［18］白平，王定秀."词类活用"问题之我见［J］.山西大学学报（哲学社会科学版），1999（3）：53－55.
［19］蔡振雄.试析"词类活用"的不科学性［J］.韩山师范学院学报，1995（2）：74－79.
［20］李轶坤.从古汉语的词类活用看语法与修辞的关系［J］.语文建设，2014（17）：70－71.
［21］王玉仁.古代汉语词类活用的修辞功能［J］.修辞学习，2005（1）：60－61.
［22］董旭午.融通生活，活教活学词类活用［J］.语文教学通讯.2017（26）：54－55.
［23］姚祎.文言文词类活用的几种推断方法［J］.考试周刊，2013（88）：41.
［24］黄文丽.高考文言文语法教学探究——以文言文翻译为例［J］.百科论坛电子杂志，2020（16）：1011－1012.
［25］李杰.如何利用现代汉语句子成分分析文言特殊句式与词类活用［J］.中国校外教育，2012（32）：125－126.
［26］马汉元.中职语文词类活用教学引导法例谈［J］.新课程研究（中旬刊），2010（7）：88－89.
［27］贺笑楠.高中文言文词类活用教学研究［D］.北京：中央民族大学，2019.
［28］李乾艳.初中文言文词类活用教学研究［D］.武汉：华中师范大学，2019.
［29］韩玉.初中文言文实词教学研究［D］.成都：四川师范大学，2018.
［30］张丝丝.部编初中语文文言文词类活用教学研究［D］.贵阳：贵州师范大学，2020.
［31］周亚萍.初中文言文词类活用教学现状及改进策略研究［D］.烟台：鲁东大学，2021.
［32］于倩文."部编版"初中语文文言文词类活用教学研究——以西安市博迪中学为例［D］.重庆：重庆师范大学，2021.

从篆书到隶书看汉字部件简化

陈酉雯

摘要 自从新中国汉字简化之后,关于文字简化的问题的探讨从来没有停止过。其实汉字也是有它的生命的。从繁体字到简体字是第二次汉字简化,那第一次呢?翻阅资料之后才发现,从篆书到隶书是汉字简化的一大跨越。篆书和隶书在现今是一种艺术,但是在当时,篆书和隶书就是文字的记录工具,就是汉字。撇去其书法价值不论,把篆书和隶书当作汉字来比较,研究其简化规律很有意义。汉字的最小单位是笔画,隶书已经出现了可清晰辨识和归类的笔画,篆书也有此类笔画,但是篆书因为象形性突出,更多的笔画以及其变化难以描述,所以本文从汉字比笔画上一级的单位——部件中进行研究,研究笔画在汉字部件当中变化以及部件的变化。从篆书到隶书,部件中的笔画进行了简化,还有根据一些微小笔画的变化足以对部件加以区分,用已有的部件简化汉字,还有根据部件所在位置不同,做出不同的简化。我们也可以利用这些规律,使现代汉字的简化更加规律、更加优化。

关键词 篆书;隶书;部件;简化

一、绪　　论

(一) 对待汉字简化的态度

汉字简化一直引起诸多讨论,多方争议。20世纪40年代的中国是一个需要文字推广的国家。而繁体字平均笔画为16,汉字在如此繁复的情况下想要普及确实非常困难，而其后的简体字平均笔画为 10.3，简体字大大推进了文化普及工作。厦门大学校长朱崇实也说过简体字使中国文盲人数大幅下降。与此同时，我们也不能否认汉字在简化的过程中确实有其疏漏以及不科学的地方。相较于一味批评的态度，我们要做的乃是扬弃地看待，努力解决汉字简化中的问题。正如王宁老师所说的，表意文字的发展规律之一便是："在新词、新义大量增加，字符数量不得不随之增加的情况下，不断地规整基础构件与基本构字方式，使文字的总体构形系统日趋完善与简化。"①

（二）为什么选择篆书和隶书

汉字演变的总趋势是由繁到简。"就汉字字体演变的态势来看，从以小篆为主的古文字阶段，到以楷书盛行的今文字阶段，汉字实际上处于一个由繁趋简、简体盛行的发展过程。借助于字体的演进，通过隶变、楷化等方式，汉字不断地规范笔画形态和结构关系，精简着汉字的数目，以达到服务交际、记录语言的需要。"②笔者从中得到启发，认为篆书和隶书不仅是书法，也是汉字，记录着汉字的简化过程，是否可以对比篆书和隶书，从中找出从篆书到隶书的发展过程以及汉字的简化规律，是否能帮助如今简体字的规范化呢？然而篆书到如今已经变化良多，特别是在书法中，也幸而在《篆书实用字典》《隶书实用字典》中分别列出了不同时代不同的人所写的篆书和隶书，本文对此加以参考，希望能更真实地比照研究汉字在历史中的进化、发展和简化规律。

二、汉　　字

（一）汉字渊源

在中国文字历史上，甲骨文是被公认的中国最早的文字，并且已经有了

① 王宁：《论汉字简化的必然趋势及其优化的原则——纪念〈汉字简化方案〉公布 3 周年》，《中国社会科学》1991 年第 2 期。

② 张惠玲：《母语危机及汉语文字应用能力的提升策略研究》，吉林文史出版社 2019 年版，第 17 页。

汉字的造字方法。其后有金文，就是各种青铜器或上铸或上刻的铭文，又称“钟鼎文”。陕西三畤原出土十只鼓，上面有文字，被称为“石鼓文”，因其书体在古文与秦篆之间，又称“大篆”或“籀文”。秦朝统一中国，结束诸侯兼并的春秋和战国两个历史时期。由于春秋战国战乱不休的局面使汉字的发展受到一定影响，出现了“文字异型”“书体多样”的状况。秦朝的光辉成就之一是统一了文字，创始了秦篆和秦隶。东汉许慎说：“秦书八体：一曰大篆，二曰小篆，三日刻符，四曰虫书，五曰摹印，六曰署书，七曰殳书，八曰隶书。”[1]八体各有所用，唯以篆书典籍，以隶书公令，为秦通行之书体。相传李斯创制小篆，程邈创制秦隶。

（二）篆书和隶书

从汉字发展史上，从篆书到隶书，有不同的说法。卫恒在《四书体势》中说“隶书，篆之捷也。”[2]这种说法也类似于“隶书是由篆书演变而来的一种字体”[3]的说法。但是另外也有人认为篆书用作官方用途，隶书则在民间使用，隶书并非直接承袭于篆书，二者没有直接的渊源，是同一种文字的演变。两种说法不一。但公认的是，在汉字的发展史中，因篆书多曲笔，书写时间较长，所以渐渐被隶书取代。不考虑篆书和隶书是否有继承关系，篆书象形性更强，隶书符号性更强，从象形到符号，所体现的就是汉字的简化，这种简化，被称为隶变。现今的篆书和隶书一般被当作是书法作品看待，放在现代，篆书和隶书是我们生活中被欣赏的艺术作品。但是，在秦汉时期，篆书和隶书就是他们的书写和记录所使用的文字。正因为篆书和隶书也是记录和书写的文字，它们才可以作为文字被研究和比较。所以笔者不考虑篆书和隶书的艺术价值，把篆书和隶书当作文字相比较，就是为了找到隶书为何能取代篆书，如何取代篆书，以此来照应现代汉字的简化，希望能对其有所帮助。

---

① 李传书：《说文解字注研究》，湖南出版社 1997 年版，第 74 页。
② 郑振峰、王军、李彦循等编著：《汉字学》，语文出版社 2005 年版，第 65 页。
③ 嵇绍玉：《再论书法之美》，中国书店 2019 年版，第 119 页。

三、篆书可辨笔画

笔画是指汉字书写时不间断地一次连续写成的一个线条。换而言之，笔画就是从笔尖接触纸面到离开纸面中所写的线条。笔画是汉字的最小组成部分，无论是部件、部首还是汉字，它的基础就是笔画。从篆书到隶书，笔画有了许多变化。隶书已经出现了基本的笔画，如横（一）、竖（丨）、撇（丿）、点（丶）、捺（㇏）、折（㇆）等几类，然而篆书的笔画更多、更复杂，并且篆书更加象形，它的书写难以区分笔画。不过经仔细比照，我们发现，篆书也已经出现了基本的笔画，只不过因为篆书的具象性非常强，所以不能用我们现在的点横竖撇捺来定义篆书的笔画。所以，用图可以更直观地说明：

从“一、七、不、主”，当然从更多的字可以看出，篆书已经有横了。

从“卜、主、山”来看，篆书已经有竖了。

篆书当然也有撇，如“八、大、光”等。

因为短横和点两者非常相似，非常难以区别，所以我就明显为点的字，如“丹、玉、金、汾”等字来说明，篆书点也已经具备了。

还有这个笔画，就是如今汉字中的竖弯钩，在篆书中存在，如“元、兄、允”等。

从“七、上、下”来看，这个笔画也成型了。

篆书中也有半圆这个笔画，如“不、主、老”等。

篆书中也有这个笔画，如“丑、事、秉”等。

篆书中还有这样的笔画，如“云、允、治”等。

篆书中还有“乙”的笔画，如“乙、乳、乾”等。

篆书中还有这样的笔画，如“禾、秉”等。

篆书中有这样的笔画，如“至、到”等。

篆书中还有这样的笔画，如“即、廊、唯”等。

篆书中还有水滴状的笔画，如“终”等现在有以纟为部首的字。

除了上述明显可辨识的笔画外，还有一些笔画（或者部首）因为难以区分是一笔写成，还是两笔写成，所以就没有列在上面。篆书虽然具象性很强，但是已经出现了一些固定的笔画。以上这些笔画在隶书中，就有了很大的改变。但并不是笔画一一对应变化，有的也是两个或多个笔画组成的部件的变化。如，它的右半部分由点和“勾”组成，但其变化成的卩时，很难说清究竟是点变成竖，勾变成横折还是点变成横折、勾变成竖。所以，这种变化是多个笔画组或者部件整个一起变化的，当然这并不是大多数情况。

四、篆书与隶书，清晰的部件中笔画规律变化

由于篆书象形特点突出，所以并不适合从一笔一画中去对照隶书研究，所以就从比笔画更高一级的部件入手，从部件中比较篆书与隶书的差异：

从篆书到隶书，变化有如下一些趋势：

（一）部件的笔画几乎没有变化

一些非常简洁的笔画（有些笔画即部首）从篆书到隶书几乎一点变化都没有，有一些甚至根本就没有变化（不考虑书法艺术因素）如一、丨、丶等。有些笔画甚至到今天也都没有变化，这些部首不仅笔画简洁且书写也非常方便快捷，几乎没有简化的空间。

（二）部件的笔画变直

从篆书到隶书，有很多笔画由圆变直，字由圆润转向方正，做此变革可能因为当时以木简为书，圆润的笔画较难刻出、上漆，隶书的出现大大提升了书写速度。笔画变直的同时也减少了曲线笔画的多变程度，使得其更加简便单一，易于记忆和书写，并且使得汉字整体和谐统一。

1. 部件的笔画由曲变直

在笔画中，如“主、七、上、下、口、冂、凵、田、日、目、青、大、女、言、辛、音、曰、走、隶”等字，它们很多部件的笔画都是由曲线变成了直的横、竖。这些

笔画包括、、半圆等。

主-篆书　　　　主-隶书

2. 部件的笔画由曲变其他

同时有许多部件的笔画弯曲减少了，但是并非变成横，而是变成我们现在定义中的撇、竖弯钩、左耳朵、横折、捺等等。如“八、无、弓、示、川”等。笔画弯曲减少且渐渐固定其弯曲方向和程度，降低了汉字书写的简易度。这些笔画包括撇、等笔画。

八-篆书-诅楚文　　　　八-隶书-乙瑛碑

3. 部件的笔画变直且拆分

还有一种情况，就是在部件的笔画变直的过程中，出现了笔画的拆分，也就是说一部分弯曲的笔画变成横或竖，同时也分解出点、竖、撇等笔画（当时的竖到现在就简化为撇），如“亠、宀、勹、牛、忄、厶、广、犬、手、爪、立、白、方、禾、衣、玄、舟、齊”等为部首的字。但其中也有些是两个或两个以上的笔画组一起变化的。

禾-篆书-杨沂孙　　　　禾-隶书-邓石如

4. 部件的笔画变直且合并

当然，有分解也就会有合并。合并的意思本来就是两个或两个以上的笔画连在一起，所以合并是两个或两个以上的笔画组的变化。一般指有一些笔画组原本有一点，但是因为有一点不明显，那一点就被忽略不写或者由一竖合并，成为一笔，如门等。

内-篆书-大克鼎　内-篆书-李斯　-内-隶书-赵宽碑

（三）部件的笔画弯曲明显化

有许多笔画是由曲到直，也有反其道而行之的，从并不明显的弯曲变成了一个明显的弯曲，如“乙”，从篆书两个并不太明显的弯曲处变成了三个明

显的弯曲，诸如此类的还有“儿、几、匕、无、己、气、食、龜”等字中的笔画。这些明显的弯曲大多是以竖弯钩、竖提表现的。笔者并没有去研究过从篆书到隶书、以由曲变直为主流的简化的过程中为什么会出现增加弯曲这种变化，但正如王宁老师在《论汉字简化的必然趋势及其优化的原则》中说的：“越是要求符形的表意能度高、携带的信息量大，就越会增加符形的繁度。文字符号必须遵循‘分理别异’的原则，保持符形之间的区别度。”①所以笔画的弯曲明显化可能是为了保持符形之间的区别度。

乙-篆书-王澍

乙-隶书-丁敬

（四）部件的笔画变短

从篆书到隶书，也有一些字中的笔画变短的，很多都是变短成为点的。如带有“弋、廴、斗、穴、爪、竹、糸 、羽、魚、食、馬、鳥、飛”等为部首的字。变短的笔画有撇、横、长点等笔画。当笔画变短，则其笔势就会变少，笔势变少就会大大减小字的难度。

（五）部件的笔画延长

到了隶书，有许多笔画延长的，如“石、牙、爿、車、衣、色、舟”等。这些笔画都是由笔画不出头变成笔画延长，成为出头的一笔。一般是横、竖、撇等笔画。

（六）部件笔画长短的区分

汉字中有些笔画区分了笔画的长短，如“工、土、士、曰”等。原本两横几乎一样长，在篆书向隶书发展的时候，区分了笔画的长短。区分笔画的长短可以有效地区分笔画较少、字形非常简单的汉字。当时“曰”和“日”都是扁长的字形，从外形来看两个字是一模一样的，唯一区别这两个字的就是“曰”的第一横较短，使得“曰”是不封口的，而“日”的第一横较长，使得“日”是封

---

① 王宁：《论汉字简化的必然趋势及其优化的原则——纪念〈汉字简化方案〉公布 3 周年》，《中国社会科学》1991 年第 2 期。

口。一个笔画就区分两个汉字，也是非常高效地提高两个汉字区别度的方法。一般情况下，都是横、竖在做长短的区分。

（七）部件的撇变为点

变撇为点的字也不多，有以“火、米”等为部首的汉字。“火”为部首的时候也有全部变成点的，就是我们现在说的“灬”。一般有撇、长点变成短点。

五、篆书与隶书，清晰的部件规律变化

除了以上八条是能清晰识别的笔画产生的变化之外，有的汉字的部件也是有整体性变化规律的，列在下面：

（一）部件中笔画相交封口

汉字中由开口到几乎封口的并不非常多，有“又、支、攵、攴、皿”等字。原本笔画并没有相交，但是在篆书到隶书的演变中，原本没有相交的笔画渐渐相交、封口。比较有特色是“皿”，向上翘起的笔画变直，分别向两边斜出的笔画也变成两条竖，与最底下的横相交，成为现在的“皿”。在笔画相交封口的过程中也掺杂着笔画变直的现象。

又-篆书-邓石如　　又-隶书-郙阁颂

（二）部件中笔画合并

合并指的是原本分开的两笔或两笔以上相连，成为一笔。这样的汉字有以“卄、山、子、犭、虫、魚”等为部首的汉字。“卄”是分开的两笔合成一笔，其他两笔变成竖。“山”是“人”合成一笔，变成竖。“子”是分开的两笔相连成为一笔，变直。“犭”是竖和横连成一笔，变成撇。“虫”是上面一个小点，与竖相连变成一笔，成为“虫”。“鱼”是两撇合成竖，中间变成“田”。合并可以使两笔或多笔成为一笔，也可以简化汉字。

山-篆书-丰坊　　山-隶书-礼器碑

（三）部件的笔画添加

由篆书到隶书中，笔画添加的不多，有“尤、鸟”。汉字简化一般由曲到直、由多变少、由繁入简。然而，“尤、鸟”也是反其道而行之。我想可能因为不加点的“尤”和“大”非常像，“鸟”和“马”也非常相似，添加很小的一笔可以马上有效区别二字，也是非常有效的，并且最低程度增加笔画却没有增加汉字繁简程度。一般添加的笔画为点。

（四）部件中笔画减少

比较奇怪的一点是，篆书到隶书无缘无故减少笔画的情况非常少，减少只是汉字中已有的、重复的点，这样的汉字有以“玉、羽、长”等为部首的字。如“玉”减少了左边的撇，“羽”的两个“习”原本各有三点，到隶书就变为两点。也有减少圈的，如“言、不、音”等。

玉-篆书-碧落碑

玉-隶书-史晨碑

（五）部件变正

由篆书到隶书中，整个字体由斜变正的字也不少，下面的“瓦”，撇去没有添加一横，整个字形从原来歪斜的样子，到隶书就变得非常端正，这样的变化还有如“欠、瓦、母、毋”等。

瓦-篆书-马王堆简牍

瓦-隶书-张景碑

（六）部件变斜

不过有一个例外，“歹”却是由正变斜的。也撇下“歹”的横变长了不说，“歹”的整个字从篆书的端正变成隶书的倾斜。

歹-篆书-吴大澂

歹-隶书-景君碑

（七）部件水平翻转

汉字中有些笔画是左右水平翻转的，这样的现象不多，但是确实存在，如"卩、阝、耂"等。"卩"和"阝"原本较长的笔画都在右边，但是从篆书到隶书的时候，原本较短的笔画变长，原本较长的笔画变短，就像是两笔左右换了个，水平翻转了一下。"耂"也是，原本向右的一撇变成向左的一撇。

老-篆书-李阳冰

老-隶书-淮源庙碑

（八）用已有部件简化

用已有的部件进行简化的有"鹿、风"等。"鹿"的下半部分的"鹿蹄"本没有对应的已经变化完成的部首或部件，但是如果每个汉字简化都要创造新字符，那么字符就越来越多，达不到汉字简化的目的。又因为"鹿"的下半部分的"鹿蹄"和"比"非常相似，所以"鹿"的下半部分的"鹿蹄"的书写越来越靠近"比"的写法，越来越像"比"的写法，最后就用"比"来代替"鹿"的下半部分"鹿蹄"，完成了"鹿"这个部首的简化。用已有部首简化，可以避免创造新部件，增加汉字繁复程度。

甲骨文

篆书-李阳冰

篆书-梦英

隶书-礼器碑

隶书-伊秉绶

比-篆书-李阳冰

比-隶书-鲁峻碑

比-隶书-白石神君碑

六、篆书与隶书，部件的非一一对应变化

除去部件的笔画以及部件一一对应的变化之外，还有非一一对应的特殊变化：

（一）相似部首串用

况-篆书-碧落碑

况-篆书-王澍

况-隶书-赵宽碑

在篆书书写中，到了王澍这里，“丫”已经写成了“丬”，到了隶书，则仍然是“丬”。据考察，王澍生活于1668年至1743年，而赵宽碑则是东汉时期的(公元25年至公元220年)，可见赵宽碑的时候已经将“丫”写成了“丬”。

(二) 根据部件所在位置不同，简化也不同

之前所说的部件的简化并非一一对应的，这个特征非常明显地体现在部件所在位置不同、简化也不同这个部件简化的规律当中。以这个部件而言，它所在的位置不同，相对应的简化也不同。

丞–篆书–少室石阙　　丞–隶书–华山庙碑

其中，部件在字的左右两侧变成了。

共–篆书–邓如石　　共–隶书–金农

其中，部件在汉字底部则变成两点或者横加两点了。

倦–篆书–孙星衍　　倦–隶书–袁博碑

其中，部件在汉字中间变成了撇和捺的组合。这不是单独出现的偶然现象，而是一个有规律的现象。在“胜”字的变化中也有一样的变化。

胜–篆书–邓如石　　胜–隶书–孔彪碑

这个部件在“火”字下面也变成了撇和捺，只不过又和别的笔画合并了，产生了一点变化。

弊–篆书–赵孟頫　　弊–隶书–赵孟頫

其中，这个部件在“敝”下变成了，虽然同样在汉字的底部，并不一定全变成点和捺(或者横点捺)，而是变成了。可见，同样在汉字的底部，它的变化并不是固定的。

莫–篆书–李斯　　莫–隶书–华山庙碑

在“日”上面的部件变成了“草字头”。而在“日”下面的部件变成了“大”。现在在汉字底部的已经有三种变化了。

所以,汉字部件的变化并非死板的一个对一个的变化,而是有选择的变化。但是无论怎么简化,毫无例外,都简化成不超过它自身笔画的部件。无论是两点、撇捺、还是“大”,都和它本身有点相似。所以非一一对应的简化,并非随心所欲的,还是考虑到它原本的形状的。

七、部件简化规律总结

所以我们可以看出从篆书到隶书,汉字的简化最基础的是汉字笔画的简化,然而仅仅谈篆书、隶书笔画的简化并不能囊括所有从篆书到隶书的简化,这些简化有些一一对应,而有一些并非一一对应,有些是笔画的一一对应、或者笔画组的一一对应,还有一些乃是部件的简化,而这简化的规律如下:

(一) 笔画的精简

笔画的简化是汉字简化的基础。几乎大部分汉字的笔画都有精简,包括使用笔画由曲到直、还是笔画变短、变撇为点等方法。而这些简化,不仅仅是使笔画或者部首或者汉字的简化,它还有着符合书写习惯的含义。远在秦汉的时候,为了方便书写、方便记录等,文字就已经不断在简化。从较原始的甲骨文到篆书,再到隶书,文字的表意功能越来越弱,符号性越来越强。王宁老师认为文字有两个职能,就是书写和认识。她在《论汉字简化的必然趋势及其优化的原则》中提到:“就认读而言,人们总是希望符号形象丰满、易于识别;而就书写而言,人们又总是希望符号简单固定、便于摩描。追求形象丰满,往往会增加符形的繁难,是不符合书写的要求的。”[①]所以在从篆书到隶书中,汉字的简化的过程就有另一个规律。

---

① 王宁:《论汉字简化的必然趋势及其优化的原则——纪念〈汉字简化方案〉公布3周年》,《中国社会科学》1991第2期。

（二）部首的区分

从篆书到隶书，汉字的简化过程中，也出现了笔画添加、延长、长短区分等现象，就是为了避免汉字简化的过程中，出现部首或汉字相似而难以辨识的情况。而汉字简化又不能中断或放弃，所以出现了添加最小或者最少的笔画来区分两个部首或汉字的现象，就如上文所提到的尤和大，就是运用了添加一个点的方式区分两个部首（汉字），而且又考虑到汉字简化的问题，所以用了汉字笔画中最短的一个笔画，着实让这两个汉字在简化的过程中，既实现了笔画的精简，又考虑到了部首（汉字）的区分问题，并且考虑到这两个问题所用的解决方法也是非常“低成本、高效率”的。

（三）使用已有部首（部件）进行简化

如果每个汉字或者汉字部件在进行简化的时候，都创造了一个新的样式，那么汉字的字符数目就会急剧增加，字符数目增加就与汉字认识和书写的职能要求相悖。所以在简化的过程中，应该尽量运用已有的部首或部件，避免创造新的部件，这样有助于汉字简化，也对规范汉字起到一定作用。就如汉字“鹿”的简化。鹿的下半部分的“鹿蹄”本没有对应的已经变化完成的部首或部件，但是如果每个汉字简化都要创造新字符，那么字符就会越来越多，达不到汉字简化的目的，所以最后就用“比”来代替“鹿”的下半部分“鹿蹄”，“鹿”这个部件的简化既达成了简化的目的，又避免了创造新的部件，这样的例子也有很多。

（四）并非一一对应的僵化的简化，而是有变化的简化

在非一一对应的简化中，有一些是误变，出现了相似的部件串用的情况。此外，部件的简化也不是我们想象中可以一个一个对应的变化，而是有变化的简化。不同的部件放在不同的位置，就产生了不一样的变化。就如同放在汉字上下结构中的上边就变成了草字头，放下汉字上中下结构中的中部就变成了撇捺，再根据其上的部件一起融合变化，放在汉字上下结构的下部还有三种不同的简化，三种简化虽然不一样，但是同样的笔画非常简

洁。这个简化还不是随心所欲的变化，而是与原部件非常相似的简化。这样的简化就是在不增加汉字繁简度的前提下大大丰富了汉字的多样化。这样的简化方式同样也是汉字简化的方法之一。

八、总　　结

所以汉字的发展过程就是汉字不断简化的过程，有一些是无意识的，有一些是有意识的。在查找资料的过程中，笔者被甲骨文、金文、石鼓文、碧落碑和篆书深深地打动了，有一些汉字可以直接从它的形象得知它的意思，汉字的表意功能一览无遗，仿佛那些古老的汉字就在用它的形象说话，它有表情、有动作、有情绪……然而，当笔者在整理资料，从事真正关于篆书的书写的时候，却无时无刻没有想着近代的简体字的那种易于方便快捷、干脆利落的书写方式，虽然近代的简体字并没有用它的形象直接说话，但是它的便捷，只这一点，就吸引笔者投向它的怀抱。在现代这个发展越来越快、节奏也越来越快的时代，效率似乎是第一要求，除去以书法为职业的人之外，确实很少会有社会人士或者工作者再有那种闲情逸致去写那些繁复的文字，甚至连小学生也可能会拒绝书写那些繁复的文字。

那些繁复的文字可能真的一去不复返了，所以，现代人更要肩负汉字简化规范化的重任，从古代文字简化的过程中寻找规律，帮助现代简化汉字更加规范！

参考文献

[1] 王宁.论汉字规范的社会性与科学性——新形势下对汉字规范问题的反思[J].中国社会科学，2004(3).

[2] 王宁.论汉字简化的必然趋势及其优化的原则——纪念〈汉字简化方案〉公布3周年[J].中国社会科学，1991(2).

[3] 过大江.篆书实用字典[M].上海：上海辞书出版社，2013.

[4] 孙宝文.隶书实用字典[M].上海：上海辞书出版社，2010.

[5] 苏文正.汉字简化问题研究[D].兰州：兰州大学，2007.

[6] 刘凤山.隶变研究[D].北京：首都师范大学,2006.
[7] 马子云.秦代篆书与隶书浅说[J].故宫博物院院刊,1980.
[8] 吴之江.浅论秦代篆书与隶书演变[C]//新世纪美学与艺术——江苏省美学学会第七届会员大会暨学术研讨会论文集,2011.
[9] 杨宝忠.关于隶变过程中的偏旁同化现象[J].历史教学,1992(8).
[10] 张玉金."隶变"问题讨论(上)——隶变中偏旁变形的文化成因[J].历史教学,1992(8).
[11] 赵平安."隶变"问题讨论(下)——隶变纵横谈[J].历史教学,1992(9).
[12] 王鹭雅.从邓石如篆书看书法艺术中的结构美[J].作家,2009(5).
[13] 王博文.篆书结构体式转化中的审美意识(上)[J].书法,2012(6).
[14] 王博文.篆书结构体式转化中的审美意识(下)[J].书法,2012(7).
[15] 黄大荣.试论"隶变"及其对汉字发展的作用[J].贵州文史丛刊,1992.
[16] 欧阳妃.试论隶变对汉字的影响[J].安徽文学(下半月),2009(11).
[17] 吴晓峰.试论隶变给汉字结构带来的深刻变化[J].长春师院学报(社会科学版),1998(2)。
[18] 蒋维崧.由隶变问题谈到汉字研究的途径和方法[J].山东大学学报(语言文学版),1963(3).
[19] 袁佳佳.《规范汉字表》在汉字简化方面的继承和创新[D].济南：山东大学,2012.
[20] 罗恰.管窥隶变过程中的讹变对汉字发展的影响[J].怀化学院学报,2008(2).

中古精组字例外音变研究

——以“松”字为例

高　尚

摘要　本文分析了“松”这一音变例外字在各方言区中的语音形态，同时结合相关的汉语语音史演变理论，选取了54个方言点，进一步查找了这些方言点中的115个例字。对比了各地方言中“松”字、精组字、邪母字的不同读音，根据不同方言中“松”字的异同将其读音归纳为以下5类：1. 官话型，2. 送气型，3. 不送气塞擦型，4. 浊声型，5. 融合型。并最终依据语音史的相关理论，找出了造成各地“松”字读音差异的潜语音条件。本文提出，造成“松”字读音例外的原因源自上古。上古时期不同地区“松”字声母重音位置的不同，造成了中古时代“松”字读音差异的分化。中古时代的“松”字依地域不同，分属于邪母、從母、心母，这三者是平行演化的关系，都是从上古时代的复辅音演化而来。

关键词　精组字；例外音；汉语语音史

一、绪　论

（一）问题提出

《切韵》时代的邪母字“松”是浊声母字，但其在现代汉语官话区的声调却普遍为阴平调。这个现象是不符合语音演变规律的，该字是官话区阳平音变的一个例外字。在南方诸方言中，“松”字的读音则更加复杂。本文旨在通过分析“松”这一音变例外字在各方言区中的语音形态，同时结合相关的汉语语音史演变理论，最终找出造成各地“松”字读音差异的潜语音条件，解释各地不同读音的产生条件。

（二）研究综述

本文研究的内容属于例外字成因研究范畴。例外字研究一向是汉语语音史以及汉语方言研究的重点。因为例外字的出现往往意味着背后还有尚未被揭示的语音规律。因而其研究者也是大家云集，先后有李荣、王力、潘悟云等一批泰斗级学者对例外字问题做过深入研究。

李荣于1965年就发表过《语音演变规律的例外》《方言语音对应关系的例外》两篇文章。李荣的观点大致有6点：连读时产生的变调、语词之间的感染作用、对同音字的规避、受字形影响的误读、对反切注音的误读、方言借用字。他对例外字现象的系统研究是比较早的。

王力在《汉语语音史》一书下卷第九章《不规则的变化》这部分也集中阐释过例外字读音的产生问题。他将不规则的语音变化分为3点：文字影响、方言与普通话的相互作用、偶然因素。该文章对“松”字的音变定性是“偶然因素”。

杨荣祥《中古音和现代音对应中的变例现象》一文认为，例外字产生有9个原因：汉字谐声类化、近音另有所承、口语常用词存古、避讳、通假字合并、中古多音至今仅存一音、方言俗读、回避同音字、寻找空位。

此外，刘太杰、张玉来的《普通话不规则读音的产生原因》、邢向东《神木方言研究》等著作也对该问题有过讨论。

潘悟云教授在《不规则音变的潜语音条件》一文中的观点值得重视，他认为，“对例外现象的分析有助于揭示更深一层的语音规则”①。该文章表示，音变现象除了方言借用、音系结构、语言类推、词汇频率、避讳忌用、社会背景等诸多因素之外，最重要的原因还是发音生理因素。只由生理因素推动的音变被称为“规则音变”，而其他非生理因素作用之下的音变则是“不规则音变”。然而，很多情况下“不规则音变”其实也受到了发音生理因素的作

---

① 潘悟云：《音韵论集》，中西书局2012年版，第75页。

用,但是该作用并不明显,这就有可能是不规则音变背后的“潜语音条件”作用的结果。

(三)研究方法

关于本文的研究方法,这里要引用陆机《文赋》中的一句话:“或因枝以振叶,或沿波而讨源。”

1. “因枝以振叶”

所谓“因枝以振叶”,可以这样解释:自然界的草木是按照“分型结构”伸展延伸的,同一枝干会分生出有差异的无数分支,但不同分支之间、分支与主干之间,都遵循相同的生长规律。如果你需要了解某一叶片是顶芽还是侧芽,那只需着眼于该叶片所处的枝条上其他叶片的相对位置。但如果要知道什么是顶芽的特性,就需要对比不同枝条顶端叶片的共同特点。如果意图进一步探明某叶片是如何形成当下形状的,则需要沿着枝条的起点,回溯这一枝的成长轨迹,假如该叶片所在的远端枝干有遭遇虫蛀的迹象,那么该叶片营养不良的形态就可以获得解释。

语言演变轨迹可以与树木形态相类比,本文采取的研究策略的第一步就是对比各地方言中“松”字的读音,根据不同方言中“松”字的异同归纳其类别。同时在同一方言内部对比“松”字与其他精组字、通摄字的差异。在系统的对比基础之上,对“松”字差异演变的现状有一个较为明确的总览。

2. “沿波而讨源”

所谓“沿波而讨源”,则是探究系统流变的方法。仔细观察河流的水文形态便可以发现,波浪的构成其实非常复杂,每一个起伏的水波,细部其实还有更为细小的纹理,其实就是复合波的状态,是诸多波动叠加形成的,这些波动可能有风吹水面的表层褶皱,也可能有水底起伏的暗流;而从大处着眼,无论具体的水波起伏多么复杂,最终都会顺从河流的大流向。

这个河流的流向,就是“新语法学派”所关注的那个著名假设——“同一个语言社团内部,所有成员的语音变化总会有相同的方向。”[①]该假设是对

① Ostoff, C.H., Brugmann, K.1878.

“流向存在”的公理性假定，其研究是建立在对诸多波纹形态比较基础上的系统研究。

不过本文的内容则着眼于具体字的例外读音。正如看到河水凭空涌起一个浪头，我们便会发出疑问，这里怎么会出现浪花？是被疾风吹动的？还是被石块激起的？相对而言不太可能会因此去思考河水的流动方向。那么我们就需要将注意力集中在浪花及其周遭的涟漪上，根据涟漪的扩散程度，可以推测浪花出现的时间；而通过观察记录其波长等具体属性，便可将基频与诸谐波层层剥离开，之后根据诸谐波的特点，就可以进一步研究激起浪花的是风还是石块。

至于本文，则是准备从“松”字的例外读音入手，先对该读音进行解剖，剥离不同阶段的历史因素对该字读音造成的影响，然后进一步确定，这些因素里哪一个导致该字产生了例外的音变。此后，本文将观察该因素在各方言区造成的影响，以此逆推其产生时间。

二、“松”字探源

既然要探究音变源头，势必要梳理“松”字这一“叶片”所处“枝条”的生长情况。这就首先要对松字的字形字源以及其所属的语音聚合群有一个大致的了解。

（一）“松”字字源

首先要说明的是，本文讨论的是“松树”一词中的“松”字，由于字形简化的关系，“鬆緊”的“鬆”在简体字中也写作“松”。这两个字的古音是不一样的。在《切韵》中“鬆”字是心母冬韵字，而“松”是邪母锺韵。“鬆”字的语音是规则变化，不是例外字。在北方话中，这两个字的合并起码要到近古汉语初期才发生。在宁继福先生构拟的近古汉语①中，“鬆”字作[suŋ]，而“松”拟作[siuŋ]。

① 宁继福：《中原音韵表稿》，吉林文史出版社 1985 年版。

《说文解字》载:"松,木也。从木公声。(祥容切。)""松或从容。""枩,同松。"段注:"松,木也。从木公声,祥容切,九部。"①《字说》:"松,百木之长,犹公,故字从公。"②

从谐声关系角度讲,"公"是"松"的词根。藏语的"松"念作 sgroŋ (thang),其中有舌面后音[g]。根据谐声关系和兄弟语言的读音,郑张尚芳将"松"字上古音拟作[sGloŋ],关于"松"在上古的读音情况,之后本文会专门谈到。

(二)古代字书韵书对"松"字的记载

《广韵》③载:"松,木名,《玄中记》曰:松脂沦入地,千岁为茯苓。亦州。舜窜三苗于三危,河关之西南,羌是也;后魏末始统其城,改置州焉。祥容切,四。"

《康熙字典》载:"古文㮤、案、庺,《唐韵》详容切,《集韵》思恭切,《正韵》息中切……木也。"④

从《康熙字典》收录的历代字书注音判断,松字的读音确实经历了一个由浊变清、由阳变阴的过程。转折点在《唐韵》到《集韵》之间,《唐韵》中"松"的反切上字还仍然是邪母字,而反切下字也是浊声母阳平字。到了《集韵》中,"松"的反切上字变为心母,反切下字也换成了阴平的"恭"。段玉裁在《说文解字》的注中提到,"松"字在《集韵》中的读音是"关内语也",而在段玉裁的时代,"惟徽州读祥容切"。值得注意的是,在反映唐代西北方音的资料《开蒙要训》中,提到了"嵩音松"说法⑤,"嵩"是清声心母字。

(三)对"松"字语音变化的初步分析

从语音史上说,浊声清化与平分阴阳不是同时进行的,浊声清化要晚于

① 段玉裁、徐灏:《说文解字注笺》,清光绪二十年刻本。
② 张玉书原撰、马涛主编:《康熙字典》,九州图书出版社1998年版,第986页。
③ 陈彭年、丘雍:《广韵》,泽存堂本第一卷,第22页。
④ 汉语大词典编纂处整理:《康熙字典(标点整理本)》,汉语大词典出版社2002年版,第460页。
⑤ 唐作藩:《汉语语音史教程》,北京大学出版社2011年版。

平分阴阳,理由很简单,如果平声字浊声母清化在前,那么平分阴阳就失去了其发生条件。平声字既然没有清浊差异,便不会分裂为两种声调。而对于“松”字而言,它一定是过早地丧失了能令其变为阳平调的条件,即其浊声母。从这个方向推理,估计在西北地区,松字清化的时间要早于平分阴阳的时间,这使得松字能够较早地与“嵩”字合并为同音,并躲过了之后浊声母字的声调变异。

那么造成“松”字提前清化的原因又是什么?

在得到具体的解答之前,我们有理由从多个角度提出怀疑。这个原因可以来自声韵调的任何一方面。而如果对汉语语音史有系统的了解,我们就会注意到,历史上的音变往往都是各方势力角逐的结果。

三、“松”字的历时语音演变

“松”字的例外音变的条件,既有可能来自声母,也有可能来自韵母。因而本文接下来要花一定篇幅回顾一下汉语语音史中“松”字所属的“精组”字与“通摄”字的演变历程。

关于通摄字的演变分析,本文主要基于王力①一派的系统;而关于精组字的演变,尤其是精组字上古来源的部分,王力的理论是有很大局限性的,因而关于这一部分,本文将采用郑张尚芳的观点。

(一)“通摄”字的演变情况

1.“通摄”字语音流变梳理

通摄字的归类,来自对《广韵》东、冬、锺诸韵的归并。“通摄”的前身是《韵镜》中分列的四个“转”。后四摄的字既有合并又有分化。现代汉语中大部分归入了十三辙中的“中东辙”,分属汉语拼音中的“eng”“ung”“iong”三韵。

追溯到上古时代,通摄之下的东、冬、锺诸韵来源不一。在音韵学史上,孔广森首次将“冬部”从段玉裁划分的“东部”中进一步分离出来,单独列成

① 王力:《汉语语音史》,中国社会科学出版社 1985 年版。

一个韵部①。其实上古早期冬部本属于侵部，在战国之后自侵部分出来。而汉代之后，一批上古前期蒸部字也归入了冬部。在这个阶段，冬部与东部是相对立的开合口两部分。“松”字位于开口的东三部分。

魏晋时代，冬部其实包括了《切韵》中的冬韵和东三韵。而根据诗文押韵情况判断，南北朝时期冬、东通押现象已经反映出来了。齐梁年间，前面所述来自蒸部的“雄、梦、弓”和来自侵部的“风”等字已经逐渐混入东部。而这时“松”字随着东三韵一起归入了合口的冬韵。

王力《南北朝诗人用韵考》比较深入地探究了这一系列现象，他发现公元4—5世纪时，东冬锺江混，公元5—6世纪时，东不与冬锺混，6—7世纪时江韵归至阳唐韵。

而到了唐代，在杜甫的近体诗中，东不与冬锺混；而其古体诗中东冬锺则同用；白居易的《忆江南》三首之三也是東冬锺同用的。

东冬锺三韵可以确定的合并时间是唐末五代时期。这段时间有朱翱对南唐徐锴著的《说文系传》的反切注音可以证明。

宋代，通摄字格局基本确立，同时江韵并入阳唐韵，这个时期“松”字仍然在合口三等锺韵。

元代成书的《中原音韵》中明确地显示了“松”与“鬆”合韵的情况，书中对“松”的反切是西宗切，而对“宗”的反切是“兹鬆”切。另外在《中原音韵》的系统中，东锺韵又发生了一次扩大。

明代《重订司马温公等韵图经》定下了“通摄开合八韵”（登等增能、东懂动同），这是《切韵指南》中的通、曾、梗三摄合流，亦相当于《中原音韵》的东锺与庚青两韵部。

王力在《汉语语音史》一书对东韵历代演变的总结是“其发音部位高化”；而冬韵的规律则是发音部位低化。相对而言，“松”字所处的韵部是比较稳定的，没有经历太大的变动。而就本文研究内容而言，韵母对“松”字语音形式造成的影响不大，最大的影响也仅仅在于使声母发生腭化上。因而本文接下来的探究侧重点放在“松”字的声母上。

---

① 孔广森：《诗声类》，中华书局1983年版。

2. “通摄”字演变简表

以下是根据王力《汉语语音史》整理的东锺冬三韵的历代相关音变情况表：

表一

韵部	例字	先秦	西汉	东汉	南北朝	隋唐	五代	宋	元	明清	现代
侵	双	oəm	euŋ	euŋ	euŋ	ɔŋ	ɔŋ	ɔŋ	uɑŋ	uɑŋ	uɑŋ
	降	oəm	euŋ	euŋ	euŋ	ɔŋ	ɔŋ	eaŋ	i̯ɑŋ	i̯ɑŋ	i̯ɑŋ
东	江	eɔŋ	eoŋ	eoŋ	euŋ	ɔŋ	ɔŋ	eaŋ	i̯ɑŋ	i̯ɑŋ	i̯ɑŋ
	双	eɔŋ	eoŋ	eoŋ	euŋ	ɔŋ	ɔŋ	eaŋ	uɑŋ	uɑŋ	uɑŋ
	公	ɔŋ	oŋ	oŋ	oŋ	oŋ	uŋ	uŋ	uŋ	uŋ	uŋ
	蒙	ɔŋ	oŋ	oŋ	oŋ	oŋ	uŋ	uŋ	uŋ	uŋ	əŋ
	凶	i̯ɔŋ	i̯oŋ	i̯oŋ	i̯uŋ	i̯uŋ	i̯uŋ	i̯uŋ	i̯uŋ	i̯uŋ	yŋ
	从	i̯ɔŋ	i̯oŋ	i̯oŋ	i̯uŋ	i̯uŋ	i̯uŋ	i̯uŋ	uŋ	uŋ	uŋ
	丰	i̯ɔŋ	i̯oŋ	i̯oŋ	i̯uŋ	i̯uŋ	i̯uŋ	i̯uŋ	uŋ	uŋ	əŋ
	松	i̯ɔŋ	i̯oŋ	i̯oŋ	i̯uŋ	i̯uŋ	i̯uŋ	i̯uŋ	i̯uŋ	uŋ	uŋ
	龙	i̯ɔŋ	i̯oŋ	i̯oŋ	i̯oŋ	i̯oŋ	i̯uŋ	i̯uŋ	uŋ	i̯uŋ	uŋ
侵	躬	i̯uəm	i̯uŋ	i̯uŋ	i̯oŋ	i̯oŋ	i̯uŋ	i̯uŋ	uŋ	uŋ	uŋ
	中	i̯uəm	i̯uŋ	i̯uŋ	i̯oŋ	i̯oŋ	i̯uŋ	i̯uŋ	i̯uŋ	uŋ	uŋ
	风	i̯uəm	i̯uŋ	i̯uŋ	i̯oŋ	i̯oŋ	i̯uŋ	i̯uŋ	uŋ	uŋ	əŋ
蒸	弓	i̯uəŋ	i̯uəŋ	i̯uəŋ	i̯oŋ	i̯oŋ	i̯uŋ	i̯uŋ	uŋ	uŋ	uŋ
	梦	i̯uəŋ	i̯uəŋ	i̯uəŋ	i̯oŋ	i̯oŋ	i̯uŋ	i̯uŋ	uŋ	uŋ	əŋ
	穷	i̯uəŋ	i̯uəŋ	i̯uəŋ	i̯oŋ	i̯oŋ	i̯uŋ	i̯uŋ	yŋ	yŋ	yŋ
	肱	uəŋ	uəŋ	uəŋ	uəŋ	uəŋ	uəŋ	uəŋ	uŋ	uŋ	uŋ
阳	觥	oaŋ	oɑŋ	oeŋ	oeŋ	uɐŋ	uɐŋ	uɐŋ	uŋ	uŋ	uŋ
	横	oaŋ	oɑŋ	oeŋ	oeŋ	uɐŋ	uɐŋ	uɐŋ	uŋ	uŋ	əŋ
	兄	iuaŋ	iuɑŋ	i̯ueŋ	i̯ueŋ	i̯uɐŋ	i̯uɐŋ	i̯uiŋ	i̯uŋ	yŋ	yŋ
耕	琼	i̯ueŋ	i̯ueŋ	i̯ueŋ	i̯ueŋ	i̯uɐŋ	i̯uɐŋ	i̯uiŋ	yŋ	yŋ	yŋ
	倾	i̯ueŋ	i̯ueŋ	i̯ueŋ	i̯ueŋ	i̯uɐŋ	i̯uɐŋ	i̯uiŋ	yŋ	yŋ	iŋ
	迥	iueŋ	iueŋ	iueŋ	iueŋ	iuɐŋ	iuɐŋ	i̯uiŋ	yŋ	yŋ	yŋ

(二)"精组"字的演变情况

接下来大致梳理一下精组字的历史演变过程。前人对于上古精组字有过一系列内部的探讨。比如章炳麟主张将精组并入照组,等等①。

针对邪母的讨论也有不少。高本汉认为邪母在上古是一个不送气的[dz],与送气的從母[dz‘]配对(相对地,他将[z]赋给了喻四的部分字)。黄侃主张将邪母并入心母,并提出"古音无邪纽说"②。而钱玄同《古音无邪纽证》一文则提出邪纽应该归定。

王力的方案是直接由中古音逆推而来。他主张上古精组字等同于中古的读音,即 ts、ts‘、dz、s、z。这是其研究材料与研究方法的时代局限导致的。由于当时历史比较法还未得到普遍推广,因而王力选择了比较审慎的做法,不对上古声母做太大胆的拟测。

后来随着对兄弟民族语言的横向了解,上古汉语语音研究的思路得到了很大拓展。比如 80 年代初就有"喻四、邪大部分来自上古流音"的新理论诞生。李方桂先认为邪母来自上古闪音 rj,梅祖麟《方言》(1981—3)进一步提出邪母应拟作[lj]。在郑张尚芳的研究中,除了一大批邪母字之外,麻三、昔三的章精组字也是由 lj 演变形成。

前面王力、高本汉的方案都为精组字赋予了一批塞擦音,然而,根据与台语的对比研究,逐渐有迹象证明,塞擦音其实为后起的发音。郑张尚芳借此进一步推测,精庄组是上古后期才形成的。有材料认为,后汉三国时代仍然缺乏精清從声母③。

郑张尚芳根据藏缅语对照,认为精庄组应该拟作:精庄 ʔs-、ʔsl-、ʔsr-,清初 sh-、shl-、shr-,從崇 z-、zl-、zr-,邪 sGl-,俟 sGr-。他的《上古汉语的 s 头》就提出,s 冠音与中古精庄组对应,sC 遇塞音变 ts-、tsh-、dz-;遇鼻流音、喉擦音变 s-、z-。即,s 与喉擦音结合,清则入心,浊则入邪。

另外精组还有其他复杂的来源,st-、sth-、sd-等。[i]元音前的 dz-来源于

---

① 章太炎:《章氏丛书》,学苑出版社 2016 年版。

② 黄侃、潘重规:《集韵声类表》,新亚书院 1964 年版。

③ 俞敏《后汉三国梵汉对音谱》,《俞敏语言学论文集》,商务印书馆 1999 年版,第 5—6 页。

blj-,[i]元音前的 s 来源于 pl-。

在郑张尚芳的理论体系中。邪母由 lj、sGw、sɦw 合并而来。道路有两条:

舌音 lj>ʎ>ʑ>z

喉音 sG>sɦ>z

至于“松”字上古时代的声母,高本汉根据《说文》谐声关系,将其拟为 ks-。而在郑张尚芳看来,“松”字声旁为“公”,拟音为 sGlong。正对应“公”的 klong。这一构拟符合上古音 cCcVv 格式。其中小写的“c”代表前冠音和后垫音。

对“松”字而言,前冠音是[s]头,这是其中古归入精组的条件;后垫音是[l],流音后垫音为其浊化提供条件。而 CV 即是词根。郑张尚芳认为,声符往往代表了词根的语音形式,通谐要在共同词根的基础上进行。以“公”为声符,又同时有藏语的“松”sgron 对照,郑张尚芳对“松”字上古音的构拟是值得采信的。

因而,以郑张尚芳的理论判断,中古的“松”[zyoŋ],其实经历了一个由 sGloŋ 到 sɦloŋ 再到 zyoŋ 的过程。①

关于切韵时代之后的全浊分化与平分阴阳现象。“松”字的经历可能更加曲折一些,这里可以收集到一部分材料,比如唐末西北方音的记音材料《开蒙要训》就提到过“嵩音松”的说法。至于宋代,朱熹的《诗集传》中的反切材料则系统性地证明了浊音消失现象。

《中原音韵》中心邪互切的现象已经较为普遍了。在《中原音韵》中,“翀冲种”与松同部,同为阴平。

近古汉语中精组字的另一大变化就是其腭化现象了。精组腭化晚于见组。念作[ts][ts‘][s]的“尖音”在官话区的一些地方还普遍存在。甚至还有见组合并到[ts][ts‘][s]的情况。这个阶段主要是要解释“松”字声母念为[ç]的情况,只有 i 介音或舌位靠前的主元音才会导致这个结果。了解精组字腭化规律,可以帮助接下来对各方言进行历史层次的划分。

① 郑张尚芳:《上古音系(第二版)》,上海教育出版社 2013 年版。

四、“松”字的共时语音差异

(一) 方言点与例字的选择

1. 方言点选择

(1) 选择标准

本文方言点的选取主要是以该地“松”字的读音为基准。着重考察那些与广大官话地区“松”字读音有差异的地区。按照大的方言区下的分片进行分配，尽量做到重点的南部吴语、赣语、客家话等方言区的每个小片各有一个方言点。资料来源为东方语言学网站的方言语料库。

(2) 方言点名单

本文一共选取了54个地点，分别是：北京、太原、红安、安庆、郴州、桂林、亭子、横县、百色、上龙、宾阳、新垌、青平、思贺、河源、翁源、宁化、梅县、五华、清溪、瑞金、龙南、宁都、于都、井冈山、铜鼓、南昌、修水、醴陵、宜丰、吉安、茶陵、南丰、弋阳、宿松、临海、仙居、温州、金华、丽水、龙游、衢州、松阳、遂昌、浦城、厦门、福安、建阳、石陂、定安、三亚、潮汕、南宁、广州。

同时，本文还查询了相关的中古、上古拟音材料，并查阅了日语、朝鲜语、越南语的例字。本文的方言语料均来自“东方语言学网”①提供的数据，而中古音材料来自“韵典网”②，日本语、朝鲜语、越南语语料来自 wiktionary 网站③。

2. 例字选择

例字的选择主要有以下几点考虑：首先是与“松”字相关的通摄字，尤其是锺韵字；同时选取了与“松”字相关的精组字，尤其是邪母字。此外为了做音调对比，还收录了一部分阴平、阳平的例字。最后，本文针对一批知庄照组的常见塞擦化例外字做了收录。

(1) 通摄字：锺、龙、春、容、封、胸、颙、邕、浓、峰、踵、逢、茸、蛩、恭、

① http://www.eastling.org/tdfweb/cmpcategory.aspx.

② http://ytenx.org/.

③ http://zh.wiktionary.org.

用、重、纵、枞、从、东、中、冬，一共23字。

（2）精组字：宗、综、踪、纵、棕、总、粽、资、早、租、酒、精、子、走、尊、井、聪、村、刺、草、寸、清、次、鬆、宋、送、四、心、伞、锁、先、丝、三、酸、想、鬃、丛、从、字、贼、全、自、在、坐、钱、松、颂、词、谢、邪，一共50字。

（3）阴平阳平例字：东、通、风、灯、该、开、天、春、车、门、油、铜、皮、糖、红，一共15字。

（4）常见的读音例外字：神、禅、初、床、锄、常、臣、囚、辞、慈、粹、产、春、鼠、暑、始、赐、乎、危、帆、微，一共21字。

全部例字一共106字。

（二）所选方言点中“松”字读音的分类

统计“松”字读音时，除了上述54个地区之外，我们还依据《汉语方音字汇》[①]查询的统计增加了广州、阳江、建瓯、福州、长沙等地的语音资料。根据所统计的地区“松”字读音情况，可以将各地分类列作下表：

表二 “松”字声母读音归类

<table>
<tr><td></td><td></td><td>腭　化</td><td colspan="2">非　腭　化</td></tr>
<tr><td rowspan="3">擦音</td><td rowspan="2">清</td><td rowspan="2">[ç]：瑞金（文）、南昌、临海（文）、仙居（文）、日语</td><td>舌擦音</td><td>边擦音</td></tr>
<tr><td>[s]：普通话、太原、红安（文）、安庆、郴州、桂林、五华（文）、瑞金（文）、于都（文）、吉安、温州（文）、金华、丽水（文）、龙游（文）、衢州、松阳（文）、松阳（白）、遂昌（文）、蒲城、厦门（文）、福安、建阳、石陂、三亚、潮州、朝鲜语</td><td>[ɬ]：亭子、百色、上龙</td></tr>
<tr><td>浊</td><td>[ʑ]：临海（白）、仙居（白）、[j]：温州（白）</td><td colspan="2">[z]：龙游（白）、遂昌（白）、中古拟音</td></tr>
</table>

① 北京大学中国语言文学系语言学教研室编：《汉语方音字汇》，语文出版社2003年版。

（续表）

			腭　　化	非　腭　化
塞擦音	清	不送气		[ts]：宾阳、厦门（白）、长沙（白）、建瓯
		送气	[tɕʻ]：瑞金（白）、龙南、宁都、井冈山、南丰 [tʃʻ]：阳江	[tsʻ]：红安（白）、横县横州、新垌、青平、思贺、河源、翁源、宁化、梅县、五华（白）、清溪、于都（白）、铜鼓、醴陵、宜丰、茶陵、弋阳、宿松、南宁、广州、荔浦、南宁
	浊		[dʑ]：丽水	[dz]：修水（白）、双峰（白）
塞　音			[t]：定安、越语（河内）	

（三）对“松”字声母不同类型的成因推测

1. 官话型

这一类型是官话区的普遍读音，念作清擦音。这类读法也是南方诸方言区常见的文读音，与当地白读音并存，这意味着这类读音很可能是受官话影响产生的，而这也从侧面反映与之并存的白读音的本土性。按照读音的腭化与否，其下又能分成两类。

（1）官话文读音[s]

在广大官话地区基本是这个读音，而在南方诸方言中，该读音常以文读音形式存在。

（2）腭化文读音[ɕ]

该读音是前一小类的腭化形式，其产生条件是“松”字作为三等字的[i]介音得到保留。

（3）两类型成因的具体分析

依据本文第三章的阐述，这个腭化现象实际上是“三等介音[i]消失”与“声母腭化”两股音变力量角逐的结果。若前者占上风，则声母保持原貌而介音[i]失去；若后者占上风，则声母发生腭化，而介音[i]不仅可以得到保留，甚至能够取代主元音[u]而成为韵腹。

具体而言，三等介音[i]的消失趋势是受“松”字主元音[u]的舌位以及韵尾[ŋ]的发音方式共同影响产生的,“松”字的韵腹与韵尾带来舌位后移的趋势,这就逼迫舌尖前音[i]作出改动。如果一些方言区的声母的舌位足够靠前,那么就能够伙同介音[i]一道守住这个靠前的舌位。而腭化音变亦是同理,如果介音[i]没有因主元音的影响而失去,那么声母的舌位就会在介音[i]的影响下完成最终的腭化。

这里就存在一个时间先后问题。“松”字声母腭化可以被看作一个标杆。只有三种情况,一是腭化之后保留介音,二是腭化之后介音丢失,三是介音率先丢失而腭化永远不会发生。第一种情况,介音为腭化提供条件,腭化发生后介音受声母影响得到保留,本文推测这种情况发生的条件是,主元音的舌位较为靠前,不足以进一步推动介音的丢失;第二种情况,腭化发生之后,介音仍然没能守住前舌位的阵地,这种情况只会出现在舌位靠后的主元音势力过于强大的情况下;第三种情况则较好理解,由于介音丢失得比较早,因而声母腭化的条件不复存在,所以声母的非腭化状态得到了保留。

根据前文对语音史的回顾,“松”字作为锺韵三等字,其介音丢失的开始时间大概在宋元之际,也就是中古汉语末期或近古汉语早期,发生地点大致在官话区,这一趋势由北向南蔓延,在南方的一些地区与近古时代后起的腭化音变发生重合。不过,凡是最终“松”字发生腭化的地区,在其发生腭化音变的时刻,“介音消失”的潮流一定还未波及此地。这一推论对于后面分析塞擦音、浊声母的腭化同样适用。

2. 送气型

之所以按送气标准单列一类,是因为作为浊声母平声字,在变为清塞擦音的同时送气化是最为普遍的语音变化。然而“松”字有别于其他浊声母平声字的是,“松”本应是擦音,这个擦音塞擦化的问题,本文将留在后面进行深入探讨。送气型的读音又能分为两类,该分类依据与官话型擦音的分类依据一致。

(1) 塞擦送气音[ts‘]

这一类型多出现在客、赣、粤等方言区内,并且是这些方言区之中三等介音过早丧失的地区。这些地区“松”字的音变遵循了其本地浊声母塞擦音的演化规律,当地從母字遵循的是平仄一律送气或平声必然送气原则。

（2）腭化塞擦音[tɕʻ]、[tʃʻ]

这一类型与上一类的分布有共同之处，即出现在全浊塞擦音一律送气或平声送气的地区，只是其腭化音变占了上风。从地理位置上讲，这一类地区相对靠南，可见是介音丢失的潮流未能波及之处。

3. 不送气塞擦型[ts]

松字念作不送气非腭化清擦音的地区较少，只有零星的平话、闽语、湘语区的部分方言点。这些地区多遵循浊声母平仄都不送气的原则，可以判断的是，这些地区"松"字还是遵循浊声母规律的。现展示桂北平话区的宾阳、闽南语的厦门两地的精组例字如下表。

表三

例字	声母	宾阳	厦　门	例字	声母	宾阳	厦　门
松	邪	tsoŋ213	tsiŋ35/siɔŋ35	字	從	tsɪi213	li22/tsu22
谢	邪	tsE̜42	sia22	贼	從	tsɐk1	tsʻat5/tsik5
邪	邪	tsE̜213	sia35/ia35	全	從	tsun213	tsuan35/tsŋ35
鬆	心	ɬoŋ34	tsʻaŋ55/sɔŋ55	坐	從	tsu53	tso22/tse22
宗	精	tsoŋ34	tsɔŋ55	钱	從	tsin31	tsian35/tsĩ35
尊	精	tsən55	tsun55	送	心	ɬoŋ55	saŋ21/sɔŋ21
井	精	tsɐn33	tsiŋ53/tsĩ53	四	心	ɬøi35	si21/su21
清	清	tsʻɐn55	tsʻiŋ55/tshĩ55/tsʻiã55	心	心	ɬəm34	sim55

在表二中不送气塞擦音一列中有一处空缺，说明本文所查询的所有方言点中，居然没有一处腭化的松字念作不送气塞擦音。要解释这一空缺的出现原因，要从各大方言特点入手。

首先是客赣方言特点，在客赣方言中，全浊声母不分平仄一律通读送气音，"不送气"这一条件，就把全部客赣方言拒之门外了。其实这一点也从另一个角度说明，客赣方言中的“松”字尽管已经清化，但其清化过程受到浊声母音变规律的支配。

而至于吴语区，大部分地区则普遍保留浊声母，因而这些保留浊声母的地区首先被排除在外。同时，对“松”读清音的地区而言，比如衢州、金华，其清化的读法也多是受官话型声母[s]的影响形成的后起文读层，因而这些地区也被排除；此外，吴语区虽然也有塞擦、擦音相混的情况，但吴语区更倾向于塞擦音混入擦音，整体的塞擦音比例本身就少，这又排除了一些地区，比如温州、临海、龙游等。

湘语区和闽语区也没有方言点读作不送气腭化塞擦音，这个则是由腭化规律决定的，厦门等闽南语地区普遍缺乏腭化现象，而闽北地区尽管有腭化现象，但“松”字读音又多与吴语区一致。

综上所述，是多种因素共同作用才使得众多方言点中没有出现一处腭化清送气塞擦音。

4. 浊声型

保留浊声是吴语的特点之一。而对待精组浊声母字，吴语区的特点是，塞擦音混入擦音。下面统计吴语区的從、邪二母例字如下，有文白异读的地区选取白读字：

表四

例字	吴语					
	台州片		瓯江片	处衢片		
				处州小片	龙衢小片	
	临海	仙居	温州	丽水	龙游	遂昌
松	ʑyoŋ31	ʑyoŋ312	jyɔ31	dʑiŋ11	zoŋ21	zə̃221
词	zʅ31		zʅ31	zʅ11	dzʅ21	
谢	ʑia13	ʑi22	zei22	ʑyo31	ʑiɑ231	ʑiɑ212
邪	ʑia31/ɦia31	ʑya312	zei31	ʑyo11	ʑiɑ21	ʑiɑ221

（续表）

例字	吴语					
	台州片		瓯江片	处衢片		
				处州小片	龙衢小片	
	临海	仙居	温州	丽水	龙游	遂昌
从	ʑyoŋ31	zoŋ312	zoŋ31	zɔŋ11	dzoŋ21	ʑiɔŋ221
全	ʑyø31	zø312	jy31	ʑye11	dzuei21	ʑyə̃221
自	zɿ13	zɿ22	zɿ22	zɿ31	dzɿ21/ʑi231/ʑiəʔ23	zɿ212/zɿɤ212/ʑiuʔ23
在	ze31	zɛ312	ze35	dzɛ11	dzei213	dzei13/zei13
坐	zo31	zo312	zo35	zu11	zu213	zu13
钱	dʑie31	dʑie312	di31/dʑi31	dʑie11	die21/dʑie21	dʑiẽ221

（1）塞擦音

"松"字在丽水念作浊塞擦音，其语音形式与從母的"钱""在"接近。发生腭化是三等字的作用。但是仍看不出塞擦化的规律。

（2）擦音

念作擦音的地区有临海、仙居、龙游、遂昌、温州。台州片的两个地区"松"字腭化，龙衢片的两地"松"字不腭化。温州念作腭擦音[j]。这些地区无论從母还是邪母，普遍读作擦音。这个现象是吴语区的特点，尤其是有别于客赣方言混读为塞擦音的现象。《颜氏家训》①中记载的吴人以"钱"为"涎"，以"溅"为"羡"的现象估计就是塞擦音混入擦音。不过有个小问题是，上述表格中，"钱"反而是少数几个從母不念擦音的例字。这可能与"钿"字的影响有关，可以注意一下温州的"钱"也有[di31]的读法，这个读法的本字就应该是"钿"。

---

① 颜之推：《颜氏家训》，上海书店1999年版，第43页。

如果比较一下其他浊声母例字，可以发现上述地区的擦音、塞擦音的混读现象更加严重。例如：

表五

例字	吴语					
	台州片		瓯江片	处衢片		
				处州小片	龙衢小片	
	临海	仙居	温州	丽水	龙游	遂昌
神	ʑiɪŋ31	ziɪŋ312	zaŋ31	zɛiŋ11	zəŋ21	ʑiɪŋ221
禅	ʑie31/ʑie13	ʑie312	ji31/ji22	ʑie11/ʑie11	zei213	ʑiẽ13
床	zɔ̃31	zɔ̃312	jyɔ31	ʑiɔŋ11	zã21/zuã21	ʑiɔŋ221
锄	zɿ31/zu31	zɿ312/zu312	zɿ31/zɤu31	zuo11	zuɑ21	zɑ221
常	zɔ̃31	ʑia312/zɔ̃312	dʑi31	dʑiã11	dzã21	dʑiaŋ221
重	dʑyoŋ31	dʑyoŋ312	dʑyɔ35	dʑiɔŋ11	dzoŋ213	dʑiɔŋ13

有几个字大概遵循方言分区，比如“常”在台州片读擦音，在处衢片读塞擦音。总体来看，台州的塞擦音要少于处衢片。本文推测这个原因可能是，处衢片在地缘上更接近于客赣方言，受方言交流的影响造成塞擦化。

5. 其他

之所以单独列出“其他”一组，是因为“松”字的这一组中读音都是汉语同侗台语发生语言接触的结果。

（1）边擦音［ɬ］

这类发音大量存在于两广交接地带的粤语、平话的心母字中。本文导师刘泽民教授曾调研过粤西地区客家话心母念做［ɬ］的现象①。在粤西地区，当地土著本是侗台语民族，在侗台语中没有［s］的发音，但［ɬ］是常见语

① 刘泽民：《客赣方言历史层次研究》，甘肃民族出版社2004年版。

音,当地居民学习汉语时,便沿着路径依赖,将[s]念做[ɬ]。伴随着语言的融合,[ɬ]作为侗台语的底层遗留了下来。

(2) 塞音[t]

而在本文所统计的地点中,海南的定安闽语与河内越南语的“松”字都读作塞音[t],这种精组读作塞音的现象在海南岛的闽语中很常见。

潘悟云通过比较海口闽语和临高闽语,曾得出结论,认为海口心母的[t]的发音属于“石化中介语”①。其原因是海南土著黎族居民的语音系统中缺乏[s]读音,受其自身语言习惯影响,将心母字学成了塞擦音[t],久而久之该读音就留存下来了。显然定安闽语“松”的情况与之类似,但如果说定安闽语的[t]读音来自黎族语与闽语的接触,那该如何解释越南语也同样将“松”的声母念作[t]的现象呢?毕竟越南属于南亚语系,与作为侗台语的黎语相去甚远,难道两地学习汉语时会不约而同地将[s]发作[t]?

本文下面选取了一批精组字对两地的发音进行比对。

表六

例字	定　安	河　内	例字	定　安	河　内
松	toŋ213	tuw͡ŋm˩	谢	tia33	taː˧ʔ˧ʔ
宗	toŋ213/tuaŋ213	tɜw͡ŋm˧˧	邪	ʃe31/tia31	taː˩
清	ʃeŋ213	tʻïŋ˧˧/tʻɜjŋ̟˧˧	神	tin31	tʻɜn˩
送	taŋ35	tɜw͡ŋm˧ʔ˥	字	tu213/ʃe33	tɨ̣˧˧ʔ˧ʔ/tɕ̱ɨ̣˧˧ʔ˥
四	ti35	t˧˧ʔ˥	贼	sak2	tɐʔk˺˧ʔ˧ʔ
心	tim213	tɜm˧˧	全	ʃuan31	twaːn˩

① 潘悟云:《吴语形成的历史背景——兼论汉语南部方言的形成模式》,《方言》2009年第3期,第193—203页。

可见两地精组字的塞音化都很严重，而定安有清、邪、全等字存在非塞音的读法。这三者分属清、邪、從母字，属于送气、浊化音。下面再列举几个定安地区读作非塞音的精组字：

表七

寸	ʃun35	子	kia315/tʃi315
次	ʃi35	尊	ʔdun213
资	ʃe213/ʃi213	井	tʃeŋ315/tʃɛ315
酒	tʃiu315	聪	ʃoŋ213
精	ʃeŋ213	村	ʃui213/ʃun213
草	sau315	刺	ʃok5/ʃi35

同时对比定安地区的心母字：

表八

宋	taŋ35	丝	ti213
酸	tui213	三	tam213/ta213
想	tio213	伞	tua35
从	taŋ31	先	tin213/tai213

可以看出，上表以精清为主，呈现精母读塞擦音，清母读擦音的分布，而心母多读作塞音。这与临高闽语情况类似，而本质上与越南语精组字大规模读塞音的情况不同。关于越南语的读音本文不作讨论，不过可以判断的是，定安的“松”字是作为一个心母字传来的，否则不会随心母一道变成[t]。如果再与其他闽语一同比较的话，还可以认为，在闽语刚刚传入海南岛的时候，“松”字并不读塞擦音，否则该字就应该遵循精清组的演化规律。这又为我们提供了一个时间点的佐证。

伍尚光《海南移民史略》统计："移民海南省有103个姓，其中，来自唐朝7个，宋朝48个，元朝7个，明朝37个，清朝4个；共来始祖162个，仅据132个始祖的统计：来自唐朝10个，宋朝62个，元朝8个，明朝48个，清朝4个；始祖中来自福建104个（其中莆田82个），中原地区15个，广东10个，广西3个。"大规模移民始自宋朝，那么起码此时闽语"松"字就应该念作心母了，否则这么大规模的移民不会不留下痕迹。

6. 日语音读

值得一提的是日语"松"字的音读。"松"字在日语音读为しょう，其起首辅音为[ɕ]，理应归类为官话型。这说明"松"字的日语音读是有别于精组浊塞擦音從母音读的，從母字在日语里普遍都是拗音，都能够体现其浊声母特点，例如："字"じ[ʥi]、"贼"ぞく[zoku]、"全"ぜん[zen]、"坐"ざ[za]。这说明，"松"字传入日本时，就有别于從母字。

如果比较一下日语中心母例字的音读，则能发现，"松"字的读音形式更接近于心母字。试比较心母"送"そう、"四"し、"心"しん；邪母"谢"しゃ、じゃ，"邪"や、しゃ、じゃ。日语中的邪母字同时存在拗音与非拗音两种念法，这当然很有可能是不同历史时期多次传入的结果。然而，"松"字却是缺乏拗音念法的。该字是中日两国的共同的基本词汇。我们很难想象这种情况：这个字在中日语言交流中被长期忽视，一直到汉语浊声清化完成后才被日语接受。合理的解释就是该字先于其他字清化了。日语接受的就是心母的"松"字。

如果是这样，那么该读音不太可能是吴音，否则就无法解释现代南方各地的"松"字遵循浊声母演变规律的现象。那么该心母的"松"字估计就是传入日本时中国北方的读法，这个时间应该不会晚于唐朝。进一步推论的话，这个读音势必不会仅仅是之前所设想的"西北方音"的念法，而很有可能是当时的民族共同语的读音。

7. "松"字声调与声母的关系

前文主要分析的是"松"字的声母读音，实际上"松"字的声调与其声母也有明显的对应关系。

所取方言点中，松读阳平的地区有43个：红安、横州、宾阳、新垌、青平、思贺、河源、翁源、宁化、梅县、五华、清溪、瑞金、龙南、宁都、于都、井冈山、铜鼓、修水、醴陵、宜丰、茶陵、南丰、弋阳、宿松、临海、仙居、温州、丽水、龙游、松阳、遂昌、浦城、厦门、南宁、潮州、长沙、双峰、广州、阳江、福建、建瓯、荔浦。

这43个地区中是塞擦音的有33个：红安(白)、横州、宾阳、新垌、青平、思贺、河源、翁源、宁化、梅县、五华(白)、清溪、瑞金(白)、龙南、宁都、于都(白)、井冈山、铜鼓、修水、醴陵、宜丰、茶陵、南丰、弋阳、宿松、丽水(白)、厦门(白)、广州、长沙(白)、双峰(白)、阳江、建瓯、荔浦。

43个地区中"松"为擦音浊声母的有5个：临海(白)、仙居(白)、温州(白)、龙游(白)、遂昌(白)。

43个地区中"松"念浊声母有7个：修水、临海(白)、仙居(白)、温州(白)、丽水(白)、龙游(白)、遂昌(白)、双峰(白)。

43个地区中，非浊声母、非塞擦音的只有：松阳(白)、蒲城、潮州、福州。

8. 总结

综上所述，可以得出结论是：凡是"松"念作塞擦音的地区，"松"的声调都是阳平调，而这个塞擦音的送气情况也遵循当地的浊声母演化规律。

因此，针对"松"读作清塞擦音的地区，能够确切把握的有以下两点：

(1) 通过当今的声调判断，这些南方方言的"松"字参与了平分阴阳的过程，并顺利地归为了阳平调。

(2) 通过送气情况的规律判断，这些地区"松"字塞擦音化要早于当地浊声清化的时间，假如浊声清化在先，"松"以心为声母便无法变为送气音。

但这里有几个无法解释的问题：

(1) 造成"松"字塞擦化的根本原因。

(2) 导致这些地区"松"字的塞擦音与浊声母之间产生高度相关性的原因。

(3) "松"字塞擦音化的确切时间。

如果结合海南闽语、日语音读的各种情况，似乎"松"字无论是归心母还是归從母都不合适。因为"松"字读音体现出两大南北分化：塞擦化、清化。这两大分化的时间节点能够一直往前推。塞擦化音变要上推至浊声清化以前。而根据日语读音推断，"松"归心母的音变起码要推至汉音时代，而且心母还应该是当时“松”字的通用读音才行。但是汉音时代与《切韵》成书年代又不远,那么邪母的“松”字又作何解释？或者“松”字读音当时就是各地方言不一致？

五、“松”字语音差异的上古来源

要解答上文留下的疑问,我们要做出合理解释恐怕还是要着眼于上古时代。

依前文所述,中古邪母的一个来源是喉音化：sG>sɦ>z,在郑张尚芳先生的表述中,依靠喉音化产生的邪母字,多数是[sGw]形式。“松”字当然也属于喉音化来源的邪母字,然而该字区别之处在于,“松”的声母是[sGl],郑张尚芳在1999年还提到s冠音加流音塞化也会造成塞擦音,比如“酒”的声母[sl],流音[l]造成塞化,导致塞擦音的出现。

那么依照此理论,如果“松”字[sG]中的主要辅音[G]流变过程中,[G]>[ɦ]的变化时机恰当,则有可能造成与“酒”相似的局面,“松”字[ɦ]作为浊音得到保留,而[l]造成塞化,那么一个崭新的浊塞擦音就诞生了,这种情况的“松”字是归入從母的。

据此理论推断,南方诸方言区读塞擦音的“松”字很有可能没有经历过擦音阶段,是直接由上古的复辅音演化成的浊塞擦音,又由浊塞擦音分入阳平,最终随浊音清化的潮流,依据各地送气规律变为各类清塞擦音。

那么回到最初讨论的问题,北方地区念作心母的“松”字该如何解释呢？问题还是出在“松”字声母的主要辅音[G]上。郑张尚芳后来曾对1999年的假设作过修正,他为塞化流音来源的塞擦音加了个限定条件——“把这种来源的字限定在以来、以、邪母字为声符或字根的范围里”,比如“酒”[sl]从“酉”[l]声,“進”[sl]从“閵”[l]声,做出这个修改的原因是,只有[l]是词根时才会重读造成流音声母塞化,如果重音放在他处,则[l]不会被重读,便无从塞化了。

如果前面对南方诸方言区“松”字塞擦音来源的解释正确,那么这种情况下的“松”字词根[G]一定没有被重读。实际上,[sG]类邪母字演化为

[sɦ]的条件就是[G]的弱化，词根[G]不被重读是再正常不过的了(如果词根保持重读，中古“松”岂不是要继续从了“公”声?)。

这样的条件之下，[sGl]或[sɦl]的重音有三个去向：

1. 转移到冠音上。

2. 转移到垫音上。

3. 无明显变化。

情况1是[s]成了重音，这种情况便是北方地区“松”字归心母的源头。

情况2是[l]成了重音，这种情况则如上文所述，是“松”字归從母的源头。

情况3就是《切韵》的记载，“松”归邪母，这也是吴语读作浊塞擦音的源头。

于是前文第四章的几个疑问在这样的假设之下就迎刃而解了。

第一个问题，造成“松”字塞擦化的根本原因是流音[l]作为重音塞化，与[s]头共同作用演变为塞擦音。

第二个问题，导致这些地区“松”字的塞擦音与浊声母之间产生高度相关性的原因是“重音后移”。重音后移导致两个结果：一是前冠音[s]被疏远了，从而使“松”字没有归入擦音。重音后移的另一结果是[l]得到增强，由于[l]是浊流音，与弱化的[ɦ]共同作用保持了浊声，因而这些地区的“松”字归入從母，而不是归入精清母。

第三个问题，南方“松”字塞擦音化的确切时间应该与中古精组诞生的时间相对一致。

参考文献

[1] 王福堂.汉语方音字汇[M].北京：语文出版社，2003.

[2] 王士元.王士元语言学论文集[M].北京：商务印书馆，2002.

[3] 潘悟云.词汇扩散理论评介[J].温州师范学院学报，1985(3)：6.

[4] 许宝华，潘悟云.不规则音变的潜语音条件——兼论见系和精组声母从非腭音到腭音的演变[J].语言研究，1985(1)：2.

[5] 邢向东.神木方言研究[M].北京：中华书局，2002.

[6] 郑张尚芳.上古音系[M].上海：上海教育出版社，2013.

[7] 刘泽民.客赣方言历史层次研究[M].兰州：甘肃民族出版社,2004.
[8] 包拟古.原始汉语与汉藏语[J].北京：中华书局,1995.
[9] 郑张尚芳.上古汉语的S-头[J].温州师范学院学报,1990(4)：1.
[10] 潘悟云.从地理视时还原历史真时[J].民族语文,2010(1)：3-12.
[11] 潘悟云.历史层次分析的若干理论问题[J].语言研究,2010(2)：1-15.
[12] 潘悟云.吴语形成的历史背景——兼论汉语南部方言的形成模式[J].方言,2009(3)：193-203.
[13] 朱声琦.邪母古读考[J].山东师范大学学报(社会科学版),1998(3).
[14] 康熙字典(最新整理本)[M].北京：中国书店,2010.
[15] 周祖谟.广韵校本[M].北京：中华书局,1960.
[16] 南北朝诗人用韵考[D].北京：清华大学,1936.
[17] 徐锴.说文解字系传[M].北京：中华书局,1987.
[18] 宁继福.中原音韵表稿[M].长春：吉林文史出版社,1985.
[19] 王力.汉语语音史/社科学术文库[M].北京：中国社会科学出版社,1985.
[20] 钱玄同.古音无邪纽证[J].东北大学季刊,1927.
[21] 梅祖麟.方言本字研究的两种方法[M]//吴语和闽语的比较研究,上海：上海教育出版社,1995.
[22] 丁声树.古今字音对照手册[M].北京：科学出版社,1958.
[23] 陈章太,李行健.普通话基础方言基本词汇集：语音卷[M].北京：语文出版社,1996.
[24] 李连进.平话音韵研究[M].南宁：广西人民出版社,2000.
[25] 李如龙,庄初升.粤西客家方言调查报告[M].广州：暨南大学出版社,1999.
[26] 李如龙,张双庆.客赣方言调查报告[M].厦门：厦门大学出版社,1992.
[27] 白云.广西象州县疍家话同音字汇[J].广西师范大学学报(哲学社会科学版),2006,42(1)：77-83.
[28] 刘伦鑫.客赣方言比较研究[M].北京：中国社会科学出版社,1999.
[29] 钱乃荣.当代吴语研究[M].上海：上海教育出版社,1992.
[30] 曹志耘.吴语处衢方言研究[J].日本中国语学研究·开篇 单刊,2000(12).

构式“V起来”的多视角研究

胡　颖

摘要　现代汉语动趋式“V起来”的语义和用法非常丰富,复合趋向动词“起来”在现代汉语中出现的频率很高,分布范围也很广泛,语义也十分复杂,在不同的句子搭配和语境中,“起来”有着不同的含义。随着日益高频的使用,“V起来”的语义从最初的表示空间位移,引申为表达动作的开始、持续以及进行的状态,再到表达主观的评价和估量,“V”和“起来”都经历了虚化和语法化。“起来”的不同句法形式对应着不同的意象,并且制约着其句法形式之间的变换条件。本文以“起来”一词为例,研究语料库中“V+起来”的相关使用情况,拟从语法系统、语义情况和语用价值三方面进行系统分析。

关键词　V起来;构式语法;语义演变;语用标记

绪　论

形容词带上表示趋向的补语,例如“起来”“下去”之类由两个趋向动词组成的复趋短语,构成“A+复趋”构式,“A+复趋”在句子中通常作为一个具有整体意义的谓词性结构,可以表示事物的某种性状程度的增减和表示形状变化的延续。如“天气热起来了”“光线暗下去了”。形容词借助“A+复趋”的格式才得以实现动态意义的表达。尤其是“起来”一词,在形容词后表示性状由静态持续开始出现动态变化,且这种变化呈现一种一直持续下去且不会终止的意味,是该构式最重要的语义之一。例如“她不禁高兴起来”

“他的脸红起来”。“A+起来”相比于“A+下去”有更多更复杂的用法。同时,只要稍作观察我们就会发现“V+复趋”用法同样广泛使用,而很多形容词都具有动词的用法,所以“A+复趋”可以算作“V+复趋”的一部分,本文拟将这类用法概括为“V+复趋”。在所有表示趋向的补语中,“起来”一词由于起源较早以及语义不断演变,对于研究本构式具有代表性和参考性,此类用法在现代汉语书面语和口语之中的使用十分普遍,既具有一定的广泛性,也有其独特的地方。

“起来”的不同句法形式对应着不同的意象,并且制约着其句法形式之间的变换条件。本文以“起来”一词为例,研究语料库中“V+起来”的相关使用情况,拟从语法系统、语义内涵和语用价值三方面进行系统分析。

前人对“起来”一词以及“V 起来”构式作了很多深入研究和探讨,研究成果是丰富可观的。目前语法学界对于“起来”一词用法的研究有很多方面,例如从“起”到“起来”,或“起来”中“起”和“来”的分化,或“A+起来”“NP+起来”,对“V+起来”的研究则更多地结合了句型以及构式语法等相关方法,例如:“S+V+起来+O”“S+V+起来”“V 起来了”“V 起来+VP”等。很多学者从“V 起来”的结构变化以及延伸的句型等方面来分析其语法特征、语法功能及其语用意义。本文则主要就“V+起来”分析其构式意义。①

吕叔湘(1980)在《现代汉语八百词》中列举了“起来”的意义和用法。作为趋向动词的“起来”意义较复杂,主要有以下几个方面:

动+起来[+名]

1. 名词一般为受事,偶尔有施事。

a 表示人或事物随动作由下而上。

b 表示动作完成,兼有聚拢或达到一定的目的、结果的意思。

c 表示动作开始,并有继续下去的意思。动词和“起来”中间一般不能加入“得、不”。

---

① 顾相菊、范晓辉、郭华:《现代汉语中“V+起来”结构的构式意义分析》,《河北工程大学学报(社会科学版)》2011 年第 1 期,第 90—92 页。

d 做插入语或句子前一部分，有估计或着眼于某一方面的意思。不能加入“得、不”。

2. 形+起来$_1$。[①]

吕叔湘先生的描述和看法奠定了“起来”一词语义的基本格局，对动词之后“起来”的基本用法的概括影响了之后学者的研究，很多学者都是在吕叔湘先生的逻辑框架之下进行进一步的调整和深入。

房玉清《“起来”的分布和语义特征》(1992)将现代汉语中的“起来”的用法分为两类，一类是保留“起来”本身动词的特点，而另一类用法是“起来”渐渐虚化，演变成了跟“着”“了”等相类似用法的助词。房玉清也在文章中讨论了三个问题：(1) 趋向性动词和非趋向性动词；(2) 趋向性动词+起来；(3) 非趋向性动词+起来。作者非常详尽地将有效的语料进行系统划分，使我们更加深刻全面地理解“起来”一词的相关用法。

苏琳琳《“NP+说起来+VP/AP”句式研究》(2013)中以“说起来”为例，深入分析了“NP+说起来+VP/AP”构式，将其语义细分为情状句和评价句。同时也分析了“说起来”的虚化趋势，其整体趋势是：情状句<限定式评价句<自由式评价句。

王晓凌《“V 起来”的话题标记功能和语篇衔接功能》(2012)中主要探讨了充当话题标记的“V 起来”，分别讨论了“V 起来”构式的句法结构和功能，将话题“V 起来”的语用功能划分为两个方面，即“话题标记功能和语篇衔接功能”。

何姗《“V 起来”的句法分析》(2011)中将语义纷繁的“V 起来”做统一的句法分析，根据句尾是否有形容词性成分把“V 起来”句式一分为二并根据它的语法化进程和语法化程度，作者认为在现代汉语共时平面上，“V 起来”句式中的“起来”是一脉相承的语法范畴，从作“V”的补语成分，对其说明补充，发展成为“V 起来”句式中的补语标记，引出句式的补语论元，以对其进行补充说明。

吴为善在《“V 起来”构式的多义性及其话语功能——兼论英语中动句

① 吕叔湘：《现代汉语八百词》，商务印书馆 2009 年版，第 400 页。

的构式特征》(2012)一文中，立足于构式语法理论，对现代汉语“V 起来”构式的历史继承、内部差异以及话语功能进行考察，并讨论了该构式与英语中动句的差异。其中，对于“V 起来”结构的虚化及其句法分布、“V 起来”构式构式义及其演变、“V 起来”构式话语功能及其特征的深入探讨，也给进一步理解“V 起来”很多新的思考。

宋红梅在《“V 起来”句作为有形态标记的话题句》(2008)一文中明确提出将“V 起来”句式看作中动句或一般话题句仍然存在着问题，也没能够发现“V 起来”句式的实质，而本文在 Chomsky(1995)最简方案中的特征核查理论的基础上，进一步探讨了“V 起来”，提出了“V 起来”句不是中动句，也不是一般的话题句，而是有形态标记的话题句的看法。

陈忠在《“起来”的句法变换条件及其理据》(2006)中运用将认知方式和句法形式结合起来的方式解释和描写了“起来”的不同句法形式及其变换条件。探讨了“起来”的不同句法形式应该对应着不同的意象，且特定的意象也对应着特定的句法形式。既对“起来”一词的句法形式进行了大量的描写，也进一步探索了“起来”不同的句法形式所对应的认知方式。

黄河在《表行为动作体验的“V 起来”》(1999)中将“V 起来”与像似原则联系起来，从认知语法角度解释了“V 起来”，从语义功能的角度分析了“V 起来”与句子中其他成分的内在联系，同时考察了在语义功能的制约之下句子其他部分组合的特点。

王晓凌的《补语“起来”的隐喻认知过程分析》(2011)中详细解释了补语“V 起来”在基本语义“从下到上的位移运动”在隐喻的作用下，该基本意象图式从空间范畴投射到时间范畴与心理范畴，引申出从小变大、从无到有、从消极到积极、从自由到规范、从观察现象到表达本质等多层意义。从“起来”的语义出发，分析了“V 起来”的种种语用功能。

周红在《从致使性看“V 上去/起来/来+AP/VP”构式的表达功用》(2016)一文中利用自建的 2 500 万字当代北方作家小说语料库和北京大学语料库、古代汉语语料库，借鉴认知语言学理论，运用语料库统计分析方法，立足共时和历时的角度，从致使性角度探讨了“V 上去/起来/来+AP/VP”

构式的表达功用。

李敏在《论“V 起来”结构中“起来”的分化》(2005)中并不认可语法学界将“起来”的语义划分为位移义、结果义和体貌义这种分类方式,不认同将“位移”和“结果”看作两个并列的区别性语义特征。且表示体貌义的“起来”在功能和意义上都已经虚化,因此这三者很难鼎立。同时作者也在文章中提出“V 起来”中“起来”的句法功能和意义都呈现出从趋向动词到动态助词的虚化,而分化为了“起来(趋动)”和“V 起来(助)”两大类。

趋向动词并不仅仅表示趋向义,黎锦熙最早在《新著国语文法》中有所提及,之后传统的语法著作也开始关注此类现象。从 80 年代初期开始,关于趋向动词引申义的研究也开始系统而深入,其中以“起来”最为广泛和典型,许多学者都提出了不同的看法,宋玉柱提出有五个不同的“起来”,其中有三种表示引申义,归为了时态助词分别表示动作或形状开始并将继续下去,动作有了结果兼表达到了某种目的、表示“当……的时候”①此外,其他的趋向动词引申义的研究也在同步展开,1998 年刘月华在《趋向补语通释》中对 28 个趋向动词进行全面考察后明确指出趋向补语的三种语法意义,即趋向意义、结果意义和状态意义。② 此研究也将趋向动词的引申义研究推向了一个高峰,后续的众多研究基本上以刘文的三分格局为基础。③

关于动趋式“V 起来”的意义和用法研究成果,总的来说,主要集中在对于“V 起来”的语义分析上,贺阳在《动趋式“V 起来”的语义分化及其句法表现》(2004)中提出:“V 起来”中的‘起来’有三种不同的意义: A 表示动作由上到下的位置移动,可以简称为位移义;B 则表示动作达到一定的目的,取得一定的结果,简称为结果义;C 表示动作开始进行并继续下去,简称为体貌义。同时也有学者从认知的角度认为可以将“起来”的语义划分为位移义、结果义、时体义、情态义四种,这种划分方法是将体貌义进一步分化的结果。

① 宋玉柱:《说“起来”及与之有关的一种句式》,《语言教学与研究》1980 年第 1 期,第 16—21 页。

② 刘月华:《趋向补语通释》,北京语言文化大学出版社,1998 年。

③ 刘甜:《隐喻视角下趋向动词“起来”的引申义教学研究》,《华侨大学学报(哲学社会科学版)》2019 年第 3 期,第 135—144、152 页。

张吉红在《对“V 起来”结构整体及其中“起来”的探究》(2011)中将“V 起来”中“起来”的虚化程度对其进行分类,得到了虚化程度很弱的 A 类和虚化程度较强,已经不再是明显的空间趋向补语,而变成了表达链条式的动作行为状态的 B 类。

另一方面,学界对汉语词语结构的意义分析通常是从语义方面着手,通过推知句子的词汇意义而得来句子的意义,但容易忽视语法构式,我们从中得到启示,探讨汉语中词组或者句子的意义决不能孤立地理解字面意思,应该结合构式语法理论来分析语言的意义,才会有更深刻更透彻的理解。顾相菊《现代汉语中“V+起来”结构的构式意义分析》(2011)、陆俭明的《构式语法理论有待深究的三个问题》(2016)、杨辉《国际汉语教学中的“V 起来”构式研究》(2019)、吴为善《“V 起来”构式的多义性及其话语功能——兼论英语中动句的构式特征》(2012)、贺阳《动趋式-V 起来的语义分化及其句法表现》(2004)、马千《V 起来相关构式研究》(2018)、苏琳琳《“NP+说起来+VP/AP”句式研究》(2013)等论文中都运用了构式语法理论来探讨“V 起来”的意义和用法,取得了重大成果。

为了调查“V 起来”一词在现代汉语中的使用情况,本文利用 BCC 现代汉语语料库进行检索,“V 起来”共 64 818 个结果,统计之后,可以与“起来”搭配的词组共 2 772 个,其中这 2 772 个词中,词性不尽相同。通过对于“起来”这一关键词的有效例句的仔细分析与研究,我们可以发现,与“起来”一词搭配使用最高频、使用次数排名最靠前的分别是:

“站起来”7 867 条、“跳起来”2 222 条、“笑起来”2 207 条、“听起来”2 172 条、“叫起来”1 705 条、“说起来”1 582 条、“哭起来”1 581 条、“爬起来”1 393 条、“坐起来”1 153 条、“大笑起来”1 045 条、“立起来”681 条、“回想起来”644 条、“藏起来”486、“打起来”453 条、“喊起来”410 条、“捡起来”402 条、“飞起来”397 条、“联系起来”396 条、“记起来”393 条、“吃起来”391 条、“抱起来”365 条、“振作起来”357 条、“颤抖起来”356 条、“躲起来”350 条、“唱起来”342 条、“兴奋起来”320 条、“燃烧起来”305 条、“跑起来”301 条、“走起来”294 条、“站立起来”293 条、“嚷起来”292 条、“联合起来”281 条、“扶起来”281 条、“害怕起来”281 条、“活跃起来”264 条、“关起来”“262”条、

“加起来”261 条、“拉起来”256 条、“亮起来”254 条、“结合起来”246 条、“读起来”244 条、“干起来”240 条、“建立起来”238 条、“惊叫起来”229 条、“合起来”218 条、“讲起来”217 条、“尖叫起来”213 条、“做起来”213 条、“动起来”211 条、“捆起来”197 条……

前文我们已经提出学界公认的“起来”一词最基本的语义是指人或事物随动作由下而上的空间义，在所列举的“V 起来”使用次数超过 200 的高频词汇中，表达“起来”的基本义的分别有“站起来”“跳起来”“爬起来”“坐起来”“立起来”“捡起来”“抱起来”“站立起来”“扶起来”“拉起来”等十条，可见并不占多数。有学者在语料库中随机抽取了 1 000 条含有“起来”的语料进行逐一分析，发现表达空间义的语料不到 5%，将近 95%的语料使用的是“起来”的引申义，其中表示“由松散到集中”核心语义的动词与“起来”的组配比例最高，有 69 个动词属于此类。[①] 这也说明，通过搜集语料对“V 起来”构式进行深层次的解析是十分必要的。

除了基本义之外，其他的“V 起来”又使用的是“起来”的什么意义呢？这时这些引申出来的意义之间又有着什么样的关系呢？“V 起来”这一构式究竟有着怎样的句法结构、语义内涵和语用价值呢？这些都将是本文重点要解决的问题。

第一章 “V 起来”的句法分布

一、“V 起来”单独作谓语（“V 起来$_1$”）

吕叔湘（1980）、宋玉柱（1980）、刘月华（1998）、房玉清（2001）、王敏（2003）等学者对“起来”的语义进行了概括和分类，对于处在谓语位置的“V 起来”，观点比较一致，分为以下三类[②]：

a. 位移义：这是“V 起来”最基本的意义，表示人或物体由下向上的空

① 刘甜：《隐喻视角下趋向动词“起来”的引申义教学研究》，《华侨大学学报（哲学社会科学版）》2019 年第 3 期，第 135—144、152 页。

② 吴为善：《“V 起来”构式的多义性及其话语功能——兼论英语中动句的构式特征》，《汉语学习》2012 年第 4 期，第 3—13 页。

间位置移动。例如：

① 五星红旗升起来了。

吉尔德斯特恩狂暴地跳起来。

b. 结果义：与表示空间的位移不同，结果义表示动作完成并取得了某种结果。例如：

② 大爷一气之下把钱都存起来了。

小王看到总经理的脸色就立马把办公室的文件全部都收起来了。

c. 表示动作开始进行并继续下去，可简称“起始义”。例如：

③ 他们打起来了。

钢琴弹起来了，舞也跳起来了。

句首的 NP 是动作的发出者，是一种施事性成分，可以通过自移达到一种结果状态。“起来”在语义上指向位于句首的名词性成分，对谓语动词进行补充说明。生成语法理论认为“起来”是基础生成的，受 VP 节点统制，与动词“V”处在同一个阶层，而形成一个简单的表述。①

句首 NP 主要是实施 V 的行为，是 V 的施动者，通过实施 V 的行为来实现自身的位移，用“起来”表现 V 后 NP 自身的结果状态。这种用法与“起来”的基本意义最为接近，也是“V 起来”的基本用法，在语言的发展历史中形成最早。谓语动词与补语之间没有其他成分的间隔，而是直接相邻，也是发生语法化的最理想环境。石毓智认为，动补的语法化正是在这种环境中完成的，并形成强大的合力，向其他的分离式动补结构演化，形成了类推效力，终成为一种高度能产的句法结构。②

二、“V 起来”位于谓语前、主语后（“V 起来$_2$”）

宋玉柱（1980）、房玉清（2001）、王敏（2003）均认为当“V 起来”位于谓语

---

① 何姗：《“V 起来”的句法分析》，《安徽文学（下半月）》2011 年第 6 期，第 179、200 页。

② 何姗：《“V 起来”的句法分析》，《安徽文学（下半月）》2011 年第 6 期，第 179、200 页。

之前的时候,通常带有假设意味,表示“当……的时候”的用法,而在它后面,紧跟着的是谓语结构[①]。例如:

④ 臭豆腐闻起来臭,吃起来香。

⑤ 在众多乐器中,我最喜欢的是钢琴,钢琴弹起来真好听。

⑥ 那个小女孩儿笑起来真好看。

⑦ 农民工干起来浑身是劲。

此类句子的主语NP无论是施事主语(如例⑥—⑦),还是受事主语(如例④—⑤),都是句子的主话题;后边的AP,如例④的“臭/香”、例⑤的“真好听”、例⑥的“很好看”、例⑦的“浑身是劲”都是句子的谓语。学界目前对于这种位于主语后、谓语前的“V起来”的句法属性,暂时还没有一致的判定。Sung(1994)和Ji(1995)套用英语中动句的构式把“V起来”看作句子的谓语;曹宏(2004)对此提出质疑,并将此类“V起来”定性为状语;王健慈(1997)则把此类“V起来”称为评判动词,看作一种情态成分。[②] 吴为善(2012)将这类“V起来”分析为指称性次话题,即小主语,认为谓语AP是直接陈述前面的“V起来”。例如,第四句的“臭”和“香”并非对前面主语臭豆腐的直接陈述,而是修饰的“闻起来”和“吃起来”;第五句中的“好听”也并非直接陈述“琵琶”,而是陈述的“弹起来”;第六句的“好看”并不是直接说主语“他”好看,而指的是“他”“笑起来”好看;第七句中的“浑身是劲”也是形容的“他们干起来”。所以吴为善的这种次话题的观点,是值得参考的。

三、“V起来”位于主语之前,作独立插入语(“V起来$_3$”)

吕叔湘(1980)、王敏(2003)还指出,“起来”可用在有限的几个动词,如“看、说、听、想、算”后,加强估量、揣测的语气,在句首充当插说语。[③] 即上文

---

① 吴为善:《“V起来”构式的多义性及其话语功能——兼论英语中动句的构式特征》,《汉语学习》2012年第4期,第3—13页。

② 吴为善:《“V起来”构式的多义性及其话语功能——兼论英语中动句的构式特征》,《汉语学习》2012年第4期,第3—13页。

③ 吴为善:《“V起来”构式的多义性及其话语功能——兼论英语中动句的构式特征》,《汉语学习》2012年第4期,第3—13页。

提到的"V起来"的第七种含义：估计义，用在动词后表示估计。例如：

⑧ 看起来，她不会来了。

⑨ 看起来，天快要下雨了。

⑩ 听起来，这个人的性格很古怪。

⑪ 算起来，也快过去大半年了。

此类句子中的："V起来"不在句子中做句法成分，而是做独立插入语。在句法上不与其他句法成分发生关系，在语义上，通常表示说话人的主观看法，带有强烈的主观色彩，表示说话人对某种特定强的推测和预判。它实际上已经虚化为话语标记，因此这类"V起来"在句中的位置较灵活，既可以放在主语之前，也可以放在主语之后，且并未改变插说语的本质属性。例如：

⑫ 她看起来不回来了。

⑬ 这个天儿，看起来快要下雨了。

⑭ 这个人的性格听起来很古怪。

⑮ 我们分别的日子算起来也快过去大半年了。

⑫~⑮四个例句与⑧~⑪四个例句相比，虽然"V起来"的位置有所不同，但是句子语义是没有区别的，由此可见这一类"V起来"的使用是十分灵活的。另外，值得注意的是，虽然句子的语义没有区别，但是"V"本身的意义是发生了变化的。例如"看起来"的"看"并不是指肉眼直接观看，而是通过观看再加上自己的推断得出的结论；"听起来"也并非指单纯的"听"这一个具体动作，也包括听之后再作出一定的判断；"算"也不是指直接计算，也带有一定的推测意义。这就导致这些"V起来"中的"V"与句子主语的联系没有那么紧密。

除了以上三种常见的用法之外，"V起来"还有部分较少见的用法，在这里也作简要的概括。

"V起来"也可以在句中直接作主语和定语，此时"V起来"通常表示一种状态义或者说假设义。例如：

⑯ 沸腾起来的油溅到了她的手上。

⑰ 争论起来是很麻烦的事,何况我缺乏辩才。

例⑯中,"沸腾起来"做"油"的定语,表示油的状态是沸腾,与"油"组合共同构成整个句子的主语。例⑰"争论起来"做句子的主语,表示一种条件或者假设。

另外,"V起来"在句中也可以做补语,可以起到对前面谓语进行补充说明的作用。例如:

⑱ 她立刻变得兴奋起来,赶紧跑过去将门打开。

⑲ 它走近这孩子身边,忽然大叫了一声,孩子吓得哭喊起来。

例⑱"兴奋起来"是对"变"的补充说明,是"变"的结果。例⑲"哭喊起来"是"吓"的结果,是对"吓"的补充说明。

"V起来"构式通常不会在句中直接做宾语,其原因在于:首先,宾语往往表示的是动作所支配的对象,一般由名词、代词、代词、数词、动名词、名词化了的形容词来担任。显然,"V起来"的用法不符合要求。其次,虽然现代汉语中的主语通常是有定的、宾语是无定的,但是宾语一般也是有指向性的,例如"我喜欢吃苹果""他买了一套房子","苹果""房子"都有具体的所指意义。但是"V起来"的语义主要表示的是某种趋向,并且引申出很多泛化意义,其所指意义是非常弱的。因此,"V起来构式通常不会在句中做宾语"。

第二章 "V起来"的构式性质

一、构式语法

前文提到,学界对汉语词语结构的意义分析通常是从语义方面着手,通过推知句子的词汇意义而得到句子的意义,这种方式固然有它的合理性,取得的成果也是有目共睹的。不可否认的是,这种单纯从词汇方面来探求句子的意义是不够理性和全面的,我们从前人的研究中也可以得到启示,恰恰是容易被忽视的构式语法理论研究,会给我们更多的启示和新的发现。探讨汉语中词组或者句子的意义决不能孤立地去理解字面意思,而是应该结合构式语法理论,来分析语言的意义,这样才会有更深刻更透彻的理解。

构式语法目前已经受到国际语言学界学者越来越多的关注,这是一种新型的语言学理论,也是一种作为现代语言学研究不可或缺的研究方法。构式语法理论首次明确提出要把词汇、语法、语义以及语用作为一个整体来研究分析,Goldberg 把构式定义为任何一个句式,只要它的意义不能从组成句式的词语意义、词语之间的结构关系或先前已有的另外句式所推知出来,此句式就可以称之为构式。① 这种定义方法认为应该将句式、习语甚至语素都作为一个单独的构式来进行研究,也因此扩大了构式的研究范围,对语言学研究影响深远。

构式理论认为构式是一种不仅有形式还有自身的意义的符号,语言单位本就是形式和意义的对应,虽然不一定是一一对应的,也存在一对多或者多对一的情况。索绪尔把声音形象和概念分别称作"能指"和"所指",认为语言符号就是声音形象和概念的结合体,即形式和意义的结合体。这种看法论证了结构体是独立于组成单位(词语)之外且本身是有意义的,索绪尔的这一套理论给构式语法理论奠定了基础。

构式语法理论近二十几年在国内外对语法研究影响都很深远,自身也在发展迅速发展之中,从索绪尔语言学的思想出发,站在语言学史的新高度,去审视构式语法研究,有利于揭示构式语法对相关理论的继承和发展,最终探求其本质。

与传统的汉语句式研究相比,构式语法理论较注重如下一些方面:(1) 注重构式的能产性(productivity),即构式内部的差异,以及依据最大理据性原则(Principle of Maximized Motivation)考察相关构式之间的承继链接(inheritance links)。(2) 注重构式的话语功能,即强调说话人对情境(scene)的"识解"(construal),也就是特定构式对于特定语境的适切度,解释人们在什么样的语境条件下会说这样的话。(3) 注重对构式义(constructional meaning)的提炼,即在句法框架(Frame)的基础上准确地把

---

① 杨辉、孔凡冉:《国际汉语教学中的"V 起来"构式研究》,《大理大学学报》2019 年第 9 期,第 104—108 页。

握整体大于部分的构式义,这不仅是语义层面的概括,更是语用层面的概括。[①]

构式是一个个固定语法格式,是汉语语言系统中的一种基本单位。[②] 现代汉语中的任何一个构式都可以表示独立的语法意义,因此不同的构式理所应当地有着自身的独特意义和内涵,汉语中的构式数量也极其繁多,并且不同构式的内部成分之间也有着复杂的关系,而作为形式和意义的结合体的构式也是代表的一个整体的意义。[③] “V 起来”就是一个由动词“V”和复合趋向动词“起来”两部分组成的典型的汉语构式。

有很多学者对于“V 起来”的研究,更多地着眼于“起来”一词,但是通过对比所有包含“V 起来”的句子,若是只集中观察集中在探讨“起来”或是动词“V”的意义和特征之上,则会遗漏掉很多有价值的信息。汉语的语法本就比印欧语系的语法更加复杂,即使是相同的形式,也有着不同的语法意义,这也说明“V 起来”在不同的句子中起着不同的语法作用,所以本文将会结合“V 起来”所处构式的构式意义和“起来”的意义,来分析“V 起来”的特点。

上文提到了三种最典型的“V 起来”的句法分布,其中最复杂的是第二种句式,即“V 起来$_2$”,第二种句式还可以划分出更细致的子类型。

N(主语)+V 起来+O

N(主语)+V 起来+AP

N(主语)+V 起来+VP

下面分述三种情况:

(一) A 式:N(主语)+V 起来+O

该类“V 起来”的后面接的是名词性的成分,例如:

---

① 吴为善:《“V 起来”构式的多义性及其话语功能——兼论英语中动句的构式特征》,《汉语学习》2012 年第 4 期,第 3—13 页。

② 陆俭明:《构式语法理论有待深究的三个问题》,《东北师大学报(哲学社会科学版)》2016 年第 4 期,第 2—7 页。

③ 陆俭明:《构式语法理论的价值与局限》,《南京师范大学文学院学报》2008 年第 1 期,第 142—151 页。

⑮ 她抬起来胳膊。

这类构式中的句首的NP一般情况下都是动作行为的实施者,发出具体的动作行为,从而对句末的名词性成分产生一定的位移或者其他的影响,最终达到某种效果。

有学者认为,此处的"V起来"不再仅仅是原始意义的"V起来",而是由原来的"V+O+起来"语法化为"V+起来+O",发生了某种语法化。不过这种语法化程度还不算高,较为初级,这是因为能跟在"V起来"的后面做成分的条件是非常有限的,一般只能接动词性的受事成分。但这种语法化的程度远不及"着""过""了"之类的时态助词,"起来"表达的是一种位移的结果状态的意义,但这也是停留在语法化了的成分之上。并且O的位置也并非固定不变的,更常见的是插入"V起来"的"起来"之中,以此形成"V起O来","V起来O"在口语之中都比较少见,更不必说在书面语之中了。例如我们在日常生活中会更常说"他抬起胳膊来"而不是"他抬胳膊起来"。[①] 何珊在《V起来的句法分析》中认为这种结构没有继续语法化的原因可能是因为双音化趋势的限制,从而使"V"与"起来"未能紧密地结合,从而形成一个句法单位,这也就阻止了他们进一步朝着体标记的方向虚化。[②] 这种说法有一定的合法性,但也无法解释有很多语法化的例子,例如"着""了""过"之类的都是单音词,仍然具备很高的语法化,因此还值得深入的后续探究。

虽然这种结构的语法化程度较低,没能进一步虚化成为体标记,但其虚化的程度并非停滞不前,虚化的过程也是一个进行时,从语言的历时角度来看,"N(主语)+V起来+O"进一步发展就产生了第二种类型"N(主语)+V起来+AP"。

(二) B类:N(主语)+V起来+AP

B类句式中"V起来"后面接的是形容词性成分,这种句式被很多学者拿来与英语中的中动句作比较,进行了大量的描写和研究。

例如:

① 何姗:《"V起来"的句法分析》,《安徽文学(下半月)》2011年第6期,第179、200页。
② 何姗:《"V起来"的句法分析》,《安徽文学(下半月)》2011年第6期,第179、200页。

⑯ 周杰伦的新歌听起来真不错。

⑰ 她们舞蹈工作室新出的舞蹈跳起来真好看。

⑱ 她看起来很害羞。

⑲ 他跑起来真快。

B类构式相比于A类的虚化程度要更高，但从语义上就能看出，此类的“起来”已经不同于A类的单纯表示趋向的空间义。而在句法上，更能看出这类句式相比于A类的对句首NP的客观性评述说明，而转变为对句首主体的主观性评述说明。句尾的形容词性成分是对前面成分“NP+V（+NP）”的补充说明，也是句子表达的语义重心所在，更多地体现说话者的主观评价。

仔细分析上文的⑯~⑲四个例句，它们还会进行进一步的划分，我们可以根据句首NP是“V”的施事或者受事，将四个例句一分为二。

⑯⑰两句的句首NP是谓语动词“V”的受事，句首NP既可以表示定指，也可以表示任指，此句式中的“起来”是补语性功能的范畴标记，可以引进对“NP+V”的NP所具有的固有特性的评述，这种属性是NP本身就具有的，具有一定程度的客观性。“起来”一词在语义上是指向句首的NP，可以引进补语论元AP。NP的AP属性在“V起来”中才可以体现出来，而“V起来”也是其属性体现的必要条件，这是因为NP是受制于V的。[①] ⑱⑲两句的句首NP则是谓语动词“V”的施事，“V起来”的后也不再有任何名词性成分，而是形容词性的成分。这种句式是对“S+V（+NP）”的一种个人主观的评价，客观性大大减小，主观性加强，也不再通过“起来”的补语性功能范畴标记，来引进对“NP+V”的NP所具有的固有特性的评述。

这一类句式中的“V起来”并不是表述的重点，很多时候只起到辅助说明的作用，我们可以对以上四个例句进行变换。例如：

⑯ 周杰伦的新歌听起来真不错。→周杰伦的新歌真不错。

⑰ 她们舞蹈工作室新出的舞蹈跳起来真好看。→她们舞蹈工作室新出的舞蹈真好看。

---

① 何姗：《“V起来”的句法分析》，《安徽文学（下半月）》2011年第6期，第179、200页。

⑱ 她看起来很害羞。→她很害羞。

⑲ 他跑起来真快。→他(跑步)真快。

从上述四个例句的变换式可以看出,大多数时候,即使将“V 起来”去掉,也不太影响句子意义的表达和句子之间的结构关系。且“V 起来”中的“V”基本是可持续动作动词,例如“听”“说”“读”“写”等。作用相当于“……的时候”或“着”等助词。

(三) C 类:N(主语)+V 起来+VP

通常我们将两个或者两个以上的动词性短语组合而成,且有着相同的语义指向的短语称作连动短语,而 C 类句式中“V 起来”后面通常接的是动词短语,因此构成了连动句式。

例如:

⑳ 我一上车,同时有两三个人站起来让位,招呼我去坐。

㉑ 由于疫情不断恶化,全世界将联合起来共同抗疫。

㉒ 王大嫂接过绳子,把小羊抱起来走了几步,又立马放下来。

连动句式“V 起来+VP”中,一般情况下,“V 起来”是不带宾语的,以光杆形式出现居多,例如以上例句中的“站起来”“联合起来”“抱起来”,即使是必须带宾语的情况,宾语也通常出现在“起来”之间,构成“V 起 N 来”或者通过“把”字介引放在“V 起来”之前。例如“拿起一把伞来”“把小羊抱起来”等。

两个动词性短语的连用通常会涉及时间的先后问题,“V 起来+VP”构式中也同样存在这种情况,经过初步的语料分析,我们认为,“V 起来+VP”构式可以粗略分为两大类,一类是“V 起来”和“VP”有时间先后关系,另一类是没有时间先后关系。[①] 当“V 起来”与“VP”有时间先后关系的时候,其语义关系是复杂的,刘楚群(2005)认为两者的语义关系可以进一步划分为承接关系、目的关系、方式关系以及条件关系。[②] 当然这种划分方式也是一

① 李晟宇:《现代汉语连动式的语义类型》,《语文学刊》2001 年第 2 期,第 71—73 页。

② 刘楚群:《论连动句式“V 起来+VP”》,《华中科技大学学报(社会科学版)》2005 年第 6 期,第 79—83 页。

个粗略划分，还有很多特殊情况不属于任何一类，即使是上述四种关系也处于不断交叉之中。

当“V 起来”和“VP”没有时间上的先后顺序而是同时进行的时候，两者的语义关系就更多地倾向于逻辑顺序。“VP”的作用通常是对“V 起来”进行补充解释说明。例如：

㉓“谁再站起来吃饭，我就打断谁的腿。”

㉔ 火车上的所有乘警都被调动起来监视他们，已经顾不上来辨认他的真面目。

“站起来”和“吃饭”没有明显的时间先后顺序，“站起来”是“吃饭”的方式或者状态，“看管他们”是“调动起来”的目的。

当然，同样都是连动句式，也可以根据虚化程度的高低被划分为典型的连动句式和虚化的连动句式。[①] 例如：

㉕ 哭了一阵之后，她朝四周望去，空无一人，她只能爬起来继续跑。

㉖ 这说起来应该是三千多年前的事了。

㉗ 可你当下是一家之主，总得打起精神来，该给老爷子筹办后事了。

区分典型的连动句式和虚化的连动句式可以从两个方面来看，首先，典型的连动句式，其动词的动作性较强，“V”和“起来”之间可以加上虚词“了”，“爬起来”可以说“爬了起来”；其次，典型的连动句式若是出现宾语是不可以用“把”字介引的，通常是出现在“起来”之间。例如我们一般说“打起精神来”，而不能说“把精神打起来”。

二、“V 起来”构式相关变体

语言的使用是一个动态的过程，“V 起来”构式在使用过程中，也形成了很多变体，与“V 起来”的用法既有相同之处，也有着各自的独特用法。本文将对构式“V 起来”的相关构式变体作简要的介绍。

---

① 刘楚群：《论连动句式“V 起来+VP”》，《华中科技大学学报（社会科学版）》2005 年第 6 期，第 79—83 页。

(一)“V 起来”和“V 起……来”

“起来”与“起……来”两者都是表达起始意义的趋向补语,关系也十分紧密,学界目前对于两者的关系大致有三种不同的看法。①

第一种看法是将“起……来”看作是“起来”的派生物,并不具有独立的语法地位。其中以吕叔湘(1942/1982)、王力(1944/1985)为主的主流看法认为,宾语出现在“起来”之间,构成了“$V_{及物}$起 O 来”结构,可称为“宾语插入说”;而此后部分学者在吕叔湘、王力等的见解之上,将“起……来”看成“起来”的变体(戴耀晶,1997),可称为“变体说”。

第二种看法是“独立结构说”。范继淹(1963)认为“$V_{及物}$起 O 来”不是将宾语插入“起”和“来”之间形成的,而是述宾结构“$V_{及物}$起 O”和趋向补语“来”组合而成。据此他认为“起……来”和“起来”并不具有同一性,也不能说“起……来”是由“起来”派生而成,因此,这种说法认为“起……来”是一个独立结构。

第三种看法是“调和说”。即既认同第一种“变体说”,也认同“独立结构说”,房玉清(1992)认为即使“起来”和“起……来”的组合方式不同,但是也不能否定“起……来”是“起来”的变体。但是这种观点目前还缺乏论证,无法解决实际问题。具体对这三种看法的深入分析在刘文辉《现代汉语表示起始义的趋向补语“起来”和“起……来”的关系》中作了详细探讨,在这里不再赘述。

(二)“V 了起来”构式

汉语的语法体系与印欧语系有着本质的不同,与印欧语系中用词缀或者词尾来表示语言的时体问题不同,现代汉语的时体问题最主要的表现就是用虚词来表示。虚词和语序本就是现代汉语语法的最主要特征,众多研究表明,现代汉语中存在着丰富且系统的时范畴和体范畴。最具有代表性的能够反映现代汉语时体语义特征的体标记有“着”“了”“过”“在”“起来”“下去”等。左思民曾提出,汉语的体标记在使用过程是具有可以复叠的特

---

① 宋文辉:《现代汉语表示起始义的趋向补语“起来”和“起……来”的关系》,《世界汉语教学》2012 年第 26 卷第 4 期,第 463—477 页。

点,即组合嵌套结构。[①] 本文要讨论的“V 了起来”即是构式“V 起来”的变体之一,此结构可以看作由动词 V 和虚词“了”以及“起来”组合而成。我们认为,“了”是表示完成意义的完整体标记,“了”通常指过去事件或者行为的结束“界限”点,“起来”是表明一种新状态开始的起始体标记。[②] 两个不同体标记的复叠出现,并不是简单的嵌套组合,而是从外部视点和内部视点观察同一个动作或者事件的结果。例如:

① 张老师听了他的这番话,不由得笑了起来。

② 坐在轮椅上的老爷爷突然站了起来。

③ 小明十分不耐烦地把头从枕头上抬了起来。

④ 小工们见薛传薪发了话,就又挖了起来。

对于例①“笑了起来”这个结构,“笑了”凸显的是“笑”这个动作从发生再到结束的一个临界点,这是从外部视角观察所得的,其变化是宏观的、肉眼可见的,即我们知道他完成了“笑”的这个动作;而“起来”则是从内部来观察,凸显的是从“不笑”到“笑”的起始过程。同样,“站了起来”“抬了起来”“挖了起来”都可以做同样的分析。关于体标记嵌套组合形成的“V 了起来”结构的具体使用情况,完整体标记“了”与起始体标记“起来”的组合能否成立的各种情况的讨论在翟汛和汪世蓉的《现代汉语体标记复叠结构研究——从“V 了起来/下去”的英译谈起》中作了详细解释,在这不再赘述。

(三)“V 起 N 来”和“V 起来 N”

“起来”一词有两种句法格式,一种是分离式“V 起 N 来”,另一种是“V 起来 N”,这两种格式是并存的,且大多数情况下,这两种句法格式之间可以相互变换。例如,“拿起一本书来”可以变换为“拿起来一本书”,“端起一碗水来”可以变换为“端起来一碗水”。当然,并不是所有的“V 起来 N”都可以

---

① 左思民:《现代汉语中“体”的研究——兼及体研究的类型学意义》,《语文研究》1999 年第 1 期第 10—21 页。

② 翟汛、汪世蓉:《现代汉语体标记复叠结构研究——从“V 了起来/下去”的英译谈起》,《长江学术》2013 年第 1 期,第 106—110 页。

变换为“V 起 N 来”，这种变换的成立是有条件限制的，可以通过具有代表性的局部描写，来进一步考察两种句法格式的变换条件，以此找到“起来”的分离式和合并式句法对立背后的真正动因，探寻变换的理据。

第三章　“V 起来”的语义内涵

“起来”在现代汉语中出现的频率很高、分布范围很广，语义也十分复杂，在不同的句子搭配和语境中，“起来”有着不同的含义，例如：

(1) “来，你也快点站起来！”

(2) “等一等。”“小钢炮！把张旺搀起来！”

(3) 长官又下命令：“拿绳子，把他的腿给我绑起来！”

(4) 我们不再继续坐等遥远的未来，而是要现在就立马行动起来！

(5) 可是这笔钱！假如我可以留下来的话，我就可以把它藏起来。

(6) 保安：(挺胸立正)是，班长！(忍不住又笑起来)

可以看出，除去部分特殊情况，语料库中能跟“起来”组合的动词可以大致分为两类：第一类是加上“起来”表示从下到上的趋向，另一类是加上“起来”之后不表示空间意义上的由下到上的趋向，而表示动作本身的进程、状态，以及动作所造成的结果等。可将前者称为趋向性动词，后者称为非趋向性动词。分为趋向性动词和非趋向性动词只是粗略地对能跟“起来”组合的动词所进行的划分，而组合之后的“V 起来”作为一个整体，更是有了很多新的意义。通过进一步的划分，本文认为大致可分为以下几类：

(1) 空间义：由下到上的趋向义，如“跳起来”“飞起来”等。

(2) 状态(时间体貌)义：表示不同状态之间的转换。其中又可以再细分为三个小类：

“从静止状态转换为运动状态起始”，如“天上突然下起雨来了”“听完他的话，小红笑起来了”“哭起来”“玩起来”；

从静止状态进入运动状态的运作状态，如“工厂里的大型机器都发动起来了”；

处于某种特定的状态之下，如“王律师跟法官说起话来可以做到滴水不漏”。[①]

（3）心理义：表示心理活动的动词，“感动起来”“回忆起来”“怕起来”“喜欢起来”……此类动词表示某种心理动作的开始或持续。

（4）聚拢义：“包起来”“堆起来”“团结起来”“组织起来”等词的“起来”表示动作由分散到聚拢的意义。

（5）隐存义：表示显现到隐藏的变化，使与动作有关的事物变成隐匿的状态。如“藏起来”“收起来”等。

（6）评价义：表示用于从某方面说明、评价人或事物。如：“说起来容易，做起来难。”“她看起来心情不错。”

（7）估计义：用在动词后表示估计。[②] 例如“看起来，她不会来了”“看起来，天快要下雨了。”

此处应当注意第六点的评价义中的“她看起来心情不错”和估计义中的“看起来，他不会来了”，虽然同是“看起来”，但意义是不同的。后者表示一种估量猜测，没有动作的实际意义，也没有表示向上的动作。两者具有抽象和具体的区别，这是与“V 起来”构式在不同的语境以及整个句子的构式义的不同相关的，这将在后文作深入探究。

此外，类似于“蹦起来”“铲起来”之类的“起来”也是有歧义的：既可以表示由下而上的趋向，比如“皮球从地上蹦起来了”，也可以表示动作开始，例如“在地上趴了一会儿，小狗又蹦起来了”，“小王歇了一会儿，他又开始铲起来了”。这类动词较为特殊，“起来”的意义要结合上下文视情况而定，不能一概而论。

前文中的句法部分把“V 起来”划分为“V 起来$_1$”“V 起来$_2$”“V 起来$_3$”，这三种“V 起来”有着不同的意义，每个“V 起来”中还可以进行进一步划分，

① 陈忠：《“起来”的句法变换条件及其理据》，《山东社会科学》2006 年第 2 期，第 136—141 页。

② 顾相菊、范晓辉、郭华：《现代汉语中“V+起来”结构的构式意义分析》，《河北工程大学学报（社会科学版）》2011 年第 1 期第 28 卷，第 90—92 页。

下面将分别说明。

一、“V 起来$_1$”的语义

A. 空间位移义：通常指由下到上的趋向义，与句中的名词性成分所表示的人或者事物的位置移动有关。例如：

① 国旗升起来了。

② 小明站起来了。

B. 时间体貌义（状态义）：表示不同状态及不同状态之间的转换。例如：

③ 我为了自己在外面混衣食，没有工夫管你的功课，你一个人就胡闹起来。

④ 一直以来，我都告诉自己要把那些让人真正心烦的人和事都封存起来，不要再去想它们。

C. 聚拢义：表示动作由分散到聚拢的意义。例如：

⑤ 你的鼻子皱起来了。

⑥ 中华人民共和国各民族必须团结起来。

⑦ 咱们得跟全世界的无产阶级联合起来。

D. 隐存义：表示显现到隐藏的变化，使与动作有关的事物变成隐匿的状态。例如：

⑧ 假如我留下来的话，我可以把它们藏起来。

以上的“V 起来”的用法中，句首作为 V 的施动者的 NP，主要是通过实施 V 的行为，以此来实现自身的位移，再利用“起来”一词来表现动词 V 之后的 NP 自身的结果状态。这与“起来”的基本义最为接近，也是“V 起来”的基本用法，在汉语的发展历史中形成较早。

E. 心理义：表示心理活动的动词加上“起来”可以表示某种心理活动的开始或者延续。

⑨ 他心里不由得感动起来。

二、“V 起来$_2$”的语义

“V 起来$_2$”通常表评价义，一般情况下可以理解为“当……的时候”兼有假设的含义。

评价义指的是表示用于从某方面说明、评价人或事物。例如：

⑩ 说起来容易，做起来难。

⑪ 她看起来心情不错。

也可以表示心理义。例如：

⑫ 这件事情回忆起来令人感动。

三、“V 起来$_3$”的语义

“V 起来$_3$”中的大多数动词加上“起来”都可以表示加强估量、揣测的语气，动词的使用也十分有限，如“看、说、听、想、算”等。估计义是指用在动词后表示估计或推测。例如：

⑬ 看起来，她不会来了。

⑭ 论起来，原是可以原谅的。

“V 起来$_3$”不在句子中做句法成分，是独立插入语。在句法上不与其他句法成分发生关系，在语义上，通常表示说话人的主观看法，带有强烈的主观色彩，表示说话人对于某种特定强的推测和预判。

第四章 “V 起来”的语用价值

上文在讨论“V 起来”的句法分布的时候我们分别解释了三种“V 起来”的分布，分别是“V 起来”单独做谓语时的“V 起来$_1$”“V 起来”位于谓语前、主语后时的“V 起来$_2$”“V 起来”位于主语之前时的“V 起来$_3$”，而不同的“V 起来”有着不同的语用功能和价值，最具有探讨性的“V 起来$_2$”和“V 起来$_3$”，下面将分别探讨。

一、“V 起来$_1$”的语用功能

“V 起来$_1$”的用法在使用过程中是最简单的，单独做句子的谓语时，通常是对主语状态的描述。

例如：

① 国旗升起来了。

② 大爷把钱存起来了。

③ 他们打起来了。

“V 起来$_1$”中的“V”的虚化程度以及动词意义的实在程度是比较低的，所表达的意义都很具体，一般情况下也都是指的本义，例如“升”“存”“打”等，这些动词参与到整个句子的语义构成会远高于虚化程度较高的动词，例如“说”“看”这些动词都有多个引申义，因此对它们不同义项的选择就需要我们根据各自所处的不同句法位置来确定。

二、“V 起来$_2$”的语用功能

关于这一类“V 起来”的语用功能，已有很多学者取得了重大研究成果，唐正大(2005)认为“起来”所充当的功能是话题标记；吴洁敏(1984)认为“起来”是“表承接或语气的助词”；吕晓军(2007)等人认为位于句首的这种“V 起来”表示从某方面说明、评论人或事物或者是引进说话人的一种看法；张谊生先生(2006)则认为这类构式已经凝固成“评注性准副词”，但其基本发展趋势就关联化和情态化；齐沪扬、曾传禄(2009)则认为一些“V 起来”以从属分句或者紧缩复句的前位分句形式出现，具有话题功能和衔接功能。[①] 通过对众多学者的研究成果进行归纳汇总，我们发现，虽然不同的学者针对“V 起来”的语用功能有着不完全相同的看法，但是总的来说是大同小异的，有很多关键词都能在不同学者的论述中找到，例如话题、插入、关联、情态、衔接等，这也向我们展示了学者目前共同普遍的认识，也给了我们很大的启

① 王晓凌：《“V 起来”的话题标记功能和语篇衔接功能》，《当代修辞学》2012 年第 2 期，第 40—45 页。

示，提供了研究的出发点。

（一）“V 起来$_2$”的话题标记功能

话题标记具体体现为语序、停顿或标点、韵律以及一些以词汇作标记的形式，如介词标记就是学界研究很多的形式之一，是“加在话题前或后体现其话题性的音段性单位”（徐烈炯，刘丹青 1998：85）。话题标记的作用，在于表示停顿、过渡、原因等。①

“V 起来$_2$”最基本的句式表现为“N+V 起来+AP”，“N”代表的是谈话人已知的信息，通常充当的是句子中的话题。“话题”体现的是说话人对听话人主动的心理引导和界定。例如：

④ 这盘菜看起来不怎么样，吃起来还不错。

“这盘菜”是话语双方所共有的信息，“不怎么样”和“还不错”都是对“这盘菜”的评价，只是分别形容的同一物品的不同方面，“不怎么样”指的是“这盘菜”的色相，看起来不怎么样，“还不错”是指的“这盘菜”的味道。两者虽然是截然相反的评价，这是因为说话人设定的不同的评价角度。

当然，这句话也可以直接表述为“这盘菜不怎么样”，“这盘菜还不错”，从语义上来说仍然是成立的，只不过在原则上不再符合语用学中的“话题+评述”的结构模式，而只是成了一个最简单的描写句。而加上“V 起来”之后，“V 起来”将说话人的语义重心作出了限制和引导，也就是前文所提到的小话题，也指明了说话人的评述焦点。尽管我们的生活常识让我们明白只要“这盘菜”摆在我们面前，我们就能明白“不怎么样”是指的它的色相，是“看出来”的，而“还不错”指的它的味道，是“吃起来”的，但是“看起来”和“吃起来”仍然放在这个句子之中，并不意味着是多余的，这也就体现了他的话题标记功能。

当然并不是所有的“V 起来”都只起到话题标记功能，这是与动词的虚化程度和其语义的具体客观程度有关的，动词虚化程度和其语义的具体客

① 王晓凌：《“V 起来”的话题标记功能和语篇衔接功能》，《当代修辞学》2012 年第 2 期，第 40—45 页。

观程度不同,会直接影响到"V 起来"参与句子语义的构成程度。词义比较单一的动词,表达的意义也很客观具体,就相对于虚化程度较高、语法化程度较高、引申义较多的动词,可以更多地参与整个句子的语义构成。

(二)"V 起来$_2$"的语篇衔接功能

语篇的衔接指的是通过词汇手段或者语法手段,进行旧信息与新信息的连接,从而实现语义理解的连贯。语篇中起衔接作用的语法手段有照应(reference)、替代(substitution)与省略(ellipsis)。[①] 一篇文章或者一段对话只有通过良好的衔接,语篇才通顺,意思表达才明确完整。这类句式中的"V 起来"在句法上通常是可有可无的,例如前面所举的例子"这盘菜看起来不怎么样,吃起来还不错"。当我们把"看起来"和"吃起来"去掉之后,这句话在句法上仍然是成立的,但我们还是会觉得念起来很别扭。这就说明尽管"V 起来"在句法上是非强制性的,但是在语义表达上缺失强制性,如果没有了"V 起来",语义就缺少了连贯性,甚至容易产生误解。"N+V 起来+AP"构式中的 N,既可以出现在每个分句的开头,也可以与分句保持一定的距离,有些时候甚至可以不出现在句子之中,需要我们结合上下文才可以发现。而当 N 不出现在同一个小句之中的时候,就产生了语义空位,即我们无法准确地理解语义,这时"V 起来"的作用就体现出来了。"V 起来"的话题标记功能提醒我们去寻找与"V 起来"相匹配的话题成分,因此就需要我们联系上下文去匹配信息,当我们发现上下文之间的语义相互照应的时候,这时也就体现出了"V 起来"的语篇衔接功能。

需要特别注意的是,有些时候我们不能够立马发现能够与"V 起来"相对应的话题名词,这种情况是存在的,通常是因为它们存在着固定的搭配,为了方便起见,我们在日常生活的话语中会直接将话题名词省略掉,但这也并不会引起沟通上的障碍。这种搭配的固定性是社会所公认的,我们几乎都可以从社会经验和常识里去寻找适合的关涉搭配对象。因此,我们认为即使是话语语境中没有出现相对应的话题名词,我们仍然能够顺畅地进行沟通交流。

---

① 王晓凌:《"V 起来"的话题标记功能和语篇衔接功能》,《当代修辞学》2012 年第 2 期,第 40—45 页。

三、“V 起来$_3$”的语用功能

关于“V 起来$_3$”的语用功能，学界研究颇丰，总结下来，学界的核心观点通常是“主观性”“评价”“话题标记”等。吕晓军认为“V 起来$_3$”具有评价义，而且“起来”已经虚化为篇章标示语①；吴为善将“V 起来$_3$”视作一种虚化了的话语标记②；唐正大认为“V 起来$_3$”中的“起来”是一种话题化的标记③；齐沪扬、曾传禄表示位于谓语前和主语前的“V 起来”是一种话题标记，“V 起来”构式在句中表达的是说话者对命题内容的评价、看法和态度④；张谊生具体分析了“看起来”的词汇化机制与动因，认为“看起来”已经虚化为评注性副词⑤。

“V 起来$_3$”的语用功能，学界中既有认为其是话语标记，也有认为是语用标记的，初步阅读文献的时候，很容易将这两个概念混为一谈。柴闫和刘玉屏在《语用标记“V 起来”的话语立场研究》中首先对这两个概念进行了一定的区分，他们将“V 起来$_3$”界定为语用标记，而将位于谓语前的“V 起来$_2$”界定为话语标记。冯光武对语用标记的界定是“对命题的真假不产生影响，所承载的是有关说话人的信息，表达说话人的主观判断”。⑥ 话语标记即是“V 起来$_2$”，在句中会对句子的真值有影响的构式。本文也认为这种划分是有必要的。“V 起来$_3$”自身又具有很强的独立性，通常是一个句子中的特殊成分，既不会与其他句法成分发生关系，也不会影响到这个句子本身的真值语义，这种“V 起来”所要表达的是说话者的主观性。

前文多处提到，“V 起来”的语义经历了不断虚化的过程，也是语义多样

---

① 吕晓军：《汉语趋向动词“起来”在“动/形+趋”结构中多义性的认知研究》，湖南大学硕士学位论文，2007 年。

② 吴为善：《“V 起来”构式的多义性及其话语功能——兼论英语中动句的构式特征》，《汉语学习》2012 年第 4 期，第 3—13 页。

③ 唐正大：《从独立动词到话题标记——“起来”语法化模式的理据性》，沈家煊等：《语法化与语法研究》(二)，商务印书馆 2005 年版。

④ 齐沪扬、曾传禄：《“V 起来”的语义分化及相关问题》，《汉语学习》2009 年第 2 期，第 3—11 页。

⑤ 张谊生：《“看起来”与“看上去”——兼论动趋式短语词汇化的机制与动因》，《世界汉语教学》2006 年第 3 期，第 2—16 页。

⑥ 冯光武：《汉语语用标记语的语义、语用分析》，《现代外语》2004 年第 1 期，第 24—31、104—105 页。

性的表现之一，随着虚化程度的不断加深，“V 起来”的认识评价功能也进一步凸显。在句中，不同于表达客观事实的言语，“V 起来$_3$”体现了说话者话语行为的目的性，在会话交际中，通常是说话者主观认识和评价的语用标记。较多地表达了说话者的评价立场。

看如下例句：

⑤ 咳！说起来他也挺可怜，从小无依无靠，孤苦伶仃。

⑥ 说起来，自己也算是个久亲笔墨，写过一点所谓文章的人了。然而对于写文章的门径，却常常感到茫然。

以上两个例句中的“说起来”在句中表达的意义已经虚化，也不再与其前后的句子成分构成语法单位，在句法层面已经凝固为一个类似于词的固定用法。“说起来”是说话人向听话人传达信息的标志或者信号，它设立一个新的话题，在话语开端或者上下文之间作为承接，以引起下文的叙述，通常在这种用法里面，可以在后面添加部分语气词，以增加缓和的语气，以引出后文说话人对某人或某事的评价和认识。例如：“说起来啊，他也挺可怜，从小无依无靠，孤苦伶仃。”也丝毫不会影响句意的表达。在“V 起来$_3$”中，“V”作为趋向动词，趋向意义也在不断虚化，“起来”一词也增加了句子的估量语气，整个“V 起来”构式也演变为表示说话人本身的视角观点和主观评价，即使删掉“V 起来”也对我们理解句子本身不会有太大影响。

第五章　“V 起来”的语法化及其虚化轨迹

“V 起来”是现代汉语比较常见的构式之一，其中的“V”主要是由表示具体东西的动词以及心理动词构成，趋向动词等其他类型的动词可以进入“V 起来”的相对较少。前面的分析也提到“V 起来”的意义是处于一种不断虚化的发展过程中的，最后形成了不同的意义类别，按照共时角度，可以发现所存在的“V 起来”的不同意义是有一个虚化的过程和规律的，整个结构总的来说是经历了由表示趋动的空间位移意义再到相对抽象的时间体貌意义，再进一步虚化至完全主观的心理评价意义，“V 起来”构式中“起来”的意义逐渐虚化,整个结构也经历了表示位移意义、推测意义、结果意义的演变,而且最终形成一个固定构式。这是一个不断语法化的过程,直到最后形成了一个汉语中的固定构式。

“V起来”的各个语义之间不是孤立存在的,而是存在着内在的演化关联,并由此演化而形成了连续的意义虚化链。而本文的任务之一也是需要对其意义分化的轨迹进行尽可能详尽的描述,从而获得新的认识。“V起来”是动趋式黏合述补结构,“V起来”的语义的虚化与“起来”意义的演变息息相关,本文认为“起来”一词的语义可以粗略划分为三大类,分别是:空间位移义(空间义、聚拢义和隐存义)、时间体貌义(状态义)和心理评价义(心理义、评价义和估计义)。这三类语义的形成和划分并不是同时出现的,而是经历了不同程度的演变和虚化而成。从认知语法的角度来看,表示人或物体由下而上的空间位置移动的“空间位移”义是最初的原始义,是属于“空间域”的范围。而随着空间的不断位移必然伴随着时间的推移,因此“起来”的语义变化就慢慢地从“空间域”投射到“时间域”,这是第一层转化。吴为善(2012)认为“起始义”(表示动作的开始及持续)是用动态位移过程的整段时间来转喻时间序列上的起点及其延续,而“结果义”(表示动作完成并取得了某种结果)是用动态位移过程的整段时间来转喻时间序列上的终点。[①] 这种转变从动作的开始到持续,均与时间有关。从“时间域”再到“心理域”则是“V起来”中“起来”语义的第二层转化,其中最突出的表现是“起来”的含义及其所指逐渐主观化、心理化。接下来将会对这种虚化的进程及其内在的逻辑关系进行详尽分析。

一、空间位移义到心理评价义(应用领域的泛化)

A. 凯撒!真是听话!真乖!用后腿给直立起来!

B. 奇奇科夫叫谢利凡把车篷支起来。

C. 他狂喝了四瓶啤酒,眼看着他的肚皮鼓起来了。

① 吴为善:《“V起来”构式的多义性及其话语功能——兼论英语中动句的构式特征》,《汉语学习》2012年第4期,第3—13页。

D. 看着这一地从树上掉下来的柿子，他立马拿来一个麻袋把它们都包起来了。

E. 张晓峰是我们局的局长亲手提拔起来的骨干人才。

F. 中华儿女目睹了我们的国家从无到有地繁荣发展起来。

G. 中华人民共和国的五十六个民族如今已经无比坚实地团结起来。

H. 她小心翼翼地把自己的心事藏起来了。

上述八个例子均包含了"V 起来"，我们可以发现，前四句中的"V 起来"都描述了一种位置移动的过程，不仅是自下而上，也有由分散到聚拢的意义，这都展现了运动的含义，且是物体实实在在的运动。"腿"的直立，"车篷"被支起来，"肚皮"鼓起来，"柿子"被包起来，"腿""车篷""肚皮""柿子"是具体的物体，"直立""支"表示由下到上的位置移动，而"鼓""包"则表达物体空间从分散再到聚拢的状态或者由小空间不断变大的动作。而后四句与前四句有较大的不同，我们可以发现"V 起来"表达的不再是简单的物体位移。"提拔起来""繁荣起来""团结起来""（心事）藏起来"这四个"V 起来"的语义指向更偏向于抽象的概念，例如"藏起来"的是"心事"，"繁荣发展"起来的是国家，"团结起来"的是"民族"，虽然"国家"和"民族"的指向归根到底是人，但是相比于前四句的可以具体移动的物体，后面四句的指向则更为抽象。

这也说明"V 起来"的应用范围和领域在不断扩大，"V 起来"由最开始表示实体事物的位移过程逐渐地转变为表示心理、能力、情绪、状态的变化的一个较为隐喻的过程。在语言高频反复的使用过程中，由最初单纯的物理空间领域的应用慢慢地扩大到更深层更抽象的心理领域之中，以此来表达某种心理评价，这种变化是对能够产生相似运动过程的领域的拓展，借助对具有相似性实体的隐喻，来实现"V 起来"应用领域的扩展。

二、空间位移义到时间体貌义（空间域向时间域）

就人类生理器官的感知能力来说，人类相对缺少时间感知器官，而拥有较强的空间方向感知器官。这一生理特征也就理所应当地制约着人类对时间关系的表述①。但是空间特征和时间特征又有着十分紧密的关联，使得人们在日常生活中使用语言的时候习惯于用空间范畴的词语转而描述时间范畴的现象。虽然客观来讲，空间运动和时间运动两者有着本质的区别，但是其运动的轨迹和路径是十分相似的，本质上都有起点、轨迹和终点，这也为隐喻的实现提供了客观依据，可以帮助我们将抽象的事件具体化，考察其中的联系。

“V起来”的语义从最初空间位移义扩展到后来的时间体貌义，体现的是语义所指从空间域转移到时间域，例如：

I. 她的心怦怦直跳，但还是毫不迟疑地展开纸条读起来。

J. 如果我们现在要把堆在仓库里的那些货物一个一个地装起来会很费时。

K. 他上个月刚买的新车不仅开起来又快又稳，而且还没有噪音。

L. 他们公司新调过来的负责人工作起来不分白天黑夜，虽然大大提高了工作效率，但是长期这样下去身体是会受不了的。

这四个例句中的“V起来”都给我们展现了一个事件发生的全过程，而不是刻意凸显某一个时间点或者时间段。I句强调的并不是“读纸条”这一简单的动作，而是她虽然心怦怦直跳，但还是选择“读纸条”，其中是包含着整个“读纸条”的过程，是有一个时间的延续的。J句强调的也不是简单的“装货物”这一动作，而是将货物一个一个地装起来的这个过程是十分费时间的。K句中，不是指他那一刻开车又快又稳，而是指整个开车的那个过程，是又快又稳且没有噪音的。同样，L句中，新负责人工作起来不分白天黑夜，更是指工作的整个过程，这个动作是可持续的。这也就实现了从最初的空间域完成了到时间域的映射。当然，这一个过程不仅仅是从空间域到时间域的转换，时间域还可以进一步划分，部分学者将其理解为整体向部分的语义转移。

---

① 邵晨：《从认知语言学角度看“V起来”的语义转变》，《文教资料》2010年第8期，第29—30页。

例如下面这一组例子：

M. 所有士兵正饮酒狂欢的时候，远处敌人的大炮又响起来了。

N. 刚和家人们吃完饭，小明就拿起《红楼梦》接着读起来。

O. 所有在场的领导们听完了他说的话立刻警觉起来。

P. 服务员们陆陆续续给我们上菜，我们也开始吃起来了。

以上四个例句中的“V 起来”与之前四句中的“V 起来”有着细微的不同。M~P 的四句话中的“V 起来”也发生了时间空间域的转移，但是这种转变并不再是简单地从空间域向时空域转变的投射，不同的是，这是一个事件在发生隐喻，同时也在进行转喻，而这种转喻使得这个事件不再指向它发展的全过程，而是在整体和部分之间进行，即从简单的空间运动的过程转移成为一个事件在时间上的全过程的开始。那我们又该如何理解“一个事件在时间上的全过程的开始”呢？例句中的“警觉起来”“读起来”“响起来”和“吃起来”都表示了事件开始发生并且在不断地延续，但在这四句话中的“大炮响起来”是在“士兵们狂欢”的时候开始的，“读报纸”是“吃完饭”开始的，“警觉起来”是在“听完他的话”之后开始的，“吃起来”是在“服务员们上完菜开始的”。“V 起来”不再表示事件的整个过程，而转而表示事件的开始，这个开始是属于事件的一部分。这种情况既向我们凸显了“V”的动作义，又包含“起来”在时间上的过程性或终点凸显性。当然，当“V 起来”表示时间体貌义的时候，“V”是要受一定条件的限制的，即这个“V”必须是可持续的、具有明显动作义的动词。为了弄清楚“V 起来”语义分化的深层原因，本文根据认知语言等角度借用隐喻和转喻对“V 起来”各个语义进行认知层面上的分析，去探索不同语义之间的联系及其分化轨迹，从而达到对“V 起来”语义的深层理解。

三、时间体貌义的虚化

我们认为，“V 起来”的时间体貌义，表达的是某一事件在时间上的开始或者持续的过程，其中动词“V”所表示的动作最初是着重凸显的，但随着日常生活中“V 起来”的使用范围不断扩大，“V 起来”的语义就渐渐出现虚化，动词“V”的动作性不断降低，而出现了动作在时间的持续能力上不断增强的状况。例如：

Q. 这种办法曾让在场的所有人都有点心动，都想参与投资，但这件事只要每个人都仔细琢磨起来的话也有不少的问题。

R. 她想，我听起来一定像个十几岁的小女孩，乏味、愚蠢、肤浅的小女孩。

S. 虽然说起来不够好听，但我对此深感欣慰。

T. 他的黑眼圈很重，看起来像是三天没合过眼了。

可见，以上四个例句中的“V 起来”几乎不表示具体的动作意义，而是虚化为单纯的表示时间延续的助词，动作程度已经大大降低，甚至不表示动作义。本文之所以认为“V 起来”中的“起来”是虚化而成的助词，是因为我们可以将“V 起来”中的“起来”进行替换，可以换为助词“着”，或者直接去掉“起来”，例如：

Q_1. 这种办法曾让在场的所有人都有点心动，都想参与投资，但这件事只要每个人都仔细琢磨的话也有不少的问题。

R_1. 她想，我听着一定像个十几岁的小女孩，乏味、愚蠢、肤浅的小女孩。

S_1. 虽然说着不够好听，但我对此深感欣慰。

T_1. 他的黑眼圈很重，看着像是三天没合过眼了。

我们可以发现，通过上述做法，这四个例句仅仅只是在语气上有所变化，但在语义上是没有本质区别的。细微的差别可以忽略不计。因此“V 起来”的语义虚化不仅仅发生在动词“V”上，“起来”一词的语义同样发生了虚化，词汇义不断降低作用，语法义不断增强，即发生了语法化。这种变化就是通常所说的实词虚化，但是这是发生在整个“V 起来”构式之中，所以也会影响“V 起来”整个构式的语义，进一步造成构式“V 起来”的语义分化。我们知道，词汇的意义并不是一成不变的，在语义的发展过程中，由于词汇本身会和不同的词汇进行搭配，而不同词性的搭配必定会发生一定的语法作用,当然这也与作用发生的不同语境有关。“起来”的各个语义要素在不同的语言环境中有不同程度的凸显,而另一方面,就意味着会有其他语义要素不同程度的隐退,也就出现了不同的引申义。

结　语

综上所述,我们可以得知,构式“V 起来”有着丰富的句法功能、语义内涵和语用价值,日益高频的使用,使得“V 起来”的语义内涵不断引申和扩展,并且伴随着各种语法化和虚化现象的发生。“V 起来”的句法分布多种多样,既可以单独做谓语,也可以位于谓语前、主语后,还可以位于主语之前做独立插入语,也可以在句中直接做主语、定语。本文抛弃了单独从汉语词语结构的意义分析来认识句子的意义,通过构式语法理论的运用,来对构式意义进行深入的分析和探讨。“V 起来”构式本身也引申出众多相关构式变体,对这些构式变体的研究也会进一步加深我们对“V 起来”构式的理解。在语用方面,“V 起来”也发挥着话题标记、语篇衔接、认识评价等语用功能,加强着语言使用过程中的日常交流。

参考文献

[1] 柴闫,刘玉屏.语用标记“V 起来”的话语立场研究[J].语文学刊,2019(5):90－97.

[2] 杨辉,孔凡冉:国际汉语教学中的“V 起来”构式研究[J].大理大学学报,2019(9):104－108.

[3] 刘甜.隐喻视角下趋向动词“起来”的引申义教学研究[J].华侨大学学报(哲学社会科学版).2019(3):135－144,152.

[4] 朱京津.“V 起来”误代偏误的认知语义分析及教学应用[J].语言文字应用,2019(2):84－93.

[5] 马千.“V 起来”相关构式研究[J].语文学刊,2018,38(1):19－26.

[6] 陆俭明.构式语法理论有待深究的三个问题[J].东北师大学报(哲学社会科学版),2016(4):2－7.

[7] 周红.从致使性看“V 上去/起来/来+AP/VP”构式的表达功用——基于语料库的研究[J].新疆大学学报(哲学・人文社会科学版),2016,44(4):124－131.

[8] 朱永莉.构式“NP+V 起来+AP”研究综述[J].现代语文(语言研究版),2016(6):16－18.

[9] 佟星晨,马丹丹.对外汉语中教学中的“V起来”[J].读与写(教育教学刊).2015,12(6):57-60.
[10] 李文瑞.话语标记“说起来”探析[J].现代语文(语言研究版),2014(11):89-91.
[11] 苏琳琳.“NP+说起来+VP/AP”句式研究[J].现代语文(语言研究版),2013(12):60-62.
[12] 翟汛,汪世蓉.现代汉语体标记复叠结构研究——从“V了起来/下去”的英译谈起[J].长江学术,2013(1):106-110.
[13] 宋文辉.现代汉语表示起始义的趋向补语“起来”和“起……来”的关系[J].世界汉语教学,2012,26(4):463-477.
[14] 吴为善.“V起来”构式的多义性及其话语功能——兼论英语中动句的构式特征[J].汉语学习,2012(4):3-13.
[15] 王晓.“V起来”的话题标记功能和语篇衔接功能[J].当代修辞学,2012(2):40-45.
[16] 何姗.“V起来”的句法分析[J].安徽文学(下半月),2011(6):179,200.
[17] 张吉红.对“V起来”结构整体及其中“起来”的探究[J].大众文艺,2011(9):41,157.
[18] 王晓凌.补语“起来”的隐喻认知过程分析[J].安徽大学学报(哲学社会科学版),2011,35(3):77-84.
[19] 顾相菊,范晓辉,郭华.现代汉语中“V+起来”结构的构式意义分析[J].河北工程大学学报(社会科学版),2011,28(1):90-92.
[20] 陈明舒.表示起始义的“开始V”与“V起来”研究[J].湖南大学学报(社会科学版),2010,24(5):98-101.
[21] 邵晨.从认知语言学角度看“V起来”的语义转变[J].文教资料,2010(8):29-30.
[22] 何所思,王喆彬.关于“动词+起来”结构的对外汉语教学[J].语文学刊,2009(8),113-115.
[23] 齐沪扬,曾传禄.“V起来”的语义分化及相关问题[J].汉语学习,2009(2),3-11.
[24] 宋红梅.“V起来”句作为有形态标记的话题句[J].外语研究,2008(5):14-19,112.
[25] 陆俭明.构式语法理论的价值与局限[J].南京师范大学文学院学报,2008(1):142-151.
[26] 吕晓军.汉语趋向动词“起来”在“动/形+趋”结构中多义性的认知研究[D].长沙:湖南大学,2007.
[27] 张谊生.“看起来”与“看上去”——兼论动趋式短语词汇化的机制与动因[J].世界汉语教学,2006(3):2,5-16.
[28] 陈忠.“起来”的句法变换条件及其理据[J].山东社会科学,2006(2):136-141.
[29] 殷树林.“NP+(状)+V起来+AP”格式与英语中动句的比较[J].语言教学与研究,2006(1):59-65.
[30] 刘楚群.论连动句式“V起来+VP”[J].华中科技大学学报(社会科学版),2005(6):79-83.
[31] 李敏.论“V起来”结构中“起来”的分化[J].烟台师范学院学报(哲学社会科学版),

2005(3)：74-77.
[32] 贺阳.动趋式"V起来"的语义分化及其句法表现[J].语言研究,2004(3)：23-31.
[33] 冯光武.汉语语用标记语的语义、语用分析[J].现代外语,2004(1)：24-31,104-105.
[34] 黄河.表行为动作体验的"V起来"[J].胜利油田职工大学学报,1999(3)：17-19.
[35] 左思民.现代汉语中"体"的研究——兼及体研究的类型学意义[J].语文研究,1999(1)：10-21.
[36] 房玉清."起来"的分布和语义特征[J].世界汉语教学,1992(1)：23-28.
[37] 唐正大.从独立动词到话题标记——"起来"语法化模式的理据性[C]//沈家煊,等.语法化与语法研究(二).北京：商务印书馆,2005.
[38] 吕叔湘.现代汉语八百词[M].北京：商务印书馆,2009.
[39] 宋玉柱.说"起来"及与之有关的一种句式[J].语言教学与研究,1980(1)：16—21.
[40] 刘月华.趋向补语通释[M].北京：北京语言文化大学出版社,1998.
[41] 李晟宇.现代汉语连动式的语义类型[J].语文学刊,2001(2)：71-73.

叙事学视域下两部《调音师》电影的比较研究

李璐灵

摘要　印度电影《调音师》改编自法国同名微电影,讲述了“盲人”钢琴师阿卡什在目击凶杀案后的一系列跌宕起伏的故事。与法国微电影相比,印度影片在情节、叙述、主题等方面有所丰富与延伸。两部影片以类似的核心事件出发,虽然人物性格、影片节奏、叙述方式等风格迥异,但结局皆耐人寻味,其中不乏对于人性复杂的探讨,为观众品味、深思。本文分成六大部分:绪论、两部电影的叙述层次、序列结构、行动元结构、语义方阵的比较、结语。以两部电影的比较研究为主,从叙事学视域出发,在分别讨论两部影片后予以比较分析,借助叙述层次探寻影片视角意义、序列结构解构影片叙事结构、行动元结构探析影片人物内心和语义方阵解读影片主旨内涵。本文将通过这四方面比较分析两版影片叙述、情节、人物与主题,探析两部电影背后的深层含义。

关键词　电影《调音师》;叙述层次;序列结构;行动元结构;语义方阵

绪　　论

一、研究意义

近年来,随着印度电影的崛起,引起人们对印度电影的兴趣。印度电影《调音师》与近年来引进中国的其他印度电影(如《摔跤吧爸爸》《小萝莉的猴神大叔》等)有着明显区别,不似后者般励志、感人,而是将现实黑暗摆在观众眼前。印版《调音师》改编于法国微电影《调音师》,凭借多次反转成为影片亮点,在法版中的角色设定、故事情节和影片主旨的基础上进行延伸,尤其是对人心、人性问题的研究与思考。法版《调音师》斩获法国恺撒奖的最佳短片奖,印版《调音师》获得印度电影观众奖的最佳影片,不禁令人思考:两部影片都大获成功的原因是什么呢?除了共同的故事核心外,他们各自还有什么吸引眼球的特点?这值得我们去探寻一番。故本文利用叙事学的工具来比较两部《调音师》电影,这是前者研究所未运用过的,在探析影片叙述层次、叙事结构和故事主题的基础上并分析角色转变的因素,以此来比较两部影片的出彩之处。

二、国内外研究现状

(一) 关于法版《调音师》的研究

在前者研究中,对于法版《调音师》的单独研究并不多,大约有 9 篇,包括:白雪的《〈调音师〉主人公阿德里安的人物解读》,国靖的《调音的钢琴师——评微电影〈调音师〉》,戴云武和廖卫华的《浅析微电影〈调音师〉》,张红娟的《人性的审判——短片〈调音师〉中的形式语言探析》,王瑜、张知博、张瑜的《微电影〈调音师〉的审美特征分析》,唐艳玲的《欲望的阶梯——评〈调音师〉的主题架构》等。

其中大致可分为三类。第一类是对叙事结构的研究,通过分析倒叙、情节闭环和开放式结尾来展现影片的悬疑色彩。唐艳玲、白雪都提及"倒叙"结构,白雪、戴云武和廖卫华指出影片"头接尾构成了一种循环"①。夏光富和胡媛媛对于影片的悬念设置分析是比较到位的,从希区柯克的"定时炸弹理论"出发,根据叙事结构将影片开篇、高潮和结尾分别概括为悬念的积累、递进和留白,融合叙事结构的思考,提出结构"倒叙""情节闭环"和"开放式的结尾"。对于开放式结尾,张红娟和白雪都有自己的揣摩,影片给观众留下"包袱:男主的生死"②问题。此外,王瑜、张知博和张瑜从微电影的角度

---

① 白雪:《〈调音师〉主人公阿德里安的人物解读》,《电影文学》2014 年第 9 期,第 109 页。

② 张红娟:《人性的审判——短片〈调音师〉中的形式语言探析》,《现代装饰(理论)》2015 年第 8 期,第 206 页。

出发,分析短片采用了“碎片化叙事”和“个体化叙事”,打破了传统叙事,“集中体现了微电影的后现代叙事特征”[①]。

第二类是通过视听语言和蒙太奇手法等,对电影运用镜头的研究。王瑜、张知博、张瑜、张红娟、国靖等人从视听语言角度分析微电影,影片采用“黄绿棕的古典色调”,将镜头的移动与音乐融合研究,提出关于关门声的“两个音阶”。影片“成熟大气的镜头和剪辑增强了叙事效率”,而“音乐表达出了语言无法表述的心理活动”[②]。李志方关注了张红娟提及的“画内空间和画外空间”,但他更细致地分析影片镜头艺术,他较前者研究增加分析了镜头剪接手段——蒙太奇,来直击主人公内心。戴云武和廖卫华也是从视觉光线和蒙太奇手法分析,更丰富了声音方面的分析。

第三类是对电影主旨方面的研究。在分析主人公人物形象上,白雪、王瑜、张知博、张瑜、唐艳玲等人都采用拉康的“镜像理论”来分析阿德里安假盲的伪装。例如:唐艳玲借“镜像理论”剖析阿德里安人物,由于伪装盲人而获得身心满足,使他渐渐“失去自我的本性”,“内心的欲望与渴求也不断地膨胀、扭曲”,他的“利欲”导致他走向“毁灭的边缘”[③]。李志方采用“镜像理论”时,进一步研究电影的固定镜头来分析作用与效果,阐明调音师沉浸于自我虚幻中,深刻表现“人性的贪欲与顽固”[④]。张红娟侧重分析阿德里安内心的欲望,装盲是“对自己的欲望和追求一种压抑的体现”[⑤],主人公是一个“矛盾的综合体”,以此来揭示影片对人性的探讨。

(二)关于印版《调音师》的研究

较法版《调音师》的前者研究,印版《调音师》的单独研究相对多一些,大约有22篇,包括:尹葰嫣的《〈调音师〉:“人性之恶”的叙事缝合》,许莹的《印度电影〈调音师〉:让观众参与到电影叙事的架构中来》,阿米娜·阿布

① 王瑜、张知博、张瑜:《微电影〈调音师〉的审美特征分析》,《新闻传播》2017年3月,第4页。
② 国靖:《调音的钢琴师——评微电影〈调音〉师》,《大众文艺》2012年第20期,第112页。
③ 唐艳玲:《欲望的阶梯——评〈调音师〉的主题架构》,《戏剧之家》2017年第1期,第126页。
④ 李志方:《表意与传情:微电影的影像建构——以〈调音师〉〈宵禁〉为例》,《电影评介》2017年第22期,第77页。
⑤ 张红娟:《人性的审判——短片〈调音师〉中的形式语言探析》,《现代装饰(理论)》2015年第8期,第206页。

力米提的《电影〈调音师〉中的不可靠叙述》，隽晓宇、何春耕的《印度悬疑片〈调音师〉的叙事结构和音乐呈现》，赵坤的《电影〈调音师〉的叙事艺术》，张容睿的《多元与融合：电影〈调音师〉中的“马沙拉”艺术》，李明娟、徐玉梅的《印度电影〈调音师〉中“盲”的隐喻叙事解码》等。

虽然相关研究比较多，但基本能概括为：从多方面主要探讨影片情节结构、电影叙事、主题等。

首先，针对影片的叙事结构，大量研究都提及“反转”、“回环式结构”（情节闭环、环形叙事）和开放式结尾。丁爱伟将电影分为“经典的三幕式结构”，提及“回环式结构”“多次反转”探析影片悬疑效果。吕丽波、杨晖、于涛、赵坤等聚焦于反转的次数、人物、情节等方面分析，突出其影片效果。此外，于涛对于影片“首尾照应的环形叙事及开放式结局”也有独到的见解：“以盲开始，以盲结局”，“既是锁闭，又是无限，既是笃定，又是皆可”①。赵坤根据具体事物提出“情节闭环”，并提出“开放式结尾”类似为“留白”，并具体分析结尾反转，认为这“造成了故事情节当中一部分内容的不确定性”②。前面的研究基本是在分析电影中大量“反转”的作用与效果，认为是影片出彩的特点，但高雅、张月和张柏俊皆提出影片不足之处，“反转太多，以至于为了反转而反转”③。此外，叙事学角度上，杨程越运用了普罗普的功能理论分析影片中“非日常人物设定”，“增加人物决策的复杂性和行动的不确定性”，由此增添悬念色彩，该片“没有忽略掉功能与功能之间的衔接，反而自然顺畅，结构完整，深刻地表达了影片的文本内涵”④。

其次，关于电影叙事的分析，主要集中在视听语言与叙事视角两方面。

1. 视听语言

与法版影片研究类似，以视听语言的角度分析，通过视觉和听觉的角度

---

① 吕丽波、杨晖：《看不见的旋律，看得见的社会——简评印度电影〈调音师〉》，《大众文艺》2019 年第 17 期，第 185 页。

② 赵坤：《电影〈调音师〉的叙事艺术》，《电影文学》2019 年第 15 期，第 122 页。

③ 张月、张柏俊：《印度电影〈调音师〉中的人性窥测》，《新时代职业教育》2019 年第 17 卷第 3 期，第 57 页。

④ 杨程越：《印度悬疑电影的功能叙事分析——以〈调音师〉〈无所不能〉为例》，《西部广播电视》2019 年第 13 期，第 86 页。

给观众带来的“冲击力”,加剧印版的魅力。孙烨认为影片“利用盲眼主人公与观众获得信息不对称的特点来营造悬念”,用“视点和听点形成的限制性视角来操控信息并控制悬念”①,通过音乐和道具具体分析开放式结尾并阐明盲兔撞车的故事是阿卡什杜撰的。隽晓宇、何春耕、赵坤等学者在研究中都提及声音在电影中的使用效果,以音乐、对白为主。通过音乐营造悬疑气氛,与影片故事、节奏相融合,使观众增加真实感。除此之外,杨凯悦是以符号学的角度探究电影中钢琴(独特性的音域)的表意功能;张乐盈通过分析影片中的钢琴声来阐明音乐的表情、表意、表真功能,分析语言元素(对白)来体现影片的想象性与现实性。她比其他研究更深入分析了影片中的“音响”和“噪音”,提出“音响喻示”和“噪音”与画面的“互文性”表达,进一步阐释了影片的悬疑细节。

2. 叙事视角

从叙事学视域下,关于影片的叙事视角,不少研究都提及了“第一人称的叙事视角”,由此对影片有许多不同的理解,留给观众思考空间,更添悬疑风。赵坤认为“叙述人阿卡什在电影中具有双重身份:既是故事的实际参与者、见证者,也是故事的讲述者”②,导演借第一人称的叙事视角令观众认可阿卡什、掉入他的叙述圈套。丁爱伟以影片中“说来话长,咖啡”的台词点出影片是“阿卡什以自己的视角进行的一种回忆性讲述”③,引发观众与影片进行“双向沟通”。由第一人称叙事视角的特点引出影片的不可靠叙述,许莹和阿米娜·阿布力米提皆指出影片的“不稳定性”。阿米娜·阿布力米提进一步指出影片中阿卡什的叙述是“不可靠叙述”,这种视角的叙述“充分调动起观众的主体意识”④并从读者的角度进行了具体分析。而尹莜嫣没有局限于第一人称叙事视角,提出自己的观点:称阿卡什为“暗影叙述者”,影片中

① 孙烨:《本土化改造、悬疑叙事与文化传播——印度电影〈调音师〉的改编启示》,《戏剧之家》2020年第2期,第68页。

② 赵坤:《电影〈调音师〉的叙事艺术》,《电影文学》2019年第15期,第122页。

③ 丁爱伟:《印度电影〈调音师〉叙事解码》,《怀化学院学报》2019年第38卷第10期,第118页。

④ 许莹:《印度电影〈调音师〉:让观众参与到电影叙事的架构中来》,《文艺报》2019年4月12日第4期,第1页。

的两次转折事件的视角分别是“盲人视点”(半盲半视)和“客观式叙述”,共同“营造叙事的多义性”①。

前者研究中关于影片的主题研究是最多的,主要从三类角度分析其背后意义。

1. 影片的隐喻色彩

关于隐喻的分析,已有研究中涉及物、人、事等不同方面的分析。例如:雅茹和杜宁都着重分析了“兔子”意象,产生“为什么要用兔子而非其他动物”②的疑问,从印度佛教和西方文化两方面阐述了兔子背后蕴含着的文化及象征,实质是一种“讽刺性隐喻”。李明娟和徐玉梅探讨影片“盲”的隐喻,是“感官的丧失”,更是“道德的缺失”③。孙烨在探讨影片“次要人物设计”上,认为“导演运用了类比隐喻的手法”④,分别阐述了苏菲、小男孩、卖彩票的大姐和“突突车”司机所代表的一类人,是他们的缩影。丁爱伟从电影“所指”的角度出发,将影片的隐喻分为象形隐喻、视觉隐喻、道具隐喻三类;鲁宁与袁智忠则从角色隐喻、空间隐喻和符号隐喻三个维度揭示影片所想要展示的人性与印度本土的问题。

2. 人性的探讨

相当多的研究都提及《调音师》所展现的“人性之恶”,但研究者们探讨“恶”的角度是不一样的。尹葰嫣、赵坤、马骏等都提及影片中的“人性之恶”,还阐释其中“恶”的变化。吕丽波和杨晖讨论的是“人性恶欲”,强调行恶的结果。尉倩以阿伦特的理论探讨电影中阿卡什的“平庸之恶”,探讨各类人物中所隐藏的“恶”并思考这些“恶”的原因。张月和张柏俊不单单解释“恶”,运用荣格“集体无意识”理论与“真我、本我和表象的自我或超我”⑤揭

---

① 尹葰嫣:《〈调音师〉:“人性之恶”的叙事缝合》,《四川戏剧》2019年第5期,第103—104页。

② 雅茹:《〈调音师〉中的“梅尼普讽刺”》,《电影文学》2019年第21期,第135页。

③ 李明娟、徐玉梅:《印度电影〈调音师〉中“盲”的隐喻叙事解码》,《电影评介》2020年第2期,第46页。

④ 孙烨:《本土化改造、悬疑叙事与文化传播——印度电影〈调音师〉的改编启示》,《戏剧之家》2020年第2期,第68页。

⑤ 张月、张柏俊:《印度电影〈调音师〉中的人性窥测》,《新时代职业教育》2019第17卷第3期,第57页。

示人性的缺失并暴露集体人性的问题。李明娟和徐玉梅也从精神分析阐述了阿卡什的本我、自我和超我，由此探讨人物的欲望，并提出他们认为的影片主旨："人与人是否可以信任"[①]。而隋明照主要讨论关于"人性反思"，从印度教教义出发认为影片主张"善恶将得到报应，这种轮回周而复始，无始无终"[②]。

3. 本土化特点

由于印版是改编于法国微电影，因此对于印版《调音师》中的本土风味也有较多的研究进行分析，主要是从印度电影的歌舞方式和印度社会现实两方面进行探索。杜宁、孙烨提及印度电影中的歌舞形式是人们对印度电影的直观感受，《调音师》虽未出现"尬舞"，但"音乐文化性"还是贯穿影片的。除此，杜宁还提到影片中展示了印度文化中的"狂欢式内涵"，被赋予印度电影的标签；孙烨侧重于影片的文化传播方向，并指出中国电影可借鉴的地方。张容睿也谈及影片"歌舞杂陈"的内容，但他具体阐述印版影片较好的"东西融合"，以宗教的展现"树立了对民族文化和本国文化新的演绎范本"，还有"对印度社会矛盾的戏剧化集中展现"[③]的亮点。吕丽波和杨晖在探讨影片主旨时，通过影片涉及的器官买卖、宗教问题和社会现实等来揭露印度的社会问题，反映影片的现实意义。

（三）两部《调音师》的比较研究

以这两部电影的比较研究为主的研究大约是4篇，主要是：柳莺的《〈调音师〉：看不见的眼睛，看得见的黑暗》，游洪南、陈文娟的《亦长亦短皆精品：评印度长片〈调音师〉和法国短片〈调音师〉》，蔡雨昕的《从微电影到院线电影的改编创作——以〈调音师〉为例》，曹荣荣的《身体消费下的现代性幻象与现实性境遇——印度电影〈调音师〉的本土化改编》。还有一些研究或多或少会涉及小比较，在现有的研究中以比较人物、情节和主题为主。

---

① 李明娟、徐玉梅：《印度电影〈调音师〉中"盲"的隐喻叙事解码》，《电影评介》2020年第2期，第47页。

② 隋明照：《〈调音师〉：是谁蒙蔽了双眼?》，《中国新闻出版广电报》2019年5月8日，第2页。

③ 张容睿：《多元与融合：电影〈调音师〉中的"马沙拉"艺术》，《视听》2020年第10期，第108页。

1. 影片人物设定的差异

柳莺分析了法、印影片中主人公装盲原因的差异：阿德里安是迫于生计装盲、或多或少满足窥探欲望；印度是试图将自己的艺术潜力推向极致。两部主人公的人物设定是有一定差异的，蔡雨昕总结印度影片在人物自身改编上“进行了完善和补充”，使人物“形象更加立体”[①]。而曹荣荣关于主人公的观点则与柳莺的有所差异，她认为两个角色“具有相似的职业身份，但他们的社会存在却大相径庭”：阿德里安是“很傻、很天真”的人物；阿卡什则是一个“精致的利己主义者”[②]。在影片如何塑造人物形象上，游洪南和陈文娟给出了自己的分析，法版运用了大量的内心独白来暗示阿德里安“怯懦”的心理，此外如“用手指如飞表达他眉飞色舞和扭曲的快感”[③]来暗示他偷窥狂的形象；印版首先是演员阵容强大，其次是每个角色形象鲜明，都能代表印度社会的某个层面。

2. 影片情节设定的异同

蔡雨昕从微电影和院线电影的角度出发，认为两部电影的“悬念设置和讲述方式与原版如出一辙”，但由于微电影时长的设定，其“悬念设置与叙事节奏更加紧凑”。[④] 夏光富和胡媛媛分析了法国微电影中倒叙和闪回技巧的叙事顺序，营造悬念感。游洪南和陈文娟进一步概括了两部影片的情节叙事顺序：法国微电影以倒叙顺序和闪回技巧来增添影片的悬疑氛围和紧张气氛；印度影片运用了闪回技巧和顺序的方式，融合印度电影特有的歌舞风格，在紧张气氛中融入微喜剧色彩。李明娟和徐玉梅以“互文性”的方法针对两部电影的开放式结尾有个小比较，法版给观众留下悬念，印度改编“则是在此基础上挖掘了人性的种种可能”，印度改编“是在吸取了过去的文本

---

① 蔡雨昕：《从微电影到院线电影的改编创作——以〈调音师〉为例》，《西部广播电视》2019 年第 8 期，第 75 页。

② 曹荣荣：《身体消费下的现代性幻象与现实性境遇——印度电影〈调音师〉的本土化改编》，《艺术广角》2020 年第 2 期，第 49 页。

③ 游洪南、陈文娟：《亦长亦短皆精品：评印度长片〈调音师〉和法国短片〈调音师〉》，《电影评介》2019 年 13 期，第 86 页。

④ 蔡雨昕：《从微电影到院线电影的改编创作——以〈调音师〉为例》，《西部广播电视》2019 年第 8 期，第 75 页。

之上的回应与重新改造”。[①]

3. 影片主题的比较探讨

已有研究中对于影片主题的比较探讨，主要从两方面出发：人性主题的不同方向和影片与现实融合的角度。柳莺认为法版是悬疑剧的起承转合，对于人性方面的探讨较浅；印版则“更深地挖掘到人心的底部被忽视的角落”，“更注重对人心难以捉摸的阴暗面进行去方位的呈现”[②]，在人性方面的挖掘更深、更彻底。游洪南和陈文娟亦以人性为出发点探索，同时融合本土电影风格的元素，认为法国微电影注重“深刻挖掘人性，展现人性的贪婪、懦弱和虚伪”方面；印度则“延顺人性本恶的基调，融合印度独特的黑色幽默”，主题元素更丰富，增添其当地特有的风格。[③] 曹荣荣对于主题的研究以印度当地的现实问题出发，影片是以“逼视、揭露、批判这样的社会现实，进而引发人们的群体性思考与可能的行动”。[④]

三、本文研究方向与内容

从上文中可知：法版《调音师》的研聚焦在叙事结构、镜头运用和人物刻画上从而探究影片背后的主题，已有研究中涉及回环式结构、倒叙结构、开放式结尾、视听语言、蒙太奇手法、镜像理论等，以此来阐述影片的悬疑风格与人性主题。印版《调音师》延续法版的核心故事，进行本土化的延伸，已有研究同样是以悬疑风格与人性主题为讨论点，相对法版的研究角度，增加了对影片叙事视角、隐喻和本土化特点等的探究。而以两部《调音师》为主的比较研究成果较少，现有研究主要从影片人物、情节和主题出发比较。不管是对法版、印版还是两者比较的研究，以叙事学角度为主出发的研究还是

---

① 李明娟、徐玉梅：《印度电影〈调音师〉中“盲”的隐喻叙事解码》，《电影评介》2020 年第 2 期，第 46 页。

② 柳莺：《调音师：看不见的眼睛，看得见的黑暗》，《21 世纪经济报道》2019 年 4 月 15 日，第 1 页。

③ 游洪南、陈文娟：《亦长亦短皆精品：评印度长片〈调音师〉和法国短片〈调音师〉》，《电影评介》2019 年第 13 期，第 86 页。

④ 曹荣荣：《身体消费下的现代性幻象与现实性境遇——印度电影〈调音师〉的本土化改编》，《艺术广角》2020 年第 2 期，第 52 页。

不多的,可能有些研究中或多或少提及,但深入探究的比较少。因此,从叙事学出发对两部《调音师》的比较研究还是有一定思考和延伸空间的,值得去探究两部电影之间的异同。而其中关于叙事学理论分析这两部电影的研究,大多只是从叙事视角或叙事结构方面出发探讨,如尹葰嫣、赵坤、丁爱伟等学者,但关于其中的一些观点还留有一些余地去印证。对于电影主旨的讨论,基本上没有从叙事视域出发的,所以用叙事学理论分析这两部电影的主旨,也是具有一定新意的。

故本文从叙事学对两部《调音师》进行比较研究,主要以影片的悬疑风格和主题探究为研究点,在已有研究的基础上借助叙事学工具,如序列结构、叙述层次、语义方阵等,来进一步探析在叙事学视域下两部影片的异同。

首先,介绍两部影片的故事梗概。

法版讲述一位被视为天才的钢琴家阿德里安,当他信心满满地参加伯恩斯坦音乐大赛时,却因紧张胆怯的心理而比赛失利,这令他变得颓废消沉。而假扮盲人调音师成为他逐渐走出心结的一个契机,当他的身心慢慢恢复之时,一笔普通的订单却让他意外遇上凶杀案,陷入生死未卜的处境。

印版讲述一位出色的钢琴师阿卡什,为了实现去伦敦参加钢琴比赛的梦想,他一边假扮盲人一边攒20万卢比的参赛费。当他邂逅苏菲后,慢慢迎来好运:成为当地餐厅中小有名气的钢琴师,和心爱的女人谈情说爱,一切都开始顺风顺水起来时,他收到名人普拉默·辛哈的邀请,到其家中演奏钢琴来庆祝结婚纪念日。这次演出改变了阿卡什原本左右逢源的生活,意外成为凶杀现场的目击者,由此遭遇了一系列出其不意、险象环生的事情。

从简单的故事梗概中,能够看出印版延续了法版的核心故事情节,但在故事情节和人物设置等方面有较多的增幅和改编,可以从叙述层次、序列机构、行动元结构和语义方阵四方面体现。

第一章 两部《调音师》的叙述层次比较

电影叙事中"摄像机"扮演着一个举足轻重的叙述人角色。"摄影机"视点通过与人称视角的相融或相异、同化或者分离而扩展和强化了电影叙事的特殊风情和魅力[1]。作为两部电影叙述层次的分析,摄影机的叙事起着至关重要的作用。在关于两部影片的已有研究中,对于法版这方面的探讨基本是没有的,而对印版的叙述视角研究比较多,大多从主人公出发,提及影片“第一人称的叙事视角”。下文从摄影机的视点出发,分析法、印电影叙述层次上的差异,探究其背后目的与意义。

一、法版《调音师》的叙述层次

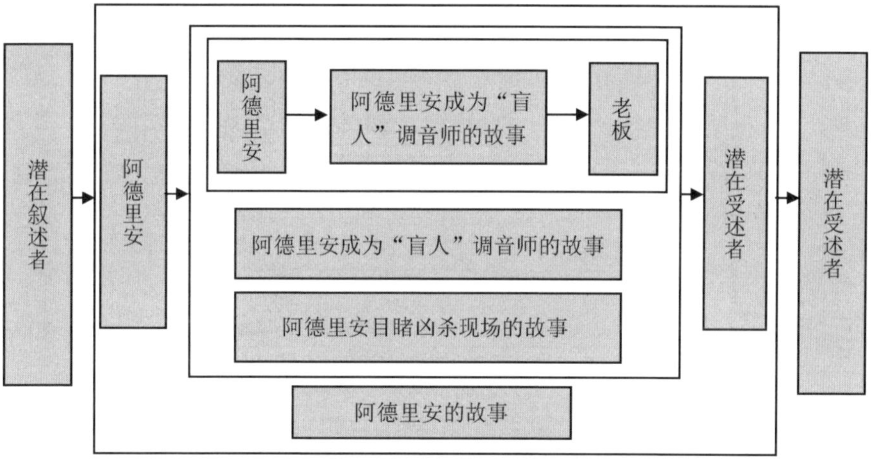

图 1

根据上图,潜在叙述者与叙述人阿德里安所讲述的内容是大致相同的,潜在叙述者在电影中可归为摄像机,“摄像机的视点基本上是作为人物的叙述视角出现的”,李显杰将此类分为“与人物视角同化的摄影机”[2]。正是因为摄影机视点主要来源于阿德里安的主观视角,所以“在呈现所述之物时带有鲜明的个性态度和取舍特征”[3]。观众跟随摄影感受主人公的心理,能从摄像机的画面体会到主人公的喜怒哀乐,最能体现这一感受的画面是:阿德里安回忆因盲人身份而偷窥到他人隐私时的满足感和面临凶手威胁时的紧张害怕感。由

① 李显杰:《电影叙事学:理论和实例》,中国电影出版社 2000 年版,第 296—297 页。
② 李显杰:《电影叙事学:理论和实例》,中国电影出版社 2000 年版,第 302 页。
③ 李显杰:《电影叙事学:理论和实例》,中国电影出版社 2000 年版,第 303 页。

于阿德里安的视点参与摄像机的拍摄中,观众虽然不能明确妇人是否发现真相,但摄影机画面所展现出的内心独白和人物表现令观众充分感受到阿德里安痴迷于自己的盲人角色,落入自己设置的“陷阱”而无法自拔,最后留下开放式结尾,让观众为其最后的命运揪心,影片效果更具悬疑色彩。

二、印版《调音师》的叙述层次

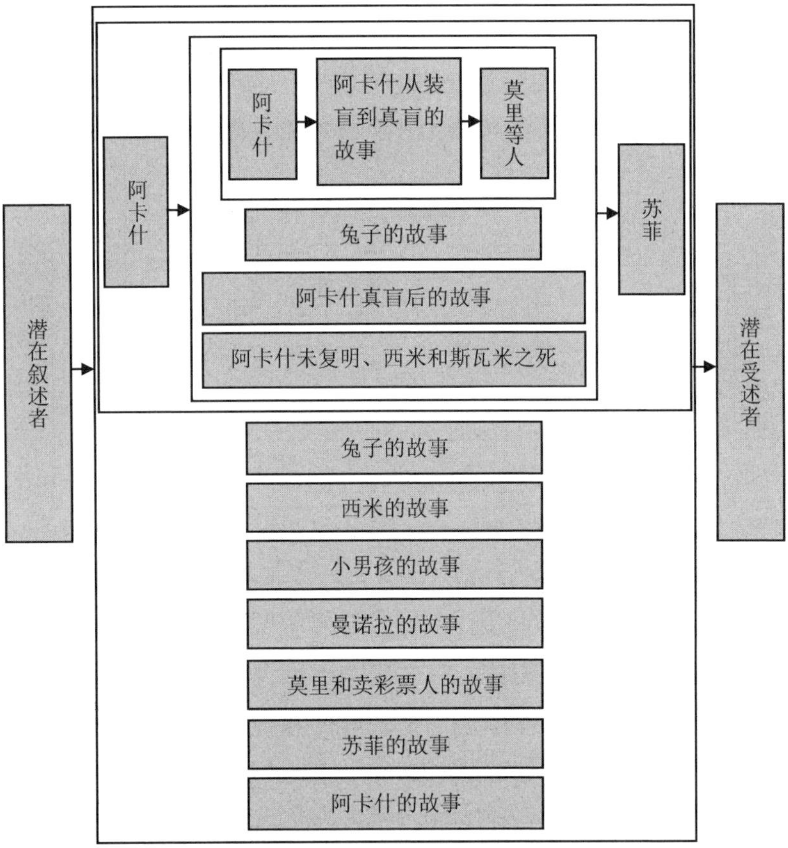

图 2

根据上图,与法版叙述层次图(图 1)相比,最明显的一点是:潜在叙述者讲述的内容远远大于叙述人阿卡什所述内容,潜在叙述者相比影片角色在电影里能获得更多的信息。因此,印版是属于“独立的摄影机视点”一类。所谓“独立”,也就是指这种视点是由摄影机提供的,并不受人称叙述视角的制约[①]。虽然影片是以阿卡什的第一人称视角向苏菲叙述,他“既是当事者又是观察者”[②],但电影中关于兔子的故事、西米的故事、小男孩的故事、曼诺拉的故事、莫里和卖彩票人的故事、苏菲重逢前的故事和阿卡什部分故事显然不是叙述人能完全知道的。这些内容由摄像机呈现给观众,摄像机作为辅助叙述来弥补叙事中的一些缝隙,使观众具有一个较全知的视点,其中最能显现全知视点的便是“兔子”和“最后一击”。

影片最开始描述猎人捕捉兔子的画面,这个场景不存在于阿卡什的叙述中,只有观众能透过屏幕看到。最初“兔子”的出现容易迷惑观众,认为其属于故事外的异故事,但在阿卡什最后的叙述中,这只兔子的出现杀死了西米救了他,成为故事内的同故事,参与到阿卡什的叙述内。但关于阿卡什叙述中的兔子,观众们易对其产生怀疑,取决于阿卡什与苏菲重逢后的一系列说法和举动:一个盲人能知道兔子和西米的车相撞;时隔两年又身处异乡,仅凭握手就能认出苏菲;服务员递来拐杖,阿卡什没有摸它就能迅速确定是自己的;能用拐杖一下子击中易拉罐。阿卡什的“最后一击”无疑是压垮骆驼的最后一根稻草,让观众萌生一连串问题。这精准的一击,观众顿时对他是否复明产生疑问,因而对他向苏菲叙述的故事结局存疑。

布斯把叙述者分为“可靠的”与“不可靠”的两种类型,如何判断是否为不可靠叙述则依据“是否与隐含作者的价值观念发生冲突,如果二者发生冲突,叙述者的态度就是值得怀疑的。”[③]结合印版的叙述层次图(图 2),阿卡什向苏菲叙述的故事结局与潜在叙述者呈现给观众的故事是存在矛盾的,因此阿卡什的叙述具有不可靠性。阿米娜·阿布力米提根据情节阐述阿卡什的不可靠叙述属于“错误的报道”和“不充分报道”的类型[④]。阿卡什的不可靠叙述为影片增加了情节上的复杂性,看似是主人公胜利的美好结局,但背后的真相令人不寒而栗。许莹在分析影片叙事的不稳定性后,认为这种

---

① 李显杰:《电影叙事学:理论和实例》,中国电影出版社 2000 年版,第 309 页。

② 丁爱伟:《印度电影〈调音师〉叙事解码》,《怀化学院学报》2019 年第 38 卷第 10 期,第119 页。

③ 罗钢:《叙事学导论》,云南人民出版社 1994 年版,第 215 页。

④ 阿米娜·阿布力米提:《电影〈调音师〉中的不可靠叙述》,《新疆艺术(汉文)》2020 年第 1 期,第 75 页。

叙述“充分调动起观众的主体意识”，形成“理想的叙述读者”、“作者的读者”和“有血有肉的读者”三个维度的读者观念①。影片将阿卡什的“不可靠叙述”与“独立的摄影机视点”结合，观众拥有更多的主动权，根据自己的认识与思想对影片产生多层次的解读，观众本以为自己处于一个全知视角，但却被阿卡什的叙述所迷惑，潜在叙述者企图更深层诱发观众对真相的探讨和电影主题的深思。

三、两部《调音师》的叙述层次异同及其意义

通过上述叙述层次图的分析，两部影片最大的差异便是人物视角与摄像机视角之间的差异。印版的潜在叙述者比法版的潜在叙述者在影片上有更多的叙述内容，观众了解到的内容也相对全知与客观。因此，法版中主人公的视角让观众更易沉浸于角色的情感心理中；而印版中的主人公视角与摄像机视角，增加了影片的不可靠叙述，令观众对影片的思考更加细致与深入。

第二章　两部《调音师》的序列结构比较

无论是法版还是印版，其中的悬念设置与情节叙事无疑是两部影片的亮点，都值得研究一番。下面运用布莱蒙的序列结构来研究两部《调音师》叙事结构上的异同，以此来解析影片所带来的反转、悬疑效果。

一、法版《调音师》的序列结构

(一) 序列片段

【序列一】

这是一个改善+恶化插入序列。主人公阿德里安是被视作天才的钢琴家，他对自己的琴技充满信心。然而当他面对场下的观众和评委，他紧张的

---

① 许莹：《印度电影〈调音师〉：让观众参与到电影叙事的架构中来》，《文艺报》2019年4月12日第4期，第1—2页。

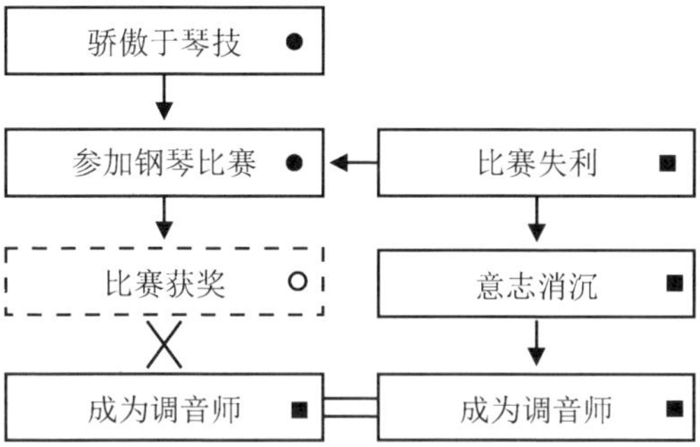

图3　改善+恶化插入序列

情绪使他比赛失利,这成为他人生轨迹改变的一个恶化可能。在此恶化可能的条件下,他未能好好调节自己的心情,意志消沉使他渐渐无法恢复到以前的钢琴水平,只能成为一名调音师。这与他原本的"预期改善结果"大相径庭。

【序列二】

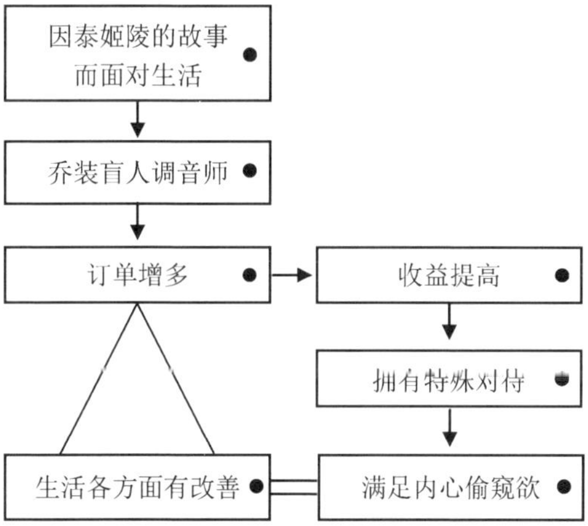

图4　改善+改善联结序列

序列二是一个改善+改善联结序列。原本未来可期的阿德里安因比赛失利,成为一名普通的调音师,这令他陷入谷底。但泰姬陵的故事是一个改善的"可能",让他理解"人们认为失去会让我们变得更加感性"(印版《调音师》电影),部分的缺失是一种美。所以,他开始乔装盲人调音师,这使他短短一周内订单翻倍。盲人调音师的身份让阿德里安尝到了甜头,收益提高、获得客人特殊对待,更重要的是满足了他原本内心压抑的偷窥欲,令他本就疲惫的身心有了巨大的改善，让他重拾生活。

【序列三】

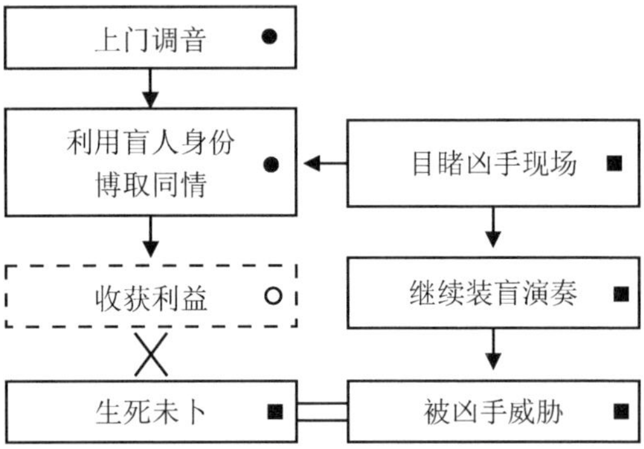

图 5　改善+恶化插入序列

从序列二可知阿德里安的身心逐渐恢复，可序列三是改善+恶化插入序列，说明事情又有反转了。上门调音对阿德里安来说又是一单稳赚不赔的生意，但他无意中目睹凶杀现场却插入一个恶化的“可能”，接着他又继续装盲弹琴，可不知自己的一些小细节却令凶手对他产生了怀疑，导致影片结尾是一个生死未卜的开放式结尾，这里暂且将其定为“恶化结果”。

由于影片最后画面是：老妇人在阿德里安背后手拿机枪对着他，结尾并没有明确阿德里安的生死，观众只能依靠自己来想象阿德里安的结局。因此需要根据阿德里安的生死来建立两种预期序列，即下图：

【序列四】

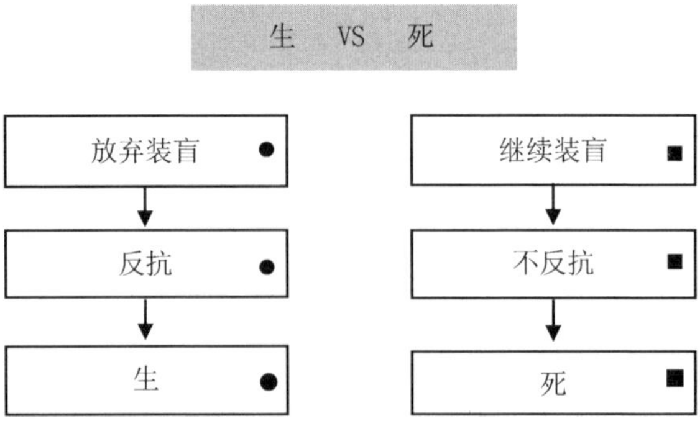

图 6　获得改善序列　　图 7　造成恶化序列

影片最后没有展现给观众阿德里安是生是死，然而我们能从电影剧情对结局产生猜测。

如果这时阿德里安的内心抽离了盲人角色，将被动化为主动，以青年男子的强健体魄一定程度上有机会能扭转危险处境。由此，阿德里安很有可能逃离凶杀现场，保住性命逃过一劫。然而，若是阿德里安仍困于“装盲”的迷宫里，无法找到原来的自我，便会处于被动，让自己的性命由老妇人来决定。再加上之前老妇人对他的种种怀疑，那么阿德里安的结局很有可能走向“死”的恶化结果。

图6、图7就是对结局的一个阐述。虽然图6“获得改善序列”与图7“造成恶化序列”是对结局的预期猜测，本应该以虚线形式呈现，但实际上这两个不同结局是必然的：非生即死，非死即生。所以，在此将它们定义为“现实的结果”。

（二）整体序列

微电影中四个序列片段和所构成的“整体序列”，根据序列四的可能性将这一整体序列“概括”为以阿德里安为主体的“获得改善序列”和“造成恶化序列”。如下图所示：

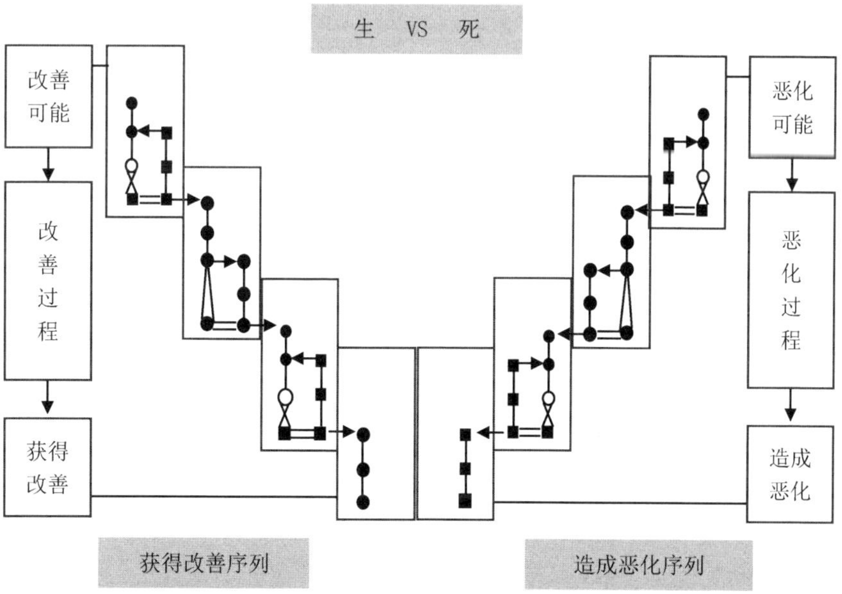

图8

观察图8能清晰可知：

首先，两种序列的对照，表明影片的整体走向取决于观众对影片结尾的理解。同时，两种结局的反差，将善果与恶果对比，突出体现电影的开放性与悬疑性。其次，情节的“改善”与“恶化”不断交插，直观呈现影片情节的反转曲折。

二、印版《调音师》的序列结构

以下采用序列结构理论分析影片情节，以阿卡什为主体，梳理他一路的经历，由此展现影片跌宕起伏、悬疑反转的特点。

（一）序列片段

第一阶段（序幕）：前程似锦

【序列一】

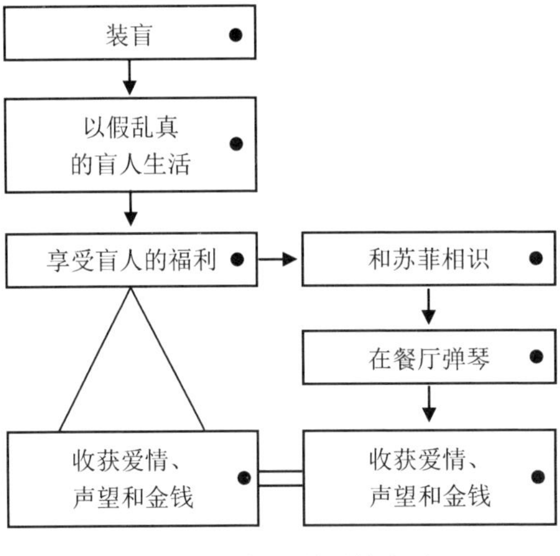

图9　改善+改善联结序列

这是一个改善+改善联结序列。阿卡什假扮盲人首先为“享受盲人的福利”提供了改善的“可能”，他几乎每时每刻都遵循着盲人的生活方式，盲人失明的坏处反而成为他提高听力专注度和寻找钢琴创作灵感的好处，还可享受政府福利：每月租金500卢比的残疾人房。而他“与苏菲相识”成为又一个改善的关键点，苏菲引荐其新工作的机会：在苏菲父亲餐厅弹奏钢琴。阿卡什凭借出色的琴艺与盲人钢琴师的噱头收获了爱情、声望和金钱，一切都朝着好的方向发展。这一阶段是阿卡什最美好、最幸运的阶段。

第二阶段：化险为夷

【序列二】

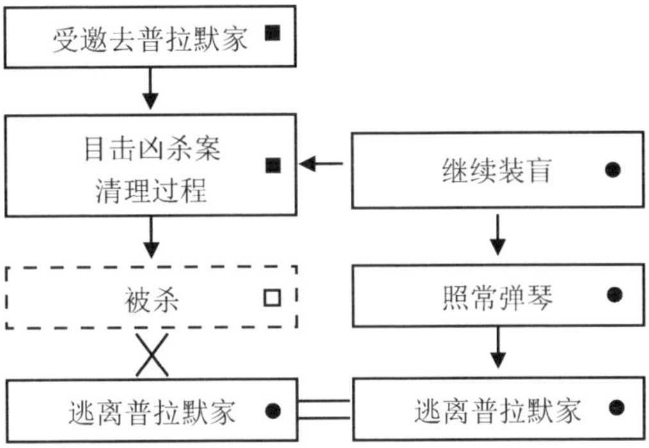

图 10　恶化+改善插入序列

【序列三】

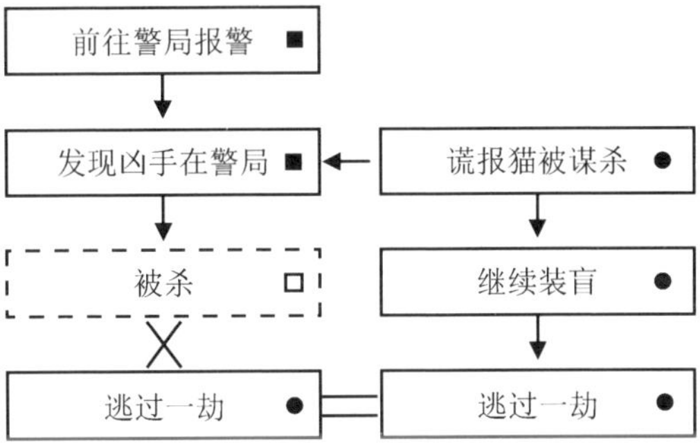

图 11　恶化+改善插入序列

【序列四】

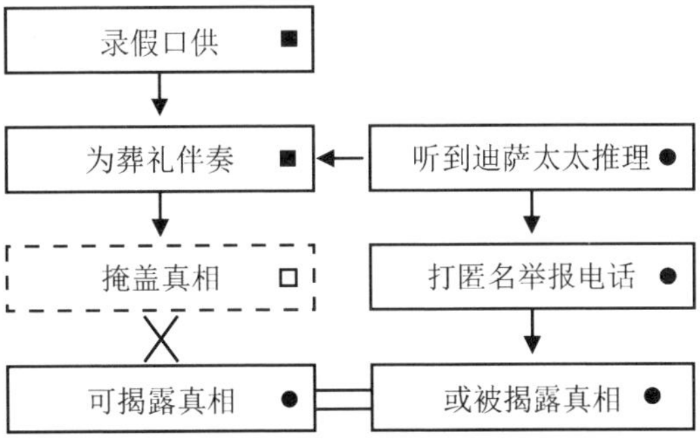

图 12　恶化+改善插入序列

按照序列一的发展方向，观众会认为影片是一部浪漫爱情片，但连续三个恶化+改善插入序列又将观众带入悬疑片的漩涡中。序列二的开始阶段是“预期恶化序列”，预期恶化的结果是“被杀”。在他意外目睹西米（普拉默妻子）和情夫曼诺拉清理枪杀普拉默现场的过程时，他借助自己盲人的身份机智“装盲”，这一行为提供了改善序列的插入。他按计划行动，照常弹琴瞒过了西米和曼诺拉的眼睛。有幸安然无恙地“逃离普拉默家”，是最后的改善结果，改变了预期恶化的结果“被杀”。

在第一次化险为夷后，序列三又是个恶化+改善插入序列。侥幸离开凶案现场的阿卡什，经过内心斗争后决定报警。原本“前往警局报警”应是一个改善可能，但阿卡什发现凶手曼诺拉是警局老大，这一恶化过程便促使“前往警局报警”成为一个恶化可能。而阿卡什依靠自己的机智与从容，再次提供改善可能的插入，使事情没有按照预期恶化结果发展，在凶手眼皮下又逃过一劫。

又一次的化险为夷后，序列四仍是个恶化+改善插入序列。序列三中阿卡什逃过一劫，为了保护自己选择录假口供，这个恶化可能的预期恶化结果便是将真相掩盖，使阿卡什的良心受煎熬。但当他“听到迪萨太太推理”真凶时，即插入了一个“改善可能”。阿卡什开始采取行动，暗中揭发真凶，这令他看到了揭露真相的可能，企图改变预期恶化的结果。

第三阶段（转折）：危机四伏

【序列五】

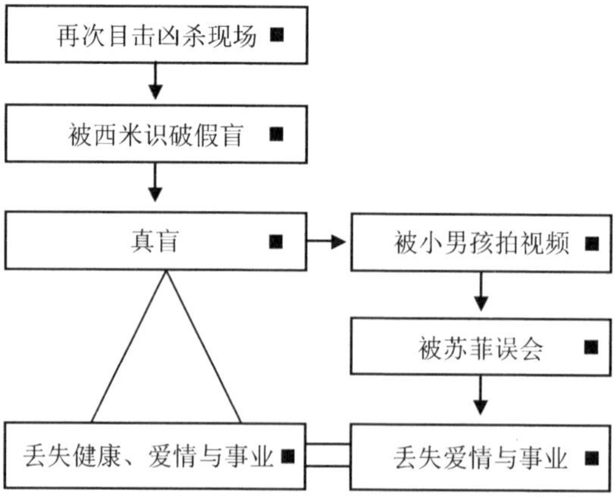

图 13　恶化+恶化联结序列

借助迪萨太太的线索和自己的匿名电话，阿卡什以为能将西米和曼诺拉绳之以法，但当他再次目睹凶杀案（西米杀害迪萨太太）后，这引起了他第一个“恶化序列”的可能，引发“被西米识破假盲”的恶化过程，导致西米让他吃供果后变“真盲”的恶化结果，阿卡什失去了光明。这时小男孩偷拍证明他不盲的视频，成为第二个“恶化序列”的可能，加剧恶化了他谎言的破裂，让他被苏菲误会，导致“丢失爱情与事业”的恶化结果。阿卡什从“被识破假盲”到“真盲”，是一个恶化+恶化联结序列，使他最初的“优越”荡然无存，更雪上加霜的是失去了光明。

第四阶段：险象环生

【序列六】

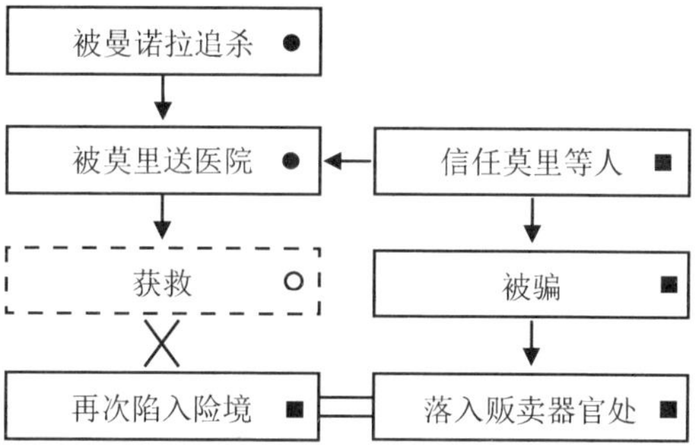

图 14　改善+恶化插入序列

【序列七】

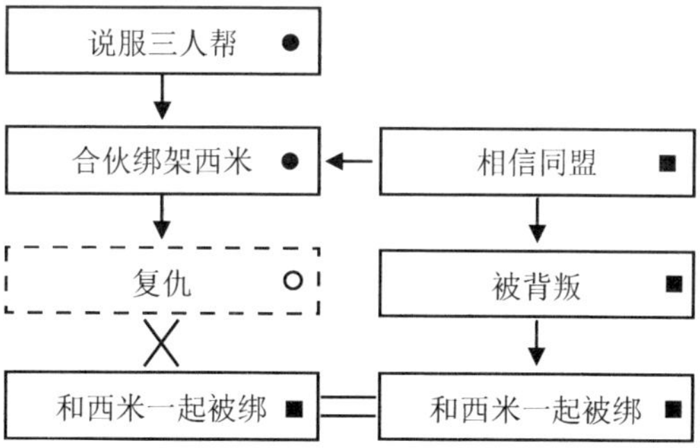

图 15　改善+恶化插入序列

【序列八】

序列六是个改善+恶化插入序列，在阿卡什真盲后又被曼诺拉追杀，逃

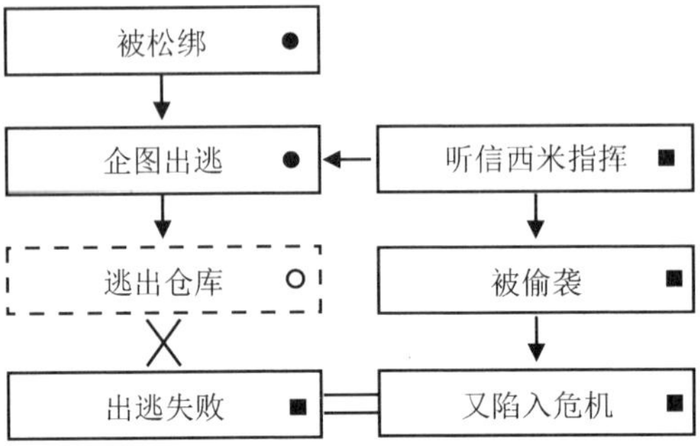

图 16　改善+恶化插入序列

亡过程中被莫里送进医院,阿卡什原本“预期改善结果”是莫里帮助他治疗眼睛,成功躲避曼诺拉的追杀。但他不知“信任莫里等人”是一个插入恶化的可能,他随时面临被偷肾的危险,取性命的人由曼诺拉变为斯瓦米(贩卖器官的医生),个人的生命处境再遭威胁。

序列七也是个改善+恶化插入序列,说服贩卖器官的三人帮和自己合作赚钱后,阿卡什开启他的复仇之路,但因信任同伙(莫里、卖彩票的女人),插入了恶化的可能,由此导致他再度被绑的恶化结果。

序列八仍是个改善+恶化插入序列,西米帮助阿卡什松绑,为他逃出仓库提供了改善可能。但当他听从西米的指挥寻找出口时,埋入了恶化可能。被西米偷袭则进一步恶化了他的处境,最终又造成恶化结果。

第五阶段(尾声):渐入佳境

【序列九】

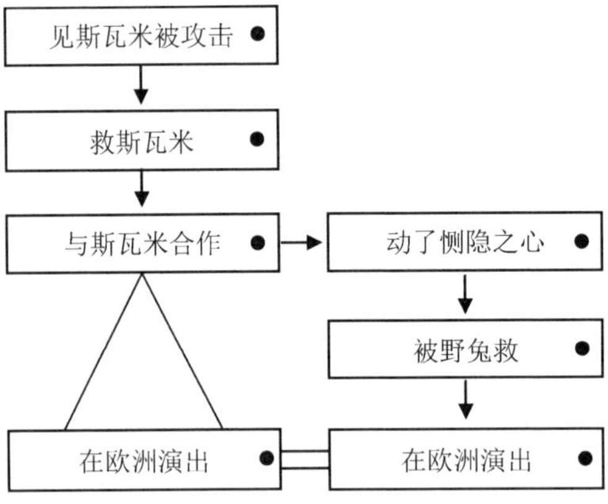

图 17　改善+改善联结序列

序列九是一个改善+改善联结序列。先是一个简单改善序列，当西米攻击斯瓦米时，阿卡什暂时得以安全，这为他提供改善的可能，之后和斯瓦米合作绑住西米解决了性命之忧。而当斯瓦米提出杀西米来获取肝源时，阿卡什的恻隐之心令他又获得一个改善可能，被冲向汽车的野兔所救，最终实现了最初的愿望在欧洲演出并收获许多听众的追捧。

（二）整体序列

《调音师》中九个序列片段所构成的“整体序列”，我们可以把这一整体序列“概括”为以阿卡什为主体的“获得改善序列”。如下图所示：

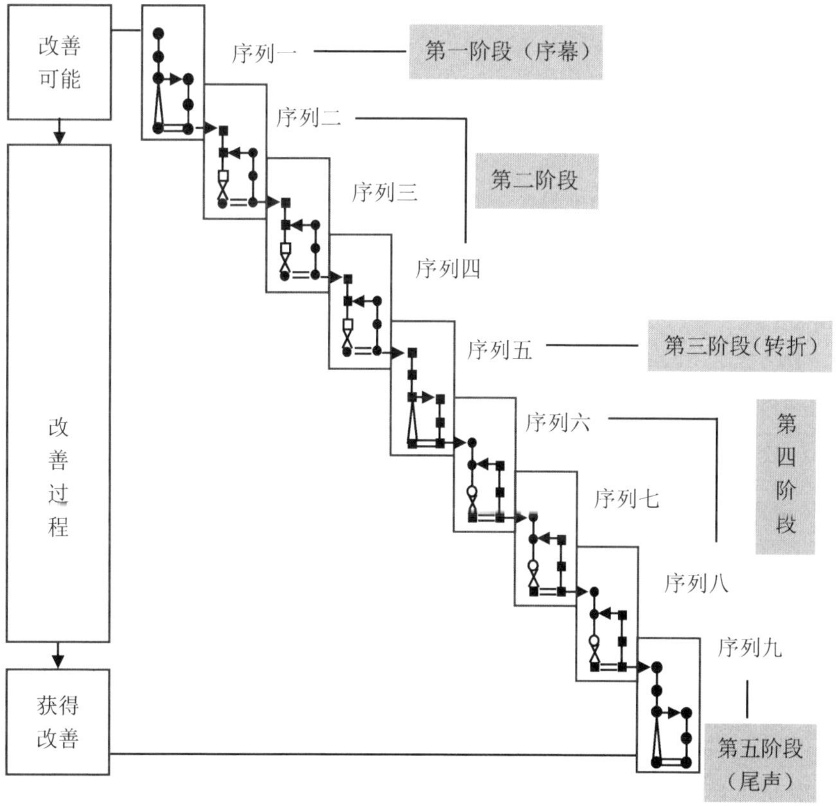

图 18　获得改善序列

观察图 18 清晰可知影片结构规律：

首先，第一阶段看作影片序幕，第三阶段看作影片转折，第五阶段看作影片尾声。序幕与尾声皆是“改善+改善联结”，直观发现影片情节上的回环。其次，以转折（“恶化+恶化联结”）为中心，对照第一阶段、第二阶段和第四阶段、第五阶段，分别是一次“改善+改善联结”、三次“恶化+改善插入”和三次“改善+恶化插入”、一次“改善+改善联结”，反复交替出现“改善”与“恶化”，直接明晰影片情节上的反转是非常多且密集的。

三、两部《调音师》的序列结构异同及其意义

（一）反转情节

首先，根据法国微电影前三个序列片段（见图3、图4、图5），分别是改善+恶化插入序列、改善+改善联结序列和改善+恶化插入序列，可以简单概括为从恶化到改善再到恶化的过程，便是二次大反转。若再加上序列四（图6、图7），对阿德里安生死的不同结局猜测，即三次大反转。

反转一：阿德里安因比赛失利而伪装成盲人调音师。

反转二：阿德里安以盲人调音师的身份获利时却意外目睹凶手现场。

反转三：观众对阿德里安生死的推测与想象。

如果再从单个序列片段来看，还能发现两次小转折。

小反转一：序列一（图3）改善+恶化插入序列，改善到恶化的转变即原本被视为天才的阿德里安在比赛中失利。

小反转二：序列三（图5）改善+恶化插入序列，改善到恶化的转变即他借助盲人调音师的身份获利，却也因此面临生死危机。

虽然法版由于微电影的设定，整体时长仅13分钟，但借助四个序列片段和整体序列图可印证主人公人生的三次大转折和两次小转折，呈现了多次反转、曲折的剧情。

针对印版电影的情节转折，前者研究根据不同理论有不同的转折分析。尹葰嫣根据叙事动力将电影分为两次转折事件①，张容睿根据阿卡什人性的转变分为两次转折②，曹荣荣在分析印版的反转手法时则分为四个大反转③：

---

① 尹葰嫣：《〈调音师〉："人性之恶"的叙事缝合》，《四川戏剧》2019年第5期，第103页。

② 张容睿：《多元与融合：电影〈调音师〉中的“马沙拉”艺术》，《视听》2020年第10期，第107页。

③ 曹荣荣：《身体消费下的现代性幻象与现实性境遇——印度电影〈调音师〉的本土化改编》，《艺术广角》2020年第2期，第53页。

第一个大反转：阿卡什意外成为凶杀案目击者，想报警时发现警察局局长是凶手之一。

第二个大反转：阿卡什成为真盲人，与苏菲分手，生命受到威胁。

第三个大反转：阿卡什未被器官移植，联合他人报复西米与情夫，与斯瓦米前往交易西米的器官，有机会获得钱来重见光明。

第四个大反转：影片将客观叙事转为主观叙事，斯瓦米被西米害死，西米因突然出现的兔子而丧命于车祸中，阿卡什幸存并到欧洲生活演出。

在此基础上，我们根据印版的整体序列（图18），将阶段与阶段之间看为一次大反转，也能发现四次大反转。

第一次大反转：即第一阶段与第二阶段之间，由改善+改善联结转变为三次恶化+改善插入，说明阿卡什的命运开始走向下坡路。阿卡什的事业爱情逐渐丰收时，一次订单让他成为凶杀案目击者，由此陷入隐瞒真相和揭露真相的身心纠结中。

第二次大反转：即第二阶段与第三阶段之间，由恶化+改善插入变为恶化+恶化联结，阿卡什的处境已跌入谷底。迪萨太太的推测令阿卡什认为有揭发真相的机会，然而目击迪萨太太的死亡加快戳穿他的谎言，更令他丧失了健康、爱情与事业。

第三次大反转：即第三阶段与第四阶段之间，由恶化+恶化联结变为三次改善+恶化插入，阿卡什的命运慢慢走下坡路。阿卡什经历人生谷底后，化解了被追杀和被卖器官的处境，与器官贩卖者和医生联手报复西米和曼诺拉，但却被同伙所背叛，与西米一起被困仓库。

第四次大反转：即第四阶段与第五阶段之间，由改善+恶化插入变为改善+改善联结，阿卡什几乎到达了人生的巅峰。他由被动者转为主动者，在斯瓦米和西米相继遇害后，前往欧洲生活，实现了之前的愿望并组建阿兹纳乌尔乐团演奏钢琴，并且非常受追捧。

运用上述序列结构得出的四次大反转，与曹荣荣得出结论是一致的，较她的四次大反转更加具体直观地展示影片的反转手法，也更好地梳理和印证了反转情节的划分。从单个序列片段看，将情节划分为“改善”与“恶化”，通过二者的不断交替，形成鲜明对比。例如：第二阶段中三次“恶化+改善插入”,以“恶化”情节为始,实际上是一种“威胁前置”的体现,“威胁前置是利用观众与剧中人物的知悉差异来营造悬念的经典手段”①。电影借助这种设置来为情节发展埋伏笔,用悬疑情节来牵动观众的紧张情绪。这种手法的反复出现,说明影片除了四次大反转外,还呈现多次小反转,充分显示出剧情的紧凑和反转的密集,更映射出阿卡什跌宕起伏的命运和惊心动魄的经历,以主人公魅力牵动着观众的心,达到犯罪影片紧张的气氛效果。

蔡雨昕以微电影的视角看法版,基于法版仅 13 分钟的时长,其“悬念设置与叙事节奏更加紧凑”②。但以法版(图 8)与印版(图 18)的整体序列来看,“改善”与“恶化”几乎反复交替,情节方面两部影片节奏都很紧凑,反转也很紧密。“反转”的目的是留下悬念,增加悬疑感,因此两部影片的悬念设置与叙事节奏是不相上下的。而印版的序列结构从法版的四个序列延伸为九个序列,较法版无疑将反转手法放大给观众,更令观众感受到惊悚烧脑的体验感。

（二）“回环”+“因果式”叙事结构

前者对于两部影片叙事结构的研究较多集中在“倒叙”“情节闭环”“回环式结构”和“开放式结尾”等,对于这些内容的研究比较充分。根据李显杰提出的五种有代表性的电影叙事结构模式:因果式线性结构、回环式套层结构、缀合式团块结构、交织式对比结构、梦幻式复调结构,综合他在区分各种叙事结构模式时提出的“任何一种结构模式都不可能是‘纯而又纯’的状态”③,将他的理论与上述法版(图 8)与印版(图 18)的整体序列结合,笔者认为两版的叙事结构都融合了“因果式线性结构”和“回环式套层结构”。

“因果式线性结构”特征:以时间线索上的顺序发展为主导,以事件的因果关系为叙述动力,追求情节结构上的环环相扣和完整圆满的故事结局④。虽

① 丁爱伟:《印度电影〈调音师〉叙事解码》,《怀化学院学报》2019 年第 38 卷第 10 期,第 120 页。

② 蔡雨昕:《从微电影到院线电影的改编创作——以〈调音师〉为例》,《西部广播电视》2019 年第 8 期,第 73 页。

③ 李显杰:《电影叙事学:理论和实例》,中国电影出版社 2000 年版,第 331 页。

④ 李显杰:《电影叙事学:理论和实例》,中国电影出版社 2000 年版,第 332 页。

然法版运用了倒叙的叙事顺序和闪回的电影手法,但整体叙事还是以时间为线索展开的。根据整体序列(图8),虽然影片走向有两种可能性,但大致可分为四个片段序列,以“改善”和“恶化”的交替,构成情节上的环环相扣,营造影片的悬疑风格和紧张气氛。印版的改编顺从了法版的叙事顺序,影片开端、发展、高潮和结尾尽显,并且放大了反转手法,从四个序列片段拓展为九个,更明显的“改善”和“恶化”情节交替,使紧密连接的情节牵动着观众的心。两部影片在线索和情节结构上是符合“因果式线性结构”的部分特征,而叙事动力和开放式的结尾是不属于其特征的。所以,两部电影还应融合其他结构。

“回环式套层结构”的基本叙述特征是:时间线索上的环形轨迹,情节结构上的叠加性质和故事结局上的开放性或曰不确定性[①]。根据情节结构来看,法版与印版都采用了回环结构。所谓“回环”的要义就是对同一个事件或同一个人物从不同角度、不同侧面予以反复讲述,不断地绕回头来重新观照[②]。法版开头为观众埋下悬念:一个穿着暴露的盲人为老人和身后的妇女弹琴,接着通过一系列片段让观众了解男主的经历,结尾回到开头的场景并留下生死未卜的谜题。由于序列四(图6、图7)是站在观众的视角对影片结尾的猜测,影片并未直接展现,所以暂且割舍。从整体序列(图8)看,能发现第一个与第三个序列都是改善+恶化插入,清晰展现开头与结尾相连的巧妙设计,形成影片情节的回环,而两次“改善+恶化插入”的结构,具有情节结构的叠加性。影片54秒的“啪嗒”声与结尾男主不停的钢琴声,让观众对最后男主的生死产生不同的理解与猜测。印版延续了法版这样回环的结构,但它的回环可以分为两部分:情节回环和叙事回环。首先,从整体序列(图18)来看情节回环。印版有九个序列片段,将其分为五个阶段,第一阶段和第五阶段都是“改善+改善联结”,说明影片序幕与尾声的情节如法版一样形成回环。而以第三阶段“恶化+恶化联结”为转折,对照第二阶段和第四阶段,分别是三次“恶化+改善插入”和三次“改善+恶化插入”,通过“改善”与

---

① 李显杰:《电影叙事学:理论和实例》,中国电影出版社2000年版,第354页。
② 李显杰:《电影叙事学:理论和实例》,中国电影出版社2000年版,第351页。

“恶化”的重复交替展现多次叠加的情节结构。其次,从两次出现的肝脏树画面展现了印版的叙事回环,即镜头呈现的西米结局与阿卡什向苏菲叙述的结局,从不同面讲述同样的人物结局已形成一个回环。

综合以上分析:两部影片环环相扣的情节与明显的开端、发展、高潮和结局共同突出其“因果式”的部分结构,强调影片本身的戏剧性和矛盾冲突;两部影片开头与结尾的回环、情节结构上的重复叠加及开放式的结局都指向了“回环式套层结构”,但印版较法版多了叙事套层的回环。联合两部分元素,两部影片的叙事结构是多重模式的,是“因果式”与“回环式”的结合。

(三)开放式结尾

法版整体序列(图8)借助观众对影片结尾的不同猜测,清晰展现开放式结尾的可能性。建立的印版整体序列(图18)是一个获得改善序列,一切看似都走向了正轨,但影片结尾阿卡什精准地击打易拉罐的场景依然留给观众悬念:他是否复明?他是否与斯瓦米合作?西米的结局是否如他所言?一连串的留白吊足观众的胃口,又引发他们对此开放式结局的思考。

两部《调音师》都为观众留下开放式结尾,但给人的感受是不同的。法版的结尾让人对主人公的生死紧张揪心,面对老妇人举的机枪而感到惊悚害怕,具有强烈的代入感;印版的结尾看似都走向美好,但当影片结束后观众慢慢回味种种细节,能够产生多种想象,较法版更具有开放性和多样性。

第三章　两部《调音师》的行动元结构比较

一、法版《调音师》的行动元结构

法版叙事主要以阿德里安的视角出发,因此影片将其内心的变化显现,从而引发一系列事情。以下,运用格雷马斯的行动元结构理论,并对应法版序列结构,构建以阿德里安作为主体,探寻影片主人公所追求的客体,展现其变化过程。

对应法版序列结构一(图 3)的行动元结构一：

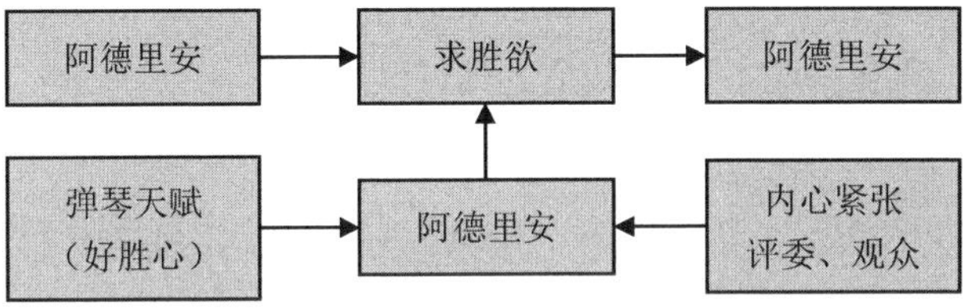

图 19

对应法版序列结构二(图 4)的行动元结构二：

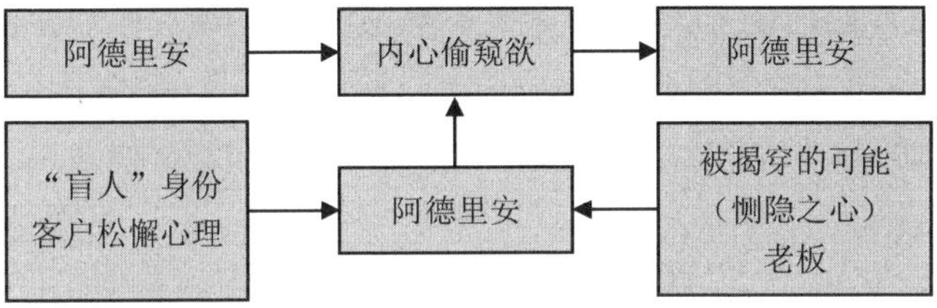

图 20

对应法版序列结构三(图 5)的行动元结构三：

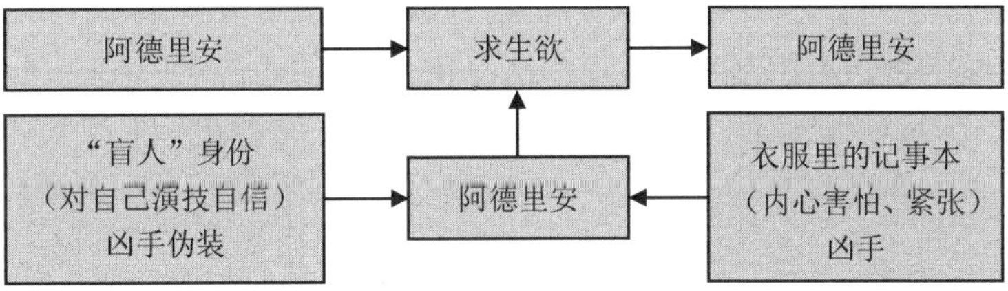

图 21

对应法版序列结构四(图 6、7)的行动元结构四：

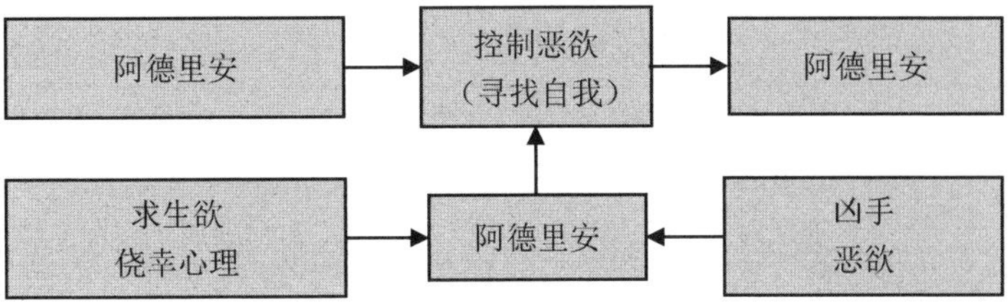

图 22

比较以上四个行动元结构，主体阿德里安追求的客体是在变化的，从最初渴望比赛胜利到享受偷窥他人隐私，再到企求保住性命，最后希望能找回真正的自己来逃脱一劫。客体实质上是内心对欲望的反映："求胜欲—偷窥欲—求生欲—控制恶欲"。导致同一个主体追求的客体发生变化的原因，可通过分析辅助者和反对者来分析。行动元结构一（图 19）中，辅助者是阿德里安的弹琴天赋与好胜心，而反对者是评委和他的紧张内心。行动元结构二（图 20）中，辅助者是阿德里安"盲人"身份带来的好处和客户对盲人的松懈心理，反对者则是他怕被揭穿装盲的恻隐之心和老板对他的暂时反对。行动元结构三（图 21）中，辅助者是他对自己"盲人"演技的自信与凶手假装相信他，反对者是害怕死亡的内心、暴露真相的记事本和凶手的威胁。行动元结构四（图 22）中，辅助者是阿德里安内心的"求生欲"以及对事情发展存在的侥幸心理，反对者既有凶手对他的威胁，又有他心中蠢蠢欲动的恶欲，不舍脱离盲人角色的心理。不难发现，"辅助者"与"反对者"中都穿插着阿德里安的内心变化，以致他对欲望的追求越来越明显且逐渐显露弊端。

二、印版《调音师》的行动元结构

借助叙述层次图已知印版叙事结合摄像机与阿卡什的叙述，但以阿卡什的第一人称叙事为主，易从叙事中感知主人公的情感。结合上文的序列结构帮助梳理影片情节结构，通过寻找阿卡什追求的客体，了解其内心变化，才能更清楚其变化原因。以下，以阿卡什为主体，结合印版序列结构，构建行动元结构。

对应印版第一阶段序列结构（图 9）的行动元结构一：

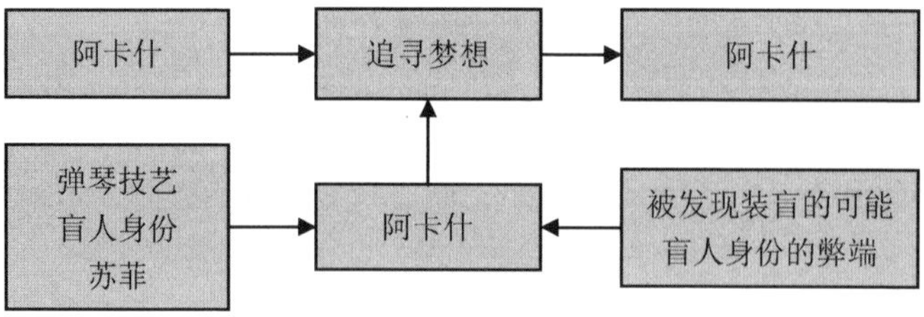

图 23

对应印版第二阶段序列结构(图10、11、12)的行动元结构二:

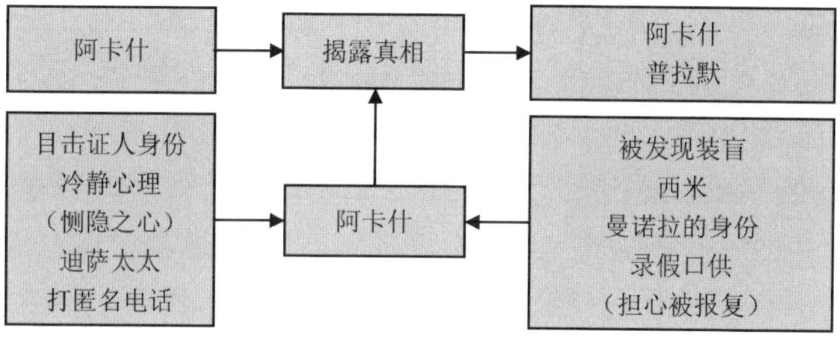

图24

对应印版第三阶段序列结构(图13)的行动元结构三:

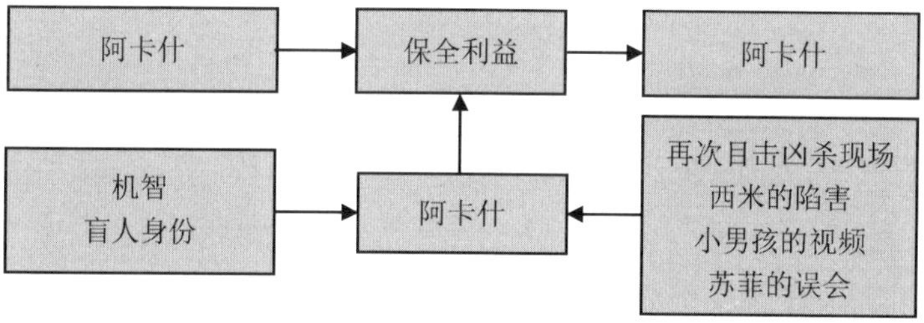

图25

对应印版第四阶段序列结构(图14、15、16)的行动元结构四:

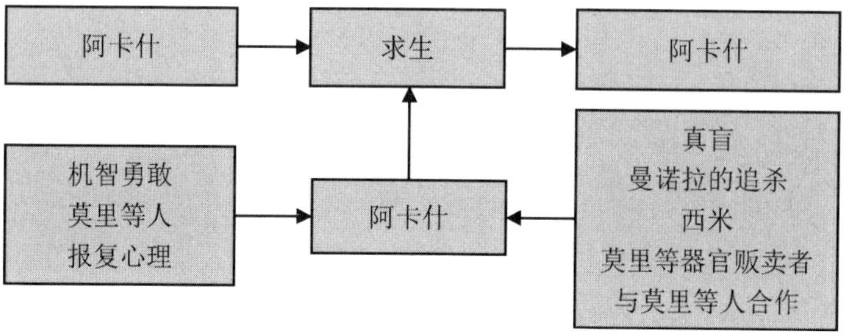

图26

对应印版第五阶段序列结构(图17)的行动元结构五:

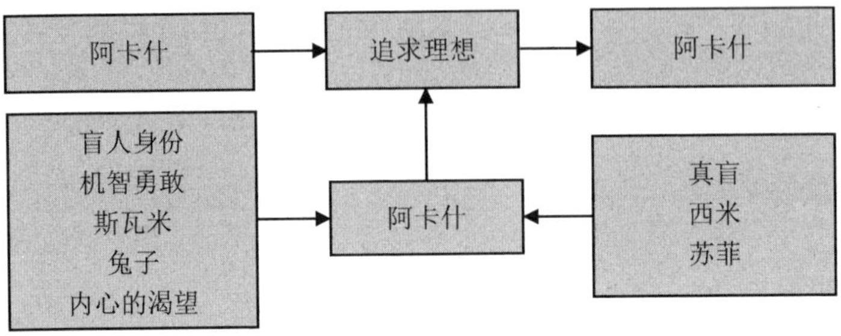

图 27

上述五个行动元结构能够清楚展现阿卡什追求的客体变化:“追求梦想—揭露真相—保全自己—求生—追求理想”。

首先看第一个与第五个客体,如果将两者认为是阿卡什关于演奏钢琴的梦想,那么两种客体是一致的,这使阿卡什追求的客体由结尾又回到了开始,也可作为一种“回环”。如果更深一层理解,结尾“追求理想”实际上包含的范围更广,除了阿卡什对琴艺境界的追求,还隐含对人性真诚善良的一种期望。就如影片结尾,重逢苏菲的阿卡什是很高兴的,他认为苏菲还是以前心地善良真诚、乐于助人的心上人,但当苏菲对他说应该拿走西米眼角膜时,打破了阿卡什心中纯真善良的苏菲形象,阿卡什的沉默不语与“最后一击”都表明了他对苏菲的失望,侧面更反映出他对真诚善良的渴望追求。其次,另外三个客体“揭露真相”“保全自己”“求生”,能映射出他内心与生死的纠结,他在自己的利益与良心的底线之间徘徊,但“主体”阿卡什的内心天平总偏向于自己的利益,使他逐渐丢失了自己的道德底线。

三、两部《调音师》的行动元结构异同及其意义

通过上述两版影片的行动元结构,能直观感受主人公追求的客体不断发生变化。造成这种变化的原因体现在“辅助者”与“反对者”中,可分为两部分:一是外部的条件,如法版中的盲人身份、印版中西米等恶人;二是主人公内心的动摇,如法版阿德里安逐渐陷入偷窥他人的欲望中、阿卡什在保全生命的路上慢慢游走于道德界限。依据唯物辩证法,内因是事物发展的根本原因,外因是事物变化发展的条件,外因通过内因起作用。可以说,外部的条

件推动客体变化,但主人公内心的变化是导致客体不断改变的主要原因。

虽然两版影片主人公追求的客体都在变化,但变化的方向是不同的。法版侧重于人内心对于欲望的挣扎,在主人公深陷其中后,逐渐迷失了自己。印版则更侧重于人对道德底线的态度,主人公在道德界限上游走,受到内心的煎熬,因而对人心渐渐产生怀疑。

第四章　两部《调音师》的语义方阵比较

"一个了解和把握了叙事成规及其技巧的观众,也一定会更深入、更富于洞察力地理解故事文本,更富于创造性地领悟和阐释本文的魅力与寓意。"①在挖掘了两部《调音师》的叙述层次、叙事结构和主人公的行动元结构后,探析其叙事层面的审美效果与用意,更需要咀嚼其结构背后的故事意义。借助格雷马斯的语义方阵,"从多元关系中找出基本的二元对立,作为文化价值的架构或意义来源"②,帮助梳理两部影片背后的价值意义。

一、法版《调音师》的 X 型语义方阵

列维·斯特劳斯将"二项关系"推进为"四元对立模式"③,基于此理论并结合行动元结构,从主人公阿德里安的内心变化出发,以"恶欲"为范畴,构建了"A:控制恶欲"与"B:不控制恶欲"、"C:放纵恶欲"与"D:不放纵恶欲"的 X 型语义方阵(图 28)。

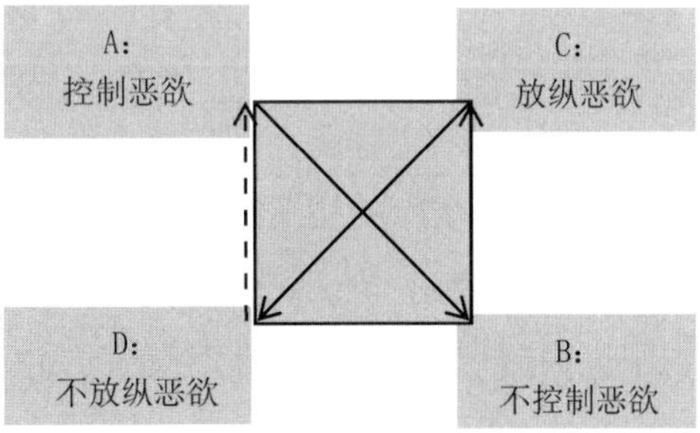

图 28

从上文行动元结构可知阿德里安对客体的追求是变化的,因

① 李显杰:《电影叙事学:理论和实例》,中国电影出版社 2000 年版。

② 罗钢:《叙事学导论》,云南人民出版社 1994 年版,第 5 页。

③ 黄卫星:《叙事理论中的"语义方阵"新探——兼论学术界对"语义方阵"的误用》,《江西社会科学》2008 年第 11 期,第 36 页。

此法版的X型语义方阵也应具有动态性。图28可知语义方阵的动态转化过程为:“A:控制恶欲”→“B:不控制恶欲”→“C:放纵恶欲”→“D:不放纵恶欲”→“A:控制恶欲”。

(1)“A”→“B”。一开始阿德里安是个拥有钢琴天赋但羞于在众人面前表演的人,因紧张胆小而比赛失败后,一直处于身心消沉的状态,无法从失败中解脱。由于他的怯懦和逃避,他失去了事业和爱情,原本一帆风顺的未来已荡然无存。此时,恶欲在他心中悄悄萌芽。泰姬陵的故事是一把揭开牢笼的钥匙,让阿德里安解开枷锁、伪装为盲人调音师,殊不知这也打开恶欲的世界,他开始控制不住蠢蠢欲动的念头。

(2)“B”→“C”。当阿德里安摇身一变,成为盲人调音师后,依靠盲人身份获得许多便利:能获得他人同情、提高自己的待遇、更重要的是他能借此偷窥到客户的隐私。这就像潘多拉魔盒一般,一旦打开便令他欲罢不能,阿德里安发现自己非常享受偷窥他人。即便遇上老板质疑他的伪装是否会被发现时,他依然坚持装盲,任由自己的恶欲放纵,并且乐在其中。

(3)“C”→“D”。当阿德里安入老妇人家中后发现凶案现场,这时的他只想快速逃离,已经不想再偷窥客人的隐私了。他只想依靠自己盲人的身份逃过一劫,所以他不再放纵自己内心的恶欲,收敛自己的偷窥欲。但他忘却自己成年男子的体形,沉浸于伪装盲人,还没能控制住自己的执念。

(4)“D”→“A”。在上图,反蕴含关系的动态转化是虚线箭头,说明这部分没有在影片中直接表现,而是观众对开放式结尾的一种美好猜测。“动心忍性”是观众所希望看到的,如果阿德里安能放弃伪装盲人,即控制住恶欲,将局面化为主动,那么他是有机会保住性命的。但影片未将结局明确,留下无限遐想,一切只能是观众对于主人公的美好期待。

二、印版《调音师》的O型语义方阵

尹葰嫣曾探析影片主旨“人性之恶”,认为阿卡什“在转折事件或情节线中人物的抉择所表现出的心理状态才是推动叙事的内在动力”①。通过印版

① 尹葰嫣:《〈调音师〉:“人性之恶”的叙事缝合》,《四川戏剧》2019年第5期,第103页。

的行动元结构,已了然阿卡什在影片内所追求的客体,在此基础上建构语义方阵才能更准确地挖掘影片背后内涵。格雷马斯提出“真实性状态模型”,其实是一种“矛盾关系的O型语义方阵”①。依据印版的叙述层次图(图2),进一步探究阿卡什的人物变化,以及在潜在叙述者下想表达的内涵。

下图(图29)O型语义方阵,其中两组“对立关系”归纳为:“假盲”与“真盲”、“真诚”与“虚伪”。其中,影片“以‘盲’作为引发叙事的关键点和探索人性的手段”②,而结尾主人公的“最后一击”又成功让观众讨论其是盲是明。而影片的不可靠叙述与结尾留白,更是令观众对阿卡什的叙述产生真假疑问。由此归纳两组“对立关系”,且图中上下左右四边的组合是具有相容性的。

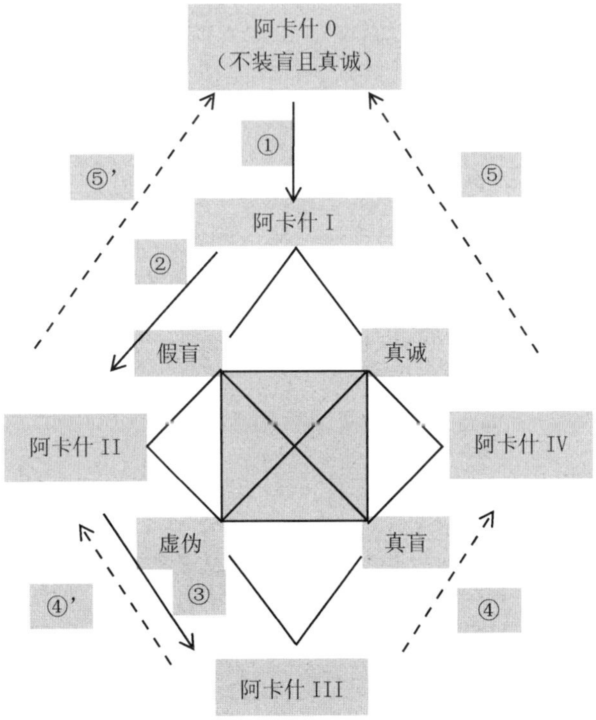

图29

① 黄卫星:《故事逻辑与文本分析》,上海文艺出版社2014年版,第216页。

② 李明娟、徐玉梅:《印度电影〈调音师〉中“盲”的隐喻叙事解码》,《电影评介》2020年第2期,第44页。

图中是一个"动态模型",我们可以发现阿卡什的转变过程,有两种可能。这两种可能性是由于观众因影片开放式结尾而产生的猜想与推测。一种可能是:"阿卡什 0"→"阿卡什 I"→"阿卡什 II"→"阿卡什 III"→"阿卡什 IV"→"阿卡什 0";另一种可能是:"阿卡什 0"→"阿卡什 I"→"阿卡什 II"→"阿卡什 III"→"阿卡什 II"→"阿卡什 0"。无论是哪种可能,开始结尾皆是"阿卡什 0",又是另一个意义上展现影片中人物的"回环"。

在图中构建了"阿卡什 0",定义为"不装盲且真诚",与"阿卡什 I"之间是蕴含关系,表明这是故事中最初的阿卡什,虽然影片未能真正展现这样的阿卡什,但他却是观众心中的一个理想形象。因为作为电影主人公的阿卡什,观众易对他产生一定的"期待视野"。"'期待视野'指的是'读者在阅读理解之前对作品显现方式的定向期待',它有两种形态:其一是读者过往的审美经验;其二是在过往生活经验基础上形成的生活期待视野。这两种视阈互相融合,构成了完整的'期待视野'。"①在影片情节推进前,观众依照过往观影的审美经验,自然会带入一定主观情绪看待他,认为他是一个正面角色,所以对他的行为会朝美好的方面想象。例如:对他扮盲骗人、隐瞒真相、报复敌人会存在一定理解和认同,尤其是最后他向苏菲诉说的结局,一般观众会倾向于选择相信他的故事,希望阿卡什能有一个美满的结局。因此,阿卡什两种可能的转变过程体现影片结尾的开放性,也表达了观众内心对影片的理解。

过程①是"阿卡什 0"向"阿卡什 I"转变,从影片中能知道:对于梦想的追求与现实的压力让"不装盲且真诚"的阿卡什开始装盲,但他的"真诚"却保留下来,体现在对琴艺和待人方面。过程②是"阿卡什 I"向"阿卡什 II"转变,"阿卡什 I":阿卡什出于梦想和现实装盲,但她对苏菲、弹琴和工作是留有真心的。虽然依靠"小聪明"来方便自己,可他与人之间的情感却是真诚的。"阿卡什 II":他为了明哲保身依然处于假盲状态,在揭发与不揭发真相之间纠结,最终选择作伪证。这时的他,较"阿卡什 I"时期缺失了正义之心,

---

① 朱帅、杨扬:《接受美学视阈下〈哪吒之魔童降世〉观众认同机制探究》,《声屏世界》2020年第21期,第59页。

谎言越来越多。过程③是“阿卡什 II”向“阿卡什 III”转变。“阿卡什 III”：阿卡什因西米的迫害尝到真盲的滋味，又遇到了器官贩卖团伙，他无奈选择相信莫里等人进行合作后，却遭遇了伙伴的背叛。此时的他，经历追杀和背叛后，渐渐也丧失对他人的信任，所以西米的结局是需要打一个问号的，是否真的是兔子的出现让他活下去了呢？他到底有没有杀西米呢？影片没有留下直接的答案，但我们可以从阿卡什的两种转变可能中探寻。

由于过程①、过程②和过程③在两种可能性中与前文分析是一样的，因此从过程④和过程④’开始分析。

（1）“阿卡什 0”→“阿卡什 I”→“阿卡什 II”→“阿卡什 III”→“阿卡什 IV”→“阿卡什 0”。

图中，过程④与过程⑤是虚线箭头，是观众对阿卡什不可靠叙述的猜测，表达影片结尾的另一种推测与可能。过程④是“阿卡什 III”向“阿卡什 IV”的转变。“阿卡什 IV”：阿卡什向苏菲的叙述是真的，那些复明的疑点只是巧合。虽然他没有复明，但他没有被之前的黑暗经历所埋没内心。他没有反杀西米，他的幸存是上天对他的善良的回报，应了佛教的“因果报应”。过程⑤是“阿卡什 IV”向“阿卡什 0”的转变。阿卡什又回到了最初的“阿卡什 0”，是一个理想状态，观众期冀阿卡什在继续拥有真诚之心的基础上，生理上也能有一个完美的结局。

（2）“阿卡什 0”→“阿卡什 I”→“阿卡什 II”→“阿卡什 III”→“阿卡什 II”→“阿卡什 0”。

从过程④’开始就是另外一批观众对影片的理解。“阿卡什 III”向“阿卡什 II”的逆转，令他从“真盲”又回到“假盲”，“与苏菲握手”“兔头拐杖”和“最后一击”等多重证据证明阿卡什又回到影片最初的假盲状态。但是，此时的阿卡什心态已经变了，他看过太多的现实黑暗与丑恶人心，他选择继续装盲来掩盖现实的丑陋。虽然他没信心自己能以真诚待人，但他却向苏菲撒谎来保留苏菲的善良，说明他还是希望这个世界上能留存一丝善良与真诚的。此时，观众的推测便来到过程⑤’，同样在图中是虚线箭头。这样的阿卡什不存在于电影中，却留在导演和观众的脑海中，尽管在影片中看到许多社会黑暗，但他们希望这个世界还是能抱有一份真诚善良。因此，他们希望阿卡什能回到一个原始状态:“不装盲且真诚”。

从上述两种可能中,我们能体会到影片的用意,让观众在体验紧张刺激之余,还留有对影片的思考与探索。

阿卡什的“盲”不单单指生理上的看见与看不见,还隐含其对人心和社会黑暗的看见与看不见。起初,阿卡什能看见社会的黑暗时却没有指认,当他再想揭露这些黑暗时发现身心已被生活折磨透了,再也没有心力向人性真善与现实光明处靠拢,最终变为“心盲”。影片“设置了一系列的隐喻和所指挖掘人心、人性与世间百态”①,“兔子”“肝脏树”甚至“盲”都是寓含深意的隐喻。影片将“盲”与隐喻和谐融合,引发读者对主题的深思。

语义方阵中归纳的“真诚”与“虚伪”是符合李明娟和徐玉梅所提出“人与人是否可以信任”的影片主旨,全片不仅阿卡什在选择是否信任他人,其他角色如西米也在选择是否要相信阿卡什的所说所做。全片的后半部分,通过阿卡什的报复与苏菲的想法将以恶制恶的方式呈现给观众,在大快人心之余又会对这样的行为提出疑问:这样以恶制恶是不是最好的结局呢?

三、两部《调音师》的语义方阵异同及其意义

根据两版的语义方阵图(图28、图29),我们能迅速直观感受两者相似点:语义方阵的动态模式与影片结尾的多样性。结合两版的行动元结构,我们能体会到角色内心的不停转变,每个阶段的不同追求引发观众对每个阶段的探讨。此外,语义方阵中的“虚线箭头”代表了影片的不同可能性,说明结构背后的电影主旨富有多义性和争辩性,观众能从影片中解读到更多的意义、阐发更多的思考。

而对于两者的语义方阵差异,首先最明显的一点便是:法版为X型语义方阵,印版为O型语义方阵。法版语义方阵中的上反对关系中的两个概念是不相容的,而印版语义方阵中则具有相容关系。说明法版对于主人公内心恶欲的呈现更矛盾、更剧烈,印版的电影主题则偏重于多样化,更倾向于观众对影片的多元化理解。

---

① 丁爱伟:《印度电影〈调音师〉叙事解码》,《怀化学院学报》2019年第10期,第120页。

其次,从两部影片的具体内容出发,都是探讨人性的主旨,但侧重点不同。法版是从主人公这一个体出发,发现人心的恶欲,因而一步步跌入欲望的深渊中,使他落入“心灵盲点”,“更多的是对人在现实生活中的拷问”①。虽然印版的语义方阵是从主人公阿卡什出发,但能推及影片中每个人物,让观众发现人性是因现实与内心的抉择而发生转变,侧重挖掘社会的黑暗与毒瘤来拷问伦理等问题,却也保留对人性真善的期望。综上,法版是对个人自我的一个思考,而印版是对人性和社会之间抉择的思考。印版在基于法版的主旨上,更深一步去追问在当代社会下人们内心的选择,现实批判力度增强。

结　语

本文基于对两部《调音师》叙述层次、序列结构、行动元结构和语义方阵的分析,发觉它们各有千秋。两部作为悬疑电影,在情节设定与节奏安排上基本相似,皆易牵动观众的心,营造紧张刺激的氛围。虽然两部影片都在探讨人性,但拍摄技巧与叙述层次等不同,引发两部影片背后主题的差异:法版偏向于个人的内心探讨;印版则是将人性与现实紧密联系,追问在社会压力下人性是否会转变。两者的主旨比较,突出印版影片中较强的现实批判性,这来源于改编中融入印度当地“宗教、腐败、教育、性别歧视等现实问题”②,更加剧了现实矛盾,引发人们反思与探讨。

本文在两部电影的叙事视角上引入“摄像机视角”,借此分析潜在叙述者与主人公叙述的差异与意义,来探究比较影片的叙述层次。在叙事结构上,采用序列结构图直观回应前者研究中的“反转”、“回环式结构”和开放式结尾,并将“回环式结构”改进为“回环”+“因果式”叙事结构。在人物探究中,运用行动元结构清晰展现主人公追求的客体,通过客体的变化来表露人

---

① 白雪:《〈调音师〉主人公阿德里安的人物解读》,《电影文学》2014 年第 9 期,第 110 页。

② 孙烨:《本土化改造、悬疑叙事与文化传播——印度电影〈调音师〉的改编启示》,《戏剧之家》2020 年第 2 期,第 69 页。

物内心的变化，进一步了解其变化的原因。在影片主旨上，分别运用X型语义方阵与O型语义方阵来表现影片主旨，且通过动态模式突出影片主人公的人物转变，更突出人性的变化。

法、印两部电影在情节、人物、主旨方面都为人称赞，但实际上也是存在一些漏洞的。由于篇幅限制，本文没有过多的深究与讨论，关于情节逻辑方面还是可以去探讨的。例如两部影片共同的逻辑漏洞：凶杀现场的浓浓血腥味被影片忽视了。作为“盲人”，在缺失视觉后，不仅听觉能力提升，在嗅觉方面也会有一定提高。无论是法版还是印版，都没有涉及这一点，缺失一定合理性。因此，一部精彩的改编影片，在基于原版的优点和融入本土特色上，也要弥补其一些逻辑漏洞。

参考文献

[1] 白雪.《调音师》主人公阿德里安的人物解读[J].电影文学，2014(09)：109－110.

[2] 夏光富，胡媛媛.浅析微电影创作中的悬念设置——以《调音师》为例[J].新闻研究导刊，2017，8(24)：22－23.

[3] 张红娟.人性的审判——短片《调音师》中的形式语言探析[J].现代装饰(理论)，2015(08)：206－207.

[4] 王瑜，张知博，张瑜.微电影《调音师》的审美特征分析[J].新闻传播，2017(03)：4－5+7.

[5] 国靖.调音的钢琴师——评微电影《调音师》[J].大众文艺，2012(20)：112.

[6] 唐艳玲.欲望的阶梯——评《调音师》的主题架构[J].戏剧之家，2017(01)：126－127.

[7] 李志方.表意与传情：微电影的影像建构——以《调音师》《宵禁》为例[J].电影评介，2017(22)：76－78.

[8] 戴云武，廖卫华.浅析微电影《调音师》[J].电影评介，2015(15)：36－38.

[9] 丁爱伟.印度电影《调音师》叙事解码[J].怀化学院学报，2019，38(10)：118－121.

[10] 于涛.奏惊险、谱乱象的一只“手”——评电影《调音师》[J].东方艺术，2019(03)：59－66.

[11] 赵坤.电影《调音师》的叙事艺术[J].电影文学，2019(15)：122－125.

[12] 高雅.“妙用”与“瑕疵”：印度电影《调音师》反转叙事策略聚焦[J].电影评介，2019(14)：46－49.

[13] 杨程越.印度悬疑电影的功能叙事分析——以《调音师》《无所不能》为例[J].西部广播电视，2019(13)：86－87.

[14] 孙烨.本土化改造、悬疑叙事与文化传播——印度电影《调音师》的改编启示[J].戏剧之家，2020(02)：67－69.

[15] 杨凯悦.符号学视域下《调音师》钢琴音乐表意功能研究[J].戏剧之家,2019(33):91-92.
[16] 张乐盈.浅析电影听觉元素的叙事建构——以印度电影《调音师》为例[J].今传媒,2020,28(04):111-113.
[17] 阿米娜·阿布力米提.电影《调音师》中的不可靠叙述[J].新疆艺术(汉文),2020(01):74-78.
[18] 尹葰嫣.《调音师》:"人性之恶"的叙事缝合[J].四川戏剧,2019(05):101-104.
[19] 雅茹.《调音师》中的"梅尼普讽刺"[J].电影文学,2019(21):134-136.
[20] 杜宁.狂欢与人道:《调音师》等印度电影的民族性与现代性问题[J].电影评介,2019(07):27-31.
[21] 李明娟,徐玉梅.印度电影《调音师》中"盲"的隐喻叙事解码[J].电影评介,2020(02):44-47.
[22] 鲁宁,袁智忠.印度影片《调音师》的隐喻艺术[J].西部广播电视,2019(21):146-147+156.
[23] 吕丽波,杨晖.看不见的旋律,看得见的社会——简评印度电影《调音师》[J].大众文艺,2019(17):184-185.
[24] 尉倩.直面阿伦特的"平庸之恶"——斯里兰姆·拉格万《调音师》解读[J].艺苑,2020(01):50-51.
[25] 张月,张柏俊.印度电影《调音师》中的人性窥测[J].新时代职业教育,2019,17(03):56-57+70.
[26] 隋明照.《调音师》:是谁蒙蔽了双眼?[N].中国新闻出版广电报,2019-05-08(008).
[27] 张容睿.多元与融合:电影《调音师》中的"马沙拉"艺术[J].视听,2020(10):107-108.
[28] 柳莺.《调音师》:看不见的眼睛,看得见的黑暗[N].21世纪经济报道,2019-04-15(012).
[29] 蔡雨昕.从微电影到院线电影的改编创作——以《调音师》为例[J].西部广播电视,2019(08):73+75.
[30] 曹荣荣.身体消费下的现代性幻象与现实性境遇——印度电影《调音师》的本土化改编[J].艺术广角,2020(02):48-54.
[31] 游洪南,陈文娟.亦长亦短皆精品:评印度长片《调音师》和法国短片《调音师》[J].电影评介,2019(13):85-88.
[32] 李显杰.电影叙事学:理论和实例[M].北京:中国电影出版社,2000.
[33] 罗钢.叙事学导论[M].昆明:云南人民出版社,1994.
[34] 许莹.印度电影《调音师》:让观众参与到电影叙事的架构中来[N].文艺报,2019-04-12(004).
[35] 黄卫星.叙事理论中的"语义方阵"新探——兼论学术界对"语义方阵"的误用[J].江西社会科学,2008(11):35-40.

[36] 黄卫星.故事逻辑与文本分析[M].上海：上海文艺出版社，2014.
[37] 朱帅，杨扬.接受美学视阈下《哪吒之魔童降世》观众认同机制探究[J].声屏世界，2020(21)：59－60.
[38] 俞吾金，张丽，张旭光.善恶与教化——兼论基督教和儒学的人的理论[J].复旦学报(社会科学版)，2000(03)：81－87+94.

“上”和“下”连用的多功能用法及其发展演变关系

刘 聪

摘要 本文将以双音节方位词“上下”为中心详细探讨“上”和“下”连用的性质、多功能用法及其发展演变关系，比较其与方位词“左右”的异同关系，更深入地揭示两者在不同语法层面和语义层面的区别，探寻“上下”从最初只表示物理空间方位到可用来表示社会空间关系的隐喻脉络，洞察其发展变化过程中体现的历史文化与时代变迁，且在一定程度上反映了人类认知经验及隐喻思维对语言发展的重要影响和现实意义。

关键词 上下；左右；隐喻；物理空间；社会空间

引 言

中华文化亘古绵延、泱泱千年，而文字无疑是民族文化最重要的载体，“我国是一个有悠久历史的国家，优秀的文化历史传统都是通过汉字记载下来的”。（叶蜚声、徐通锵，2010：184）中国的几乎每一个汉字都记录着时代的更迭与社会文化的演变。词汇从古代的单音节词语为主发展成为现当代的双音节词语为主的过程亦是汉语表达的巨大改变，在广袤的双音节词的汪洋之中有一批独具特色的词语——反义连文的联合式复合词，如“开关”“天地”“反正”“高低”等。如果再进一步缩小范围，当这批词语与“方位词”出现交集时，就产生了如“上下”“前后”“左右”“里外”等反义连文式的双音节方位词。方位词看上去十分简单，但实则不然，它们绝不仅仅只作为一个个单纯的方位名词而存在，其身上也具备着丰富的语义和用法，紧系着历史文化与时代的发展变迁，伴随着人类的认知经验的发展，体现着人类大脑潜意识中隐喻思维的运转。这篇论文将以双音节方位词“上下”为中心详细探讨“上”和“下”连用的多功能用法及其发展演变关系，探寻“上下”从最初只表示物理空间方位到可用来表示社会空间关系的隐喻脉络，比较其与方位词“左右”的异同关系，更深入地揭示两者在不同语法层面和语义层面的区别。

很多大词典都对双音节方位词“上下”所包含的意义做出过罗列分析。如中国社会科学院语言研究所词典编辑室编写的《现代汉语词典》（2002：1685）和由施光亨、王绍新主编的《汉语教与学词典》（2011：925）均在名词范畴给出“上下”四种意义：在某一范围内，职务、辈分较高的人和较低的人；从上到下；（程度）高低好坏；在数量词后面表示大致是这个数量；在动词范畴表示由低到高或由高到低。而由龚学胜主编的《当代汉语词典》（国际华语版）（2008：1598）和由李行健主编、许嘉璐首席顾问的《现代汉语规范词典》（第2版）（2010：1154）在名词范畴多出一条义项：指事物的上部和下部。可见在后者看来“事物的上部和下部”与“从上到下”是有明显区别的。由《辞海》编辑委员会编纂的《辞海》（第六版）（2010：1639）给出“上下”十个义项：旧指尊卑、长幼；高处和低处；犹增减；犹周旋；表示程度、等级的差异；表示约数；父母；旧称公差；僧人互问法名，称“上下”，犹言上一字、下一字；从高处到低处或从低处到高处。其中几项为古代多用的意义。

研究或探讨过“上下”等双音节方位词的学者也很多。张豫峰《“X+前后/左右/上下”的分析》（2004）探讨了“X+前后/左右/上下”中X为数量、年龄、时间的使用情况和与该形式相关联的主要动词及其认知意义。徐丹《从认知角度看汉语的两对空间词》（2008）将“上下”的表达分为时间概念和空间概念两大部分，而空间概念又可分为动态和静态，动态空间又分为垂直和水平。这种划分方法有可取之处，但笔者认为划分静态空间为垂直和水平两部分更为妥当。马喆、邵敬敏《论反义方位复合词的约量表达》（2009）将“X+前后/左右/上下”结构的约量分为年龄约量、时间约量和非时间约量，并分析了三者区别。陈楠《浅谈“前后/左右/上下”》（2010）认为“年龄约量”和“非时间约量”可以合并。杜婷《通过隐喻机制看“上下”的一词多义现象》(2010)给出“上下”四个意义：方位词大约之义；指尊卑长幼；指工人衙役；专指父母，偏义复指。笔者认为此概括还不够全面。吕叔湘先生主编的《现代汉语八百词》中指出“上下”用于空间时可单用也可加名词，还可以用于数量、人事等三个方面，并且提出其与“左右”的区别在于“上下”多指年龄，不能指时间、距离，“左右”则不限，在后文中笔者也会对这一观点进行探讨。

本文将从“上”和“下”并用的性质、“上下”的意义与用法细分、“上下”与“左右”的用法比较、从物理空间到社会空间——“上下”的隐喻发展等四大方面深入探讨“上”和“下”连用的多功能用法及其发展演变关系。其中疏漏之处，恳请指教。

一 “上”和“下”并用的性质

“上”与“下”的本义是表示垂直物理空间的两个相反的方向，是同一事物的两个方面，所以在其发展和运用的过程当中，常常会成双入对地出现在言语的使用之中，难免产生越来越多的两相并用的形式，延伸出“上”与“下”并用的在各个性质领域的用法，比如有方位名词、抽象名词、名词词组、动词词组等等。本部分先梳理“上”与“下”并用的不同性质，再于后文中论述其意义细分和语义发展。

“上”和“下”并用的性质主要分为名词和动词两个范畴来论述。

1. 名词范畴

在名词范畴内，我们主要将其划分为方位名词、抽象名词和名词词组三类性质。

1.1 方位名词

“上”与“下”都属于在指事造字方法下诞生的汉字，“上”的下面一长横代表某一水平线或者某一参照界线，上面的一短横是指示性符号，代表位置在水平线以上这一概念,本义为“高处、上面”,东汉的许慎《说文》中写道:“上,高也”。同理,“下”在《说文》中的释义为“底也”,其本义表示“低处、下面”。所以,“上”与“下”最初就是一对表垂直空间的方位名词,那么,当两者连用时,最基本的性质也同样是在“方位名词”领域内的使用,且使用率较高,适用范围也较广泛。例如:

(1) 特别是当时由汇丰银行等帮助发行的铁路外债,其利息也基本在5%上下。

(2) 唱诗班都由16岁上下的女孩子组成,她们衣着漂亮统一。

(3) 此菜主要生长于海拔二千五百米上下的苍山马龙峰、玉局峰与雪峰之间,其他地域似属罕见。

(4) 由于“毒刺”之类导弹弹头重量只有1千克上下,所以袭击虽然造成一定破坏,但未能击落大型飞机。

例(1)“5%上下”中的“上下”指的是在某个比例的基础上浮动徘徊,表示“大致、大概”,是某个数值;例(2)、例(3)和例(4)的“上下”均是接在数量词后表约数意义,“上”与“下”分别对应着数量层面上的“多”与“少”,同样属于方位名词的性质。

1.2 抽象名词

除了方位名词之外,“上”与“下”的连用还有脱离其本义的抽象名词性质,例如:

(5) 最近几次民意测验表明,他与多尔的得分不分上下,并偶有超过多尔的现象。①

(6) 举国上下都将希望和目光投注在中国乒乓球队身上。

(7) 公司的成功营运得益于全体员工上下一心,团结一致。

(8) 由于这条雨带两侧的冷暖气团的势力不相上下,势均力敌。

以上四例中的“上”与“下”不再表示方位上的高处和低处、上半部分和下半部分或是上面和下面,而是作为抽象名词指代一个抽象的概念,这与

---

① 本文用例来自CCL语料库,个别例子根据情况有适当修改,恕不一一注明出处。

“上”“下”的词义发展和意义引申有着密切的关系，它们经过不断的主义过程和运用变化，逐渐拥有了越来越多的抽象含义。例(5)中“不分上下”中的“上下”指代的是两人得分的高与低，或者说是能力水平的高与低，不存在明显的方位关系；例(6)中“举国上下”中的“上下”指代的是整个国家的全体人民，它将整个国家的社会关系隐喻成了一个垂直的层级关系，“上”往往指代地位较高、权势较大的领导者们，“下”往往指被领导者，“上”与“下”相连则指代社会全体；例(7)中“上下一条心”的“上下”也同样指代公司里的全体员工，“上”表等级地位较高的领导者，“下”指普通基层被领导的员工；例(8)中“不相上下”的“上”和“下”分别指代冷暖气团势力的大或小，代表能力和程度的高与低。

“上”与“下”连用的性质从方位名词发展到抽象名词，是非常显著和重大的变化过程，这不仅仅是单纯的词义扩展，更深入地揭示了人类隐喻思维的发展和认知能力的进步，在后文中会对“上”与“下”连用的意义发展和变化进行详细阐述。

1.3 名词词组

“上”与“下”的连用还存在很多名词词组式的大量使用，往往是由缩略词造成的，例如：

(9) 所以它是一种组合的情节，就像一种组合的板块一样，上下章节没有逻辑联系。

(10) 他不知道每一句话在我们行文的时候有上下文的文气，你不看上下文而光看一句话是不行的。

(11) 所以，这一年，“人道主义者”马丁提出的禁止虐待动物议案真正获得上下议院通过。

(12) 奥运会上获得的成绩，由于雷妮·里芬施塔尔拍了一部上下集的纪录片而获进一步巩固。

以上四例中的“上下章”“上下文”“上下议院”“上下集”，都可以在“上”与“下”之间加上一个顿号，实际就是“上一章”与“下一章”、“上文”与“下文”、“上议院”与“下议院”、“上集”与“下集”的缩略形式。由于某个事物相邻的上一部分和下一部分都是距离相近、内容相连相关的，所以在表达上，我们常常出于方便和简约的考量，进行词语的缩略，将相同和重复的内容提取出来，不同的部分合并陈述即可，从而构成名词词组的形式。“上”与“下”在这个性质领域的连用方式十分常见。

2. 动词范畴

在名词范畴中，我们看到了“上下”从方位名词发展到抽象名词的扩展变化的过程，这是“上”“下”连用在名词领域内的发展，而其发展并没有就此停下脚步，而是进一步完成了从名词范畴逾越至动词范畴的跨词性的巨大变化。且“上”与“下”在动词范畴内的连用，都是以动词词组的形式呈现的。如下例：

(13) 在野外上下车时更要注意过往的车辆，以免发生交通事故。

(14) 为了居民夜间上下楼梯方便和安全，须安装楼道感应灯。

(15) 即使是每天上下课，都要以正步队列通过50米的队列养成区，风雨无阻。

(16) 如果乘公共交通工具，不是上下班的高峰时段，等公共汽车有时要花上半个小时的时间。

例(13)中的“上下车”是“上车”和“下车”的缩略形式，例(14)中的“上下楼梯”是“上楼梯”和“下楼梯”的缩略形式，它们是在“上”与“下”表垂直方位的本义基础之上直接引申出来的动词性用法，表示的是较高地势和较低地势之间的一种动态运动；同样，例(15)中的“上下课”是“上课”和“下课”的缩略性动词词组，例(16)中的“上下班”是“上班”和“下班”的缩略性动词词组，然而这里的“上下”则非高低地势之间带有方向性的动作，而是较彻底地脱离了其表垂直方位的本义，生发出较为独立的动词范畴内的新含义，“上”表示的是开始进行某项活动或工作，“下”表示的是结束某项活动或工作。

“上”和“下”并用的性质这一部分主要是在语法大层面上对其进行的大致归类与划分，可是并不能够详尽描述“上”“下”连用的多功能用法以及意义的细分和具体语义的区别，本文接下来将在“上”和“下”并用的性质这一基础之上对其进行细致的语义分析和用法罗列，以深入揭示“上”和“下”连用的发展脉络，挖掘脉络背后的推动因素和人类认知能力对语言文字发展变化产生的重大影响。

二 “上下”的意义与用法

1. 空间概念

1.1 静态物理空间

1.1.1 垂直静态物理空间

随着时间的流逝和人类活动经验的积累，“上下”也被逐渐赋予了更丰富的含义与用法。而究其根本，物理空间概念无疑是人们对于“上下”认知的源头和各种意义的基础，“上”与“下”是一对指向性非常明确的方位词，人们将水平视线以上的部分称为“上”，水平视线以下的部分称为“下”，而随着参照物的不同，“上下”在表示物理空间时也会有不同的指向范围：

(17) 学前儿童的方位知觉发展有顺序性：三岁儿童已能正确辨别上下方位；四岁能正确辨别前后；五岁部分儿童开始能以自身为中心辨别左右。

(18) 如横向陈列，顾客在挑选系列商品某个单品时，就会感到非常不便，因为人的视觉规律是上下垂直移动方便，其视线是上下夹角25度。

(19) 我们自己想一下，一间房子上下，除了墙皮部分属于你的专有部分以外，你要粉刷，你可以把墙皮弄掉，剩下的是共有部分。

(20) 每次年夜饭都是全家老小二十几个人围着一张大桌子，吃完饭后总要花上一个钟头才能把桌子上下收拾干净。

例(17)中的“上下”就是指人在幼年时期能够辨别最基本的上下方位，水平视线以上为上方，水平视线以下为下方，且通过此例我们可以得知“上下”方位是儿童最容易辨别和最早认识的空间方位；例(18)中的“上下”也同样是以人的水平视线为基准,视线与水平线构成仰角,即为向上看,视线与水平线构成俯角,即为向下看。不同的是,例(17)中的“上下”是将空间一分为二,“上”与“下”分别指空间或事物的“上部”与“下部”,强调“上”和“下”为两个不同的部分或方位,界限较明确;而例(18)中的“上下”指从上到下,是视线垂直扫描的连续不断的过程,界限并不分明,强调的是上下相连的整体空间。

例(19)中的参照物是房子,我们不难看出,这句话中的“房子上下”是指在一个立体空间内部的上半部分和下半部分,而将“上”与“下”并置则指代房子内部的整体空间。并且参照物和语境的不同也会导致所指范围的差异,如果“房子上下”跳脱出例(19)的语境,它的指向范围就可以扩充到房子的外部;再如例(20)“桌子上下”所表示的“上”和“下”意义就是不对称的,因为它既不表示桌子内部空间的上半部分与下半部分的总和,也不表示桌子外部空间的上方与下方的总和,这是由桌子本身的构造与人们的认知经验决定的,因为桌子不是一个封闭式的空间,且受地球引力作用的影响,决定了它在人类生活中起到最大作用的部分只是紧贴在桌面上的有限的外部空间,所以桌子“上”指的是附着在桌面上的东西,更高处的空间则忽略不计,而桌子“下”即为桌面以下的全部空间内的东西,但也多指在桌子正下方的地面上的东西。“房子上下”与“桌子上下”的语义差别不仅受生活经验的影响,也与地球重力作用不无关系。

“方位词都可后附于一个实词性成分(特别是体词性成分),以这个实词性成分为参照物,形成方位结构,这是方位词与其他所有词类的根本区别。”(郭锐,2002:208)所以“上下”作为方位名词时具体指代什么空间和方位需要明确参照物本身的位置和特点、结合生活实际、考量相关语境才能得出结论,不可笼统地认为“上下”一定代表某个事物或空间的上部和下部。

1.1.2 水平静态物理空间

“上下”在人的认知上的最初空间意义就是垂直性的立体物理空间,随着生活经验的不断丰富以及人们认知能力的不断突破,“上下”也逐渐拥有了表示二维平面或水平静态物理空间的用法:

(21) 小篆的"玉"字和"王"字都是三横一竖,区别在于"玉"字的中横靠近上横,而"王"字的中横与上下两横距离相等。

(22) 这条索道长 2 012 米,从黄山脚下的慈光阁到著名的景区玉屏楼,上下站高差 752 米,单线循环式运行,单程仅 6 分钟。

(23) 出租汽车运营车辆将继续控制在 6 万辆左右,在机场、车站、旅游景点等增加出租汽车营业站点 100 个,临时上下站 1 000 个。

(24) 烽燧多建设在高山险处或峰回路转的地方,上下烽燧之间一般相距十里左右。

例(21)并非一个三维立体空间,而是发展为以二维平面为描述对象的上下结构,但它依然与人的视线高低紧密相关,这是从三维立体到二维平面的一个转变;例(22)中的黄山索道并非严格意义上的垂直或水平,而是介于两者之间,是倾斜状的上下站;例(23)与例(24)中的"上下站"与"上下烽燧"都可粗略地看作是用于表达在水平面上相邻两点之间的相互承接关系。"上下"被运用到水平静态物理空间中时,含有一种两点之间的前后顺序或承接的相互关系。

1.2 动态空间表达

静态物理空间的基本认知也引发了"上下"方位词的动态表达,也就是"上下"在动词领域内的用法:

(25) 老年人在上下楼梯、台阶和上下车时一定要注意安全。

(26) 日常生活中,空间知觉随处可见,如上下地铁、穿越马路。

(27) 篮球比赛是一个扣人心弦的过程,因为你永远不知道在队员们几次三番的上下场中会发生什么变化。

(28) 大学生活无疑是每个人人生中最精彩的部分,除了日常上下课之外,你可以尽情打造丰富的课余生活。

以上四例均为动词词组。例(25)中"上下楼梯""上下台阶""上下车"都是"上下"作为动词的表达,因为"楼梯""台阶""车"等都是有一定高度的事物,人们在"上台阶/楼梯/车"的过程也是提升自己所处的地势高度的过程,在"下台阶/楼梯/车"的过程也就是降低自己所处的地势高度的过程,在此例中“上下”的动词含义和其本义联系十分紧密。但是除此之外,“上下”也经常用于如例(26)中的“上下地铁”和例(27)中的“上下场”等没有地势高低变化的情况,所以笔者认为这正是方位名词向动词过渡过程中所产生的现象,例(25)中的“上下”既标识动作又标识方向,和“上下”的本义距离更近,而例(26)和例(27)中的“上下”只标识动作不标识方向,和“上下”的本义距离更远,本义表方位的义素脱落,但使用率更高,逐渐成为“进入某个空间”或“乘坐某交通工具”的动词意义。

而其在动词领域内的意义发展还不止于此,如例(28)中的“上下课”,虽然“上下课”也会受老师上下课时走上讲台与走下讲台的认知经验的影响,但是其意义的中心已经基本脱离了“上下”的本义,“上”后面紧接一个事件或地点往往表示该活动的开展与发生,如“上班”“上课”等,而“下”往往表示该活动的结束,如“下班”“下课”等,并且“上”所承担的意义总是比“下”更加重要,但是“上/下”在动词的使用领域当中并非都如“上/下课”“上/下班”的对称使用,还有很多不对称用法,例如“上学”对应着“放学”而非“下学”。

徐丹《从认知角度看汉语的两对空间词》(2008)将“上下”的表达分为时间概念和空间概念两大部分,空间概念分为动态和静态,动态空间又分为垂直运动和水平运动。对于这种分配方式,我认为还值得进一步推敲。徐丹在文中将“上/下山”“上/下楼”等划分进“动态空间的垂直运动”,而把“上/下馆子”等划分进“动态空间的水平运动”,可是在笔者看来,“上/下山”“上/下楼”和“上/下馆子”并不可同日而语。我认为前者是“上/下”在动词领域的前期发展,意义重心就是动作发出者要借助山或楼梯提高自己所处的地势和位置,“上升”与“下降”本身就是主要动作和实施该动作的目的,“上下”在这里既表动作又表指向性非常明确的垂直运动方向,“上下”的本义被直接带入其中;而“上/下馆子”则是“上下”在动词领域的后期发展,其意义重心在于“去”到“馆子”这个地点进行吃饭等活动,“上/下”在这里只表示“去”某地并展开某活动这个动作,重点不在于标识运动方向,已基本脱离其本义,我们甚至可以用“出门吃饭”等说法直接代替“上/下馆子”,可见其语义重心在于要展开“吃饭”这个事件,“一个词语的语法化常常会促使其原来的意义抽象化,退化掉一些原来的具体词汇意义。"(石毓智,2011:3)综上,"上/下山""上/下楼"和"上/下馆子"只能说是"上下"从方位名词引申到动词领域的过程当中不同的发展阶段,不能简单地划分进垂直或水平的空间运动之中,"'语法化'不仅指实词虚化,还指新的语法结构和语法范畴的产生和形成。"(沈家煊,2009:333)

但在徐丹《从认知角度看汉语的两对空间词》(2008)一文中提到的很多如"上/下馆子"(均表示"去"意)等"上"与"下"在动词领域的不对称用法很值得研读和讨论,笔者在本文中暂不详述"上"和"下"拆分开来使用的语义异同了。

2. 时间概念

"上下"除了最初最基本的对于空间方位的意义表达,也逐渐运用于时间上的表达,在认知上,时间概念往往比空间概念更为抽象,因为时间无法通过视觉和触觉直接体验到,有很多方位词用法的发展都是从空间概念逐步延伸出时间概念的用法。而这种意义的延伸其实是人们大脑潜意识中的隐喻思维在起作用。"隐喻是人类认知重要和基本的方式之一。很大一部分隐喻来自空间概念。从语言发展和儿童先学会表示空间概念,后学会表示时间概念这一事实联系起来看,可以作出推论:在人类认知发展的连续体中,空间概念的形成先于时间概念。"(赵艳芳,2001:48)所以说,有很多的方位词都经历了从空间概念过渡到时间概念的变化过程,不仅仅"上下"如此,比如"前后"的最初意义也只表空间范畴,但随着它的自身发展,也延伸到了时间概念的范畴运用之中。如下例:

(29) 国内的中学上下午之间有两个小时的午餐和午休时间。

(30) 婆媳关系与母女关系有同有异:同者,均为上下辈;异者,前者无血缘关系,后者则有。

(31) 大千世界,芸芸众生,上下五千年,纵横八万里。

(32)《诗经》从产生到现在,上下几千年,影响深远。

例(29)中的"上下午"是对于白天上半天与下半天的合称,这里的"上下”是缩略形式，属于名词词组范畴；例(30)中的“上下辈”是指生物随着时间繁衍更替的代际关系；例(31)中的“上下五千年”以及例(32)中的“上下一千多年”都是用于表示时间跨度很大的时段，且“上下”一般都会放置在时间跨度大的时间段之前作定语，很少放在时间跨度小的时间段前作定语。

3. 概数意义

3.1 与时间段连用

“上下”在表达概述意义时可以与时间段连用：

(33) 中国上下几千年的天道和人道，已被《老子》包罗无遗。

(34) 所以，行书从产生到现在，上下一千多年，一直盛行不衰。

(35) 前后一百年上下，欧洲人对中国园林的评价发生了这么大的变化。

(36) 但面对大规模的、日益猖獗的拐卖人口活动，这五年上下的有期徒刑，不足以使人贩子望而生畏。

通过以上四例不难看出，“上下”在表达时间概述意义时不仅可以置于时间段之后表概数意义，还可以置于时间段短语前且所表示的时间跨度较大，往往指一长段的历史时期或者漫长的岁月。

3.2 与年龄连用

“上下”在表达概述意义时可以与年龄连用：

(37) 但为大众献身的左倾思潮、反抗执政者、反抗时尚的革命情结无疑能深深诱惑纠缠二十岁上下的青年。

(38) 大旗下站着一条二十五岁上下的黑脸大汉。

(39) 今年是“百年热”，百岁上下的老人，今年可以怀念的特多，他们或为革命斗士，或为学术先进，或为作家诗人。

(40) 八十岁上下的老作家，大概很少像他这样没有残伤痼疾的。

例(37)与例(38)中“上下”用于表达青壮年年龄的概数意义，例(39)与例(40)用于表达老年人年龄的概数意义，一般情况下，“上下”在表年龄的概数意义时大多用于成年之后的年龄段甚至多用于对长者年龄的表达,而极少用在低龄儿童身上,如说"七岁上下"会给人带来心理上的矛盾感。

3.3 与计量单位连用

3.3.1 与重量、体积连用

"上下"在表达概述意义时可以与重量或体积大小连用,例如:

(41) 龙虾体长一般有20—40厘米,体重500克上下。

(42) 圈内尽是100公斤上下的待售壮猪。

(43) 农民善于精耕细作,如今粮食单产在1 000公斤上下。

(44) 绿洲水泥厂从1985年起连续5年水泥年产徘徊在8万吨上下。

3.3.2 与货币数目连用

"上下"在表达概述意义时可以与货币数目连用,例如:

(45) 人数的庞大并没有给企业的规模带来同等地位,入选500强的11家中国企业2002年度的营业收入总和在2 600亿美元上下。

(46) 虽然在我的投资生涯里百战百胜,不过每天都有10亿日元上下的资金在我的账上进出。

(47) 从而,一年四季都有新鲜蔬菜上市,一亩地一年可收入一万元上下。

(48) 盖茨的个人财产很难确切估计,有人猜测约在六七十亿美元上下,在美国亿万富翁中的排名应是数一数二的。

3.3.3 与长度、距离连用

"上下"在表达概述意义时可以与长度、距离连用,例如:

(49) 对朝鲜、韩国、日本、东南亚各国来说,舟山港距它们的平壤、釜山、长崎、大阪、马尼拉等港口都在700海里上下。

(50) 现在他距离这两个城市还有十里上下。

(51) 此菜主要生长于海拔二千五百米上下的苍山马龙峰、玉局峰与雪峰之间,其他地域似属罕见。

（52）驱车辽中南部田野，你会看到很多稻田边上有塑料薄膜“墙”，80 厘米上下。

虽然吕叔湘先生在《现代汉语八百词》中认为“上下”不能用于距离方面的概数意义，但是我们依然可以看到这种用例的存在，且并非偶然情况。

3.3.4　与温度连用

“上下”在表达概述意义时可以与温度连用，例如：

（53）南方高温天气，使列车车厢气温经常在 40 摄氏度上下。

（54）晴天室内温度最高可达 35 摄氏度上下，夜间不低于 8 摄氏度，适合各种蔬菜生长发育。

（55）记录还显示，中国新疆地区 8 月份白天最高气温在摄氏 43.3 摄氏度左右，9 月的夜间气温在 8.5 摄氏度上下。

（56）比赛是当地时间下午 2 点开始的，气温在 20 摄氏度上下。

在此列举较为常用的四种计量单位与表概数意义的“上下”连用的情况，计量单位还有很多，如表面积、容积、力、压力、能等，在此就不一一赘述了。

3.4　与事物数目连用

“上下”在表达概述意义时可以与事物数目连用：

（57）多年来，印度汽车的产量一直徘徊在 2.5 万辆上下。

（58）日本和韩国在 4 年前广岛亚运会上分别排在金牌榜第二和第三位，本届亚运会都有夺金 70 枚上下的实力。

（59）全国现有农村中小学近 80 万所，不少省区都在 3 万所上下。

（60）别看我每次讲这么长的时间，其实只有六七张大 2 号的字，整个提纲差不多就千把字上下。

以上四例数目相对应的分别是车辆数、奖牌的枚数、学校数量以及汉字的个数，可见“上下”在表示事物数量的概述意义层面的使用是相当广泛的。

3.5　与频次连用

“上下”在表达概述意义时可以与频次连用，例如：

（61）计算机行业有家机构去年12月对北京市场做过一项调查，发现11月份北京有一定规模的电脑展卖活动在40次上下。

（62）本次活动持续了半年时间，来自各个省市的选手都互相PK了上下十几回合。

（63）两位英雄豪杰大战了两百回合上下依旧难分胜负。

（64）比赛持续了五轮上下，结果即将揭晓。

3.6　与百分数分数连用

“上下”在表达概述意义时可以与百分数连用，例如：

（65）其中，化工行业四季度产值约为1.35万亿元，增长20.2%，全年产值约为5.06万亿元，增幅在28.9%上下。

（66）特别是当时由汇丰银行等帮助发行的铁路外债，其利息也基本在5%上下。

（67）反映在交易价格上从20日成交的二季度交割的线材价格降到3 750元/吨左右，之后在3 800元/吨上下波动。

（68）据测算反映技术进步对生产增长率贡献大小的“技术进步贡献率”指标一直在30%上下徘徊。

“上下”在百分数连用时，含有起伏波动的意思，因此有“上下徘徊”“上下波动”等常见的组合形式。从上述罗列分析当中，可见“上下”在表概数意义的使用上是十分广泛的，常常在数量名词之后表约数意义。

4. 顺序序列

4.1　介质

介质是指“一种物质存在于另一种物质内部时，后者就是前者的介质”（《现代汉语词典（第5版）》：702），介质可以是一部电视剧、一本书、一条生产线等等，而在这些介质内部存在着按照一定顺序排列的事物，如电视剧当中的“上下集”、书中的“上下篇”等等都是按照一定的序列存在的，它们彼此之间有着密不可分的联系，既存在先后的承接关系，又共同成为某个介质的重要组成部分。在这类介质当中，我们常常用“上下”来表达它们的顺序关系：

（69）一个词语的意义通常要根据它所处的上下文才能找到恰如其分的说法。

（70）你会看到每章只有寥寥数语，且上下章几乎没有任何联系。

（71）本书由法学家江平教授主编，约60万字，分上下两册。

（72）电视剧的上下集之间设置悬念是吸引观众的重要因素。

以上四例中的“上下文”“上下章”“上下两册”“上下集”都属于相应介质的内部顺序关系，不过需要注意的是，这里的“上下”并非可以独立使用的词语，而是“上”与“下”的名词词组，它们分别是“上文”与“下文”、“上一章”与“下一章”等的缩略形式，很难给这里的“上下”一个性质层面的定义，虽然有一点区别词的性质特点，但不能算是严格意义上的区别词，类似的缩略词形式也是“上”与“下”并用的常见形式，所以在下文中也会继续出现。

4.2　轮次

这里的轮次和介质的区别在于，轮次之间虽然同样有续接关系，但是不存在于一个现成介质的包裹之中。例如：

（73）上下任领导之间应该做好所有的交接手续。

（74）上下节课之间都会有休息时间。

（75）饮食必不可少，但上下顿之间不可离得太近，也不可离得太远，规律生活才能拥有强健的体魄。

（76）大学生活中除了老师们的指导和帮助，上下届学生之间也会有很多互动。

例（73）中的某个公司或单位的领导的任期是有限的，所以需要一任接着一任的领导去组织各个部门的其他成员，以达到整个单位或公司延续发展的目的，“上下任”表示每相邻的两个领导彼此交接的顺序关系；例（74）中的“上下节”也是指两节连续的课之间的接续关系；例（75）中的“上下顿”表示两顿相邻的饭之间的先后关系；例（76）中的“上下届”是指大学校园一届又一届的学生中每相邻的两届。它们与“介质”是不同的：4.1中提到的介质如“课文”“书”“电视剧”都是既成的一个有边际的实物，由一些内部成分完整地组成该介质的整体；而4.2中的“轮次”是按照某种规律或顺序一直轮番着延续下去，或许有尽头或许没有尽头，并没有一个介质范围的限制。

5. 限度意义

“上下”不仅可以表示两事物之间的前后顺序关系，还可以表示一个有限的范围。例如：

（77）适度性原则是指存在上下限、满足并适当高出员工的基本需要。

（78）上下限间的距离就是为感觉相等的范围，其中点为主观相等点（PSE）即感觉上和标准刺激相等的值。

（79）商业银行应当按照中国人民银行规定的贷款利率的上下限，确定贷款利率。

（80）二是建立固定半固定汇率机制，保持成员国间货币汇率的相对稳定，对内实行固定汇率，规定参加国货币对中心汇率的波动幅度上下限维持在2.25%以内。

“上下限”可以是时间、重量、范围、大小等，表示两头的限制与极端，并非序列上的上下关系。

6. 等级意义

6.1 物品质量优劣

“上下”在数目上可以表大小，在质量上也同样可以表好坏。例如：

（81）有时，同种产品的质量可能不相上下，这样，包装就往往会成为消费者或用户选购产品的主要考虑因素。

（82）商品质量有上下等之分，人自然也有好坏之别。

（83）虽然是同一个品牌旗下的产品，但品质也分上下游，价格也会相应增减。

（84）在学校职能健全以后解决上下级别学校衔接、不同类型学校分工以及办学权限之类的问题。

例(81)、例(82)和例(83)中的“不相上下”“上下等”“上下游”指的都是消费市场当中的商品的质量好坏,“上”意为质量好的上等产品,“下”之意为质量差的下等产品;例(84)中的“上下级别”指的是学校的办学质量的高低。

6.2 水平能力高低

“上下”除了可以表示商品或事物的质量好坏,还可以牵引到生物这个具有生命特征的群体上,当然也就包括了对于高等生物“人”的某种水平或者能力的高低好坏的表达。例如:

(85) 这时,扈尔汉与兀西拉还杀得难分难解,不分上下。

(86) 两栖类动物建立条件反射的能力与鱼类不相上下。

(87) 中国队与德国队苦战85分钟不分上下。

(88) 两位大师的书法技艺不分上下,都在各自领域独树一帜。

例(85)中的“上下”是指二人在战场上的拼杀技艺和武功高低;例(86)是指动物之间的条件反射能力的高低;例(87)是指两国队员的球技高低;例(88)是指两位书法大师在书法技艺和水平的高下之分。

6.3 人类社会权力地位

“上下”从物理空间发展到社会空间最显著的运用在于表达人类社会当中的权利、地位或阶层关系。例如:

(89) 本文的调查对象主要是员工本人,而未采用上下属配对调查,在取样方面存在一定缺陷。

(90) 而圆桌会议不分上下尊卑,含有“一律平等”和“协商”的意思。

(91) 这时,朝廷上下、君臣之间,都已认识到楮币不应再多印。

(92) 线性结构,即下层决策者直接接受某一上层决策者的决策,上下界限分明,隶属关系严格。

以上四例分别指公司中上下属地位的不同、会议中各种人员级别高低不同、古代朝廷当中君臣地位高低贵贱以及不同层级决策者之间的隶属关系。在人类社会中,这种用法总是于无形之中渗透进人们的思想观念里,比如城市与农村的关系,由于城市在经济水平、环境设施、城里人的知识文化水平等方面优于农村,所以人们往往会说“上城里去”和“下乡”“下农村”等,而在人类社会之中我们并不能真正看到权力地位高的人或者集团就一定处于地势较高的地方,或者权利地位低的人或集团就处于低矮的地势,只不过在“上下”的发展过程中,它已经从物理空间过渡到对于人类社会地位高低的隐喻之中了,这种现象和运用并不是没有根据的,在本文接下来的第四部分当中,笔者将对此隐喻的发展进行进一步的探讨。

三 “上下”与“左右”的用法比较

在广大方位词的使用中,“上下”和“左右”常常相提并论,这两个方位词有着不少异曲同工之所,也同样存在着很多不尽相同之处,下文将从两个方位词在表概数意义和空间关系两个方面展开说明,分析其在各个范畴内的异同之处。

1. 概数意义

1.1 与时间连用

“上下”和“左右”都可以与时间段连用,所表达的约数意义相差无几,只不过在使用方式和适用范围上有些许区别:

(93)“两史画卷”将历史长河中一个个闪光点串联成系统的历史知识,使读者能简略认识上下六千年、方圆亿万里中外古今的政治、军事、经济、文化、科技等方方面面。

(94)考古工作在东部非洲的坦桑尼亚、肯尼亚等地取得一系列突破,不断发现距今200万年上下的早期人类化石。

(95)经测定,它的地质年代为距今180万年左右。

(96)女儿仅用了5分钟左右的时间就查到了老板想要的资料。

我们在上文中说过,“上下”在表达时间概述意义时一般置于时间段的短语前且所表示的时间跨度较大,“左右”也同样可以修饰时间跨度较大的时间名词,只不过在使用方式上略有区分,例如在例(93)当中“上下六千年”和例(94)当中的“200 万年上下”不难看出,上下既可以置于时间跨度大的时间名词之前,也可以置于其后,而置前比置后更能体现时间跨度之长的意义。但是如例(95)所示,“左右”只能置于时间名词之后表示概数意义。两者在与时间段连用时,表达的概数意义差不多,只不过“上下”更多用于修饰时间跨度大的名词,而“左右”的使用范围更加广泛,如例(96)的“左右”修饰“5 分钟”这样较短的时间段,相比之下,“5 分钟上下”的说法就十分少见,而“上下 5 分钟”的用法则基本不存在。

在与时间连用的概数意义上,除了上述的“置前置后”和“修饰的时间长短与使用范围”问题之外,“上下”和“左右”还有两个较为明显的区别:第一,“左右”既可以与时间段连用也可以与时间点连用,但是“上下”一般只可以与时间段连用而不可以与时间点连用,比如我们可以说“五点左右”,但是极少说“五点上下 * ”;第二,“上下”所表示的估量既有“大小”的含义,也具有方向性,所以它是一种既表大小又表方向的矢量,而“左右”所表示的估量仅仅是一种只表大小不表方向的标量,这一区别与“上下”在本义中表示绝对的垂直空间有直接关系,而“左右”的方向性没有“上下”的垂直指向性那么明确,这一区别也随之投射到表概数的意义上来,比如当我们说“一年上下”,按照语序解释为“比一年长或者比一年短”,这个顺序不可颠倒,“上”一定对应着“长、大、高”等意义,而“下”一定对应着“短、小、低”等意义,但是“一年左右”则表示“差不多一年”,没有明确的指向性。下文表概数意义的比较中均由此差别存在。

1.2　与年龄连用

“上下”和“左右”均可以与表示年龄的名词连用,意义上都表示约数,而适用范围有些差别:

(97) 此外,前任总理米佐塔基斯和现任总理帕潘德里欧也都是 75 岁上下的政坛老前辈。

(98) 屋里有一位七十岁的老太太,一位三十岁上下的大嫂,一个七八岁的小女孩,还有一个吃奶的孩子。

(99) 根据专家分析,抹香鲸平均寿命在70岁左右。

(100) 幼儿从三岁左右开始出现自言自语,到六岁左右会默默自语,这表明幼儿语言发展中,出现了内部言语。

“上下”和“左右”在表示一个生命体年龄的概述意义时都置于年龄名词之后,但是表示范围不同,使用率也不同。“上下”多用于形容中老年阶段的年龄名词,如例(97)中的“75岁上下”的老年人和例(98)中“三十岁上下”的中年人均较为常见,例(99)中的“70岁左右”表明“左右”也同样可以形容中老年群体。而低龄儿童甚至幼儿一般不用“上下”修饰年龄,通常都可以用“左右”修饰,如例(100)中的“三岁左右”。截至2017年2月14日在《北京大学语料库》当中依次搜索“一岁上下”“两岁上下”至“九岁上下”(包括相应的阿拉伯数字的搜索),只有唯一一例——“他把一张饼子,递给那个五岁上下的孩子”。而依次搜索“一岁左右”“两岁左右”至“九岁左右”,则共计有百余例,由此可见,“上下”与低龄连用的使用率微乎其微。

1.3 与计量单位连用

“左右”同“上下”一样可以与很多不同的计量单位连用,示例如下:

(101) 根据我国的有关资料统计,这个时期,男女平均高度年增长约为6厘米,体重平均年增长为4千克左右。

(102) 我国每年因酸雨污染造成的损失达200亿元左右。

(103) 福建公安边防部队海上巡逻使用的是木船、铁壳船和少量的巡逻艇,时速大约在20海里左右,远不能适应海上缉私的需要。

(104) 北京2001年11月份日均气温比平常年份高出5度左右,为近百年以来周期最高温度。

以上四例是“左右”分别与表示重量、货币、距离、温度的数量名词连用,与“上下”同样表示概述意义,在此范畴内,两者意义无太大差别,可替换使用。

除了以上三大点外,“左右”还可与事物数目、频次、百分数等连用,均表达和“上下”同样的概数意义,在此就不一一举例了,不同的是,“左右”在表达概述意义的范畴内往往比“上下”的使用率更加广泛，一般来讲，“上下”可以修饰的数量名词“左右”都可以修饰，但“左右”可修饰的数量名词却不一定都适合被“上下”所修饰，具体情况还需具体考量。

2. 空间概念

虽然“上下”和“左右”在表概数意义上的用法相差无几，但是在表示空间概念上的意义却大相径庭。以下从静态空间和动态空间两方面进行探讨。

2.1 静态物理空间

在静态物理空间的范畴内，“上下”和“左右”表达着完全不同的方位指向，这也是“上下”和“左右”最基础最原始的意义区别。

（105）一个20平方米左右的潮湿阴暗的房间一般都住20个左右的学生，一张高低床上下各睡两人。

（106）镜中的图形和原来的图形相比，上下倒置左右不变。

（107）在形成这种反应之后，把迷津的左右方向对调，即爬向右边就要遇到电击，只用65次实验，蚯蚓就学会了对新的信号刺激形成反应。

（108）分隔左右两半球的深沟称为纵裂。

“上下”所表达的最基础的空间意义是指一种垂直的空间方位，如例（105）和例（106）。而在例（107）例（108）中我们可以看到“左右”在方位词当中所表达的最基础意义，即在某个参照物的水平方位上的两侧，虽然在前文“上下”的用法细分中我们也提到过其“水平物理空间”层面的使用，但是“上下”和“左右”在表示水平物理空间时有着明显的差异，不可混为一谈：第一，“左右”表示水平物理空间是它最广泛最基础的含义，而“上下”表达水平物理空间只是根据人们的生产生活经验在其垂直物理空间的最基础意义中延伸出来的用法，其使用频率远远低于“上下”在垂直物理空间领域的使用频率；第二，“上下”和“左右”即便都能表达水平空间的方位，但是从含义上说还是存在明显区别，“左右”所表达的水平空间中的双方处于完全平等对等的位置，如同一个天平两侧，是相对称的关系，而“上下”所表达的水平空间中的双方不是有承接的顺序关系，就是有轻重主次之分。所以，我们这里探讨的两者在静态物理空间当中的使用均以其最基本的意义为比较对象。

2.2 社会空间

"左右"与"上下"一样,最初的意义属于方位词领域,表达一种看得见的实际的空间方位关系,而随着人们认知经验的不断提升和语言表达的不断丰富,两个方位词逐渐走进人们的生活,借由隐喻的外衣被广泛运用于社会空间关系的表达之中。

(109) 参与到此次大型赛事的左右双方分别来自中国和韩国。

(110) 绩效考评要建立双向考评机制,即上下考评与横向考评相结合,以保证考评公开、公平、公正。

(111) 工作关系,即工作岗位的上下左右的关系。

(112) 管理人员必须掌握观察企业上下左右人际关系变化的能力以及及时处理人际关系的社会技能。

两者在其基本意义的基础上,都分别引申出了非空间方位的在现实社会中的其他表达方式。由"左右"对等的水平空间关系的基础意义引申出了例(109)当中表示生活中参与同一个活动的地位差不多的合作双方或是敌对双方;而由"上下"不完全对等的垂直空间关系引申出的例(110)中的"上下考评"则也同样具有轻重主次之分,"上"为地位较高的领导阶层,而"下"则为地位较低的被领导阶层。而在例(111)和例(112)中,"上下"与"左右"实现了合体,结合语境,"上下"指的是企业环境中的领导阶层和被领导阶层,有权力地位的高低之分,是一个企业人员关系的垂直划分,而"左右"指的则是在某工作环境当中和自己处于同一阶层和地位的其他同事,是人员关系的水平切面,而"上下"与"左右"的合体则概括出了一个纵向横向皆有的完整的社会关系。

在社会关系的隐喻当中,"左右"的对称和"上下"的不对称均有理可据,都是以两者的基本意义为基础,以人们古往今来的社会经验认知为辅助的结果,"在认知语言学中,认知属广义的,即包括感知觉、知识表征、概念形成、范畴化、思维在内的大脑对客观世界及其关系进行处理从而能动地认识世界的过程,是通过心智活动将对客观世界的经验进行组织,将其概念化和结构化的过程。”(赵艳芳,2001：2)从而形成两者在社会空间表达意义上的差异。

2.3 动态空间表达

在前文中我们提到过“上下”做动词词组时的表达,“左右”也存在动词性的表达,与其做方位名词时的意义也有不小的关联。

(113) 上下地铁的乘客应当遵守先下后上的原则。

(114) 近期很多年轻女性在独自一人上下班的路上遭人尾随。

(115) 文学不应当被政治所左右,须明确自己的独立价值。

(116) 如果没有程序的这种分化与独立的功能,现实的政治权力就可能会左右决策的选择,因而导致决策偏离公共利益的轨道。

例(113)中的“上”与“下”连用表示乘坐交通工具时的进出过程,例(114)中的“上”与“下”分别表示前往进行某一个活动或工作和结束某一个活动或工作并离开活动工作的地点,合在一起用则表示一个活动开始和结束的完整过程。这和“上”与“下”在人们认知经验中具有不同地位的印象有关系,如古代皇帝都是高高在上,群臣则卑微在下,早朝开始叫“上朝”,早朝结束叫“下朝”,随着时代发展,人们越来越习惯于将“上”用于某些活动的发生与开始,如“上班”“上课”“上场”等。例(115)和例(116)是“左右”的动词性用法,与“上下”的动词性用法截然不同,但是它看似已经脱离了其作方位名词的基本意义,成了一个较为独立的动词,但是仔细分析还是会发现“左右”从方位名词到动词的发展过程中千丝万缕的联系。“左右”指水平空间上两侧相对的方向,也渐渐延伸出社会关系中“左右”双方并列对等的含义,而这一“左”一“右”是非黑即白的关系,是相互对立和矛盾的关系,所以当它发展出动词性用法时,就表示左右摇摆不定之意。但是相比于“上下”连用的动词性表达还与其本身代表的方位关系存在明显联系,“左右”的动词性表达与其基本意义相差更多、联系更少。人们的认知经验与隐喻的思考方式伴随着这两个方位词的变化发展。

需要注意的是,“左右”做动词时已经成为一个可独立使用的词语,而

“上下”在动词范畴内的使用往往以“上”与“下”连用的动词词组的形式呈现。

四　从物理空间到社会空间——“上下”的隐喻发展

“上下”最初表示物理空间垂直意义上的上与下的方位,而这种空间认知也逐渐深入人们的心理,并在实际生活中自然而然地转化为一种对于社会心理的认知,这种转化就属于“隐喻”的范畴。理查兹是最早研究“隐喻”的学者,他认为“隐喻是人类语言无所不在的原理”,人的思维就是隐喻性的。Lackoff 和 Johnson 合著的《我们赖以生存的隐喻》中把隐喻看成人的一种思维方式和认知方式,是把一个领域的概念“投射”到另一个领域,或是说从一个认知域(来源域)向另一个认知域(目标域)“投射”的认知方式。而关于“上下”从具体到抽象的思维规律并不是无迹可寻的,“隐喻的结构投射不是凭空产生的,而是基于人们的生理、生活经验以及所产生的结构相关性。这使语义、推理及抽象思维具有了物质基础。”(赵艳芳,2001: 51)这个发展过程深受人们在实践经验中潜移默化的积累。

1. “上下”投射到时间领域

虽然时间是看不见摸不着的,但是人们常常会通过思维的变通与转换将时间概念空间化,将一条时间线看成一个连续发展推移的空间线,所以常有“历史的长河”“时间的轨迹”等将时间概念空间化的隐喻表达,如果在这个线上找到一个参照点,那么我们就可以称在参照点之前的为“上 X”,参照点之后发生的为“下 X”。如“上午下午”“上旬下旬”“上半年下半年”“上辈子下辈子”等。

2. “上下”投射到行为动作领域

2.1　现实世界的行为动作

2.1.1　保留其本义的行为动作

“上下”投射到行为动作领域时,最普遍的表达是诸如“上下车”“上下山”“上下楼”“上下坡”“上下床”“上下马”等等,这里的“上下”都作为缩略词,以动词词组的形式出现。其中的“上”是从地势较低的地方到地势较高的地方,“下”则是由地势较高的地方去往地势较低的地方。这层含义基本保留着“上下”表达垂直物理空间的本义,只不过在词性上从方位名词转变成了动词。

2.1.2 脱离其本义的行为动作

随着词义的发展,“上下”在词义发展的过程当中逐渐脱离了其本义,“上”往往表达一个活动的展开和发生,而“下”往往表达一个活动的结束,如“上下班”“上下课”“上下岗”等等,当然,这里的“上下”也是作为缩略词、动词词组的形式出现,并非一个独立的词语。“上班”“上操”等是指按规定的时间活动,还有一些表示特指登台或出现在某个场合展开某活动,如“上演”“上场”等等。

2.2 虚拟世界的行为动作

随着科学技术的不断进步,互联网以绝对的优势越来越广泛地影响着人们的生活,不知不觉成为当代社会城市生活中必不可少的工具。而“上下”也随之而来,在互联网这一平台上发挥着自己的功用。如“上线”“上网”“上 QQ”“上微信”等中的“上”往往表示连上网后以虚拟的网络身份出现在某个网络平台上;再如“下线”“下 QQ”等中的“下”表示离开某网络平台,还有“下载”狭义上表示人们将网络上的文件自定义之后保存到本地磁盘存储位置的操作动作。

可见,随着时代的发展,很多词语也在逐渐拥有了在更多领域的更丰富的含义和使用方法。所以词语的发展是与时代紧密相连的,而词语的变化也反映着时代的进步与发展。

3. 投射到社会地位领域

3.1 社会地位领域的非动词性表达

在社会生活中,我们常常使用这样的表达,用“上司”“上层”等来称呼一个公司或者社会集团地位和级别较高的领导。这就是我们将“上下”由空间认知域中位居上方的概念投射到了社会空间领域中，社会由许许多多小个体组成，这个组成过程并非杂乱无章，而是按照一定的规则进行着各种社会活动，人与人的社会关系如同一个金字塔，越是社会地位高的人越居于上方且人数越少，相反，越是社会地位低的人越居于金字塔下方且人数越多。例如：

(117) 因为六部是各省的顶头上司，各省州县对六部有何请求，均得孝敬孝敬。

(118) 这些成绩的取得的确应归功于全体员工上下一条心，把公司看作是自己的家，把公司的事业看作是自己的事业来努力。

(119) 一个公司的运营需要定期进行上下协调沟通。

(120) 有害无益的鸦片，全国上下都认为是国计民生的大患。

例(117)中的“上司”指地位和级别较高的领导；例(118)和例(119)中的“上下”则是上级与下级、底层与高层、领导与被领导的统称，用原本表示空间方位高低的具体可感的“上下”来形象地表达和解释抽象的社会阶层与地位权力的大小，这是由人们的认知经验为基础而生发出来的想象与联想，“这里的经验也不是指被动地印在‘白板’上的感知印象，而是指由人的身体构造以及与外部世界互动的基本感觉——运动经验和在此基础上形成的有意义的范畴结构和意象图式。”(赵艳芳，2001：33)这种经验会在人们的心理生成社会阶层高低的认知图像，是“上下”在其本义的基础之上非常自然的意义扩展。例(120)中更是将这种金字塔状的隐喻社会地位、权利与阶层的藏在人们潜意识当中的认知图像扩充到整个国家的层面，用以概括一个由上而下的社会各个层面组织的构成。

“上下”这样的引申和丰义的过程并非没有原因。“上”的本义就表示高处，在科学技术并不发达的古代，人们对于自然与世界的认知非常单纯，在空间方位上，天在人的头上，在心理认知上，古人将各种自然现象归结为上天的旨意，以为天有神灵，就用上字表示天与神灵这两种事物，且他们在人们内心的地位是非常崇高且令人敬畏的。而在古代社会中的帝王、国君、皇帝的地位和权势最高，自然被人们齐称为“上”或“君上”、“主上”和“皇上”。

由王力先生主编的《王力古汉语字典》(王力,2000: 2)中指出"上"作名词时的其中一个意义特指皇帝,如《史记》中记录皇上说话时就常用"上曰",表示"皇上说道"。且"上"用于表示次序、级别和质量时,也分别是指前面、高级和头等。而"下"从古代开始就有"居人下,谦下"的意思,《左传・宣公十二年》中有:"其君能下人。"表示这个君主能够放低自己的身份去对待他人。《论语・阳货》中也记载道:"唯上知与下愚不移。"意思是只有最高的智慧和最低的愚昧是不可改变的。可见"上下"在表社会地位、辈分高低或权力大小时的隐喻用法自古便有,在不断的发展过程中更加广泛地被运用,比如在有些资本主义国家两院制议会中,也是上议院的地位与权利高于下议院,上议院有权否决下议院通过的法案。

3.2 社会地位领域的动词性表达

在社会地位领域还衍生出很多"上/下"的动词性表达,同样蕴含着鲜明的社会等级关系,如:"上书""上诉""上访""下命令""下调"等等。请见下例:

(121) 1986年,刘鹤从邯郸市经委副主任的岗位上调至邯郸国棉三厂就任党委书记,后又挑起了厂长兼党委书记的重担。

(122) 对于院长上任就利用职权为自己的学术领域搭建一个很好的学术平台的做法,我们通常管称为"院长学术"。

(123) 这一天始建长陵寿宫,朱棣遂下令封黄土山为"天寿山"。

(124) 回到局里,立即变了一个面孔,让办公室主任下通知,准备开一个全体工作人员大会。

例(121)中的"上调"是指某人职位级别的提升;例(122)中的"上任"指某人开始正式从事某个地位、权力、级别较高的职位;例(123)中的"下令"是指皇帝等地位高的人向下级群臣或者群众发布的命令,这里的"下"带有自上而下的方向性,而该动作的实施者是居于高位的;例(124)中的"下通知"也是指自上而下的一种通知,发出动作的人相对来说位高权重,接收动作的人相对来说地位较低。"上/下"在社会地位当中的隐喻从古时候就产生了,如远在周代的《易・屯》中就说道:"以贵下贱,大得民也。"意为只要能深入基层,仍然会深得民心的;再如《宋书·江夏文献王义恭传》中写道:"礼贤下士,圣人垂训。骄多矜尚,先哲所去。""礼贤下士"一词当中的"下"指的是谦居于别人之下,以示对人尊敬,"礼贤下士"成为古人招贤纳士的良方,对今人也同样有不小的现实意义。

我们还常常使用到的与"上/下"相关的涉及社会空间意义的说法有很多,如:"上茶""上供"等词语中的"上"都含有"呈献、供奉"的意义,是地位较低的人向地位较高的人的供奉和服务;"下基层"中的"下"是"去、到"的意思,"下命令、下文件"中的"下"是"发布、投送"的意思,这些词语中的"下"的含义虽然不同,但是它们都是动词,并且都带有鲜明的空间指向性,都是地位高、级别高的人向地位低、级别低的人发出该动作。所以蕴含社会等级意义的动词性的"上/下"往往都是一个有箭头指向性的"矢量",而非无方向性的"标量"。

3.3 成语或俗语中的"上"与"下"

很多成语或俗语中同时包含着"上/下",表达一定的社会空间的隐喻意义。在此简单举几例:如"上行下效"表示上级和长辈怎么做,下级或晚辈就跟着学,多用于贬义;"上梁不正下梁歪"比喻上面的人行为不正,下面的人也就跟着学坏;"上传下达"中的"上传"表下属及时向领导和上级传达相关工作情况,"下达"指将领导和上级的部署、命令与意图传达给下级人员。这些成语当中的"上"与"下"均表达了一定的社会地位等级或是长幼辈分的关系,它们与"上蹿下跳""上吐下泻"等成语中的仅含有物理方位空间意义的"上"与"下"是截然不同的,需要区别开来正确理解。

俗语当中有"上有老,下有小""上方不足,下比有余""上打君,下打臣"(《中国惯用语大全》,2004:1092—1211)等等,"上/下"均表示社会地位高低或辈分关系,相应地,它们也与"上不着天,下不着地"中表垂直物理空间意义、"上顿不接下顿"和"上气不接下气"中表顺序轮次意义、"上刀山,下火海"表动态空间意义都是不同的。

由上可见,中华民族沉淀了千百年的广博语库之中早已经涵盖了"上/下"的众多用法,而且其中很多成语和俗语都在很久之前就形成了,所以"上/下"有足够广阔的历史时间在人们的生产生活经验之中去丰富自身的含蕴，建设自身在人们的经验认知中的深刻形象，渗透进人们的潜意识之中，顺理成章地完成从仅仅表示物理空间方位到社会空间隐喻意义的嬗变。

3.4　隐喻投射引起的“上下”不对称用法

“上/下从源域到目标域这一认知的形成基于两点，一是人类共有的身体及物质经验，二是特定社会中形成的文化经验。”（张敏，1998：99）“上下”的不对称最初始于方位词原型的不对称，比如在前文中我们说过“桌子上下”的不对称，并且通过一定的隐喻投射，“上下”在人们的语用过程中又形成了新的不对称。“北京语言学院语言教学研究所编的《汉语词汇的统计与分析》（1985）及《现代汉语频率词典》（1986）的统计表明，作为名词时，‘上’的使用频率高于‘下’”。（肖明艳、戴卫平，2008：31）

当然，本文主要研究“上下”并用的情况，在此章节中举例“上”与“下”分别的使用情况和意义旨在提供两者从物理空间到社会空间的含义的发展变化依据，以证实“上下”并用时常常被用于表达社会空间的含义是有其源头和理据的。而此理据便是社会现实与人们对于现实的隐喻性思维，“人类日常思维大部分是隐喻的，推理也运用隐喻思维，所以人的理性本质上是想象的、隐喻的”。（赵艳芳，2001：34）而正是这种隐喻性的充满想象力的思维在推动人类文化的进程中起到了至关重要的作用，“‘隐喻’和‘转喻’对于人类的认知和语言起着两种作用：一是不断提供看待事物的新视角；二是不断增添词语的新的意义”。（陆俭明，2013：269）隐喻可以打破各类实物和各种不同性质事件之间的隔膜，它能够灵巧且不着痕迹地建立各领域事物之间的联系，这种错综复杂的暗藏在人们潜意识当中的关系网，成功地拉近了大千世界与人类生活的距离，并快速地推动着人们对新事物的认识与发现，不断地将更多有趣的隐喻概念反映到语言文字和民族文化当中。

五　结　语

本文从“空间概念”“时间概念”“概数意义”“顺序序列”“限度意义”“等级意义”六个方面详细说明了“上”与“下”连用的意义及用法细分，相对全面地概括了其丰富的意义和使用的特点。紧接着从“上下”自物理空间方位的意义及其相应的特征分别投射到“时间领域”“行为动作领域”,“社会地位领域”的发展,这种从一个意义领域投射到其他领域的过程是由人的思维主导的,是建立在人的生活经验认知的基础之上的。“不论是狭义还是广义的认知定义都认为思维是认知的核心,因为它是信息加工过程中最高的综合阶段,是在感知觉、表象、记忆等的基础上形成的,又反过来影响着感知、表象、记忆的过程。”(赵艳芳,2001：2)在“上下”的意义投射和发展过程中,我们可以感受到文化与人类生活的交互关系、词义引申与人的认知经验的相互影响和改变的关系。“上下”与“左右”虽然在表概数意义层面有重合之处,但是也依然存在各自的使用范围和特点,总体来说,“左右”在表概数意义范畴比“上下”的使用范围更加广泛,但是“上下”除了表大小还表指向的矢量性特征是“左右”所不具备的。综上,我们不难发现,在浩瀚的汉语词汇海洋之中,即便是简简单单的一个方位名词都有着如此丰富的含义和漫长的发展过程,有着跨领域、跨语法范畴的含蕴。还有更多的词语有待更加科学与透彻的深挖和解析,而每一次探索词义发展的过程都是揭示历史文化进程脉络的过程,也都是探询人类认知经验、隐喻思维和民族潜意识的过程。词语虽小,所容乃大,管窥其中,便可发掘出更为广阔的文化生活与语言科学的天地。

参考文献

[1] 陈楠.浅谈“前后/左右/上下”[J].语言文字.2011(6)：146－147.

[2]《辞海》编辑委员会.辞海(第六版)[M].上海：上海辞书出版社,2010：1639.

[3] 杜婷.通过隐喻机制看“上下”的一词多义现象[J].现代语文,2010.

[4] 龚学胜.当代汉语词典(国际华语版)[M].北京：商务印书馆,2008：1598.

[5] 郭锐.现代汉语词类研究[M].北京：商务印书馆,2002：208.

[6] 陆俭明.现代汉语语法研究教程[M].北京：北京大学出版社,2013：269.

[7] 吕叔湘.现代汉语八百词[M].北京：商务印书馆,1999：477.

[8] 李行健.现代汉语规范词典(第2版)[M].北京：外语教学与研究出版社,2010：1154.

[9] 马喆,邵敬敏.论反义方位复合词的约量表达[J].学术研究,2009：149－160.

[10] 沈家煊.跟语法化机制有关的三对概念[C]//语法化与语法研究(四),北京：商务印书馆,2009：333.

[11] 施光亨,王绍新.汉语教与学词典[M].北京：商务印书馆,2011：925.

[12] 石毓智.语法化理论——基于汉语发展的历史[J].上海：上海外语教育出版社，2011：3.
[13] 王力.王力古汉语字典[M].北京：中华书局,2000：2.
[14] 温端政.中国惯用语大全[M].上海：上海辞书出版社,2004：1092－1211.
[15] 肖明艳,戴卫平.反义词"上/下"不对称成因刍议[J].现代语文,2008：31.
[16] 徐丹.从认知角度看汉语的两对空间词[J].中国语文,2008(6).
[17] 叶蜚声,徐通锵.语言学纲要[M].北京：北京大学出版社,2010：184.
[18] 张敏.认知语言学与汉语名词短语[M].北京：中国社会科学出版社,1998：99.
[19] 张豫峰."X+前后/左右/上下"的分析[J].语言教学与研究,2004(3).
[20] 赵艳芳.认知语言学概论[M].上海：上海外语教育出版社,2001：2,33,34,48,51.
[21] 中国社会科学院语言研究所词典编辑室.现代汉语词典[M].北京：商务印书馆，2002：1685.

分析网络语言对小学生语文语言教学的影响和对策研究

刘　佳

摘要　当前信息时代下，随着计算机和移动设备的普及，网络的普及率和使用率也随之提高。现代化的信息技术催生了具有一定时代性的网络语言。在人们通过互联网利用屏幕文字、音频和视频等形式进行信息传递，完成人与人的沟通交流。然而，网络语言并不是一种成熟的语言，网络语言对于未成熟且辨别力尚浅的青少年而言就好似一把双刃剑。一定程度上来说，网络语言对于小学生的语文语言的学习发展更是弊大于利。因此，我们需要采取一定的对策来防止网络语言对青少年的侵害。

关键词　网络语言；中小学生；英语教学；影响；对策

1. 绪　　论

近几年，网络的覆盖率随着智能手机、iPad、便携式电脑等使用率的直线上升而不断扩大。小到幼儿园的小朋友，大到年近花甲的老爷爷老奶奶都会使用网络看新闻、看视频、看小说，等等。随着网络覆盖面的扩大、移动 WiFi 的普及，等公交、坐地铁、吃饭聚餐甚至是上厕所，都能看到人们拿着手机或者 iPad，不论何时何地都能轻松上网。信息时代真可谓是全民上网。

网络语言也正是因为网络的普及应运而生的。网络语言有着新颖、灵活、易懂的特点，具有一定的时代性，会随着网络热点的转移而不断更替产生网络热词。生活中的网络热词的确会给人带去一丝欢乐，但是现在大量的小学生网民加入网络大军，迷恋网络，成为一个个名副其实的小网虫，他们会将网络语言带去日常生活用语甚至是书面表达语和课堂学习中。这无疑会对小学生学习如何使用传统规范的语言、学习传统的文化知识和学习语文的心态产生一定的消极影响。当然，我们也不能一概否定。网络语言的多样性、灵活性，从一定程度上来说可以帮助小学生开拓自己的思维模式，增强创新能力和创新意识。

因此，我们需要透过这个现象来重新审视我们当下的小学语文教学。我们要加强自身语言理论的学习，丰富自身的文学素养，做到以身作则。我们作为孩子们的一盏指路明灯，正确地去引导他们学习规范的汉语言文字，提高自身对于网络语言的辨识度，正确对待网络文化和网络语言，为他们今后的发展打下坚实的基础。

2. 关于网络语言

2.1　网络语言的特点

网络语言作为人们通过网络来进行日常交流活动的一种媒介，具有一定的特点，但其本身是一种不成熟的语言，具有一定的局限性。

网络语言具有口语性。网络语言一个很明显的特征就是口语化。首先，人们在使用聊天工具的过程中，会使用大量的语气词。而人们在使用语气词的时候会不注意用字的正确性。例如，人们会使用“昂”来表达肯定或者疑问的意思；或者使用“额”来表示迟疑犹豫，而正确的字是“呃”。其次，熟人、朋友甚至亲人之间聊天会急于表达主题或者凸显个性，会使用一些地方口语。比如，上海人在网络聊天时问对方“你干嘛啊?”将字打成沪语为“侬组啥啦?”。另外，人们在使用网络语言时来表达自己的某种个性，如网络近期的一个热词“萌系”，即表达自己的可爱性会口语化地创造一些新词，利用谐音“酱紫啊”来表达“这样子”的意思。

这些例子除了体现网络语言口语化的特征外，也具有一定的创新性。网络新词会随着一些社会热点而出现。如因为蒜价大涨网友直呼“蒜你狠"。同样因为动漫二次元显示萌系属性,"人家"——"银家""伦家";"没有"——"木有""么有";"怎么"——"肿么",等等。叠词的运用也会创造出网络新词,如称赞一个人"漂亮"会说"你好漂漂哦"或者将"漂漂"直接用"PP"来代替。且使用表情语言使得人与人的感情交流更为直接,这是我们面对面交流或者使用书面语言的交流无法做到的。

刚刚提到的表示"漂亮"的不同用法也体现出了网络语言的简略性。网络语言并不会遵循传统语言文字的使用规范,反之也显示出了超常规的随意性,各种语言文字集合在一起交叉使用。特别典型的是中英文的混用,如时态的混用"恋爱 ing"来表达"恋爱中";如中英文单词的混用"I 服了 U"来表达"我服了你"等。此外,使用缩写或简写的方式。比如"3q"表示 thank you,"IC"表示 I see,"MSG"表示 message,等等。

网络语言是体现年轻人个性的一种方式,是个性张扬的一种标志。人们的想象力和创造力在网络上得到了充分的成就和发挥,"神一般的段子手"层出不穷,依据时事热点和社会视角来说出大众的心声。个性化是网络语言的一个重要特征,网络词汇的新词新义愈加丰富,是一种不可逆的发展趋势。

2.2 关于网络语言的局限性

首先关于使用空间只能局限于网络。网络语言作为网络虚拟生活中的交流载体,为人们提供了展示个性的平台,具有丰富的个性色彩。然而,网络语言不能与日常真实社会的语言混用,以此来防止生活中的诸多不便。

网络语言的形成和发展对我国传统的汉语言文学的留存和发展造成了一定的消极影响。网络语言使得网络沟通更加便捷,减少不同地区人们的语言障碍。作为口语化的语体,不乏一些粗俗、轻佻的网络语言充斥在人们的网络社交中。这需要我们引起自身的重视,去尝试还网络一个清净的环境。

网络语言是随着社会的不断发展,随着网民观念的不断变化而不断发展的,具有一定的时代性,甚至是时效性。从这一方面来说,网络语言的发展会出现类似断层的现象,不具有发展的可持续性。随着时间的推移,网络语言的发展会不断地偏离常规,甚至出现变异。

另外,网络的局限性也体现在对传统语言发展的冲击。新兴的词汇、混乱的语法给汉语的发展带来极大的消极影响。成语的滥用、中英文混乱的结合,会间接削弱汉语言的生命力。而由于技术和历史的原因,网络语言的依托载体仍是以英语为基础的机器语言,会让英语在现代语言的传播中处于主流地位,导致现代汉语则相处于一种对于弱势的状态。

我们需要明确网络语言的几个鲜明特点,以此为导向来分析网络语言对小学生语文语言教学的冲击和发展。以此为依据,对小学生进行引导,使之正确对待和使用网络语言,通过有计划、有目的的教学方式,来完成对小学生语文语言教学的教学任务。

3. 小学生语文语言教学的特点

3.1　关于小学语文语言教学的重要性

众所周知,语言是人与人交流最直接的工具。在现当代,学生们最初接受语文语言教学的时期就是小学。小学也是学生们接受现代汉语教学的黄金阶段。这个时期,我们也可以将其称之为学生在学习成长过程中不断接受教育的启蒙阶段,所受的影响会延续至孩子今后的发展乃至一生。

由此可见,在小学语文语言教学中,不论是学生的学习还是教师的教学,采用正统规范的语言都是十分重要的。小学语文教学的目的是为学生们今后对于现代汉语的学习打下坚实的基础,学会准确的字词用法,理解语法规范,培养运用语言的能力和基本的文学素养。在教与学的过程中,教师是学生的榜样,具有很强的示范性和指导作用。学生对于老师的模仿就要求老师不断提高自身的综合素养,以此来提高教学的质量。

随着深化改革的不断推进,教育教学的改革也不断深入。这就需要我们针对小学语文教学的特点,重视老师关于语文语言的教学和学生自主学习的水平。依据这些教育教学特点,将课堂活力注入日常的学习生活中去,增加学生对于学习的兴趣，培养其自主学习的能力，以此从根本上帮助学生学好语文，懂得中华汉字的博大精深，为今后的学习道路铺平道路。

3.2 小学语文语言教学的基本特点

3.2.1 小学语文语言教学规范性的特点

规范性是小学语文语言教学一个非常重要的特点。小学老师作为学生的启蒙导师，一言一行都会对学生造成潜移默化的影响，有着示范性的作用。小学生具有非常强的模仿能力，且小学生的语言能力成熟的阶段也正是在小学这一时期的年龄段。小学教师在小学语文课堂上对语法、发音、词汇等方面的引导尤为重要，小学课堂语言的规范对小学生自身语言系统的形成和完善有着极为重要的影响。

在这个教学的过程中，语文教师的语言规范程度直接决定了学生的语言能力和使用语言的规范程度。教师要树立自身榜样，规范自身的行为用语，教授学生掌握正确的发音特点和规律。提倡推广普通话，避免将地区方言的使用带入课堂语言教授中。如在沪语中会有前后鼻音区分不明显的问题需要注意；在南京地区会有 n 和 l 不分的情况，这时候就要老师注意引导学生不同发音的不同口型，发 n 音时舌尖抵在上齿，l 音时则舌尖抵在上腭。我们需要注重语言的规范性，注意语调适度自然，语音清晰洪亮，语句通顺连贯。

此外，规范性也体现出语文语言教学的科学性。教师本身要准确掌握课堂语言中字词、语句的真正含义，要将正确的含义直接准确地传达给学生。科学地培养学生规范说话、规范写字的习惯，更好地运用语言能够明确地表词达意，让学生养成良好的行为说话习惯。

3.2.2 小学语文语言教学可接受性的特点

小学生是低学龄儿童，由于年龄尚小，语言能力并未发展成熟，自身对于语言的掌握能力更低。所以我们要从现实出发，选择符合小学生形象思维的方式，选择更能让小学生接受的说话方式和授课技巧。增加课堂趣味性和活力的同时，帮助促使学生在语文语言的学习中投入更多的精力和积极性。这样不仅能增强小学生的自主学习意识，培养其完善自身语言系统的能力，能够取得更好的教育教学的效果，做到事半功倍。

3.2.3 小学语文语言教学生动性的特点

在小学语文语言教学中，生动性也是为了增加小学生对于课堂语言知识传授的可接受性而服务的。小学生天性好动活泼，思维也处于形象思维的阶段。因此，在小学语文的课堂上，语文老师要竭尽自己所能将难懂的生字词句形象化、生动化地展示在小学生的面前。比如可以举例子，通过生动的事例引发学生的联想；可以通过故事和感人的情节来引发学生的共鸣。通过细致的描写、刻画，我们可以做到让听众如临其境、如见其人、如闻其声。

在语文教学中，我们可以有感情地朗读课文、观看一些拓展视图，也可以做一些小游戏，这些都可以帮助学生的形象思维，激发孩子的想象力，促进注意力的集中。通过课堂生动性可以有效地提高课堂效果，提升教学质量；更好地培养孩子们对于语言的应用能力，思想的表达能力，全面提高学生的综合素质。

3.2.4 小学语文语言教学情感性的特点

情感，才是语言所要表达的灵魂所在。语文教学不仅仅培养的是学生对于语言文字的使用能力，更需要培养的是孩子对于字里行间中所透露着的作者的情感的理解。

古往今来，不论是古诗还是现代文，不论是小说还是历史写实材料，在作者的笔下总会隐隐透露着丝丝毫毫的讯息，关于作者对于所写之事的感情。例如气壮山河的杜甫诗歌，多是表达自己内心壮志不能酬的悲愤；甚至是岳飞背刻精忠报国也是表达了自己对于祖国的一片赤诚之心。

小学生的情感细腻而敏感，真诚且纯真。老师更要在日常教学中用心去感化学生，可以通过有感情地朗读、带读来加深孩子们对于课文的感悟、体悟。语文教学的另一目的，也是通过课堂教学教导学生学会去理解他人的感受，也学会用语言文字来表达自己的思想见解。

3.2.5 小学语文语言教学趣味性的特点

语言本身是具有多样性、丰富性的，因此语文是一个具有极大趣味性的学科。在小学语文实践教学中，我们需要创设有趣味性语言的课堂氛围，充分展现语文课堂的趣味性。课堂气氛的活跃会增加学生的学习热情和积极性,也可以避免小学生对语文学习产生厌倦心理。

常言道,兴趣是孩子最好的老师。语文教学的趣味性就是在需要把握住课堂的严肃性和纪律性的同时,激发出孩子对语文学习的热情,可以全身心地投入到学习中去。这样不仅能够锻炼孩子的形象思维,还能够提高学生的学习质量。

4. 网络语言对高年龄段小学语文语言教学影响的调查报告

在我设计了《网络语言对小学语文语言教学影响的调查问卷》这份问卷后,为了使调查所得数据更加真实可靠,我选择了在我实习所在的上海市宝山区虎林路第三小学进行问卷的推广,完成此次调查研究并做了相关的分析报告。此次调查数据由问卷星提供技术支持,共计完成有效问卷 148 份。

4.1 网络语言影响高年龄段小学语文语言教学的因素

在设计问卷前,我考虑了一些网络语言影响高年龄段小学生语文语言教学的相关因素。例如由于年龄的不同对于网络语言的理解和使用是否会有所差异;性别不同在使用网络语言时的看法是否存在区别;是否拥有可联网的电脑以及接触网络的使用时间是否会导致网络语言对于高年龄段小学语文语言教学的影响。提出设想和假设,进行了调研分析,依据所得有效数据进行如下分析:

小学的高年龄段主要是指小学的三年级、四年级和五年级,三年级属于低年龄学段至高年龄学段的过渡时期。在 148 份有效问卷调查结果中发现,年龄的差异并没有使得学生对于网络语言的使用和看法存在过大的差异。在对于网络语言的使用范围和了解程度中,依据调研结果我们可以看到三年级至四年级的学生表现出相对一致。

此外,我设想男生和女生的思维模式和兴趣爱好不同是大不相同的,因此做了一个性别差异的结果分类比较。而根据有效问卷的结果显示,在小学阶段,男生和女生在使用网络语言的过程中,对于网络语言的使用范围、在生活中使用网络语言是否合理的看法基本一致,并没有出现预期设想中存在极大差异的问题。分析出现这样的结果的原因有二:一是在小学阶段,性别差异在男女生理未完全发育前表现不明显。二是在家庭和学校的约束下,对于网络的使用有一定的规范性,因此减少了性别差异导致看法不一的可能性。由下图可以看出小学生一周上网的时间是非常少的,由此可以看出约束力也是导致男女生差异性不同的一个重要原因。

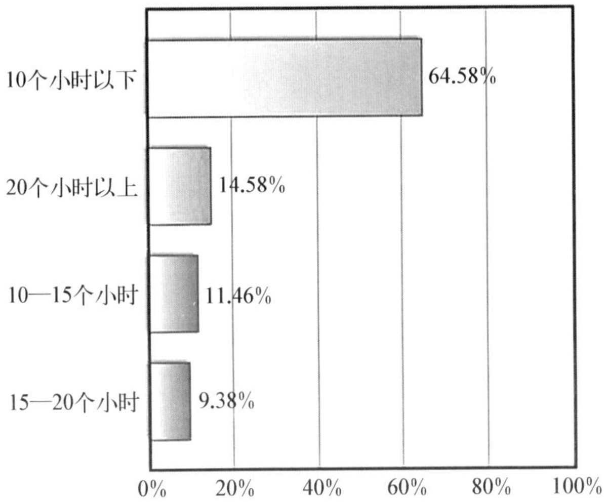

你一周大约的上网时间?(图一)

另外,随着人们生活质量的不断提高,电脑和网络几乎已经成了家庭必备。在闲暇时间上上网、通过网络查阅资料、利用网络来进行交流甚至完成一些交易往来已经成了人们日常生活中必不可少的一部分。同样的,小学生的生活也离不开网络。家长利用网络进行家校互动、利用网络来查阅一些课外拓展资料等等。网络的普及直接导致了网络语言在小学生之间流传,数据显示有50%的同学使用网络语言是由于网络语言本身的趣味性,有22.92%的同学认为使用网络语言十分方便,19.79%的同学使用网络语言则仅仅是为了紧跟时尚的步伐,而只有极少的同学使用网络语言是因为自己对于这种语言的一种纯粹的喜欢。

4.2 关于网络语言的使用范围

首先,让我们先来看看以下图片:

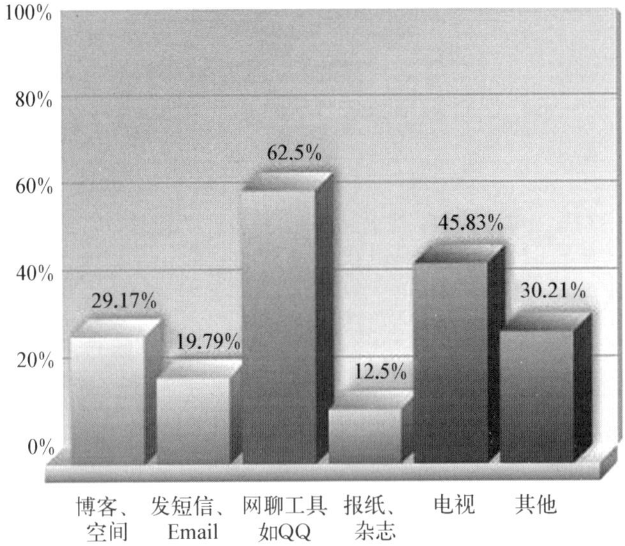

你主要通过哪几种方式来了解网络语言?(图二)

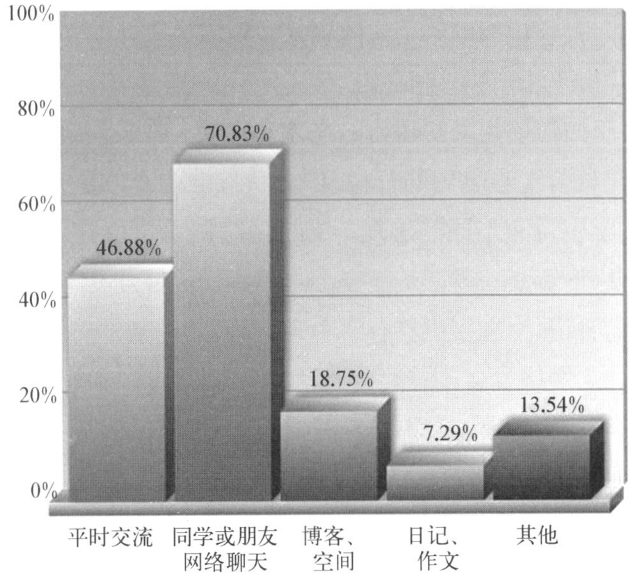

你喜欢在什么情况下使用网络语言?(图三)

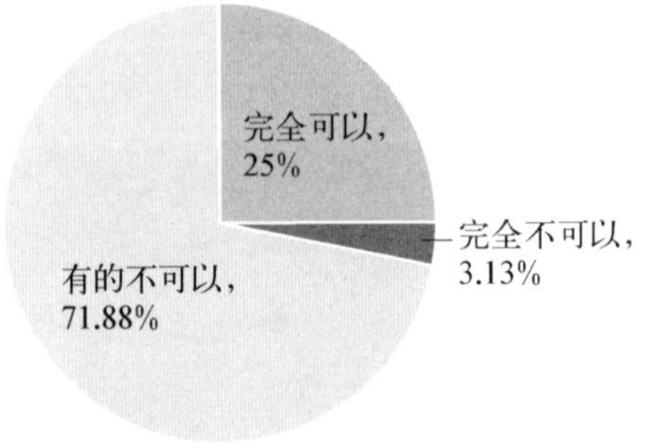

网络语言能否表达你所想说的意思？（图四）

从这三张图中我们可以直观地看到，小学生主要是在网络交谈、看电视和其他（例如和他人的口耳相传）这三个渠道来了解到一些时下所流行的网络语言。并且，超过60%的学生选择了仅仅在口头使用时会选择网络语言，不到20%的人选择了会在书面表达中使用网络语言。从图三我们也可以清楚地看到孩子们更倾向于在口头交流和在网络中交谈时使用网络语言，这和他们偏向于网络语言的轻松欢快是分不开的。但是，在网络语言的使用过程中，有超过70%的同学认为网络语言并不能完全地表达出自己内心所希望表达的意思，这说明网络语言的确是一种不规范且不成熟的语言文字！

4.3 关于如何使用网络语言的态度和看法

关于网络语言在小学生的日记、作文和日常作业中是否可以使用这一问题，不同的学生持有不同的态度。支持网络语言可以在作业中使用的小学生认为，网络语言是一种具有趣味性的生动语言，且具有易懂的特点，能够使得自己的日记、作文等更具有活力，给人焕然一新的感觉。持有反对态度的同学则认为网络语言不能很好地表达自己的看法和想法，会导致老师理解的偏差和歧义，导致一些不必要的错误，不规范的语言文字会破坏文章的整体性。而剩下一部分表示无所谓的同学则认为网络语言并没有完全规范其使用，如何使用依据个人情况而采取不同的措施即可，无硬性规定和标准。

在调查研究中也可以看到，小学生对待网络语言的态度也是基本一致且明确的。将近一半的同学认为网络语言无法在日常的学习生活中起到极大的帮助作用,网络语言在推动学习的进步和发展上所起到的作用微乎其微。并且,孩子们的是非观念已经基本建立,可以知道网络语言的一些缺点,相当大的一部分同学认为网络语言和日常规范用语相违背,破坏了语言文字的使用规范,剩下的一部分同学则表示太多新式的网络语言“看不懂”且有一部分网络语言是具有攻击性的骂人脏话。通过这项调查研究,我们也可以看到现在语文教学中的优点和不足,可以看到老师指导正确语言规范的辛劳和一些网络语言使用的不足。

4.3.3 网络语言是否需要规范整改?

在进行分析前我们先来看两张数据分析图。

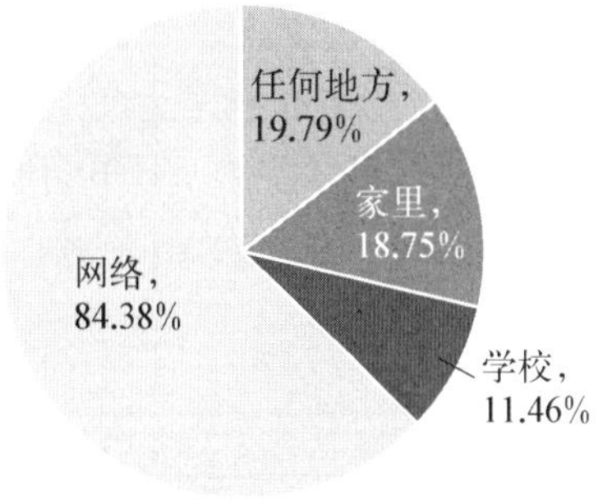

你认为网络语言应该在什么地方使用?(图五)

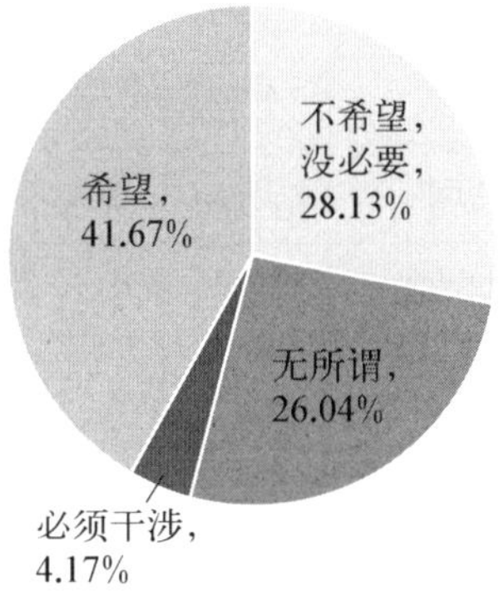

你希望学校、社会采取手段来规范网络语言吗?(图六)

从图五可以直观看出,在小朋友的眼中网络语言更应该出现的地方就是网络,而不是如学校这样应该正确使用规范语言文字的场所。由此也可见,网络是一个开放而不具有约束性的平台,所以相当一部分学生表示没有必要规范和纠正网络语言。而将近一半的小朋友表示希望对网络语言进行规范,这是对我们中华文明文字的保护,也是努力地为中华文明的传承献出自己的一份力!

最后根据下表可以看到,高年龄段小学生对于网络上一些常用的网络词汇、语言基本可以做到熟悉并使用。

题目\选项	熟悉常用	熟悉不常用	知道意思	不清楚
网络语言	26(27.08%)	36(37.5%)	20(20.83%)	14(14.58%)
995 救救我	17(17.71%)	28(29.17%)	36(37.5%)	15(15.63%)
886 拜拜	48(50%)	20(20.83%)	25(26.04%)	3(3.13%)
555 呜呜	32(33.33%)	27(28.13%)	24(25%)	13(13.54%)
MM 妹妹	27(28.13%)	30(31.25%)	27(28.13%)	12(12.5%)
BC 白痴	10(10.42%)	19(19.79%)	33(34.38%)	34(35.42%)
CU 再见	9(9.38%)	17(17.71%)	26(27.08%)	44(45.83%)
PK 对决	41(42.71%)	28(29.17%)	23(23.96%)	4(4.17%)
Out 落伍	47(48.96%)	22(22.92%)	21(21.88%)	6(6.25%)
杯具 悲剧	39(40.63%)	23(23.96%)	24(25%)	10(10.42%)
羡慕嫉妒恨	35(36.46%)	27(28.13%)	27(28.13%)	7(7.29%)
神马都是浮云	28(29.17%)	29(30.21%)	28(29.17%)	11(11.46%)
雷人 震撼	21(21.88%)	32(33.33%)	26(27.08%)	17(17.71%)
给力 有帮助	37(38.54%)	28(29.17%)	26(27.08%)	5(5.21%)
偶 我	28(29.17%)	24(25%)	32(33.33%)	12(12.5%)
木油 没有	34(35.42%)	30(31.25%)	27(28.13%)	5(5.21%)
晕 看不懂	47(48.96%)	23(23.96%)	23(23.96%)	3(3.13%)
顶 支持	46(47.92%)	23(23.96%)	21(21.88%)	6(6.25%)

5. 网络语言对小学语文语言教学的影响

从马克思主义辩证唯物主义的哲学观出发,我们可以知道凡事都是有两面性的。网络语言对于我们的生活而言,对于小学语文的语言教学而言,同样也具有积极影响和消极影响两个方面。因此,我们要正确地看待网络语言,利用积极影响来强化孩子学习,帮助学生成长;同时,我们也要教导学生能够明辨网络语言对生活和学习环境带来的不良影响,提高学生抵抗外界不良诱惑的能力。

5.1 网络语言对小学语文语言教学的积极影响

首先,我们要强调的是网络语言具有生动性和随意性。言简意赅的网络语言通常不具有规范的格式和语法,这就能促进语言能力尚未成熟的小学生们发挥他们各自的想象力,在很大程度上增强了学生的自我创新意识和能力。

其次,网络语言的更新速度随着时代热点的改变而不断改变进化。而一些网络热词在融入人们的日常生活后被广泛地使用和接受,在理解和其内涵意义上不会有较大的歧义。网络词汇在不断地使用和接受的过程中,便是对现代汉语的一种创新和发展,也表现出了现代汉语的顽强生命力和丰富的表现力。例如,随着《爸爸去哪儿》这档综艺节目的热播,人们对于“萌娃”这一词的接受度明显提高且流传甚广。

再次,之前有提到过网络语言不具有传统语言的格式限制,使用便捷。小学生们通过网络进行聊天、看视频、读小说等,都会接触到一系列网络语言。学生的模仿能力也是极强的,孩子们会通过对人物对话的模仿,来满足自己的好奇心和求知欲。这就很好地激发了孩子对于语言学习的兴趣和运用语言的能力。

5.2 网络语言对小学语文语言教学的消极影响

网络语言的简易性和不规范性影响了小学生对于规范汉字的运用,甚至使他们丧失学写规范字、说规范话的能力。小学是孩子学习规范现代汉语的启蒙时期,孩子的听、说、读、写都极其重要。在这个时期,孩子所受到的影响在极大的程度上会伴随孩子一生。小学生在低年龄学习时期,其自身不具备成熟的语言能力,也不具备对于语言规范的认知能力和辨析能力。

因此,网络语言的纷繁复杂对于小学生而言犹如一口深潭,深不见底。经常涉足这口深潭,会影响孩子们学习规范语言的使用。孩子们在潜意识中不断受不规范的网络语言的影响,养成了随意使用文字的习惯,对日后的语文学习产生了不良影响,且这种影响在今后的生活中会抑制孩子的理解能力。如一个很典型的例子,在网络上很多人会用"大虾"来表达"大侠"的意思。作为具有一定认知能力的成年人而言,并不会有太大的歧义。可是对于语言能力才处于起步阶段的孩子来说,他们无法明白为什么用"大虾"来比作"大侠",更无法理解为什么要用蜷缩成一团的虾来比作刚毅勇猛、正义公平的侠士。对于孩子来说,找不到共同点是很难将二者之间画上等号的。

网络语言在一定程度上对孩子的身心健康发展是不利的。在网络中,很多人都是隔着屏幕与陌生人交流的。网络的开放性也直接导致在网络中鱼龙混杂,数不清的数据信息中掺杂着许许多多的虚假信息,给网络骗子以可乘之机。很多新闻就报道过一些网络诈骗的案例,其中不乏一些年轻有为的大学生和一些白领、知识分子。因此,更不用说懵懂无知的小学生遇到网络骗子如果的后果了。网络语言具有创新性、生动性,对于小学生而言具有极大的诱惑力。与此同时,很多网络语言充斥着黄色、暴力的内容,这对于小学生来说是非常不利的。暴力、血腥的语言会诱导孩子成为急躁、崇尚用武力来解决问题的人;黄色、淫秽的网络语言会促使孩子的性早熟,对于性的错误认识甚至可能会导致其今后踏上犯罪道路。因此,低俗的网络语言会极大地影响他们身心的健康发展。

网络语言的使用会直接导致孩子的成绩下降。网络语言是一种不规范、不成熟的语言,正统的小学语文语言教学并不认可。在语文考试中,会有语文的组词、造句和作文类的考查。学生受到网络语言的影响会直接反映在卷面中,尤其是在作文写作中。学生会追求过分的创新、张扬个性,而现当下的小学语文教学首要任务就是规范汉字,推广普通话。老师需要给孩子们打下坚实的基础,使孩子们拥有扎实的语言功底;一些网络语言在作文中的不规范使用是不被认可的,这就会直接影响孩子的成绩。

网络语言会影响小学生的教学和生活环境。小学生通常是利用课后的时间来上网,而学生超强的模仿能力让他们在网络上学习的速度也十分惊人。学生的天性都是渴望被关注的,在网络上看到有趣的故事、段子会分享给周围的小朋友们,这就将网络语言带入到教学环境。课后,小学生和家人分享自己所学的知识,会将网络上所看到的网络语言传达给家人。这样的“争奇斗艳”却并不会被人称赞,这是因为网络上许多不健康的话题和粗话、脏话都会经过口口相传导致这个班,甚至这个年级说粗话脏话的不良习惯。所以,网络语言会对小学生的教学环境和生活环境都产生非常大的不良影响。

6. 面对影响可采取的对策研究

6.1 加强对小学生语言使用的引导

老师、学生和家长都是语言的使用者,成人往往对语言有较强的理性认识,是语言使用的“清醒者”,因此有理由也有责任教授小学生对网络语言“取其精华、去其糟粕”。面对网络语言的冲击,老师应该更好地规范自己语言的使用,告诉学生什么是正确的语法,在正式场合应使用规范语言。

网络语言的出现与发展是不可逆的,既然已经存在就不会消失,我们能做的就是正确的引导,在越来越多元化复杂化的语言环境中,让学生分清是非好坏。对健康阳光的部分更好地学习和吸收,并学会举一反三提高自身素养。对错误的、低级趣味的网络语言不盲从不跟风,做到“出淤泥而不染”。鼓励和教育学生从自身做起,对网络语言有所扬弃,营造健康的语言使用环境,那么低级的错误的网络语言自然就会不攻自破。

6.2 网络中营造健康的语言环境

一切都应该从源头抓起,我们不仅要让小学生洁身自好秉持文明,更重要的是“源头治污”。对网络上低级的语言进行监管和治理,减少向小学生群体扩散,给小学生一个健康绿色的网络环境。另一方面,老师应辅导学生形成正确的人生观价值观世界观，弘扬健康的民族语言，实现双管齐下的治理。

正是如此，在网络中我们需要推广使用文明的网络语言，从自身做起，提高我们的语言文化素养，坚决抵制不健康甚至具有暴力色彩的网络语言。积极引导学生使用规范化的语言，需要监管部门提高监管督察的力度。此外，网络文化的低龄化、校园化是一种不可忽视的进程。我们也可以利用这样的进程，来举办一些具有网络特色又适合低龄学段学生的活动，如通过主题班会、黑板报、手抄报等来宣传远离网络暴力文化，倡导自觉遵守网络规范，杜绝一些"黄赌毒"信息的侵害。并且，可以由学校老师带头，在假期活动中找出网络语言的生僻字词、网络不规范用语等进行分析，这就是一项有意义的社会调查实践活动。不但可以提高学生的语言规范性，也可以帮助同学提高组织表达能力和逻辑思维能力，大大提高学生对语文的学习兴趣和语文素养。更可以由老师来进行成果展示，更好地提高孩子的活动积极性，让他们自己去努力建设一个安全洁净的网络语言环境。

7. 结　　论

在当前网络发展越来越迅猛的当下，网络语言对于孩子生活的侵入也随处可见。网络语言对于孩子的影响不仅仅体现在小学语文语言教学上，更是体现在学生生活中的各个方面。当然，我们也要正确看待网络语言给孩子们带来的影响，既有积极的一面，也有消极的一面。作为语文老师，我们首先要保证自身对于网络语言的认识是否客观、清晰；其次，我们要结合中小学生的个性和心理特征加强引导，培养孩子们正确使用网络语言的意识和能力。并且，我们可以联合家长的力量，为孩子们努力营造一个健康、绿色的网络环境。我们提倡孩子们使用网络，学着用网络来搜索获取自己所需要的信息，学到更多课堂外的知识。但是作为老师和家长，我们要为其过滤掉一些"很黄、很暴力"的网络语言，让小学生们在更好的语言环境下，更为健康、快乐地成长，成为祖国未来的花朵。

8. 附录：网络语言对高年龄段小学语文语言教学影响的调查问卷

网络语言对高年龄段小学生语文语言教学的影响调查问卷

亲爱的同学们：

你们好！我是上海师范大学的学生。随着网络的迅速发展，一些由网络群体偏爱的新词语随之产生，网络语言在小学生的生活和学习中也日益流行。制定这份问卷是为了更好地了解你对网络语言的使用和影响。请根据自己的实际情况认真填写，我会对你们的答卷进行保密，无须担心信息泄漏！谢谢你的配合！

填写说明：请您在所选答案的上打√

1. 你所在的年级：

A. 三年级　　B. 四年级　　C. 五年级

2. 你的性别是：

A. 男生　　B. 女生

3. 在你的家中你有电脑可以用来上网吗？

A. 有电脑，可以上网

B. 有电脑，不可以上网

C. 没有电脑

4. 从你开始使用网络到现在有多久了？

A. 1 年以下　　B. 1—2 年　　C. 2—3 年

D. 3—4 年　　E. 其他

5. 你一个星期上网的时间大概是多少个小时？

A. 10 个小时以下　　B. 10—15 个小时　　C. 15—20 个小时

D. 20 个小时以上

6. 你更多地使用哪几种方式来了解网络语言？（可多选）

A. 博客、空间　　B. 发短信、Email　　C. 网聊工具如 QQ

D. 报纸、杂志　E. 电视　F. 其他

7. 在平时的生活中,你更多地选择口头还是书面方式使用网络流行语?

A. 口头使用　B. 书面使用　C. 都会使用

D. 不会使用

8. 在生活中,你更喜欢在什么情况下去选择使用网络语言?

A. 平时交流　B. 同学或朋友网络聊天

C. 博客、空间　D. 日记、作文　E. 其他

9. 你是否认为网络语言能够表达你所希望描述的含义?

A. 完全可以　B. 有的可以、有的不可以

C. 完全不可以

10. 你认为你个人热衷网络语言的原因是?

A. 自己喜欢　B. 跟潮流　C. 有趣

D. 使用方便

11. 关于网络语言出现在小学生日记、作文、作业中,你对此使用态度是:

A. 支持　B. 反对　C. 无所谓

12. 你是否认为网络语言对自己的学习生活更有帮助?

A. 很大　B. 不大　C. 很小

D. 没有

13. 你认为网络流行语是否有以下缺点呢?

A. 看不懂　B. 脏话　C. 破坏祖国文字

D. 没什么感觉

14. 你认为哪些地方更适合使用网络语言?

A. 网络　B. 学校　C. 家里

D. 任何地方

15. 你认为网络语言需要学校、社会来采取措施规范吗?

A. 不希望,没必要　B. 希望　C. 必须干涉

D. 无所谓

16. 请在下面的网络语言栏中打√

题目\选项	熟悉常用	熟悉不常用	知道意思	不清楚
网络语言				
995 救救我				
886 拜拜				
555 呜呜				
MM 妹妹				
BC 白痴				
CU 再见				
PK 对决				
Out 落伍				
杯具 悲剧				
羡慕嫉妒恨				
神马都是浮云				
雷人 震撼				
给力 有帮助				
偶 我				
木油 没有				
晕 看不懂				
顶 支持				

非常感谢你的支持和配合！

参考文献

[1] 郑睿.小学语文教师在写作教学中应对网络语言冲击的研究[D].武汉：华中师范大学,2013.

[2] 万慧芳.网络语言对中学语文课堂教学的影响及应对策略探究[D].长沙：湖南师范大学,2005.
[3] 孙果哲.网络语言对中学语文教学影响的研究[D].石家庄：河北师范大学,2007.
[4] 樊芳芳.探究小学语文教学语言的特点[J].才智,2013(12).
[5] 李艳.小学语文教学语言特点的分析[J].读与写(教育教学刊),2013(11)：205.
[6] 张立华.小学语文教学语言特点新探[J].河北省威县邵庄中心小学.学周刊,2015(27).
[7] 郭井艳.小学语文语言教学的特点研究[J].内蒙古教育,2015(20).
[8] 万航,刑松.分析网络语言的特点、局限性及其规范[J].电脑知识与技术.2012(7).
[9] 韩志刚.网络语境与网络语言的特点[J].济南大学学报(社会科学版),2009(1).
[10] 齐金花.网络语言及其对青少年的影响[D].苏州：苏州大学,2008.
[11] 方婷.网络语言对中学语文课堂教学的影响及应对策略探究[D].武汉：华中师范大学,2013.
[12] 言岚.网络语言特点浅析[J].雁北师范学院学报,22(1).
[13] 毛力群.网络语言：一种全新的语言模式[J].浙江师范大学学报(社会科学版),2002,27(3)：30－34.
[14] 施春宏.网络语言的语言价值和语言学价值[J].语言文字应用,2010(3)：70－80.
[15] 言志峰.英汉网络语言及其文化差异[J].长江大学学报(社会科学版),2013,36(1)：106－108.
[16] 郭红燕.浅谈小学语文教学特色[J].文理导航(下旬).2015(8).
[17] 潘秋燕.让语文作业也“营养”——浅谈小学语文阅读作业设计的有效性[J].小学时代：教师,2012(3).

“本来”：语义、句法、篇章、语用的多维度考察

刘　颖

摘要　本文以“本来”为研究对象，在继承和吸收前人研究成果的基础上，结合三个平面理论、篇章语言学理论等知识，采用描写与解释相结合、历时与共时相结合的研究方法，从语义、句法、篇章和语用等层面对“本来”进行了多角度分析。

全文共分为四章：第一章绪论从“本来”的词性分化、语义特征、句法特征以及“本来”的对比研究等方面，对前人关于“本来”的研究成果进行梳理，指出其存在的一些问题。第二章探讨了“本来”的来源及其历时发展，将“本来”划分为“本来$_{区别词}$”和“本来$_{副词}$”，又进一步将“本来$_{副词}$”划分为“本来$_1$”“本来$_2$”“本来$_3$”。“本来$_1$”表示时间义，“本来$_2$”和“本来$_3$”表示一种语用意义，“本来$_1$”和“本来$_2$”还可以充当“反叙实算子”，产生反叙实语义。第三章对“本来$_{副词}$”的句法特征从句法位置、句法组合和句类分布三方面进行了分析。第四章考察了“本来$_{副词}$”的篇章作用和语用功能，认为“本来$_{副词}$”有较强的篇章衔接功能，可以表先时顺序和表解说；在语用方面，“本来$_{副词}$”具有“主观性”表达、指明预设和话语标记的功能。

关键词　本来；区别词；副词；句法；篇章；语用

第一章　绪　　论

1.1　研究内容和意义

在现代汉语中，副词一直是学界研究的重点，也是汉语词类研究中存在

问题和争议最多的一类。副词不仅与其他词类,如形容词、名词、连词等存在交叉现象,需要进行辨析,而且其内部的分类也十分复杂。有些副词在日常生活中十分常见,用法复杂灵活。有的词甚至同属于几个词类,既有副词的用法,也有其他词类的用法。对这些词从句法、语义、语用等多个角度进行分析考察,有助于进一步明确这些词的词性和用法,对现代汉语语法和对外汉语教学都具有一定的积极意义。

本文选取"本来"一词作为研究对象,"本来"在 HKS 词汇等级大纲中属于乙级词汇,具有较高的使用频率。不少工具书对"本来"一词都进行了描述和解释,但缺乏全面和细致的分析。学界对"本来"的词性存在不同的看法,"本来"做定语修饰名词这一用法是属于形容词还是区别词? 副词"本来"可以划分为几个义项? 这些都是本文需要解决的问题。

本文分别从语义、句法、篇章和语用等层面对"本来"一词进行了考察。首先分析"本来"的语义特征,将"本来"划分为"$本来_{区别词}$"和"$本来_{副词}$",又将"$本来_{副词}$"进一步分为"$本来_1$""$本来_2$""$本来_3$",侧重分析不同结构关系中"本来"所表示的不同语义关系;然后分别对"$本来_{副词}$"的句法特征和句类分布进行分析;最后考察"$本来_{副词}$"的篇章作用和语用功能。

1.2 研究现状

关于"本来"一词,许多学者都对它的词性进行了界定,但意见不一,存在一些争议。针对它的词性划分和句法特征、语用功能等所作的研究也有不少。下面分类进行阐述:

1.2.1 对"本来"词性的界定和意义的划分

《现代汉语八百词》(吕叔湘,1980)将"本来"划分为形容词和副词:

表 1

词 性	意 义	例 句
形容词	原有的。只修饰名词	本来面目。这幅画太旧了,本来的颜色要明显得多。

（续表）

<table>
<tr><th>词 性</th><th colspan="2">意 义</th><th>例 句</th></tr>
<tr><td rowspan="3">副词</td><td colspan="2">1. 原先、先前。可用在主语前</td><td>他们几个本来不是一个单位的。</td></tr>
<tr><td rowspan="2">2. 表示按道理就该这样</td><td>a. 本来+就+懂。动词部分必须用“应该、会、能”等助动词，或用动+得（不）……</td><td>当天的功课本来就应该当天做完。</td></tr>
<tr><td>b. 本来+嘿/嘛，用于主语前，后面有停顿</td><td>本来嘛，学习文化就得下功夫。</td></tr>
</table>

《词类辨难》（邢福义，2003）中同样也认为“本来”有形容词和副词两种词性，但是将表示“原先、先前”之义的副词“本来”归入了形容词。

通过结构变换法，邢先生认为表“原先”义的“本来”只要能进入“事物 x 情况”这一格式中，即使出现在状语位置上也还是形容词，而不是副词。例如“他本来身体很瘦弱，现在很结实了”这句话可以变换成“身体瘦弱是他的本来情况”，这里的“本来”还是形容词而不是副词。

《现代汉语副词研究》（张谊生，2000）中根据“本来”的句法功能，认为“本来”不能充当主语、谓语和宾语，只能充当状语和定语，充当状语同充当定语时的语义不同，将其分为区别词和副词。充当副词的“本来”是评注性副词。

《现代汉语虚词词典》（侯学超，1998）认为副词“本来”有三个义项，除了表示时间义“起先、先前”和表示“按道理应该如此”外，还可以表示“向来、一直”，例如“我们家本来就我一个，哪里来的哥哥”。

《现代汉语虚词词典》（张斌，2001）同样将副词“本来”分为三种情况，“表示某种情况和状况原来就是如此”，“表示情况实际如此或应该如此”，“表示情况始终如此，没有改变”。但在具体例句的分类上与侯学超有所不同。

赵春秋（2007）认为“本来”是副词和区别词的兼类，作为副词的“本来”

有3个意思：a. 起先、先前；b. 表示事实上如此；c. 表示按道理应该。针对张斌先生释义中的第三个义项"表示情况始终如此，没有改变"，作者认为句子中之所以含有"情况始终如此，没有改变"意义的原因不是因为"本来"的存在，而是因为句中有表示"强调在很久以前就已经发生某事实"的"就"。

高楠（2009）结合"本来"的形式和意义将副词"本来"分为"本来$_1$""本来$_2$"和"本来$_3$"，认为三者的共同功能是强调。"本来$_1$"具有强调意味，后面多有转折成分；"本来$_2$"在句中强调事情理所应当的情况，后面也多有转折成分；"本来$_3$"强调一个事实，后面多有补充说明。

唐为群（2010）赞同《现代汉语八百词》的观点，将副词"本来"的两种用法标记为"本来$_1$"和"本来$_2$"，在"本来$_1$"的基础上进而区分出"本来$_{1a}$"和"本来$_{1b}$"。作者认为"本来$_{1a}$"表示的是时间意义，即事物的"原初"情况；"本来$_{1b}$"和"本来$_2$"表示的是语用意义，反映说话者的主观情态。

1.2.2 从句法、语用角度对"本来"的研究

《现代汉语"…本来就…"格式探究》（范淑云，2001）一文最早对"…本来就…"这一常用格式从语法、语义和语用三个层面进行了研究，认为"'本来'在语义上前后形成对比，'就'附载着顺承或递进的语义特征，整个格式蕴含了'前后对比、顺承或递进'的语义内容"。

《"本来"的语法化》（朱新军，2008）一文针对"本来"的语法化问题进行了探讨，从共时和历时两个层面进行考察，认为在共时层面，存在着"本来$_1$""本来$_2$""本来$_3$"和"本来$_X$"，其中"本来$_X$"是介于"本来$_2$"和"本来$_3$"之间的一种中间状态，属于语气副词。在历时层面，"本来"经历了从物体名词到时间名词再到语气副词的语法化过程。

高楠的硕士论文《副词"本来"的多角度考察》（2009）较为全面地研究了副词"本来"，包括副词"本来"的语义、句法功能、语用功能等，但对副词"本来"语义的划分还不够明确具体。

《副词"本来"和"本来"句》（唐为群，2010）主要探究了"本来"的句法功能，认为副词"本来"在句中主要作状语，能与形容词、动词和其他副词共现，在句类分布上主要集中在陈述句，出现在其他句类时具有选择限制。

《"本来"反事实句与情态共现问题研究》（章敏，2016）从"本来"一词的

反事实语气考察出发，探讨了“本来”反事实句与情态共现的问题。作者以事实的本来性状作为参考物，认为“本来”句存在三种可能的语义关系：正向关系、零向关系和反向关系，“本来”的反事实解读受情态动词的影响。

1.2.3 “本来”的比较研究

除了从词性划分、句法特征和语用功能等方面对“本来”进行共时或历时层面的研究之外，更多论文将着眼点放在了“本来”与其近义词“原来”的比较上。

张婧《“本来”和“原来”的用法比较》(2006)对比了“本来”和“原来”分别做形容词和副词时的语义和语用功能的区别。毛雄等人(2008)在张婧的基础上对“本来”“原来”做形容词的用法进行了探讨和补充，认为“原来”在做定语时，与中心语结合的能力比“本来”要强得多。通过对语料的分析，作者还对“原来”和“本来”做形容词时所修饰的名词作了进一步的区分。

《现代汉语“本来”“原来”研究》(徐小林，2010)一文从语义特征、句法功能和语用功能三个方面对“本来”和“原来”进行了个案研究和对比分析，较为全面系统地分析了这两个词的异同。

《“本来”和“原来”的篇章位置考察》(金晓艳、澎湃，2011)对“本来”和“原来”两个词在篇章位置上的区别进行了分析，“原来”由于其所处的句法位置的不同而产生不同的语法功能，而“本来”的语法功能不受其句法位置变化的影响。

邵演艳的硕士论文《“原来”与“本来”的多角度辨析》(2013)是“本来”与“原来”的对比研究，从共时层面和历时层面对“原来”和“本来”的语义特征进行了辨析，针对两者的句法功能和篇章作用，作者也进行了较为细致的分析。

1.3 研究方法与语料来源

本文主要结合三个平面理论、篇章语言学理论、主观化理论等理论知识，采用描写与解释、历时与共时相结合的研究方法来进行研究。

本文的语料主要来源于：北京大学中国语言研究中心 CCL 语料库、北京语言大学 BCC 语料库、内省语料。

第二章 “本来”的共时语义和历时发展

2.1 “本”与“来”的语义

“本”是指事字,《说文解字》中的释义为“木下曰本”,最初的意义是树木的根。例如《吕氏春秋·先己》:“是故百仞之松,木伤于下,而末槁于上。”后引申出“根源”和“根本”之义。如《左传·襄公十七年》:“宋国区区,而有诅有祝,祸之本也。”又如《孟子·离娄上》:“天下之本在国,国之本在家,家之本在身。”《古代汉语词典》对“本”的释义还有“原来的,固有的”这一义项,例如《文心雕龙·通变》:“夫青生于蓝,绛生于蒨,虽逾本色,不能复化。”后来又发展出了表示“本来、原来”义的副词用法,带有转折意味,如《汉书·李陵传》:“卫律者,父本长水胡人。”

“来”在《古代汉语词典》中的解释是“表示从过去某时一直到现在,等于说‘以来’”。例如杜甫《曲江》诗之二:“酒债寻常行处有,人生七十古来稀”。《唐五代语言词典》将其解释为“名词词尾,放在表时间的名词或形容词之后,构成表时间的名词……‘来’,常与时间词结合使用……‘来’,多用在时间词后作词缀。”在汉语中,有很多由“来”作为后缀构成的一类表示时间的词语,如“近来、向来、后来、原来、素来”等。可知“来”作为一个后缀,其意义为“……的期间或时候”,表示一个时间段。陈昌来(2013)认为可以把“X 来”作为一个构式,“来”表示持续状态的义素在演化过程中虚化为一个时间线,当“来”和变项“X”结合时,它会压制“X”的语义属性,使其必须凸显该时间线上的某个点或线,而“本”反映的是某个时间线上的一个起始点或线[①]。在“X 来”产生之前,“X”都曾单独作过时间副词,从“本”到“本来”体现了汉语的双音化趋势以及“来”的虚化。

---

① 陈昌来:《“近来”类双音时间词演化的系统性及其相关问题》,《上海师范大学学报(哲学社会科学版)》2013 年第 5 期,第 99—110 页。

2.2 "本来"的词性分化

关于"本来"的释义和词性分类,前人已有不少的研究,上文已经进行了阐述。本文在前人的基础上,结合"本来"的句法特征将"本来"的词性和释义进行了如下的分类:

"本来$_{区别词}$":原来的、固有的、起初的。

(1) 她的脸肿得已认不出本来的模样,嗓子变得嘶哑。

(2) 我不是说过嘛,魔法可以使任何东西改变自己的本来面目。

"本来$_{副词}$"

"本来$_1$":表示事物最开始的状况、固有的状况、之前的状况。

(3) 我本来不愿意出来,爸妈非让我出来见见世面。

(4) 在喜欢的姑娘面前,本来就不善言辞的他现在更加不知道自己该说些什么了。

"本来$_2$":强调事物按情理、事理应该出现的情况,多带有虚拟意味。

(5) 今天是国庆日,本来是可喜之一天,但是内心的痛苦益加深重。

(6) 参不参加这个活动本来应该是员工自愿的,可是有的领导为了宣传,以集体荣誉为由迫使每个员工都参加。

"本来$_3$":强调存在的事实或事物一直以来的状态,多与副词"就"连用。

(7) 他们两个人本来就是青梅竹马,关系一直都很好,现在在一起了也很正常。

(8) 任何的货币幻觉本来就是一种心理错觉,尽快认清这种错觉,也许能避免很多损失。

2.2.1 "本来$_{区别词}$"

"本来"可以做定语,修饰名词,例如"本来面目、本来的颜色"。关于"本来"的这一用法,学者们有着不同的看法。陈昌来(2013)认为"本来"在历史上曾有过名词的用法,但由于其经常用作定语,逐渐失去中心语的位置，从而功能发生转化，在现代汉语中变成区别词。也有学者倾向于将“本来”归入形容词的范畴，例如吕叔湘（《现代汉语八百词》（1980））、邢福义（《词类辨难》（2003））。

在对“本来”的词性进行划分之前，需要先对形容词的范围进行界定。形容词属于谓词的范畴，谓词的必要功能是做谓语，同时也能做主语和宾语。形容词除了可以直接做谓语外，还可以做定语修饰名词。存在这样一类词，例如“大型、彩色、初级、慢性”等，它们可以做定语修饰名词，但不能做谓语充当句子成分。吕叔湘将这类词称为“非谓形容词”，归为形容词。朱德熙（1982）则将这类词划分为一个既不同于形容词，又不同于名词的，独立的词类，即区别词，认为这类词只能修饰名词或在“的”字前面出现。本文采用朱德熙先生的观点，认为这类词具有非谓词性，不同于形容词，因而应当看作是独立的一类词，即区别词。

“本来”只能做定语修饰名词，不能做谓语，是很多学者将其看作区别词的主要依据。而将“本来”归为形容词的依据则是“本来”不具备多数区别词所具备的条件。高楠（2009）认为区别词往往成对或成组，而“本来”则没有与其成组的词语，“本来”在否定时前面既不能加“不”也不能加“非”，且“本来”+“的”组成的短语既不能做主语也不能做宾语，因而“本来”不应看作是区别词，而应归为形容词[①]。

齐沪扬在《现代汉语空间问题研究》一书的附录《论区别词》中指出做定语是区别词的必要功能，但并非所有的区别词都能用“非”来表示否定，例如“老牌、另外”都不能加上前缀“非”。而区别词+“的”作为“是”的宾语也不是区别词的主要语法特点，形容词和名词也可以进入这个框架中，例如“他的脚步是轻松的、愉快的”[②]。邢福义指出，语法特征是划分词类、判别词性的根本依据，因而要对语法特征进行横向观察，分清充足条件和非充足条件，同时还指出充当定语只是形容词的非充足条件[③]。“本来”可以做定语修

---

① 高楠：《副词“本来”的多角度考察》，北京语言大学出版社 2009 年版，第 15—16 页。

② 齐沪扬：《现代汉语空间问题研究》，学林出版社 1998 年版，第 203—257 页。

③ 邢福义：《邢福义自选集》，河南教育出版社 1993 年版，第 3—4 页。

饰名词，但其缺少谓词的主要功能，因而不能归为形容词，看作区别词更为恰当。

区别词“本来”做定语修饰名词或名词性短语，表示“原先的、固有的、初始的”。绝大多数情况下都带“的”组成“的”字短语，在句中充当主语或宾语，也有少数不带“的”的情况，如“本来面目、本来模样”。“本来”做定语时对其所修饰的中心语具有一定的限制，结合语料库中的例句，我们对“本来的”后面所接的名词和名词性短语进行了分类：

①“本来”+的+抽象名词/名词性短语

a. 人或事物的特点、状态：

(9) 随着时间的变化发展，有些东西渐渐失去了它们本来的属性。

(10) 让大自然恢复到它本来的样子，是我们每个人的责任。

(11) 骆驼牌香烟的包装上则是“老小伙”的形象——一个骆驼演员，不失本来的憨厚与可爱，又充满了现代气息和活力，是一个人见人爱的家伙。

b. 人的思想情感、观念信仰、态度目的等：

(12) 你们本来的打算不也是如此吗？

(13) 马伯乐本来的那一场高兴，到了现在已经失去了七八分了。

(14) 在易中天先生看来，曹操本来的志向是想做一个“治世之能臣”。

c. 事物的含义、作用等：

(15) 这个词本来的含义远没有我们想象的这么复杂。

(16) 既破坏了当地生态，也破坏了“红色载体”本来的文化内涵。

(17) 因此报纸差不多都少个性，少特性，也逐渐失去了本来的作用。

② 本来+的+具体名词/名词性短语

a. 人的姓名、身体部位、声音、身份、职业、衣物和住所等：

(18) 她父亲本来的职业是老师，后来才决定下海经商。

(19) 她听见这个男子本来的嗓音,想起来了:“你是陶……”

(20) 一走一耸肩,一高提脚踵,为的是显着比本来的身量高大而尊严。

(21) 淑娴什么也顾不得了,穿着本来的衣服,拢着散乱的柔发,慌慌张张地出了大门。

(22) 他长高了,由本来的圆脸变成了瘦长脸,嘴唇上出现了胡子,手上尽是一道道的伤痕。

b. 事物的组成部分、关联成分:

(23) 另外,毕竟爱因斯坦这句名言本来的版权是属于量子论的。

(24) 被火烧过之后,这片树叶本来的纹路依然清晰可见。

c. 其他具体名词:

(25) 墓葬除了本来的墓坑口,外面还有一个长方形的口,整个墓口呈回字形。

(26) 经过这一件事,除本来的外,他又有了心脏病、高血压等。

(27) 偏偏屋漏更遭连夜雨,前面一辆“丰田”尾气管进水抛锚,本来的两条车道变成了一条,车只能一点点慢慢往前蹭。

③ “本来”+的+代词/人名

(28) 我要找到本来的我,真正的我。

(29) 李想不知道应该怎么做,这好像一点也不像本来的他自己了。

(30) 跟她的辩坛形象和主持人形象相比,也许她的文字更接近“本来的姜丰”。(马克《散文化的姜丰》)

(31) 他对亚里士多德学说同样坚信不疑,而且在他看来,真正的、本来的亚里士多德与基督教教义是完全一致的。(《读书》卷一)

通过上述的分类,我们发现在“本来”修饰的中心语中,抽象名词占了大部分,主要是表示人的性格特征、思想情感、观念态度等和表示事物的属性、含义与作用的词语，例如“属性”“想法”“意义”等。人的品性和思想观念等和事物的属性等都是其自身所拥有的、内在性的本质特征。区别词“本来”除了具有表示时间性的特征外，还具有“本质性、固有性”的特征。

有学者认为“本来”做定语时只有在发生改变、前后性状不同的情况下才可以修饰后面的名词①。例如：

(32) 国内有些学者认为佛教传入中国并发展到天台、贤首等宗派后，与印度本来的佛教已大相径庭了。

这里的“佛教”发生了改变，前后形成对比。但通过对语料的查找，我们发现“本来”也可以出现在前后情况没有发生改变的语境中，如下例：

(33) 味道不错哦！是萝卜本来的味道，清香爽口。

(34) 公司辩称，枪杀案中的手枪只是发挥了它本来的作用，公司没有责任。

例(33)中萝卜的味道并没有发生改变，不存在前后两种不一样的味道；同样例(34)中手枪的作用同样没有发生改变，但是都可以用“本来”进行修饰。上述例子中的“本来”与前例中的不一样，不再侧重于强调事物前后的变化，表示“原先的、初始的”之义，而是强调事物“本质的、固有的”特征。

毛雄等人(2008)认为“本来”所修饰的中心语一般是抽象名词，能被“本来”修饰的具体名词只有少部分，它们一般与“本来”前面的定语(人或事物)具有领属关系，且往往是人或事物不可或缺的一部分。因而他们指出“学校、老师、房间”等词不能被“本来”修饰，因为它们并不满足以上的条件，不是人或事物不可或缺的一部分②。但是我们在却在语料库中发现了类似的用法：

(35) 我立即笔挺笔挺地站在我本来的阶级弟兄们面前。

(36) 她们不承认本来的工会，她们现在组织了一个罢工委员会。

---

① 张婧：《“本来”和“原来”的用法比较》，《语言文字应用》2006 年第 A2 期，第 67—69 页。

② 毛雄、李璐、焦华英：《“本来”与“原来”做形容词的用法探讨》，《文教资料》2008 年第 28 期，第 277—278 页。

(37) 很多时候你想去的部门人员已经饱和了,他们更倾向于用自己本来的员工,所以不会接收你。

领属关系是表示客观世界中存在物与物之间领有或隶属的关系。"我的学校/老师/房间"和上述例子中的"阶级弟兄们、工会、员工"都表示领属关系,但都不是"本来"前面的定语(人或事物)的不可或缺的一部分。由此可推测,"学校、老师、房间"等词在特定的语境中同样可以被"本来"修饰。

2.2.2 "$本来_{副词}$"

针对"本来"的副词用法,学界有过不少的研究。吕叔湘(1980)指出"$本来_{副词}$"有两个用法,一是表示时间义,说明过去的情况;二是指合乎道理、理所应该的情况。关于"$本来_{副词}$"这两个义项,学界没有太多的争论,一般认为"$本来_{副词}$"含有上述两个义项。也有部分学者在此基础上区分出"$本来_{副词}$"的第三个义项,侯学超《现代汉语虚词词典》(1998)指出"$本来_{副词}$"还可以表示"向来、一直"之义,例如"我们家本来就我一个,哪里来的哥哥","成绩本来就不好,这一病就更糟糕了"。唐为群(2010)认为"$本来_{副词}$"除了表示时间义和"按道理应该如此"之外,还可以表示事情或情况始终如此,常与"就"连用,加强确认语气。例如,"他本来就是土地的儿子。他出生在这里,在故乡的山水间度过梦一样美妙的童年。"(路遥《人生》)

结合前人的看法和具体语料的分析,我们认为"$本来_{副词}$"主要有三个义项,在这里将其区别为"$本来_1$""$本来_2$""$本来_3$"。下面分别对"$本来_1$""$本来_2$""$本来_3$"的语义特征进行详细说明:

① "$本来_1$"

"$本来_1$"表示某种事物或行为"原先、之前"的状况,在语义上形成前后对比,常出现在复句中,后面的小句常有表示时间的词"现在、后来、这一来"或表示转折的"但是、却、没想到"等表词。

"$本来_1$"所在的复句往往可以表示为"存在 A,因为 B,所以 C"的格式,A 表示事物或现象最开始的情况,B 表示现象或事物变化发展的过程或原因,C 表示变化后的现象或事物。B 是导致 A 变成 C 的原因,A 与 C 在语义上往往构成转折(前后情况相反)或递进(程度加深)的关系,且存在时间上的先后关系。

(38) 本来因为年代久远而弥足珍贵的文物古迹(A)，面对人为和自然的破坏(B)显得更加脆弱(C)。(《人民日报》)

(39) 本来所谓孝廉，一种是孝子，另一种是廉吏(A)，后来规定每郡满二十万户口的只能举一个(B)，如是则孝廉不分(C)。

例(38)中，“弥足珍贵”是文物古迹最开始存在的状态，在“人为和自然的破坏”之后，变成了现在的“更加脆弱”。句中的“本来”和“现在(人为和自然的破坏之后)”形成对比，陈述对象(文物古迹)的程度进一步加深，由“弥足珍贵”变为“更加脆弱”，表示一种递进关系。例(39)中，“孝廉”是陈述对象，本来“孝廉”是“孝子”和“廉吏”，由于后来的规定，变成“孝廉不分”，前后表示的情况正好相反，构成转折关系。

A、B、C 在句中的位置并不固定，

(40) 就像在当初美国一样，一旦国家负债累累，而老百姓又不得不交税的时候(B)，连那些本来不关心政治(A)的公民也不得不关心政府的权力、自己的权利(C)。

(41) 我没去参加这次的聚会(C)，本来是准备去(A)的，但是公司临时有事(B)。

例(40)中 B 在前，起突出强调的作用，强调如果国家负债累累，而老百姓不得不交税会使不关心政治的公民也开始关心起政府的权力和自己的权利来。例(41)表示结果的 C 在前，突出强调结果“没去参加”，后面的成分是对“没去参加”的解释。

有时候 B 并不出现，而是用表示时间或转折的词语来表示前后语义的变化。

(42) 鼓额的脸本来就很红(A)，这时简直就像被胭脂染过(C)。

(43) 他本来就性格内向(A)，现在表现更加突出，害怕与任何人交往(C)。(《中国北漂艺人生存实录》)

(44) 本来他是想推出个新人大赚一笔的(A)，却没想到让他赔了一个底朝天(C)。

(45) 这一来,本来在一般人眼中看得有些迷糊(A)的中国官僚社会阶级关系就似乎因此显出了一个明显的轮廓(C)。

例(42)、例(43)在语义上前后构成顺向递进关系,从“很红”到“像被胭脂染过”,从“内向”到“害怕与任何人交往”,但是句中没有出现B,而是用时间词“这时”和“现在”来表示前后语义的变化,用程度副词“更加”表示情况的进一步加深。例(44)中没有出现变化的过程或原因,而是用“却没想到”来表示转折,使前后语义形成对比。例(45)用带有指示性质的“这一来”复指前文出现的B。

有时候结果C不出现,但可以从前后的语境中可以知道结果C。

(46) 著名的企业吸引优秀的人才。有的企业本来没太大名气(A),但是能够有意识地提升在人力资源市场中的知名度(B)。比如,每年评选最佳雇主品牌时,在“亚洲最佳雇主”的上榜企业中,除了微软之外,经常可能会出现一些没什么公众名气的公司。

上例中虽然没有出现结果C,但从前后的语境中我们也可以推出,有的没太大名气的企业通过有意识提升自己在人力资源市场中的知名度,最终获得了一定的成功。

有时“本来$_1$”只用来说明人或事物原先的情况,并不强调前后的变化对比。如例(47),“本来”只是说明徐教授之前是从事英美文学研究的,且学有所成,并没有强调现在的情况。

(47) 教授本来是从事英美文学研究的,且学有所成。

② “本来$_2$”

“本来$_2$”表示按照事理或情理应该这样,“本来$_2$”后面所接的内容往往是说话者认为应该发生的事情或出现的现象,句中常出现“应、应该、可以”等能愿动词。这一事情或现象可能实际并没有发生,后面的小句或句子中多用“但是、可是”等转折词语表示前后语义的变化;也可能事情已经发生,说话者想进一步表达自己的观点,强调这一事情或现象出现的合理性和必要性，如例(51)。

(48) 本来有了上次的经验，这是不该发生的。

(49) 本来他如果继续这样努力下去，不用多久就可以得到自己想要的东西了，可是他偏偏在关键的时刻放弃了。

(50) 这本来是双方和解的大好时机。但是，第三者的插足使得两人之间的矛盾再次激化。

(51) 人与人之间的相处本来就应该这样，心存感激与宽容。

例(48)中说话者认为这样的事情按道理是不应该发生的，因为有了上次的经验，这次应该避免，但实际上这样的事情还是发生了。例(49)中说话者认定他努力下去必定可以达到目的，但关键时刻他的放弃，导致与说话者预期相反的结果的出现。例(49)、例(50)中都是转折意味较重的复句，前后语义形成对比。例(51)中“这样”指代前文的情况，这是已经发生了的事情，说话者进一步强调这一现象的必要性。

“本来$_2$”主要表示一种语用意义，在句中起加强语气和强调的作用。

(52) 本来学生时代是多读自己感兴趣的课外书、增长多方面知识的时代，但是却为学生提供了五花八门的练习题、测验卷、考试宝典等，教师逼着买，家长主动买，学生不得不买，于是学生的阅读兴趣就被抹杀了。

(53) 学生时代是多读自己感兴趣的课外书、增长多方面知识的时代，但是却为学生提供了五花八门的练习题、测验卷、考试宝典等，教师逼着买，家长主动买，学生不得不买，于是学生的阅读兴趣就被抹杀了。

对比上面两个例句，我们可以发现两句所表达的意思是一致的，但是例(53)去掉“本来”之后，整个句子的强调和转折意味就变弱了。相比之下，例(52)带有更强的主观意味和肯定性，强调了学生时代自己阅读的重要性，为后面做铺垫。“本来$_2$”表示的是一种语用意义，在句子中去掉“本来$_2$”并不会影响对整个句子的理解。

③“本来$_3$”

“本来$_3$”同样也是表示一种语用意义，起肯定和强调某一事物或现象的作用或强调事物一直以来的状况。“本来$_3$”常与“就”连用，后面常接说话者所认定的事实，常用来说明观点或解释原因等。

(54) 文化本来就是传统，不论哪一个社会，绝不会没有传统的。

(55) 其实他本来就这样，他本来就是一个大哥，他本来就是有豹哥的那个气派，他对感情，对女人的感觉也像豹哥跟张曼玉的感觉。

(56) 随你怎么想吧，其实，我本来就是这样的。

“本来$_3$”表示语用意义，去掉“本来$_3$”同样不会对句义的理解产生影响，如例(54)。但是“本来$_3$”必须与“就”连用才能在句中起肯定和强调的作用，去掉“就”，句子的意思也会因此发生改变，原因就在于“就”表示事情早已发生或条件已经具备、事物已经存在，其自身已经具有肯定或强调的作用，如例(55)，“就”与“本来$_3$”连用之后，进一步加强了这一效果。对比以下三个例句，我们可以发现例(59)的肯定和强调意味是最强的。

(57) 有人说世间充满忧悲苦恼，因为婆娑世界是堪忍的世界。

(58) 有人说世间充满忧悲苦恼，因为婆娑世界就是堪忍的世界。

(59) 有人说世间充满忧悲苦恼，因为婆娑世界本来就是堪忍的世界。

“本来$_3$”还可以用来强调事物一直以来的状况，没有发生改变。但这也可以理解为对某一事实的强调，如例(56)，既可以理解为“我一直都是这样”，也可以理解为对“我是这样”这一事实的强调。因为“一直如此，从未改变”表明现在的事实也是如此。

此外，还存在一类“本来$_1$”与“本来$_2$”并存的句子，既表示“原先、起初”的意思，又带有“按照道理应该这样”的语用意义。侯学超《现代汉语虚词词典》(1998)认为这是因为“本来$_1$”是从时间上说的，“本来$_2$”是从事理上说的，两者并不是矛盾对立的关系①。这一类句子与“本来$_1$”的区别就在于，虽

① 侯学超编：《现代汉语虚词词典》，北京大学出版社1998年版，第22—23页。

然两者都表示“原先、起初”之义，但“本来$_1$”后面所接的事物或现象是已经存在或发生的，而这一类句子中“本来”后面所接的是对过去的虚拟假设，并不是实际发生的事情。

如例(60)、例(61)：

(60) 玉儿拿工资，本来可以支持家庭，可是一直闹别扭。

(61) 沙丽如此有钱，她本来可以拥有许多人可望不可及的生活，但她选择了回国，而且带着美好的愿望。

例(60)中玉儿拿工资，因而按照道理她可以用工资来支持家庭，这是对过去情况的假设，但实际上玉儿现在并没有这样做。例(61)中沙丽如此有钱，按理来说她可以过上许多人可望不可及的生活，这是就过去的情况来说，但是现在她并没有过上这样的生活，因为她选择了回国。

2.3 充当“反叙实算子”的“本来”

叙实性是给动词分类的术语，指带一个小句宾语的动词，而说话人预设这个小句表达的命题为真，如说出句子“她知道猫在花园里”，说话人预设猫在花园里。[①] “猫在花园里”这一命题为“叙实性命题”，主句中的动词“知道”为“叙实性动词”。当嵌入主句中的命题无所谓真假时该命题为“非叙实性命题”，主句中的动词为“非叙实性动词”。当嵌入主句中的命题为假时，该命题为“反叙实性命题”，主句中的动词为“反叙实性动词”。曹其升(2008)认为反叙实性的表达一般是小句宾语表达了一个事件或状态，而实际上这一事件或状态并没有发生或并不存在(为假)，是对一个命题内容的真或假进行判断、评价的认知心理活动[②]。他同时还指出除了反叙实性表达语词外，一些语气副词和时间副词等语法成分也可以表达反叙实性语义，使一个表达由叙实性或非叙实性的变为反叙实性的，这类成分被称为“反叙实

---

① 沈家煊：《语言的“主观性”和“主观化”》，《外语教学与研究》2001 年第 33 卷第 4 期，268—275 页。

② 曹其升：《现代汉语中的反叙实范畴》，河南大学 2008 年硕士学位论文，第 3 页。

算子"①。副词"本来"在特定的句法组合或语境中可以用来表示反叙实概念,属于"反叙实算子",下面我们结合具体的例子来对副词"本来"的这一作用进行分析。

本来$_1$属于时间副词,表示事物原先的情况,后面常常有对事物现在情况的进一步说明,或是与原先情况相反(转折关系)如例(63)、例(64),或是在原有的基础上进一步发展(递进关系)如例(62)。但只有表示转折关系的"本来$_1$"句可以产生反叙实语义,且常常与非现实性心理动词或能愿动词连用,如"觉得、认为、打算、以为"等,表示说话者的主观想法或意图。

(62) 北漂的生活压力本来就很大,母亲这一病,彻底击垮了他。

(63) 本来全镇海城就数这里最清静,现在一下子成了最热闹的地方。

(64) 村里本来有38户人家,为了生存,先后有4户抛下了祖宗的坟茔,含泪迁往他乡。

(65) 我本来打算买个玩具飞船给儿子,现在决定省省了。

(66) 我本来认为他是懂我的,爱我的,但是后来才发现,没有谁能够完全了解另外一个人。

例(62)中的"本来"句表示递进关系,这里的"本来"是对某一事物或现象的叙实性描述,强调事物在原有的基础上进一步发展,由生活压力大到彻底被击垮,"本来"后面表述的命题仍然为真,因而不产生反叙实语义。例(63)、例(64)表示转折关系,说明原先的情况发生了改变,现在的情况与原先的情况相反,但"本来"后面所接是过去实际发生的客观事实,不属于反叙实概念的范畴。例(65)、例(66)中"本来"后面表述的内容是说话者或句子主语的主观意图或想法,"打算"和"认为"一般用来表达非叙实性概念,与"本来"连用后表示反叙实性概念。例(65)中"买个玩具飞船给儿子"这一行为并没有发生,例(66)实际上也主观否定了"他是懂我的,爱我的"这一命题的真实性。

---

① 曹其升:《现代汉语中的反叙实范畴》,河南大学2008年硕士学位论文,第27页。

曹其升认为时间副词“本来”的反叙实作用是一种间接的否定，只确认原先对某一问题的某种看法，隐含着现在已不再坚持这一看法的意味①，因而也就主观否定了这一看法的真实性。同理，强调说明说话者原先的意图，也隐含着现在这一意图发生了改变，在现实世界中并没有得到实现。

“本来$_2$”强调事物按照道理应该如此的情况，这种情况通常只存在说话者的想象空间中，在现实世界中并没有发生。

(67) 开完会，看人们都走出去，张嘉庆腾地站起来，拍拍江涛说：“这件工作，本来应该我张飞去，为了照顾你，我张飞就不跟你争了。”

(68) 这种植物本来是很难在这样的条件下存活的，但几天下来，它非但没枯萎，还愈发旺盛。

例(67)中“本来”与表示道义情态的情态动词“应该”连用，表示“按道理应该如此”，“我张飞去”是说话者认为应该出现的情况，但随即他又否定了这一情况，说明事实并非如此。例(68)中说话者根据常理得出来的推论是“这种植物很难在这样的条件下存活”，但“本来”的出现否定了这一推论，说明该命题为假，事实与这一推论正好相反，反叙实语义最终产生。张谊生(2000)认为评注副词在句法上充当高层谓语，可以对整个命题或述题进行评注②。“本来$_2$”作为评注副词，在句中作用于整个句子或所在小句，可以在高层上决定这一句子或小句的真假，因而一个句子中“本来$_2$”的使用在表述一个命题的同时，往往也取消了这一命题的真实性，从而产生反叙实语义。

“本来$_2$”的使用还存在一种情况，即说话者按常理推断出来的事情已经发生，说话者想进一步表达自己的观点，强调这一事情或现象出现的合理性和必要性，如例(69)。

(69) 我从两兄弟的口中所得知的描述让我认出了她。我本来就应该可以认出来，她和雷斯林两人特别地相像。

例(69)中，“我认出她”是已经发生了的事情，属于客观事实，“我本来就

---

① 曹其升：《现代汉语中的反叙实范畴》，河南大学2008年硕士学位论文，第32页。

② 张谊生：《现代汉语副词研究》，学林出版社2000年版，第54页。

应该可以认出"只是对这一事件合理性的强调,因而这里的"本来"句不能产生反叙实语义。

本来$_3$强调说话者认定的事实,或事物一直以来的状况,常与"表事情早已发生或条件已经具备、事物已经存在"的副词"就"连用。

(70) 她当然学了不少,何况她的老师,本来就是尚先生的门生。

(71) 这两家本来就是至交,现在结成了亲家也没有什么好奇怪的。

例(70)和例(71)中"本来"的作用都是对事实的强调,是实际发生的事情,所表述的命题均为真,因而不能产生反叙实语义。

综上所述,我们发现在副词"本来"的三种用法中,"本来$_1$"和"本来$_2$"均可以充当"反叙实算子",使某一表达由叙实性的或非叙实性的变为反叙实性的,但对于句法和语境有一定的要求。"本来$_1$"充当"反叙实算子"只能出现在表示转折关系的句子中,且常常与非现实性心理动词或能愿动词连用。"本来$_2$"充当"反叙实算子"则对前后的语境有一定的要求。"本来$_3$"由于常与副词"就"连用,强调某一存在的事实,因而不具备产生反叙实语义的条件。

2.4 "本来"的历时发展

"本来"在历史上有过名词的用法。"本来"的名词用法多见于佛教经典中,用来翻译佛教用语,最早出现于东汉时期。例如:

(72) 第三十法。自证慧不复学。从本来。亦往生。尔无所应除。是为行者三十法。(《长阿含十报法经卷上》)

(73) 体解无物,本来寂静,通达无涯,净秽无二,故名真智。(六朝《宝藏论》)

结合佛学词典对"本来"的释义:谓无物之始。犹如无始以来。摄大乘论释卷五(大三一·三四四上):'自性清静者,谓此自性本来清静,即是真如自性。'法华经卷一(大九·八中):'诸法从本来,常自寂灭相。'可知,"本来”在佛经中主要有“本性、本真”之义。

“本来”在佛经中用作名词，除了有表示物体义“本性、本真”的用法之外，还可以表示“无物之始”的含义，表时间义。例如：

(74) 此教说一切众生皆有空寂真心，无始本来性自清净。(唐《禅源诠序》)

(75) 若知心本来不生不灭。究竟清净。即是净佛国土。更不须向西方。(唐《楞伽师资》)

这一时间义后来逐渐泛化，由表示佛经中的“无物之始”引申到其他事物上，表示“原先、起初”的意思，如下例：

(76) 僧云：和尚为先师设斋，还肯先师也无。师曰：半肯半不肯。云，为甚么不全肯？师曰：若全肯，即孤负先师也。问：欲见和尚本来师，如何得见？(唐《筠州洞山悟本禅师语录》)

(77) 右某昨日见衙前兵马使旷师礼奉传处分，特赐慰问，兼许奏荐，令自修状本来者，俯惭蓬迹，仰听兰言，喜而身轻欲飞，兢惶而心战难遏。(唐《唐文拾遗》)

“本来”作名词，表示“原先、起初”之义，常作定语放在其他名词前面，构成名词性短语，如上例中的“本来师”“本来者”。陈昌来(2013)认为“本来”的区别词用法就是由此发展而来的。

朱新军的《“本来”的语法化》一文对“本来”一词的词性及词义进行了共时层面和历时层面的考察，认为在历时层面上，“本来”最早出现在六朝时期的佛教经典中，属于物体名词，表示“本真、自性、真相”之义，而后从物体名词发展到时间名词，再到现代汉语中的语气副词，经历了一个典型的语法化过程。这一观点此后也被不少学者认同采用①。

高楠(2009)对这一观点提出了不同的看法，认为“本来”最早是物体名

---

① 参见邵演艳：《“原来”与“本来”的多角度辨析》，上海师范大学2013硕士学位论文，第11—14页。唐念念：《汉语“本”的语义与语法发展及关系》，重庆师范大学2017硕士学位论文，第31—34页。

词这一观点缺乏确切的证据。“本来”由“本”发展而来,而“本”在“本来”出现之前的三国时期就已经发展出了表示过去时间的意义,“本来”的时间义也有可能是承接“本”的含义。因此“本来”是否是由物体名词演变为时间名词还不能确切断定①。

根据对语料库的检索结果来看,“本来”一词在三国时期就已经出现:

(78)“事本来台郎统之,令史不行知也。”(三国魏曹操《选举令》)

《汉语大词典》中对“本来”的释义也引用了这一例句:“副词,本来,原来。三国魏曹操的《选举令》:‘事本来台郎统之,令史不行知也。’”陈昌来(2013)也认为这里“本来”为副词用法,在句中充当状语,他还认为“本来”最早为副词用法,承接了“本”的部分功能②。

“本来”的这一类似用法也出现在唐朝时期:

(79)其观本来破落,令修造严丽,天子频驾幸。向后驾幸左徒与唐观,是道士观,又赐千疋,特令修造,铜铸圣容。(唐《入唐求法巡礼行记》)

(80)唐国僧尼本来贫,天下僧尽令还俗,乍作俗形,无衣可着,无物可吃,艰穷至甚,冻饿不彻,便入乡村劫夺人物,触处甚多。(唐《入唐求法巡礼行记》)

上述两例中的“本来”与例(78)中的“本来”都是出现在主语和谓语之间的位置,与现代汉语中的副词“本来”具有同样的句法位置。但是不是可以由此认为上述例子中的“本来”属于副词呢?

刘东敏(2008)认为例(79)中的“本来”属于名词,与表示事物的名词“其观”同时出现,不再独立充当句子的主语,而是复指前面的名词“其观”,表示其外观原先的面貌。在这里,我们采用刘东敏的看法,认为例(78)、例(79)、例(80)中的“本来”都属于名词,复指前面的名词,常出现在主语和谓

---

① 高楠:《副词“本来”的多角度考察》,北京语言大学2009年硕士学位论文,第12—14页。

② 陈昌来:《“近来”类双音时间词演化的系统性及其相关问题》,《上海师范大学学报(哲学社会科学版)》2013年第5期,第99—110页。

语之间的位置，为“本来”由名词义进一步虚化为副词义奠定了基础①。

到宋朝时期，“本来”的副词义进一步发展，“本来”的句法位置也发生了变化，开始出现在主语之前即句首。

(81) 本来诸先生之意，初不体认得，只各人挑载得些去，自做一家说话，本不曾得诸先生之心。(北宋《朱子语类》)

(82) 本来唐时四脚软巾，只人主后面二带用物事穿得横，臣下不敢用。后藩镇之徒僭窃用，今则朝廷一例如此。(北宋《朱子语类》)

(83) 阿胡云：“已是野狐，本来学术。今无术可学，义不得留。”(北宋《太平广记》)

上述三例中的“本来”处在主语之前，表示事物原先的情况，属于时间副词。例(82)和例(83)除说明事物原先的情况之外，还与现在的情况对照，突出事物先后的变化发展。

到明清时期，“本来”的副词用法更加灵活，前后分句之间的联系也更加紧密。

(84) 木器等类，我离京时，已当面允许全部交给寄云，现在就全部交他，不可分散，因木器本来就少，一分就更少了，送他一人，还是一个人情，锡器、瓷器，也交给他。(清《曾国藩家书》)

(85) 今天早起，我本来专诚来回候你；不料到得此地，遇了一个敝友，有点为难的事，就代他调排了一天，方才停当。(清《二十年目睹之怪现状》)

例(84)中“本来”引导的分句与后面的小句形成递进关系，表示事物在原有的基础上进一步发展。例(85)中“不料到”属于意外连接成分，前后分句形成转折关系，表示情况发生了变化。

这一时期也出现了一些不能单纯用时间义“原先，起初”进行解释的用法，如例(86)、例(87)。这里的“本来”应该理解为“按道理应该如此”，属于

① 刘东敏：《“本X”类副词的语法化机制》，广西师范大学2011年硕士学位论文，第8—9页。

语气副词。

(86) 藩台不知怎样,知道他两个的底细,以为姓赵的所犯的罪,本来该杀,然而姓朱的是他至交,不应该出他的首。(清《二十年目睹之怪现状》)

(87) 彩云恃着自己在夏雅丽处学得几句德语,便撒娇撒痴要去觐见。雯青道:"这是容易,公使夫人本来应该觐见的。不过我中国妇女素来守礼,不愿跟他们学。"(清《孽海花》)

(88) 等到出生,竟是一男孩,纳雅卿为妾的事被搁下来。雅卿终日愁郁,向隅而泣说:"他有才,本来可以无我。我又将托付给谁呢?"(民国《古今情海》)

(89) 这种请求,本来可以立刻驳回的,不料这位颜老先生,也并不考量,爽爽快快的便转达财部。(民国《民国演义》)

"本来"语义副词的用法在民国时期更为常见,一直延续到现代汉语中。从历时的角度来看,"本来"由名词发展为时间副词,再到语气副词,语法化程度逐步加深。

第三章 "本来$_{副词}$"的句法特征和句类分布

前面已经对区别词"本来"做定语的用法以及其他词类的组合进行了分析。下文主要针对副词"本来"的句法位置、句法组合和句类分布进行具体的分析。

3.1 "本来$_{副词}$"的句法位置

屈承熹(2005)指出汉语的副词在句子中的位置一般有两个,一个是句首,另一个是在主语和动词之间。单音节副词一般只能出现在主语和动词之间,多音节副词在两个位置都可以出现①。处在不同位置的副词不会有太

① 屈承熹:《汉语副词的篇章功能》,《语言教学与研究》1991 年第 2 期,第 64—78 页。

大的语义区别，但其语法功能却会因此而发生改变。句首的副词主要用来将本句和前面的句子进行连接，而主语和动词之间的副词连接功能相对弱一些。“本来”属于多音节副词，既可以出现在句首，也可以出现在主语和动词之间。

(90) 本来这个事我是不应该插手的，但我实在是看不下去了。

(91) 本来，在母亲的眼里，他还只是个没有长大的孩子。如今看着自己儿子有条不紊地处理着所有的事务，母亲不得不对儿子刮目相看了。

(92) 有人认出来，这两人本来是孤竹国国王的两个儿子，哥哥叫伯夷，弟弟叫叔齐。

“本来”在句中位置的变化往往会引起句子主观性的增强或减弱以及其辖域的扩大或减小。“本来”位于句首，即主语前面时，侧重表达的是说话者对某一事物或现象的陈述或主观评价，主观性较强，此时“本来”管辖的是其后的整个小句。而当“本来”位于主语和动词之间时，主要用来说明主语的情况，主观性减弱，管辖的范围也由其后的整个小句缩小成主语后面的部分。

(93) 本来杂志社规定一三六上班，可我愿意每天都来这里。

(94) 杂志社本来规定一三六上班，后来又改为二四六上班。

例(93)中“本来”位于句首，表达的是说话人“我”对之前情况的陈述，即杂志社规定一三六上班，因此“我”只要一三六来这里，但是“我”愿意每天都来这里。例(94)中“本来”位于主语“杂志社”之后，侧重说明杂志社的情况，之前是“规定一三六上班”，后来又变成“二四六上班”，前后形成对比。

根据张谊生(2000)对副词的分类，“本来”属于评注性副词，主要用来对相关命题或述题进行主观评注，在句法上充当高层谓语，在句子中的位置也比较灵活。就评注辖域的限制来说，“本来”既可以是全幅评注，即对整个命题进行评注，如上面的例(93)，整个句子连同话题都是新信息；也可以是半幅评注，如上面的例(94)，只有述题是新信息，话题是旧信息。

3.2 “本来$_{副词}$”的句法组合

3.2.1 “本来$_{副词}$”+形容词/形容词短语

(95) 好在他们的生活本来$_1$简单，摆摆地摊，变卖所有的衣物，再做些零碎的小食生意，尽管物价每天每天在那儿高涨，倒也可以勉强应付。

(96) 天一亮他们就前进，安诺德那匹大种马的蹄印很容易找到，因为地面本来$_1$泥泞，好一阵不下雨，蹄印都凝固了。

(97) 爱母亲本来$_2$很平常，但是盲目的爱，就不敢恭维了。

(98) 美国人和英国人比本地人还多。不过戛纳当地人本来$_3$就少，听说这里就连很多警察也是从科西嘉进口的。

“本来$_1$”“本来$_2$”“本来$_3$”都可以直接或间接修饰形容词，表示事物的某种状态。既可以修饰性质形容词，如“简单”“平常”“少”，也可以修饰状态形容词，如“泥泞”。

3.2.2 “本来$_{副词}$”+动词/动词短语

① 与能愿动词共现

“本来$_1$”后面可以接表示意愿的能愿动词，如“要”“想”“打算”等；“本来$_2$”后面常接表示可能、必要的能愿动词，如“可以”“应该”“应当”“应”等；“本来$_3$”必须与“就”连用，后面才能接能愿动词。

(99) 今年春节，这对新婚夫妻本来$_1$要回到老家探亲访友，但却因为一件小事吵得不可开交，回老家的事也不了了之。

(100) 钱歌川本来$_1$想做文学家，可是他说做文学家要先通语文才行，所以必须先做语文学家，于是他开始研究英文，做了文法学家。

(101) 这些棚圈本来$_2$可以抵挡这场暴风雪，但由于棚圈不结实，在暴风雪中倒塌，圈内的185只羊没有一个跑出来，全部被雪压死。

(102) 在这个本来$_2$应该穿毛衣的季节，人们敢于穿起丝质、纱质的夸张礼服，说明中国人在审美观念上发生了新变化。

(103) 这并不是种很玄妙的说法。速度、方法、时间本来$_3$就可以使一件物体的力量改变。

例(99)、例(100)中,“本来$_1$”与表示意愿的能愿动词“要”“想”连用,表示主语之前的意愿或想法,这种意愿或想法后来发生了变化。例(101)、例(102)中“本来$_2$”后面接表示可能、必要的能愿动词“可以”和“应该”,表示说话者对某一事物或现象的看法或态度,认为某事物或某行为应该或有条件出现或发生,但实际却没有。例(103)中,“本来$_3$”和“就”连用再加上能愿动词“可以”,表示事物存在或具有某一性状或能力,如果去掉“就”,句子的意思就会发生变化。

② 与其他副词共现

“本来$_{副词}$”与其他副词共现,一般出现在其他副词前面,这是因为“本来$_{副词}$”的主要作用是对整个命题或述题进行评注,而不是与其他副词一样充当该命题或述题内部的限制性或修饰性成分①。

A. “本来$_{副词}$”+时间副词

“本来$_1$”表示事物原先的、初始的状况,常与时间副词共现,例如表示进行时的“在”“正在”等,以及表示完成时的“已经”“已”,还有“早”“老早”“还”等。“本来$_2$”和“本来$_3$”与时间副词共现的情况则相对较少。

(104) 周南本来$_1$正在教室里看书,听到外面的哭声和叫喊声,立刻放下书跑了出去。

(105) 妻子毫无节制的消费,给这个本来$_1$早已入不敷出的家庭增加了更为沉重的负担。

(106) 本来$_2$早该去找你联系,可是咱这区这一阵子情况很紧,我到远处去了些天,所以没顾得去找你。

(107) 我还以为你已经毕业了,看来是我记错了——我本来$_3$就已经毕业了啊!

例(104)、例(105)中本来$_1$加上时间副词“正在”“早已”,是对过去状态的描述。例(106)中本来$_2$加上“早”,强调在过去按照道理应该发生的事。例(107)中“我本来就已经毕业了啊”是对既存事实的肯定,以解决前面说话

① 张谊生:《现代汉语副词研究》,学林出版社2000年版,第54页。

者的疑惑。

B. “本来$_{副词}$”+“就”

(108) 三“忧”农业资金本来$_1$就不多，现在又大量外流。

(109) 如此幽深的古巷、水乡本来$_2$就该是一方潮湿安静的净土，独自抑或少少的人也同样带着潮湿的心境才能真正融入其中，才能与之对晤。

(110) 人本来$_3$就是会享受的动物，她也不是木头疙瘩，不久她就想开了，大把大把的钞票甩出去，毫不心疼。

“本来$_1$”“本来$_2$”和“本来$_3$”都可以和副词“就”连用，“就”表示事情早已发生或条件已经具备、事物已经存在。章敏(2016)认为以事物本来的性状为参照物，“本来”句具有三种可能的语义关系：正向关系(递进)、零向关系、反向关系(转折)①。“本来”和“就”连用的情况只能出现在正向关系和零向关系中，而不能出现在反向关系中。原因在于“就”具有肯定或强调某一事物或行为的作用，正向关系表示现时的情况在原有的基础上进一步加深，零向关系强调的是说话者所认定的事实，不存在反事实语义关系。只有反向关系表示现时的情况在原有的基础上出现转折，与原来的情况或预期相反，构成“反事实语义”，与“肯定或强调某一事物或行为”的作用相悖。因此，在反向关系句中，“本来”不能与“就”连用。例(108)中“本来$_1$”与“就”连用表示递进关系，先是肯定原来的“不多”，然后强调在此基础上的“大量外流”，程度进一步加深。例(109)和例(110)都表示一种零向关系，例(109)强调说话者认定的事物该有的状态，例(110)强调说话者所认定的事实。

C. “本来$_{副词}$”+“是”

“本来$_{副词}$”与“是”连用有两种情况，一种是判断动词“是”，不可以省略，一种是副词“是”，可以省略。

(111) 他本来是澳大利亚人，前几年加入美国国籍，现在是双重

① 章敏：《“本来”反事实句与情态共现问题研究》，《新疆大学学报(哲学·人文社会科学版)》2016年第1期，第129—135页。

国籍。

(112) 这钱本来是放在我兜里，可在车上总担心遇到坏人，越想越怕。

(113) 我们之间本来是素昧平生，他却像突然见到了多年的老友似的，热情地把手伸给了我，接着自我介绍说："你好！我叫佐佐木……"

例(111)中的"是"为判断动词，后面接的是体词性成分，在句中作谓语，不能省略。例(112)和例(113)中的"是"为副词，起强调的作用，后面接的是谓词性成分，可以省略且不影响句意。"本来$_{\text{副词}}$"与副词"是"连用，强调的语气进一步加强。

D. "本来$_{\text{副词}}$"+"也"

(114) 这本来也不该是我问的事。不过我倒有另外一句话想问问大人。

(115) 我本来也不存心想要分手，不过是想借这个机会试探一下他，看他是不是真的爱我。

(116) 科海的创业者都是科研人员，他们本来也不屑于商道，并非出于先知先觉，实在是固守"红娘"之职在当时已无法生存。

副词"也"可以和"本来$_1$""本来$_2$"连用，表示委婉语气。例(114)中"本来"与表必要的能愿动词连用，强调按照道理不应该这样做，加上"也"之后，使整个句子的语气更加委婉，以引出下文。例(115)和例(116)都是为了说明某一事件的缘由，加上"也"之后，语气更为委婉。

③ 与动态助词共现

(117) 顾眉本来$_1$眯缝着眼，嘴角漾着笑影，一见他这样，眼睛顿时睁圆了。(刘斯奋《白门柳》)

(118) 她本来$_1$约定了梅双修的，在四围座上一望，不见她的影子，预料梅双修没来，就在身边的椅子上坐下了。(张恨水《春明外史》)

(119) 去年爹本来$_1$说过要我到你们这儿搭馆读书，后来他看见我身体不好，也不提了。(巴金《秋》)

（120）这位同学本来$_1$做过一任陆军次长，他的出来留学，也是有文章在里面的。（郁达夫《空虚》）

“本来$_1$”表时间义，说明事物之前的状况，可以与动态助词“着”“了”“过”共现。例（117）中“眯缝着眼”是顾梅过去一直保持的状态，后来见他这样，这一状态发生变化，眼睛由“眯缝着”到“顿时睁圆”。例（118）中，“本来约定了”是过去完成的动作，说明后面的情况发生了变化，结果是梅双修没来。例（119）、例（120）中，“过”用在动词“说”和“做”的后面，表示动作的完成，例（119）中“本来说过”强调这一动作在过去曾经发生过。例（120）中“本来做过”说明现在没有做了，这一动作在过去就已经完成。

3.2.3 “本来$_{副词}$”+语气词

“本来$_1$”“本来$_2$”“本来$_3$”都可以与语气词，例如“嘛”“吗”“么”“呢”等连用，多出现在口语中。

（121）本来$_2$嘛，大家在一块喝上两盅，图的是个痛快，如果喝酒成了负担，变成了受罪，就太没意思了。

（122）本来$_3$嘛，历史就是这样，像一团充满了各种回音的黑暗。

（123）本来$_1$么，这五十两金子并不算啥，现在可不同了，我们田地房产叫泥腿子分了，手头很拮据，拉的饥荒不少，不得不向你提……

（124）本来$_2$么，这么小的孩子知道什么，你也不要太放在心上。

（125）本来$_2$呢，做儿子的不该和老的论长短，不论咋说，总是老的有理，小的无理。

语气词在句中主要起强调和提顿的作用。“本来$_2$”与语气词连用的情况出现更多，表示按道理应该这样，与语气词连用放于句首，使得语气更加强烈。

3.3 “本来$_{副词}$”的句类分布

通过对例句的分析，我们发现，“本来$_{副词}$”一般出现在陈述句中，也出现在疑问句和感叹句中，但是不出现在祈使句中。

3.3.1 在陈述句中

陈述句一般用来叙述说明某一事物或事实以及表达说话者相关的态

度。“本来$_1$”主要用来说明事物原先的情况；“本来$_2$”表示事情按理来说应该如此；“本来$_3$”强调说明说话者认定的事实，都符合陈述句要求的语言环境，所以都可以出现在陈述句中。

(126) 养犬本来$_1$就是一种非必需的额外消费。

(127) 本来$_2$这次拍卖能拍个皆大欢喜的，只是因为一个小小的“故障”而失之交臂。

(128) 她本来$_3$就是这样一个心直口快的人，你别太把她的话放在心上。

3.3.2 在疑问句中

从句法结构上来看，疑问句可以分为是非问句、选择问句、特指问句和正反问句四类。通过对语料的分析，我们发现副词“本来”主要出现在是非问句、正反问句中，只有表示时间义的“本来$_1$”可以出现在特指问句和选择问句中。

(129) 你本来$_1$打算干什么？（特指问句）

(130) 他本来$_1$是想去跑步，还是游泳？（选择问句）

(131) 你本来$_3$就喜欢画画吗？（是非问句）

(132) 如果没有发生那件事，你是不是本来$_2$可以继续留在那家公司呢？（正反问句）

(133) 机器业本来$_3$不是还不错吗？怎么也有这些问题，这可不是一件小事呀！（反诘句）

(134) “可以庆祝，他们以后就不生了呀！”儿子老气横秋地说，“百山跟妈妈本来$_1$不也是两个陌生人吗？”（反诘句）

“本来$_1$”表示时间义，可以用于上述四类疑问句中。本来$_2$和本来$_3$表示一种语用意义，主要用来强调某一事物，表达一种确定性的判断，而特指问句和选择问句表达的是一种不确定性，“本来$_2$”和“本来$_3$”与特指问和选择问的语言环境相矛盾因此一般不出现在这两类疑问句中。通过观察语料我们还发现，“本来$_{副词}$”也可以出现在无疑问度的反诘句中，如例(133)和例

(134)都是以疑问的句式表示肯定的意思。

3.3.3 在感叹句中

感叹句带有强烈的感情色彩,常用于抒发情感和表达言者的态度和感受。“本来$_1$”“本来$_2$”“本来$_3$”都可以出现在感叹句中,其中“本来$_3$”出现的频率最高。“本来$_3$”用来强调说话者主观认定的事实,多用来肯定或强调说话者的观点,带有较强的主观性,与语气词连用,带有强烈的情感。

(135) 这本来$_3$就是真话啊!

(136) 陈大娘赶紧拉住希尧的手说:“孩子,你这是说的哪里话,能让村上的娃子遂心如愿地念上去,本来$_3$就是大妈的想头啊!”

(137) 二虎心里觉得也很委屈,自己本来$_2$也是好心啊!

(138) 我们本来$_1$有一个多么好的家呀! 什么都不缺。可你喝上酒就什么都忘了,毁了家,害了社会!

“本来$_{副词}$”不能出现在祈使句中,祈使句表祈使语气,常用来要求别人做什么或不做什么,表达说话者对听话者的叮嘱、请求、劝告或命令等。“本来$_{副词}$”所表示的意义与祈使句所要求的语言环境不符合,因而不能出现在祈使句中。

第四章 “本来$_{副词}$”的篇章作用和语用功能

4.1 篇章作用

“篇章”又称“语篇”,黄国文(1988)认为语篇通常指一系列连续的话段或句子构成的语言整体①。廖秋忠(1992)将“篇章”定义为一次交际过程中使用的完整的语言体。篇章一般大于一个句子的长度,涉及说话人/作者(潜在的)听话人/读者,包括对话和独白,书面语和口语②。意义和功能的连贯是篇章的基本要素之一。“本来$_{副词}$”在篇章中可以衔接不同的语言单

---

① 黄国文编著:《语篇分析概要》,湖南教育出版社 1988 年版,第 7—8 页。

② 廖秋忠著:《廖秋忠文集》,北京语言学院出版社 1992 年版,第 62—90 页。

位,具有较强的篇章衔接功能。"本来"的语义和句法特征决定了"本来"在篇章中所起的作用。

4.1.1 "本来$_{副词}$"在篇章中所衔接的语言单位

① 关联前后分句组成复句

(139) 本来记者想了几个问题准备采访她,见申纪兰滔滔不绝,就不再忍心打断她。

(140) 他愁眉苦脸,本来,他整天没什么挂心的事,可最近为自己的年纪,担起心事来了。

"本来"关联前后分句组成复句,既可以位于前一分句的句首,也可以位于两个分句中间用逗号单独隔开。

② 关联前后句子组成句群

(141) 一七九三年九月十四日,一个英国使团来到避暑山庄,乾隆以盛宴欢迎,还在山庄的万树园内以大型歌舞和焰火晚会招待,避暑山庄一片热闹。英方的目的是希望乾隆同意他们派使臣常驻北京,在北京设立洋行,希望中国开放贸易口岸,在广州附近拨一些地方让英商居住,又希望英国货物在广州至澳门的内河流通时能获免税和减税的优惠。本来,这是可以谈判的事,但对于居住在避暑山庄,一生喜欢用武力炫耀华夏威仪的乾隆来说,却不存在任何谈判的可能。(余秋雨《摩挲大地》)

例(141)中"本来"处于句首,用逗号隔开,关联前面的句子组成句群。前面的句子说明事件的情况,即英方希望中国开放贸易口岸,获取更多的优惠,后面的句子用"本来"表示事情理所应当的情况(可以谈判),从而与"但"后面的实际情况(不存在任何谈判的可能)形成对比。

③ 衔接前后段落组成篇章

(142) 可渐渐地,踌躇满志的童家明发现有些事情不太对劲——正如当初李斯特预见的那样,童家明现在遇到的最大的麻烦,就是在说服各业务部门配合这个关键环节上。眼看着几个总监都是干打雷不下雨，特别是主力TONY林，压根儿不买账，没一点真正愿意配合的架势，好比一个人连镰刀都不准备，你能信他真会给你割稻子么？童家明自己一个人蹿上跳下，有再好的创意也白搭。

本来，童家明并不想和曲络绎提起自己的难处，他不愿轻易得罪那些业务总监，更主要的是担心曲络绎觉得他这么点事情都办不好。

可童家明又想到当初曲络绎在第一次经理会上就立下的规矩：下属遇到任何困难都可以和他谈，但不要到最后一刻才让他SURPRISE（惊讶）——这个项目本来时间上就很紧张了，实在拖不起。童家明在TONY林那里碰了几次软钉子后，为难了两天，不敢造次，还是硬着头皮找曲络绎谈了一次。（《杜拉拉升职记》）

例(142)中，首段说明背景信息，即童家明遇到了大麻烦。“本来”引导的段落呼应前一段落，同时又与后一段落形成对比。

综上可知，“本来$_{副词}$”在篇章中衔接的语言单位具有多样性，既可以衔接分句，也可以衔接句子和段落，具有较强的篇章衔接功能，在衔接句子和段落时往往位于句首用逗号单独隔开。

4.1.2 “本来$_{副词}$”的篇章衔接功能

张谊生(1996)认为从篇章的构成来看，一个连贯的篇章必须具有一定数量的衔接成分，句与段的排列应该符合逻辑，句与句在语义上必须具有内在的联系。能够充当衔接成分的除连词、代词、插入语等以外，还包括一部分副词①。原苏荣、陆建非(2011)也指出副词性关联词语的篇章衔接功能是实现语篇成为意义连贯的整体的重要手段之一②。关于“衔接”，韩礼德和哈桑认为“衔接是一个语义概念，是语言系统中语篇组织成分的一部分，是把结构上没有关系的成分相互连接起来的手段”③。“衔接”与“连接”不是同一概念，“连接”是篇章衔接的一种手段。“连接”表示一种只能通过参照篇

① 张谊生：《副词的篇章连接功能》，《语言研究》1996年第1期，第130—140页。

② 原苏荣著：《汉英副词性关联词语比较研究》，上海三联书店2013年版，第59—100页。

③ 转引自张玮：《“固然”的语义分析及篇章功能》，上海师范大学2011年硕士学位论文，第42—43页。

章其他部分才能完全理解语篇的关系，常通过连词、副词性关联词语来实现。

廖秋忠（1992）以"功能为主，位置为辅"的标准来划分篇章连接成分，分为时间关系连接成分和逻辑关系连接成分两大类，认为"本来"可充当以前时间连接成分，通常用于事件的描写顺序与事件发生先后顺序相反的情况里。张谊生（2000）认为副词在篇章连接过程中的功能主要有六种：表顺序、表追加、表推论、表解说、表转折、表条件。原苏荣（2013）则进一步细分，认为汉语副词性关联词语在篇章中的衔接功能可以表示为以下几种：时顺、断言、解释、转折、条件、加合、结果等。

"本来$_{\text{副词}}$"在句子中的位置十分灵活，既能位于句首，也可以位于句中；既可以衔接分句，也可以衔接句子和段落。本文结合廖秋忠、张谊生和原苏荣关于副词篇章衔接功能的研究，对副词"本来"的篇章衔接功能进行分析。

① 表先时顺序

顺序义以时间关系为基础，反映相关事件在开放或封闭的时间序列中的位置。根据事件在时间坐标上的先后起止，可以分为：先时顺序、后时顺序、起始顺序、终止顺序四个方面。为了强调和对比，往往会使用表示先时的副词[①]。"本来$_1$"表示时间，指之前的某一时期，蕴含着"现在情况不一样了"的意思，后面的小句常带有表示现在时间或表转折性的词语，前后句意存在对照性和转折性。

(143) 本来有点黄萎的，现在变青了。本来是青的，现在更青了。

(144) 你们楚国本来每年向天子进贡包茅（用来滤酒的一种青茅），为什么现在不进贡呢？

(145) 东道主山西队本来派出两个队，但是由于昨天山西队的李敏旧伤发作，山西一队被提前淘汰。

例（143）中连用两个"本来"表示事物前后的变化，之前是黄萎的，现在变成青的；之前是青的，现在变得更青。例（144）中用"本来"强调之前的情

① 张谊生：《副词的篇章连接功能》，《语言研究》1996年第1期，第130—140页。

况,之前楚国每年会向天子进贡包茅,但是现在却没有进贡了,情况发生了变化。例(145)中用转折词“但是”来表示前后情况的变化,一开始派出的是两个队,因为昨天山西一队被提前淘汰,所以现在只剩下一队了。

② 表解说

表解说是指通过分析和推理,对前面的情形和陈述以不同的方式进行解释和说明。根据说话人或作者对前面情况的不同认识和态度,可以分为否定性解说、确认性解说、补证性解说三种①。张谊生(1996)认为副词“本来”具有补证性解说的功能。

(146) 文化工业也混淆了经典艺术与现实之间的距离,使大众的欣赏品位降低,对现实的感知越来越迟钝。本来,在古典文化与现实生活之间是保持了一定的距离和张力的,而大众传播媒介无所不在的渗透,使这种距离消失了。

(147) 他们对近几年家乡发生的巨大变化表示由衷的赞赏,同时对回来的不便表示深深的遗憾。本来,高雄离南澳并不远,但是他们回来时,必须先绕道距离远一倍的香港,再换乘飞机,才能回到南澳。

(148) 古人早就说过:写文章“惟陈言之务去”,“陈言”者,即那些别人已经说了无数遍的陈词滥调,也就是废话。本来,开会讲话,汇报工作,写文章,最重要的是言之有物,立意新颖,给人启发,促人感悟,从而引导人们去认识日新月异的新形势,采取新举措,完成新任务,促进新发展。

例(146)中的“本来”属于“本来$_1$”,表示事物之前的状态,以前“在古典文化和现实生活之间保持了一定的距离和张力”,但是当大众传播媒介渗透之后,这种距离消失了,这是对前一句话(文化工业也混淆了经典艺术与现实之间的距离)的进一步解说。例(147)中的“本来”是“本来$_2$”,“本来”后面的内容是对“回来的不便”情况的说明。按常理来说,高雄离南澳不远,在两地之间来回应该很方便,可事实正好相反。例(148)先指出了古人写文章“惟陈言之务去”的观点,下文是作者对这一观点的解释说明。“本来”一词

① 张谊生:《副词的篇章连接功能》,《语言研究》1996年第1期,第130—140页。

放在句首，用逗号隔开，既表达了作者对这一观点的认同，同时又引出作者自己的观点。

4.2 语用功能

4.2.1 “主观性”表达功能

“主观性”指的是说话人在话语中所带有的“自我”表现成分。也就是说，说话人在说出一段话的同时也表明了自己对这段话的立场、态度和情感（Lyons，1977）。评注性副词的主要功能是在句法上充当高层谓语对相关命题或述题进行主观评注。“本来$_2$”和“本来$_3$”在句中都表示的是一种语用意义，“本来$_2$”表明说话者的立场，强调事物按照道理或情理来说应该这样；“本来$_3$”强调说话者主观认定的事实，都具有“主观性”的表达功能。

(149) 这本来是市场经济寻常事，与技术本身无关，但企业却以技术不成熟为由起诉到法院，要求研究所赔偿 10 万元。

(150) 陆小凤沉吟着，道：“我也不知道自己是怎么看出来的，我只不过觉得，有几个人本来不该死的，却不明不白的死了。”

(151) “这本来就是天经地义的事情，男人不就应该送女人东西嘛。”

(152) 其实这次谈判本来就是一个形式。不管你去不去，说什么，做什么，都不会改变最终的结果。

例(149)和例(150)中的“本来”都属于“本来$_2$”，表明了说话者的立场。例(149)中说话者认为这按理来说是市场经济中常见的事，与技术无关，因此企业不应该以此为由起诉到法院要求赔偿。例(150)中陆小凤表明自己的观点，认为有几个人是不应该死的。例(151)和例(12)中的“本来”属于“本来$_3$”，强调说话者认定的事实。例(151)中说话者认为男人送女人东西就是天经地义的事情，加上“本来”之后，在表达自己看法的基础上，进一步强调了自己看法的正确性。例(152)表达了说话者的观点，即这次谈判是一个形式，加上“本来”，进一步肯定了这一观点。

4.2.2 指明预设功能

预设也叫前提，是说话者没有明说但隐含在话语背后的一种假设，是句子成立的先决条件。预设有语义预设和语用预设之分,语义预设着眼于命题之间的关系以及真值条件的照应关系,是语言内部语义关系的一种本质属性;语用预设是能使言语行为成立或实现的前提条件,是在言语交际活动因素的干预下产生的预设①。本文主要从语用层面来讨论预设,认为"本来副词"具有一定的预设功能。前面提到"本来^{1}"和"本来^{2}"可以充当"反叙实算子",通过"本来^{1}"和"本来^{2}"的使用说话者可以在语句中表达与事实相反的意义,实际上也是在预设某一命题为假。我们认为,"本来^{1}"预设着陈述对象发生了改变,后面可能会提供与之相关或相反的信息。"本来^{2}"预设着事情的发展与说话者的预期相反,按常理来说应该发生的事情实际并没有发生。"本来$_{3}$"强调某一存在的事实,因而可以看作是预设某一现象或事物的存在。

(153) 湖南零陵地区的乡镇企业本来$_{1}$是很落后的,但现在乡镇企业猛发展。

(154) 他继续说:"今天上午,李玉蝉本来$_{2}$应该为方富贵整容。今天下午,王副市长本来$_{2}$应该去第八中学参加刚刚被授予'优秀教师'光荣称号,并被追认为中共正式党员的方富贵老师的追悼会。今天上午,王副市长在一次有关城市建设远景规划会议上,不幸殉职。今天下午,被抬到特级整容师李玉蝉整容床上等待整理的方富贵又被原封不动地抬下来,放到墙边的大冰柜里,暂时保存。"(莫言《十三步》)

(155) 但这一工程直接威胁着京广铁路线,因为这里本来$_{3}$就是暴雨多发区,工程在这里要经得起严峻考验。

例(153)中"本来$_{1}$"说明事物原先的情况"很落后",说话者在说出这一句话的前提是"湖南零陵地区的乡镇企业现在不是很落后了",即预设这一情况发生了变化,产生了相反的情况或进一步发展。例(154)中有两个"本来$_{2}$"句,说话者在说出这两句话之前就已经知道了这两件事情并没有发生,即李玉蝉没有为方富贵整容,王副市长也没有去参加追悼会,这也是他说出

① 束定芳:《什么是语义学》,上海外语教育出版社2014年版,第75页。

这两句话的前提，表明按道理应该发生的事情并没有发生。例(155)中说话者“这里是暴雨多发区”的事实进行了强调，而强调这一事实的前提是这一事实必须存在。从语用的角度来看，对事实的预设也是一种预设，所以可以说“本来$_3$”预设了某一事实，这一事实既可能是客观存在的事实，也可能是说话者主观认定的事实。

4.2.3 话语标记功能

Fraser 将话语标记定义为“一种标示着前后话语之间的联系的评论性语用标记”，认为话语标记有以下特征：一、是语用功能的分类，不是从单一的句法类中抽取出来的；二、当一个表达式被用作话语标记时，它在该句中就只有一个功能，而不能同时扮演两种角色；三、倾向于只在句首位置出现；四、句中是否使用话语标记，不会改变前面话语和后面信息之间潜在的话语关系，话语标记只为听话人理解说话人的交际意图提供方向；五、话语标记不同于其他一些出现在句首位置的评论性语用标记，不能将话语标记简单定义为出现在句首的语用成分。[①] 此外，话语标记在语音上一般是独立的语调，与其他语言成分之间存在语音停顿，用标点符号与前后的语言成分隔开。

“本来$_{副词}$”在句中通常位于句首，有时用逗号隔开，或是处在主语与谓语中间的位置，管辖的语义范围较大，可以对整个命题或述题进行评注，表达说话人的主观想法、情感和态度，具有话语标记的性质。

(156) 整整四天，张晓东就像从人间蒸发了一样，杳无音信。本来，25 日这一天，应该是张晓东去新单位报到的日子。一个星期前，他成功应聘到杭州一家知名的电脑信息公司，于是向原单位辞了职。

(157) 胡仙博士在她下榻的福州西湖宾馆接受记者采访时深情地说。本来，40 多年来第一次踏上福建故土，时间却只有三天，有那么多事要办，有那么多地方要看，时间实在太紧，以致说好不安排各家记者专访。

---

① 转引自戚文君：《话语标记“怎么”研究》，华东师范大学 2013 年硕士学位论文，第 12 页。

例(156)和例(157)中的“本来”都是位于句首,用逗号隔开,在句法上具有独立性,表达了说话者的主观态度,认为事情按常理来说应该如此,例(156)中,说话者认为在25日这一天,张晓东应该去新单位报到;例(157)中的“本来”既是说明了原先的情况,也含有“理所应该”的意味,表达说话者的主观想法。上述两例中的“本来”均可以去掉,且不会影响整个句子意思的表达。

“本来$_{副词}$”除了单独放在句首,用逗号隔开,还可以与语气词连用,同样也具有话语标记的功能。

(158) 圆圆:对!本来呢,我就说画我们家自己人,既然你来又这么热情,我呢,就什么委屈我都不说了。(《我爱我家》)

(159) 庆春连忙半开玩笑地拨乱反正,“春强你别净充大辈的,占人家便宜。”李春强口无遮拦地说:“本来嘛,咱们都工作多少年了,他还没毕业呢。”(海岩《永不瞑目》)

(160) 他捏紧了我的手说:“你还在生我的气,依萍。”“本来么,我们陆家的女孩子也真不争气!怎么都爱上了你!”(琼瑶《烟雨朦朦》)

“本来”可以与语气词“嘛”“么”“吧”连用,放在句首,用逗号隔开,常出现在口语中。上例中的“本来嘛”“本来么”在句中都表示话语标记。

结　语

本文主要从语义、句法、篇章和语用等层面对“本来”一词进行了分析考察。第一部分是语义层面,首先分别对“本”与“来”两字进行了分析,认为“本来”一词由“本”发展而来,承接了“本”的部分功能。“本”与“来”的结合反映了汉语双音化的趋势和“来”的虚化。通过对“本来”的语义特征进行分析,我们认为“本来”兼有区别词和副词的用法。“本来$_{区别词}$”主要作定语修饰名词或名词性词组,以及部分代词和人名;“本来$_{副词}$”又可以分为“本来$_1$”“本来$_2$”“本来$_3$”。“本来$_1$”主要表示时间义,“本来$_2$”和“本来$_3$”表示语用意义。结合具体例句的分析,我们发现“本来$_1$”和“本来$_2$”可以充当反叙实算子表达反叙实语义，但是对句法和语境有一定的要求。最后对“本来”的历时发展进行了梳理，认为“本来”经历了语法化的发展过程。

在第二部分中，我们主要针对“本来$_{副词}$”的句法特征进行了分析。在句法位置上，“本来$_{副词}$”既可以位于句首，也可以位于句中。在句法组合上，“本来$_{副词}$”可以与形容词、动词、动态助词、语气词、其他副词如时间副词、“就”、强调副词“是”等共现。在句类分布上，“本来$_{副词}$”一般出现在陈述句中，也可以出现在感叹句和疑问句中，但是不能出现在祈使句中。

第三部分是对“本来$_{副词}$”的篇章衔接功能和语用功能的考察分析。“本来$_{副词}$”具有较强的篇章衔接功能，既可以衔接分句，也可以衔接句子和段落。“本来$_{副词}$”在篇章中具有表先时顺序和表解说的功能。在语用层面上，“本来$_{副词}$”具有“主观性”表达、指明预设和话语标记功能。

本文虽然从语义、句法、篇章和语用等多个角度对“本来”进行了考察，但仍存在很多不足之处。本文将“本来”看作是区别词和副词的兼类，但由于笔者理论水平的不足和时间的有限，并未对区别词“本来”的特征以及“本来”语义之间的联系作进一步细致的分析。对一些容易与“本来”混淆的词，如“原来”“原本”等也没有进行辨析。这些都是日后还需进一步探讨的问题。

参考文献

[1] 吕叔湘.现代汉语八百词(增订本)[M].北京：商务印书馆,1980.

[2] 邢福义.汉语知识丛书 词类辨难(修订本)[M].北京：商务印书馆,2003.

[3] 张谊生.现代汉语副词研究[M].上海：学林出版社,2000.

[4] 北京大学中文系 1955、1957 级语言班.现代汉语虚词例释[M].北京：商务印书馆,1982.

[5] 侯学超.现代汉语虚词词典[M].北京：北京大学出版社,1998.

[6] 张斌.现代汉语虚词词典[M].北京：商务印书馆,2001.

[7] 赵春秋.本来和原来的区别[J].理论界,2007(11)：216－217.

[8] 高楠. 副词“本来”的多角度考察[D].北京：北京语言大学,2009.

[9] 唐为群.副词“本来”和“本来”句[J].武汉大学学报(人文科学版),2010,(4)：477－482.

[10] 范淑云.现代汉语“…本来就…”格式探究[J].南京师大学报(社会科学版),2001(1)：120－124.

[11] 朱新军."本来"的语法化[J].焦作大学学报,2008(1): 21-23.
[12] 章敏."本来"反事实句与情态共现问题研究[J].新疆大学学报(哲学·人文社会科学版),2016(1): 129-135.
[13] 张婧."本来"和"原来"的用法比较[J].语言文字应用,2006(A2): 67-69.
[14] 毛雄,李璐,焦华英."本来"与"原来"做形容词的用法探讨[J].文教资料,2008(28): 276-278.
[15] 徐小林.现代汉语"本来""原来"研究[D].重庆: 西南大学,2010.
[16] 金晓艳,彭湃."原来"和"本来"的篇章位置考察[J].牡丹江师范学院学报(哲学社会科学版),2011(2): 64-65.
[17] 邵演艳."原来"与"本来"的多角度辨析[D].上海: 上海师范大学,2013.
[18] 陈昌来."近来"类双音时间词演化的系统性及其相关问题[J].上海师范大学学报(哲学社会科学版),2013(5): 99-110.
[19] 齐沪扬.现代汉语空间问题研究[M].上海: 学林出版社,1998.
[20] 邢福义.邢福义自选集[M].郑州: 河南教育出版社,1993.
[21] 沈家煊.语言的"主观性"和"主观化"[J].外语教学与研究,2001,33(4): 268-275.
[22] 曹其升.现代汉语中的反叙实范畴[D].开封: 河南大学,2008.
[23] 唐念念.汉语"本"的语义与语法发展及关系[D].重庆: 重庆师范大学,2017.
[24] 章敏.现代汉语中情态指向的反事实句研究[D].杭州: 浙江大学,2016.
[25] 刘东敏."本X"类副词的语法化机制[D].桂林: 广西师范大学,2011.
[26] 屈承熹.汉语副词的篇章功能[J].语言教学与研究.1991(2): 64-78.
[27] 刘艳.多功能副词"也"的多角度研究[D].杭州: 浙江大学,2008.
[28] 黄国文.语篇分析概要[M].长沙: 湖南教育出版社,1988.
[29] 廖秋忠.廖秋忠文集[M].北京: 北京语言学院出版社,1992.
[30] 张谊生.副词的篇章连接功能[J].语言研究,1996(1): 130-140.
[31] 原苏荣.汉英副词性关联词语比较研究[M].上海: 上海三联书店,2013.
[32] 张玮."固然"的语义分析及篇章功能[D].上海: 上海师范大学,2011.
[33] 束定芳.什么是语义学[M].上海: 上海外语教育出版社,2014.
[34] 戚文君.话语标记"怎么"研究[D].上海: 华东师范大学,2013.
[35] 张谊生.现代汉语副词探索[M].上海: 学林出版社,2004.

“突然”和“忽然”饰句性用法及其差异研究

马梦婕

摘要 本文以形容词“突然”和副词“忽然”作为研究对象,全面考察北京大学中国语言学研究中心现代汉语语料库(网络版)中所有符合条件的例句,旨在考察用于饰句的“突然”和“忽然”的差异,就其句法、语义、语用诸方面作出分析。

句法上,“突然”和“忽然”常位于两个分句之间,且前后分句主语毫不相关。此时,后一分句是突发的异常情况,与前一分句所描述的常态不同。“X然”也较常位于状语前后,强调在某事某地突发的情况。此外,饰句性“突然”的句法位置比“忽然”更灵活多样。

语义上,“突然”和“忽然”的使用情况具有一定的倾向性。当使用的语境带有强烈的主观性,呈现出积极或消极的特点,此时人们倾向于使用“突然”来引起突如其来、出乎意料之事。当语境意义是中性时,即叙述或描写的角度较为客观,意在将所发生之事以客观的叙述视角呈现出来,此时,人们倾向于使用“忽然”来引起短时间内迅速发生的事实。当语境意义是虚写的情景,位于比喻句或想象的情景之前,此时,人们倾向于使用“突然”来表达瞬间发生的情况或产生的感觉。

语用上,当“X然”位于主语前作句首状语,且前后均有停顿,此时“X然”得到了强调和突出,并且凸显了“X然”在篇章中的衔接、连贯上下文的作用。此外,“突然”和“忽然”都有标记情节节点的功能,“X然”的出现暗示后文出现了新的情况。在某些语料中,“突然”的意义虚化,甚至可以去掉不影响句意的表达,呈现出某些话语标记的特征和倾向。

关键词 突然;忽然;饰句性;语义;语用

1. 引　　言

在副词系统中,有些副词只能饰句,是饰句副词;有些副词只能饰谓,是饰谓副词;有些副词既能饰句,又能饰谓,如“忽然”,“他忽然摔倒了”是饰谓用法,“忽然他摔倒了”是饰句用法。和“忽然”意义相近的形容词“突然”也兼有饰句和饰谓功能。本文拟考察用于饰句的“突然”和“忽然”,就其句法、语义、语用诸方面作出分析。

1.1 研究综述

有关“突然”和“忽然”的研究可分为两类:一类是散见于著作或文章中,有部分内容涉及二者的差异,另一类是专门研究二者的文章。

第一类,“突然”和“忽然”的差异散见于文章中,这类文章主要是讨论“X 然”类词的相关用法。有代表性的是金峻铁(2007)和何云(2011)的硕士论文。金峻铁(2007)讨论了“忽然”“突然”“骤然”“猛然”四个“X 然”类短时义副词的语义特征和句法分布,分别讨论了四个词的词义、换用情况、单独出现的环境。之后他梳理了四个词的语义演变以及在近代汉语中的分布情况,认为“X 然”类时间副词经历了“实词虚化”的过程,并在考察语义的基础上认为“突然”是副词。他认为“突然”比其他三个词的意义更为单纯,不同之处在于“突然”的转折性和时间性,且明显带有更强的突发性。

何云(2011)讨论了“X 然”类形容词和副词,涉及的词较多,最后一个部分以“忽然”为“X 然”类副词代表,分析了其句法和语义特征。他概括了“忽然”出现的四层语义背景,并将其具体表示为五种格式,具有新意。另外,何云观察到了“X 然”的前置现象,并且给出了语用上的解释。他认为“X 然”前置有三个语用效果:对动作的突发性进行强调、保持与前一分句主语的一致性、突出“X 然”后的名词或名词性成分。同时,他也指出,“突然”比“忽然”更强调突发性。

第二类,文章的大部分内容是专门探讨“突然”和“忽然”的差异,主要集中在20世纪八九十年代的文章和本世纪的几篇硕士论文。黎明(1985)以“突然”和“忽然”的用法差异为例,兼谈形容词和副词的区别。黎文认为,汉语的形容词与副词的划界是可能的,且界限清楚。“突然”与“忽然”的共同之处在于都可以做状语,差异在于“突然”还可以做定语、做谓语,因而“突然”是形容词,“忽然”是副词。不同于仅仅讨论“突然”词性的文章,黎明将“突然”和“忽然”的用法进行对比,从中分析出二者的词性差异,是最早对“突然”和“忽然”用法差异进行讨论的文章,极具代表性。陆丙甫(1992)认为词义是划分词类的标准,并从词义的角度对“突然”和“忽然”分别为形容词和副词的原因进行解释。陆文认为,二者形式上的区分是由词义的区别决定的,两个词词义过分相似是造成其中一个功能残缺的原因。二者的差异在于,“突然”可以表示经常性的或受控制的行为、动作,而“忽然”不具有类似的用法。但是文章重点讨论了词义决定形式的观点,没有详细展开“突然”和“忽然”具体的用法差异。陆先生提出的划分词类的标准问题有待商榷,但是他对“突然”和“忽然”词义差别的分析对后面的研究产生了较大的影响。

近些年的几篇硕士论文,以“突然”和“忽然”为研究对象进行了专门的研究。胡脩实(2012)认同陆丙甫(1992)文中对“突然”和“忽然”的词义差异的分析,并展开了更加细致的研究,认为“经常性”不是“突然”与“忽然”的区别性语义特征,而是“‘突然’可以出现在表示经常性的语义环境中”。相比之下,“忽然”后接的事情是“偶发的和不可重复的”。因此,在语义特征上,“突然”修饰的动词具有“偶发性”“不可重复的”“不可预知性的”“不可控制的”的语义特征,“忽然”则呈现出“偶然性”“暂时性”“无目的性及非可控性”的语义特征。在分布特征上,在与较多的时间副词共现方面、和表示军事战争意义的词汇搭配、修饰有生名词的非可控状态、修饰表达死亡意义的动词、表达事故灾难意义的动词时,“突然”呈现出了更强的分布优势。胡文独具特色的地方在于他对二者语义特征和分布特征的总结。

姜丽(2013)以“突然”和“忽然”为研究对象,分析二者在修饰对象、句类选择上的差异,并寻找造成二者句法差异的语义原因。二者在语法层面上的异同体现在和其他成分共现的频次上。“突然”“忽然”都可以修饰动词性谓语、形容词性谓语、主谓结构、名词性谓语等。除了修饰“动词+结果补语”、动词重叠“A 了一 A”时,两者使用条件相似,其他情况中“突然”的使用率要高于“忽然”。在句类选择上,二者都可以用于陈述句、疑问句、感叹句,都不适用于祈使句。其中“突然”适用于各类问句,而“忽然”一般不用在是非问、正反问、反问句中。另外,“突然”可以和感叹词同现,“忽然”一般不具有该用法。语义特征上,二者共同的语义特征为表示动作或情况在极短时间内发生和非规划性。差异方面表现为“突然”还具有“瞬时、非规划性、意外、程度、转折/对比”的语义特征,而“忽然”具有“瞬时、非规划性、变化、方式”的语义特征。共同的语义特征是二者在某些情况下可以换用的基础。此外作者认为由于“突然”带有“意外、程度、转折/对比”三个语义特征,因而“突然”具有更强的主观性。

通过对以上具有代表性文章的梳理,我们发现有关“突然”和“忽然”差异的研究,从 20 世纪 80 年代开始,陆续有学者进行讨论。但是对相关差异、用法的详细论证主要见于近些年的几篇硕士论文。有关“突然”和“忽然”的研究有以下几个特点:

第一,关注“突然”和“忽然”的词性差异,尤其是对“突然”词性的讨论。黎文和陆文直接从词性的角度探讨二者的差异。黎明(1985)认为“突然”是形容词,“忽然”是副词。陆丙甫(1992)认同该分类,但在文章结尾提出了也可以将“忽然”看作功能残缺状形容词的观点。金峻铁(2007)在考察词义的基础上认为“突然”是副词。胡脩实(2012)花了近三分之一的笔墨说明“突然”是形容词,“忽然”是副词。除此之外,学界对二者词性的看法也各执一词。吕叔湘先生(1980)认为“突然”是形容词副词兼类词①,张斌先生(2001)认为是形容词②。但在较权威的词典注解中,“突然”为形容词,“忽然”是副词③。我们也认同权威词典中对二者词性的归类。学者对“突然”和“忽然”的区分重点在于,由于“突然”具有形容词的词性,因而比“忽然”

① 吕叔湘:《现代汉语八百词(增订本)》,商务印书馆 1980 年版,第 540 页。

② 张斌主编:《现代汉语虚词词典》,商务印书馆 2001 年版,第 532 页。

③ 中国社会科学院语言研究所词典编辑室:《现代汉语词典》(第 5 版),商务印书馆 2005 年版,第 574、1378 页。

有着更加丰富的用法。由“突然”的词性而导致用法的不同,这是二者的主要差异。

第二,近几年的硕士论文或从较为全面的角度对二者的差异进行分析,或选择状语功能这个单一的视角进行分析,都提出了有新意的观点。胡脩实(2012)、姜丽(2013)提出二者的区分在于语义特征、分布特征、句类选择、修饰对象等方面。虽然部分表述还有待进一步讨论,但是启发了我们对“突然”和“忽然”差异的思考。已有研究中也存在一些不足。如姜丽(2013)提出“突然”具有“意外、程度、对比/转折”的语义特征,而且由于“突然”具有上述三个语义特征,因而具有更强的主观性。我们通过对语料库中符合条件的语料进行分析,发现“忽然”也能够用于表示意外、转折的语义环境中。而且我们对姜文中提出的“突然”具有主观性的原因也有不同的看法。

1.2 语料来源及研究方法

由于北京大学中国语言学研究中心现代汉语语料库(以下简称 CCL 语料库)中包括“突然”和“忽然”的语料非常多,短时间内无法全部研究。而且语料的总数也有着相当大的差异。因而我们选取较小的研究视角,将停顿视角作为切入角度,筛选出“突然”和“忽然”前后均有停顿(“,突然,”“,忽然,”“。突然,”“。忽然,”)的语料进行研究,分析在具体语境中二者使用上的倾向性。在停顿视角下,“突然”“忽然”前后均有停顿,但是从句子层次上来说,此时的“突然”“忽然”与后一分句或后一句子的关系更紧密,修饰后一分句或后一句子。通过对“突然”和“忽然”饰句性用法的归纳和总结,探讨二者在修饰后一分句或后面句子时的差异,以期为近义词的区分提供新的依据。

CCL 语料库中,停顿视角下的“突然”例句共 1 264 个,所有包含“突然”的例句共 46 351 个。所有包括“忽然”的例句共 20 830 个,其中停顿视角下的“忽然”例句共 498 个。相当大的差异也引发了我们的思考,是怎样的原因导致二者在使用上有如此大的差异?

我们选取 CCL 语料库中所有停顿视角下的“突然”和“忽然”的 1 672 个

例句进行逐一分析,语料的选择较为全面。此外还有少数例句来自 BCC 语料库。本文中所有例句,如不注明出处,则是 CCL 语料库中的例句。其他来源的例句均以脚注的形式一一标明。

本文的理论基础是句法、语义、语用三个平面理论,以期推进对“突然”和“忽然”差异的研究,为近义词的辨析、区分提供思路。

2. 句 法 分 析

2.1 饰句“突然”的句法分析

2.1.1 “突然”的句法位置

1. “突然”位于两个分句之间

“突然”多出现在两个分句之间,此时的“突然”做句首状语。值得注意的是,虽然“突然”在形式上出现在两个分句之间,但是从层次上来说,“突然”和后一分句有着更为紧密的联系,常常修饰后一分句的谓语,因而与后一分句属同一层次,“突然”作后一分句的句首状语。

(1) 太阳已西斜,赵元杰爬上沙包探望,突然,一段隐约可见的用胡杨树干铺垫的沙路出现在眼前……

在句子层次上,“突然”修饰的是沙路的出现,与后一分句有着更加紧密的联系。此时,如果不考虑“突然”位于分句之间的语用效果,可以将“突然”移入后面分句中且不影响句意的表达,即:

(1) 太阳已西斜,赵元杰爬上沙包探望,一段隐约可见的用胡杨树干铺垫的沙路突然出现在眼前……

但也有两个分句之间的“突然”不能移入后一分句的情况,如:

(2) 那天,李老汉冒着蒙蒙细雨在潭边放牛,突然,手里牵着的水牛惊恐不安,发出凄惨的一声怪叫,挣脱牛绳,朝远处奔……

“突然”虽然用于两个分句之间,但是“突然”修饰的不仅仅是“惊恐不安”这一个状态,而是“惊恐不安”“发出怪叫”“挣脱牛绳”“奔向远处”这一系列短时间内突然发生的、具有连续性的动作。因而在该例句中,“突然”虽在分句之间出现,但却不能还原到紧邻的后一分句中。

2. “突然”位于时地状语之后

出现在时地状语之后的“突然”也是较为常见的。在 384 个语料中,有 59 个。此时的“突然”在句中与时地状语作并列状语,强调动作发生的突发性和出乎意料。

1) 时间状语之后,共 54 个。

(3) 晚上 12 点,当小陈和另一名战士执勤时,突然,从香港方向开过来一辆黑色小轿车,在哨位旁一晃就开走了,小陈立即将这一情况报告给中队值班干部,中队组织力量追查,最后在一条偏僻的小巷里查到那辆走私的小轿车。

(4) 国庆前夕,正当市场上各家鳖产品旺销之时,突然,全国各地的工商局同时都收到了国家工商总局公平交易局下发的公字……

“突然”前有两个时间状语,前面的时间状语为客观时间,后面的时间状语是与具体语境相结合的具体的时间,是一般性和特殊性的结合。此时“突然”和后一分句的关系更为紧密,表明在某时发生了出人意料之事。例(3)中,客观时间是晚上 12 点,具体的时间是在小陈和某战士执勤的时候。相对于客观时间,传达新信息的是具体时间。由于“突然”修饰的是车子“开过来”“一晃”“开走了”这一系列接连发生的情况,因而不能将其后移至后面句子中。而例(4)“突然”修饰“收到公字”这个单一动作,可以移入后面分句中。

2) 地点状语之后,共 5 个。

(5) 当总统车队风驰电掣般行驶到内务部大楼附近时,突然,反坦克火箭弹和自动步枪子弹像雨点一样朝车队倾泻。

(6) 当汽车进入额尔齐斯河与布尔津河的交汇处时,突然,大家眼前一亮,一个绿树掩映、方方正正、干干净净、生机勃勃的小城镇扑入眼帘。

“突然”用于地点状语之后，强调在该地点突发了某件事。例(5)中子弹袭击总统车队的地点是在内务部大楼附近。例(6)中生机勃勃的小镇出现在大家面前是在两河交汇处的地方。

3. 特殊的位置

1) 主谓之间，4 个。

(7) 就在一百天之内，有一天晚上，许叔微的母亲，突然，感觉头晕，然后昏迷，然后牙关紧咬，有这个痰涎流出来。

(8) 而你，突然，又看见了她，在一个水果摊子前。

这两个语料中，“突然”出现在句子的主语和谓语之间，但在句子层次上，“突然”与谓语的关联更为紧密，修饰谓语“感觉头晕”和“看见”。位于主谓之间的“突然”，使原本较长的句子短句化，便于理解的同时也突出了“突然”的作用。

2) 时间状语前，1 个①。

(9) 夜空中的云朵翻滚着，突然，就在那一瞬间，银月索林那瑞的光芒照在他们身上。

(10) “爱，”她用内心的声音慢慢重复说，突然，就在她把花边从钩子上解下来的那一瞬间，她补充说：“我所以不喜欢那个字眼就因为它对于我有太多的意义，远非你所能了解的。”说着，她凝视着他的面孔。②

(11) 荷西与我离了车站，往一条羊肠小径走下去，两边的山崖长满了蕨类植物，走着走着好似没有了路，突然，就在一个转弯的时间，一片小小的平原在几个山谷里，那么清丽的向我们呈现出来……③

“突然”与时间状语共现时常出现在时间状语之后，往往强调在某一时间点突发某事，“突然”修饰的是谓语。但通过观察语料我们发现，“突然”也可置于时间状语之前，目的是突出时间状语的特殊性。例(9)中，“突然”位

---

① 指 CCL 语料库中仅有一例。

② 该例句来自北京语言大学 BCC 语料库。

③ 该例句来自北京语言大学 BCC 语料库。

于"就在那一瞬间"之前,强调光芒照在他们身上是在极其短暂的时间内发生的。例(10)中,"突然"位于"就在……那一瞬间"之前,强调动作和说话是近乎同时发生的。例(11)中,"突然"位于"就在一个转弯的时间"之前,表明从"好似没有路"到平原的出现是十分意外的,而且时间较短。

3) 地点状语前,2个。

(12) 他们三人在城墙脚下走着,突然,在前边十多步远的地方,从城上跳下一个人来。

(13) 半晌,并没有追赶的脚步声,他才颤抖着爬了起来,突然,在不远处,夜猫子咯咯咯阴森地笑了,田贵吓得汗毛眼儿都张开了……

"突然"用于地点状语之前,强调在特定地点发生的事情。比起强调谓语的突发性,此时的"突然"更多的是强调地点。在上述两例中,"突然"后的地点状语具有相似性。我们发现"在前边十多步远的地方"与"在不远处"都是距离主语非常近的地点,原本应处于主语可以感知到的地方,因而按理来说主语对该区域也比较熟悉。但在熟悉领域却出乎意料地发生了某个事件。这样的对比更突出了事情的发生使人始料未及,强化了事件的出人意料性。

4) 并列状语之间

a. 时间状语后,地点状语前,1个。

(14) 当张主任驾摩托车行至信阳市里大米场区的一个胡同时,突然,从胡同的黑暗角落里,跳出来两名持刀歹徒,要拦路抢劫他。

"突然"用于时间状语与地点状语之间,"突然"意在表明某时某地发生的突发性动作或事件。时间状语和地点状语的同时出现使句意的表达更加丰富、完善。例(14)中"突然"修饰的仍然是谓语"跳出来",其前后的状语表明动作发生的环境:遭到抢劫时正是张主任驾车行至胡同的时候,而歹徒出现的地方是胡同的角落。

b. 时间状语后,情态状语前,1个。

(15) 全家人正在吃饭,突然,风风火火地,跑进来个黑眼罩。

"突然"和表示情态的"风风火火地"都是修饰"跑"这一动作。"突然"表明"跑"这一动作发生的出人意料性和短时性,"风风火火地"强化了"跑"这一动作在短时间内发生,同时表明"跑"的状态是较为快速,也说明情况是十分紧急的。"突然"和"风风火火地"使"跑"这一动作更加形象,增强了表达的生动性。

5) 并列谓语之间,1个。

(16) 林小枫无话可说,无言以对,无处发泄,突然,想也没想的,她出手了,出手之快如闪电一般,"啪",一个清脆的耳光,结结实实贴在了肖莉的脸上。

例(16)中"突然"用于并列的谓语之间,其中,"无话可说""无言以对""无处发泄"三个谓语属于同一层次,表明林小枫极其无奈的心情。"突然"与其后的谓语在语义上的关系更为紧密。"想也没得想的"形容林小枫出手是出人意料的,而"突然"引出"出手"的动作,强调出手的动作使人始料未及。

6) 连词后,3个。

(17) "就在刚才!"哈利强忍着不吼叫,然后,突然,他再也忍不住了,"你让他在这里任教,而他让伏地魔杀了我的父母!"

(18) "我们一路上战胜了所有的艰险,可是,突然,他就去了,就剩下我孤伶伶的一个人了。"

"突然"分别用于承接连词"然后"、转折连词"可是"之后。例(17)中"然后"表示叙述的先后顺序,而"突然"的出现打破了原本的线性叙述轨迹。哈利的状态由"强忍着"向"再也忍不住了"转变,"突然"承担着状态的急剧转变和恶化。例(18)中"突然"用于转折连词之后,强化了语义的转折,也暗示出现了新的情况。

2.1.2　前后分句主语的关系

1. 前后分句主语一致的

(19) 她爸多喝了几杯,满脸通红,突然,他把酒杯往桌上一放,用手一拍我的肩膀，推心置腹地说：“小伙子，要认真学习，有真本事才能有出息啊。”

“突然”前后分句主语一致，表明同一人发出的不同动作或表现出的不同状态。有时，某一分句的主语可能会承前省略，如例(19)。“突然”前一分句为“满脸通红”，主语承前省略，完整的应为“他满脸通红”。由于上文的相关内容已暗示“突然”前后两个分句的主语相同，因而省略主语并不影响我们对句意的理解。

2. 前后分句主语不一致的

1）前后分句的主语互不相干。

(20) 一天中午，我们在山坡上查电话线路，突然，一串串炮弹落在前方，电话线被炸断了一大段，我们使尽全力，就是接不上，我们就卧倒在地，伸开两臂，手拉着手，接通电话。

例(20)中“突然”前一分句主语是“我们”，后一分句主语是“炮弹”。当前后主语互不相干时，后一分句多是突发的新情况。

2）前后分句的主语有整体和部分、领属关系，共22个。

(21) 由安顺场渡河随沿东岸挺进的红一师而来的刘伯承、聂荣臻，在夜色中由杨成武陪同来到桥上，摸着冰凉的铁索默默地审视着，突然，刘伯承重重地在桥板上连跺三脚，发出进自肺腑地感慨：“泸定桥，泸定桥！我们为你花了多少精力，费了多少心血！现在我们胜利了，我们胜利了！”

例(21)中“突然”前面分句主语为刘、聂两人，表明两人的共同动作；后一分句主语是刘伯承，说明动作和感叹是刘伯承发出的。前、后分句的主语是群体和其中某部分的关系，属于整体与部分的关系。

(22) 一天，他在国旗下站岗，突然，腹部剧烈疼痛，他咬紧牙关，勒紧腰带坚持着。

(23) 一天，他在东莞市街头闲逛，突然，他的眼睛紧紧地盯住了一家个体服装店，只见这家服装店里挂着各式各样的军服、警服，店主热情招呼道:“师傅,想买什么衣服?”

例(22)中,前一分句主语是“他”,后一分句是新内容,且主语是“腹部”。后一分句主语是前一分句主语的身体的一部分。例(23)类似,“他的眼睛”是“他”身体的器官之一。

(24) 李代新父子驾驶的驳船穿梭在电网密布的澧南垸内,突然,马达熄火了,洪水冲着失去动力的驳船向虎山脚下撞去……

(25) 他用唾沫润润嗓子,正扬颏大步朝前走,突然,身后的衣襟被一个人扯拽了下……

例(24)中,“突然”前一分句主语为“驳船”,后一分句主语为“马达”,“马达”前省略“驳船的”,前后分句主语是领属关系,“突然”的出现引出马达的异常。例(25)中,前一分句主语为“他”,后一分句主语为“衣襟”,二者为领属关系。

2.2 饰句“忽然”的句法分析

2.2.1 “忽然”的句法位置

1. “忽然”出现在两个分句之间

(26) 我正走在漆黑无人的小胡同里,忽然,一个瘦小丑陋的家伙窜出抓住我,但我是名空手道高手。

位于两个分句之间,是饰句“忽然”的主要句法位置,此时的“忽然”暗示出现了与上文不同的新情况。例(26)中当“我”在漆黑的胡同里走着的时候,发生了意想不到的新情况,“我”被一个瘦小丑陋的人抓住了,这是出乎“我”意料的情况。

2. “忽然”位于时间状语后

(27) 时针指向了凌晨3时,忽然,两辆农用三轮车沿外环线由西向东急速驶来……

(28) 正当这妇女装出一副悲天悯人的面孔,以极具同情的语调说得天花乱坠的时候,忽然,一对中年农民夫妇领着医院值勤民警围了过来。

“忽然”与时间状语共现时一般位于时间状语之后，表示某时忽然发生某事。例(27)中，凌晨3时是事情发生的时间，“忽然”与后面分句联系紧密，修饰谓语“急速驶来”，且“忽然”可还原至后接分句中变为“两辆农用三轮车忽然沿外环线急速驶来”。例(28)强调当女子正在行骗之时，民警被领来了。短时间内民警的出现正是出乎女子意料的事情，也是女子不希望发生的情况。“忽然”用于时间状语之后，突出在特定时间内迅速发生的出乎意料之事。

3. “忽然”位于时间状语前

(29) 爱潘妮躺着一动也不动，忽然，正当马吕斯认为她已从此长眠时，她又慢慢睁开眼睛，露出的已是非人间的那种幽深渺忽的神态，她以一种来自另一世界的凄婉语气说：“还有，听我说，马吕斯先生，我想我早就有点爱您呢。”

(30) 在你还正以为是阳春天气呢，忽然，晌午时分，却已经要穿单衣拿扇子了。

“忽然”用于时间状语之前是较为特殊的用法。例(29)中，“忽然”位于时间状语“正当马吕斯认为她已从此长眠时”之前，意在强调实际发生的情境与马吕斯所想的相悖。“忽然”可以移至状语之后，不影响句意的表达。但位于时间状语之前，突出了时间状语的特殊性。例(30)中“忽然”位于“晌午时分”之前，强调实际情况与原来所想的情况不同。实际情况却不是阳春天气，而是较为炎热的天气。“忽然”位于“晌午时分”之前，突出了晌午天气的急剧变化出乎人们的意料。

4. 地点状语前

(31) 我徘徊在鸳瓦粉墙、棹楔鸱吻的徽派巷陌间，忽然，在一幢明代住宅的门洞前，我看到了这样的一番景致……

(32) 道静倚在晓燕的肩膀上想要说什么，忽然，在黎明前黑暗寂寥的夜空里，传来了一阵嘹亮的歌声……

“忽然”用于地点状语之前，意在强调在某个特定的地点发生某事。

例(31)强调“我”看见的“凄婉迷茫”的景象是在一座明代建筑的门洞之前;例(32)突出道静听到的歌声是从黎明之前的夜空中传来的。由于地点状语是较为复杂的结构,包含较长的修饰语,因而将其单独分开,以示强调。

5. 连词后

(33) 有人称赞老舍先生“不避败笔”,写了不少不能再演的剧本,不堪再读的文章。可是,忽然,出了个《茶馆》。

(34) 这时那鼓浪屿上来的旅客已经也沉默地躺在床上了,但是,忽然,那姓林的又匆匆地回来了。还有什么话要交代吗?他不预备上鼓浪屿去了吗?我这样推测着。

例(33)中,“忽然”和转折连词同时使用时,位于转折连词的后面。转折连词本身带有转折的含义,而“忽然”的出现大大增强了转折的意味,同时表明“忽然”后接的情况是主语完全没有想到的情况。老舍先生前期的作品不被人看好,但是《茶馆》的出现扭转了老舍先生在读者眼中的地位。例(34)中“但是”和“忽然”的连用,将语义转折的意味推向顶峰,因而用“扭转”一词形容这种转变。“忽然”后接情况是“我”意想不到的,前面分句中的“已经也”以及推测内容也暗示“我”的极不情愿。

2.2.2 前后分句主语的关系

1. 前后分句主语一致的

当“忽然”前后分句主语一致时,全句按照事件发展的顺序展开。此时“忽然”类似于顺承连词“然后”。但区别在于,“然后”指事情按照常理发展的顺序展开,而“忽然”之后的分句却往往出乎意料,表示意外的转折,是非常理的现象。

(35) 田间泥路上像抹了润滑油,小车像“打摆子”,忽然,陷入池塘边的泥水坑里,我们跳下车,伸出两手奋力去推。

(36) 我慢慢地走着,静静地回忆着这座石城的遥远昨天,忽然,我听到了一缕轻轻的叹息,是从脚底下传来的。

例(35)中"忽然"前、后分句主语均为"小车",全句表达小车在泥泞道路上摇摇晃晃,最终落入泥水坑。例(36)中"忽然"前、后分句主语均为"我","我"原本在"走着""回忆着",此时听到了叹息声。

2. 前后分句主语不一致的

1) 前后分句的主语互不相干

(37) 这天,阿P正在街上走,忽然,一张彩纸从空中飞落到他的头顶。

(38) 高肇甫一家刚刚起床,忽然,闷雷般的哀乐袭来,收音机在广播周恩来病逝的讣告,全家一个个傻了似地给钉在那里!

当"忽然"前后分句主语不一致时,后一分句多为产生的新情况。例(37)中,彩票的飘落对正在街上走着的阿P来说,是新发生的情况。例(38)中,"忽然"后接分句为外部环境发生新的变化。

2) 前后分句的主语有整体和部分关系、领属关系

(39) 装运伤员的飞机先离开,然后是其他小队,我们这个小队殿后,忽然,我通过舷窗,发现了地面上似乎有人影闪动……

(40) 特留尼西特高举双手接受满场狂热的回应,忽然,他的视线落在群众的第一排位置上。

例(39)中,"忽然"前一分句主语是"我"所在的小队,其后的分句主语是"我",二者具有整体和部分的关系。例(40)中,前一分句主语为特留尼西特,后一分句主语为"他的视线",二者具有领属关系。当"忽然"前后分句主语有一定的关系时,描写的角度往往由大到小,即先描述群体再具体到个人,先描写某个人再具体到他的某一器官或神态;或者描写角度由小到大。其中又以描写角度由大到小的例句数量更多。这与人们的认知顺序有关,先整体后部分,先宏观后微观。

2.3 小结

",突然,"的句法分析(总例句数384)

表 1

<table>
<tr><td colspan="3">“突然”的句法位置</td><td>例句数量</td><td>比　例</td></tr>
<tr><td rowspan="3">两个
分句之间</td><td colspan="2">前后主语一致</td><td>96</td><td>25%</td></tr>
<tr><td rowspan="2">前后主语
不一致</td><td>毫不相关</td><td>183</td><td>47.66%</td></tr>
<tr><td>有整体和部分关系、领属关系</td><td>24</td><td>6.25%</td></tr>
<tr><td rowspan="2">状语前后</td><td colspan="2">状语之前</td><td>6</td><td>1.56%</td></tr>
<tr><td colspan="2">状语之后</td><td>67</td><td>17.45%</td></tr>
<tr><td colspan="3">主谓之间</td><td>4</td><td>1.04%</td></tr>
<tr><td colspan="3">并列谓语之间</td><td>1</td><td>0.26%</td></tr>
<tr><td colspan="3">连词后</td><td>3</td><td>0.78%</td></tr>
</table>

“，忽然，”的句法分析（总例句数 164）

表 2

<table>
<tr><td colspan="3">“忽然”的句法位置</td><td>例句数量</td><td>比　例</td></tr>
<tr><td rowspan="3">两个
分句之间</td><td colspan="2">前后主语一致</td><td>44</td><td>26.83%</td></tr>
<tr><td rowspan="2">前后主语
不一致</td><td>毫不相关</td><td>84</td><td>51.22%</td></tr>
<tr><td>有整体和部分、领属关系</td><td>7</td><td>4.27%</td></tr>
<tr><td rowspan="2">状语前后</td><td colspan="2">状语之前</td><td>6</td><td>3.66%</td></tr>
<tr><td colspan="2">状语之后</td><td>20</td><td>12.20%</td></tr>
<tr><td colspan="3">主谓之间</td><td>0</td><td>0</td></tr>
<tr><td colspan="3">并列谓语之间</td><td>0</td><td>0</td></tr>
<tr><td colspan="3">连词后</td><td>3</td><td>1.83%</td></tr>
</table>

通过两个表格的数据,我们发现,当“X然”前后均为逗号时,超过一半的例句中“X然”位于两个分句之间,其中又以前后主语毫不相关的例句数量最多,约占语料数量的一半。前后分句主语一致例句数量约占语料总数的四分之一。20%左右的语料中“X然”位于状语前后,其中以位于状语之后为常规位置。“忽然”在状语之前这一特殊位置的比例比“突然”要高。但是“突然”在句中的位置比“忽然”更多样,“突然”还可以在主谓之间、并列谓语之间使用。

3. 语 义 分 析

3.1 各类词典中“突然”“忽然”的语义解释[①]

1. 吕叔湘先生主编的《现代汉语八百词》:

忽然,副词,“表示情况发生得迅速而又出人意料”。[②]

a) 忽然+动/形

b) 可用在主语前,后面可有停顿。

突然,用作副词时“表示急促而且出人意料”。[③]

a) 用在主语前,后面常有停顿。

b) “突然”可以用在“不+动”“没有+名”之前,但不能用在“没有+动”前。

在涉及二者的比较时,吕叔湘先生认为:1)“忽然”同副词“突然”,一般可以换用,但“突然”比“忽然”更强调情况发生得迅速和出人意料;2)“忽然”很少用在主语前。

2. 张斌先生主编的《现代汉语虚词词典》:

忽然,副词,有两种含义:“一是表示事情出乎意料。通常是先说出一种事实,然后叙述与这种事实相悖的情况。二是表示事情在短时间内迅速发

---

① 此处词典中有关“突然”的解释和用法只列举它做副词时的情况,形容词用法不再涉及。

② 吕叔湘主编:《现代汉语八百词(增订版)》,商务印书馆1980年版,第271页。

③ 吕叔湘主编:《现代汉语八百词(增订版)》,商务印书馆1980年版,第540—541页。

生。”[①]由于张斌先生认为“突然”是形容词,因而我们不再列举其用法。

“突然”“忽然”差异:“在表达方面,同样是充当状语,‘突然’重在表达突如其来而出乎意料,‘忽然’重在表达异常迅速而出乎意料。”(出处同上)

3. 北大中文系1955、1957级语言班《现代汉语虚词例释》:

忽然,副词,“表示事件或动作发生得异常迅速,出人意料”。[②]

突然,副词,“表示动作或事件的发生是突如其来或出乎意料的”。[③]

“突然”可以修饰谓语;也可以放在句首。

涉及二者差异的表述[④]:“‘突然’与‘忽然’在意义上是极相近的,但‘突然’除表示事情发生的异常迅速以外,更强调事情发生得突如其来。”

4. 王自强主编的《现代汉语虚词用法小词典》:

忽然,副词,“表示事情迅速发生或者变化”。[⑤]

突然,副词,“表示情况在短促时间里发生,使人出于意外”。[⑥]

通过词典中“突然”“忽然”的解释,我们发现二者的解释非常相似,“突然”和“忽然”都用于事情的发生使人出乎意料,“突然”侧重强调事情的“突如其来”,而“忽然”侧重事情发生的“异常迅速”。我们还参照了其他词典,如《常用同义词典》《现代汉语同义词词典》等。其中如涉及二者的区分,均是采用类似的说法。我们认为,根据这些语义解释,能够了解到在表达效果上,二者各有侧重,但是仍然不能发现“突然”和“忽然”作为句首状语使用时的不同之处,二者在具体的使用中是否有其他差异呢?带着这样的疑问,我们在下一个部分讨论具体语料中二者在使用的倾向性以及具体差异。

---

① 张斌主编:《现代汉语虚词词典》,商务印书馆2001年版,第250页。

② 北京大学中文系1955、1957级语言班编:《现代汉语虚词例释》,商务印书馆1982年版,第246页。

③ 北京大学中文系1955、1957级语言班编:《现代汉语虚词例释》,商务印书馆1982年版,第420页。

④ 北京大学中文系1955、1957级语言班编:《现代汉语虚词例释》,商务印书馆1982年版,第247页。

⑤ 王自强编著:《现代汉语虚词用法小词典》,上海辞书出版社1984年版,第80页。

⑥ 王自强编著:《现代汉语虚词用法小词典》,上海辞书出版社1984年版,第166页。

3.2 真实语料中“突然”“忽然”的语境意义

3.2.1 分句后饰句“突然”的语境意义

在 CCL 语料库中,我们检索到了 389 条包含“,突然,”的语料。在这种语料中,“突然”前后均有“,”隔开,语气上略有停顿,此时的“突然”修饰后一分句。其中重复的语料有 5 条,因而一共得到 384 条有效语料。我们初步将这些语料分成具有三种不同倾向的类别。其中,“突然”前后分句出现的语境是积极的、如意的、有利的语料共有 56 条,约占有效语料的 14.58%;出现的语境是中性的,只是陈述事实,没有明显的积极或消极的倾向性,这样的语料有 138 条,约占有效语料的 35.94%;出现的语境是带有消极的倾向性,或是阻碍事件发展的语料有 187 条,约占有效语料的 48.70%。出现的语境是虚写的场景,“突然”位于比喻句或想象的情景之前,这样的语料有 3 条,约占 0.78%。将这些语料进一步细分,我们得到了以下几种情况:

1. “突然”出现在积极语境中

a. “突然”前、后分句有着明显的转变,由消极、不利的情况转向积极、有利的情况。“突然”前、后的分句有着向积极一面发展的转变,或避免了状况向着更加不利的一面发展。这样的语料中共 16 个,在所有积极环境的语料中约占 28.07%。

(41) 眼看努尔哈赤难逃这杀身之祸,突然,从大树上飞下一人,立即用剑挡住双钩一棍,“嘡啷啷”火星四迸。

(42) 面对死而复生的罗胖子,精狗知道自己完蛋了,但他仍不死心,突然,他想到了罗胖子的痛处,便说:“罗先生,是我不好,但那都是你逼的……”

(43) 正僵持得不可开交的时候,突然,有一位手持半截废自来水管的勇士喊叫起来:“这不是范素素吗?”点点头,当然。然后是一场误会的解除。

例(41)中,“突然”前的分句表明,努尔哈赤将要遭到灭顶之灾,以当时的状况难以逃脱。就在这样不利的关头,情况突然发生转变。突然出现的救星救了努尔哈赤一命,因而努尔哈赤得以逃脱此劫。例(42)中,“突然”前的几个分句,精狗所面临的情势十分不利,但是“突然”之后,话锋一转,精狗由于想到了对手罗胖子的痛处,从而将不利于自己的局势化转为对自己有利的局势,“突然”前后有着明显的由消极情况向着积极情况的转向。例(43)中,双方正在僵持之中,一位勇士得到偶然发现,揭开了对手的真面目,从而化解了一场误会,减少了双方之间的摩擦。“突然”前、后的分句局势向着有利于误会解除的方向发展,避免了一场不必要的搏斗。

b. “突然”后面分句,是主语的新发现或者是出现的新情况,且正是主人公期待发生的。在57个积极语境的语料中,共有21个,约占36.84%。

(44) 天道酬勤。1995年5月的一天,张少华在麦田里察看墒情,突然,四株异常的小麦跳进他的眼帘,他马上意识到这是从未有过的新品种。

(45) 嘿,他倒跟我卖起关子来了!我正要伸出手胳肢他,突然,我那根鱼竿猛地颤动起来,我也就立刻饶了他。我们俩欢天喜地地扑上去,四只手一块抓起了鱼竿。

例(44)中,语料的背景是张少华投入了大量的资金、时间研究小麦良种。“突然”后面的分句是张少华在麦田中察看时的新发现,而新品种的发现正是他研究所期待的结果。例(45)中,“突然”后面紧跟的分句也是短时间内发生的新情况,而鱼竿颤动也是主语他钓鱼时期待发生的情况。

c. “突然”后面分句,描述主语的新发现或者出现的新现象,而新出现的情况对主语是惊喜甚至是奇迹,喜悦的程度要比b类情况更高,是主语热切盼望出现的,甚至不敢相信的奇迹。属于该类的语料共15个,约占26.32%。

(46) 这天下午,正逢新人婚礼,突然,邮递员热情地送上一封礼仪电报,载着那段甜美温馨的祝词,为热闹的婚礼平添了几分意想不到的情趣,令新郎新婚乐不可支。

(47) 一日中午,我正在过道休息长椅上躺着,突然,奇迹出现了,一位穿浅玫瑰红连衣裙的姑娘,从走廊尽头翩翩走来,尽头翩翩走来,尽管相距百米之遥,但那身影却再熟悉没有了,不正是相片中的她么。

(48) 登船后,我和一位朋友一直在看乘客名单,突然,我不太相信地指着一个名字大声念道:“温斯顿·丘吉尔。”丘吉尔! 在我16岁的时候,他在我心目中如同神明一般。

例(46)中,婚礼上,邮递员出现并且以电报的形式为新人送上祝福,让新人在婚礼中体会到别样的惊喜。例(47)中,“我”特别盼望的现象在“突然”后面的分句中出现,期盼的女孩的偶然出现对主语来说如同奇迹出现一般。例(48)中,在“我”看乘客名单时,童年的偶像丘吉尔也在其中,“突然”后面紧跟着这个让人又惊又喜的发现,是主语我难以置信的惊喜。以上三例中,“突然”后面的分句是作为新现象出现的,或为主语发现的新情况,或偶然间出现的新情况,对主语来说是出乎意料的惊喜,甚至是渴望发生的奇迹。

2. 消极语境中的“突然”

a. “突然”后面的分句,是新出现的不如意的现象,如意料之外遭受袭击、某人带来了消极或不利的消息等,多是由于外部原因导致的消极情况。这样的语料在所有消极语境的语料中共113个,在所有消极环境的188个语料中约占60.11%。

(49) 5日凌晨,飞机在首都机场徐徐降落,在离地面400多米的时候,突然,飞机失去了平衡,偏离开降落的跑道,歪歪斜斜地向1公里以外的玉米地里一头扎了下去——只听“轰”的一声,飞机前舱碎裂,紧接着火焰冲天蹿起……

(50) 去年大年初一中午,我省乐昌县广东有色金属机械厂职工何某出世十多天的婴儿正在窗户边的床上睡觉,突然,一从天而降的爆竹打在玻璃窗上,婴儿被这突如其来的响声吓得两眼翻白,经医院多方抢救无效死亡。

(51) 这时候,努尔哈赤正准备说话时,突然,有一名侍卫慌忙进来报告说:“总兵官大臣额亦都之子伍廷邪前来报丧,正在大殿外等候召见!”努尔哈赤一听,立即号啕大哭起来……

在例(49)中,飞机原本按照航线准备降落,但是在降落的过程中发生突发消极事件失去平衡,“突然”后直接加飞机失事的不如意事件。例(50)中,

“突然”前分句婴儿正在睡觉，“突然”后分句紧接突如其来的消极事件，突然而来的爆竹将孩子吓醒，最后造成婴儿抢救无效死亡。例(51)中，“突然”后紧接侍卫带来的消息，而这一消息是令努尔哈赤伤心的报丧之事。在这三个例句中，我们发现“突然”前的分句是较为正常的状态，而“突然”后的分句紧跟着突如其来的消极事件。后两例中，都是由外部原因导致的对主语来说是消极或不利的情况，而外部不可预测的消极事件在消极语境的例句中占了多数。

b. “突然”后所接分句，是“突然”前面分句的主语不希望发生的事情，或是话题主语不乐意发生的情况。属于该类的语料共 42 个，约占 22.34%。

(52) 在一个很抒情的段落，人们正期待着那个熟悉的旋律的出现，突然，又冒出一个抢了两拍的黑管。

(53) 孙生旺正指手画脚，给雷石柱介绍炭工，突然，劈门进来个穿草绿色军衣的人，孙生旺把下半句话咽回去了。

例(52)，“突然”后接分句是与主语“人们”的期待相违背的情况，人们期待的是熟悉的旋律，但却没有按期出现，因而是主语不乐意发生的。例(53)中，“突然”后出现的情况对主语孙生旺来说，是极不情愿发生的，尤其是“把后半句话给咽回去了”，更能体现出“突然”后接的情况是主语不乐意发生的事情。

除了常识中我们认为的消极事件，也包括常识上是积极的，但对主语来说是消极的情况，如罪犯不希望案件被侦破，从而落入法网。

(54) “大刀帮”首犯朱国庆端起酒杯就要朝分坐两边的小王、小刘嘴边送，突然，一道弧光在他眼前闪过，他和另一个“兄弟”的双腕已被扣上手铐，另外 4 人见势不妙，正要挣扎，门外干警一拥而上，将他们一个个掀倒在地，捆了个结实。

“大刀帮”的首犯朱国庆正在和手下吃饭，他意想不到的不利情况发生了，“突然”后接的几个分句，表明警察出现，而这一情况正是主语朱国庆不愿发生的事情。

c. “突然”前面的分句原本就是消极、不利的状况，“突然”之后的分句或是同一事件朝着更加糟糕的方向发展，或是又产生了新的消极事件，如同雪上加霜。这类共12个语料，约占6.38%。

(55) 正当全家号啕大哭之时，突然，一个家人跌跌撞撞地闯了进来。看到两眼哭得通红的瓜尔佳，他急急忙忙地说道：“快！告诉二王爷，军队快要来杀他！他必须立即藏起来！快藏！”

(56) 李林右腿和前胸均受重伤，突然，她心爱的战马也一身血迹地扑倒在了山坡上。

例(55)中，“突然”前的分句表明，全家原本处在悲伤的状态中，而“突然”的出现带来了更加糟糕的消息——二王爷成了军队的攻击对象，使主语全家更加悲痛。例(56)中，战争中李林的受重伤对主语来说已经是非常糟糕的情况了，“突然”后接的分句表明她心爱的战马也伤痕累累地倒下了，这对主语李林来说犹如雪上加霜。

d. “突然”后的分句属于新的发现，但该发现是消极事件的前兆，或者该发现带来了消极的结果，属于消极的发现，该类例句共6个。

(57) 去年8月12日晚8时40分，巡逻战士霍振声、刘晓刚正在东四南大街上巡逻，突然，看到了隆福寺上空那浓烟滚滚并依稀伴有焦糊味，凭着娴熟的职业敏感马上向中队值班室做了汇报，值班队长王保贵得到情况后及时到此处查看情况。原来是北京最大的商业大楼北京隆福大厦失火……

(58) 罗子浮做贼心虚，心神不定，突然，他发现身上冷飕飕的，原来他的衣服都变成了芭蕉叶，他赶紧收敛邪念，秋叶又恢复成绵软的锦衣。

例(57)中，刘晓刚发现的是带有焦糊味的浓烟，而在后文中证实了浓烟正是一场大火的前兆。例(58)中，做贼心虚的罗子浮发现自己身上的衣服不见了，变成了芭蕉叶。这一发现也属于主语不愿出现的结果，属于消极的发现。

e. 突如其来的身体不适,如疼痛等,是身体内部出现新情况,共6个。

(59) 早晨正健步如飞地赶路上班,白天正聚精会神地赶报告,夜深人静睡得正香,突然,一阵剧痛从你的臀部如闪电般掠过,直达一侧的腿部和足部。

(60) 一天,他在国旗下站岗,突然,腹部剧烈疼痛,他咬紧牙关,勒紧腰带坚持着。

这两例中,“突然”后接的分句是突如其来的剧烈疼痛或是突发的消极的身体状况。这种身体不适是由身体内部原因造成的。

f. “突然”前后分句有着明显的转向,由积极的、有利的情况向消极的、不利的情况转变,共5个。

(61) 对此,作为大军区政委的邓小平与司令员刘伯承发布一个整顿军纪的命令,规定对违纪者,营以上的干部“经批准后处理”,“连以下人员就地处决”。这个命令在前线传为佳话。他心里涌过一阵热流,突然,又收紧了。现在的情况呢? 两年前,他在江西被监督劳动期间,已经对“文化大革命”给中国社会造成的严重破坏有了深切感受。

(62) 一秒钟前还是欢笑,突然,祸从天降。

例(61)中,根据上下文的语境我们了解到,“突然”前面的分句表明主语“他”内心是十分感动的,因为那条命令在前线传为佳话,是积极的情况。而“突然”后所接的分句是一种消极的感受——心又收紧了。因为“他”想到了“文化大革命”,担心“文革”对那条整顿军纪命令造成破坏,甚至破坏军队秩序。例(62)中,“突然”前后语境由积极向消极的转变体现得更为鲜明。一秒钟前是欢笑,而一秒钟后灾祸的降临打破了欢笑、积极的场景,消极的情感油然而生。

g. 天气骤变,外部环境产生恶劣变化,甚至引起更加恶劣的后果,共4个。

(63) 龙舟行至湘山(湖南岳阳县),突然,狂风骤起,波浪滔天,龙船颠簸起伏,眼看就要翻船……

例(63)中,“突然”后紧接天气的恶劣变化,同时天气的变化也导致了龙船无法平稳行驶。该类其他例句情况类似,天气的骤变属于主语所在外部环境的消极变化,此时“突然”使用在消极语境中。

3.“突然”前后分句没有明显的积极、消极的倾向,或者陈述突发的事实,或者描绘外部环境的变化。使用在中性语境中的例句共138个。

(64) 裕楞额想着想着,突然,一拍大腿,该找他去!俗话说“人到弯腰处,不能不弯腰”。

(65) 钓鱿的景象十分壮观。夜幕笼罩的海面,黑空寥寥,突然,船体两侧各五六十盏高效氯化钠灯全部打开,刺眼的强光霎时将船身及周围海面照得白昼一般。

例(64)中,“突然”前后的分句是裕楞额接连的两个动作,语义上是顺承关系。例(65)中,“突然”前分句暗示夜空的黑暗与寂寥,“突然”后的分句表明因氯化钠灯打开后,海面环境突然发生变化,属于外部环境的迅速改变,同时也含有出人意料的意味。以上两例中,“突然”前后分句没有较强的情感倾向,只是陈述事实或者短时间内发生的情况,因而将类似的语料归入中性。

4. 用于虚写的情况,位于比喻句或想象的情景之前,共3个。

(66) 她推开了房门,站在了门槛上,突然,好像被夏天的暖雨浇了一阵似的,全身感到了欢喜……

(67) 李明正在办公室里焦急地等待着为他去买药的韩万隆,突然,犹如神兵天降般,面前出现了几名公安人员。

例(66)中,“突然”与“好像被夏天的暖雨浇了一阵似的”共同修饰分句“全身感到了欢喜”,形容母亲欢喜的状态。例(67)中,“突然”与“犹如神兵天降般”共同修饰公安人员的出现,表明他们的出现是十分迅速的。在这两个例句中,“突然”后接的分句为比喻句,而且“雨浇”“天降”特点都是时间短、速度快的动作。这类情况中,比喻句往往具有鲜明的“突发性”“出乎意料”的特点。而“突然”的出现增强了上述特征的表达效果。

(68) 他已全身心地沉浸在所面对的诗文之中,主客间的界限泯灭了,眼前的文字不再是墨迹,而是化为梦境、回忆和经验(生活经验和阅读经验),交织成混茫的一片,突然,有某种东西冒出来,那是一种形象,一种感觉,或一种节奏,由模糊而清晰,渐次呈现,如红日于转瞬间跃出海面,他必须抓住,迅速地,紧紧地,并使之驯服地落在纸上,化为文字。

例(68)中,主语"他"沉浸在诗文的想象世界中,与诗文融为一体,不分主客。"突然"后的句子是想象中灵感化为文字的情景,把灵感比喻成一种形象、感觉、节奏,也将"他"创作的过程生动地呈现出来。"突然"用于想象的情景中。

3.2.2 句子后饰句"突然"的语境意义

当"突然"前后分别为句号和逗号时,显然"突然"前的停顿较大,其后的停顿较小,此时"突然"修饰后面句子。CCL 语料库中包含"。突然,"的语料共 875 个,其中重复语料 14 个,另有 1 个语料中包含两个符合条件的例句,因而有效例句 862 个。其中"突然"出现的前后语境是消极的、或是某个主语不愿发生的情况,这样的语料共有 461 个,约占 53.48%;出现在积极语境中,如"突然"后接令人意想不到的惊喜或是期待的事情,共 149 个语料,约占 17.29%;出现在中性语境中,不具有明显的消极、积极的特征,多为陈述事实或是描述所发生的情况,共 252 条,约占 29.23%。以下详细展开"突然"出现的语境意义分析。

1. "。突然,"出现在积极语境中

a. "突然"后接分句为主语期待发生情况或是出乎意料的惊喜,营造出高兴、愉快的氛围。

(69) 我好奇怪,心想,作为副教授的医生,开药不至于现翻书的罢?只见他仔细寻思,额头浸出密密的汗珠。突然,他高兴地对我说:"找到了,找到了!你看,你的病虽然只要用抗生素就行,但考虑到你身体弱,我替你选择这药副作用最小。"听罢医生这一番话,我心里一热,眼圈都红了。

(70) 一群衣衫褴褛的人正在地质探井机周围忙碌着。突然,一顶帐篷里传出一声近乎失态的狂叫:“我们挖着聚宝盆了!”紧接着一位长着一头黑卷发,留着浓密“八”字胡的东南亚人“噌”地窜出帐篷,手里拿着一根柱状矿石标本挥舞着,向同伴们高呼:“我们找到金窝了!”在探井周围忙碌的人群愣了愣神,紧接着也高声欢呼起来……

例(69)中“突然”前句子表明“他”为了给病人开合适的药方在医书中仔细寻找,“密密的汗珠”暗示寻找过程的不易。“突然”后面分句表达出“他”因找到合适的药方而十分高兴,同时这个结果也是主语“他”十分期待的结果。例(70)中,“突然”前描述了一群衣衫褴褛的人用地质探井机搜寻东西。“突然”后面的几个分句对他们来说都是期待发生的事情,甚至是惊喜:挖到聚宝盆、找到金窝。其中“近乎失态的狂叫”“高声欢呼”表明那群人找到聚宝盆后惊喜激动的情状。

b. “突然”前后分句的语境有着明显的转变,消极情况向着积极的方向发展。

(71) 由于时间不充裕,只好匆匆浏览,因而满心遗憾。突然,透纳的《战舰》出现了!

(72) 叫嚷声持续了一会儿,接着是子弹的飞啸声、碗碟的碎裂声和客人的骚乱声,我急得像热锅上的蚂蚁。突然,四周亮起了手电筒。看见首相安然无恙,我喜出望外。

例(71)中“突然”前面句子表明主语“我”由于时间不充分,对于喜欢的画展只能匆匆游览的遗憾心情,是带有消极情绪的语境。“突然”后面分句,“我”期待的画作的出现使我的情绪得到改善,句末的“!”也表明期待画作出现时的意外和惊喜。“突然”前后句子中,消极的心情有所转变,并朝着高兴的心情变化。例(72)中,突然发生的骚乱使主语“我”十分担心首相的安危。“突然”后接句子扭转了之前“我”担忧的心情。在光亮中看到首相之后,“我”的担心烟消云散。同时“喜出望外”也突显了“我”的喜悦。

2. “。突然,”出现在消极语境中

a. “突然”后接意料之外的不幸事件。包括在不知情的情况下遭受袭击、遭受突然而至的自然灾难、机器突发故障等。

(73) 在以色列特拉维夫的一次万人集会上,拉宾总理的和平演说使群情激昂。突然,三声枪响,拉宾应声倒下,鲜血浸透了他怀中那首和平颂歌的歌篇。

(74) 10日清晨,北海道余市町和古平町的司机们像往常一样,顶风冒雪驾车奔驰在第229号国道上,穿梭般地从丰滨隧道中通过。突然,人们始料不及的事情发生了:山崩!

例(73)中原本气氛极好的万人集会中突然发生意外,总理拉宾突然遭遇枪杀,瞬间应声倒下。“突然”后接分句为意外的不幸事件。例(74)中,司机原本像往常一样驾驶汽车行驶在国道上、隧道中,然而意想不到的事情发生了。“突然”后接意外发生的自然灾害“雪崩”。总理遭遇枪杀是人为的灾难,而雪崩是突然而至的自然灾害,都属于主语始料未及的不幸遭遇。

b. “突然”后接分句,是前一分句主语不希望或不情愿发生的情况。

(75) “出炉了!”随着一声吆喝,炉子里的铁水就像一条金红色的带子,徐徐地注入了每只砂模,飞溅迸射出点点火星,就像节日的礼花一样向四处散开,要不是亲眼目睹这情景,荣鸿仁还真有点不相信小说中的描写呢。突然,一只粗壮的手把看得出神的荣鸿仁一把拖开:“闪开,不能靠得这么近,小心灼伤。”荣鸿仁这才有些不情愿地站到远远的地方去。

(76) 华克公司在费城,承包建筑一座办公大厦,而且指定在某一天必须竣工完成。这项工程,每一件事进行得都非常顺利,眼看这座建筑物就快要完成了。突然,承包外面铜工装饰的商人,说他不能如期交货。什么!整个建筑工事都要停顿下来!不能如期完工,就要交付巨额的罚款!

例(75)中荣鸿仁原本沉浸在如小说描写一般的铁水熔铸的欣赏之中,而“突然”后接分句是主语十分不情愿发生的情况:正在津津有味的观看之中却被一双大手拦住,打断了原本美好的观赏体验。“不情愿”也表明主语不希望被打断观赏的想法。例(76)中,“突然”前面分句表明华克公司承包的建筑工程一切顺利，本应是一件令人开心的事情。而“突然”后面的情况却打破原本美好的设想和顺利的进度：承包铜工装饰的商人无法按期交货，这是主语不希望发生的消极情况。类似的例句都带有较强的主观性，是从主语的角度进行考量，确定“突然”后接分句是主语不希望或不情愿发生的消极情况。

c. “突然”后接分句为突发的身体不适，如疼痛、眩晕等身体异常。这种情况与个体内部相关，区分于 a 类情况由外部因素所导致的消极情况。

(77) 一次，已经是半夜了。突然，脚趾上阵阵钻心的疼痛，把乔从甜蜜的睡梦中惊醒。

(78) 那天，我们就蹲在报告厅的门口等他。突然，李摄像胃痛得厉害，我一直劝他回去算了……

(79) 那天晚上，19 岁的列斯里在大街上散步。突然，他感到周身发热，身上竟喷出火来，他的胸、背、腕都像被烙铁烫着那么疼痛，大脑有煮沸的感觉。

例(77)中“突然”后接分句为突如其来的身体不适：正在熟睡中的乔突然感到脚趾上钻心的疼痛。例(78)中，原本正在工作中的李摄像突然感到胃痛。这两例中，“突然”后接分句是因个体自身情况而产生的疼痛。例(79)中描述了人体自燃的现象。原本正在散步的列斯里突然觉得身体发热，身上甚至“喷火”。例(79)更能体现出这类例句的典型特征：“突然”后接分句也是消极现象，但这种消极现象与个体内部的情况有关。这点与消极语境中的 a 类情况不同。a 类情况中“突然”后接分句也为消极事件，但这种消极情况是由于不受个人控制的外部原因而导致的。而由不受个体控制的因素而导致的情况在所有消极语境的语料中极为普遍，由个体自身情况而产生的疼痛的这一类属于极小的部分，这也是二者的又一个不同点。

d. “突然”前后分句有明显的消极变化，语义上为消极的转折。包括由积极转向消极，以及从消极情况向着更加消极的情况恶化，如雪上加霜一般。

(80) 8 点 15 分，他结束了工作，轻松愉快地走进了他的住宅电梯。

突然，罪恶的子弹击穿了他的心脏，他再也没能跨入家门。

(81) 病人正处在正常麻醉状态，手术也非常顺利。突然，病人的心脏停止了跳动。

(82) 高建成猛吸一口气，奋不顾身地扑入水中，一把抓住小刘，奋力将他推到大树边，自己却被湍急的洪水卷入了水底。他好不容易冲出水面，顺水漂流了3公里多。突然，高建成发现战士何董华在不远处拼命挣扎，又倾尽全力扑上去，托着小何游向5米远的一棵大树，用肩膀一点点将他推上树干。何董华得救了，耗尽体力的高建成再次被洪水吞没，献出了年仅33岁的宝贵生命。

这类例句中“突然”承载的信息量较大，包括了由一种情况向消极情况的转变。例(80)中，“突然”前面句子表明主语“他”所处的状态是轻松、愉快的，而“突然”后接分句中，“他”却突然遭受了枪杀。“突然”前后句子的语境均是围绕主语“他”进行描写的，但前后状况却由积极、愉快的状态向消极的状态转变。例(81)中，“突然”前面句子表明手术一切顺利，病人状态也是正常的。按照常理，之后发生的也应该是病人恢复较好等积极的情况。而“突然”引起句子的强烈转折，后面分句表明突发病人心脏骤停，是不幸的情况。语境由积极向消极转变。例(82)中语义的转折更丰富，依次经历了消极(卷入水底)、积极(冲出水面)、消极(被洪水吞没)的转变。“突然”后接句子中，高建成拼尽全力救起了何董华，但自己却失去了生命，也属于不幸的消极情况。

3. “。突然，”出现在中性语境中

与“，突然，”所不同的是，当“突然”前为“。”时，“突然”前的停顿较长，同时也意味着“突然”也与后面分句的关系更为紧密。此时“突然”前后句子的主语不同的例句较多，或为不同主语发出的不同动作，或以不同角度描述事实。因而语料中呈现出没有积极或者消极倾向的语料也比“，突然，”更多。

a. 主语陈述或描述某个事实，“突然”后接短时间内发生的事情，与主语的感情倾向无关，只是客观地描述事情发生过程中的变化。

(83) 1752年7月的一天，富兰克林带着风筝和一只储电莱顿瓶来到野外，使风筝升到空中，当大雨倾盆、电闪雷鸣时，富兰克林掏出一把铜钥匙，系在风筝线的末端。突然，一道闪电掠过，一段风筝线直立起来，被一种看不见的力量移动着。

(84) 距离大炮约30米的地区为隔离带，看热闹的人群各自选择有利位置翘首远望。突然，一名警官手里的步话机中传出“准备”的命令，站立于牵引车左侧的警察随即将没有弹头的炮弹送入炮膛。

例(83)中描写的是富兰克林做雷电试验时的相关内容。整个例句包括了做实验的几个步骤。“突然”后接句子是闪电过后风筝线的变化，属于客观地描述实验现象。例(84)中“突然”前面句子主语为“看热闹的人群”，描写观看人群的状态。“突然”后面句子主语为“一名警官”，描述警官在接到命令之后的一系列动作。“突然”的转折承载了主语的变化，以及不同主语的不同状态。在这两个例句中，“突然”前后的语境没有积极、消极的区分，整个例句是在描述某个实验现象以及群众观看炮弹发射的场面，叙述的立场也较为客观。

b. “突然”所在例句为客观的动作描写。包括两种情况：“突然”前后为同一主语发出的动作和“突然”前后是不同主语发出的动作。

(85) 耳聋的贝多芬踽踽独行，交响乐在他的宇宙中轰鸣。突然，他跪下来，伏在膝上急急地写着。

(86) 这天下午，林彪的办公室里空荡荡的，他只身孤影，反剪着双手在办公室里慢慢地踱着步。突然，机要秘书蹑手蹑脚走了进来，递给林彪一封信。

例(85)中“突然”前后分句主语同为贝多芬。前面句子描写贝多芬在走路中沉浸在自己的交响乐世界。后面句子中，贝多芬的动作由走路变为“跪下来”，并伏在膝上写东西。“突然”承载的转折是前后主语发出动作的短时间内转变。例(86)中，“突然”前后句子的主语是不同的。前面分句描写林彪在办公室的状态，后面分句描写机要秘书进来之后的情况，描写角度从对林彪的描写转变为对秘书的描写，而角度的转变由“突然”的转折意义承担。

c. “突然”前后分句的内容呈现出由一种进行中的状态向另一种状态

改变。包括静态的环境与动态环境的互相影响，如某个声音的出现打破原有的宁静、嘈杂的场面瞬间安静、某个正在进行的动作或过程突然停止等。其中，前一个状态持续的时间较长，是较长时间内一直进行的某种状态。

(87) 她开始神经质地一次又一次紧捏着手，在自己心里激起那种热狂的情绪和懊恼，这在她是最明显的特性了。突然，她停住。还有一封信笔迹不同，写在较粗的纸上。

(88) 埃诺玛依凝视着斯巴达克思，在他那向来是严厉的眼光里显现了温柔与爱。突然，他叫道："你知道吗，斯巴达克思……"

(89) 我叹了叹气。"我不是因为你才要换一个的。""谢谢，我不需要花哨的立体声音响。""去年你的生日没有得到什么好礼物。"他不悦地说道。突然，他用一张硬的方纸片扇起风来。

例(87)中"突然"前面句子表明主语"她"的状态是"紧捏着手"，而"一次又一次"表明这种动作次数较多、持续时间较长。"突然"后接句子表明动作停止。"突然"前后的状态由动态变为静态。例(88)中"突然"前句子所描述的状态为埃诺玛依凝视斯巴达克思，其中，"凝视"一词也表明对视的状态持续时间长。"突然"后句子的动作由凝视转变为说话，由相对静态的描写转变为动态的描写。例(89)中"突然"前的几个句子表明双方在持续对话的状态当中，"突然"后的句子描写了"他"用硬纸片扇风的动作。"突然"前后分句由对话的状态转变为动作的发生，是一个动态向另一个动态的转变。

在中性语境中，"突然"的使用不再涉及主语的情感倾向，而是呈现出客观描述或陈述某个事实，或者以比较平静的眼光叙述某件事情的经过。此时的"突然"所带有的感情倾向性消失，类似于事件叙述过程中的连接词"然后"。但"然后"的叙述更加常规，事件如一条直线般按顺序发展。而"突然"的前后环境多少有所改变，打破了叙述原有的平衡，不再是直线的叙述，而更像是折线般的叙述。转折的变化也突显了"突然"意料之外的内涵。

4. 出现虚写的情景中，位于比喻句前或想象的情景之前

在"。突然，"的语料中也有类似的情况。

(90) 它[①]沉思似的在黑暗的旷野上徘徊,仿佛是在寻觅什么,渐渐地走近了。突然,好像在板壁上冲撞了一下,这声音骤然消失在窗下了。

(91) 他拂开稿纸,提笔开了几个头,都不满意。他猛地推开北窗,任寒风夹着细雪扑面而来。突然,他脑海中掠过一道闪电……啊,灵感来了!

例(90)中把口哨声视觉化,描绘想象中它经历的一切,并想象声音的停止是因为冲撞在板壁上。例(91)中把灵感在脑海中闪现的状态比作"闪电",形象地写出灵感出现得十分突然且迅速。

3.2.3 分句后饰句"忽然"的语境意义

CCL 语料库中包含",忽然,"的语料共 165 个。其中 1 个语料与前文重复,因此共 164 个有效语料。在对 164 个语料使用的语境归类时,我们发现共有 102 条语料没有明确的积极或者消极倾向,用于中性语境中,约占总语料的 62.20%;51 个语料有着较强的消极感情,"忽然"后面的分句表明消极或不利的情况,约占 31.09%;用于积极语境,表明情况由积极方向转变的语料共 10 条,约占 6.10%;1 个例句中"忽然"位于比喻句前,用于虚写的情境中。

1. "忽然"出现在积极语境中

"忽然"较少用于表示积极的语义环境中,在",忽然,"的 164 个语料中,仅有 10 个语料用于积极或期待发生的事件中,约占 6.10%。

a. "忽然"后接的分句,是主语期待发生的积极情况。

(92) 东海日出,把光亮溶化在朦胧的晨雾里。那金色的雾,扩大到无边,忽然,"望鱼台"上传话:"左前方七百米发现鲨鱼!"我惊喜异常……

(93) 同学都去上课了,我百无聊赖地站在那里,忽然,L 老师来赎我回去。我跟在她身后,蹦蹦跳跳,边走边笑……

---

① 根据上文"它"指口哨声。

例(92)中,“忽然”后接分句为主语得知的新的消息,而这一消息正是作者期待的。后接第二分句中“惊喜异常”,也表明“忽然”后发生的情况是作者出乎意料并期待的。例(93)中,事件的主语是“我”,“忽然”后接分句是短时间内迅速发生的新情况,原本被罚站的“我”十分期待L老师结束惩罚,这一情况的发生出乎“我”的意料,同时也是“我”希望发生的情况。下文中“蹦蹦跳跳”“边走边笑”也表明“我”结束罚站后十分开心。

b. “忽然”前后分句由消极状况向积极状况转变,表明消极情况有所改观,甚至发生积极的转变。

(94) 因人生地不熟,月色下的街道影影绰绰的,岔道又多,走着走着就迷失了方向,正在着急,忽然,前方有一束手电光,那光直朝我照来,随着传来一个熟悉的女声:“同志哥,你没摔着吧。”这是女店主,她见镇上停电,就打着手电四处来寻我了,跑得气喘吁吁。我踏着这一束洁白的手电光一步步走着,感到前面女店主的身影愈来愈高大。

(33) 有人称赞老舍先生“不避败笔”,写了不少不能再演的剧本,不堪再读的文章。可是,忽然,出了个《茶馆》。

例(94)中,“忽然”前几个分句说明了“我”所处的不利环境和状态。正当“我”焦急万分时,“忽然”后的新情况让我看到了希望:女店主拿着手电筒前来寻找“我”,化解了“我”所处的困境。“忽然”前后分句中“我”所处的环境的消极状况有所转变,由消极情况逐渐转向积极情况。例(33)中,“忽然”位于转折连词“可是”后,大大增强了“忽然”后的情况造成的出乎意料的意味。结合上文语境,老舍在一部分人眼中,是“败笔”的代表人物,作品得不到观众的认可。“忽然”的出现,扭转了这一不利的状况。《茶馆》这一优秀作品的出现,打破了先前人们对老舍片面的、消极的认识,提高了老舍的地位。因而“忽然”承接了对老舍作品的评价由消极向积极的转变,大大增强了新情况出人意料的意味。

c. “忽然”后接分句属于主语主观的、积极的发现,而这一发现也带来令人满意的结果。

(95) 一天,王晓春正在站上巡查,忽然,在人头攒动的旅客中发现一个熟悉的面孔,他立刻想起了通缉令上的一个重要案犯,王晓春迅速带领4名联防队员将其制服。

(96) 有一天,吃早餐时,他觉得太太做的三明治味道非常不错,忽然,他灵光一闪,与其这样落魄下去,不如振作起来,从卖三明治重新开始。

例(95)中,"忽然"连接了具有顺承关系的两个分句,后接分句表明王晓春在巡查时的新发现。而发现"熟悉的面孔"有利于案件的侦破,对主语王晓春来说,"忽然"后接的发现正是积极、有利的情况。例(96),"忽然"后接分句是主语"他"的脑子里的新想法。"灵光一闪"的新想法有利于帮助他和太太走出困境,摆脱"落魄"的状态,因而对主语"他"来说也是积极的情况。

2. "忽然"出现在消极语境中

a. "忽然"后的一个或几个分句是消极的或不利的情况,或者消极的情绪、感觉等。

(97) 当他深一脚浅一脚地行走在郊区漆黑的小路上时,忽然,一道闪电击中了他。张福龙只觉得眼前发黑,双膝一软,晕倒在秦淮河堤上……

(98) 向南上了自己的车,看着陆涛的车离去,忽然,一种无助感凭空袭来,他觉得自己真要离婚了。

(99) 小东西往脸上抹了一点胭脂,然后,她呆呆地望着镜子里自己的脸……,忽然,她扑到桌子上,无声地抽咽起来。

例(97)中"忽然"前面分句为时间状语,后接分句是意料之外迅速发生的消极事件:闪电击中了正在路上走路的张福龙。例(98)中,向南看到陆涛的车子离去之后产生了无助感,"忽然"后面所接分句属于消极感觉的产生,无助感让向南开始怀疑自己的婚姻状况。例(99)属于"忽然"后接分句为消极的情感,小东西在涂抹胭脂后再也控制不住内心的痛苦,甚至抽噎起来。

b. "忽然"后面分句发生的事情,是前一分句主语或话题主语不愿发生的情况。共14个。

(100) 正当我几乎被暑气弄得晕过去的关口,忽然,传来一声撕裂人心的惨嗥——那声音是我平生从未听见过的,今后也绝不忍再听。

(101) 商队正准备改变方向,不向凉州,而改道向北行进,忽然,又传来了大队战马的嘶鸣和急促的马蹄声。

例(100)中,主语"我"在暑气中挣扎着,这时传来了撕心裂肺的惨叫声。"忽然"后面分句是主语不愿发生的事:"我"不乐意听到那样的惨嗥。在例(101)中,商队正准备改变策略,变换行进方向的时候,意想不到的事情发生了。"忽然"后接分句表明大队战马就在附近,向着商队所在方向前来。敌军战马声音的出现,这是商队不愿发生的事情,对主语商队来说是不利的情况。

c. "忽然"后的分句,是主语的消极发现,或者是某件坏事的前兆,或者是该发现带来了令人不愉快的结果。共7个。

(38) 高肇甫一家刚刚起床,忽然,闷雷般的哀乐袭来,收音机在广播周恩来病逝的讣告,全家一个个傻了似地给钉在那里!

(102) 在成昆铁路渡口支线新庄隧道工地,身为副指导员的唐良杰正在带领战士们紧张地掘进施工,怒吼的风枪声淹没了隧道里的其他声响,忽然,细心的唐良杰发现隧道顶部有碎石下落,他判断要塌方,便大声喊:"要塌方,大家快撤!"

这两例分别属于听觉上和视觉上的消极发现。如前文例(38)中,高肇甫一家起床后听到了广播中刚传来的周总理逝世的噩耗,通过下文,我们看到这一消息使全家悲痛万分。因而"忽然"后的分句属于主语在听觉上的消极发现。例(102)中,唐良杰在嘈杂的环境中发现了碎石下落的现象,"忽然"后接分句揭示了他的发现。而这一发现却是塌方这一消极事件的前兆,也属于发现消极的情况。

d. "忽然"后接分句表明主语身体出现消极变化,如身体不适等。共3个。

(103) 王占君正在写稿,忽然,他觉得全身抽搐,左腿迸出瑟瑟寒意。

(104) 夏琳在床上躺了一会儿,又起来,去洗手间洗了脸,漱漱口,忽然,一阵恶心顶上来,她吐了,接着她有点恍惚,不知为什么,糊里糊涂地再次漱了口,然后靠在墙上发呆。

这两个例句中,“忽然”后接的几个分句是短时间内发生的身体不适,表明“忽然”也可以用于人的身体健康方面,后可接短时间内发生的身体异常。

e. “忽然”前后分句有着较强的情感转变,由积极的情况转向消极的情况。共 1 个。

(105) 这时,中年男子正一个人坐在包房里等红红小姐回来,他的情绪看起来有些激动,脸上洋溢着幸福的光彩,他不能自制地在房间里走来走去的,忽然,他摇晃了一下,便倒在地上,再也没有起来——他死于心肌梗塞!

在 164 个语料中,这个例子的出现值得注意。“忽然”前面分句表明主语“中年男人”本来是非常开心的、幸福的。“忽然”后的分句表明他突发心肌梗塞猝死了。“忽然”前面分句是开心的状态,而后面分句话锋一转,发生了消极的情况。“忽然”在语义上具有转折的作用,强调前后内容的对比,引起意外的不幸事件。

3. “忽然”出现在中性语境中

“忽然”在两个“,”之间出现时,多用于中性的语境,共 102 个,约占 62.20%。在这种环境中,“忽然”前后分句没有强烈的积极或消极的情感倾向,而是陈述短时间内发生的情况,或者不同主语发生的不同情况。相对于“突然”来说,主观性较弱。

(106) 我们在会客室里静静地等待,忽然,毛主席从左侧一个门健步走进来,记得陪同他的有陆定一和彭真同志。

(107) 大家又继续谈起大陆各地的巨大变化,忽然,陈立夫指指身上的长袍说:“这件袍子的丝绵,还是我一位远房侄儿,从故乡湖州捎来的呢。”

以上两例,“忽然”前后分句为不同主语。例(106)中,“忽然”强调前一分句主语“我们”在等待中出现的新情况,即毛主席的到来。例(107)中,“忽然”前一分句主语是“大家”,后一分句主语是陈立夫,是大家中的一个成员。“忽然”意在强调陈立夫的发言。两个例句均重在描述不同主语发生的情况,“忽然”出现的语境也为中性。

4. 用在虚写的情景中

“忽然”极少出现在比喻句之前,仅有1例。

(108) 她屈着身体,把臂肘撑在窗台上,忽然,好像头上被人打了一下似的,颓然无力地跪了下去。

该例中“忽然”用在比喻句前,表明她的动作由“屈着身体”到“跪了下去”的变化十分迅速。

3.2.4 句子后饰句“忽然”的语境意义

在CCL语料库中检索包含“。忽然,”的例句共333个。其中重复的语料6个,2个语料均含有2个符合条件的例句,因而有效例句共329个。其中,“忽然”出现在消极语境里共94个例句,约占28.57%;出现在积极语境中共43个例句,约占13.07%;“忽然”出现在中性的环境的例句共192个,约占58.36%。

1. “忽然”出现积极、消极语境中

在对语料的分析中我们发现,“忽然”后接分句可以是具有积极意义的内容,如意想不到的惊喜、主语期待发生的情况、某件不好的事情有了转机或找到了解决的办法等具有积极色彩的内容。“忽然”也可以使用在消极的情况中,如身体忽然出现异常、主语产生过于紧张、恐惧等负面情绪、主语不希望发生的情况、突发的灾难等。同时也包括由积极向消极的恶化以及由消极向积极的改善。

(109) 他提前来到市政府北楼,与市长李其炎和市委常委欧阳文安研究工作。忽然,他头歪向一边,两手握拳,牙关紧咬,失去了知觉。

(110) 一天,老房和两名工人清路。忽然,头顶上传来石层的断裂声,不好,要塌方!

(111) 问者:(盯着。那字迹不像书家的,也不像常人的,却有一种飘逸感。忽然,全顿觉清爽,倦意像水纹似的退下了。)怪了,不犯困了!

例(109)中,"忽然"前后句子主语一致,后面紧接突发的身体状况异常。根据后文内容,由于心肌梗塞,"他"最终抢救失败。因而"忽然"后接消极情况。例(110)中"忽然"后接句子为自然灾害塌方。这两例都是"忽然"后接主语始料未及的不幸事件。例(111)中,主语在看到飘逸的字迹之后倦意消失,顿时清醒了。"忽然"后接的情况是积极的转变。

(112) 辽兵向南进军,一路上没遇到抵抗,正在得意。忽然,后面响起一片喊杀声,只见烟尘滚滚,一支骑兵从背后杀来,像猛虎冲进羊群一样,乱砍猛杀。辽兵毫无防备,又弄不清后面来了多少人马,个个心惊胆战,阵容大乱,哪儿还抵挡得了,纷纷向北逃窜。

(113) 北树村100多名村民滴水未进,饥饿难忍,一个个坐在房顶上发呆。忽然,远处传来飞机声,人们顿时兴奋起来,脱下衣服拼命朝飞机摇动,不一会儿,一架小飞机飞临北树村上空,准确地向人群投下100多公斤饼干和200多公斤淡水,群众纷纷向飞机挥手致意。

例(112)中,原本辽军处在优势的一方,正在得意之时,不幸背后受敌,向北逃窜。"忽然"前后句子中辽军的地位由优势变为劣势。例(113)中,久久被困的村民忽然看到了救援飞机,状态也从"饥饿难忍"变为"兴奋起来",由心怀绝望到充满希望。在这两例中,"忽然"承担了句意的转折,或由消极语境转为积极语境,或由积极语境转为消极语境。

2. "忽然"出现在中性语境中

"。忽然,"较常使用在中性环境中。由于"忽然"前为"。",因而"忽然"与后面句子的关系更为紧密。以下详细展开中性语境中的分析。

a. "忽然"前后主语一致,陈述同一主语看到、听到的某个事实,或描述某个现象。

(114) 讲解员指着毛泽东在各个历史时期的照片,认真地讲解着。忽然,她停住了讲解,两眼紧盯着李敏,又回过头去看照片上的毛泽东……

(115) 陈毅顿住了,他看着手中的酒杯,仿佛是在斟酌词句。忽然,他抬起头,深邃的眼睛里闪动着异样的光彩,以浑厚的四川乡音说道……

例(114)中,“忽然”前后讲解员的动作发生改变,“忽然”之后讲解的动作暂停,并发出一系列的动作。例(115)中,“忽然”前后句子,主语陈毅的动作改变,从“顿住”到“抬起头”。在这类语料中,“忽然”引起动作的变化,多是在动态和静态之间的转换。作用类似于“然后”,但“忽然”更强调两种截然不同的状态之间的转变。

b. “忽然”前后主语不同,描写不同人发出的不同动作,或对同一现象、人物进行描写,但描写角度发生变化。

(116) 白光不动,黑影在白光边上颤动,好似刚杀死的牲口的肉那样微动。忽然,极快的,白光硬挺挺的左右摆动了两下,黑影几乎来不及躲避,乱颤了几下,无声的,无可如何的,把地位让给了白光。

(117) 乔木当时已调到中共中央宣传部工作。忽然,王若飞来窑洞看乔木,我也在场。

例(116)中,“忽然”前一分句叙述的焦点在“黑影”上,后一分句叙述的主语转变为“白光”。例(117)中“忽然”前面主语为乔木,后面主语为王若飞,整个例句围绕乔木从不同的角度展开。这些语料多是以第一人称陈述事实,或是以第三人称对事实的发展进行描述,叙述的立场也较为客观。

c. 主语所在的外部环境发生变化,以客观、平静的角度描写外部环境的变化。

(118) 但见窗外的尼罗河上碎波细浪,闪射着两岸绚丽霓虹的五光十色。忽然,餐厅舞中池鼓乐齐鸣,情调悠扬的阿拉伯音律荡漾在尼罗河的夜空中。

依据前文,叙述的视角在餐厅中。“忽然”前面句子描写从餐厅中欣赏尼罗河的景象,后面句子描写主语所在的外部环境的变化,餐厅中响起了悠扬的音乐。作者以客观的态度描述所处的环境的变化,此时“忽然”用于中性的语境中。

3.3 小结

我们将分句后饰句、句子后饰句“突然”和“忽然”语境意义的分布情况整理成下表:

表 3

分类统计 / 使用倾向	突然		合计	比例	忽然		合计	比例
	,突然,(384)	。突然,(862)	1 246	100%	,忽然,(164)	。忽然,(329)	493	100%
积极语境	56	149	205	约 16.45%	10	43	53	约 10.75%
消极语境	187	461	648	约 52.01%	51	94	145	约 29.41%
中性语境	138	252	390	约 31.30%	102	192	294	约 59.63%
虚写情景	3	2	5	约 0.40%	1	0	1	约 0.20%

数据表明,停顿视角之下的“突然”的语料数量和“忽然”有着巨大的差异。这和包含二者的语料的总数有关。CCL 语料库中包含“突然”的例句共 46 351 个。包括“忽然”的例句共 20 830 个,包含“突然”的例句数量远远大于“忽然”。其中,停顿视角下的“突然”约占所有例句的 2.69%,“忽然”约占 2.37%,“忽然”在停顿视角下的使用比例低于“突然”。这和二者适用的语境有很大的关系。使用在积极语境和消极语境中的“突然”共 853 个语料,在 1 246 个语料中约占 68.46%。“忽然”使用在中性语境中的比例最大,约为 59.63%。由此我们可以看出,当使用语境带有强烈的主观性,呈现出积极或消极的特点,此时人们倾向于使用“突然”来引起突如其来的出乎意料之事。当语境意义是中性时,即叙述或描写的角度较为客观,意在将所发生之事以客观的叙述视角呈现出来,此时,人们倾向于使用“忽然”来引起短时间内迅

速发生的事实。当语境意义是虚写的情景，且用于比喻句或想象的情景之前，此时，人们倾向于使用“突然”来表达瞬间发生的情况或产生的感觉。

结合第二章中我们对“突然”和“忽然”句法位置的归类和分析，我们发现，当“X 然”前后均有逗号隔开时，超过半数的例句中“X 然”位于两个分句之间，此时大多例句中前后主语毫不相关。这一句法特点同时具有一定的语义原因。本章我们通过分析、归纳发现，“突然”常用于积极或消极的语义环境中，此时，“突然”后接的情况往往是新出现的情况，其中又以外部的消极或意外情况居多。外部的新情况主语另起，常常与前一分句的主语毫不相关，是与前一分句描述的常态不同的突发情况。

4. 语 用 分 析

4.1 语气的顿断性

李讷和汤普森根据句法位置的移动性将副词分为“不可移动副词”(non-movable adverbs)和“可移动副词”(movable adverbs)。可移动副词既能够位于句中谓语前，也可以位于句首主语前，不可移动副词是只能出现在句中谓语前，不能出现在句首主语前的副词。① 显然，“忽然”是可移动副词。但是当副词位于句中谓语前和句首主语前在语义上差别不大，但在语用效果上却不尽相同。

在停顿视角之下，“突然”和“忽然”出现的环境前后均有停顿，并且在书面表达中也有相应的标点符号予以标记。此时的“突然”和“忽然”位于主语之前。在前面的分析中我们也提到了，部分“突然”和“忽然”可以移至主语后面直接修饰谓语，不影响句意的表达。但也有一些例句中的“突然”“忽然”不能移至后面句子，如例(2)。

(2) 那天，李老汉冒着蒙蒙细雨在潭边放牛，突然，手里牵着的水牛惊恐不安，发出凄惨的一声怪叫，挣脱牛绳，朝远处奔……

---

① 可移动副词与不可移动副词的相关表述，参考沈敏、范开泰：《基于语料库的“赶紧、赶快、赶忙、连忙”的多角度辨析》，《语言研究》2011 年第 31 卷第 3 期，第 49 页。

在该例句中“突然”修饰的是一系列连续发生的动作，这些动作均是在短时间内突然发生的动作，因而不能移至主语后。除了这些特殊情况，“X 然”位于主语前并有标点符号隔开，与“X 然”位于主语后在表达效果上不尽相同。

张谊生(2000)讨论了副词的位置对表达效果的影响。大多副词的位置是灵活的、自由的：既可以位于主语之前，也可以位于主语之后。但对衔接副词来说，位于主语前后在表达效果上有着或多或少的差异。当副词位于主语前时，后面可以略有停顿，也可以不加停顿。二者的区别在于：停顿以后，舒缓语气的同时，更突出了该副词承上连下的衔接功能。①

杨德峰(2006)对位于主语之前的时间副词的效果研究认为，时间副词位于主语前是为了凸显时间副词的衔接功能。这一结论有着心理学的依据。心理实验表明，句首成分是最容易引起受话人注意的，所以在交际和对话中，由于时间有限，把最重要的信息放在句首，是说话人直接的心理反应，也是引起受话人注意的便捷手段(张伯江、方梅，1994)。②

我们认为，“X 然”前有语气上的停顿，在书面表达上有标点符号隔开，而且位于句首，此时的“X 然”在句中得到了强调，突出情况发生了转变。“X 然”在篇章中体现出衔接的作用——关联上文的同时，更重要的是暗示并引出下文的突发性情况。“X 然”后接句子往往是发生的新情况，而强调“X 然”的目的在于引出后文发生的新情况，暗示、突显语义的转折。同时也暗示了前后分句主语发生变化。如果去掉“X 然”，后面直接接突发的新情况，上下文的连贯性明显降低、衔接的紧密程度也大大下降，不利于句意的表达和理解。

(56) 李林右腿和前胸均受重伤，突然，她心爱的战马也一身血迹地扑倒在了山坡上。

用于句中且以逗号隔开的“突然”，可以移至后分句的主语后面，即：

---

① 张谊生：《现代汉语副词研究》，上海三联书店 2000 年版，第 313 页。
② 杨德峰：《时间副词做状语位置的全方位考察》，《语言文字应用》2006 年第 2 期，第 74 页。

（56’）李林右腿和前胸均受重伤，她心爱的战马突然也一身血迹地扑倒在了地上。

“突然”在主语前和主语后不影响句意的理解。但是不同的位置，表达的效果不同。两个分句的主语不同，当“突然”位于主语前而且有逗号隔开时，前后两个分句之间的转折关系由“突然”承担，此时后一分句主语的变化表明新情况的产生。当“突然”位于主语后时，两个分句主语不同，且之间没有连接词衔接，两个分句之间的关系不明显，后一分句意外转折的意味也没有得到强调。当删去“突然”时，上下文之间的连贯性大大减弱，前后分句主语的变化也显得十分突兀，不利于对话双方的传达和理解。因而“突然”位于句首作独立成分时，在篇章上具有加强上下文连贯性的作用。

4.2 篇章的关联性

4.2.1 “X 然”篇章衔接功能

张谊生（2000）将副词分为描摹性副词、限制性副词、评注性副词。限制性副词内部又可以分为关联副词、时间副词、频率副词、范围副词、程度副词、否定副词、协同副词、重复副词八个小类。他认为关联副词具有特殊性，汉语中不存在纯粹的关联副词，关联副词同时又兼属于其他类别的副词。同时，张谊生还指出了关联词语的“两重性”。关联副词在较大的语言单位做状语时具有两重性：第一是它本身的限制或评注的功能；第二是将视野放在它前后成分以及整个句子上，此时关联词语在篇章上具有了连接功能。张谊生（2000）认为关联副词的范围是比较大的，关联副词与其他的副词之间没有明确的界限，只要某个副词在句子中、篇章中起到了关联作用，它就是关联副词。因而关联副词是一个动态的、不定的副词小类。①

“忽然”作为关联副词已经得到较多前辈的认同。张谊生（1996）将副词在篇章连接过程中的功能分为六种：表顺序、表追加、表推论、表解说、表转折、表条件。其中表转折的功能又可以再细分为对立式转折、补注式转折、

① 张谊生：《现代汉语副词研究》，上海三联书店 2000 年版，第 19—20 页。

无奈式转折、意外式转折四种。而"忽然"属于意外式转折一类。姚小鹏(2011)从语用连接义和浮现连接义的角度出发,将"忽然"归为具有时序关系中的插入型时序关联副词,表示事件的突发性。段铁娜(2005)将"忽然"归为"非典型性关联副词",因为其在句子或篇章中起关联作用时往往不与其他词语共现。

对大量语料的分析之后,我们发现不仅是"忽然"能够作为关联副词使用,表示意外转折,"突然"作副词时也有相关的用法,而且更为丰富。当"突然"作为关联副词使用时,可以连接表示因果、转折、解说等关系的两个句子。

1. 连接具有转折关系的句子

"突然"在篇章衔接中最主要的功能是表示转折,除了意外式转折,还包括惊喜式转折。

(49) 5日凌晨,飞机在首都机场徐徐降落,在离地面400多米的时候,突然,飞机失去了平衡,偏离开降落的跑道,歪歪斜斜地向1公里以外的玉米地里一头扎了下去——只听"轰"的一声,飞机前舱碎裂,紧接着火焰冲天蹿起……

前文例(49)中,依据上文的情况,原本飞机应该是按照计划顺利降落的,但是紧接而来的情况却是出乎意料的意外事件,飞机突然失去平衡并发生坠机事件。"突然"后接的意外转折,使得情势发生转变。

(48) 登船后,我和一位朋友一直在看乘客名单,突然,我不太相信地指着一个名字大声念道:"温斯顿·丘吉尔。"丘吉尔!在我16岁的时候,他在我心目中如同神明一般。

"突然"后接句子属于出乎意料的惊喜事件,上文的平和叙述转变为惊喜叙述。能够见到青年时期的偶像人物,对"我"来说的确是出乎意料的惊喜。"突然"后语义的表达转向惊喜,属于惊喜式转折。

2. 连接具有因果关系的分句

(119) 然而,可怕的"嘎,嘎"声一阵过去,又一阵压过来,突然,他看到船舱的一道大裂口……

(120) 也许是职业的敏感,突然,一封没有署名的信引起了我的注意。

(121) “当然,”托比回答。他想起了克里夫敦的话,突然,感到自信心不足了。

例(119)中,“突然”前句子描绘可怕的声音,而声音产生的原因在“突然”后进行解释,前面句子是结果,后面句子是原因。后两例中“突然”前是原因,“突然”后面句子是结果。例(120)中,因为职业的敏感,所以“我”注意到了一封没有署名的信。例(121)中,由于想到了克里夫敦的话,所以“他”的自信心有些不足。

3. 连接具有解说关系的句子

此时“突然”后面的句子对前面句子进行补充、说明,使句意的表达更加完善。

(1) 太阳已西斜,赵元杰爬上沙包探望,突然,一段隐约可见的用胡杨树干铺垫的沙路出现在眼前。

(122) “源潜流细冷泉水,根深蒂固飞来峰”,突然,他失声吟出一联。

例(1)中,“突然”后面句子补充、说明前一句子,“用胡杨树干铺垫的沙路”是前一句子中“探望”的具体内容。例(122)中两句诗句是“失声吟出一联”的具体内容。“突然”前后句子具有解说关系。

4. 连接具有递进关系的句子

(123) 室内阴森神秘的频闪灯光,使一切都显得那么怪异恐怖。尼克斯开始害怕起来,突然,一幕让尼克斯震惊而胆寒的情景出现了:凯茜和莫里斯竟然真的像吸血游戏中描绘的那样,互相品尝起对方的鲜血来:她咬住他的手用力吸吮,他用刀在她臂上划开一个口子……

“突然”偶尔用在具有递进关系的句子之间。“突然”前面句子表明尼克斯看到周围阴森的环境和频闪的灯光后“开始害怕”,后面句子是让他“震惊而胆寒”的情景,相对来说,“突然”前后尼克斯害怕的程度由低到高,尤其是“胆寒”一词更能体现出他内心的恐惧。

4.2.2 “X 然”节点标记功能

在语义分析中,我们列举了“X 然”前后句子的语义关系。我们发现,当“X 然”前后主语不一致时,“X 然”后面句子往往表明情节的发展出现新的情况,而“X 然”的出现暗示情节的变化,同时也是新的情节产生的临界点;当“X 然”前后主语一致时,“X 然”后为主语发出新的动作或不同的情况,此时“X 然”是情节变化的关键点。“突然”和“忽然”都适用标记情节节点。

(42) 面对死而复生的罗胖子,精狗知道自己完蛋了,但他仍不死心,突然,他想到了罗胖子的痛处,便说:“罗先生,是我不好,但那都是你逼的……”

(101) 商队正准备改变方向,不向凉州,而改道向北行进,忽然,又传来了大队战马的嘶鸣和急促的马蹄声。

例(42)中,精狗原本处于十分不利的状态,但是他想起了对手的痛处,从而改变了对自己不利的局面。“突然”是精狗不利状态的结束点,也是情势转变的转折点。例(101)中,结合上下文,商队准备改变方向,以求避免战争,但不巧的是依然有战马嘶鸣的声音。“忽然”后的情况与商队预想的不同,是情节变化的节点。

4.3 话语的标记性

我们发现,在某些语料中,“突然”的意义虚化,甚至可以去掉,不影响句意的表达。

(124) 就在这危急关头,突然,从岸边飞来一颗石子,“啪”的一下,正打中韩广的肩头……

(125) 正被“电钻”钻得难耐之际,突然,牙医腰间的 BP 机狂响起来。

(122) “源潜流细冷泉水,根深蒂固飞来峰”,突然,他失声吟出一联。

(120) 也许是职业的敏感,突然,一封没有署名的信引起了我的注意。

“突然”用于紧急关头发生的新情况,例(124)中“突然”前后分句为顺承关系,如果去掉“突然”,分句间的顺承关系由两个分句承担,去掉之后不影响句子的表达。例(125)中也是如此。我们发现这类例句的相似之处在于,“突然”前面分句已经将特殊的时间环境交代清楚,而且特别强调是短暂的瞬间(“就在……关头”“……之际”)将要发生的事情。例(122)中“突然”前后分句是解说关系,即使没有“突然”,也能够说得通。例(120)中,“突然”前后分句是因果关系,去掉“突然”之后句意不变。在这些例句中,“突然”强调“转折”的作用弱化,也不再承担表明前后分句之间关系的作用,去掉之后并不影响句意的表达和理解。

潘海峰(2017)在区分副词和话语标记时指出,判断副词和话语标记,除了语义以外,居于句首前位也是一个重要的条件。因为居于句首前位时,副词与后续句子成分的联系较为松散,逐渐脱离了后续句的管控,不充当后续句的句法成分,而是作为其启动装置,就有可能演变成话语标记。在上述语料中,“突然”本身的意义逐渐虚化,且位于句首前位,它与后面分句的关系较为松散,甚至可以去掉并不影响句意的表达,具有了类似话语标记的功能。但“突然”是否是话语标记还有待进一步考证,不过“突然”在篇章中已经具有了衔接功能,而从副词到篇章衔接功能的浮现到进一步虚化成为话语标记是副词虚化的一条路径①,因此我们可以说,部分语料显示出“突然”具有意义逐渐虚化的倾向性。

4.4 小结

在语用分析这一章中,我们着重从篇章的角度探讨“突然”和“忽然”的语用效果。我们发现,当“X 然”位于主语前作句首状语,且前后均有停顿,

---

① 这条路径参考潘海峰《汉语副词的主观性与主观化研究》第 163 页的相关分析。

此时"X 然"得到了强调和突出,并且凸显了"X 然"在篇章中的衔接、连贯上下文的作用。此外"突然"和"忽然"都有标记情节节点的功能,"X 然"的出现暗示后文出现了新的情况。在某些语料中,"突然"的意义虚化,甚至可以去掉不影响句意的表达,呈现出某些话语标记的特征和倾向。

5. 结　语

本文我们讨论了"突然"和"忽然"的饰句性用法及其在句法、语义、语用方面的差异。我们选取了北京大学现代汉语语料库中所有包含",突然,""。突然,"",忽然,""。忽然,"的句子进行逐一分析,归纳出以下差异:

在句法方面,当"X 然"后饰分句时,"突然"和"忽然"的句法分布具有相似性。超过一半的例句中"X 然"位于两个分句之间,其中又以前后主语毫不相关的例句数量最多。但二者也有不同之处:"突然"可以用在主谓之间和并列谓语之间,而"忽然"不具有相关用法。此外"忽然"用在状语之前这一特殊位置的比例高于"突然",重在强调其后状语的特殊性。

在语义方面,从较为官方的词典中我们发现,二者都可以表达事情的发生使人出乎意料,但各有侧重。"突然"更强调突如其来,"忽然"侧重异常迅速。通过对语料库中符合条件的例句进行逐一分析,我们发现人们在选择使用"突然"还是"忽然"时具有一定的倾向性。当"X 然"前后的语境具有主观性,带有主语或说话者强烈的主观情感,有着积极或者消极的情感倾向,此时人们倾向于选择"突然"来表示意外发生的不幸事件或出乎意料的惊喜。当"X 然"前后语境较为客观,叙述立场平静客观,旨在描写或叙述事实,此时,人们倾向于用"忽然"来陈述短时间内发生的出乎意料的情况。因此在积极与消极语境的几类具体分类中,"突然"的用法比"忽然"更丰富。同时当语境意义是虚写的情景,且"X 然"常位于比喻句或想象的情景之前,此时人们倾向于使用"突然"表示瞬间发生的情况或产生的感觉。

在语用方面,分句后饰句的"突然""忽然"前后均有停顿,语气舒缓的同时也引起了下文,更突出了其在篇章衔接上的作用。"突然"和"忽然"均可作关联副词使用,在句中承担一定的关联作用。"忽然"可以用于意外式转折,“突然”可以用于具有转折、因果、解说关系的句子中,因而在篇章衔接功能上,“突然”呈现出了比“忽然”更丰富的用法。在语篇中,“突然”和“忽然”都具有情节节点的标记功能。另外,“突然”具有话语的标记性,在某些句子中“突然”意义虚化,去掉之后不影响两个分句之间的关系,也不影响句意的表达,具有了某些向话语标记方向虚化的倾向。

参考文献

[1] 金峻铁.“X然”类短时义副词研究[D].延边：延边大学,2007.
[2] 何云.“X然”类词的多角度研究[D].西宁：青海师范大学,2011.
[3] 黎明.关于形容词和副词的划界问题——从《突然》和《忽然》谈起[J].逻辑与语言学习,1985(01)：33－34.
[4] 陆丙甫.从“跳舞”“必然”的词性到“忽然”“突然”的区别[J].语言研究,1992(01)：12－18.
[5] 胡脩实.“突然”与“忽然”状语功能的比较研究[D].长春：吉林大学,2012.
[6] 姜丽.“突然”“忽然”的比较研究[D].哈尔滨：哈尔滨师范大学,2013.
[7] 吕叔湘.现代汉语八百词(增订本)[M].北京：商务印书馆,1980.
[8] 张斌.现代汉语虚词词典[M].北京：商务印书馆,2001.
[9] 中国社会科学院语言研究所词典编辑室.现代汉语词典(第5版)[M].北京：商务印书馆,2005.
[10] 北京大学中文系1955、1957级语言班.现代汉语虚词例释[M].北京：商务印书馆,1982.09.
[11] 王自强.现代汉语虚词用法小词典[M].上海：上海辞书出版社,1984.
[12] 沈敏,范开泰.基于语料库的“赶紧、赶快、赶忙、连忙”的多角度辨析[J].语言研究,2011,31(03)：48－54.
[13] 张谊生.现代汉语副词研究[M].上海：上海三联书店,2000.
[14] 杨德峰.时间副词作状语位置的全方位考察[J].语言文字应用,2006(02)：69－75.
[15] 张谊生.副词的篇章连接功能[J].语言研究,1996(01)：130－140.
[16] 吴海,齐栋等.常用同义词典[M].北京：同心出版社,1997.
[17] 张斌,张谊生.现代汉语虚词[M].上海：华东师范大学出版社,2000.
[18] 姚小鹏.汉语副词连接功能研究[D].上海：上海师范大学,2011.
[19] 段轶娜.现代汉语关联副词研究[D].南京：南京师范大学,2005.
[20] 潘海峰.汉语副词的主观性与主观化研究[M].上海：同济大学出版社,2017.
[21] 尹洪波.饰句副词和饰谓副词[J].语言教学与研究,2013(06)：73－80.
[22] 蒋静忠,魏红华.“一直”与“总是”辨析[J].中国语文,2017(04)：412－420+510－511.
[23] 方梅.饰句副词及相关篇章问题[J].汉语学习,2017(06)：3－11.

[24] 任海波.基于语料库的现代汉语近义虚词对比研究[M].上海：学林出版社,2013.
[25] 原苏荣.汉英副词性关联词语比较研究[M].上海：上海三联书店,2013.
[26] 张谊生.现代汉语副词探索[M].上海：学林出版社,2004.
[27] 张谊生.试论“X 然+间”[J].汉语学习,2007(06)：3-11.
[28] 范开泰,沈敏.“眼看”与“马上”的语义表达功能辨析——兼谈对外汉语近义虚词教学[J].云南师范大学学报(对外汉语教学与研究版),2007(5).
[29] 刘丽艳.作为话语标记的“这个”和“那个”[J].语言教学与研究,2009(1).
[30] 沈敏.现代汉语短时类副词的移动性及其句法后果[J].长春工程学院学报(社会科学版),2011(2).
[31] 方梅.对外汉语教学中的话语标记语研究[D].济南：山东师范大学,2013.

“到位”的多角度考察

石景天

摘要 从古代汉语到现代汉语,“到位”经历了从述宾短语到动词,再到形容词的发展过程。本文首先回顾了国内外词汇化研究概况和“到位”类似的结构“到家”的研究情况,以及已有的对“到位”的研究,并指出其不足之处。在此基础上,本文从三个角度对“到位”进行了分析。

首先是共时角度上,对现代汉语中的两种“到位”从语法、语义、语用三个层面进行了描述、分析,认为存在动词和形容词两个“到位”,两者句法特点不同,在语义上,前者编码了位移义和存在义,后者编码了程度义和评价义。

其次,从历时角度,文章对“到位”的词汇化过程进行了分析,认为“到”“位”连用最早出现在唐朝,在明清用例开始增多,并且出现词汇化倾向,到现代汉语中成为一个动词。本文也从双音节、语义、句法位置等角度对其词汇化动因进行了分析。动词“到位”在现代汉语中又发展为形容词,其背后是隐喻机制在发挥作用。

最后,本文对“到位”和“到家”这一组相似结构进行了比较研究,从共时的语法、语义、语用角度和历时的词汇化角度进行了比较,并试图对语法化的不平衡性作出解释。

关键词 “到位”;词汇化;“到家”;句法分析;语义语用分析

一、引　　言

《现代汉语词典》(第七版)(2016:267)中收录了两种“到位”:表示“到

达适当的位置或预定的地点”的动词“到位$_1$”和表示“达到适合或令人满意的程度”的形容词“到位$_2$”：

(1) 他必须等自己的队伍排列整齐，每人都到位之后，才得进入那个位置。(司各特《英雄艾文荷》)

(2) 他面前支着一副画架，上面摊着他的一幅油画，透视法的运用非常到位。(欧·亨利《女巫的面包》)

以上两个句子都有“到位”这个语法单位，但是两个“到位”的词性和意义并不相同，代表了现代汉语中两种不同的“到位”。例(1)中，“到位”表示到达队列中的指定位置；例(2)中，“到位”表示透视法的运用符合标准、水平高。

从历时角度来看，现代汉语中的“到位”经历了由述宾短语词汇化的过程。与“到位”相似的结构“到家”“到顶”在词汇化后进一步语法化，表极限义，而“到位”目前还没有这种用法。

本节回顾已有的国内外词汇化研究概况、“到位”及相似结构的研究现状，在此基础上，提出本文讨论的重点。

1.1 词汇化概念的界定与国内外研究成果

1.1.1 国外的词汇化研究

刘红妮(2010)指出共有两种词汇化研究：一是共时角度的词汇化，另一种是历时角度的词汇化。

共时意义上的词汇化又可以分为两类，一类是比较宽泛的共时、跨语言词汇化研究，一类则不那么宽泛，研究集中于量词和情态助动词。宽泛的共时词汇化也包括了两个方面，一方面是注重谓词和复杂的概念结构合成为一个独立的词汇形式的跨语言研究，另一方面的研究关注一些较小的事件类型如何连接成为较大类的、具有特定意义的根或特殊词位(刘红妮，2010)。

历时意义的词汇化研究也包括一些不同的含义：进入词库；某个特定形式不再具有规则的语法性规律；从隐含义发展为编码和规约义；从一般意义

演变为固定、实在义。总之,历时角度的词汇化指将一种语法结构、构词作为一种新的实义形式来使用,其形式和语义特征不能完全从结构的组成或构词类型中推导出来,也就是一种产生新词的历史性演变(刘红妮,2010)。

汉语研究中多是历时的词汇化研究,本文也采用这一层含义。

1.1.2 国内的词汇化研究

汉语双音词的产生和发展就是一个词汇化的过程。董秀芳(2011: 1)指出了三种双音词主要的词汇化方式:从短语降格而来,从语法性成分参与形成的句法结构中衍生出来,以及从跨层结构中脱胎出来。

董秀芳(2011: 2)指出,不同类型的短语词汇化难易程度是不相同的,有些类型的短语经常充当句子的主干成分,句法特性不容易削弱,也就比较不容易发生词汇化;有些类型的短语经常作为修饰性成分,就比较容易词汇化。不同类型短语词汇化的条件也不相同,总体来说,在性质上越不典型的短语成员越有可能词汇化。

句法结构的词汇化主要是因为结构中的语法性成分功能逐渐衰落甚至消失,语法性成分不再具有能产性、不再能随意组合。词汇化后形成的词是原来句法结构的遗留,从原本的自由组合凝固成词。

跨层结构的词汇化是指原本不在同一个句法层次内、只是相邻的两个单位经过结构的重新分析,变成一个词的现象(董秀芳,2011: 2)。跨层结构所在的句法结构是一个特定的结构,并且使用频率比较高,成词的成分又是组合中的关键成分。

本文聚焦的“到位”一词属于从短语降格而来的词汇化类型。

1.2 相关的词汇化研究

关于“到位”的相似结构“到家”的词汇化问题,已有不少讨论。

首先是唐波在《“V/A 到家”的句法语义特征》(2007)中,对“到家”的语法、句法特点进行了分析。他将“X 到家”分成两种结构进行讨论,分别是“V 到家”和“A 到家”。“V 到家”由于受到前面动词的吸附,“到”出现前附趋势,是动词的补语。“V 到家”切分为“V 到/家”,是述补结构带宾语。其中V都具有[+及物性]的语义特征。“A到家”和“V到家”在结构上具有不对称性,“A到家”的结构应该划分为“A/到家”,因为“A到家”中可以插入“得”,变为“A得到家”。从语义特征上看,A具有[+贬义][+属性]的语义特征。“V到家”和“A到家”在否定形式上也存在不对称性,“V到家”具有否定式“V不到家”,“A到家”则没有。这些共时层面上的差异和两种格式历时发展的先后差异有关。

蒋协众《“到家”的词汇化、语法化》(2010)中区分了三种“到家”,首先是短语“到家”,表示“到达家庭所在地”,是一个述宾短语;其次是形容词“到家”,表示“达到相当高的水平或标准”,其词汇化过程是隐喻认知模式作用的结果。形容词在动词、形容词后用作补语为其语法化提供了句法位置的条件,形容词“到家”语法化为只能放在形容词后面做程度补语的唯补副词,只能表示程度义。蒋协众(2010)从使用情况、词汇化过程,也就是共时、历时两个方面对“到家”的问题进行了以上的讨论。

杨雪玲《“到家”的词汇化与句法功能》(2012)对前人的讨论进行了补充。杨雪玲(2012)首先对“到家”的虚化过程进行了讨论,提出词汇化语法化的原因在于“到”的趋向意味、“家”的终点或彻底意味、语言的隐喻引申。同时,文章也对“到家”各个阶段的语法功能和词性作了界定,但是没有将形容词和唯补副词作为两个阶段来看待。

宗守云《从“到家”的演变看终点义到极致义的语义发展途径》(2014)在蒋协众(2010)的基础上对“到家”词汇化问题作了更进一步的讨论。宗守云(2014)首先区分了三种“到家”,分别是短语“$到家_1$”、形容词“$到家_2$”和唯补词“$到家_3$”,分别表示终点义、圆满义、极致义。文章先从共时层面,对三种“到家”的句法语义特点进行了分析。“$到家_1$”是短语,可以做谓语,也可以做补语,前面的动词具有[+位移]的语义特征。“$到家_2$”是形容词,做谓语或者在动词后做补语,动词具有[+持续]的语义特征,和能为有关。从语义构成上看,“$到家_2$”存在一个主体,也存在一个主体关涉的方面,如技能、事务、言说方面。“$到家_3$”是一个唯补词,只能做补语,表示程度义,前面多是表示消极意义的形容词。然后,宗守云(2014)从历时角度分析了“到家”词汇化和语法化的过程,纠正了蒋协众(2010)对词汇化、语法化时间的界定。

宗守云(2014)指出,“到家”连用始见于汉代,宋时在佛教文献中出现隐喻用法,明代扩大到其他领域。“到家”的词汇化动因与其所在的谓语位置有关,也符合董秀芳提出的述宾短语词汇化的语义特点。“到家”在补语位置上进一步语法化,当前面的谓语成分不具有能为的性质、只与消极意义有关时,“到家”就表示极致义。在以上对“到家”词汇化分析的基础上,宗守云(2014)提出:从终点义发展到极致义是语义发展的一条普遍途径。从终点义到极致义是回溯推理,极致义蕴涵终点义,同时注入了说话者本人的态度、感情色彩等。从认知上看,从终点义发展到极致义和隐喻有关,两个不同的认知域之间是一种隐喻关系:“极致”描述属性的程度,和“到达终点”一样,也可以是一个动态的过程。

伍春《“X 到家”构式的多角度研究》(2015)从几个方面对“X 到家”进行了分析。首先,对“X 到家”构式以及常项“到家”的语义进行了分析。其次,对常项“到家”的历时演变进行了分析,讨论了“到家”与“至家”的竞争过程。同时,对“X 到家”构式中变量“X”的历时演变进行了研究。最后,伍春(2015)讨论了“X 到家”的主观性层次,提出因为变量不同,构式的主观性层次也不同。

张谊生在《程度副词“到顶”与“极顶”的功能、配合与成因——兼论从述宾短语到程度副词的结构与语义制约》(2013)中也对述宾短语词汇化为程度副词的过程进行了讨论。论文从词汇化、副词化的角度对“到顶”“极顶”进行了比较研究,两者在程度化表达中的分布、搭配方式有所不同,副词化的过程与机制也不一样。在此基础上,张谊生(2013)提出,述宾短语向极性程度副词转化的关键在于满足以下基本条件:述语具有[+到达]的语义特征,宾语具有[+极点]的语义特征,述宾在韵律上构成双音节词,以及副词化机制都是同一认知域中逐渐过渡的转喻。

1.3　“到位”的研究现状

1.3.1　“到位”的词汇化研究

关于“到位”的词汇化问题,蔡旺在《“到位”的语法特征及其词汇化演变历程探究》(2014)中已经提及。蔡旺认为现代汉语中存在三个不同的“到位”,“到位$_1$”是述宾短语,主语是人,表示到达属于自己的某一确定位置;“到位$_2$”是动词,表示到达适当的状态或预定的地点,“位”的意义比较空泛,主语可以不是人;“到位$_3$”是形容词,语法特征多样化,表示达到合适或令人满意的程度。从“到位$_1$”到“到位$_2$”,述宾短语转化为述宾式动词,其条件是“位”概念的泛化和隐喻认知模式。从“到位$_2$”到“到位$_3$”则是高频使用以及主观化导致的词义引申。

李丽君在《浅析“到位”的词汇化及句法功能》(2017)中也对“到位”的词汇化进行了分析。李丽君认为现代汉语中的“到位”经历了由述宾短语到形容词的词汇化过程。李丽君(2017)首先从历时角度分析了“到位”的“虚化过程”,认为“到位”连用最早出现在清代,现代汉语里则存在两个同形异构的“到位”:一个表空间位移义,一个表程度义,前者是动宾短语,后者是形容词。随后,李丽君从“到”的趋向意味、“位”的终点意味和语言的隐喻引申三方面讨论了其发展的原因,和蔡旺(2014)的观点一致。文章最后对“到位”的句法功能及词性进行了分析,界定“到位”是一个形容词。

1.3.2 “到位”研究中的不足

蔡旺(2014)对“到位”从共时、历时层面进行了恰当的分析,本文认同蔡旺(2014)的一些观点,但对于现代汉语中“到位”性质的界定还存在讨论的空间,对是否需要区分 3 种“到位”可以进一步讨论。同时,蔡旺(2014)对“到位”的共时使用情况的分析比较简略,特别是对动词“到位”的分析,没有具体展开对其句法功能、语义语用的描述。历时上对“到”“位”连用起始时间的界定也有待完善;提及“到位”词汇化过程中的过渡阶段,但是分析不够全面,同时也忽略了一些关键语料。

李丽君(2017)对“到位”的讨论较为简略,对“到”“位”连用的起始时间的界定不够准确,对现代汉语中“到位”词性的界定、句法功能的刻画也存在疏漏,没有提及动词“到位”,对位移义向程度义发展的过程也没有进行描写、分析,对“到位”词汇化的动因讨论也不够充分。

综合前人的文章我们发现,虽然有研究者对“到位”进行了研究,但共时、历时的讨论都不完整,存在疏略。同时,以上文章的分析都只局限于对

“到位”这一结构的单独分析，没有涉及相似结构的比较研究，没有涉及结构相似的“到X”之间词汇化的不平衡性问题。

尽管李丽君(2017)、蔡旺(2014)都对“到位”从不同角度进行了讨论，但是他们的文章还存在有不足之处。本文将在前人基础上，从共时历时两方面，更加细致全面地讨论“到位”的使用情况、词汇化问题，同时将结构和发展历程相似的“到家”与“到位”进行比较研究，从多角度对“到位”进行考察。

二、现代汉语中“到位”的特点

“到位”在古代汉语中是一个述宾短语，这种用法在现代汉语中也有一些遗留，但是已经很少为人们使用了。因此本文对“到位”的共时分析集中在成词的“到位”上。

我们在蔡旺(2014)、李丽君(2017)和语料分析的基础上，从句法特征上区分两种“到位”(见表1)：

表1

动词“到位$_1$”	形容词“到位$_2$”
资金到位了	配合到位
＊资金很到位	配合很到位
到位资金35.5亿元	＊到位配合

朱德熙在《语法讲义》(1982：55)中对动词和形容词作出了如下界定：凡受“很”修饰而不能带宾语的谓词是形容词；凡不受“很”修饰或能带宾语的谓词是动词。两种“到位”，“到位$_1$”能带宾语，不能受“很”修饰，是动词，“到位$_2$”则正相反，能受“很”修饰而不能带宾语，是形容词。

以下先讨论动词“到位$_1$”、形容词“到位$_2$”的句法特点，再对其语义、语用特点进行分析。

2.1 句法特点分析

2.1.1 动词"到位$_1$"的句法特点分析

从能够充当的句法成分来看,动词"到位$_1$"可以做谓语、补语、定语。从词语搭配关系来看,动词"到位$_1$"可以带宾语,可以带时态助词"了",可以受副词修饰。

2.1.1.1 "到位$_1$"充当的句法成分

做谓语是"到位$_1$"的主要功能,例如:

(3) 特派员没法上任,新副司长已经到位了。(柳建伟《英雄时代》)

例(3),"到位"在句中担任主语"新副司长"的谓语,后接时态助词"了"。

(4) 除了还未挂牌,人员没到位,暂时得不到有效的支持外,其它准备工作都已安排妥当。(2001年人民日报海外版)

例(4),"到位"充当主语"人员"的谓语,受否定副词"没"的修饰。

(5) 一个电话打过去,上千万的资金立刻就能到位。(张平《抉择》)

例(5),"到位"充当主语资金的谓语,和助动词"能"连用,受时间副词"立刻""就"修饰。

"到位"也可以做定语,例如:

(6) 直到今天,到位的赞助,只有三分之一不到点。(李国文《情敌》)

例(6)中,"到位"单独做定语修饰"赞助",表示赞助的落实。从后一分句来看,赞助在文中指可数的多个供应方,"到位的赞助"占总数的三分之一,突出的是赞助有没有确定下来、是否谈拢、落实,而不是每一个赞助是否到达怎样的标准,不表示程度义。又如:

(7) 到位的250万和其它经费将主要用于四个方面。(1994年报刊精选)

例(7),"到位"单独做定语,修饰数词"250万",加"的",是组合式定语。"到位"单独做定语,也可以不加"的"。例如:

(8) 在建项目46个,到位资金已达14.693亿元人民币。(1994年报刊精选)

动词"到位$_1$"单独做定语的用法比较少,多数时候,"到位"和其他短语合成短语,整个结构一起充当定语,例如:

(9) 镇政府已到位的干部有20多人。(1994年报刊精选)

例(9)中,"到位"和"已"组成状中偏正短语,整个结构做中心语"干部"的修饰语。

(10) 该厂拿出120万元,连同外方到位的150万元,汇到外方所在国去买那套270万元的"先进设备"。(1994年报刊精选)

例(10)看似和(7)类似,但是通过直接成分分析可知,"到位"和"外方"组合成主谓结构,充任"150万元"的定语。

(11) 他跑向约会地点,找到准时到位的另三位仆人……(大仲马《三个火枪手》)

例(11),"到位"先和"准时"构成状中偏正结构,然后再整体修饰"另三位仆人"。

(12) 追求一步到位的消费行为较为普遍。(1994年报刊精选)

例(12),"到位"和"一步"组合成短语修饰"消费行为"。"到位"经常和"一步"组合使用,"一步"是一个数词和动量短语成的数量短语,修饰动词"到位"。从意义上看,由动量词"步"可知,"到位"取"到达某一位置"的意义,但是作为整体运用时,"一步到位"又产生了比喻义用法,表示没有中间状态、一下子完成。"一步到位"这个结构可以像例(12)一样做定语,也可以做宾语,例如:

(13) 让所辖的基层检察院全部争创"五好",争取"一步到位"。(人民日报2000年)

例(13)中,"一步到位"充任述语"争取"的宾语。

“一步到位”也可以做谓语：

(14) 实现投资主体多元化，使机制转换“一步到位”。（人民日报2001年）

例(14)后一分句中，“机制转换”做主语，“一步到位”充任谓语。

“一步到位”还可以做状语：

(15) 更新观念和技巧，并不意味着就可以一步到位地更新我们的基础。（张平《抉择》）

例(15)中，“一步到位”整体做状语修饰后面的谓词“更新”。

“到位”也可以做补语：

(16) 内蒙古消协“法律救助金”第一笔捐助资金10万元人民币已拨付到位。（2001年新华社）

例(16)，“到位”充任“拨付”的补语，组成述补结构，不带“得”，是述结式，表示10万元人民币已经拨付到地方或人手中，已经拨付完成，表示“拨付”这一动作行为的状态结果，而不表示程度（拨付这一动作行为也难以做程度的评判），和“到位$_2$”做补语时意义有所不同。“拨付到位”一同充任句子的谓语。

动词“到位$_1$”做补语时，述语和补语之间不能插入“得”，是述结式，和形容词“到位$_2$”做补语时不一样。再如：

(17) 房地产市场开发早，其住宅评估、交易等服务机构配置到位。（1998年人民日报）

(18) 厂长没合一下眼睛，愣是“蚂蚁啃骨头”，将两个庞然大物移动到位。（1994年人民日报）

例(17)、例(18)“到位”分别做“配置”“移动”的补语，中间不能插入“得”。

动词“到位$_1$”也可以做主语，但用例比较少，例如：

(19) 粮棉定金资金到位并非定金发放过程已经完成，其概念是粮棉

定金已到达县级收购部门,到位是相对银行而言。(1994 年报刊精选)

例(19)中,前一个“到位”仍然是做谓语,后一个“到位”做主语,是事物化的谓词性主语。

2.1.1.2 “到位$_1$”的词语搭配关系

动词“到位$_1$”做谓语时可以带宾语,包括真宾语和准宾语,例如:

(20) 目前已到位 1.55 亿美元。(1994 年报刊精选)

例(20)中,“1.55 亿美元”这个定中偏正结构整体充任“到位”的宾语。动词“到位$_1$”带真宾语时,宾语多为“数(量)名”结构,表示金额,再如:

(21) 到位出让金 1.12 亿元。(1994 年报刊精选)

动词“到位$_1$”也可以带准宾语,比如表示时量的宾语:

(22) 查理到位不到三周,就指派莎莉做他的私人秘书。(阿尔弗莱德・希区柯克《希区柯克悬念故事》)

例(22)中,“不到三周”这一时量短语充任“到位”的宾语,是准宾语。

动词“到位$_1$”可以带时态助词“了”,不带“着”“过”。“到位”做谓语,后接时态助词“了”,表完成,如:

(23) 资金目前到位了 6.2 万元。(2002 年人民日报)

动词“到位$_1$”也可以受副词修饰,包括时间副词、否定副词,例(3)(4)中,“到位”受副词“已经”“没”的修饰,再如:

(24) 只到位了 430 万元,还有不小的资金缺口。(1994 年报刊精选)

例(24)中,动词“到位$_1$”受副词“只”修饰。

但是动词“到位$_1$”不受程度副词修饰,这符合动词的语法特征,受程度副词修饰的“到位”是形容词“到位$_2$”。

动词“到位$_1$”一般不单说,不单独回答问题,要和其他短语组合才能说,例如:

(25) —资金到位了吗? —到位了。/ * 到位。

例(25)中,动词“到位$_1$”带上“了”才能回答问题,一般不单独回答问题。

2.1.2 形容词“到位$_2$”的句法特点分析

从句法位置来看,形容词“到位$_2$”可以做谓语、定语、补语,偶尔做主语。从词语搭配关系来看,形容词“到位$_2$”可以受副词修饰,可以带时态助词“了”,可以用于比较句中。

2.1.2.1 形容词“到位$_2$”充当的句法成分

充当谓语是形容词“到位$_2$”的主要功能。形容词“到位$_2$”可以单独做谓语,如:

(26) 做到“三到位”,即认识到位、措施到位、资金到位。(1999年人民日报)

例(26),“到位”充当主语“认识”“措施”“资金”的谓语,其中,“认识到位”中的“到位”是形容词“到位$_2$”,“资金到位”中的“到位”则是动词“到位$_1$”。

“到位$_2$”也可以和其他短语组合做谓语,并且这种用法更常见,例如:

(27) 企业是想未来几年逐渐把欠费还完,应该说“认识很到位”。(2003年人民日报)

例(27),形容词“到位$_2$”受“很”修饰,组成状中结构,一起做主语“认识”的谓语。形容词“到位$_2$”和“很”组合做谓语非常常见。除“很”以外,形容词“到位$_2$”还可以和“非常”“十分”“不”等词语连用做谓语。例如:

(28) 他面前支着一副画架,上面摊着他的一幅油画,透视法的运用非常到位。(欧·亨利《女巫的面包》)

(29) 她决意已起,仿佛自己已进入成人世界的秘密,这一描述亦十分到位。(伊恩·麦克尤恩《赎罪》)

(30) 刚才我们的配合很不到位。(岩井俊二《华莱士人鱼》)

形容词“到位$_2$”也可以充当定语,一般要带“的”,“到位$_2$”单独做定语的情况也比较少见,多数情况是和其他词语组合,一起充当定语。例如:

(31)“老而黠”,简洁地概括了一个真正到位的流氓型小人的典型。(余秋雨《山居笔记》)

例(31),“真正”和“到位”组成状中结构,做定语,修饰“流氓型小人的典型”。再如:

(32)然后他可能会有一个比较到位的制度安排。(2002年人民日报)

例(32),“(比较)到位”作为定语修饰中心语“制度安排”。

形容词“到位$_2$”可以单独充当补语,可以充当单音节词的补语:

(33)各区县政府组织落实,要“停得下来、限得到位”。(2014年人民日报海外版)

例(33)“到位$_2$”做述语“限”的补语,“限”在现代汉语中是一个黏着语素,已经不能单独成词使用,这里是为了对仗的文言用法。

形容词“到位$_2$”也可以做双音节词的补语,如:

(34)高锋是我见到的将细节的魅力和巨大作用体会很深、吃得很透、运用得到位的剧作家。(2002年人民日报)

例(34)中,“到位$_2$”做补语,补充说明述语“运用”,述补结构做定语修饰中心语“剧作家”。以上例子中,“到位$_2$”作补语都是有“得”的组合式补语。

“限得到位”“运用得到位”都是形容词“到位$_2$”作状态补语,形容词“到位$_2$”也可以做可能补语,比如“讲得到位$_2$”,可以理解为述状式“讲得很到位”,也可以理解为“能够讲到位”,前者否定式是“没讲得到位”,后者否定式是“讲不到位”。

形容词“到位$_2$”也可以做黏合式补语,例如:

(35)现在我在党校讲到位,党员带头做到位,农民跟着学到位。(1998年人民日报)

例(35)中,“讲到位”是黏合式述补结构。和动词“到位$_1$”做补语的功能相比,形容词“到位$_2$”作补语既可以做黏合式补语,也可以做组合式补语,而动词“到位$_1$”只能做黏合式补语;其次,同为黏合式补语,两者主体的语义特征也有所不同。

在语料库中,我们也发现了形容词"到位$_2$"做主语的用例,如:

(36) 到位是说,履行可以履行也应该履行的责任。(2003 年人民日报)

例(36)中"到位$_2$"做主语,后一分句对"到位"的具体内涵作出解释说明,"到位"在这里也是话题。但是总体来说,形容词"到位$_2$"用作主语的用例不多。

形容词"到位$_2$"还可以做状语,例如:

(37) 准确到位地发挥思想政治工作的服务和保障作用。(2000 年人民日报)

例(37)中,"准确到位"做状语,修饰动词"发挥"。动词"到位$_1$"则没有做状语的用法。

2.1.2.2 形容词"到位$_2$"的词语搭配关系

形容词"到位$_2$"可以受程度副词修饰"很"等修饰,例(27)(28)(29)中,"到位"前有"很""非常"修饰,再如:

(38) 梁家辉把影片中承接清帝国盛衰的咸丰皇帝文弱的气质演绎得十分到位。(电视访谈《鲁豫有约·男角》)

例(38),"到位$_2$"受程度副词"十分"的修饰。形容词"到位$_2$"可以受程度副词修饰体现了其作为形容词的语法特点,和动词"到位$_1$"有所区别。

形容词"到位$_2$"也可以受否定副词的修饰,例如:

(39) 主要是思想认识不到位、改革环境欠宽松、实行公平竞争难和管理体制未理顺等因素的影响。(1994 年报刊精选)

例(39),"到位$_2$"受否定副词"不"的修饰,做主语"思想认识"的谓语。

(40) 首先难在我们的思想没到位。(1996 年人民日报)

例(40),"到位$_2$"受否定副词"没"的修饰。

和"到位$_1$"不同,"到位$_2$"不能受时间副词"已经"的修饰。在 CCL 语料库中，“已经到位”共有151条语料，分析这些语料，我们发现，基本是“已经到位$_1$”，主语以资金、人员、设备为主，基本没有“已经到位$_2$”，只有少数比较模糊、可能两可的用例，列举如下：

（41）大部分重点旅游城市和景区的旅游接待保障工作已经到位。（网络语料）

（42）后勤保障已经到位。（2001年新华社）

（43）对伊核武器的核查工作正在稳步进行，相关核查机制已经到位。（2003年新华社）

（44）美英战争部署已经到位。（2003年新华社）

（45）此次修复工程主要包括园内的凉亭、牌坊和拱桥。目前，中方准备已经到位，工程可望近期开始并在数月内完工。（2003年新华社）

这些例句主语都是工作、安排相关的词语，意义更加抽象，没有实在形体，其谓语应该理解为“到位$_1$”，表示落实。但是“安排”类词语后的“到位”也可以带有一些评价义，在单纯的存在之外，对其程度、水平进行评价，表示工作准备存在的同时，又符合一定的标准。所以我们认为这些例句中的“到位”仍应该理解为“到位$_1$”，但是带有向“到位$_2$”转化的倾向。在后续的词汇化分析中，我们还会对其转化发展过程进行分析。

形容词“到位$_2$”也可以带时态助词“了”，如：

（46）宣传到位了，工作就好开展了。

例（46），“到位$_2$”充当主语“宣传”的谓语，后接时态助词“了”。

形容词“到位$_2$”也可以用于比较句中。“到位$_2$”可以用于差比句中，例如：

（47）监管是不可避免的，都是表示理解，希望监管能够更到位。（李彦宏马化腾马云精彩对话）

例（47），形容词“到位$_2$”跟“更”连用，表示监管的水平更高、程度更深。

形容词“到位$_2$”也可以用于等比句中，如：

(48) 该店环境不错，很有特色，服务也很到位。(网络语料)

例(48)在赞扬环境之后对服务也进行了肯定，相当于“和环境一样，服务也很到位”“服务和环境一样到位”。

2.2 语义分析

2.2.1 动词“到位$_1$”的语义分析

2.2.1.1 表示具体位移义

动词“到位$_1$”在《现代汉语词典》(2016：267)中解释为“到达适当的位置或预定的地点”，表示一种位移义，存在位移起点和终点。这一意义基于组成语素“到”和“位”的语素义，语素义按照语法关系来表达词义。如例(4)中，“人员没有到位”就是指人员没有到达预定的地点。再如：

(49) 但因时间短，交通不便，到位的军队才万把人上下。(1997年人民日报)

例(49)中，“到位”做定语，表示军队推进到某一指定地点，表示军队的位移。

短语“一步到位”从本义来看，表示位移义，义为“一步就到达指定位置”。因为“一步”和“到位”组合频繁，《现代汉语词典》(2016：1533)中收录了“一步到位”，“指一次就达到预定的目标”，意义已经经过了引申。

2.2.1.2 表示抽象位移义

动词“到位$_1$”也可以表示抽象的位移。对于一些抽象名词，“到位”含义难以用“到达某一位置或地点”来解释，如：

(50) 推动“双创”政策落实，确保教育资助到位。(2017年人民日报)

(51) 国家启动经济的微调措施逐步到位。(1990年人民日报)

(52) 应急自救措施如何到位。(2016年人民日报海外版)

动词表示“到达某一位置”的具体位移义时，主体多半是[+形体]的具体事物，如例(4)中的人员、例(49)中的军队等，这些名词可以是集合名词，但是都具有形体、实体存在，可以进行从起点到终点的具体位置移动。但是例(50)—(52)中的主体都是[-形体]的抽象名词,如“资助”“措施”,这些事物无法进行具体的位置移动。从语义上来看,“到位”在句中的意义类似于“落实”,表示的是从无到有的变化,凸显存在状态的改变。起点是无,终点是有,可以看作是抽象位移义。

蔡旺(2014)将“到位$_1$”解释为“到达适当的状态或预定的地点”,用某种状态来解释这种存在,比较合理。本文认为,也可以用“存在义”来概括“到位$_1$”的用法,凸显其客观表述性,和“到位$_2$”形成对比。

从语义构成来看,“到位$_1$”必然存在一个主体,主体可以是人,如例(11)“仆人”;可以是集合,如例(49)“军队”,军队是由人组成的,可以被赋予人的特征;也可以是物品,如例(16)“资金”;也可以是抽象事物,如例(50)(51)中的“资助”“措施”。主体一般都会出现。

主体的位移方式可以不出现,如“资金到位”;也可以在述补结构中体现。“到位$_1$”做补语时,基本做动词补语,前面的动词从语义上看表示对主体的处置,处置义明显,如例(18),“将庞然大物移动到位”,动词和“到位$_1$”组成的述补结构出现在“把”字句语境中,表示主体经过谓语短语所描述的事件过程,由原始状态变为“到位”的结果状态,“处置”就是对主体位置、存在状态的改变。

2.2.2　形容词“到位$_2$”的语义分析

“到位$_2$”是形容词,《现代汉语词典》(2016: 267)收录了“到位$_2$”并解释为“达到适合或令人满意的程度”。形容词“到位$_2$”主要包含程度义、评价义这两个语义特征。

2.2.2.1　表示程度义

形容词“到位$_2$”“达到适合的程度”可以进一步解释为达到某一标准,表达的是程度义,例如:

(53) 上海的老、新艺术家对艺术的评论都挺到位的。(1994年报刊精选)

(54) 显而易见我们的防守很到位,贯彻教练的意图很成功。(2001年新华社)

(55) 这比喻很到位。(刘慈欣《三体I》)

例(53)表示评价恰到好处、具有一定水准,例(54)"防守到位"表示防守得不错,达到令人满意的标准,例(55)"比喻很到位"表示比方打得好,能让人通过比喻了解本体的特征。以上3例都对一个抽象名词的程度进行了评价,表示抽象名词达到了某一标准。如果将人们对这些名词的评价范围看成一个坐标轴,"到位"表示说话者认为名词处于其中的某一刻度之上,这一刻度是说话者认为合适、令人满意的标准线。

形容词"到位$_2$"表示的程度义并不是极致义,只能看作在等级序列中处于高级。例(54)中,"防守到位"不是指防守做到了极致,例(53)的"评论到位"不是指评论做到了极致。如果理解为极致义,会与原义不符,有时也会使句义不通。

2.2.2.2 表示评价义

形容词"到位$_2$"表示达到区间内的某一标准,是说话人的主观评价。例(53)中并没有明确的指标说明怎样的评价是到位的;例(54),"防守到位"也没有具体的分值标准;例(55),比喻是否到位更是评论者作出的主观性评价,标准是因人而异的,表达说话主体的主观感受和判断。动词"到位$_1$"侧重于表达一个客观存在状态的变化,和动词相比,形容词"到位$_2$"在语义上具有强烈的[+主观性],不是客观描述,而是主观评价。

形容词"到位$_2$"做谓语时,主语不是[+生命]的人,而是[-生命]的抽象事物,如认识、想法、技巧、感情等。这些抽象事物能够在程度上进行区分,并给予评价,符合"到位$_2$"的语义特征。例如:

(56) 剧中有数段感情到位、好看的独舞、双人舞和三人舞。(2001年人民日报)

例(56)中,表演的感情可以进行"到位""不到位"的区分,到位的感情就是贴合情节人物、符合观众期待的,不到位的感情则是感情表现不足或者过于饱满。对于感情的评价可以在一个范围内进行,形容词"到位$_2$"表示说话人对感情的评价处于高级程度序列,同时这一评价具有主观性。

"到位$_2$"做补语,前面的动词大多表示具体的动作行为,动作性比较明显。例如：

（57）老头儿保密工作做得很到位。（巴尔扎克《欧也妮·葛朗台》）

（58）老歌新歌最时髦的歌他们几乎都能唱，而且唱得非常到位。（张平《抉择》）

（59）他拍打得倒比五富还到位。（贾平凹《高兴》）

例（57）—例（59），“做、唱、拍打”都表示具体的动作行为，它们和“到位$_2$”组成述补结构，充当谓语。动作“做、唱、拍打”都是主体“老头儿”“他们”“他”发出的，主体是动作的发出者。有时主体也可以不出现，如：

（60）这一点描写得很到位。（伊恩·麦克尤恩《赎罪》）

例（60），“描写”的主体并没有出现，只出现了对象“这一点”，但是读者明白其中必定存在一个主体（作者），且主体可以补出。

对象也不一定必须出现，如例（59）并没有出现“拍打”的对象，但也可以补出。主体和对象都是“到位$_2$”前动词的论元。

2.3　语用分析

2.3.1　感情色彩和语体色彩

形容词“到位$_2$”带有褒义的感情色彩，如例（58）中，“唱得到位”是夸奖唱歌唱得好，唱歌水平高。作为褒义词，“到位$_2$”也可以用作反语，褒词贬用，用以讽刺，如例（57）中，葛朗台“保密工作做得很到位”字面上看是夸奖工作做得好，但是结合上下文语境，“工作做得很到位”反而是在讽刺葛朗台守财奴的吝啬。又如：

（61）新产品的功能再好，如果没有进行到位的宣传，产品也可能滞销。（张剑《世界100位富豪发迹史》）

例（61），“到位”做定语修饰宣传，意义相当于“良好的宣传”，如果去掉“到位”，那么意义就会发生变化：没有“到位的宣传”并不等于“没有宣传”，可能是有宣传但是不令人满意，是“不合格的宣传”。

带有感情色彩符合“到位$_2$”评价义的语义特征，具有主观性。“到位$_1$”

没有明显的感情色彩，只表示存在状态的改变而不作出评价，只是陈述。

动词“到位$_1$”和形容词“到位$_2$”都既可以用于书面语，又可以用于口语。比较而言，在日常对话中，“到位$_2$”的使用频率高于“到位$_1$”，“到位$_1$”的书面语体色彩更加浓厚。动词“到位$_1$”更具有书面语色彩的原因可能有以下两个方面：首先是同义词“就位”等在口语中的广泛使用；其次，“到位$_1$”是从古代汉语词汇化而来，还带有文言色彩。

2.3.2 话题和焦点

从语用话题的角度看，动词“到位$_1$”和形容词“到位$_2$”都有可能作为话题，但是两者充当话题的情况很少，因为“到位$_1$”“到位$_2$”很少担任主语，而在现代汉语中，话题一般处于主语位置上。“到位$_1$”和“到位$_2$”更常作为说明成分出现，在句子的话题之后对话题进行陈述说明。例如：

(62) 分寸和火候都要拿捏得到位。(网络语料)

例(62)中，“分寸和火候”是主语，从语用层面看是话题，之后的部分是对话题的说明。

焦点是说话者要传递的新信息，是说话者认为听话者不知道、因此希望听话者特别关注的部分。例(62)，句子整体是说话者提出要求、作出建议，因而要求和建议的具体内容应该是说话者认为听话者不知道而想要突出的焦点，从例句来看应该是形容词“到位$_2$”，表达分寸火候需要恰到好处地拿捏。焦点也会通过语调重音标示出来，例(62)中，句子的重音落在句尾的形容词“到位$_2$”上，这也佐证了形容词“到位$_2$”是句子的焦点。

动词“到位$_1$”也可以担任句子焦点，如：

(63) 希望省委、省政府认真研究，周密实施，务使这些改革措施顺利到位。(1994年报刊精选)

如果例(63)中没有对比焦点，那么自然焦点倾向于后置，“到位”成为自然焦点。但是如果存在对比焦点，例如重读“顺利”，则焦点就不是“到位”而是“顺利”。哪个词语作为句子焦点，和表达的目的、需要有关。

形容词“到位$_2$”与动词“到位$_1$”相比，更容易成为句子焦点，因为形容词

"到位$_2$"不带宾语,主要功能是充当谓语和补语,经常位于句末,而动词"到位$_1$"可以带宾语,相比而言较少位于句末。

三、"到位"的演变——词汇化过程

从古代汉语到现代汉语,"到位"经历了从述宾短语词汇化为动词,再演变为形容词的过程。本节将"到位"的历时演变分为述宾短语到动词、动词到形容词两个阶段,分别讨论其演变过程以及动因。

3.1　从述宾短语到动词"到位$_1$"

3.1.1　从述宾短语到动词的发展过程

《说文解字》(2013：247):"到,至也。"本义是到达。《说文解字》(2013：161):"列中庭之左右谓之位","位"用作动词。《说文解字注》(2015：651):"《周语》注亦曰'中庭之左右谓之位'","引伸之凡人所处皆曰位"。"庭"即是"廷",指朝中,"左右"约举北面、南面之臣,"位"本义即朝廷中大臣站立的地方,后引申到人身处的地方都可称"位"。《字源》(2013：705)中对"位"的解释是：用作名词,则指座位,又表示抽象职位,如君王、诸侯之位。这一引申义在"在其位谋其政""即位"等用法中有所体现,其中的"位"都指抽象职位。

动词"到"和名词"位"组合成述宾短语,最早出现在唐代的佛经中,只有一例：

(64) 教门以为能通,入观修智方能到位,知见佛境。(唐·湛然《法华文句记》第十三卷)

例(64),"到位"和助动词连用做谓语。在佛经中,"到位"不表示具体的位置移动,而是一种抽象的位移,表示达到某种境界。

"到""位"连用的语料在宋元时也只能找到3例：

(65) 其吏部侍郎候到位搢笏,各出班簿置笏上。(宋·庞元英《文昌杂录》)

(66) 皇帝举酒时,上下侍立官并再拜,接盏,毕,候进酒官到位,当坐者再拜,坐,即行臣使酒。(元·《金史》,蔡旺2014例)

(67) 应入内使臣差充殿阁祗候,到位实及三年,方许将骨肉恩泽及非泛恩例回授,仍并隔磨勘。(南宋·李焘《续资治通鉴长编》)

“搢笏”引申为“朝见”,例(65)中,“到位搢笏”组成连谓短语做谓语;例(66),“到位”单独做谓语,主语是人,表示官员到达指定位置,蔡旺(2014)也指出,例(66)中的“位”指具体的空间位置;例(67)中,“位”指抽象职位,“到位”指就任某一职位。

到了明清,“到”“位”连用的例子开始增多,开始出现一些新变。“到位”主要充当谓语,主语大多数是人,例如:

(68) 候着东方发白,俺就到位,借这一股阳气,那四个人这才一个都逃不掉。(清·坑余生《续济公传》第一百三十九回)

例(68),“到位”做主语“俺”的谓语,表示到达指定地点。再如:

(69) 次太常寺、礼直(宫)[官]引宰执、使相到位立定。(清·徐松《宋会要辑稿》)

(70) 次合门、提点引皇太子到位立定。(清·徐松《宋会要辑稿》)

例(69)(70)都是“到位”和“立定”构成复谓结构,做谓语,主语是宰执、使相和皇太子,表示官员、皇太子在朝堂中位置上的移动,表示位移,做复谓结构的前项,后项“立定”表示位移结束后站立不动的动作。又如:

(71) 绍闻敦请尊客到位奉杯,那个肯受,只得行了简便之礼。(清·李绿园《歧路灯》第七十九回)

例(71)“到位”与“奉杯”构成复谓结构,做主语“尊客”的谓语,“到位”表示位置上的移动,做复谓结构前项,“奉杯”表示“到位”后的动作,做复谓结构后项。

明清时期,“到位”的主语也可能不是人,而是无生命的物体。例如“星辰”:

(72) 日月水星同到位,一举登科第。(明·《儒门崇理折衷堪舆完孝录》)

例(72),"到位"单独做谓语,主语是日、月、水星几个星辰,"到位"仍然表示位移,指星辰运行到某一位置。

(73) 若局势有亏,即吉星到位,官亦不可必矣。(宋·赖布衣《催官篇》)

例(73),"到位"单独做谓语,主语是"吉星",和例(72)类似,"到位"表示星星在天空中的移动。

主语也可以是无生命的物品,此时,"到位"的意义出现一些变化。例如:

(74) 再讲徐千岁与陶文灿见十把穿金扇齐齐到位,立即召来十位夫人。(明清·《靖江宝卷》)

例(74)"到位"做谓语,受状语"齐齐"修饰,主语是物品"穿金扇",分句表示穿金扇摆放到位。和前例不同的地方在于,例(74)中的位移不仅可以看作具体的位置移动,而且因为起始点不具体的原因,也可以理解为从"未出现"到"出现"的状态变化,是抽象的位移。又如:

(75) 副爷命下,敢不尽力。但有一层,必须三日后方得到位。(清·坑余生《续济公传》第二百三十一回,蔡旺 2014 例)

例(75)中"到位"的主体是"银子",也是无生命的物体,句中省略了:殷长贵被保甲武官"打劫",他向武官表示,银子一定会给,但是要三日后才能"到位","到位"即指钱财准备就绪。这一句中,"到位"的语义出现了一些新变。首先,银子到位是具体空间中的移动,因为在当时的语言环境中,钱币筹措需要进行运输。其次,银子到位也可以看作从无到有的抽象位移。这是和例(74)中"扇子到位"一致的。和例(74)的不同之处在于,银子"到位"具有数量上的标准,不是单纯出现,而是要出现并达到武官的标准。从这一角度来说,"银子到位"中的"到位"带有一定的程度义。但例(75)中

“到位”的标准还是客观的，虽与武官本人有关，但仍有具体数值标准，与现代汉语中“到位$_2$”的程度义相比，尚未具有主观性。可以认为，“到位”有了从位移义向程度义转化的倾向。蔡旺（2014）也对这一语料进行了分析，认为“位”不是指空间处所，而是银子数目。我们赞同“位”的意义可以理解为银子数目标准，但是我们认为，“位”也可以理解成空间处所义，即例（75）中“到位”处于过渡阶段。

古代汉语中，“到位”主体是无生命的物体用例还比较少。当主体是无生命物体时，“到位”兼表具体位移义和抽象位移义。

明清时期，“到位”也有表示担任某一职位的用例：

（76）诏寿国柔惠淑婉和懿慈穆育圣王夫人位官吏诸色祇应人，自到位未曾陈乞推恩，各特转一官资。（清·《宋会要辑稿》）

（77）本位辇官张遇等四人到位岁久，备见勤劳，乞依吴楚国安仁保佑贤寿夫人张氏例，各与转官一等，仍旧祇应。（清·《宋会要辑稿》）

例（76）（77）中，“到位”意义相同，都表示“担任某一职位”，做谓语。例（76）“到位”和介词“自”组成短语表示“就职以后”。例（77）“到位”做谓语，后接补语，主语都是人。

另一值得注意的是，明清时期，“到位”出现了带宾语的用例：

（78）圣人到位天地，育万物，也只从喜怒哀乐未发之中上养来。（明·王守仁《传习录》）

“到位”是“到”和“位”组成的述宾短语，述语“到”之后已经有宾语“位”，二元动词“到”接宾语“位”之后应该不能再接宾语，之前的语料中也没有找到带宾语的例子。而例（78）中“到位”后接宾语“天地”，表示“到达、来到天地之间”，这说明“到位”已经由短语而凝固为一个述宾式动词。

虽然带宾语的语料在明清时还十分稀少，只此一例，但是这证明“到位”的词汇化历程至少在明代就已经开始了。

明清时期还有一些“到位”连用的例子，其中“到”“位”只是在线性顺序上紧邻，但是从结构分析来看并不属于同一层次，如：

(79) 余大忠大喜,满斟巨觥,敬到位前,揖道:“得蒙俞允,谨先鸣谢。”(清·汪寄《希夷梦》)

例(79)“到”做“敬”的补语组成述补结构,“位”和方位词“前”组成方位结构,做述补结构的宾语,“到”“位”虽然在线性顺序上紧邻,但并不直接发生关系,属于不同结构层次,这种“到位”虽然不在我们讨论的范围之内,但也说明“位”在当时依旧可以独立使用。

民国时期“到位”的语料依旧比较少,局限于位移义,如:

(80) 把本地的绅商头脑,都邀请到位,众头领轮流把盏。(民国·程善之《残水浒》第七十六回)

综上,我们梳理了古代汉语中“到位”的使用、变化情况:“到”“位”最早连用出现在唐代禅宗经典中;宋元时期,“到位”开始应用于其他语境,运用还不频繁。到了明清时期,“到位”用例开始增多,出现一些新变:首先是主体由人到无生命的物体,对象进一步扩大;其次,出现了词汇化倾向,意义开始具有整体性,且出现带宾语的用例。“到位”在古代汉语中以“到位$_1$”位移义为主,表示人、物品的移动,也能表示担任某一职位,这和语素“位”的引申义有关。

现代汉语中,“到位”继承了古代汉语中表示具体位移义的用法。例如:

(81) “静静”出现在大堂内。留守和待命的侦察员急速到位。(1994年报刊精选)

例(81),“到位”前主语是有生命的人,表示侦查员到达指定地点。

古代汉语中,“到位”做谓语时,主语是人的占大多数;现代汉语中,主语是无生命的物体的用例大大增多,“位”作为具体“位置”的语义弱化,有些位移不表现为具体的位置移动,并且也不能解释为具体的位移,只表示抽象位移义,表示存在状态的变化,如例(50)(51)。

“到位”在明清时期开始词汇化,但是使用频率低,词汇化语料稀少。现代汉语中,表达含义相同的“到位$_1$”已经聚成一个述宾式的动词。

一个述宾短语一般是不能在后面再接宾语的,因为宾语的位置已经被占据了，但是词汇化以后，短语凝固为词，原来独立占据句法位置的成分凝聚到一起，原来的宾语就不再占据句子宾语的位置，而成为词的组成部分，于是短语词汇化后就可以再接宾语了。“到位”在古代汉语中只出现一例带宾语用法，但在现代汉语中，“到位”可以带宾语且用例增多，表明“到位”已经从述宾式短语词汇化为动词了。例(20)(21)都是带宾语的用例，又如：

(82) 管理人员严重虚设，12 名人员中只到位 3 人。(1994 年报刊精选)

例(82)，“到位”做谓语，后接宾语“3 人”。

区分词和短语也可以运用拓展法。在古代汉语中，“位”作为“位置”义，以及引申义“帝位、爵位、职位、方位”时，都是可以单独使用的，是个自由语素。例如《尚书·顾命》：“卿士邦君，麻冕蚁裳，入即位。”蔡沈注：“入其位者，各就其位也。”也就是说这里的“位”就指朝廷中站立的位置。《周礼·天官·冢宰》“辩方正位”，“位”和“方”同义，表示“方向、方位”。在语言的历时演变中，“位”单独使用的例子一直存在，直到明清时期，我们仍能看到类似的语料，例如：

(83) 凡炮爇引内灼时，先往后坐千钧力，其位须墙抵住，墙崩者其常。(明·宋应星《天工开物》)

例(83)，“位”单独使用，不指职位而指火器具体的位置，用代词“其”做定语。又如：

(84) 虞舜在位五十载，而有苗犹弗率。(明·宋应星《天工开物》)

例(84)，“位”单独使用，做“在”后的宾语，指天子之位。

“到”“位”之间也可以扩展，如：

(85) 使者到庭中位立。(唐·杜佑《通典》)

例(85)，“到”做谓语，“位”做宾语，中间插入方位结构“庭中”。

吕叔湘《说“自由”和“黏着”》(1962)指出：汉语语法演化的趋势是越来越多的单字不能单用。在现代汉语中，表示空间位移义的“到位$_1$”基本不能扩展，这是因为“位”在现代汉语中是一个黏着语素，它不能单独成词，只能和别的语素组合成词，比如“位置”“方位”。如果组成成分中有不定位的黏着语素，那么这个成分一般看作复合词。“位”符合黏着语素和不定位两个条件。

结构类似的“到家”则在现代汉语中保留并且大量使用短语形式，在表示“终点义”时仍然是短语，可以进行拓展，如：到他家，到了家。“到位”“到家”共时分布的差异源于“家”在现代汉语中仍为自由语素，而“位”不是。因此，位移义“到位$_1$”逐渐凝聚成词，而“到家”表示位移义时仍是一个短语。

古代汉语“到位”义为“到达某一位置”，“到”是动作，“位”是地点或职位，它们各自都保留自己的原义，整体意义是在本义的基础上实现的，是组成成分意义的相加。张斌（2016：286）指出，词表达的意义往往不是单纯的语素意义的相加，而是融合在一起表示一种与其相关的特定的含义。这个短语结构在明清时期出现词汇化倾向，开始了词汇化历程，但是进展缓慢，直到现代汉语中才成为一个述宾式动词。

3.1.2　从述宾短语到述宾式动词的动因

双音节是现代汉语词汇的基本形态，这是由汉语的韵律特性决定的。董秀芳（2011：9）指出，双音节是汉语里一个形式成词的必要条件，汉语中一个标准音步是两个音节，复合词一般也是两个音节。处于同一音步中的两个单音节成分，在反复使用中，句法关系可能变得模糊，最终变成一个句法单位。“到位”组成的述宾短语就是双音节的，从韵律上符合汉语的基本韵律特征，这为其发展成词提供了韵律条件。

从语义上看，“到位”由述宾短语词汇化为述宾式动词，符合董秀芳（2011：181）提出的动宾短语词汇化的语义特点：动词成分的动作性弱，宾语成分的具体性低，动词成分对宾语成分的影响度小。“到位”也符合这样的语义条件：“到”作为动词，动作性比较弱；“位”指地点，具体性又很低，指任意的某一地都可以；“到”“位”之间的影响度也小，因而容易成词。

“位”本来指人所处的空间位置，后来也可以指物，再发展为可以指存在这一状态，“位”的意义不断泛化、模糊。从具体的位移到抽象的位移，“到位”的语义发生了转喻，不指某一具体位置，不再具有具体性。转喻带来的语义泛化也是"到位"词汇化的动因之一。

从句法看,古代汉语中,"到位"基本用作谓语,这符合述宾短语的句法特征,也符合述宾式动词以及形容词的句法特征,从述宾式短语到动词再到形容词,是原位固化的结果。

3.2 从动词"到位$_1$"到形容词"到位$_2$"

3.2.1 动词"到位$_1$"到形容词"到位$_2$"的发展

现代汉语中还存在形容词"到位$_2$",这是古代汉语没有的。古代汉语中的"到位"基本做谓语,不受程度副词修饰,都表示位移义,不表示程度义。表示程度义的"到位$_2$"是到了现代汉语中才出现的。比较以下 3 例可以看出其中差别:

(86) 你且莫愁,俺包你三更天,把原赃原贼皆叫他到位。(清·《续济公传》第一百三十一回,李丽君 2017 例)

(87) 该退的款至今没有到位,应尽快解决!(陈桂棣、春桃《中国农民调查》)

(88) 因为编导缺乏这方面的感性经验,细节处理上就不到位,对某些政治人物的处理就脸谱化。(陆绍阳《中国当代电影史》)

以上三例中,例(86)是古代汉语用例,"到位"表示人、物到达指定位置,是具体的位移,李丽君(2017)也有提及。例(87),"到位"表示款项退到指定位置,是抽象的位移。例(88),"处理不到位"即处理没有到达令人满意的程度,表示主观评价,是程度义。以上 3 例表现了从古代汉语到现代汉语,"到位"经历的语义演变。

从动词"到位$_1$"到形容词"到位$_2$",充当谓语时,主语的语义特征发生了变化,"到位"的搭配范围越来越广:古代汉语中,"到位"多和"人"搭配,偶尔和无生命的物体搭配;进入现代汉语后,"到位"和无生命物体搭配的用法大大增加,并且进一步虚化,实体性逐渐消失,最终发展为没有形体的抽象事物,如认识、技巧、水平等。"到位"的主语经历了从[+生命][+形体]的人到[-生命][+形体]的物再到[-生命][-形体]的抽象事物的演变,这可以看作“到位”从动词发展为形容词的基础。

一些抽象名词做主语的句子可以看作位移义“到位$_1$”向程度义“到位$_2$”发展的中间状态，例如：

(89) 措施到位，真抓实干是扶贫攻坚取胜的关键所在。(1996年人民日报)

例(89)“措施到位”属于两可的范畴，两种理解意思有所不同：“措施到位$_1$”，可以变换为“到位$_1$措施”，即指布置措施、落实措施，预设没有施事；“措施到位$_2$”，可以变换为“措施很到位”，即指措施设计得好、收效好，预设有措施，但是措施不够完善。

从动词到形容词，“到位”的主观性越来越强，形容词“到位$_2$”和动词“到位$_1$”相比，说话人“自我”的表现越来越明显，由表示客观存在的意义变为表示主观评价的意义。

在谓语位置上，由于搭配范围的进一步扩大以及“位”语素义的进一步泛化，“位”从表示存在状态进一步发展为表示一种主观标准和评价，“到位”从具体指某一物品的移动发展为抽象的位移之后，进一步发展为表示程度范围、评价序列内的变化。当前面的主语不再具有移动能力时，“到位”就彻底发展为评价义、程度义了。

3.2.2 动词到形容词的发展动因

从句法位置来看，从动词到形容词的发展是在谓语位置上进行的，这是其句法条件。充当谓语既符合动词的句法特征，也符合形容词的句法特征。

动词发展为形容词，背后是隐喻机制在发挥作用。隐喻是基于概念结构的相似性从一个认知域到另一个认知域的投射(董秀芳，2011：93)。“到位$_2$”指“达到合适和令人满意的程度”，是表示达到某一标准的程度义；“到位$_1$”指“到达适当的位置和预定的地点”，表示存在，两种意义之间存在相似性的关联。动词“到位$_1$”总要表示一段位移过程，表示事物从某地到某地，或者是从无到有的移动，本质来看表示一种存在的变化。“到位$_2$”是表示评价的程度义，达到某一标准也是一个运动的过程，这一过程和物体从A到B的运动是相似的：都存在终点B，“到位$_2$”的终点B就是某一标准，并且都存在到达这一终点 B 的行为、过程。这就促使“到位”在隐喻机制作用下，从空间域向主观感知域投射。

四、“到位”和“到家”的比较以及其词汇化的问题

“到位”和“到家”都是述宾结构，都由“到+名词”组成，最初都是述宾短语，都经历了词汇化历程，结构和历时发展上都有相似之处。现代汉语中，“到位”可以分化为动词“到位$_1$”和形容词“到位$_2$”，“到家”可以分化为述宾短语“到家$_1$”，形容词“到家$_2$”和唯补副词“到家$_3$”。本节从共时、历时两个层面，对“到位”和“到家”进行对比研究。共时层面，“到位”和“到家”都有表示程度义的形容词用法，但是在句法特点、语义特征方面有所不同，因此形容词用法是两者比较研究需要关注的交集点；历时层面，“到位”和“到家”有相似的词汇化过程，但是“到家”进一步语法化，两者发展的不平衡性是历时讨论的重点。

4.1 共时角度形容词“到位$_2$”和形容词“到家$_2$”的比较

4.1.1 句法特征的比较

“到家$_2$”和“到位$_2$”都是形容词，它们都符合形容词的句法特征：做谓语，不带宾语，能够受程度副词“很”修饰。

做谓语时，“到位$_2$”和“到家$_2$”的直接成分不能是人自身，而是人、物所关涉的方面，两者有时可以互换，例如直接成分是“火候”时，既可以用“到家”也可以用“到位”：

(90) 出于火而不带火气，那又是由于火候到家。(《读书》)

(91) 熙妈的杨枝甘露火候到位！(网络语料)

再比如“功夫”做主语，谓语也可以是“到位”或者“到家”：

(92) 只要功夫到位，巧妇也能做好米少之炊。(1994 年报刊精选)

(93) 只要持之以恒，功夫到家，就必会事半功倍。(1994 年报刊精选)

例(90)—(93),“到位”和“到家”在两句话中可以互换而句子意义不发生改变。

通过变换我们发现,“到位”“到家”做谓语时有时并不能互换,有的主语后只能用“到位”做谓语而不能用“到家”。例如:

(94) 只要认识到位,党政机关、群众团体、民主党派、工商企业、科研单位、大专院校、军警部队及社会各界,都将大有作为。(1994年报刊精选)

(95) 整场比赛中国女足都打得很有章法,战术配合到位。(2001年新华社)

(96) 健康教育计划的实施和评价到位。(科技文献)

以上3例中的“到位”都不能换成到家,一般不说“认识到家”“配合到家”和“评价到家”。

由此,“到位$_2$”和“到家$_2$”作为谓语的搭配范围有所不同。比较上面例句,“到位$_2$”比“到家$_2$”的搭配范围更广,主要表现在“到位$_2$”可以做谓词性主语的谓语,而“到家$_2$”一般不和谓词性主语搭配。汉语的动词和形容词可以直接充任主语而不用改变形式,“认识”“配合”“评价”都是动词直接充任主语。作为动词,这些词也可以受名词的直接修饰,这是区别于一般的动词而类似名词的特征,例如“政治认识”“军事配合”“政治评价”等。这一类词可以看作动词中的特殊小类:名动词(朱德熙,1982:60)。其他一些名动词做主语时,谓语也只能用“到位$_2$”不能用“到家$_2$”,例如“学习到位”不能说“学习到家”,“准备到位”不能说“准备到家”。

综上,在做谓语时,“到位$_2$”“到家$_2$”有时可以互换,但是“到位$_2$”可以搭配谓词性谓语,主语可以是动词,但是“到家$_2$”没有这样的用法,主语不能是动词。

充当补语时,“到家”“到位”都既能做黏合式补语也能做组合式补语,例如“讲到位”“说到家”“做得很到位”“服务得十分到家”。“到位”和“到家”在多数情况下也可以互换,如“练得还不到家”也可以说“练得还不到位”,意思差别不大,前者可能比后者程度更深一些。

“到家”“到位”都很少单独充当补语，而是和其他成分，如程度副词、否定副词等一起充当补语，如：

(97) 不仅自己的动作做得很到位，旁边的人有谁不认真，他也会很生气。(周大新《湖光山色》)

(98) 即到你家服务，又服务得十分到家。(1993年人民日报)

单独做补语的例子比较少，多出现在对仗格式中，例如：

(99) 奖可奖得到位，罚可罚得客观。(1994年报刊精选)

“到位$_2$”“到家$_2$”做补语时的区别在于，“到位$_2$”可以做形容词的补语，而“到家$_2$”不可以。“到家”跟在形容词后做补语，一般都是“到家$_3$”唯补副词的用法，表示极限义，而不是表示“圆满义”的形容词“到家$_2$”，例如：

(100) 真卑鄙得到家了，同小小孩童斗起气来。(亦舒《一千零一妙方》)

例(100)，“到家$_3$”做形容词“卑鄙”的补语，表示“非常卑鄙”“卑鄙极了”的意思。

“到位$_2$”可以做形容词的补语，仍然表示到了一定的程度、达到一定的标准，不表示极致义，但是不常用，只能找到以下一例：

(101) 唯恐这些人在吃喝玩乐的哪个环节上舒服得不到位。(1994年报刊精选)

例(101)，“舒服得不到位”表示不够舒服，没有达到“这些人”感觉舒服的标准，没有符合他们的心理预期。

“到家$_3$”作为唯补副词，主要用法就是做形容词的补语，用例很多，前面的形容词一般带有消极的感情色彩。

“到家$_2$”和“到位$_2$”都可以做定语，也都比较少做定语，都可以做状语，也比较少做状语。两者都可以前置于动词也可以后置于动词。两者都可以受“不”“很”修饰。

4.1.2 表义特征的比较

“到位$_2$”和“到家$_2$”都表示程度义，宗守云（2014）将“到家$_2$”归纳为圆满义，达到圆满的程度，“到位$_2$”则是达到某一标准，这一标准让人感到满意。两者虽然比较相似，但是在程度上还是有深浅之分，这也影响了它们各自语法化的进程。在担任述补结构的补语并且没有程度副词修饰的情况下，“到家$_2$”的程度义更深，“到位$_2$”则相较而言浅一些，如果说“到位$_2$”表示高级义，“到家$_2$”则表示顶级义。可以比较下面两句话：

（102）我们应该按照这个要求，努力把工作做到位。（1994 年报刊精选）

（103）只要方方面面尽了最大努力，把工作做到家，企业停产半停产问题就能够得到妥善解决。（1994 年报刊精选）

同样在把字句中，“把工作做到位”和“把工作做到家”相比，“到位”的标准要低于“到家”的标准，“到家”的要求更高，评价更好。从应用的语境来看，“到位$_2$”的标准更类似于最低标准，而“到家$_2$”的标准更高，趋向于最大值。

4.1.3 语用角度的比较

从感情色彩来看，“到位”和“到家”都用以表达褒义的感情色彩，做补语和谓语时都表示对前面的动词的肯定评价，如例（97）（98），动作做得到位、服务得十分到家都是对动作、服务的肯定。加上否定副词之后，“到位$_2$”“到家$_2$”才表示否定的评价。

从语体色彩看来，两者都是通用语体，可以用在书面语中，也可以用于口语。

“到家$_2$”和“到位$_2$”一样，也常常成为语义焦点，如例（90）中，“火候到家”就是“出于火而不带火气”的原因，是说话者着重想要表达的内容，“到家”是本句话的语义焦点。

4.2 历时角度词汇化的比较

“到位”和“到家”结构类似，且词汇化历程也相似：它们最初是述宾短语，后来经历了词汇化，发展为形容词，“到家”和“到位”的词汇化都是原位固化的结果。

宗守云（2014）：“到家”在词汇化为形容词后进一步语法化，成为唯补副词，表达极限性程度义。类似的“到 X”结构还有“到顶”，张谊生（2013）指出，“到顶”由述宾短语副词化为程度副词，做程度补语。而“到位”暂时还没有看到语法化后作为极限程度补语的用例。

“到位$_2$”也可以用在动词、形容词后做补语，但不是只能做补语，也不表示极限义，为什么“到位”没有进一步语法化，出现极限义“到位$_3$”呢？本文认为有以下几点原因。

首先，和新兴的极限程度补语，例如“X 爆了”“X 到家”相比，“到位”的极限义没有那么强烈。张谊生（2013）提出，述宾短语是否会向极性程度副词转化，关键在于在结构和语义上是否满足了以下条件：a. 述语都具有[+达到]的语义特征；b. 宾语都具有[+极点]的语义特征；c. 韵律上述语和宾语可以构成一个双音节词；d. 副词化的机制都是同一认知域中逐渐过渡的转喻。以“爆”字为例，黄维军（2015）认为，“爆”语义虚化过程为：“燃烧——火烧以致裂——饱满以致裂——主体指称意义弱，表示程度”，饱满导致爆裂就蕴含了极限义：只有张力到达极限，物体才会爆裂。也就是说，“爆”明显具有[+极点]的语义特征。同样，“家”在文化中自然带有终点、归宿的意义，因而家具有[+终点]的语义特征，这与[+极点]是容易联想的。但是“位”却不然，表示位置时，它是比较任意的，虽然可以是确定并且唯一的“帝位”，但更多时候是人所处的任意位置。在表示程度义时，达到的标准只是圆满的，而不是极致的，正如例（102）（103）的比较所示。因而“到位”的宾语缺少[+极点]的语义特征，这一是不利于其向极限义的转换，二是从语用上来说，也使得它不能很好地表达说话者想要表达的非常极限的感情或评价，因而与其他由述宾短语演变而来的结构相比，竞争力很弱。

其次，“到位”在古代汉语中的使用频率远低于“到家”。CCL 语料库共收录了 18 条“到位”在古代汉语中的用例，“到家”则有 2 687 条。两者使用频率的差异影响了两个语法单位词汇化的进程。

同时，又因为“到位”词汇化的历史比“到家”短，“到家”已经先一步占据了“到位”在系统中可能占据的位置。“到家”在宋代就已经凝固为形容词,在清代出现极致义。但是“到位”在现代汉语中才凝固为形容词,它的词汇化比较晚,因而语法化的进程还没有开始。同时,又因为其词汇化、语法化较晚,与之相比,词汇化、语法化较早的词已经占据了其在词汇系统内部的位置,用“到位”来表达极限义的需要就减弱了。

五、结 语

“到位”由古代汉语中的述宾结构词汇化而来,现代汉语中保留了一些古代汉语的痕迹,但是短语用法已经不多见了。在现代汉语中,存在动词“到位$_1$”和形容词“到位$_2$”,它们各自有自己的句法、语义特征。本文从多个角度对“到位”这个语法单位进行了讨论。

首先,“到位”已有的共时研究疏于简略,因此在以往研究的基础上,本文对动词“到位$_1$”和形容词“到位$_2$”进行了句法、语义、语用特点的分析。动词“到位$_1$”和形容词“到位$_2$”句法特点上的不同主要源自词性的差异,体现了动词和形容词在句法成分、词语组合搭配上的异同。语义上,动词“到位$_1$”表示位移义,形容词“到位$_2$”表示程度义。动词“到位$_1$”的位移义又可以细分为具体的位移和抽象的位移,抽象的位移主要指空间上的终点起点不明晰,或是从无到有的位移。形容词的程度义则编码了程度义和评价义,后者主要体现为形容词“到位$_2$”的主观化倾向。动词“到位$_1$”和形容词“到位$_2$”相比,表示客观存在与否,不表评价。从语用角度考虑,两者都少做主题,形容词“到位$_2$”比动词“到位$_1$”更常做焦点。形容词“到位$_2$”具有褒义的感情色彩。

其次,从历时角度梳理“到位”词汇化为动词再演变为形容词的过程。“到”“位”组合首先出现在唐代佛经中,到明清时期用例稍微增多,出现三点新变:其一,“到位”的主体由人扩展到无生命、有形体的物;其二,“到位”出现带宾语的用例,证明“到位”的词汇化过程至少在明清已经开始;其三,“到位”出现抽象位移义,“到位”有从位移义向程度义转化的倾向。在双音化、非典型述宾短语、语义泛化、句法位置等韵律、语义、句法条件的作用下,述宾短语“到位”词汇化为述宾式动词。现代汉语中，动词“到位$_1$”由于隐喻机制的作用，从空间域向感知域投射，主观化为表程度义的形容词“到位$_2$”。

最后，将“到位”和结构类似的“到家”进行比较。共时上，两者的相似点在于形容词用法，都表示程度义。但是两个形容词搭配的主语略有差别，形容词“到位$_2$”搭配范围更广，可以搭配谓词性主语，而形容词“到家”一般不行。历时上，“到位”“到家”具有相似的词汇化历程，但是“到家”直接词汇化为一个形容词，在现代汉语中保留了述宾短语的用法，原因在于“家”在现代汉语中仍是一个自由语素，而“位”则变为黏着语素。“到家”在词汇化后进一步语法化为一个唯补词，做极性程度补语，表示极致义。对于“到位”“到家”演变历程中体现出的不平衡性，本文仅从义素分析、使用频率和词汇化早晚几个方面进行了粗浅的分析尝试，试图对这一不平衡性作出一些可能的解释。这一问题的讨论还不全面也不系统，希望今后能够作出更进一步的分析。

参考文献

[1] 蔡旺.“到位”的语法特征及其词汇化演变历程探究[J].鸡西大学学报，2014，14(9)：134－136.

[2] 王灿龙.词汇化二例——兼谈词汇化和语法化的关系[J].当代语言学(第7卷)，2005(3)：225－236.

[3] 董秀芳.论句法结构的词汇化[J].语言研究，2002(3)：56－65.

[4] 董秀芳.词汇化与话语标记的形成[J].世界汉语教学，2007(1)：50－61.

[5] 董秀芳.汉语的句法演变与词汇化[J].中国语文，2009(5)：399－409.

[6] 董秀芳.词汇化：汉语双音词的衍生与发展(修订本)[M]，北京：商务印书馆，2011.

[7] 黄维军.“爆”做极性程度补语的多维考察[J].现代汉语，2015：99.

[8] 蒋协众.“到家”的词汇化与语法化[J].汉语学习，2010(6)：45－50.

[9] 李丽君.浅析“到位”的词汇化及句法功能[J].北方文学，2017：107.

[10] 刘红妮.词汇化与语法化[J].当代语言学(第12卷)，2010(1)：53－61.

[11] 吕叔湘.汉语语法论文集(增订本)[M].北京：商务印书馆，1999：377.

[12] 唐波.“V/A到家”结构的句法语义特征[J].乐山师范学院学报，2008，23(4)：81－83.

[13] 伍春.“X到家”构式的多角度研究[D].金华：浙江师范大学，2015.

[14] 杨雪玲.“到家”的词汇化和句法功能[J].剑南文学，2012(2)：128－130.

[15] 张斌.简明现代汉语[M].上海：复旦大学出版社，2016.

[16] 张谊生.程度副词“到顶”与“极顶”的功能、配合与成因——兼论从述宾短语到程度副词的结构与语义制约[J].世界汉语教学,2013(1):27-40.
[17] 中国社会科学院语言研究所词典编辑室.现代汉语词典(第7版)[M].北京:商务印书馆,2016.
[18] 朱德熙.语法讲义[M].北京:商务印书馆,1982.
[19] 宗守云.从“到家”的演变看终点义到极致义的语义发展途径[J].世界汉语教学,2014(3):310-321.

“究竟”的词汇化及相关问题研究

单可新

摘要 “究竟”在古代汉语中和现代汉语中不仅意义大相径庭，连词性也发生了改变。“究竟”在古代汉语中原本为动词性并列短语，为“穷尽”“完毕”意义，而在现代汉语中为名词、副词，有“原委”和表示追究之义，以及“毕竟”的意思。为了探究“究竟”是如何从动词性并列短语演变为名词、副词，本文选取北大语料库的古代汉语和现代汉语语料对“究竟”的成词和演变进行考察研究，分析“究竟”词汇化的过程和动因。“究竟”的演变路径为：

并列性动词短语“究竟”→副词“$究竟_1$”→副词“$究竟_2$”

→名词“究竟”。

“究竟”的词汇化，主要有三点动因，一是“究竟”位置的变化，二是“究竟”词义的虚化，三是“究竟”的主观化。

关键词 “究竟”；词汇化；语法化；动因

第一章 绪　论

目前学界关于“究竟”一词的研究主要集中于现代汉语范围，陈秀明(2006)将“毕竟”“到底”“终究”“究竟”四者在语法意义、功能语篇、句法形式，以及语体上的共性与个性进行对比研究，认为副词“究竟”具有强调事物特质、特点、状态不管怎么说仍然如此，以此来说明存在或出现另一情况或观点的原因和表“深究”的语义。皮奕(2008)对语词副词“究竟”语义、语篇功能进行了分析，认为其语篇功能具有评谓性、传信和传疑功能、句法位置灵活性三个特点。吕萍、戴秀干(2009)从述谓性功能、传信与传疑功能、强调性功能三个方面对评注性副词“究竟”进行考察,指出它在言语使用中的语用功能。王天姣(2010)对“毕竟”类语气副词从性质和类别、意义和功能、用法和分步做了研究综述。赵月英(2012)对“毕竟”类归结语气副词的语义功能、结构功能、表达功能三个方面进行研究。许秋娟(2012)主要考察评注性副词“究竟”的句法分步情况、语义功能、语用功能。商悦(2013)整理了副词“究竟”的句法分步和语用研究以及其他研究的综述,提出了副词“究竟”的归类和句法位置如何确定等一系列问题。张秀松(2014)在附注 8 中提到某些作品中肯定副词“究竟”偶尔也有“最终一定”义,犹“终究”。

而在古代汉语范围内,主要对终竟义语词进行分析比较,其中以“毕竟”为主要分析对象,“到底”“究竟”为辅,对“究竟”一词做过具体分析的学者并不多。例如王军(2009)认为语气副词“究竟”是由动词“究竟”加强了主观化形成的,张秀松(2014)提出“真相、原委”义的名词“究竟”的是由疑问语气副词“究竟”去语法化形成的,等等。徐佳玲(2019)对“毕竟”类副词的语义功能进行了考察,对从两汉到明清“究竟”的语义演变进行了梳理。

可见,目前学界对于古代汉语范畴内“究竟”一词的词汇化演变研究相对较少,因此,本文在前人研究的基础上,参考北大语料库,从词汇化角度具体探讨“究竟”从西汉到清代是如何演变的。

第二章　“究竟”在现代汉语共时平面的使用情况

在《现代汉语词典(第 7 版)》(2016)中,“究竟”一词被划分为三种意义:一是作为名词使用的“结果;原委”义,例如:

(1) 大家都想知道个究竟。

二是作为副词在问句中表示追究义,我们将其称为副词“$究竟_1$”,例如:

(2) 究竟是怎么回事?

(3) 你究竟答应不答应?

三是作为副词使用的“毕竟;到底”义,我们将其称为副词“究竟$_2$”,例如:①

(4) 她究竟是经验丰富,说的话很有道理。

下面我们具体来分析“究竟”在现代汉语中不同词性的使用情况。

2.1 “究竟”做名词

2.1.1 数量词与“究竟”的连用

名词的一个显著特点是能与数量词搭配。通过检索北大语料库现代汉语范围内的“究竟”,再通过关键词“个究竟”筛选,出现了502例语料,量词“个”与“究竟”的连用频率相对频繁。

(5) 后来她也生起气来,就想来打听个究竟……现在她明白了内情,满心是对花子的同情和怜悯,气愤情绪早冰消雪化了。(冯德英《苦菜花》)

(6) 没有开腔,大家沉默着,你看我,我看你,恨不得从对方脸上看出个究竟。(麦家《风声》)

再通过检索“一个究竟”,仅出现15例语料,可见“个究竟”连用时,前面不常出现数词。

(7) 他和楼下的房东房客言语不通,问不出一个究竟来,只因他是个洋人,大家见了他有三分惧怕,竟让他闯上楼来。(张爱玲《连环套》)

以上三种组合中的“究竟”都在句子中充当宾语,与数词、量词、数量词组合,“究竟”都是名词,“结果;原委”义。

2.1.2 探究性动词与“究竟”的连用

“究竟”作为名词时常常出现在动词后担任宾语成分,而动词多以“看”“问”“打听”等带有探究、追究真相义为主。

(8) 工匠们受到那些声音的刺激提出想去看看究竟,甚至孝文也

① 中国社会科学院语言研究所词典编辑室:《现代汉语词典》(第7版),商务印书馆2016年版。

呆不住了。(陈忠实《白鹿原》)

(9) 出于好奇当然主要还是深入基层,书记来到向阳一看靴子的表现再跟经理打听究竟,经理汇报刘胜利同志一个顶八个工作努力作风顽强吹那玩意只不过是有点儿缺心眼儿。(魏润身《挠攘》)

(10) "你先跟燕生走,待会儿咱们再商量。我再跟徐光涛联系一下,探探究竟,看老蒋到底是个什么鸟。只要他没报官,事情还有缓。"(王朔《橡皮人》)

(11) "只因二师兄总怀疑失经之事与梅花盗有关,是以才抢着要去一查究竟,谁知他一去竟成永诀。"(古龙《小李飞刀》)

除此之外,动词后还可以出现数量词"一下",例如:

(12) 朱千里得知,忽然害怕起来,想事先探问一下究竟。(杨绛《洗澡》)

(13) 所谓秘密,就是想趁机会在那些来自四乡装备不同的马背上,再仔细些探索一下究竟。(沈从文《过节和观灯》)

2.2 "究竟"做副词

2.2.1 用在问句中表示追究义的副词"究竟$_1$"

用于问句,表示进一步追究,有加强语气的作用。多用于书面,口语多用"到底"①。

2.2.1.1 问句里用在动词、形容词前

(14) 问题究竟在哪里呢?

(15) 究竟室内温度有多高?

(16) 这台机器究竟好用不好用?

现代汉语中,"究竟"与"是"的连用一般用于对一个事件、一个话题发出的提问,"是"作为整个句子的谓语,后面带作为宾语的事件或话题,"究竟"修饰宾语,强调了提问的意味,具有进一步寻求答案的目的。

---

① 吕叔湘:《现代汉语八百词》(增订本),商务印书馆 2015 年版。

（17）他究竟是一个什么样的人？他要对她做什么？（铁凝《大浴女》）

（18）已经有一些日子了，我渴望知道那流出的究竟是什么。（余华《在细雨中呼喊》）

（19）他虽有清醒明晰的猎人的大脑，此刻却弄不明白这究竟是怎么回事。（王凤麟《野狼出没的山谷》）

2.2.1.2 用在主语前面，例如：

（20）究竟谁干？

（21）究竟你去还是他去？

2.2.1.3 “究竟”与疑问代词的连用

副词“究竟”与疑问代词连用的情况也经常出现，例如：如何、怎样、为何、什么时候，等等，“究竟”修饰的疑问代词可以对时间、地点、人物和过程任何问题发问，“究竟”修饰的是疑问本身，不受发问内容限制，因此加强的是疑问代词的语气。

（22）时间已流逝到20世纪80年代，傩事究竟如何了呢？（余秋雨《贵池傩》）

（23）祖斐苦笑，这个地方，明明毫无值得留恋之处，偏偏又不愿离开，究竟为何？（亦舒《异乡人》）

（24）我那里猜得到他们的心思，究竟怎样；况且是要吃的时候。（鲁迅《狂人日记》）

（25）很久很久，车上才有一两个人低低说话了，听不清楚说的什么。现在究竟什么时候，到了什么地方，也没有谁去提起。（缪从群《北南西东》）

（26）“某明星最肉感。”“喂，你看甲小姐与乙小姐究竟谁生得好些？”好像这样说说也是够兴奋的。（苏青《好色与吃醋》）

2.2.2 “毕竟；到底”义的副词“究竟$_2$”

归根到底；究竟。有加强语气的作用。多用于含有评价意义的陈述句。

2.2.2.1 用在动词、形容词前，例如：

（27）谎言究竟代替不了事实。

(28) 孩子究竟还小,不能像大人那样去要求他。

2.2.2.2 用在“是”字前,例如:

(29) 她是从农村来的,懂得农活儿。

(30) 这本书虽然旧,究竟是孤本。

(31) 他究竟是老教师,教学有经验。

(32) 孩子究竟是孩子,哭了一会儿又玩儿去了。

在陈述句中,“究竟”和“是”连用后的宾语内容大多是对主语的介绍,有的是身份,有的是地位,也有的直接重复主语,“究竟”修饰的是宾语部分,但间接起到了强调主语的作用。

(33) 干部究竟是干部,有办法。(高晓生《陈奂生包产》)

(34) 中国究竟是文明最古的地方,也是素重人道的国度,对于人,一向是非常重视的……(鲁迅《花边文学》)

(35) 木瓜嘴的老猫与大蝎,虽然还活着,也许有很大的势力,究竟是过去的人物了;诊断猫国病症的有无起色,青年是脉门。(老舍《猫城记》)

从上文分析的“究竟”连用现象,可以看出“究竟”在现代汉语中使用具有一定的规律,常常会出现一些“固定搭配”。作为名词的“究竟”大多充当句子中的宾语出现,无论是前面接数量词,还是直接跟在探究性动词后面,名词“究竟”都和追究“真相、原委”脱不开关系。作为副词的“究竟”与一系列疑问代词连用,以及在疑问句中与“是”连用,也都是表示一种对结果的探究,并加强了探究的意愿表达。副词“究竟”的陈述句中也起到了强调的作用,虽然不是探寻结果的强调,但这里“究竟”可以解释为“归根到底;毕竟”,也就是溯源,修饰的是宾语,但溯源的是主语,探寻主语的结果。

第三章 并列式动词短语“究竟”

王军(2009)指出“由同义并列连用式‘究+竟’词汇化而来的‘究竟’,是在汉语词汇双音化这一大背景下完成的"[1],因此,在最初开始连用时,"究竟"作为"穷尽,完毕"义的并列式动词短语在这个时期使用得较多。

"究竟"在名词前,例如:

(36) 夫贤主所作,固非浅闻者所能知,非博闻彊记君子者所不能究竟其意。(西汉《史记·三王世家》卷六十第三十)

(37) 今天师前所敕愚生拘校上古、中古、下古之要文,及究竟贤明之善辞,口中诀事也。(东汉《太平经·己部之三》卷八十八)

例(36)(37)的"究竟"都是作为一个及物动词短语,"其意""贤明之善辞"名词/名词性短语在"究竟"后做分句中的宾语。

"究竟"在时间副词后,例如:

(38) 各从其家,去中复重,因次其要文字而编之,即已究竟,深知古今天地人物之精意矣。(东汉《太平经·丙部之七》卷四十一)

(39) 已行文书,并力六事,已究竟,都天下共一心,无敢复相憎恶者。(东汉《太平经·己部之十一》卷九十六)

例(38)(39)中的"究竟"后没有出现宾语,而是跟在"已"这类表示时间已过或动作、状况、事情在某时间之前完成的副词后,表示"究竟"这个动作的完成。

在《古代汉语词典》(第2版)中,"究竟"一词在古代汉语中有两种解释,第一种是在《史记·三王世家》:"夫贤主所作,固非浅闻者所能知,非博闻彊记君子者所不能究竟其意。"解释为"穷尽"之义,第二种是在《三国志·吴书·鲁肃传》:"语未究竟,坐有一人曰:'夫土地者,惟德所在尔,何常之有?'"解释为"完毕"之义[2]。

通过搜索北大语料库古代汉语,可以发现在东汉《太平经》中,多次出现"究竟"一词,大都作"完毕"义,例如:

---

① 王军:《副词"究竟"的始见时代》,《南京师范大学文学院学报》2009年第3期,第180—182页。

②《古代汉语词典》编写组:《古代汉语词典》(第2版),商务印书馆2014年版。

(40) 九月者,天气之究竟也,物到九月尽欲死。(东汉《太平经·丙部之十四》卷四十八)

例(38)更偏向于“完成”义,是编的完毕。而例(40)则有“消失殆尽”之义,此处“天气”指一种轻清之气,这种“天气”因九月到了而消失殆尽。

宋元时期,“穷尽”义的使用频率增加,例如:

(41) 一吏部两郎中而欲究竟人物何异以管天而求其博哉!今勋人甚多。(北宋《册府元龟》卷六三八)

(42) 只是才遇一事,即就一事究竟其理,少间多了,自然会贯通。(南宋《朱子语类》卷十八)

(41)(42)两例的“究竟”都是要“搞清楚、弄明白”后面的事理、原因,虽是“穷尽”的本义,但这里已经开始发生细微的变化,出现了追究的意味。

前文中举例(36)(38)都是“究竟”的动词用法,但在语用功能上又各有不同,下面具体分析。

例(36)中“究竟”的对象是“其意”,“其意”为“究竟”的宾语,“究竟”的语义是“穷尽”,因此“究竟”对“其意”产生了追究的功能,即看到“究竟”就会对后置位宾语进行关注,关注“究竟”的对象是什么。

例(38)中的“究竟”后置位没有宾语,但前置位有修饰“究竟”的时间副词,前文分析过“已”表示的是某时间内动作、状况、事情在某时间之前完成,而“究竟”也是动作的完成,两个表动作的完成的词叠加加强了“完成”的意味。

(43) 大抵为学老少不同:年少精力有余,须用无书不读,无不究竟其义。(南宋《朱子语类·读书法(上)》卷十)

(44) 不特今时如此,前辈看文字,盖有一览而尽者,亦恐只是无究竟。(南宋《朱子语类·周子之书》卷九十四)

例(43)(44)中的“究竟”是接在否定副词后,否定的是“穷尽”的结果,而不是“穷尽”的过程,因此动词“究竟”的出现会给句子增加一种追究结果之义。

第四章 副词“究竟$_1$”的形成

并列短语“究竟”经常连用，逐渐词汇化为副词“究竟$_1$”。

从隋唐五代开始出现少量副词“究竟$_1$”使用的现象，随之到宋元明清，“究竟$_1$”的使用频率不断增加，“究竟$_1$”大多出现在疑问句中，在句法上主要有以下三种特点。

“究竟$_1$”在句首，例如：

(45) 师云：“遇冬则寒，遇夏则热。”进曰：“究竟赵州意旨如何？”师云：“亲从赵州来，不是传语人。”（五代《祖堂集》卷十八）

(46) 且如公说不信阴阳家说，亦只孟浪不信。夜来说神仙事不能得了当，究竟知否？（南宋《朱子语类》卷一百一十四）

例(45)(46)中，副词“究竟 1”在分句的句首，修饰整个分句，充当整个分句的状语，后面跟主语谓语。前者修饰名词“事”和动词“如何”组合构成的特指问句，后者修饰动词“知”和“否”组合构成的是非问句。

“究竟$_1$”在主语后，例如：

(47) 方子衡听了，沉吟一会，又问陆兰芬道：“你究竟有多少亏空，可有一万么？”（清《九尾龟》）

(48) 恰好鸣皋下来，心中想道：“只闻郯天庆的声名，未曾交手，不知他究竟有多少膂力？”（清《七剑十三侠(上)》）

例(47)(48)中的“究竟$_1$”跟在主语人称代词后，作为修饰状语修饰后面的谓语。

“究竟$_1$”在谓语后，例如：

(49) 黑相白相，担枷过状。了不了兮，无风起浪。若问究竟事如何，洞庭山在太湖上。（南宋《五灯会元 · 答大通偈》卷十六）

(50) 颛顼国王道：“这是他们的风俗，每日日出日入的时候，都要来迎送的，早晨在东岸，晚间在西岸，名叫浴日，亦不知道究竟什么意

思?”(清《上古秘史》)

例(49)(50)中的副词“究竟$_1$”位置后移,作为状语修饰分句中的宾语。

通过上述三种句法分析,可以看到“究竟$_1$”在句中的位置十分灵活、不固定,随着时间的推移,也不断在向句中的后置位移动,从修饰整个分句到只修饰宾语。

(51) 起寸至辛亥年夏止,皆有折子,可将折子找出,请一明白人细一遍,究竟用他多少钱,专算本钱,不必兼算利钱。(清《曾国藩家书》三)

(52) 小厮因动辄得咎,只得说道:“请问主人:前引也不好,后随也不好,并行也不好,究竟怎样才好呢?”(清《镜花缘》第七十八回)

(53) 陈景升还未开口,白安福被胡惠乾糟蹋了两次,恨不得立刻捉了他来消这口气,忙道:“这事也难怪,你究竟要多少银子为聘,你快快说来,好给你前去!”(清《乾隆南巡记(下)》第四十七回)

例(51)(52)(53)中的“究竟$_1$”是对“用他多少钱”“怎样才好”“要多少银子为聘”三件事的结果的提问,即一定要得到这个结果,有追问到底的目的在内。即“你到底用他多少钱”“你说实话用他多少钱”,“究竟$_1$”包含着要求对方说出答案的意义。

例(45)(47)(49)中,无论“究竟$_1$”作为副词在句中的任意位置,修饰的是不同的对象,“究竟$_1$”都是对修饰对象的提问目的,并且加强了这种提问的语气。位置的后移没有削弱语气,“若问究竟事如何”对比“究竟若问事如何”,“究竟$_1$”和“事”联系更紧密,更突出地强调了对“事”发展情况的求知欲。

前文对例(51)中的“究竟$_1$”修饰的对象“用他多少钱”“怎样才好”“要多少银子为聘”都是问句,“究竟$_1$”强调“用他多少钱”必须要有结果,加强了这种疑问的语气。即原句加上了“究竟$_1$”从一个普通的问句变成了一个必须回答的问句,对回答者的要求增强了。“究竟$_1$”作为副词,在问句里主要是强调问句的语气,即对回复具有要求。

第五章 副词"究竟$_2$"的形成

随着语言的发展,在句法、语义、语用等作用下,副词"究竟$_1$"又逐渐语法化为副词"究竟$_2$"。

副词"究竟$_2$"一开始也是出现在隋唐五代时期,主要在句中动词短语前,例如:

(54) 若不同见解,无有志原,在在处处,勿妄宣传,损彼前人,究竟无益。(唐《坛经·般若品》卷二)

例(54)"无益"是没有好处,即动词+名词组成的动词短语,"究竟"修饰动词短语,作这个分句的状语。

明清时期,"究竟"的副词使用频率大大增加,常出现在小说中,后可跟动词、形容词、名词,例如:

(55) 立刻教重换来,又复污坏,究竟写不得一字。(明《喻世明言·游酆都胡母迪吟诗》卷三十二)

(56) 王妈妈拍手笑道:"大娘子究竟年轻,未知这个讲究。(清《七剑十三侠(上)》第三十九回)

(57) 余秀英法术虽高,究竟女子,况要保护后妃。(清《七剑十三侠(上)》第五十五回)

上举三例副词"究竟$_2$"后分别跟的是动词性短语、形容词和名词,相较隋唐五代时期,副词"究竟$_2$"的使用范围更广,使用的限制也更少。

(58) 隆庆初元,两京科道,以及大小九卿,为徐华亭以攻新郑高中元少保,凡二十八疏而高去,究竟不能没高之雄才。(明《万历野获编》卷八)

(59) 寄各处的信,都说温弟已经牺牲了。这么说,究竟是欠妥当的。(清《曾国藩家书》三)

(60) 四公子道:"船家,你究竟也不该说出我家三老爷在船上,又

请出与他看,把他们扫这一场大兴。”(清《儒林外史》第九回)

例(58)的“究竟$_2$”解释为“毕竟,到底”,对结果的一种强调的意义。

例(59)中的“究竟$_2$”与例(60)不同,这里的“究竟$_2$”在“这么说”之后,即因为前面的原因得到了“这么说”后面的结果,包含了一种赞同的意味,暗示结果的必然性。这里与例(58)中的“究竟$_2$”也不同,例(58)是对结果的发生表示赞同,但认为前因不是影响结果的必要条件。而例(59)是认可前因导致后果。

例(60)中的“究竟$_2$”带有“无论如何”“怎么都”的意味。从词的本义“完毕”来看,这里是话语的“完毕”,即话说完了“也不该说出我家三老爷在船上”,也就意味着无论如何不该……因此,“究竟$_2$”的语义发生了变化。

根据以上分析,可以看到“究竟$_2$”一词在语义上也发生了一定的变化。

根据前文分析,可以发现例(58)(59)的用法十分相近,虽然具体语义有细微的差别,但总体上“究竟$_2$”一词都是在强调后面的结果。例(58)的“究竟$_2$”修饰的是“不能没高之雄才”这个结论,而前置条件“凡二十八疏而高去”与结论是相矛盾的。例(59)的“究竟$_2$”修饰的是“欠妥当的”这个结论,前置条件“都说温弟已经牺牲了”,前置条件与结论中间的“这么说”,表示前因与结论是顺承关系,因此上述两例可以推断“究竟$_2$”作为副词修饰的对象是不受前置条件影响而改变的。

例(60)“究竟$_2$”出现在否定句中,修饰表否定义的谓语,加强了否定意味。通过以上四例分析可以得出,“究竟$_2$”作为副词,可以更具体地说,作为语气副词对修饰的对象所在的语句起到了加强语气的作用。

第六章　名词“究竟”的产生

“究竟”一词在词汇化的过程中是与去语法化并行的。张秀松(2014)提出:“现代汉语中‘原委,真相’义名词‘究竟’是由处于宾语从句句首位置的疑问语气副词‘究竟’去语法化而来。”“疑问语气副词‘究竟’去语法化的动因是问话人急于知道问题答案的迫切心理促使他意多而语少,隐去双方共知信息。其去语法化的机制是宾语从句句首位置的‘究竟’对其所在整个从句的转指用法的常规化。其去语法化的条件是：1）‘究竟’在汉语史上具有多种名词用法，具有去语法化为名词的形类基础。2）汉语史上具有转指用法的‘究竟’名词化的先例。比如，‘作何究竟’曾可以转指‘究竟作何打算’。”①

明清之后，动词短语“究竟”逐渐消失，“究竟”的名词用法开始出现，例如：

（61）胜爷心中暗想：“为何他又与我一路呢？我倒要看其究竟。”（清《三侠剑（下）》第六回）

（62）张玉龙复站在里面观看究竟，比及来到树林切近。（清《三侠剑（下）》第七回）

以上两例名词“究竟”常与“看”连用，这里的名词“究竟”可以独立做“看”的宾语。

通过以上分析，我们可以发现，作为动词的“究竟”可以出现名词前，或时间副词后，也可以接在否定副词后。作为副词的“究竟”既可以出现在陈述句中，也可以出现在疑问句中，可以修饰动词、形容词、名词。作为名词的“究竟”常常与“看”连用做宾语。

明清时代小说中常出现的“究竟”的词义逐渐丰富起来：

（63）旨下宦官付司礼监，妇人付法司，后不知究竟如何。（明《万历野获编》卷六）

例（63）的“究竟”已经与中古时代“究竟”的普遍解释不同，这里无论是“穷尽”或“完毕”都不合适，语义从“穷尽”演变为“追究”，再从“追究”演变为“追究后的结果”，这个“结果”义比较符合例（63）句意，之后不知道结果怎么样。

从例（61）（62）中可以看到名词“究竟”是跟在动词“看”之后，例（63）是

---

① 张秀松：《疑问语气副词“究竟”向名词“究竟”的去语法化》，《语言科学》2014年第13期，第379—395页。

跟在动词“知”之后，即“究竟”作为名词时，经常与可以通过某种方式知道“究竟”的结果这一类动词相连用，因此作为名词的“究竟”也有对结果的追究功能存在。

综上所述，根据“究竟”的三种词性的语用功能分析，可以发现“究竟”在演变过程中主要有两种功能。第一，是对结果的追究功能，就是对完成与否的确认。第二，是对语气的加强功能，在不同的句式中可加强不同的语气。

此外，名词“究竟”还出现了其他一些比较特殊的用法，这和现代汉语里面的名词“究竟”无关。隋唐五代时期，“究竟”最主要是以名词性的佛源用语出现，例如：

(64) 夫大乘教者，佛法之中究竟说也。名味泯绝，理致幽玄。(唐《大唐西域记》卷四)

(65) 乃至广破二乘无常无我之见，如春池执砾为宝，广赞常乐我净而为究竟，乃至云无我法中有真我。(唐《禅源诠序》卷三)

(66) 内宫天男天女，先为人时，曾持佛戒，互相观察，知非究竟，遂厌欲也。(五代《敦煌变文集新书》)

例(64)(65)(66)中的“究竟”作为名词可以和名词组合成为名词短语充当分句里的中心语，也可以在动词后形成动词短语充当分句里的宾语，也可以和否定副词搭配作名词短语充当分句里的中心语。

“究竟”大量出现于佛经用语，其解释不同于上文所论述的名词“究竟”的“真相；原委”义，大多与修行道法相结合，例如：

(67) 大悲观众生，究竟妙法行。(六朝《东晋译经》)

(68) 若得五欲，当愿众生，拔除欲箭，究竟安隐。(唐《华严经·净行品》第4愿)

(69) 百千万亿无疆福，究竟沉沦定有期。(五代《敦煌变文集新书》卷二)

张秀松(2014)认为，在汉译佛经中，名词“究竟”表示“最高境界、根本大法”之义①。根据原句也可以理解这里的“究竟”应当是某种佛教信仰的地方、环境,用以修行佛法,因此在佛源中的“究竟”,可以推测解释为佛教信仰之地、信仰之境。

第七章 “究竟”词汇化的动因

董秀芳(2011)指出汉语双音词主要来源于短语。在历史发展中,人们为了满足韵律的需求将单音变成双音形式,因此双音并列式复合词在各部作品中出现的频率都十分高,且逐渐增高。“究竟”也符合董秀芳所提出的意合并列短语应该具有的特性:1. 并列项语法范畴一致,2. 并列项语义相近或相反。因“究”和“竟”之间的形式举例近了,“究”和“竟”的概念举例也拉近了。而“究竟”又属于动词性并列短语中两个并列项所表示的动作相近,且是同时发生的。两者成为动词短语中的并列项后,因为意义的相近,差异淡化、模糊化,“究竟”开始发生词汇化。“究竟”的“究”为及物性的,则后面带宾语的情况使“究竟”更易成词。②

7.1 “究竟”位置的变化

根据例(36)(37)(38)(39)可以发现,在两汉时期,“究竟”作为动词处于句子或分句的低位或末置位,一般充当谓语,在句子的主语之后,宾语前。作为动词时,在句子或分句中可以表述的对象只有宾语,也就是句子的一部分。在两汉期间,“究竟”一词的词义较为明确,受到的句法限制也多。

到了隋唐五代时期,“究竟”的副词用法开始出现,在句中的位置也开始发生变化,例(45)可以看到“究竟”出现在动词短语充当的谓语之前,因本例分句无主语,因此“究竟”出现在了分句句首的位置,相较之前明显前移。

明清时期,从例(51)(58)(59)可以看到,“究竟”变为高位副词,从动词

① 张秀松:《“究竟”义“到底”句的句法、语义和语用考察》,《华文教学与研究》2014 年第 1 期,第 74—85 页。

② 董秀芳:《词汇化:汉语双音词的衍生和发展》,四川民族出版社 2002 年版,第 116 页。

演变到副词,“究竟”成为句子中的修饰成分。表述的对象从短语扩大到整句句子,这种位置的变化造成了“究竟”一词从动词向副词的不断演变。

7.2 “究竟”词义的虚化

两汉时期,动词“究竟”的语义主要有两个,一个是“穷尽”义,另一个是“完毕”义。而在具体的语言环境中,“穷尽”义也可以延伸为“完成”之义,“完毕”义可以延伸为“结束”之义,但基本还是作为动词使用。

宋元时期大量出现的“穷尽”义,“究竟”在具体语境中的词义逐渐演变为了对结果的“追究”义,而追究这一动词过程的“穷尽”义在语句中重要性减弱,而追究的“结果”义在语句中的存在感加强,即从行域逐渐转变为了言域。

到了明清时期,“究竟”彻底从穷尽的行为转变为了语言上的追究,“究竟”一词失去了动作行为的意义,变为了语气上的追求,实体行为虚化,也是造成“究竟”一词由动词演变为了副词。

7.3 “究竟”的主观化

根据上文可以得知,“究竟”一词具有两个语用功能,一个是对结果的追究功能,另一个是对语气的强调功能。

在两汉时期,“究竟”作为动词具有对结果的追究功能,但本身是具有追究的行为存在的,结果是追究的宾语,结果在句中的意义不重要,甚至个别句子中省略结果,主体仍然是追究。

而在隋唐五代时期,句中对结果的倾向性加强,追究的过程和结果并存构成谓宾结构,同时,此时“究竟”对语气的强调功能开始作用,即对结果的追究是具有强烈的追问到底的意识在里面,即主观性地加强。

明清时期,“究竟”对后置位结果的修饰不受前置位条件的影响,结果的追究义加强,“究竟”作为语气副词修饰整句句子,相较之前动词的语气强调作用也加强,“究竟”演变为一个表达主观追求的副词,因此导致“究竟”一词的演变。

王军(2009)从汉语发展史的角度梳理了“究竟”一词的演变过程,通过研究分析各朝代的副词“究竟”,观察到“究竟”的句法位置改变和词义虚化现象,同时也指出了主观化和主观性是“究竟”一次演变的动因。①

结　　语

“究竟”在古代汉语和现代汉语中不仅意义大相径庭,连词性也发生了改变。“究竟”在古代汉语中原本为动词性并列短语,为“穷尽”“完毕”之义,而在现代汉语中为名词、副词,有“原委”和表示追究之义,以及“毕竟”的意思。为了探究“究竟”是如何从动词性并列短语演变为名词、副词,本文选取北大语料库的古代汉语和现代汉语语料对“究竟”的成词和演变进行考察研究,分析“究竟”词汇化的过程和动因。

句法层面,动词“究竟”常出现在名词前、时间副词后、否定副词后,副词“究竟”会出现在陈述句中,也出现在疑问句中,可以修饰动词、形容词和名词。名词“究竟”一般有两种用法,一种是用作佛源用语,还有一种是与“看”连用做宾语。语义层面,动词“究竟”一般为“穷尽”和“完毕”义,其中“穷尽”义可引申为“完成”义,“完毕”义可引申为“结束”义。副词“究竟”有“毕竟、到底”之义,可在具体的语境下引申为“无论如何”或追问到底义。名词“究竟”有“最高境界”和“真相、结果”两种语义。语用层面,无论是动词、副词或是名词,“究竟”在演变的过程中主要体现出了两种语用功能,一是对结果的追究功能,二是对语气的加强功能。

“究竟”的演变路径:

并列性动词短语“究竟”→副词“究竟$_1$”→副词“究竟$_2$”

→名词“究竟”

最后是关于“究竟”的词汇化,主要有三点原因,一是“究竟”位置的变化,二是“究竟”词义的虚化,三是“究竟”的主观化。

① 王军:《副词“究竟”的始见时代》,《南京师范大学文学院学报》2009 年第 3 期,第 180—182 页。

此外，对于隋唐两宋时期大量出现的佛源用语的研究略有不足，但根据张秀松（2014）提出佛源用语“究竟”不是后来频繁出现的名词“究竟”的主要演变来源①，因此本文就不加赘述。

参考文献

[1] 陈秀明.评注性副词“毕竟”“到底”“终究”“究竟”的对比研究[D].广州：暨南大学，2006.
[2] 董秀芳.词汇化：汉语双音词的衍生和发展[M].成都：四川民族出版社，2002.
[3] 吕萍，戴秀干.评注性副词“究竟”的语用考察[J].语文学刊，2009(20)：130－132.
[4] 皮奕.“究竟”的语篇功能分析[J].科技信息(学术研究)，2008(29)：131－133.
[5] 商悦.副词“究竟”研究综述[J].剑南文学(经典教苑)，2013(10)：156－158.
[6] 王军.副词“究竟”的始见时代[J].南京师范大学文学院学报，2009(3)：180－182.
[7] 王天姣.“毕竟”类语气副词研究综述[D].长春：东北师范大学，2010.
[8] 徐佳玲.“毕竟”类副词的语义图研究[D].上海：上海外国语大学，2019.
[9] 许秋娟.副词“究竟”的句法考察[J].柳州职业技术学院学报，2012(4)：51－55.
[10] 许秋娟.副词“究竟”研究[D].南宁：广西民族大学，2012.
[11] 张秀松.“究竟”义“到底”句的句法、语义和语用考察[J].华文教学与研究.2014(1)：74－85.
[12] 张秀松.疑问语气副词“究竟”向名词“究竟”的去语法化[J].语言科学，2014(第13)：379－395.
[13] 赵月英.“毕竟”类归结语气副词功能考察[D].延边：延边大学，2012.
[14] 张双棣，殷国光.古代汉语词典(第2版)[M].北京：商务印书馆，2014.
[15] 吕叔湘，丁声树.现代汉语词典(第7版)[M].北京：商务印书馆，2016.
[16] 吕叔湘.现代汉语八百词(增订版)[M].北京：商务印书馆，2015.

① 张秀松：《“究竟”义“到底”句的句法、语义和语用考察》，《华文教学与研究》2014年第1期，第74—85页。

“我来X”结构的多视角分析

王冬雪

摘要 本文通过对CCL语料库和BCC语料库中大量“我来X”的事实语料进行分析，根据语境归纳语义后，将“来”划分为三类：“$来_1$”“$来_2$”“$来_3$”。“$来_1$”作为趋向动词表移动，移动方向是朝着说话人所在的位置；至于“$来_2$”的语义，目前学界存在争议，但本文分析了一系列事实语料之后得出，“$来_2$”作为“我”和“X”之间的连接词，起到强调主语“我”的作用；“$来_3$”属于代动词，本身不具有实际意义。共时角度分析结束后，又从历时角度出发，研究“我来X”结构的历时发展，并再次观察“$来_1$”“$来_2$”“$来_3$”的词义与词性演变，运用语法化的知识分析“$来_1$”逐步引申出“$来_3$”的原因。

关键词 来；趋向动词；连词；代动词；语法化

第一章 绪 论

一、选题背景

趋向动词是汉语语法研究的重要内容之一，其研究热度一直居高不下，国内外学者撰写了多篇论文展开讨论。“来”作为现代汉语中使用频率极高的趋向动词之一，再加上它的用法颇为复杂，一直广受学界关注。“来”不仅可以用作趋向动词，还可以用作助词、代动词等。《现代汉语八百词》（增订本）将“来”按词性划分为“助词、动词、趋向动词”①三种，《现

① 吕叔湘：《现代汉语八百词》（增订本），商务印书馆2015年版。

代汉语词典》在此基础上认为“来”还有一种用法，“可用于诗歌、熟语、叫卖声中做衬字”①。工具书中对“来”的词性、词义看法尚且不统一，更不用说“来”在不同结构当中的用法了。李晓飞（2009）归纳现代汉语中“来”的句法分布结构，将其大致分为以下几种：“甲 NP+来+（VP）；乙 NP+VP+来；丙 VP1+来+VP2/PP+来+VP/S1、来+S2”②。根据李晓飞（2009）的分类，“我来X”属于“NP+来+（VP）”结构。这个结构相对于其他结构来说，相关研究并不多。本文将从句法、语义、语用等多个角度，并综合共时、历时两个层面来研究“我来 X”结构，包括其中“来”的词义和词性演变，最后尝试运用“语法化”的知识找出“$来_1$”至“$来_3$”演变的原因。

二、“语法化”理论介绍

沈家煊（1994）对“语法化”的定义是：“通常指语言中意义实在的词转化为无实在意义、表语法功能的成分这样一种过程或现象，中国的传统语言学称之为‘实词虚化’。”③早在 13 世纪的元朝，周伯琦就已经提出了“实词虚化”的相关概念，他在《六书正伪》中谈道：“大抵古人制字，皆从事物上起。今之虚字，皆古之实字。”到了 19 世纪的清朝，马建忠在《马氏文通》中分析了动字和介字的关系，同时研究了一些虚字的来源。此后，语言学家基本沿袭追溯词源的方式分析“实词虚化”，开始有意识地探究实词与虚字之间是否存在某种联系。他们发现部分介词实质上由动词虚化而来，部分副词虚化前是形容词。如古代汉语中“在”作为一个典型的实义动词，表存在的意义，而现代汉语中“在”主要是用作介词，含义已经模糊、虚化。现代汉语中“老”做时间副词的用法其实是古代汉语中形容词“老”意义虚化后的结果。马清华（2003）指出，“实词意义经虚化衍生出语法意义”④，即“实词虚化”，是对“语法化”的狭义理解，只是“语法化”的众多形态之一。“语法化”不只停留在实词虚化的层面，还包括虚词的语法意义由不太虚向更虚演变，以及

① 中国社会科学院语言研究所词典编辑室：《现代汉语词典》（第 7 版），商务印书馆 2016 年版。
② 李晓飞：《现代汉语“来”及其语法化》，扬州大学 2009 年硕士学位论文。
③ 沈家煊：《“语法化”研究综观》，《外语教学与研究》1994 年第 4 期。
④ 马清华：《汉语语法化问题研究》，《语言研究》2003 年第 2 期。

语法意义的虚灵性处于同一层次的"语法化"现象。我们通常意义上理解的"语法化"是指"词汇语法化",但随着"词汇语法化"研究的不断发展,学界逐渐从"词汇语法化"的研究扩大发展到对于语法结构、句式"语法化"层面的深入研究,比如"有一V"句式、"之所以"句式语法化研究,等等。

除了研究"语法化"历程之外,学界又将目光投向"语法化"机制的研究,也许我们可以直接称之为"语法化"诱因。沈家煊(1998)教授发现汉语中实词的虚化主要有五种虚化的机制,分别是"'隐喻(metaphor)'、'泛化(generalization)'、'推理(inference)'、'吸收(absorption of context)'以及'和谐(harmony)'"。[①] 马清华(2003)总结词义发生变化的四种主要原因:"现实作用力(客观情境)、心理力量(附会、暗示、典型确认、类推等)、语言内部力量(吸收、词义内在动因、经济性原则等)和词之间的语言接触。"[②]目前我国的语法学界对于"语法化"的机制或"语法化"的诱因还未形成完全统一的认识和观点,尚在进一步的讨论当中。

三、研究对象

在CCL语料库中输入"我来"进行检索,共出现11 091条语料。大致可分为以下几种:

(1) 有什么话你冲着我来。(毕飞宇《推拿》)

(2) 我来不及多想,匆匆赶往朋友家。(当代/报刊/人民日报/1995年人民日报/7月份)

(3) 你不,他这嘛,就拿我来说,今年七十六。(当代/口语/1982年北京话调查资料)

(4) 他倒给我来过一封信。(当代/史传/宋氏家族全传)

(5) 他没有认出我来。(当代/报刊/读者/读者(合订本))

(6) 青兰女士的声音在大殿响起:我来介绍中日两位书法家。(当代/报刊/人民日报/1993年人民日报/9月份)

---

① 沈家煊:《实词虚化的机制——〈演化而来的语法〉评介》,《当代语言学》1998年第3期。
② 马清华:《词汇语法化的动因》,《汉语学习》2003年第2期。

(7) 下次我来上海再请你,你可要来呀!(当代/报刊/1994年报刊精选/10)

(8) 三踅觉得没趣,说:"我来买豆腐。"(贾平凹《秦腔》)

(9) 你有什么苦恼,告诉我,我来解决,我能帮你处理好的。(当代/翻译作品/文学/飘)

(10) 让我来一一地较真。(韩少功《马桥词典》)

(11) 孙若西见淑娴领着老东山挑着粮食走上来,赶上前招呼:"表妹,姨父!我来,我来。"(冯德英《迎春花》)

例(1)至例(5)句中都包含"我来"这两个字,但"我"和"来"在句中只是线性相连的关系,所以不属于本文研究范围之内。本文中"我来X"结构的研究对象仅限于"我"做主语、"来"后带有某种句法结构,并且"我"和"来"关系紧密的句子。如例(6)中"我"做分句主语,"我来"后加上动词V"介绍",提示"我"将要做某事;例(7)中"我"做分句主语,"来"做分句谓语,"我来"后还加上处所名词"上海",表示"我"来到上海这个地方;例(8)中"我"做分句主语,"我来"后加上述宾短语"买豆腐";例(9)中"我"做分句主语,"我来"后加上动词V"解决"。例(10)中"我来"后加上动词短语VP"一一地较真"。例(11)中"我来"后面虽然没有加上动词、名词等句法结构,但是根据上文语境来分析,"我来"后可以补充上VP"挑粮食"使语义完整,因此也属于本文研究范围。

四、语料来源

本文中的语料主要是来源于北京大学语料库(CCL语料库)和北京语言大学语料库(BCC语料库)。文中部分语料也引用了相关文献中的语料,转引语料会随文注出,其余语料为作者本人自拟。

第二章 "我来X"的分化及其句法语义分析

2.1 "我来$_1$X"

2.1.1 "我来$_1$+NP"

在现代汉语中,"来"最常见的用法是做趋向动词发生位移,参照点是说话人所在的位置，与“去”相对。“我来$_1$X”中的说话人是“我”，那么“来$_1$”则表示向“我”所在的地方移动。在“我来$_1$X”结构中的“来$_1$”也可换为“来到”，意义不发生任何改变。

(12) 他说：我来北京开会(当代/报刊/人民日报/1994年人民日报/第二季度)

(13) 他问我来学校报到那天，对校园的总印象怎么样。(刘心武《刘心武选集》)

(14) 我来这里不仅是为了开眼界，挣几个钱。(当代/报刊/人民日报/1995年人民日报/12月份)

(15) 一位中年女士说：“我来这儿并不是想参加拍卖活动”(当代/报刊/1994年报刊精选/10)

(16) 我来到清华的教师住宅区新林院8号梁家的门口。(当代/史传/张清平 林徽因)

“我来$_1$+NP”中的NP通常是处所名词，如例(12)(16)中NP是北京、梁家，均属于地名，例(13)中NP学校属于机构。如果上下文中已提到说话人“我”所在的地点，那么为了语言的简洁性，NP也可以是代词，来指代处所名词。如例(14)(15)中“我来$_1$”后NP是“这里”“这儿”，指代具体地点，也可将代词替换成具体地点，意义不变。然而由于“来$_1$”规定了位移方向，必须是向说话人所在的地方，所以“来$_1$”后面的NP不能加上“那里”“那儿”的远指代词或是距离说话人“我”较远的地方，如远处、远方等。

(17) *我来那里/那儿。(自拟)

(18) *我来远处/远方。(自拟)

“我来$_1$X”结构中还存在部分短句，如“我来之前”“我来了”等。

(19) 我来之前，科龙的最高应收账款是12个亿。(当代/史传/吴晓波 激荡三十年——中国企业史1978—2008)

(20) 一直到我来之后，他家还在那教室里住着呢。(李佩甫《羊的门》)

(21) 有没有一种感觉：北京我来了，我要征服你？（当代/口语/电视访谈/鲁豫有约 开心果）

(22) 这个地方我来过，史边走向西厢房的门边想。（当代/文学/大陆作家/王朔 b）

这类短句中“我”充当主语，“$来_1$”充当谓语，后面不加 NP 或 VP，只有“之前”“之后”等表示时态的词。由于这类句子中“$来_1$”后均可补充上处所名词或代词，语义上也比较容易理解，所以本文将其归为“我$来_1$+NP”结构中，不另辟一节来展开分析。

2.1.2 “我$来_1$+VP”

“我来+VP”结构中如果动词“来”的后面可以加上“这里”“这儿”或者某个具体的场所地点，那么这类“来”是典型的趋向动词，即“$来_1$”。

(23) 江总书记微笑着说：“煤矿工人辛苦了，我来看看大家，向大家拜个早年。”（当代/报刊/1994 年报刊精选/02）

(24) 今天我来拜见，一来当面表达敬意，二来顺便转达几位美国朋友对您的问候！（当代/史传/宋氏家族全传）

(25) 老大哥，今天我来给你拜寿。（当代/史传/蒋氏家族全传）

(26) 我来做次长，已经是半路出家，破坏了外交部的系统与组织。（当代/史传/蒋氏家族全传）

(27) 老汉哭诉着，“我没饭吃了，原先两个乡现在并为一个乡，没人管我这个瞎子了，我来找县太爷为我作主呀！……”（当代/报刊/人民日报/1996 年人民日报/1 月份）

上述例句中“$来_1$”后面都可以补上隐含的“这里”“这儿”，或者是具体的处所名词做“$来_1$”的宾语。句中“$来_1$”后的处所宾语不仅是施事主体“我”从别处向说话人所在位置移动的终点，也是动作 VP 进行和发生的场所。那么处所宾语为什么在“我$来_1$+VP”结构中可以省略呢？是因为在上下文语境当中，处所信息是听话人和说话人共同知道的，或是说话人认为听话人已经知道，不必再重复一遍。另外，根据上文可知，“$来_1$”是具有位移性的趋向动词，“$来_1$”与 VP 构成连动结构，表示说话人“我”先来到某个地方，再进行某个动作。这里的"来$_1$"不能省略,一旦省略,就会造成句子出现语病。

(28) "妈,我来看您老来了……"蒋介石一进门便说。(当代/史传/宋氏家族全传)

(*"妈,我看您老来了……"蒋介石一进门便说。

(29) 梁成复一看王矿长这么爽快,也竹筒倒豆子来个直说:"王矿长,我来就是要你这盆洗脚水?"(当代/报刊/1994年报刊精选/01)

(*梁成复一看王矿长这么爽快,也竹筒倒豆子来个直说:"王矿长,我就是要你这盆洗脚水?"

(30) 我来拿牙刷、毛巾。(自拟)

(*我拿牙刷、毛巾。

例句(28)(29)(30)中省略"来$_1$"后,句子不通顺,相较于省略前的句子来说,句义也发生了改变。

"我来$_1$+VP"结构中"来$_1$"与VP构成连动结构,VP表示"我"在"来"之后要进行的动作和行为,带有目的性。再加上对相关语料的分析,可以得出心理动词和非自主动词一般不能进入"我来$_1$+VP"结构中。如害怕、觉得、幻想、以为、能够等动词,例(31)至例(38)的句子都不能成立。

(31) *我来讨厌你。(自拟)

(32) *我来恨你。(自拟)

(33) *我来喜欢你。(自拟)

(34) *我来想你。(自拟)

(35) *我来生病。(自拟)

(36) *我来死。(自拟)

(37) *我来哭。(自拟)

(38) *我来笑。(自拟)

2.2 "我来$_2$X"

"我来$_2$X"结构相比"我来$_1$X"结构来说,除了"来"的意义有明显不同之外,"来"的用法上也具有较大差异。"来$_2$"后面不能加"NP",也无法补出处所宾语,因此只能构成“我来$_2$+VP”结构。“来$_2$”不表示“我”位移的运动趋向,而表示要做某件事情。用在“我”和表示目的的动词结构VP之间,引入主要动词,同时起到强调施事“我”的作用。

(39) 你来给他注个音标,我来给他注个音标。(当代/口语/对话/梁冬对话王东岳文字版)

(40) 除了背,这些要记的东西是不是可以找相关性?但是,我来告诉你怎么找相关性。(当代/口语/对话/李敖对话录)

(41) 阿光说:“刘招华,我来给你介绍一下,这位是公安部的‘胡处长’。”(当代/口语/对话/女记者与大毒枭刘招华面对面)

(42) 我来替你盘算一下,包你一钱不落虚空地,都用在刀口上。(高阳《红顶商人胡雪岩》)

(43) 你家和丁刚家生活困难,两个孩子的学费我来想办法。(当代/报刊/人民日报/1995年人民日报/5月份)

(44) 正在大伙儿议论纷纷的时候,人群中有一个人跑出来,说:“我来试试。”(《中华上下五千年》)

例(39)中“我来给他注个音标”与前一分句“你来给他注个音标”形成对比,强调是“我”和“你”来发出“注音标”的动作。例(40)也是强调接下来由“我”来“告诉”对方如何去找相关性。例(41)中“介绍”的动作由“我”,语境中即阿光来进行。例(42)(43)(44)也是如此。上述结构中“来$_2$”表示动作、行为的发出者,即“我”的主动意志,具有加强主动语气的作用。“来$_1$”典型的运动趋向义已经发生虚化,“来$_2$”不具有实际的词汇意义。并且与“来$_1$”相反,“来$_2$”在句中可以省略,省略之后整个句子表达的意思不发生改变。

(45) 小儿子也急忙帮腔:“我来扫”“我来扫”,随即拿起一把笤帚在雪地里上下挥舞。(当代/报刊/人民日报/1993年人民日报/2月份)

(小儿子也急忙帮腔:“我扫”“我扫”,随即拿起一把笤帚在雪地里上下挥舞。

(46) “妈妈,我来帮你洗碗吧。”(当代/应用文/社会科学/说服孩

子的对话：这样说孩子最能接受)

("妈妈,我帮你洗碗吧。"

(47) 副大队长高军扭头走上桥中央,转过身来喊:"胡工,告诉他,我来指挥他的车队通过。桥压垮了,我先掉下去。"(当代/报刊/1994年报刊精选/01)

(副大队长高军扭头走上桥中央,转过身来喊:"胡工,告诉他,我指挥他的车队通过。桥压垮了,我先掉下去。"

通过对语料的考察,发现"我来$_2$+VP"中VP是可以体现动作发出者的主观意志、由我自由支配的动词,因此与"我来$_1$+VP"结构中完全不能出现心理动词的性质不同,"我来$_2$+VP"结构里可以出现部分心理动词,如例(43)中的"想办法"。尽管诸如"爱、恨、喜欢、希望"之类的动词也属于表达心理状态的心理动词,但是它们仍然不能进入"我来$_2$+VP"结构中。因为它们所代表的精神状态是无意识的心理活动,自己没有办法去自由控制,与表示主动语气含义的"来$_2$"不符合,所以无法与"来$_2$"搭配。

对比"我来$_1$+VP"结构与"我来$_2$+VP"结构中VP的句法特征,可以发现动作发出者能够自由支配的动词既可以进入"我来$_1$+VP"结构,也可以进入"我来$_2$+VP"结构。因此,由这类动词组成的"我来+VP"会容易产生歧义。虽然可以通过能否在"来"后面加具体的处所宾语来进行区分,但某些句子光凭这一点不足以判断"来"的性质。如例(6)"我来介绍中日两位书法家"中,"来"既可以理解为"来$_1$"表示趋向,也可以理解为"来$_2$"加强主动语气。如果说话人和听话人的位置不在同一个地方,那么"来"只能表示朝着说话人所在地位移的"来$_1$"。另一种情况是,如果说话人和听话人的位置处于同一个地方,那么"来"是表示主动语气的"来$_2$"。究竟说话人和听话人是否在同一个地方,最终还要回归到具体语境中去判断。虽然在形式逻辑上,例(42)"我来替你盘算一下"中的"来",既可以理解成"来$_1$",又可以理解成"来$_2$",但是事实语料告诉我们,这类例子中"来"的语义大都是偏向于"来$_2$",并非"来$_1$",具体原因有待进一步思考。

2.3 “我来$_3$X”

2.3.1 “我来$_3$+NP”

“用一个动词代替另外一个动词的现象，叫动词的替代现象，这个用来替代另一动词的动词叫‘代动词’。”①需要提示的是，动词“来”在现代汉语的使用场景中也有能够起到替代其他动词的使用情况。《现代汉语词典》《现代汉语八百词》以及《汉语动词用法词典》②三本工具书中都有“来”替代其他具体动词的说明和解释，可以理解为“做某个动作”的含义，需要听话人根据实际情况进行判断。赵元任（1979）在分析现代汉语中的代动词时认为：“最常用的代动词是来。”③

(48) 这个主意不错，等哪天摄影棚开张了，先给我来个写真集吧。（当代/史传/中国北漂艺人生存实录）

(49) 儿子女儿各唱了一首，冯军接过麦克风自报歌名：我来一首《少年壮志不言愁》。（当代/报刊/1994年报刊精选/07）

(50) 这场戏你来旦角，我来生角。（自拟）

(51) 他来三本书，那么我来两本吧。（自拟）

(52) 他转向检察官说：“我来个开场白吧。”（《没有钥匙的房间》）

例(48)至例(52)中的“来$_3$”可以分别替代动词“拍”“唱”“扮演”“买”和“说”。例(49)中省略的动词“唱”在前文已经出现，但例(48)(50)(51)及例(52)中的动词并未在句中出现，需要听话人根据上下文语境自行理解判断“来$_3$”替代的是哪个动词。汉语的适用具有灵活性的特点，如果宾语已经在前文有过使用或者宾语的信息是被说话人和听话人共同知晓的，那么宾语的使用可以得到省略或者简化，只用数量词表示。如例(51)中“我来$_3$”后只有数量短语“两本”，省略了宾语“书”。

从形式上看，“来$_3$”后面经常跟名词性宾语，对事实语料进一步分析后，

---

① 左双菊：《“来”的代动用法考察及其在第二语言教学中的应用》，《云南师范大学学报（对外汉语教学及研究版）》2009年第3期。

② 孟琮等编：《汉语动词用法词典》，商务印书馆1999年版。

③ 赵元任：《汉语口语语法》，商务印书馆1979年版。

发现代动词“来$_3$”的名词性宾语前大多有数量词或指量词来修饰，使名词性宾语具体化。如果例(51)中删掉数量短语“两本”，那么“我来书”就是一个病句。如果将数量短语替换成指量短语“这两本”，句子也是通顺的。

数量短语后加一个动词或动词短语，在句法上相当于一个名词性的短语，可以做“来$_3$”的宾语。所以如果不考虑名词性宾语前的数量词，也可以说“来$_3$”后可加一个动词性的宾语。

(53) 尤其重要的是，粮食是宝中之宝，任何人一日三餐都离不了，假如你来个少种，我来个不种，全国十多亿人口吃什么！(当代/报刊/人民日报/1994年人民日报/第二季度)

(54) 天空中的几片云像是加快了速度飘移，如果我来个深呼吸，闭上眼睛也可以感受到这个世界的流动。(《盛夏光年》)

(55) “婉容与文绣谁可爱?”我来个打破砂锅问到底。(当代/报刊/作家文摘/1994/1994B)

例(53)(54)中“我来$_3$”后加了动词性短语“不种”和“深呼吸”，例(55)中加了谓词性熟语“打破砂锅问到底”，实际上“来$_3$”后也可加单个动词做宾语。陈昌来(2011)研究“来”在句中充当代动词时后面所加宾语的词性，发现在动词中其实存在着不少可以出现在代动词“来”的后面作宾语的动词，如：关心、约会、教育……但是这些动词几乎不能出现在“我来$_3$X”结构当中。例(56)(57)中的宾语可以加在代动词“来”的后面，但在“我来$_3$X”结构中说不通。

(56) *我来个思想解放。

(57) *我来几次约会。

代动词“来”在“我来$_3$X”结构中功能缩小，即使是自主性较强的动词，如安排、关注等词，也无法进入“我来$_3$X”结构中。这是“来$_3$”与“来$_1$”“来$_2$”用法差别较大的一点。

2.3.2 “我来$_3$+O”

观察语料得知，“来$_3$”做代动词时，一般情况下后面要加宾语。但下列例句中“来$_3$”后明显省略了宾语，属于“我来$_3$+O”结构。

(58) 眼看着木棒就要随浆而去,池边的人都束手无策。这时那个漂白工就要下池,匆匆赶来的马开宝一把拉住他说:“小伙子,有危险,我有经验,还是我来吧。”说着连衣服都顾不上脱,跳进了齐胸深的浆池。有毒的气体呛得他几乎窒息,他还是坚持着把木棒摸了上来。(当代/报刊/1994 年报刊精选/12)

(59) 他的手颤个不停,这是近年添的毛病,他抖抖地拉了几下麻绳,心想最好有把剪子。“爸爸,我来。”是儿媳逸芬的声音。她没有用剪子,随着手指灵巧的动作,绳子一道道落在桌上。(宗璞《熊掌》)

(60) 妻子反复再用火柴试燃,怎么也点不着。赵广生急了,一骨碌从床上爬起来,“真笨,我来!”他一把夺过妻子手中的火柴,点来点去还是点不着。(当代/报刊/人民日报/1994 年人民日报/第二季度)

(61) 上街吃饭,我偶尔想潇洒一回,挥手叫来服务员付账,她却手一挡说:“还是我来吧!”(当代/报刊/人民日报/1996 年人民日报/2 月份)

根据上下文语境可推断出例(58)中“来$_3$”表示“摸木棒”的动作,例(59)中表示“剪麻绳”,例(60)中表示“点火柴”,例(61)中表示“付账”。然而,“来$_3$”并不是万能的代动词,替代时需要受到诸多限制。首先,“我”是施事,因此“来$_3$”只能替代具有[+人]语义特征的自主动词。由上文可知,并非所有自主动词都可以进入“我来$_3$+X”结构中,所以自主动词还需要受到进一步限制。结构中存在动词、施事,那么必然有受事。从这三者的关系出发,对“来$_3$”所替代的动词进行分析,发现能被“来$_3$”替代的动词还需具备另一特征:动词的处置性要强,需要能够对受事施加较大影响。例(62)和例(63)中出现的动词“看”“听”,处置性较弱,不能够被“来$_3$”所替代。

(62) *这部电影你不看,我来。(自拟)

(63) *周芳不听他的意见,我来。(自拟)

第三章 “我来 X”结构的语用分析

前人对“来”的句法、语义层面的研究已经取得了非常丰硕的成果,而从语用角度对"来"进行系统分析还需要进一步加强。因此,本文在第二章分析"我来X"的句法和语义的基础上,将进一步考察"我来X"结构在语用上的特点。第二章中对"我来X"结构中"$来_1$""$来_2$""$来_3$"的语义归纳大多依赖于语境,尤其是"$来_2$"和"$来_3$"。如果脱离语境,"我来+VP"容易出现歧义,将"来"理解为"$来_1$"或"$来_2$"均可。作为代动词的"$来_3$"更离不开语境。例(64)中的"$来_3$"既可以理解为替代动词"买",也可理解为替代动词"刷",或是其他动词,究竟"来"替代的是什么动词必须通过语境去判断。

(64) 我来这双鞋。(自拟)

3.1 语体特点

不同性质的"来"在同一语体的出现频率差异较大。通过检索大量语料,我们发现"$来_1$"基本上不受语体的限制,口语语体和书面语体中均可使用,政论语体、科技语体、文艺语体和公文语体中也都曾经出现过"$来_1$"代表趋向的类似用法。

(65) 笔者的一位外国朋友说:"我来中国最大的印象是中国很有钱,很富裕。"(当代/报刊/1994年报刊精选/04)

(66) 今天我来"一言堂"是缉捕孙疆,而不是拜会山君了!(温瑞安《四大名捕震关东》)

(67) 好不容易到了暑假,我说我不上"班",可爸爸硬要我来。(BCC语料库:科技文献)

虽然"$来_2$"也可以出现在口语语体和书面语体当中,但使用频率上明显不如"$来_1$"高。

(68) 憨厚朴实的丈夫小潘深情地安慰妻子:"今后的路,我来帮你,我们一起走下去。"(当代/报刊/人民日报/1994年人民日报/第2季度)

(69) 墨水就算了,我来贴吧。(狄更斯《大卫·科波菲尔》)

"$来_3$"主要出现在口语语体和文艺语体当中,公文语体和科技语体当中很少使用“来$_3$”替代其他动词。

(70) 李文仁闻听后一声“我来”,一米九的大个子一闪就到了车上。(BCC 语料库:科技文献)

(71) 你们这儿手机性能怎么样,我来一部试试。(自拟)

张伯江(2014)指出“来”充当代动词时,“在较为正式、严肃的语体里极少见,文学作品也限于那些受讲唱文学传统影响较深的民俗文学里,最为常见的,是相声等曲艺作品里”。[①] 因为“我来 X”结构是一个带有口语性的结构,常常会在对话交际当中使用,所以在口语语体中运用得更为广泛一些,在书面语体中出现时,也往往是在具有口语特征的场景下。“我来$_3$X”结构中“来$_3$”实际上取代了动词结构 VP 的位置,代替 VP 表示意义。“来”不做趋向动词时,不能做谓语或者直接加 NP 做宾语。因此,这种结构极少出现在具有[+正式]特征的语体中,大多出现在具有轻松性和随意性的场景中。

3.2 时态特点

按照既可以被“没”否定,又可以被“不”否定的动词属于动态动词的理论,“来$_1$”是一个动态动词,具有时间特征。前文中列举的有关“我来$_1$X”结构的语料,时态大部分都是一般现在时。在语料库中检索,发现没有“我来$_1$”后加“着”的语料,连在“我来$_1$X”前后加上“正在/在”这种表进行的句子也没有检索到。由此可以推断出,“来$_1$”不可用于进行时。然而,语料库中包含大量“我来$_1$”后加“了”“过”这类时态助词的语料,如例(72)(73)中“来”的动作已经发生过。所以从理论上来说,“来$_1$”可以自由运用在一般过去时当中。如果说话人“来”的动作还未发生,那么“来$_1$”也可以用于一般将来时,如例(74),说话人“我”还没有来。

(72) 我本来很难从命;可是您看,我来了。(伊凡·谢尔盖耶维奇·屠格涅夫《贵族之家》)

---

① 张伯江:《从“来”的代动词用法谈汉语句法语义的修辞属性》,《当代修辞学》2014 年第 4 期。

(73) 这就是说,我完全知道谁会发数盲二十年前我来过北戴河。(王小波《黑铁时代》)

(74) 我想能,如果我来时您没有产生什么理由要拒绝我的话。晚安!(卡尔·麦《藏金潭夺宝》)

英语中用“come”表示向说话人移动的意思,属于瞬间动词,不能用于完成时态,例(75)是一个病句,表达相同意思时需改成例(76)。但“来$_1$”可以用在完成时态的句子当中,如例(77)。

(75) *I have come here for three years.(自拟)

(76) I have been here for three years.(自拟)

(77) 我来这里已经三年了。(自拟)

“来$_2$”不像“来$_1$”可用于一般现在时、过去时、将来时的句子当中,只可用于一般将来时。这是因为“来$_2$”在“我来$_2$+VP”结构中通常表示由说话人“我”来做某事,预设这件事还没有被完成,所以只可用于动作还未发生的句子中,即未然句中。

“来$_3$”与“来$_2$”不同,它不仅能用在未然句中,也可用在已然句中。如例(78),以匿名发表文章的动作已经发生。只是“来$_3$”后也不能加“着”,不能用于进行时,完成时态的句子中也没发现“来$_3$”的任何使用情况。

(78) 这就够了,读过只要能提点精神就行了,所以我来了个匿名。(夏目漱石《三四郎》)

3.3 语气特点

“我来$_1$X”结构大多用于陈述句当中,表达陈述语气,来陈述说话人“我”来到某个地方的事实,如例(79)。部分会用于感叹句中,以表达说话人兴奋、激动的情绪,如例(80)。

(79) 今儿我来是专门向你们提意见来的。(王朔《刘慧芳》)

(80) 一会儿她蹦蹦跳跳地走出来,穿着她的红色游泳衣,嘴里喊:“我来啦!我来了!”(王小波《黑铁时代》)

“我来$_2$X”结构适用于说话人“我”对于某件事提出自己的意见、建议等场景，常常带有祈使语气，往往能够转换成“让我来X(吧)”的祈使句。现代汉语中，除了“让”以外，还有很多介词可以表示“由我来做某事”的意义。如“叫”“由”等等。“来$_2$”大多用在表达祈使语气的句子当中，很有可能与本章第二小节提到“来$_2$”大多用于将来时态的特点有关，意见、建议一般需得到对方同意后才能实施，说话时动作还未发生。

(81)“你放心走吧，你家里的事我来顶。”(当代/报刊/1994年报刊精选/05)

(“你放心走吧，你家里的事让我来顶(吧)。”

(82)“原著没有的，我来创造。”(当代/报刊/1994年报刊精选/07)

(“原著没有的，让我来创造(吧)。”

代动词“来$_3$”同样常常用于表达请求、命令的祈使句中，尤其是在分配任务的语境下。例(50)中分配各自扮演的角色，由听话人“你”扮演戏曲中的“旦角”，由说话人“我”扮演戏中的“生角”。即使是在例(83)这样的疑问句中，说话人依然是在表达请求的意味，希望对方肯定自己的选择。

(83)甲:“你喝什么？果汁吗?”乙:“要不我来杯咖啡?”(自拟)

祈使句中的隐含主语往往是“你”，而不是“我”，但是在“我来$_2$X”和“我来$_3$X”结构中，虽然表达的是“我”去做某事，但其实蕴含了建议“你”不去做某事的意思。因此，“我来$_2$X”和“我来$_3$X”的句子当中带有祈使语气。如果“我”做某事的意愿极其强烈，那么表面上是表建议，实际上是表命令，句末标点会用感叹号代替句号。如例(60)中赵广生嫌弃妻子点火柴点不着，说道:“我来!”句中命令的语气极其强烈。

第四章 “我来X”结构的历时演变

4.1 “我来X”结构的来源

CCL语料库古代汉语中关于“我来”的语料共有3 492条，先秦时期共

12条。

(84) 贻我来牟,帝命率育,无此疆尔界,陈常于时夏。(先秦《诗经》)

(85) 我出我车,于彼牧矣!自天子所,谓我来矣!(先秦《诗经》)

例(84)是最早“我”和“来”的连用,但在句中“我”和“来”之间联系并不紧密。“来”和“牟”并列,一个是小麦,一个是大麦。“我”与“来”在动词“贻”后充当双宾语,表示“送给我小麦”的意思。例(85)中,“来”做趋向动词,表示某人由甲地向乙地产生位移。但“我”在句中既和“谓”构成述宾结构,又和“来”构成主谓结构,表示“说我来了”。上述两个例句中的“我”和“来”都只是建立在线性语序的基础上,连接在一起使用而已,并不是本文所要讨论的“我来X”结构最初的用例。

但语料表明,其实“我来X”结构最早在先秦时期也已经出现,其中“我”做分句主语,“来”做分句谓语,属于“我来$_1$X”结构。

(86) 我来自东,零雨其蒙。鹳鸣于垤,妇叹于室。(先秦《诗经》)

4.2 “我来$_1$X”结构的历时演变

(87) 我来自东,零雨其蒙。我东曰归,我心西悲。(先秦《诗经》)

(88) 昔我往矣,黍稷方华;今我来思,雨雪载涂。(先秦《诗经》)

(89) 周公拜手稽首曰:“王命予来,承保乃文祖受命民;”(先秦《今文尚书》)

(90) 吾来救郑,楚师去我,吾遂至于此,是迁戮也。(先秦《春秋》)

(91) 教令不信,余来为民诛之。(先秦《战国策》)

例(87)(88)都是表达“我”来到某地,(87)中“来$_1$”与“归”相对,(88)中“来$_1$”与“往”相对。由于文言文和白话文之间差异较大,文言文中常常省略“我”,或者改用其他第一人称代词,如“予”“余”“吾”等。因此在本章中,对于“我来X”结构历时演变的分析不局限于“我来X”的形式,还包括“予来X”“吾来X”等与“我来X”含义相同的结构,将它们也纳入讨论当中,如例(89)(90)(91)。

(92) 先日吾来，徐君观吾剑，不言而其色欲之，吾为上国之使，未献也。(西汉《新序》)

(93) 如汝善人，随顺三世诸佛教故，我来迎汝。(六朝《刘宋译经》)

(94) 我来采菖蒲，服食可延年。(唐《嵩山采菖蒲者》)

(95) 我来西湖滨，檐霤更萧索。(明《柳如是集》)

(96) 我来此只有半月，怎的便就如此?(清《七剑十三侠》)

“我来$_1$X”结构自先秦出现后，一直被后世所沿用，包括在现代汉语中仍然是“我来X”结构中用法范围最广的一类。根据对“我来$_1$X”历时语料的考察，发现古代汉语“我来$_1$X”结构中经常省略说话人所在的地点，“我来$_1$+NP”的语料极少，大多数是“我来$_1$+O”和“我来$_1$+VP”结构，动词结构VP交代“我”来到这里要去做某事。明清之后，“我来$_1$+NP”的用法才逐渐增多。例(95)中的NP是地点名词“西湖滨”，例(96)中的NP是代词“此”，相当于现代汉语中的“这儿”或“这里”。

4.3 “我来$_2$X”结构的历时演变

“我来$_2$X”出现的时间要比“我来$_1$X”晚得多，先秦直至隋唐时期都未出现“我来$_2$X”结构的用法。能找到最早的“我来$_2$X”用例是在北宋的《太平广记》中，明清时期“来$_2$”的用法才逐渐得到普及。

(97) 忽闻门外一人呼名云：“我来追汝!”(北宋《太平广记》)

(98) 那矮鬼头，你昨日把火箭、火枪射了我，今日也该我来射你了。(明《三宝太监西洋记》)

(99) 瑾思曰：“我来说他，反被他说了我也。”(明《三国演义》)

(100) 方才对着张书玉笑道：“你到底为了什么事情这样生气，我来替你们做个和事何如?”(清《九尾龟》)

(101) 好了，没有关系，我来付钱。(民国《雍正剑侠图》)

上述例句中的“来$_2$”均强调说话人“我”将要做某事，尤其是例(98)，交代听说人昨天用火箭、火枪射了“我”，那么今天由说话人来射“你”。第二章中分析过“我来$_1$+VP”与“我来$_2$+VP”在形式上极其相似，需通过语境、添加词语、删除法等方式来判断。但“来$_2$”出现时间晚于“来$_1$”几个朝代,中间相差数千年。探究背后的原因,可从“来$_2$”自身的特点出发。首先,“来$_2$”位于施事“我”和动词结构 VP 之间,但古代汉语中通常省略施事,尤其是第一人称做施事时。其次,“来$_2$”在句中发挥强调施事的作用,句中不出现施事自然不需要“来$_2$”去强调施事对 VP 的影响。因此“来$_2$”在文言文中的使用范围不如“来$_1$”广泛。最后,“来$_2$”属于连词,在句中不比“而”和“且”这类表示逻辑关系转折和递进的连词作用重要,删除后句义也不产生任何变化,所以可被省略。

4.4 “我来$_3$X”结构的历时演变

周夏(2008)分别列举了《西厢记杂剧》和《西厢记诸宫调》里关于代动词“来”的两个例句,认为“来”做代动词的用法早在金元时期就已出现。例(102)中“来”代替动词“做”。

(102) 君瑞道:“莫胡来,便死也须索看,这里管塑盖得希罕。”(金《西厢记诸宫调》)

(103) 你还嗔老婆说,一锹就掘了井?也等慢慢来。(明《金瓶梅》)

“来”作代动词也出现在明代的世俗小说《金瓶梅》中,例(103)用“来”代替“掘井”这一动作。但是通过对相关语料的考察,未发现明代有“我来$_3$X”结构的语料,说明此时还未形成“我来$_3$X”结构。

(104) 黄忠说:“给我来三百壶酒。”(清《济公全传》)

(105) 成龙随就坐下了,说:“给我来个大份。”(清《康熙侠义传》)

(106) 我说掌柜的给我来一个热汤面吧。(清《三侠剑》)

据CCL语料库的语料记载,清代《济公全传》《三侠剑》《彭公案》等小说中的点菜场景都多次出现“给我来某样菜”的用法,其中“来”作代动词代替“送”的动作,类似于现代汉语中“上菜”的意思。但“我”前面有介词“给”,无论是形式还是意义上,都与“我来$_3$X”结构有区别。

(107) 圣母娘娘在坛桌上一看,原来是一个合字的人,上这儿来搅

扰。“我来吧。”(清《三侠剑》)

(108) 旁边有人搭言:“哥哥,我来吧。”(民国《雍正剑侠图》)

(109) 莫若我来个笨鸟先飞。(民国《雍正剑侠图》)

直到清代小说《三侠剑》中出现“我来$_3$X”的用法。根据上下文语境,推断出例(107)中“来$_3$”代替“喂药”的动作。民国时期用例逐渐增多,如例(108)(109)。随着使用频率增加,“来$_3$”可替代的动词数量也在逐渐增多,文中也不必出现被替代的动词,说话人和听话人仅凭语境即可理解“来$_3$”所代替的动词的意义。

值得关注的是,“我来$_2$X”结构和“我来$_3$X”结构都是在白话文出现后才出现的,大多也都运用于侠义小说等白话小说中。由于白话文小说所使用的语言极其贴近人们的日常口语,因此通过这些小说的传播,“来$_2$”与“来$_3$”的使用范围逐步扩大。另外,根据白话文语体的特点,可得出“来$_2$”与“来$_3$”适用于口语化色彩明显的语体,与第三章总结现代汉语中“我来X”结构具有口语化特点的观点不谋而合。

第五章 “我来X”结构中“来”的语法化

5.1 “来”的演变历程

5.1.1 名词、趋向动词和语气词

为了厘清“我来X”结构中“来$_1$”“来$_2$”“来$_3$”之间的内部联系是如何产生的,本节将按照时间线索梳理“来”词性与词义演变的历程。

《说文解字》中解释“来”:“周所受瑞麦来麰,一来二缝,象芒束之形。”①例(84)中也提到“来”最初是一个象形字,它的本义是小麦,属于名词。但现在“来”已经不表小麦的意思了,它的基本义是从别的地方到说话人所在的地方,与“去”相对。据罗振玉(1936)考证,“来”的基本义是由本义假借而来②。先秦时期早已存在“来”做趋向动词,表示由甲地到乙地的这一用法,

① 许慎撰、徐铉等校:《说文解字》,上海古籍出版社2010年版。

② 罗振玉:《殷商贞卜文字考补正》,《考古》1936年第2期。

如例(110)诸侯来到楚国,例(111)郑国人来到"渝平"这个地方,趋向动词"来"在句中做谓语。

(110) 召诸侯而来,伐国而克,城竟莫校,王心不违,民其居乎?(先秦《春秋》)

(111) 六年,春,郑人来渝平。(先秦《春秋》)

与趋向动词"来"几乎同时产生的还有语气词"来",放在句子末尾表示请求、建议等祈使语气,如例(112),但学界对于语气词"来"的来源尚未形成一个统一的观点。由于"来"做语气词的用法和做趋向动词的用法产生时代比较接近,很难分辨孰先孰后,而且从目前已有的语料来看,语气词"来"在句义上和本义"来"、趋向动词"来"没有明显的联系,因此本文比较赞同将语气词"来"也看作是由名词小麦假借而来的一种用法。

(112) 曰:"盍归乎来!吾闻西伯善养老者。"(先秦《孟子》)

5.1.2 趋向词、助词和连词

"来"做趋向动词时具有明显的空间位移义,然而,当说话人和听话人在同一地方时,说话人不需要发生空间位移的行为,于是"来"的空间位移义逐渐小时,由具有实际意义的趋向动词被虚化成趋向词,在动词后充当补语。

(113) 后有顷,复弹其剑铗,歌曰:"长铗归来乎!无以为家。"(西汉《战国策》)

(114) 言其临至时,常有双凫从东南飞来。(东汉《风俗通义》)

例(113)(114)中的动词"归""飞"分别和"来"构成"动词+趋向动词"的结构。例(113)中"来"用在动词"归"的后面表示"归"的运动方向,例(114)中"来"用在动词"飞"的后面表示动作"飞"的趋向。梁银峰(2005)通过对"来"历时语料的分析,发现"动词+趋向词"这一动趋结构最早在先秦时期已经出现,直至魏晋南北朝时期才最终形成并广泛运用。

大约在唐朝时期出现"来"还做助词的用法,可以用在数词后面表示概数。

(115) 一寺都有四十来僧。(唐《入唐求法》)

(116) 近有十来人,师领十人。(五代《祖堂集》)

例(115)和(116)中"来"分别加在数词"四十"和"十"的后面,表示寺庙大约有四十多个神人,近来大约有十几个人的意思。吕叔湘(1957)认为概述助词"来"是"以来"省略的结果。

在"趋向词形成的同时,'来'由于被前面的动词性成分剥夺了动词特征,演变为连词"。① 趋向的意义进一步虚化,形成连词"来",具有"要做某事"的意义,体现说话人的主观意愿。

(117) 特令我来放公回去,再招人马来决胜负。(明《三国演义》)

(118) 天使我来杀逆贼!(明《三国演义》)

例(117)的"来"表示说话人"我"将要放孟获回去,例(118)的"来"表示"我"将要去杀逆贼。在实际交际的过程中,由于连词"来"后的VP可以省略,所以逐渐形成代动词"来",它自身不具备任何实在意义,意义来源于被替代的动词。

(119) 我们老哥儿俩吃便饭,来几个粗菜吧。(清《三侠剑》)

(120) 是啊,你替你侯哥哥把仙鹤打躺下了,看起来你不替哥哥我了,还得我自己来。(民国《雍正剑侠图》)

(121) 然后只见刘美人起身换衣,叫道:"臣妾也来一段长袖舞。"(民国《武宗逸史》)

例(119)中"来"代替动词"送",(120)中"来"代替"打仙鹤"的动作,(121)中"来"代替动词"表演"。

分析完"来"词义与词性之后,"来"演变的脉络也就初步形成了。"来"原本是一个名词,在句中可充当主语或宾语。先秦时期,假借本义后一个成为趋向动词,主要做谓语,后接处所名词或动词,表示到某地;另一个成为语气词,放在句末。趋向动词"来"虚化后产生趋向词"来",与动词构成述补结

---

① 蒋静:《从"来/去"的历时演变看连词功能的产生——兼论"来/去"的不对称》,上海师范大学2004年硕士学位论文。

构,做补语。宋朝时,趋向词又进一步虚化成连词"来"。明代时出现代动词"来"的用法,在句中可做谓语。

由于本文主要研究"我来X"结构中趋向动词"来$_1$"、连词"来$_2$"和代动词"来$_3$",所以下节分析"我来X"结构中"来"语法化的原因时,只聚焦这三种词义,至于本节中提及的其他用法,不属于本文研究的范围之内,不再花过多笔墨赘述。

5.2 "我来X"结构中"来"的语法化原因

5.2.1 语言内部动因

首先是语义动因。在"来"的语法化过程中,语义动因是最直接的原因之一,主要表现为语义泛化。"来"的基本义是表空间位移义,做趋向动词。随着"来"的广泛运用,"来"做动词时还具有"返回""归顺"等其他义项,义项不断扩大。如例(122)(123)。"来"做趋向词表动作发生的趋向,这个意义是基于"来"表空间位移的意义,再加以抽象化,如例(124)(125)。语义泛化也导致了"来"在句中所处的位置发生变化,当"来"用作趋向词时通常放在句子的末尾处。

(122) 凡诸侯之女归宁曰来。(先秦《春秋》)

(123) 故远人不服,则修文德以来之。(先秦《论语》)

(124) 那是1984年5月,他率东方歌舞团来深圳慰问演出。(当代/报刊/1994年报刊精选/08)

(125) 那回忆的甘甜与兴奋,促使我提起笔来。(当代/史传/从普通女孩到银行家)

其次是语用动因。由前文可知,古代汉语中"来$_1$"的使用语体不局限文言或是白话,"来$_2$"与"来$_3$"广泛运用于口语色彩浓厚的白话小说中。现代汉语口语语法的特点之一是多省略,交际过程中可以省去主语、宾语,包括谓语。观察事实语料可知,"我来$_2$+VP"结构是从"由/让我来$_2$+VP"结构演变而来,施事"我"前面原先应该有"由""让""叫"等介词来强调施事,但是由于介词在句中可以省略,所以只能由"来$_2$"完成强调施事的任务。

(126) 至于经费嘛,所有开支由我来负担。(当代/报刊/人民日报/1994年人民日报/第三季度)

(至于经费嘛,所有开支我来负担。

(127) 高一功也忽地站起来,说:"摇旗,你保闯王! 这担子叫我来担!"(姚雪垠《李自成》)

(高一功也忽地站起来,说:"摇旗,你保闯王! 这担子我来担!"

语用上,主语、宾语等这类句子成分的省略实际上是符合语言经济性原则的。所谓经济性原则,是指人们在说话或表达时为了高效传递信息,实现传递效益而故意减少说话付出的表现。所以出于经济原则的考虑,"我来$_2$+VP"结构中原本由"来$_2$"负责引入VP,久而久之,"来$_2$"后的动词可以省略,由"来$_3$"来承担原先动词的意义和功能。"我来$_3$X"结构中,"来$_3$"不能与被替代的动词同时出现,可能是口语交际双方经常省略动词,用"来$_3$"来代替。如果上文中已经使用过动词,那么下文避免重复使用同一动词,那么可以用"来$_3$"替代。于是"来$_3$"充当代动词的用法被固定下来。从历时的角度来看,"来$_3$"自出现后,应用范围不断扩大,说明"来$_3$"的用法符合人们日常交际的需要。

最后是语境动因。在"来"的语法化过程当中,语境也是一个极为重要的影响因素。

(128) 甲:"你给大家来首歌好吗?"乙:"好,我来。"(自拟)

(129) 甲:"你明天来我家玩好吗?"乙:"好,我来。"(自拟)

例(128)和例(129)中乙的回答是一样的,但语义完全不同。例(128)中"来"是代动词"来$_3$",替代动词"唱",而例(129)中是趋向动词"来$_1$"。由于语境具有多样性,那么同一个词在不同的语境当中也需要具备不同的意义,所以"来"的语义必定是在逐步扩展当中完善的。

5.2.2 语言外部动因

在"来"的语法化过程中,除了语言内部的因素,语言外部也发挥了重要作用,主要是指人类的认知规律。"人类认知的基本规律是从具体不断向抽象发展,这条规律体现在时空领域,表现为人的认知总是由空间域转向时间域。”①“隐喻(metaphor)”是使用已知概念来理解抽象概念，并将已知认知域投射到另一个未知认知域上的一种认知方式。前文中细致分析了“来”的词性词义的演变过程，发现“我来$_1$X”结构中“来$_1$”作为趋向动词，属于人类认知域当中的空间域。“我来$_2$X”结构中“来$_2$”作为连词，虽然没有实质的词汇意义，但通过一系列语料的考察分析，能够发现“来$_2$”具有时间性的特点。它反映的是说话人“我”接下来将要去做某件事情，正是人类认知域上的时间域。再加上，“隐喻(metaphor)”不同于“转喻(metonymy)”的关键在于“隐喻(metaphor)”是基于相似性。而“来$_1$”和“来$_2$”在各自的认知域当中都带有明显的趋向性，所以“来$_1$”到“来$_2$”的演变正是“隐喻(metaphor)”引起的人类认知由空间域向时间域投射的结果。

第六章 结　　语

6.1 结论

本文在学界已有研究的基础上，从搜集到的语料出发，对“我来X”结构中“来”的用法进行初步探讨。第二章中分析了“来$_1$”“来$_2$”“来$_3$”的语义和句法功能，发现“来$_1$”是一个具有空间位移义的趋向动词，“来$_2$”是一个强调受事的连词，“来$_3$”是一个代动词。第三章从语用角度出发，分析“我来X”结构应用的篇章中的语体、时态、语气的特点。第四章梳理“我来X”结构的历史演变，借助于“我来X”结构的发展脉络可以认识到古代汉语中“来$_1$”“来$_2$”“来$_3$”用法出现的时间和“我来$_1$X”“我来$_2$X”“我来$_3$X”结构出现的时间并不一致。第五章第一节以时间为线索串联“来”的演变历程，“来”由本义小麦假借成“从别的地方到说话人所在的地方”，由名词假借成一个具体的动作行为，之后“来”的其他词性与词义以这一意义为原型一步步虚化发展，引申出许多其他“来”的用法，从而导致现代汉语中“来”与许多用法与基本义相距甚远。张伯江(2014)认为代动词“来”和趋向动词“来”没有源头上

① 董学军：《汉语词汇语法化原因探析》，《台州学院学报》2003年第4期。

的关系，但本文通过梳理“来$_1$”“来$_2$”“来$_3$”的语法化历程，发现了它们之间的联系，并找出“来”语法化的内因与外因。

6.2 不足

首先本文对于“我来X”结构中“X”的语义特征研究不够深入，停留在归纳现象的层面，未深入分析现象背后隐藏的本质。如“我来$_1$+VP”结构中心理动词和非自主动词不能进入结构当中，但部分自主动词也不可以用于结构当中，如睡觉、吃饭、使用、穿衣服类词语。“我来+VP”结构中存在部分用例在理解上既可以是“我来$_1$+VP”，又可以是“我来$_2$+VP”，但实际应用中语义往往都偏向于“来$_2$”。研究过程当中我们观察到这些问题，但是由于自身能力有限，暂时没能找出潜藏的原因。其次，对于“来”语法化动因的分析，只研究了语义、语用和认知等层面的成因，未联系语言间接触的层面，因此对语法化动因研究不够系统、全面。最后，由于语料繁杂，在收集和筛选语料的过程中可能会有所遗漏，所以在语料搜集、整理方面的能力还有待加强。

参考文献

[1] 陈贤.现代汉语动词“来/去”的语义研究[D].上海：复旦大学，2007.

[2] 陈晓蕾.“人称代词+来$_2$+V(P)”构式语义分析——以“我来$_2$V(P)”为例[J].云南师范大学学报，2010(3).

[3] 崔溶.基于语料库的“白”的语法化过程考察[D].济南：山东大学，2015.

[4] 邓惠.“说是X”结构的多角度分析[D].上海：上海师范大学，2018.

[5] 董学军.汉语词汇语法化原因探析[J].台州学院学报，2003(4).

[6] 蒋静.从“来/去”的历时演变看连词功能的产生——兼论“来/去”的不对称[D].上海：上海师范大学，2004.

[7] 李晓飞.现代汉语“来”及其语法化[D].扬州：扬州大学，2009.

[8] 梁银峰.汉语动相补语“来”“去”的形成过程[J].语言科学，2005(6).

[9] 梁银峰.汉语事态助词“来”的产生时代及其来源[J].中国语文，2004(4).

[10] 鲁晓琨.焦点标记“来”[J].世界汉语教学，2006(2).

[11] 吕叔湘.现代汉语八百词(增订本)[M].北京：商务印书馆，2015.

[12] 吕叔湘.再说“来”以及“多”“半”[J].中国语文，1957(9).

[13] 罗振玉.殷商贞卜文字考补正[J].考古，1936(2).

[14] 马清华.词汇语法化的动因[J].汉语学习,2003(2).
[15] 马清华.汉语语法化问题研究[J].语言研究,2003(2).
[16] 孟琮.汉语动词用法词典[Z].北京：商务印书馆,1999.
[17] 潘文,申敬善.试论“来”的替代条件[J].汉语学习,2002(6).
[18] 齐沪扬.空间位移中主观参照“来/去”的语用含义[J].世界汉语教学,1996,(4).
[19] 沈家煊.实词虚化的机制——《演化而来的语法》评介[J].当代语言学,1998,(3).
[20] 沈家煊.“语法化研究”综观[J].外语教学与研究,1994,(4).
[21] 施春宏,李聪.“来+NP”的构式特征及其能产性[J].当代修辞学,2018(6).
[22] 宋艳欣.汉语语法化研究综述[J].语文学刊,2008,(14).
[23] 孙朝奋.《虚化论》评介[J].国外语言学,1994(4).
[24] 王培敏.“来+VP”的语义特征与演变机制[J].湖北经济学院学报(人文社会科学版),2010(3).
[25] 相原真莉子.失去位移义“来”的核心功能[J].世界汉语教学,2010(1).
[26] 辛承姬.连动结构中的“来”[J].语言研究,1998(2).
[27] 徐抒.现代汉语中的代动词“来”研究[D].上海：复旦大学,2010.
[28] 许慎.说文解字[M].上海：上海古籍出版社,2010.
[29] 杨睿.时间副词“老”的语法化过程考察[D].北京：北京语言大学,2006.
[30] 杨玉玲.汉语“语法化”研究综述[J].语文学刊,2005(5).
[31] 张伯江.从“来”的代动词用法谈汉语句法语义的修辞属性[J].当代修辞学,2014(4).
[32] 张全生.从“来”的语法化看焦点结构与焦点标记的产生[J].语言科学,2011(6).
[33] 赵元任.汉语口语语法[M].北京：商务印书馆,1979.
[34] 中国社会科学院语言研究所词典编辑室.现代汉语词典(第7版)[M].北京：商务印书馆,2016.
[35] 周夏.代动词“来”的多角度研究[D].上海：上海师范大学,2008.
[36] 左双菊.“来”的代动用法考察及其在第二语言教学中的应用[J].云南师范大学学报(对外汉语教学及研究版),2009(3).

上海方言话题标记“对伐”的位置分布及语用功能

王仪韵

摘要　上海方言作为吴语太湖片的代表方言，有着明显的话题优先的特征。在上海方言中有许多专用性极强的话题标记，“对伐”是当代上海方言新产生的一个话题标记，其在位置分布上表现出明确的固定性，有一定的组合规则制约；在语用层面上，表现出实现话题信息功能和对比功能的作用，以及在语言表达上舒缓语气，填补思维空档的功能。本文通过调查部分自拟上海方言对话例句及上海滑稽戏表演中的语句，分析话题标记“对伐”的具体分布情况和语用功能，并简要介绍其来源和发展过程。

关键词　吴语；上海方言；对伐；话题标记

绪　　论

现代汉语方言吴语具有“话题优先”的特征，游汝杰在《吴语方言学》语法章节中明确指出“话题优先”是吴语语法很突出的特点，并主张将对这一特点的研究延伸至短语结构及词法层面，并简略概括了见于句法、短语及词法层面的“话题优先”的几种类型[1] 196–198；刘丹青指出在上海话、苏州话、同里话乃至北部吴语中共同存在着一个最高频、最基本的话题标记“末”[2]；袁丹在探究常熟方言“介”的功能及演变过程中，通过对早期吴语文献的考察，指出“介”是早期吴语所共有的话题标记，后因与话题标记“末”在使用上产生分工，在许多吴语方言中丢失了话题标记功能[3]；钱乃荣在《上海话语法》中也指出了助词“末”“是”“呢”“啊”“啦”具有提顿话题和主语的作用，可以用于突出话题主题。[4]200–204 由此可见，作为吴语太湖片的代表方言，上海方言中也一定存在许多常用的话题标记。徐烈炯、刘丹青在《话题的结构与功能》中指出“对伐”[tɤ³⁴ vaʔ]是当代上海方言中一个较新产生的双音节话题标记，同样常见于日常口语交谈中，但是目前对其研究甚少。[5]79–80

目前对“话题”的界定仍然是众说纷纭，尤其针对话题与主语的关系产生了激烈的讨论，当今学界普遍认同话题并不等同于主语。在此基础上更进一步，徐烈炯、刘丹青先生提出了更为革新的观点，本文主要采用了他们对话题及话题标记的定义。他们认为，“汉语的话题在句法上有与主语、宾语同等重要的地位。从层次分析的角度看，话题在句子层次结构中占有一个特定的位置，正如主语宾语各占一个位置”[5]37。由此可见，话题（T）被定义为一个句子成分，与主语（S）、谓语（V）、宾语（O）共同构成汉语句子的基本成分，“普通话的基本类型是 TSVO，而以上海话为代表的某些方言的基本类型是 STVO 甚至 TSTVO”[5]32。在这一观点中，不仅否认了“话语主语等同说”，同时也否认了“话题是主语的另一个方面，话题侧重语用属性，主语侧重句法属性”的观点。因此，当句子结构中的话题位置被某个成分占用，并且这个成分并不限定于句子的主语，这一过程被称为话题化的过程，而“狭义的话题标记就是附加于话题前或后的体现其话题性的音段性单位”[5]74，即能够表明其所附着的实词性成分为全句话题的标记。

本文将根据徐烈炯、刘丹青先生所构建的体系，从语法和语用两方面出发，结合部分自拟上海方言例句及当代上海滑稽戏表演中话题标记“对伐”的使用情况，考察话题标记“对伐”在语法单位组合关系和句法层面的位置分布，以及其所具有的语用功能，并简要探究话题标记“对伐”的来源及其发展过程。

第一章　话题标记“对伐”的位置分布

话题标记“对伐”为后置性话题标记，因而其所出现的位置都是黏附于其他语法单位之后的，话题标记“对伐”使得这一语法单位体现出话题性。在与其他语法单位进行组合时，它所能够分布的情况也有固定的规律，受到其所附着的话题成分的语法性质、句子成分以及不同句类的限制。

一、话题成分的语法性质

（一）体词性话题成分

从话题标记“对伐”前附着话题成分的语法性质出发，名词、代词和体词性短语后可以加话题标记“对伐”充当主话题或次话题，如：

（1）小顾对伐，是我最好个朋友。（小顾是我最好的朋友。）

（2）我拿钞票对伐，统统用光了。（我把钞票全用光了。）

（3）伊对伐，明朝会得来个。（他明天会来的。）

（4）我看中个人对伐，侪是能力老强个。（我看中的人都是能力很强的。）

（5）一斤肉对伐，要三十几块嘞！（一斤肉要三十几元呢！）

例（1）（2）是以“对伐”为话题标记，名词分别充当主话题和次话题的情况，例（3）是代词充当话题的情况，例（4）（5）是偏正短语这一体词性短语充当话题的情况。这是话题标记中最为常见的分布情况，上海方言中其他的话题标记也多出现在这一位置。将这些句子改用汉语普通话表达，并将“对伐”替换为汉语普通话的话题标记句子同样成立。由此可见，这是汉语中话题标记普遍出现的位置。

（二）谓词性话题成分

“对伐”可以出现在动词性、形容词性等谓词性话题成分后，充当主话题或次话题标记，如：

（6）打牌对伐，阿拉爷顶顶欢喜咪。（我爸最喜欢打牌了。）

（7）小顾做人对伐，蛮懂道理个。（小顾做人蛮懂道理的。）

（8）漂亮对伐，伽侪蛮漂亮个。（你们都蛮漂亮的。）

（9）心情勿爽对伐，出去散散心。（心情不好就出去散散心。）

（10）出去买菜对伐，阿拉屋里相侪是阿拉老公去个。（我们家都是我老公出去买菜。）

例（6）是以“对伐”为话题标记，动词“打牌”充当句子的主话题的情况，例（7）中主话题为“小顾”，话题标记“对伐”用于次话题“做人”之后，这是动词性短语作次话题时，“对伐”充当次话题标记的情况。例（8）（9）是形容词性语法单位分别充当句子主话题“漂亮”、次话题“勿爽”后附着话题标记“对伐”的情况，例（10）是连动短语“出去买菜”这一谓词性短语充当句子话题的情况。

（三）副词性话题成分

徐烈炯、刘丹青先生在《话题的结构与功能》中指出上海方言话题标记“不能用在副词性的修饰成分后”[5]94–95，但是“对伐”这一话题标记可以出现在某些副词性单位后，使其前面的实词性成分成为话题，如（改写徐烈炯、刘丹青 2018：94－95 的例句）：

（11）a. ？为仔调查方言，小张今朝早浪向辣茶馆店里向用小录音机偷偷叛叛拿人家讲个闲话一眼一眼末，统统录下来。

b. 为仔调查方言，小张今朝早浪向辣茶馆店里向用小录音机偷偷叛叛拿人家讲个闲话一眼一眼对伐，统统录下来。

c. ＊为仔调查方言，小张今朝早浪向辣茶馆店里向用小录音机偷偷叛叛末，拿人家讲个闲话一眼一眼统统录下来。

d. 为仔调查方言，小张今朝早浪向辣茶馆店里向用小录音机偷偷叛叛对伐，拿人家讲个闲话一眼一眼统统录下来。

e. ＊为仔调查方言，小张今朝早浪向辣茶馆店里向用小录音机偷偷叛叛拿人家讲个闲话一眼一眼统统末，录下来。

f. 为仔调查方言，小张今朝早浪向辣茶馆店里向用小录音机偷偷叛叛拿人家讲个闲话一眼一眼统统对伐，录下来。

（为了调查方言，小张今天早晨在茶馆店里用小录音机偷偷摸摸地把人家讲的话一点一点地统统录下来。）

（a）（c）（e）句为徐烈炯、刘丹青先生所举出的例证，选用的话题标记是上海方言中最为常用的专用化话题标记“末”,将其替换为“对伐”后可以发现,话题标记“对伐”可以出现在副词性修饰成分后,这是它与其他上海方言话题标记的不同之处。但是,话题标记“对伐”在副词性修饰成分后的使用受到一定的制约,主要表现在语音上:在双音节及以上的副词性成分后可以加上话题标记“对伐”使其成为话题,而单音节或是由两个单音节词根语素重叠组成的重叠式副词性成分后则排斥话题标记“对伐”,如:

(12) 阿拉搿搭一共对伐,才五个人。(我们这儿一共才五个人。)

(13) 侬顺带便对伐,帮我拿搿封信送过去。(你顺便帮我把这封信送过去。)

(14) 今朝一日天工夫,一塌刮子对伐卖脱廿斤菜。
(今天一天总共啊卖出二十斤菜。)

(15) *辰光老勿及,伊穷对伐奔了。
(时间来不及了,他拼命地跑了。)

(16) *我顶顶对伐,欢喜吃小笼包。
(我最喜欢,吃小笼包。)

例(12)(13)(14)分别为双音节、三音节和四音节修饰全句主要谓语的副词后加话题标记“对伐”的例子,前文例(11)中所举的几个“对伐”的用例也是多音节副词性单位后加“对伐”的情况。例(15)为单音节副词后加“对伐”的句子,这种用法在上海方言中是不成立的。上海方言中有将单音节副词重叠表示程度加深的用法,通过两个单音节词根语素重叠构成的重叠式副词同样不适用于后加“对伐”使之成为话题的情况,如例(16)。

以介词加宾语构成的具有修饰谓语作用的副词性成分后可以添加话题标记“对伐”使其话题化,如:

(17) 辣老师上课个辰光对伐,侬勿要帮同桌讲闲话。(在老师上课的时候啊,你不要和同桌讲话。)

(18) 我今朝拨伊对伐,敲脱一大笔竹杠唻!(我今天被他啊,敲了一大笔竹杠。)

(19) 对搿桩事体对伐,侬要多上心啊!(对这桩事情啊,你要多多上心啊!)

以上是从话题标记“对伐”所搭配的话题成分的语法性质角度出发,对其位置分布的考察。话题标记“对伐”可以出现在体词性单位、谓词性单位和部分副词性修饰成分之后,其中副词性修饰成分后话题标记“对伐”的分布情况不同于上海方言中其他话题标记的位置分布,大部分上海方言话题标记无法分布于这一位置,而“对伐”能够出现于除单音节及重叠式副词性单位以外的其他副词性单位之后。同时,上海方言话题标记必须出现于实词性成分之后,而不能出现在其他仅有语法意义而无实际词汇意义的虚词之后,因此话题标记“对伐”也不能附着在虚词后。

(四) 分句式话题

除了分布于各类具有不同语法性质的话题成分后,“对伐”还可以分布于复句中前一分句后构成话题小句,如:

(20) 侬勿去对伐,我自家去。(你不去的话,我自己去。)

(21) 侬作业做勿光对伐,就勿要想出去白相了!(你作业做不完的话,就不要想着出去玩了!)

(22) 搿箱物事忒重了对伐,我搬也搬不动。(这箱东西太重了,我搬也搬不动。)

(23) 伊舞跳了忒好了对伐,被人家老师挑到国家队去了。(他舞跳得太好了,被老师挑到国家队去了。)

例(20)(21)为话题标记“对伐”位于动词性谓语句后,使这一表条件假设的分句话题化的情况。例(22)(23)为话题标记“对伐”位于形容词性谓语句后,使表原因的分句话题化的情况。徐烈炯、刘丹青先生将这些带有话题标记的分句称为“话题小句”。[5]94

以上,是从话题标记“对伐”前实词性话题成分的语法性质来看其所能够出现的位置,这是话题标记“对伐”与其他语法单位在两两组合过程中,受到的语法单位组合规则上的制约。

二、句子成分限制

根据徐烈炯、刘丹青先生的体系，话题是句子中独立存在的一个句法成分，理论上来说，任何其他句子成分在符合语义关系和话语功能的情况下，都可能出现于话题位置，话题化成为全句的话题。但是，在实际语言运用中，不同句子成分对话题标记“对伐”的使用存在制约作用，并非所有句子成分都能够被话题化。正如徐烈炯、刘丹青先生所述，“上海话的话题及其形式标记提顿词，都已经是句法结构的一部分，受句法规则支配，而不仅仅是话语现象”[5]98。

（一）主语

句子的主语主要由体词性单位承担，偶尔也以谓词性单位承担，因而根据上文，从话题成分的语法功能角度出发的对“对伐”分布情况的描写可以得出，在句子主语后可以使用话题标记“对伐”将主语话题化，赋予话题性，如：

（24）小顾对伐，帮我是好朋友。（小顾和我是好朋友。）

（25）困中觉对伐，我从来呒搿习惯个。（睡午觉啊，我从来没这习惯的。）

（26）聪明对伐，大家侪蛮聪明个。（聪明啊，大家都蛮聪明的。）

例（24）为名词做主语兼话题的情况，例（25）为谓词性短语担任主语兼话题的情况，例（26）为形容词做主语兼话题的情况。根据前文对体词性、谓词性语法单位后加话题标记“对伐”情况的探究，“对伐”可以在这两类语法单位担任主语兼话题时附着在其后，起到话题标记的作用。

（二）谓语

句子的主要谓语成分基本由谓词性单位承担，按照话题标记“对伐”与谓词性单位组合的规则，句子中主要谓语成分后应当能够出现话题标记“对伐”，但是当进入句法层面后，承担句子主要谓语作用的谓词性成分后不再能够添加话题标记“对伐”，即不能出现在句末动词后，动词及其补语之间以

及动词及其宾语后,如:

(27) *侬看过了对伐。(你看过了对吗?)

(28) *搿本书我看了对伐,三日天。(这本书我看了对吗?三天。)

(29) *我吃对伐,两碗饭。(我吃对吗? 两碗饭。)

(30) *侬搞对伐,清爽情况。(你搞对吗? 清楚情况。)

例(27)中将话题标记“对伐”用于句子的末尾动词后,此时句子成立,但是句末的“对伐”已经不是话题标记作用,而是一个疑问句形式,对前面陈述句所陈述的情况提出疑问,在“对伐”和陈述句之间有一个明显的停顿,应写作:“侬看过了,对伐?”因此,此时“对伐”有了具体的意义,将原本的陈述句改变为疑问句,这导致话题标记“对伐”不能分布于句末动词之后。例(28)(29)(30)都是谓语动词后带有宾语、补语其他句子成分的情况,在这种情况下,只有去掉宾语或补语,使其成为一个疑问句,句子才能成立。否则,谓语动词后无法添加话题标记“对伐”使其符合上海方言的正确表述。

但是也有一些特殊情况,根据徐烈炯、刘丹青先生在《话题的结构与功能》中的观点“有少数动词和它的宾语小句之间可以添加话题标记,这类动词在话题性质上,它们应该跟前面举过的话题小句有相似的性质,而且更加习语化”[5] 96–97,如:

(31) 我欢喜对伐,一帮子人一道白相。
(我喜欢一群人一起玩。)

(32) 我希望对伐,侬好拿搿本书再复习复习。
(我希望你能把这本书再复习一下。)

(33) 我怀疑对伐,伊伐欢喜我。
(我怀疑他不喜欢我。)

例(31)(32)(33)均为在心理动词和宾语小句之间添加话题标记“对伐”的情况。徐烈炯、刘丹青先生认为这类动词是“习用程度比较高的小句”,因而提出这些小句经过扩展后,很难添加话题标记。但是,这一情况在话题标记“对伐”的使用情况中并不受限,上述例句在经过扩展后仍然不排斥话题标记“对伐”的使用:

(34) 我一直/顶欢喜对伐,一帮子人一道白相。
(我一直/最喜欢一群人一起玩。)

(35) 我一直/顶希望对伐,侬好拿掰本书再复习复习。
(我一直/最希望你能把这本书再复习复习。)

(36) 我一直/有眼怀疑对伐,伊伐欢喜我。
(我一直/有点怀疑他不喜欢我。)

这种经过扩展后的心理动词小句与前面所述的话题小句在性质上相似,并不排斥“对伐”的使用,其他话题标记在这一句法位置分布并非无法出现,而是其使用频率不如话题标记“对伐”一般频繁。另外,这一类动词应当可以归纳为是真谓宾动词,这类动词所带的宾语可以是单独使用的动词或形容词,也可以是一个短语,如主谓短语、述宾短语、连谓短语、述补短语或者是状中短语等。在这类动词后,并不仅限于上述所列举的一些心理动词,均可以添加话题标记“对伐”,并且话题标记的使用并不受到真谓宾动词前是否受副词性成分修饰扩展的影响,如:

(37) a. 掰桩事体造成了对伐,极大个后果。
b. 掰桩事体最终造成了对伐,极大个后果。
(这件事情(最终)造成了极大的后果。)

(38) a. 我主张对伐,大家各退一步。
b. 我一直主张对伐,大家各退一步。
(我(一直)主张大家各退一步。)

(39) a. 伊宣布对伐,今年奥运会勿办了。
b. 伊最终宣布对伐,今年奥运会勿办了。
(他(最终)宣布今年奥运会不办了。)

以上三个例子中的主要谓语动词均为真谓宾动词,a 句为真谓宾动词在不受任何修饰情况下，添加话题标记“对伐”使其话题化的情况，b句为通过使用副词修饰谓语后的拓展形式，同样适合话题标记“对伐”的使用。

（三）宾语

与用于句末动词后的“对伐”一样，在全句宾语后添加“对伐”的情况中“对伐”是一个疑问句形式，所起到的是对句子所陈述内容的发起疑问作用，而非话题标记的作用，因而话题标记“对伐”无法出现于全句宾语后，如：

（40）侬吃了碗面，对伐？（你吃了碗面，对吧？）

（41）我到日本了，对伐？（我到日本了，对吧？）

如果要将句子中的宾语作为句子的话题，则必须改变句子的语序，将宾语成分提前作为主语，将原句改为主谓谓语句，即例（40）的句子应改为“面对伐，我吃了一碗”，例（41）的句子应改为“日本对伐，我到了”。此时句子话题化的主语为原来的宾语，也就能够添加话题标记了。

在双宾句中，间接宾语后可以添加话题标记“对伐”，此时间接宾语担任的是全句的次次话题结构，如：

（42）伊卖拨我对伐，一箱烂苹果。（他卖给我一箱烂苹果。）

（43）阿拉侪叫伊对伐，“铁娘子”。（我们都叫她铁娘子。）

例（42）（43）中，“我”和“伊”分别担任间接宾语。在间接宾语后能够添加话题标记“对伐”是由于“对伐”后仍存在其他的叙述性成分，描述话题。

同样的，兼语句中动词的宾语后也可以添加话题标记“对伐”，如：

（44）侬请小张对伐，帮帮忙呀。（你请小张帮帮忙。）

（45）派几个人对伐，去拨事体解决清爽。（派几个人去把事情解决干净。）

例（44）中“请小张帮帮忙”为一个兼语短语，“小张”为动词“请”的宾语，同时也是动词“帮帮忙”的主语，例（45）中“几个人”是“派”的宾语，同时也是“去拨事体解决清爽”的主语。

（四）定语

在句子结构中，无论是修饰主语，还是修饰宾语的定语成分都无法使用话题标记，包括形容词和定语从句中的各种部分，如：

(46) a. 聪明个小猴子，人人侪欢喜。（聪明的小猴子，人人都喜欢。）

b. ＊聪明对伐小猴子，人人侪欢喜。

c. 聪明个小猴子对伐，人人侪欢喜。

(47) a. 伊昨日仔买个衬衫老灵个。（他昨天买的衬衫很好。）

b. 伊昨日仔对伐，买个衬衫老灵个。

c. 伊对伐，昨日仔买个衬衫老灵个。

d. 伊昨日仔对伐买了件衬衫，迭件衬衫老灵个。（他昨天买了件衬衫，这件衬衫很好。）

(48) a. 老张酒勿吃个辰光蛮好个。（老张不喝酒的时候人蛮好的。）

b. ＊老张酒对伐，勿吃个辰光蛮好个。

c. 老张对伐，酒勿切个辰光蛮好个。

(49) a. 一斤廿块洋钿个鱼勿好吃个。（二十块一斤的鱼不好吃。）

b. ＊一斤对伐，廿块洋钿个鱼勿好吃个。

c. ＊一斤廿块对伐，洋钿个鱼勿好吃个。

d. 个鱼对伐，一斤廿块洋钿，迭种鱼勿好吃个。（这鱼一斤二十块，这种鱼不好吃的。）

(50) a. 我欢喜吃热洞洞个面。（我喜欢吃热热的面。）

b. ＊我欢喜热洞洞对伐面。

c. 我欢喜吃对伐，热洞洞个面。（我喜欢吃热热的面。）

例(46)(50)分别列举的是形容词做定语分别修饰主语和宾语的情况，这种情况下在定语和中心语之间添加话题标记“对伐”是不合法的，只能将话题标记添加于整个体词性短语之后。例(47)(48)(49)中，a 句为定语从句修饰主语的情况,b 句是定语小句中加了话题标记“对伐”的情况,c 是表达同样意义加了话题标记“对伐”的情况,b 句在上海方言中是不合法的,如果要加上话题标记“对伐”必须改变原有的定语小句修饰主语的句子,采用不同的句型,因而可以证明在定语小句中排斥话题标记“对伐”的使用。

(五) 状语

在状语及其中心语之间,当单音节修饰成分或是以重叠式构成的修饰性成分作谓语修饰动词时,其间不能使用话题标记“对伐”,根据前文所述,“对伐”与副词性单位的组合规则,已经指出这一分布情况,在此不再赘述。

三、句类限制

对于话题标记“对伐”在结构上分布情况的描写,还可以从句子所属的句类出发进行探究。

(一) 陈述句

话题标记“对伐”大多数情况下用于陈述句之中,形成“话题-述题”的结构形式,如:

(51) 小张对伐,是阿拉学堂个学生。(小张啊,是我们学校的学生。)

(52) 笑嘻嘻对伐,必定有啥好事体。(笑嘻嘻(的样子)必定有什么好事。)

(53) 小张对伐,今年就要毕业了。(小张今年就要毕业了。)

上述几个例子,都是话题在前,述题在后的陈述句,话题标记“对伐”附加于话题之后。而当进入口语对话中,话题常常会易位为“述题-话题”的形式,在这种情况下,话题标记“对伐”不能够出现于后置的话题之后,如:

(54) —搿搭忒龌龊了,侬拖一拖!(这里太脏了,你拖一拖(地)!)

—拖过了,搿搭。(拖过了,这里。)

*—拖过了,搿搭对伐。

(55) —钞票拨过了伐？(钱给过了吗？)

—拨过了，钞票。(给过了，钱。)

＊—拨过了，钞票对伐。

通过口语的上下文语境可以得出，例(54)对话的话题为"搿搭"，应答句"搿搭拖过了"的话题"搿搭"被易位至句尾，例(55)的话题应当为"钞票"，在应答句中话题"钞票"被后置至句尾。在这种情况下，这句陈述句的结构变为"述题-话题"形式，在话题易位的情况下，话题标记"对伐"无法出现在话题之后。假如加上"对伐"，则话题与"对伐"构成了一句疑问句，用于向对方确认对方表述中的话题。

(二) 疑问句

在现代汉语普通话中，话题标记不能够出现于疑问句中，并且在上海方言中，大部分话题标记都无法使用于疑问句之中。[6]但是，由于话题标记"对伐"来源于是非疑问小句的特殊性，能够被使用于一部分的疑问句中。

首先，话题标记"对伐"可以被运用于一部分是非问之中。在上海方言中，有两类特色的疑问句形式，即命题疑问句和话题疑问句，二者的句式分别为：

A：S(NP+VP)伐？

B：S，VP 伐？

A 式的句类判定由于其句末语气词"伐"来源的特殊性，因而存在一定争议，而其在形式上接近是非问，但其来源于正反问[7]，在此先依据其形式判定为是非问一类。根据上述两种句式描述，可以得出这两类问句的话题是完全不同的，命题疑问句的话题为整一个命题句子，是对整一个行为(NP+VP)的询问，而 B 式的话题并非一个行为，而是由一个非施事名词充当句首的话题。其他上海方言话题标记无法在这些是非问句中出现，而"对伐"能够附加于话题疑问句是非问的话题之后，如：

(56) 迭个红枣对伐，吃伐？

＊迭个红枣末，吃伐？

(这个红枣吃吗？)

（57）我想问问看，掰件衣裳对伐，是纯棉个伐？
　　＊我想问问看，掰件衣裳末，是纯棉个伐？
　　（我想问问看，这件衣服是纯棉的吗？）

（58）倷工资对伐，一个月头多少啊？
　　＊倷工资末，一个月头多少啊？
　　（你工资一个月多少啊？）

在上述几个例子中，“对伐”都不具有疑问性质，而仅仅是提示话题的话题标记。由于“对伐”是由是非疑问小句“对吗”虚化演变而来的，在位置分布上保留了疑问小句的特性，所以“对伐”能够不同于其他上海方言话题小句，在话题疑问句中充当话题标记。而“对伐”不能出现于命题疑问句的话题后充当话题标记的原因是，命题疑问句的话题为一个完整的句子（NP+VP）。根据前面所描述的“对伐”与不同句子成分之间的组合关系，话题标记“对伐”必不能够出现在一个完整命题句子的主要谓语之后，所以话题标记“对伐”并不能出现在命题疑问句的话题 NP+VP 的 VP 之后担当话题标记。

同时，话题标记“对伐”能够添加于上海方言中选择问和正反问的话题之后，如：

（59）掰双皮鞋对伐，是牛皮个，还是人造革个？
　　（这双皮鞋是牛皮的还是人造革的？）

（60）侬对伐，是吃馄饨，还是泡饭？（你吃馄饨还是泡饭？）

（61）掰碗汤团对伐，味道好勿好？（这碗汤圆味道好不好啊？）

（62）迭个小人对伐，阿是有神经病啊？（这个小孩是不是有神经病啊？）

例（59）（60）为话题标记“对伐”用于选择问的话题之后，例（61）（62）为上海方言中两种正反问形式，即与现代汉语普通话正反问相对应的“VP 勿 VP？”形式和上海方言所特有的正反问形式“阿 VP？”话题标记“对伐”能够不同于其他上海方言话题标记在这类问句中使用，还是由于其来源的特殊性，其他上海方言话题标记大部分来自句末语气词，而“对伐”来源于问题小句,问题小句"对伐"能够分布于话题之后,构成两个连续的小问,如:"迭个小人对伐?阿是有神经病啊?"这里作为话题标记的"对伐"继承了疑问小句的分布特征,但是已经失去了疑问意义,仅仅用作是提示话题的话题标记。

其次,和现代汉语普通话以及其他上海方言话题标记一样,话题标记"对伐"无法用于特指问疑问代词做主语兼话题的情况下,如:

(63) 啥人拿搿搭拖过了?(谁把这里拖过了?)

*啥人对伐,拿搿搭拖过了?

(64) 啥辰光走啊?(什么时候走啊?)

*啥辰光对伐,走啊?

(65) 多少铜钿一件啊?(多少钱一件啊?)

*多少铜钿对伐,一件啊?

(三) 感叹句

同样的,在感叹句中,话题标记"对伐"的使用情况也呈现出与其他上海方言话题标记和现代汉语普通话的不同。在典型的感叹句中,一般不能够添加话题标记,而"对伐"则不受这一句类限制,其原因大抵也与其特殊的来源有关,如:

(66) 搿道题目对伐,多少人回答不出哦!(这道题目,多少人回答不出啊!)

(67) 阿拉儿子对伐,买仔介大一套房子哦!

(我儿子,买了那么大一套房子啊!)

(68) 搿棵树对伐,叶子长得介好啊!(这棵树,叶子长得这么好啊!)

(四) 祈使句

表达命令的祈使句在汉语普通话及上海方言中都可以添加话题标记,"对伐"也同样不受到这一句类的限制,如:

(69) 饭碗头对伐,吃吃清爽!(把剩饭吃干净!)

（70）你对伐，帮我立立好！（你给我站站好！）

（71）老酒对伐，勿要吃了！（不要喝酒了！）

四、小结

因此可以得出上海方言话题标记“对伐”的分布位置，按与话题标记“对伐”相组合的话题成分的语法性质来看，话题标记“对伐”可以分布于体词性单位、谓词性单位和部分双音节及以上副词性单位之后，而不能分布于单音节和重叠式副词之后。话题标记“对伐”进入句子层面后，在句法分布上能够分布于主语、真谓宾动词担当的谓语、双音节及多音节副词及其他状语成分、双宾语句的间接宾语和兼语句的宾语后，而不能够分布于定语和中心语之间，包括定语小句；不能分布于除真谓宾动词外的其他动词担当的主要谓语动词后；不能分布于谓语与补语之间、谓语与宾语之间；也不能用于全句宾语之后。根据“对伐”所处的句子的句类来看，“对伐”能够分布于大部分陈述句中，不能分布于话题易位后，述题在前，话题在后的陈述句中；能够分布于话题疑问句、正反问、选择问中，不能够分布于命题疑问句、特殊疑问句的疑问代词后；能够分布于感叹句和祈使句中。

第二章　话题标记“对伐”的语用功能

前一部分从句法结构的角度分析了话题标记“对伐”的分布情况，这一部分将从语用平面出发，探讨上海方言话题标记“对伐”的话语功能。总体来说，话题标记“对伐”的语用功能可以分为实现话题信息功能，实现话题对比功能以及表达过程中补充思维间隙，舒缓语气三大作用。

一、实现话题信息功能

根据徐烈炯、刘丹青在《话题的结构与功能》中所论述的，他们将话题的信息功能定义为是一个在对话过程中“已被激活的共享信息”，并且进一步区分出“直接激活信息”和“间接激活信息”两种情况，间接激活信息又可分为与前面所述内容有明显关系的"相关性激活"和在话语环境中有一定关系的,如时间、地点、听话人、说话人有关的"情景性激活"两种不同的情况。[5]186-187这种对话题内容的区分同样适用于话题标记"对伐"所标记的话题成分,对不同话题成分信息的区分有助于探究话题标记"对伐"实现话题信息功能的作用。

(一) 强调话题性,引出述题

首先,话题标记"对伐"具有强调话题性,引出话题后的述题,表明在话题后还有陈述性成分,使得含有话题的句子能够通顺合理的表达,这种情况多用于直接激活信息做话题的情况,如:

(72) a. 老张对伐,老朋友嘞。(老张啊,是我老朋友了。)

b. 老张老朋友嘞。

(73) a. 老张对伐,我老长辰光呒联系了!(老张啊,我好长时间没联系了。)

b. 老张!我老长辰光呒联系了!

c. 老张,我老长辰光呒联系了!

例(72)中a句为使用了话题标记"对伐"的情况,话题标记"对伐"在这里强调其前面实词"老张"的话题性,引出后面"老朋友嘞"的述题,说明"老张"并非与"老朋友嘞"断开的称呼语,其后还有对它的陈述性成分;b句虽然符合普通话名词性谓语句的句型,但是在具体上海方言交流过程中,这种表达方式十分拗口,需要在特殊的语言环境中才能采用,且必须在"老张"后有一停顿强调其话题性。例(73)中a句为使用话题标记"对伐"的表达,通过在话题"老张"后添加"对伐",使得听话人注意到其后还有其他成分,即述题"我老长辰光呒联系了"。去掉话题标记"对伐"后,则根据说话人的语气和停顿可能会造成b、c句两种不同的理解,b句中"老张"作为一句单独的名词性非主谓句,表示呼唤;c句中"老张"作为一种称呼语,在句中用于呼唤对方,引起注意。因此,话题标记"对伐"可以排除独立语、独词句的情况,表明其前面的信息是全句话题,而在其后有对话题进行陈述说明的述题,同时使得信息的话题性更强。除此之外,从两个例句中的话题"老张"出发,可以得出话题标记"对伐"所提示的话题信息可以是对话中先前已经提及的信息，即徐烈炯、刘丹青先生所述的直接激活信息，也有可能是出现在言谈现场的人，即间接激活的情景性信息。

以上列举的是用于主话题后的话题标记"对伐"所表现出的突出话题性，引出述题的作用，这一语用功能同样能够在话题标记"对伐"出现于次话题和小句话题后的情况中体现，如：

(74) a. 老张读书对伐，顶顶好唻！（老张读书啊，（读得）最好啦！）

b. 老张读书对伐？

c. 老张读书。

(75) a. 老张欢喜掼浪头对伐，我是相信个。（老张喜欢说大话，我是相信的。）

b. 老张欢喜掼浪头对伐？（老张喜欢说大话对吧？）

c. 老张欢喜掼浪头。

例(74)为话题标记"对伐"出现于次话题"读书"后的情况，如果"老张读书"后不存在述题（如c句），则不能添加话题标记"对伐"，此时句末的"对伐"表疑问作用，改变了原有的句义（如b句）。例(75)为话题标记"对伐"出现于话题小句"老张欢喜掼浪头"后的情况，同样的，如果删去"对伐"后的述题，则原有的陈述句则被改为疑问句，整个句义发生了改变。由此可见，话题标记"对伐"具有引出述题、突出话题性的语用作用，并且这一作用能够用于句子的主话题、次话题和话题小句后。

（二）信息话题化，突出话题身份

在信息的话题性不太清晰明确时，话题标记"对伐"具有使其话题化、突出话题身份的作用，如：

(76) A：我今朝去上趟仔侬帮我讲辩班茶馆店嘞。

（我今天去了你上次给我讲的那家茶馆店。）

B：a. 哦，辩爿店对伐，老板娘我十几年个老朋友唻！

（哦，那家店啊，老板娘是我十几年的老朋友了！）

b. 哦，辩爿店老板娘我十几年个老朋友唻！

(77) A：我昨日拨伊敲了一顿竹杠，气煞我了！

(我昨天被他敲了一顿竹杠，气死我了！)

B：a. 唉！伊对伐，顶顶欢喜贪小便宜，侬还是少帮伊接触吧！

(唉！他呀，最喜欢贪小便宜，你还是少和他接触吧！)

b. 唉！伊顶顶欢喜贪小便宜，侬还是少帮伊接触吧！

(78) A：我昨日仔辣网浪向看到一只小兔子辣吃一只死特个鹿一刚！

(我昨天在网上看到一只小兔子竟然在吃一只死掉的鹿！)

B：a. 兔子吃鹿肉对伐，有啥好稀奇个呢？动物世界是野蛮个！

(兔子吃鹿肉，有什么好稀奇的呢？动物世界是野蛮的！)

b. 兔子吃鹿肉有啥好稀奇个呢？

例(76)的对话中，B(a)句的话题“搿爿店”在A句中担任述题成分中的宾语，而在B(a)句中通过添加话题标记“对伐”使这一信息变成了话题，成为对话中新的讨论中心信息。假如去掉话题标记“对伐”，B(b)句中的“搿爿店”与“老板娘”的黏合性更强，两者组合形成一个定中短语作B(b)全句的主语，此时定中短语的中心语“老板娘”成为全句的话题。(a)句与(b)句都能够表达，但是(a)句中的“搿爿店”在有了话题标记“对伐”的情况下，更加具有独立性，它的话题身份更加突出，表现出说话人有意识地对话语中心信息的强化。例(77)的对话中，B(a)句的话题“伊”在A句中担任的是间接宾语成分，按照话题成分来分析应为次话题。B(a)句中通过添加话题标记“对伐”使得其成为B(a)句的主话题。去掉话题标记“对伐”后的B(b)句所具有的陈述性质更加强烈，重音落在“伊”后的陈述性成分，重在阐述事实，其功能更多地用于叙述事实上，而B(a)句添加了话题标记“对伐”，使得“伊”的话题身份更加明显，成为交流的信息基点，这是说话者有意识地运用话题标记“对伐”强调对话话题“伊”，并且提示听话者接下来交流所围绕的信息，其功能更多的是落在强调话题“伊”之上。例(78)中B(a)句的话题“兔子吃鹿肉”是A句中的宾语小句，在B(a)句中担任话题小句，通过话题标记“对伐”的提示，使得其话题身份更加强烈，B(b)句中去掉了“对伐”，因而整个句子更多地落在表达作者对这件事物的主观感受“不稀奇”之上，而并没有点明整个观点所围绕的事件“兔子吃鹿肉”上，相对地“兔子吃鹿肉”的话题作用没有B(a)句那么明显。通过这三个例子可以看出，无论是在对话中原来做直接宾语、间接宾语(次话题)还是宾语小句，都可以在对话中通过添加“对伐”成为话题，并且通过“对伐”的话题标记作用突出它的话题身份。依据之前所引用的徐烈炯、刘丹青先生关于话题信息功能的分类，当话题标记“对伐”表现出使信息话题化、突出话题身份这种语用功能时，话题信息多为在对话中已经被直接提及的直接激活信息。

(三) 转换话题，引入新的中心信息

在具体的交流对话过程中，话题标记“对伐”还具有转换话题、引入新的中心信息进行新的讨论的作用，这种情况下话题常常是由间接激活信息来担任，如：

(79) A：明朝冷空气要来了，估计风又要老老大嘞。

(明天冷空气要来了，估计风又要很大了。)

B：对个！但是落雪对伐，应该是勿会落个！

(对的！但是下雪应该是不会下的。)

(80) A：我觉得现在个小朋友多读眼外文总归是老好个。

(我觉得现在的小朋友多学点外文总归是很好的。)

B：是个，法文对伐，现在读个小朋友勿要特多谈！

(是的，法文现在学的小朋友不要太多哦！)

(81) 现在当代人侪要注意身体健康嘞，我现在年纪上去了，为仔我的身体健康，我也开始锻炼身体了。健身环对伐，辩游戏特别好，又好白相又好运动。

(现在当代人都要注意身体健康了，我现在年纪上去了，为了我的身体健康，我也开始锻炼身体了。健身环，这游戏特别好，又好玩又可以运动。)

例(79)中B句话题“落雪”在之前并未提及，而是说话人由A句中的“冷空气”联想而得的信息，两者之间有较大的相关性，因此话题标记“对伐”

可以将与对话内容有相关性的信息作为新的话题，转移原有话题“冷空气”，引入新的话题“落雪”。例(80)中B句话题“法文”是根据A句所讨论的学习外文的信息而联想得出的，通过添加话题标记“对伐”，说话者可以将话题转移至关于法语的学习之上，接下来的对话可能涉及法文学习的细节信息进行展开，由此可以看出“对伐”起到了转移话题、引出新话题的作用。例(79)(80)是在二者对话过程中，话题标记“对伐”在同一说话人的言语中同样能表现出的转移话题、引入新话题的语用功能，例(81)则是由同一说话人说出的一个语段，前一句的信息围绕“注意身体健康”，后一句的话题“健身环”是一个由“注意身体健康”引申出的新话题，并将表述的信息基点引至“健身环”这一新的话题。以上所举的三个例子都表现出了话题标记“对伐”很强的转移话题的语用功能，新话题和之前的话题之间多涉及非语言学知识，且互相之间相关性较大，大多可以归入徐烈炯、刘丹青先生所归纳的间接激活信息中的相关性信息，新话题的选择取决于说话人的意图，即说话人希望哪一类信息成为接下来交流的信息基点，所以话题标记“对伐”能够帮助说话人确立接下来交流所围绕的话语对象。

话题标记“对伐”转移话题、引出新话题的语用功能除了用于相关性信息后，在间接激活信息的另一种情况情境性信息后，也同样能够体现出这一语用功能，如：

(82) 辩本书对伐，是阿拉同学送拨我个。(这本书啊，是我同学送给我的。)

(83) 埃面个穿红衣裳个对伐，是我娘呀！
(那边那个穿着红衣服的，是我的妈妈啊！)

(84) 我对伐，今年九月份就要去美国读书了。
(我啊，今年九月就要去美国读书了。)

(85) 今朝对伐，我辣海学堂看到小张了。
(今天，我在学校看到小张了。)

(86) 此地对伐，是我出生个地方呀！
(这里啊，是我出生的地方呀！)

例(82)(83)担任话题的为“掰本书”“埃面个穿红衣裳个”是言谈现场中所存在的人和事物,例(84)中话题“我”为言谈现场的说话者,例(85)中的话题“今朝”指的是言谈现场物理环境中的说话时,例(86)中的话题“此地”是言谈现场物理环境中的说话地。它们都属于话题的物理环境,即言谈语境中的各个要素,在之前的对话中并不是信息交流的基点,而通过添加话题标记“对伐”,使它们成为交流过程中新的话题。与和相关性信息组合时一样,“对伐”在与情景性信息组合时,话题标记“对伐”同样起到了引出新话题的语用功能。

二、实现话题对比功能

上海方言的话题标记不仅有强调话题性、引出述题,使信息话题化、突出话题身份,转移话题、引出新话题这三类有关于话题信息作用的语用功能,还有一个更为重要的语用功能,即实现话题的对比功能。“对比是话题的重要功能之一,提顿词则是实现话题的对比功能的主要显性手段。”[5]195 上海方言话题标记“对伐”同样具有这种语用功能,在起到表现话题对比功能的情况下,有五种话题标记“对伐”的固定形式:

一、T1 对伐 C1,T2 对伐 C2

(87) 我有两个小人,大个对伐,头子活络,会得打算,小个对伐,戆噱噱个,啥也勿懂。

(我有两个小孩,年纪大的那个,头脑灵活,会精打细算,年纪小的那个,笨笨的,什么也不懂。)

二、T1C1,T2 对伐 C2

(88) 今年过年晚,旧年对伐,一月份就过年了。

(今年过年晚,去年啊,一月份就过年了。)

三、T1 对伐 C1,T2C2

(89) 小张对伐,头发天然卷,小顾就勿介卷。

(小张啊,头发天然卷,小顾就没有那么卷。)

四、T1 对伐 C1,T2 末 C2

(90) 小张对伐,数学学得好,小顾末,稍微差一眼。
(小张啊,数学学得好,小顾呢,稍微差一点。)

五、T1 对伐 C1,T2 倒 C2

(91) 搿则炒青菜对伐,有一眼眼咸,红烧肉倒,味道正好。
(这个炒青菜啊,有一点点咸,红烧肉呢,味道正好。)

(T1、T2 等表示各小句话题;C1、C2 等表示各小句述题)

前三种形式是只使用了话题标记"对伐"而形成的对比形式,例(87)为两个话题"大个"和"小个"对比,两个话题后都加上了话题标记"对伐",使得两个话题的对比功能得到实现,表现出充分的对比性。例(88)(89)中话题标记"对伐"同样表现出了实现话题对比作用的语用功能,但"对伐"只出现在一个话题之后。同时出现"对伐"和仅仅使用一个"对伐"两种体现话题对比性的情况中,两个话题在对比过程中所担任的角色是有差异的,这种差异同徐烈炯、刘丹青先生所关注的上海方言中最高频使用的话题标记"末"的情况相同,"两个小句都用'末',是两个话题互以对方为背景;只在一个句子中用'末'时,带'末'的是话题焦点,它以无'末'句子的话题为背景"。[5]199 由此,例(87)中的两个话题在对比中处于平等地位,说话人对两个话题没有偏重。例(88)中说话人有意地将"旧年"作为接下来讨论的中心,因而选择将话题标记"对伐"放置在其后,使得"今年"成为与"旧年"对比中的背景。例(89)中说话人将"小张"作为言谈中的重要信息,将"对伐"加至"小张"之后,使得"小顾"成为对比中的背景。不同于前三个形式,后两个形式是话题标记"对伐"与上海方言中其他经常使用的已经确认的话题标记的组合搭配使用。话题标记"对伐"和"末"搭配使用时,句子的话题焦点落在"对伐"前的信息上,"末"前的信息为背景。话题标记"对伐"和"倒"搭配使用时,句子的话题焦点落在"倒"前的信息上,"对伐"前的信息担任背景,同时由于话题标记"倒"处于半虚化状态,这种表达形式在所表达的内容上具有一定的转折性。

话题标记“对伐”能够实现话题对比功能的语用作用不仅能用于两个主话题后，也可以用于次话题、次次话题之后，如：

(92) 我掰号头加班对伐天天加，加班费末一眼也没。
(我这个月加班呢天天加，加班费呢一点也没有。)

(93) 伊卖我对伐三块洋钿，卖小张对伐两块洋钿。
(他卖给我三元，卖给小张两元。)

例(92)是次话题“加班”“加班费”分别添加话题标记“对伐”和“末”，成为话题焦点构成对比；例(93)是次次话题“我”“小张”同时添加话题标记“对伐”，成为话题焦点构成对比。其他话题标记“对伐”实现话题对比功能的形式同样适用于次话题、次次话题之后，在这里不再一一列举。

三、补充思维间隙，舒缓语气

除了有关话题的语用功能外，话题标记“对伐”是上海方言口语交流中常用的话题标记，因而它还具有补充说话过程中思维空隙的作用，同时有着舒缓语气、使表达更为亲切的作用，如：

(94) a. 侬做事体忒粗心了。(你做事情太粗心了。)
b. 侬对伐，做事体忒粗心了。

(95) a. 侬明朝帮我去趟派出所。(你明天帮我去一趟派出所。)
b. 侬对伐，明朝帮我去趟派出所。

例(94)中可以看到，不带话题标记的句子具有强烈的指责语气，带有“对伐”的b句在“对伐”后有所停顿，因而显得语气较为舒缓，指责语气相对较轻，带有提出意见性质。例(95)中，a句明显带有命令式语气，表达上较为生硬、不容否定，b句添加了话题标记“对伐”后，语流中出现停顿，语气变得舒缓，整个句子带有了一定的请求、商榷性质。并且，由于“对伐”后带有一定的停顿空隙，可以用来做一定的思维间歇，给予说话人思考时间，担任口带语作用，帮助说话人组织后续语言。

四、小结

综合以上几种情况，话题标记“对伐”在语用功能上表现出突出话题性、引出述题，使信息话题化、突出话题身份，转移话题、引出新话题三种实现话题信息性的语用功能，以及实现话题对比功能作用，舒缓语气、增加表达亲切感，提供思维间歇的语用功能。

第三章　话题标记“对伐”的来源发展

上海方言中话题标记“对伐”的来源是十分清晰的，它来自是非疑问小句，并且仍保留着是非疑问小句的用法，形成“S(NP+VP)对伐?”的形式，“对伐”的意义为“对吗”“对吧”，对前面所述的命题提出疑问，如：

(96) 搿带鱼人家黄鱼调个，价钿一样个对伐？(这带鱼人家拿带鱼换的，价钱一样的，对吧？)(上海滑稽戏《黄鱼调带鱼》)

(97) 搿桩事体我勿好做个呀，侬讲对伐？(这件事情我不能做的呀，你说对吧？)

例(96)(97)中的“对伐”都有表示疑问意义，期待得到听话者的反馈。而后是非疑问小句“对伐”的词汇意义进一步虚化，演变为一个插入语，用来补充说话时思考的话语空档，同时也起到点明句中需要特别注意的内容、引起听话者注意的作用，如：

(98) 现在花头透嘞，品种也多了，对伐，有个三翻领、一字领、一步裙、吊带裙……

(现在(衣服)花样多了，品种也多了，对吧，有的三翻领、一字领、一步裙、吊带裙……)(上海滑稽戏《数字人生》)

(99) 我帮地铁站商量，对伐，我赤膊是勿对，葛末谢谢倷，借支笔给我……

(我和地铁站商量，对吧，我赤膊是不对的，那么谢谢你们，借支笔给我……)(上海滑稽戏《私家地铁》)

作为插入语使用的"对伐"同样具有点明话题的作用,而它的主要作用是用来填补说话人在表述过程中思考所造成的话语空档,因而插入语"对伐"在语音上与前后都有明显的停顿。而在当代上海方言中,出现了"对伐"前面的停顿完全消失、"对伐"后面有一个明显停顿的使用方法,同时"对伐"在语音上也有一定程度的弱化,在使用中"对"的元音由原本的[ei]弱化为[ɤ]。这种情况下就是话题标记"对伐"的使用,如:

(100) 我今朝碰仔一个老同事,伊对伐,前两天去做了个心脏手术。

(我今天碰到一个老同事,她啊,前两天去做了个心脏手术。)

(101) 伊打球对伐,老来赛个。(他打球很厉害的。)

(102) 我拨伊对伐,一双皮鞋脱一件衣裳。(我给他一双皮鞋和一件衣裳。)

例(100)(101)(102)中"对伐"与其前面的语法成分连接紧密,在"对伐"后则有明显停顿,在语音上与插入语"对伐"不同,并且此时"对伐"已经完全失去其是非疑问小句的意义,完全虚化为一个虚词性的话题标记。

结　语

本文重点考察当代上海方言中新产生的话题标记"对伐"的位置分布及其语用功能,并简要介绍了"对伐"的来源与发展,得出以下结论:

(一) 话题标记"对伐"在句法上分布位置固定明确,有一定的组合规则,相较于其他上海方言话题标记,它所能够附着的话题成分的语法性质更加广泛,已经能够出现于一部分副词性纯修饰短语之后。在进入句子层面后,不同句子成分对后置性话题标记"对伐"的分布也有限制作用,并非所有句子成分都能够经过话题化来占据句子话题位置,与其他上海方言话题标记不同的是它能够出现于真谓宾动词作主要谓语之后,也能够出现于一部分状语之后。不同的句类对话题标记"对伐"也有限制作用,无法分布于"述题-话题"结构的陈述句和命题疑问句中,且无法分布于特殊疑问词之后。

（二）话题标记“对伐”的语用功能表现为：增强话题性，引出述题；使信息话题化，突出话题身份；转移话题，引出新话题；实现话题对比功能；舒缓语气，增加表达亲切感，补充说话过程中短暂的思维间歇。

（三）话题标记“对伐”的演变发展过程可以描述为：是非疑问小句→插入语→话题标记，“对伐”的词语意义逐渐弱化。插入语和话题标记阶段的主要区别表现在语音形式上，插入语“对伐”前后都有语音停顿，话题标记用法则只有“对伐”后存在语音停顿，与担任话题的词语在语音上连接紧密。

参考文献

[1] 游汝杰.吴语方言学[M].上海：上海教育出版社，2018.

[2] 刘丹青.“如果”的31种（或86种）对应形式——吴江同里话的条件标记库藏[J].方言，2019，41(01)：6－17.

[3] 袁丹.从方式程度指示词到话题标记——吴语常熟方言“介”的功能及其演变[J].语言科学，2018，17(03)：260－272.

[4] 钱乃荣.上海话语法[M].上海：上海人民出版社，1997.

[5] 徐烈炯，刘丹青.话题的结构与功能[M].上海：上海教育出版社，2018.

[6] 强星娜.话题标记与句类限制[J].语言科学，2011，10(02)：190－204.

[7] 邵敬敏.上海方言的话题疑问句与命题疑问句[J].华东师范大学学报（哲学社会科学版），2007(04)：68－72.

[8] 钱乃荣.北部吴语研究[M].上海：上海大学出版社，2016.

[9] 劳雪婷.上海方言疑问系统及其疑问标记的句法分析[D].上海：上海外国语大学，2014.

[10] 邓莹洁.近十五年来汉语话题标记研究综述[J].邵阳学院学报（社会科学版），2015，14(04)：94－99.

[11] 雷莉.汉语话题标记研究[J].西南民族学院学报（哲学社会科学版）.2001(12)：224－227.

[12] 谢晓明，陈琳.“的话”的话题标记功能及相关问题讨论[J].语文研究，2012(04)：31－35.

[13] 盛益民.吴语绍兴柯桥话参考语法[D].天津：南开大学，2014.

[14] 邢向东.陕北神木话的话题标记“来”和“去”及其由来[J].中国语文，2011(06)：519－526+575－576.

[15] 李秉震.汉语话题标记的语义、语用功能研究[D].天津：南开大学，2010.

[16] 林素娥.湘语与吴语语序类型比较研究[D].上海：复旦大学，2006.

[17] 李秉震.“说”类话题转换标记的语义演变[J].中国语文，2009(05)：419－428+479－480.

[18] 强星娜.话题标记“嘛”与语气词“嘛”[J].汉语学习,2010(04):59－64.
[19] 尹丹.现代汉语普通话中话题标记“是”的研究[D].西安:陕西师范大学,2017.
[20] 董秀芳.话题标记来源补议[J].古汉语研究,2012(03):28－36+95.
[21] 邓莹洁.话题标记“啊、呢、吧、嘛”的功能研究[J].钦州学院学报,2015,30(09):29－35.
[22] 张亚军.语用功能词的词类地位[J].盐城师范学院学报(人文社会科学版),2007(01):94－99.

江淮官话洪巢片方言反复问句研究述论

吴　双

摘要　汉语方言反复问句一直是语法研究中的热门。江淮官话洪巢片方言中有多种反复问句句式，句末语气词数量较多、承担着重要职能。学者们从多个角度对江淮官话洪巢片方言的反复问句进行了专门的研究，并取得了丰硕的成果。论文对这些研究成果进行梳理、归纳和总结，以较为全面地呈现该地区方言反复问句的面貌。

文章先将江淮官话洪巢片分为淮西和淮东两个小片，分别对现代方言中反复问句的研究进行综述，接着又概述了研究《西游记》《儒林外史》反复问句的成果，并进行了古今比较。已有研究成果在研究的广度和深度、研究的视野和方法上都存在不足，且部分成果有不够准确之嫌。基于此，论文对未来江淮官话洪巢片方言反复问句的研究进行展望。该方言片中这一语法现象还有很大的空间等待研究者们来进行探索和挖掘。

关键词　方言；江淮官话洪巢片；反复问句；综述

1　绪　　论

1.1　研究背景和研究主题

江淮官话洪巢片指的是江淮官话以洪泽湖和巢湖为两端、跨越江苏和安徽省部分地区的方言区域。其间方言具有鲜明的地域特征，都是汉语方言的重要组成部分。洪巢片各地方言中有多种反复问句式——除了与普通话反复问句式一致的“VP－neg－VP”以外，还有一些特殊的形式，如由疑问副词和谓词性成分构成的“K－VP”式问句、省略否定词的紧缩式反复问句“V·VP”等。因此，对江淮官话洪巢片方言的调查研究，尤其是对反复问句的研究，一直以来都是语言学者们关注的重点。这些研究持续进行，不断丰富着汉语研究成果。本文以梳理、总结、评述洪巢片方言反复问句的研究成果为主题，希望能更加清晰地呈现该片方言中反复问句的总体情况，并为未来的研究提供一些不成熟的参考。

1.2 研究目的和研究意义

目前，已经有很多语言学者对江淮官话洪巢片方言的反复问句进行研究并撰写论著。文献数量较多且主题各异、内容庞杂，但是目前尚未有人对这些研究成果进行梳理、归纳和总结。因此，已有的研究成果仍然处于相对杂乱且无序的状态，需要有人对其进行整理和归纳。本文拟通过梳理文献，整合、归纳和总结江淮官话洪巢片方言反复问句的类型和特点，并从共时和历时的角度呈现其特征和发展情况。这样能抛砖引玉，方便后来的学者继续全面而深入地研究汉语方言，使整个汉语和汉语史的研究成果更加丰盈。

1.3 国内外研究现状

笔者通过收集、筛选，共整理出近六十篇江淮官话洪巢片方言反复问句的相关文献。其中，有部分是研究某地或几地区方言反复问句的句式、语义、语用、语气词等内容的文献，涉及地区包括：安徽省内的天长市，无为市，安庆市，铜陵市及枞阳县，合肥市及庐江县，滁州市怀远县、来安县、全椒县，六安市舒城县、裕安区丁集镇；江苏省内的南京市，扬州市，淮安市，高邮市，盐城市，宿迁市泗阳县，连云港市东海县等。还有部分文献有针对性地研究某一反复问句句式在各个方言中的使用情况，主要涉及“K－VP”和“V·VP”两种句式。朱德熙（1985）先生最先对“K－VP”这一句式进行研究，他将这种句式称作“可VP”式问句。他认为，“可VP”问句是与“VP不VP”不同的另外一种反复问句,而且这两种反复问句不能并存于同一方言中。此后,朱德熙先生创造性的学术贡献引出了语法学界源源不绝的讨论。王世华(1985)、黄正德(1988)、李小凡(1990)、吴振国(1990)等对这一语法现象进行了研究,发表了一系列重要的学术论著。面对其他学者对"两种句式不能共存"这一观点的质疑,朱德熙(1991)先生仍然坚持己见,他与张敏(1990)都认为:即便这两种句式在个别方言中并存,它们也不属于同一历史层次。也就是说,两种句式不能共存,这在任何方言中都没有例外。除此以外,还有很多学者撰文讨论"可VP"句式的语法性质、"可VP"与"VP不VP"句式出现的先后次序等问题,足以见得该语法现象巨大的研究价值。紧缩式反复问句"V·VP"则是江淮官话洪巢片方言中另一种特殊的反复问句句式,朱德熙(1985)、张敏(1990)等人都曾对其进行研究,他们发现除了省略否定词的紧缩方式以外,还有一些地区会采用合音方式进行紧缩,部分区域则要分两步走——先省略、再缩音或先合音、再缩音。另外一部分文献则是研究明清时期白话小说中的反复问句使用情况的。一些明清白话小说,如《西游记》《儒林外史》,是由江淮官话洪巢片地区的作者写成的。从这些作品中,人们能够窥见一些江淮方言的底色。这些作品也是今天研究江淮方言反复问句的重要历时材料。目前,尚未有对江淮官话洪巢片方言反复问句研究成果的系统性总结。

1.4 研究视角和思路

本文将前人观点作为研究的理论基础和出发点,以现有的研究江淮官话洪巢片方言反复问句的成果为研究对象,对过往的研究内容进行回顾,并对已有成果进行梳理、总结。在综述已有研究成果的基础之上,再对前人观点进行评述,总结现有研究的优缺点,并对未来的研究作出展望。

1.5 反复问句简介

反复问句,又叫正反问句,是一种疑问句类型。顾名思义,它通常采用肯定形式和否定形式并列的方式进行提问,目的是让听话者从肯定项与否定项中选择一项进行回答。在这种句式中,没有任何关联词语对肯定项和否定项进行连接。由于反复问句形式较特殊,语言学界对它的归类尚有争议。学者们的观点基本可以划分为四类:归入选择问句、归入是非问句、归入特指问句和独立构成一类。其中主流观点是将反复问句视为一种特殊的选择问。

1.6 江淮官话洪巢片概况

江淮官话,旧称为下江官话,分布于安徽省中部、江苏省大部、湖北省东北部、江西九江局部和其他部分省份的一些方言岛,在官话方言中属于使用人口较多的方言片。《中国语言地图集》(1987)依据入声、古仄声全浊声母和塞擦音的发音特点,将江淮官话自东向西划分为泰如片、洪巢片和黄孝片[1]。其中,洪巢片是最大的一片,方言使用人口约六千万,占江淮官话方言使用总人口的四分之三。此后,一些学者按不同标准对江淮官话进行了新的划分,如刘祥柏(2007)提出了新的分区标准,并建议将枞阳、安庆、桐城三地划入江淮官话黄孝片[2]。本文仍然以《中国语言地图集》为准绳,将枞阳、安庆和桐城划归江淮官话洪巢片,因此这三地方言中反复问句的文献也是本文的研究对象。另外,《地图集》中铜陵方言并未被纳入江淮官话范畴。根据研究该方言的多位学者的表述,铜陵方言应是一种多系统的方言,铜陵郊区和义安区属于吴语宣州片方言区,而铜陵市区则属于江淮官话洪巢片方言区。所以,本文亦会总结归纳研究铜陵市区话的成果。

尽管洪巢片内部有相对较高的一致性和互通程度,由于其分布地域幅员辽阔,方言使用人口数量较多,该方言片内部也会不可避免地存在一些较明显的差异。根据聚类分析,大致沿苏皖省界,洪巢片方言又被分为了东西两大方言小片——淮东片和淮西片,淮东片包括天长、镇江、淮安、盐城、扬州等地,淮西片包括合肥、铜陵、安庆、滁州、六安、南京等地。王荣波、贾桂云(2017)认为这种分区是有地理和历史依据的,今天淮东、淮西片的划分同古代依据地理形势而对江淮地区进行的划分基本一致[3]。本文就在这种分区的基础之上,分淮东和淮西两小片对研究江淮官话洪巢片方言中反复问句的成果进行综述。

2 现代江淮官话洪巢片方言反复问句研究

2.1 淮西片

2.1.1 反复问句句式

2.1.1.1 “K－VP”式

朱德熙先生于1985年指出江淮官话、吴语和西南官话等方言中存在一种在谓词性成分之前加上疑问副词的疑问句式，他将这种句式称为“可VP”式问句[4]。洪巢片方言里该疑问副词的表现形式十分多样，其语音及书面形式在多方言中都不尽相同，因此本文将这一句式统称为“K－VP”式问句。在笔者搜集到的淮西片方言文献中，各方言反复问句的句式类型都包含“K－VP”式。可见，从使用范围上看，“K－VP”式问句被广泛应用于江淮官话洪巢片淮西小片。

2.1.1.1.1 K的形式、渊源和功能

（一）K的表现形式

从语音形式上看，除南京方言外，K的声母都是舌面后不送气清塞音[k]或舌面后送气清塞音[k‘]。韵母则略有差异，多数方言使用[ə]，还可以见到个别方言采用[i]、[ei]和[ɤ]，其中[i]与[ei]搭配不送气声母，[ɤ]搭配的都是送气声母。近半数方言中，这个疑问副词的音节末会带上喉塞音。调值的差异更为明显，根据相关文献的论述，有[3]、[5]、[21]、[53]、[55]等多种调值。比较特殊的是南京方言，南京人更多使用“阿VP”“还VP”式反复问句，也就是说K在该方言中是以[a]、[xaɪ]等语音形式出现的。从书面形式上看，文献中主要采用“可”“格”“克”“咯”“个”“各”“给”“阿”“还”等字来表示这个副词。书面形式同时也反映了该副词的语音特点：声母是送气或不送气的塞音，韵母多靠近央中元音。

（二）对K的探源

“K－VP”是一种分布于江淮官话区、西南官话区和吴语区的非常独特的反复问句句式。常规反复问句往往由肯否并列的形式构成，而“K－VP”

则与主流句式不同,它将疑问副词与谓词性成分搭配,虽未用反复问形式却表达出反复问语义。VP 前的疑问副词承载了重要功能,是此类反复问句的关键。一些学者通过研究历时材料,探究出了这一疑问副词的渊源,理清了该句式在汉语史中的发展脉络。

朱德熙(1985)在指出汉语方言中存在这种语法现象的同时,也曾猜测合肥、苏州和昆明方言反复问句中的疑问副词“克”“阿”和“格”很有可能来自同一源头,这个源头极有可能是个入声字,而明清白话小说中的副词“可”很可能只是借用了“可”的字形,与这个字本身关系不大[4]。朱德熙之后,张敏(1990)在古汉语文献中追溯到了“可”逐渐取代“岂”的发展脉络,得出结论:“可”的前身是“岂”。据张敏介绍,“岂”“宁”等副词在上古汉语中多用于表示反诘语气,但少数情况下它们也会表示一种无倾向的询问,而最早将“可”与这些副词联系起来的学者是吕叔湘先生[5](P134－135)。江蓝生(1990)对这个疑问副词的研究可以说是最为深入的,她考察了“岂”“宁”和“可”用法的变化发展:早期“可”受到了“岂”“宁”二字的类化,当时这三者的用法几乎完全一致,都表示反诘语气。当“可”“岂”与“宁”表示反诘时,整个疑问句其实是有倾向的,即形式是疑问句,实则意在表示否定。而当否定意义淡去,疑问句就转变为中性的询问句了。这三个副词在今天的用法并不相同,这是因为随着语法的发展,“宁”日渐消亡,“岂”专用于表示反诘,而“可”逐渐成为专门表示询问的疑问副词。通过语音分析,江蓝生考察出现代方言中的疑问副词“克”“阿”和“格”都是由“可”音变而来的[6]。后来,张其昀(1994)又将疑问副词“还”也补充进这个序列,他还认为“可”在其中是最早用作疑问副词的,其他副词则都是“可”的音变形式[7]。从以上学者的研究成果来看,汉语方言中的疑问副词“可”“阿”“格”“克”“还”等都来自相同的源头“岂”与“宁”,而“可”是其中最先转用作疑问副词的,其他形式都是由“可”再生成的。

(三) K 的功能

K 作为整个“K－VP”句式的核心成分,在反复问句中发挥着举足轻重的作用。大量学者都曾对淮西片方言“K－VP”问句的用法进行研究,从这些研究的成果中能够提炼出 K 的三个主要功能:显示疑问焦点、帮助消解普通话中的歧义、表示不同的时体范畴。

这一疑问副词最显著的功能就是显示疑问句的焦点，即突出问话人最想要弄清楚的部分。这是因为K与疑问焦点结合得非常紧密，一般来说最靠近它右侧的句法成分就是焦点。K可以用在连谓词组之前，如：

（1）K去看书？

这时疑问焦点是“去看书”，语句用于询问听话者“去看书还是不去看书”。这个句子的语序也可以稍加变动：

（2）去K看书？

此时疑问焦点变为“看书”，语句用于询问对方“去了以后看书还是不看书”。这种语义差异是由K的位置变动带来的，随着K的移位，与这一疑问副词联系紧密的疑问焦点也会改变[8]。

普通话中的述补结构可能会产生歧义。如：

（3）画得好吗？

对这句话的理解有两种：“好”在句中是可能补语时，询问的是“能不能画得好”；“好”在句中是结果补语时，询问的是“画得好还是不好”。而在使用“K－VP”式反复问句的方言中，可以通过将K放置在句中不同位置的方式来分别表示以上两种意义[9]：

（4）画K好？

（5）画得K好？

以上两例分别对应“好”为可能补语和结果补语的例句。个别方言中疑问副词的移位方式较特殊，胡媛媛（2017）的研究表明，使用南京六合方言的居民要表达与例（5）相同的意思时，会将K移到动词之前，删去补语标记并在疑问副词和动词之间添加一个能愿动词[10]。总之，不论选择何种移位方式，疑问副词都可以帮助消解歧义。这种功能其实也得益于K提示焦点的作用，疑问副词的位置改变，句子的焦点随之变化，自然不会产生歧义。

疑问副词K表示时体范畴的功能较为独特，目前学者们仅在研究安徽怀远方言的文献中探讨过它。贡贵训(2013)研究得出,怀远方言中的K有两种读音[kei^{21}]和[$kə^{53}$],其中前者用来向“未然”情况提问,而后者则用于询问“已然”情况[9]。说话人选择其中一种K进行提问,听话人自然能够明白对方询问的是已经发生还是尚未发生的事。

2.1.1.1.2 VP的句法成分

刘祥柏(1997)[8]、陈寿义(2007)[11](P106-108)、贡贵训(2013)[9]、林玉婷(2014)[12]、杨惠(2020)[13]、沈洋(2020)[14](P51-52)、朱维婷(2021)[15](P44-45)等人都曾对淮西片某一方言“K-VP”问句中VP的成分进行研究。从他们的研究成果来看,能够进入该结构的VP有:单个动词、形容词,述宾、连谓、兼语、述补等动词短语,还有重叠动词也包括在内。其中,性质形容词一般能够直接进入该结构,而状态形容词则需要前加判断动词“是”才能套用此句式。

(一)偏正短语的使用

偏正短语能否进入“K-VP”结构,这在淮西片不同的方言中似乎有差异。在上述研究者提供的多数方言例句中,状中短语都能够作为VP直接进入“K-VP”句式。蒋光美(2014)还在论文中详细论述:时间名词、介宾短语、程度副词、范围副词、频率副词、时间副词、语气副词、情态副词、能愿动词等都可以做状语修饰其后成分,进入无为话的“K-VP”句式[16]。但是,杨慧(2020)的研究成果显示:南京境内方言的K后不能直接加偏正短语[13]。例如:

(6) *K好看的花?

(7) *K很好看?

杨慧的论述显然存在漏洞,她认为偏正结构的短语不能直接加在K后,但只以不成立的“K+定中短语”例句为证,在后文又提出K后不能加“很+形容词”并举例作证。也就是说,杨慧将状中结构的“很+形容词”排除在了偏正结构之外,且她并未提及其他状中短语能否直接进入“K-VP”句式。实际上,吕文蓓(2009)研究南京方言反复问句的文献中出现了这一例句[17]:

(8) 你K愿意去?

这恰恰证明：至少能愿动词可以做状语修饰其后动词，进入南京话的“K－VP”问句。杨慧的错误判断可能源于她对“偏正短语”这一概念的错误认识，也可能是她在收集语料时有所疏漏的结果，因为能够做VP进入南京话“K－VP”问句的状中短语类型不多、易被忽视。与南京方言类似，笔者的母语方言安徽铜陵市区话中，K可以与一部分状中短语搭配使用，其中的状语包括介宾短语、情态副词、部分形容词和部分动词，如：

(9) K在外面吃饭?/K跟他是好朋友?/K把垃圾扔了?

(10) K顺便玩玩?/K一起回家?

(11) K仔细检查了?

(12) K绕道走?/K能来?

但是，蒋光美在论文中列举的其他几类状中短语都不能直接做VP进入铜陵话的“K－VP”式问句。一般来说，K与这些状中短语之间需要添加判断动词“是”，否则句子不成立。比如，程度副词“很”或“非常”修饰形容词构成的状中短语不能直接用于“K－VP”句式，但“K+是+很/非常+形容词?”在铜陵话中成立。

综上所述，淮西片各方言之间存在一些内部差异，不同方言在“K－VP”问句的使用上有不同选择。从已有研究成果来看，定中短语不能直接进入“K－VP”句式，而状中短语基本能够进入淮西片方言中的这一句式，但不同方言中可用的状中短语类型不同。部分方言可用的状中短语类型较多，如无为话；部分方言可用的状中短语类型较少，如南京话、铜陵话。

（二）能愿动词的使用

上文提到：一些淮西片方言中，能愿动词可以做状语修饰其后动词并进入“K－VP”问句。而蒋光美(2014)[16]、沈洋(2020)[14](P32)、朱维婷(2021)[15](P46)对无为、铜陵方言“K－VP”句式中的能愿动词进行了深入研究。综合看，“K－VP”内部可以添加能愿动词“肯”“会”“要”“能”“敢”“应该”“可以”“愿意”等，它们被置于疑问副词之后并受其管辖；位于能愿动词之后的VP可以是单独的动词或动词短语，但不能是形容词或形容词性短语。

由上述三位研究者的论述可知,在铜陵、无为方言中,这一格式的否定形式只有“K+能+否定副词+VP”一种,而否定副词也仅限“不”和“别”①。从语义上看,说话者的情感态度并非中立,而是有倾向地对听话人的观点、行为表示反对。因此,此格式中K的疑问标记功能受到削弱,句子整体的疑问语气亦减弱,而斥责、劝告的语气加强。依笔者拙见,“K+能愿动词+VP”的否定形式并不限于“K+能+否定副词+VP”一种。以铜陵方言为例,能愿动词为“敢”“会”“可以”等词时否定形式也成立,如:

(13) 你K敢不写作业了?

(14) 他K会不回来了?

(15) 你K可以别打岔?

因此,至少在铜陵方言中,“能”“敢”“会”“可以”都能进入“K+能愿动词+VP”的否定形式,而沈洋论文中的观点是片面的。

蒋光美和朱维婷在研究无为方言时发现,“K+能+否定副词+VP”在无为话中存在多种省略变式:可以省略VP构成“K+能+否定副词+语气词?”,也可以同时省略VP和“能”构成“K+否定副词+语气词?”,还有同时省略VP、“能”和K的“否定副词+语气词?”格式,甚至连否定副词都可以省去,变为“K+能+语气词?”形式,此时说话人的感叹语气更加明显,整句话的语义与普通话“别扯了!”相当。

(三) 否定词的使用

该区大多数方言的“K－VP”句式中,疑问副词前后都不能直接连用否定词。邵敬敏(2014)曾在著作中解释原因:“K－VP”式问句是中立性的,在肯定形式中“X”与“非X”两种可能各占一半,加上否定词后这两者的可能性并不改变,因而否定词羡余。而且否定词能够表现发问人的心理倾向,这同“K－VP”中立性问句的性质相矛盾。因此在“K－VP”句式中,既没有必要又不能够在疑问副词前后直接连用否定词[18]。但是就李慧敏(2008)研究合肥话的成果而言,似乎这一规则在合肥方言中存在例外。据李文,合肥方

① 无为话中使用与“别”语法功能相当的“拜”做否定副词,“拜”是拟音。

言中的 K 可以直接和否定词连用,如:

(16) K 不是的?

在这句话中,说话者的反问语气非常强烈,他对听话人的观点嗤之以鼻,认为自己的观点才正确,并想将已见强加于听话人,希望对方尽早结束争辩[19]。这一例外之所以能够在淮西片方言中存在,可能是因为该句表示反问语气,本来就不是纯粹的中立性问句,所以句中可以将否定词与疑问副词直接连用。

一般情况下,否定词想要出现在"K－VP"结构中,必须满足特殊条件。根据蒋光美(2014)[16]和沈洋(2020)[14](P31)的研究,以下条件应当满足其一:否定词处于宾语位置,构成否定性宾语从句;"K－VP"作为疑问宾语,分布在否定词之后。不论满足哪一种条件,VP 都是"听说或知道"类动词,否定词可用"不""没"和"没有"。当然,也可以在疑问副词后加判断动词"是",将句子改变为非中立性问句,这样"是"后就可以自由使用否定词了。

2.1.1.1.3 "K－VP"的句法分布

研究淮西片"K－VP"式反复问句的文献中有大量例句,它们表现了"K－VP"的句法分布情况。各方言里"K－VP"的句法分布基本一致,它通常可以做句子的谓语,也可以充当宾语、补语,但是它一般不能做主语或定语。在特殊情况下,"K－VP"也可以做附加式问句或独立成句。

表 1 淮西片方言中"K－VP"的句法分布

"K－VP"的句法成分		例 句
充当谓语	做全句谓语	他 K 吃饭?
	做谓语中的"小谓语"	烹饪你 K 会?
充当宾语		你觉得 K 好看?
充当补语		卫生打扫得 K 干净?
做附加式问句		她已经结婚了,K 对?

“K－VP”以独立形式附在陈述句之后的情况较特别，鲍红、王天翊(2015)曾研究这种附加式反复问句的语义特征：有的倾向于提出想法、建议，以附加问的形式询问对方的看法；有的则偏重于陈述某件事情，然后用附加式反复问询问对方事件的真实性[20]。唐国栋、胡德明(2017)研究滁州来安方言并得出结论：这种附加式反复问句可以位移到陈述句之前，前提是听话者早前对主句内容有所了解，或者说话者在语境中已经表述过相关内容了[21]，如：

(17) K行，借我一百块钱？

“K－VP”句式在很多情况下都可以独立成句，但它需要依赖语境存在，否则句子的语义会较为模糊。

2.1.1.1.4 时体范畴的表现形式

据众多学者的研究，“K－VP”式反复问句在淮西片有三种表现时体范畴的途径：变读疑问副词、使用代表不同时体的句末语气词以及使用动态助词。上文已经综述过，在安徽怀远方言中，可以通过改变疑问副词的读音来区分“已然问”与“未然问”。在南京、无为、安庆等地方言中，询问已发生和未发生事件的反复问句的句末语气词是不同的，这些语气词区分严格、不能混同，听话者根据句末语气词就可以了解说话者所提问的时态。普通话中常用动态助词“了”“着”“过”表现时态，淮西片方言的“K－VP”问句也多用“过”来询问已经发生的事件。部分方言还有自己独有的表示时态的助词，比如安徽庐江方言中“仔”用于向完成体提问，而“勒”用于向持续体提问[11](P106)。这些动态助词都紧随动词、形容词之后。

2.1.1.2 “VP－neg－VP”式

“VP－neg－VP”是汉语普通话中反复问句的标准句式，淮西片的部分方言里也存在这种句式。

2.1.1.2.1 “VP－neg－VP”在淮西片方言中的用法

淮西片方言中，该句式的用法与普通话中基本一致。单个动词、形容词和动词性短语都可作为VP进入该结构。VP既可以是单音节的，也可以是多音节的。当VP是双音节或多音节词时，说话者往往会因语言的经济性原则而省略部分音节，如：

(18) 漂亮不漂亮？

(19) 漂不漂亮？

后者就是由前者省略第一个VP的部分音节而生成的，一般不会省略第二个VP的音节。但当VP是述宾短语时，前后动词的宾语可以同时省去，即“VO-neg-VO”“V-neg-VO”和“V-neg-V”都同时成立。在淮西片方言文献中，尚未发现仅省略后一动词宾语的“VO-neg-V”。

与“K-VP”式问句一样，“VP-neg-VP”可以在句中充当谓语、宾语、补语，也能做附加式问句或独立成句。不同的是，“VP-neg-VP”可以在句中充当主语，但此时它所在的句子并不是疑问句，而是陈述句，如：

(20) 学不学习是你的事情，与我无关。

因此，从反复问句的角度来说，“VP-neg-VP”不能做主语。

至于时体范畴，该句式主要通过选择不同的否定词来区分时态——“不”用于现在时和将来时，“没”用于过去时，这也与普通话一致。

2.1.1.2.2 “VP-neg-VP”在淮西片方言中的使用情况

“K-VP”式反复问句在江淮官话洪巢片淮西小片的方言中被广泛使用，而“VP-neg-VP”式明显处于弱势，多数地区不常用甚至完全不用这一句式。从提及这一句式使用率的相关文献中，可以归纳出它在淮西片方言的三种使用情况。

一些方言中存在这一句式，且部分地区它的使用频率较高。刘丹青(1991)曾指出，“VP-neg-VP”是南京话中很常用的一种反复问句[22]。王囡(2009)的研究也表明，南京话中“VP-neg-VP”式反复问句的使用频率相对较高，尤其是城北较新城区的居民常用这一句式。她认为这种情况的出现多是普通话进一步普及、南京老城区文化渐趋消亡、外来语不断渗透的结果。王囡还猜测这种句式最后可能会吞并“K-VP”式成为当地方言唯一的反复问形式[23]。但是，姚伟嘉(2008)曾在南京地区进行过系统的田野调查，结果显示目前南京地区的“VP-neg-VP”格式日渐式微，实际使用人数不多,居民们更倾向于选用"K－VP"式和混合式反复问句[24]。由于王、姚二人都认为城北新派南京话势力影响下的居民较多使用"VP－neg－VP"式反复问句,目前至少能够确定这一句式存在于南京方言中且在部分区域内常被使用。

淮西片的很多方言中,"VP－neg－VP"句式存在,但是人们几乎不使用它。鲍红、王天翊(2015)调查得知:虽然安庆方言中存在这一句式,但是其使用频率远远低于"K－VP"问句[20]。唐国栋、胡德明(2017)也指出在滁州来安方言中"VP－neg－VP"式反复问句处于文读层,人们在日常口语交流中很少会用,仅在书面写作中或在正式场合交流时才会用它[21]。笔者所说的铜陵话亦是如此。

少许方言中不存在这一句式。据李慧敏(2008)的研究,合肥方言中的"VP－neg－VP"都不用于疑问句,因此该地区不存在"VP－neg－VP"式反复问句[19]。

2.1.1.3 "VP－neg"式

张薇(2009)认为,南京话中有"VP－neg"式反复问句[25],例如:

(21) 你吃了没有?

她认为这一形式是"VP－neg－VP"的一种变式。诚然,"VP－neg－VP"省略后一VP就能得到"VP－neg"。但尝试补充还原例句,只能得到以下结果:

(22) *你吃了没有吃了?

显然这个句子不能成立。因此,本文将"VP－neg"单列一类。这种句式在研究淮西片方言的文献中较少见,应是该方言片居民不太常用的一种反复问句句式。总的来说,说话者往往倾向于使用"K－VP"式而非"VP－neg"式反复问句。根据姚伟嘉(2008)的调查,个别使用南京方言的年轻女性会在这一句式之前再加上一个疑问副词[24],也就是说,她们将"K－VP"和"VP－neg"两种形式混合使用了。这可能是因为"K－VP"在方言中的大量使用对式微的"VP－neg"句式产生了冲击,二者在各种因素的作用之下发生杂糅,而较前卫的年轻一代首先使用了这种新形式。当然,这已经是十多年前的调查结果了,但笔者没有检索到近年来研究南京方言反复问句的成果。因此,目前该方言的实际使用情况还有待学者们不断考察、探究。

2.1.1.4 "+M"式

根据刘丹青编撰的《南京方言词典》(1995),南京方言中还有一种反复问格式:在句末加语气词"啊"的"+M"式。"啊"还可以与句末的"了""的"合音为"啦""嗒"。田野调查结果显示,单独使用这种反复问形式的人数量较少且年龄偏高,这说明这种句式在南京方言中日趋式微,将会逐步被其他句式所取代[24]。

虽然刘丹青认为"+M"式是一种特殊的反复问句,但它似乎与语气词是非问句更加接近,因为它们都是由表陈述的短语和语气词两部分构成的。在语用上,它也并不具备同反复问句相关的关键性特征。因此,还是将这种句式归入是非问句为宜。需要注意的是,淮东片中也有类似的"+M"式反复问句,但是性质与淮西片中这种句式完全不同,后文将详细综述。

2.1.1.5 合用形式

在江淮官话洪巢片淮西小片的方言中,存在一种特殊的合用式反复问句。它将两种疑问句式搭配起来,混合使用。目前大量学者研究了"K－VP"式反复问句与其他问句的合用形式,包括:"K－VP"式与"K－VP"式合用、与特指问句合用、与"VP－neg－VP"式合用、与"VP－neg"式合用、与选择问句合用等,例如:

(23) 你K知道他K写完论文了?

(24) 小王K买了什么东西回家?

(25) 你K吃不吃香菜?

(26) K找到没有?

(27) 我K该来,还是不该来?

部分合用形式在淮西片并不具有普遍性,仅仅在个别方言内部使用,比如笔者仅在研究铜陵方言的文献中看到"K－VP"与选择问句的合用形式[14](P32)。一些合用,如"K－VP"和"VP－neg－VP"的杂糅形式,删去其中一方也是规范的表达,因此句中出现了不必要的重复。这显然违背了语言的经济性原则。然而,该现象确实存在于方言之中,而且并不是孤立的。相比于单一形式,多种反复问句的杂糅形式或许能够传达更强烈的语气。说话者急于听到对方明确的回答,通过重复询问来表达催促之意。

2.1.2 反复问句的句末语气词

在淮西片方言中,反复问句的句末语气词数量很多,一些语气词还有语流变体。该片方言反复问句以"K-VP"式为主,因为疑问副词已经起标记疑问焦点、负载疑问信息的作用,所以该地区大部分句末语气词并不负载疑问信息,而只起表现时态、调节语气和增加语用意义等作用。

句末语气词在淮西片方言中经常被用来表示时体范畴。赵金枝(2008)研究发现,无为方言中的反复问句在对未发生的事情提问时,句末用语气词"昂";对已经发生的事情提问时,句末则用"来","来"可能是表示已然的助词"了"和句末语气词"哎"的反切合音;对"未来会不会再次发生之前发生过的某件事"提问,句末用语气词"鸟"[26]。据张薇(2009)研究,南京方言中,"K-VP"后可以加语气词"啊"或"啦",前者表示"未然"情况,后者表示"已然"情况,因为"啦"可能是表完成态的动态助词"了"和语气词"啊"的反切合音[25]。鲍红、王天翊(2015)还曾研究过安庆方言反复问句的语气词:询问"未然"事件可在句末用"哎",它会随前一音节尾音的不同变调为"唻""歪"①等音,询问"未来会不会再次发生已经发生过的某件事",可以在句末用语气词"了";询问"已然"事件则通常在句末加"的"[20]。由此可见,在使用句末语气词来区分时态的方言中,针对已经发生和尚未发生的事情进行提问的反复问句分别有专用的语气词,少数方言在询问再次发生的事件时甚至有另外的句末语气词。淮西片方言反复问句的句末语气词在表现时体范畴上发挥着非常重要的作用。

顾名思"用",语气词的本职工作就是调节语气。它既可以使说话人语气显得和缓、礼貌,反之又可以加强整句语气,表现说话人急躁、冲动的状态。最为典型的例子应当是南京六合区方言中反复问句的句末语气词。根

① "昂""来""鸟""唻""歪"都是拟音。

据胡媛媛(2017)的论述,该方言里可用的句末语气词很多,包括“啊”“哦”“哩”“啦”等,说话人可以根据不同的表达需要作不同选择。其中,“哩”可以缓和语气,“啊”“啦”较“哩”语气稍强,而“哦”则语气最强烈,说话者常常将“哦”与语气副词搭配使用,用以追究听话者的回答[10]。个别地区还存在感情色彩非常强烈的语气词,这种语气词表现的负面情绪过强,因而通常只在关系亲密的亲友之间使用。如果说话者在会话中选择了不恰当的语气词,那便违背了会话礼貌原则,不利于使言语行为在和谐的氛围中顺利进行。

使用语气词后,一句话传达的信息可能会更多。如合肥话中句末带有“来”的反复问句除了用于询问听话者某项信息外,还可以表示对此信息所做的不确定的猜测[19],例如:

(28) K 叫他去来?

这句话既可以询问“叫没叫他去”,又可以猜测“到底叫不叫他去”。安徽全椒县方言中的“哩”可以表示进一步地深究,显得说话者饶有兴致,对话情境因此免于陷入沉闷[27]。由此可见,部分方言中的句末语气词有增加语用意义的功能,说话者不改变语句的整体结构就能传递更多信息。

2.2 淮东片

2.2.1 反复问句句式

2.2.1.1 “K－VP”式

相较于淮西片,淮东片方言中“K－VP”式反复问句的使用率稍低,相关研究也不多。从可搜集到的文献来看,安徽天长方言和江苏泗阳方言就不使用这一句式。此外,该句式在此方言片中的用法也与淮西片中有细微的差别。

首先,淮西片中疑问副词的表现形式非常丰富,相较而言,淮东片中这个副词的语音和书面形式都更单调。文献中“可”“还”“阿”出现的频率较高,还有一方言使用“看[k‘æ^{53}]”。

其次,淮东片一些方言中“K－VP”问句句末一定要有表疑问的语气词,张敏(1990)指出,江苏高邮、淮安方言就是如此。但是,张敏同时补充,当说话者用反复问句邀请听话人一同去做某事时,句末可以省去语气词;混合形式句末也可以不加语气词[5](P14－15)。研究淮西片方言的文献资料中未见这种特殊要求,在不影响表意的基础上,淮西片的说话者基本可以选择使用或省去句末语气词。

此外,淮西片方言"K－VP"句式中,VP 的句法成分可以是述宾短语。张敏(1990)研究发现,淮东片的淮安方言中,这个 VP 一般不能是述宾短语。如果 VP 是这种短语,需将宾语移到主语位置上,这样句子才成立[5](P14－15)。

总体来说,两个方言片位置相邻,"K－VP"句式的使用方式差别不大,但是一些细微的不同也不容忽视。目前从已有文献中至少能够归纳出以上三点差别,但可能还存在其他差异等待研究者们不断探索发现。

2.2.1.2 "VP－neg－VP"式

在该句式的用法上,淮东、淮西两片方言基本一致。但需要注意的是,据唐浩、王芳(2017)的研究,属于淮东小片的江苏东海方言中,当 VP 是述宾短语时,存在"VO－neg－VO"的后省式"VO－neg－V"[28]。这是在洪巢片,甚至在南方方言中都很少见的用法。

淮东片方言反复问句最值得注意的句式是"VP－neg－VP"式的特殊变式——紧缩式反复问句。这种反复问句中没有否定词,从语表形式看是一种重叠形式,因此很多学者将这种独特的句式简称为"V·VP"式。

(29) 你吃吃饭?(你吃不吃饭?)

江苏淮安市、东海县、泗阳县、涟水县、洪泽县方言中都有这种句式。这种紧缩句式既可以表现说话者急躁、迫切的主观情态,又可以用于自由的非正式交际场合反映交际状态的随意[29]。因此,该句式符合语言的经济性原则,更加适合口语交际的实际情况。

"V·VP"主要由两种方式紧缩而来。一种是单纯省略,即省略"VP－neg－VP"中的否定词。该方言片大部分的"V·VP"式反复问句都采用这种紧缩方式。若原句中的 VP 是单音节词,就直接省略否定词,前后单音节词重叠;若 VP 是双音节或多音节词,则省略否定词,并只重叠 VP 的第一个音节[30](P41－42)。

(30) 花红红?(花红不红?)

(31) 打扫得干干净?(打扫得干不干净?)

还有一种紧缩方式是先省略,再缩音。张敏(1990)曾系统研究过这种特殊句式。他指出,江苏泗阳郑楼话的紧缩形式不是"V·VP",而是将第一个音节拉长为两音节的时值后紧缩为"V－P"。也就是说,先省略否定词,再拉长音节[5](P67－68)。

(32) 你吃——面包?(你吃不吃面包?)

其实,已有研究成果表明还有另两种紧缩方式:单纯合音——把否定词同前部动词融合为一个音节;先合音、再缩音——单纯合音后,再将相同的两个语素缩略成一个音节。然而洪巢片中并没有这两种紧缩形式,本文便不再赘述。

唐浩(2017)[28]、周星宇(2019)[30](P42－44)分别对东海和淮安方言中"V·VP"的构成词类进行了研究。根据这二人的观点,能进入该结构的词类可以分成谓词性和非谓词性成分——谓词性成分包括动词、形容词,非谓词性成分包括介词和部分副词,东海方言中甚至还有复句形式的重叠,不过这种复句仅限"因为……就……"。

值得注意的是,文献中的例句基本是在询问现在或将来的"未然"情况,几乎没有"已然问"。在洪巢片方言里,这种紧缩式反复问句是"VP－neg－VP"省略否定词的变式,而"VP－neg－VP"就是通过选用不同的否定词来表现不同时体范畴的。"V·VP"缺少了否定词,在语境不明的情况下很难确定是针对已经发生的事情提问,还是对未来将要发生的事提问。但是张敏(1990)注意到,在洪泽、淮阴话中有一种特殊的"没没VP"问句,专门用于询问"已然"事件[5](P67)。

(33) 没没吃饭啊?(吃没吃饭啊?)

因为汉语中不存在"没不没"这样的问句,所以不能将它看作是"VP－neg－VP"省略否定词的变式,这可能是为了避免与"未然问"混淆而形成的一种特殊问句。

虽然形式类似，但紧缩式反复问句与传统的动词重叠式有本质区别。前者是一种特殊的反复问句，而后者只是口语中比较常见的一种语言现象。朱德熙在1991年就指出这二者是完全不相同的[31]，不能因为语表形式相似就贸然将它们混为一谈。李文浩(2009)则针对如何区别紧缩式反复问句和传统动词重叠式展开分析。首先，从读音的轻重变化上看，前者是“中+重”，后者是“重+轻”。其次，多音节动词的重叠方式上，前者只能重叠第一个音节，后者有时可以完全重叠。此外，从构成词类的范围看，前者的构成词类数量多于后者，能愿动词、趋向动词和判断动词都可以进入紧缩式反复问句[32]。朱德熙、李文浩的观点是非常正确的，紧缩式反复问句与传统的动词重叠式是性质不同的两类语法现象。因此，刘丹青(2008)认为这种问句是“述语重叠问句”而非反复问句的观点[33]值得商榷。

2.2.1.3 “VP－neg”式

现有文献中研究该句式的成果非常少，仅存的零星几篇文章中对它的描述也只有寥寥数语。研究显示，“VP－neg”式反复问句在淮东片方言中分布不平衡。一些方言完全不存在这一句式，如江苏泗阳话[34]；还有一些方言虽然存在这种句式但却很少使用，甚至很难确定它是当地固有的还是受外来方言影响而产生的，比如江苏淮安话[30](P40)；但在个别方言中这一句式十分常用，如江苏镇江话、泗洪话，在这两个方言点中，“VP－neg”式反复问句的使用频率甚至仅次于“K－VP”式[5](P18)。

2.2.1.4 “+M”式

江苏泗阳方言中有一种表中立询问的反复问句：在VP后加疑问词“面”“吧”“啵”①的“+M”式反复问，如：

(34) 吃饭面？(吃没吃饭？)

(35) 管吧？(管不管？)

研究泗阳方言的学者王玉梅注意到了这个现象，并分别于2004和2008

① 拟音。

年撰文加以介绍[34-35]。紧随王玉梅之后，汪国胜、李曌于2009年系统研究了存在于包括泗阳话在内的汉语方言中的这种“是非式反复问句”[36]。之所以将这种句式归入反复问句而非是非问句，两位学者从三个方面给出了原因。第一，“面”“吧”“啵”等疑问词并不是纯粹的语气词，而是由否定词和语气词合音构成的形式。其中，“面”由“没”“嗯”合音而成，“吧”由“不”“啊”合音而成，“啵”则由“不”“噢”合音而成。否定词“没”“不”与后面的语气词没有结构关系，反而可以和前项VP一起还原成“VP－neg”式反复问句。第二，“+M”式反复问句中的VP只能为肯定形式，因为合音词中已经包含有否定意义了，再用否定就会导致成分羡余；而是非问句中的VP用肯否形式皆可。第三，“+M”式反复问句的回答方式与是非问句不同，与正反问句一致，都是从肯定项与否定项中选择其一进行回答。因此，淮东片方言中的这种独特的问句理应归属于反复问句，它与前文提及的南京方言中的“+M”式问句有本质上的不同。

2.2.1.5　合用形式

淮东片这种合用句式同样种类较多，可以归纳为两种：反复问与反复问合用、反复问与特指问合用。与淮西片相比较，淮东片方言中增加了紧缩式反复问“V・VP”与“K－VP”合用和与“VP－neg－VP”合用的格式，如：

（36）他K吃吃饭？（他吃不吃饭？）

（37）你知不知道他明天来来？（他明天来不来，你知道吗？）

“V・VP”与“K－VP”合用时会将共有的VP成分进行合并，构成“K－V・VP”格式。并未有学者研究发现反复问与选择问的合用形式，这也与淮西片有差别。合用句式虽然是多种句式的合并，但是疑问的焦点仍然是清晰的，听话者在理解句意上没有困难。

2.2.2　反复问句的句末语气词

淮东片方言反复问句的句末语气词数量也较多，它们负载着协助构成“K－VP”句式、调节疑问语气和表现时体的功能。

上文提到，江苏高邮、淮安方言中的“K－VP”句式句末一定要有疑问语气词“啊”或“哪”，否则这一句式不能成立。因此在淮东片方言中，部分反复问句的句末语气词有帮助构成句式的功能。

句末语气词还可以调节语气。王玉梅(2004)的研究显示,泗阳方言"V・VP"式问句的句末可以带上语气词"哎",带上以后疑问语气就会更强烈一些[34]。同种方言中,不同语气词对整句话语气的改造程度还有不同。从蔡华祥(2008)的研究中可以得知,江苏盐城话反复问句句末的语气词"啊"比"呃"有着更强的疑问语气,说话者将"啊"放在句末,表明他希望对方能够尽快回答问话;而"呢"和"呐"分别为"啊"和"呃"的变体,又比后者有更加强烈的疑问语气。盐城方言中还存在复合语气词"了唔"和"了哇",疑问语气较上述语气词又更进一步[37]。不同语气词调节语气的幅度有所不同,问话者可以根据表达需要进行选择。

蔡华祥(2008)还在著作中指出,江苏盐城话反复问句的句末语气词"啊""呃"和"呢""呐"除了在表示疑问的程度上有差别外,另一个重要的区别就是这两组语气词分别适用于不同的时态。"啊"和"呃"用于向尚未发生或未来将要发生的事件进行提问的反复问句末,"呢"和"呐"则用于向过去已经发生的事件进行提问的反复问句末[37]。因此,部分句末语气词具有反映时体的功能,该方言点的说话人在不同的语境中会做出不同的选择。

3 明清洪巢片作者的小说中反复问句研究

朱德熙先生指出:在明清白话小说中,"K－VP"式反复问句层出迭见。实际上,这一时期的白话小说中已经有种类较多的反复问句式了。来自江淮官话洪巢片的很多作家在写作时偶尔会受当地方言影响,因此从他们的小说作品中能够窥见一些江淮方言的底色。这些白话小说作品是今天学者研究江淮方言的重要历时材料。《西游记》的作者吴承恩是江苏淮安人,淮安方言属于江淮官话洪巢片淮东小片;《儒林外史》的作者吴敬梓是安徽全椒人,全椒方言属于江淮官话洪巢片淮西小片。目前,朱德熙、郭爱涛、姜蕾、刘志生、田永苹等学者已对这两本著作中的反复问句进行了系统研究。

3.1 《西游记》中的反复问句

朱德熙(1985)认为《西游记》中的反复问句是“K－VP”型的[4]。在他之后,刘志生(2002)对小说中的反复问句进行了相对全面的专题研究。然而,刘志生的研究成果表明《西游记》的反复问句应是“VP－neg”型的,因为该句式占书中所有反复问句的比例甚至远高于“K－VP”式问句的占比[38]。随后,田永苹又于2020年研究了近代汉语白话小说中的反复问句,其研究成果涵盖了《西游记》的反复问句式。田永苹认为书中“K－VP”的使用频率更高,她与朱德熙先生的观点一致[39]。笔者检索了人民文学出版社2010年第3版《西游记》中的反复问句,发现刘志生对句式类型的列举是基本全面的,但是田永苹对各类反复问句数量的统计更准确。因此,本综述在句式类型上参考刘志生的研究,而在句式数量上则以田永苹的表述为准。

表2　《西游记》中的反复问句

反复问句句式		例　　句
“K－VP”式	可VP	你可认得那些和尚?[40](P307)
	可曾VP	可曾在荒山经过?[40](P308)
“VP－neg－VP”式	VP也不VP	适才那供状是也不是?[40](P485)
“VP－neg”式	VP否	拿着孙行者否?[40](P415)
	VP不曾	这会死了不曾?[40](P763)
	VP未曾	事成了未曾?[40](P20)
合用式	可VP不VP	看可请老孙不请?[40](P53)
	可VP否	可能容否?[40](P1063)

根据田永苹的统计,“K－VP”式反复问句在书中占比高达85%,是作者主要采用的句式。所有的疑问副词K都是“可”,而“可”与VP之

间可以插入“曾”构成“可曾 VP”格式，用于询问已经发生过的事件。小说中并没有完整的“VP－neg－VP”式反复问句，仅有 2 例它的变式——“VP 也不 VP”问句。这一格式在肯定词与否定词之间插入了语气助词“也”，它能够对说话者的语气起延缓作用。“VP－neg”式反复问句在书中的数量仅次于“K－VP”式，VP 后的否定词既可以是“否”，也可以是“不曾”或“未曾”。“VP 否”数量相对较多，它既可用于对动作行为发问，也可用于对事物的存在发问。至于“VP 不曾/未曾”式，仅能在书中找到 2 例。该格式用于向“已然”情况提问，其中的 VP 都是带助词“了”的单音动词。

刘志生、田永苹等学者都没有注意到《西游记》中还有合用式的反复问句，本文在此加以补充。书中至少能够找到两类合用式反复问句：“可 VP”与“VP 不 VP”的合用形式、“可 VP”与“VP 否”的合用形式。其中，与“可 VP”合用的“VP 不 VP”是一个省略变式，其 VP 是一个述宾短语，而后一 VP 的宾语承前省略了，即实际合用句式应为“可 VO 不 V”。

《西游记》中的反复问句可以使用句末语气词，但语气词仅限“么”。田永苹于 2019 年研究了明清几部白话小说里“K－VP”式反复问句的句末语气词，她统计，《西游记》里的这种句式有 60%都带有句末语气词“么”[41]。可见，这部小说中语气词的使用频率相对较高。

3.2 《儒林外史》中的反复问句

朱德熙（1985）也曾指出《儒林外史》中的反复问句是“K－VP”型的[4]，而姜蕾（2003、2007）和郭爱涛（2007、2011）二人则对《儒》中的反复问句作了系统、全面的研究。以他们的研究成果为基础，可以总结出这部小说中反复问句的基本类型[42-45]。需注意的是，田永苹（2020）也曾统计过《儒林外史》中各句式的数量[39]，她的研究成果在“K－VP”式问句的数量上与郭爱涛的统计结果不一致。笔者检索了人民文学出版社 1958 年版《儒林外史》，发现仍然是田永苹的统计数据更准确。当然，不论采纳哪位学者的观点，“K－VP”式的数量都远超其他形式。

表 3 《儒林外史》中的反复问句

反复问句句式		例　　句
“K－VP”式	可 VP	只不知老师可是一家?[46](P73)
	可曾 VP	可曾定有日期?[46](P44)
	可单/就 VP	可就是这本城人?[46](P158)
“VP－neg－VP”式	VP 不 VP	你说好笑不好笑?[46](P366)
	V 得 V 不得	不知可以行得行不得?[46](P33)
	VP 也不 VP	你道奇也不奇?[46](P178)
“VP－neg”式	VP 不曾	你曾去过不曾?[46](P383)

《儒林外史》中,所有“K－VP”式问句的疑问副词都使用“可”,而“可”与 VP 之间也可以添加其他成分,构成“可曾 VP”和“可单/就 VP”格式,后者的 VP 中动词仅限“是”。“可 VP”既可以用于进行无倾向的提问,又可以用来做有肯否倾向的反问。用于反问时,“可 VP”在语表形式上只呈现了肯定形式,但实际意义却指向否定。“VP－neg－VP”的完整形式一共有 7 例,其中 VP 可以是形容词,也可以是动词或动词短语。书中还存在着一些变式:表示“可能或可以”的“V 得 V 不得”共有 5 例;还有 1 例在 VP 后插入语气词“也”的“VP 也不 VP”形式,“也”能够舒缓语气。与“可 VP”一样,“VP－neg－VP”也可以发问或反问,但是用于反问时,“VP－neg－VP”语表形式上为肯、否定并列,但实际语义指向肯定。《儒林外史》中只有 1 例“VP－neg”式反复问句——“VP 不曾”。这一句式仅用于询问“已然”情况,即询问是否已经完成某事或某项动作。

《儒林外史》中的反复问句也可以使用句末语气词“么”,但是据田永苹(2019)统计,这部小说中使用句末语气词的情况较少[41]。在这一点上,《儒林外史》与《西游记》差别较大。

4　近现代洪巢片方言中反复问句的历时比较

学者们研究江淮官话洪巢片方言的成果众多，在前文综述内容的基础上，可以比较得出近现代洪巢片方言中反复问句的同与异。

4.1　相同点

首先，主要句式的选用有相同之处，近现代都存在“K－VP”“VP－neg－VP”“VP－neg”和混用形式的反复问句。从使用频率上看，江淮官话洪巢片，尤其是洪巢片的淮西小片中，人们尤其常用的反复问句就是“K－VP”句式。《儒林外史》和《西游记》里“K－VP”式反复问句所占比例也都是最高的。而“VP－neg－VP”句式在两书中都很少出现，这也与现代洪巢片大部分方言的使用情况基本一致。

第二，部分用法也有相同之处。当“VP－neg－VP”中的VP为单音节动词时，近现代语表形式一致。

4.2　不同点

首先，部分句式及其变式有不同。《儒林外史》和《西游记》中“可”与VP之间可以插入其他成分，构成“可曾VP”“可单VP”“可就VP”格式，而今天洪巢片方言中没有这种用法。今天洪巢片方言的“VP－neg－VP”句式存在省略VP部分音节的变式，包括承前省、蒙后省甚至前后都省略的形式；而在《儒林外史》和《西游记》中这一句式的用法相对呆板，当VP非单音节词时，并不存在这种省略变式。今天存在于淮东片部分方言中的紧缩式反复问句也从未在这两部小说里出现过。但是，两书中有变式“V得V不得”和“VP也不VP”，这些反复问格式在今天洪巢片方言中都已经不存在。至于“VP－neg”句式，近现代在其否定词的选用上有不同。《儒》《西》两书中采用“不曾”“未曾”和“否”，今天则一般会用“不”“没”和“没有”。合用句式方面，《西游记》中虽然存在微量合用，但是书中可以合用的疑问句种类远少于现在很多洪巢片方言。

第二,疑问副词的表现形式不同。今天洪巢片方言“K－VP”句式中的疑问副词有多种书面形式,如“可”“格”“克”“咯”“个”“各”“给”“阿”“还”“看”等;《儒林外史》和《西游记》中这一疑问副词只有“可”一种书面表现形式。

第三,句末语气词的使用不同。今天洪巢片方言反复问句的句末语气词种类繁多,而《儒林外史》和《西游记》中语气词仅限“么”。

综上所述,反复问句的几种主要句式在近现代一脉相承,且随着语言的变化发展,一些变式消失,又出现了另外一些新的变式。“K－VP”式问句的地位得到了进一步巩固,并演化出多种表现形式。句末语气词逐渐丰富起来,在反复问句中承担起重要的作用。

5 争议性问题的研究情况

5.1 “K－VP”式问句的归类问题

“K－VP”式反复问句是存在于江淮官话、西南官话和吴语中的一种特殊句式,学界对它的归属一直有争议。学者们的观点大致可分为五类。

部分学者将“K－VP”归入反复问句。朱德熙(1985)从回答方式、句末语气词的使用和方言中反复问句的种类三个角度进行分析,得出“K－VP”式问句应归入反复问句的结论[4]。贺巍(1991)也认可“K－VP”是一种反复问句,是“VP－neg－VP”的简化形式,疑问副词则是简化的引导标记[47]。

仅有一位学者认为“K－VP”属于特指问句。黄正德(1988)认为“K－VP”与“VP－neg－VP”是“同素异型体”,应该归入特指问句[48]。这种归类不属于主流观点,之后也受到其他学者的批驳。

还有部分学者认为这是一种是非问句。吴振国(1990)否定了朱德熙和黄正德的观点。对于朱德熙的看法,他认为如果将“K－VP”归入反复问句,则“K－VP”和“VP－neg－VP”没有任何共同语法特征可以区别于其他问句;而黄正德的观点则完全不可信。吴振国注意到“K－VP”与“VP 吗”都是陈述形式与疑问信息标记词的结合，因此应当将“K－VP”归入是非问句[49]。刘丹青(1991)和游汝杰(1993)等人也都依据类似的理由认为“K－VP”属于是非问句[22,50]。

将“K－VP”归入反复问句或是非问句的观点都有道理，因此有几位研究者不主张对这一句式进行明确的划分。袁毓林(1993)认为“K－VP”和反复问句、是非问句都存在共性，所以该句式与它们有双重对应关系[51]。徐烈炯、邵敬敏(1999)更是进一步提出了“正反是非问句”的概念，他们认为没必要给“K－VP”明确分类，不应自缚手脚[52]。

另有一些学者不将“K－VP”归入任何一类疑问句中，而是把它视作一种独立的特殊问句。徐杰、张媛媛(2011)与何艳丽(2019)都主张这一句式是方言系统中的一种特殊问句，是独立于其他问句之外的语法现象[53-54]。

实际上，各家之说都有一定的理论支撑，某种程度上都有道理，但本文还是以朱德熙先生的观点为准，将“K－VP”视作一种反复问句。

5.2 “K－VP”与“VP－neg－VP”在方言中的共存问题

“‘K－VP’与‘VP－neg－VP’在汉语方言中能否共存”也是学界一直以来存有较大争议的问题，学者们的观点各有千秋。

一些学者认为这两种句式并不能在同种方言中共存。朱德熙(1985)最先提出，“K－VP”与“VP－neg－VP”是相互排斥的关系，它们在同一种方言里不能共存。即便有“共存”，也不是疑问用法的共存[4]。他的观点得到了张敏(1990)的认可。通过共时比较与历时考证，张敏得出结论：两种句式在现代方言中是不能共存的，部分方言中的“共存”句式属于不同层次上的历时积淀[5](P160－162)。朱德熙肯定张敏的这一见解，并且于1991年再度撰文补充：合用句式是一种“本地化”产物，它的出现证实了两种句式在部分方言中的“共存”不过是历时的积淀[31]。所谓“本地化”，应是新句法格式在旧句法格式尚未完全消亡时就已经出现，新旧格式在多种因素的作用下发生了杂糅。

在朱德熙先生1985年表示“两句式在同一方言中不能共存”后，一些研究者提出了反对意见。王世华(1985)、刘丹青(1991)分别以扬州、苏州方言为例进行反驳,他们认为在这些方言中两种句式是能够共存的[22,55]。但是朱德熙以张敏的见解为支撑,仍然坚持原来“不能共存”的看法。

贺巍(1991)结合上述两种看法,提出了新的见解:两种句式在部分方言中能够共存,在另外的方言中则不可以共存[47]。也就是说,“K－VP”与“VP－neg－VP”在不同的方言中有不同的关系类型。何艳丽(2019)也支持这种观点,她表示:这是汉语方言长期演变的自然结果[54]。近来,又有支持这种两可观点的学者研究了地域对两句式分布情况的影响。田永苹(2020)就认为,两种句式在南方方言中不能共存,即使出现于同一方言中,也是历时层次的成分积淀;而它们在北方方言中能够共存,且共存的句式属于同一层次[39]。正如邵敬敏评价的那样,汉语方言正反问的类型分布既有整齐又有交错,既是有序又是无序的。

学者们对汉语方言的探索不会止步于此。相信随着对各地方言的深入调查,越来越多的语法现象会得到发掘。因此,现在就断言两种句式在方言中可以或不能共存似乎太过武断,“两可”观点更加稳妥。

5.3 “VP－neg”式问句的归类问题

在“VP－neg”式问句的归类问题上,学者们分成了三派,目前他们尚未得出定论。

一派学者将“VP－neg”看作是“VP－neg－VP”式问句的省略形式。朱德熙(1985)[4]和张敏(1990)[5](P5)都主张“VP－neg”式问句属于反复问句中的一种,这种形式是“VP－neg－VP”完整式的一种省略变式。

另一派学者主张该句式与反复问句无关,而是一种独立格式。游汝杰(1993)从反复问句的定义出发,认为“VP－neg”的否定格式不完整,因而该句式并没有满足“肯定形式和否定形式并列”的条件,不应该归属于反复问句,应该是一种独立的格式[50]。

第三派学者则认为“VP－neg”可分为两小类,一类为省略式,另一类为独立格式。邵敬敏和周娟(2006)觉得前两派的观点都走了极端,判断“VP－

neg”式问句性质的关键应在于能否将它的句法成分补充完整——可以补充的属于省略式,不能补充的则属于独立格式[56]。

本文还是更倾向于认为“VP－neg”是一种反复问句。因为上古汉语中,这是反复问句的唯一格式,中古汉语中这种句式也频繁用于提出反复问。此外,现代某些地区的方言中只有这一种反复问句句式,如果不将它归入反复问句,这些方言中就会缺失“反复问句”这一范畴。

6 江淮官话洪巢片方言反复问句研究情况总结

6.1 已有研究成果的总结

对江淮官话洪巢片方言中反复问句的研究取得了很多成果,学者们基本已经厘清了这一方言片反复问句的主要类型和使用方法。从学者们研究现代方言的成果上看,洪巢片内部反复问句存在着共性,但也有很多差异。这些差异既可能是不同方言在各自发展过程中进行自主选择的结果,又有可能是受外来方言影响的结果。从历时研究上看,明清时期江淮地区的反复问句式及其用法和现代存在共性,亦有明显的差别。方言中的反复问句在近现代发展变化的脉络也随着学者们的研究、比较而愈发清晰。

6.2 当前研究的不足之处

第一,研究不均衡。针对该方言片反复问句所作的专门、系统研究并不多。首先,因为“K－VP”式反复问句是方言中较为特殊的一种反复问句句式,所以很多学者都将目光聚焦于这一类形式,而其他句式在洪巢片的使用情况往往被学者们忽略了。由此可见,对反复问句句式的研究存在不均衡的问题。其次,对反复问句的研究更多停留于句法格式的描写,而对句末语气词的专题研究非常少。此外,对方言反复问句的历时研究不多,要想深入了解方言从古至今的变化发展,还需要更多全面、深入和系统的研究。

第二,研究视野有局限,研究方法较单一。从研究视野上看,单点研究较多而区域研究较少。目前可以搜集到的文献大多研究的是某区、县方言的反复问句,而很少有学者会站在方言片的高度展开研究。单点研究的方言点分布零散,既有市区,又有县,甚至还包括乡镇。而且,部分方言的研究成果很少,甚至几乎没有相关研究。从研究方法上看,学者们主要运用描写研究法展开研究,对某地方言的语法现象进行全面描述。只有少数学者会进行方言比较研究,其中联系、比较同方言片内部方言的研究较多,而跨方言片的比较研究相对较少。此外,采用描写法的研究成果主要是描述现代某地方言的反复问句使用情况,而探讨历时语法演变、发展的成果并不常见,在语言类型学基础上进行的分析探索也不多。

第三,部分研究成果的准确性有待考量。学者们在研究某地方言的过程中,为了得到尽可能准确的信息,需要进行大量的田野调查。江淮官话洪巢片地域广阔,使用洪巢片方言的人口众多,且使用同一方言的不同个体可能会有不同的语言运用习惯,因此调查结果不一定能完全反映某方言的真实情况。研究者在完成田野调查后,还需要进一步考证所得信息的真实性,去伪存真,力求研究成果客观、准确。但是,研究洪巢片方言反复问句的文献中部分信息相互矛盾,这表明一些学者的调查结果尚存纰漏。首先,不同学者研究同一方言的成果相互矛盾。张敏(1990)曾经指出江苏高邮方言中并没有"VP－neg－VP"式反复问句,除非是与"K－VP"式问句混用构成"K－VP－neg－VP"形式[5](P16－17)。但是姚亦登(2012)研究高邮方言的成果显示,该方言中存在"VP－neg－VP"式反复问句,而且否定词还可在"不""没"或"没有"三者之间进行选择[57]。这说明,就"'VP－neg－VP'式问句是否存在于高邮方言中"这一问题而言,张、姚二人中至少有一方调查得出了不准确的结果。唐国栋、胡德明(2017)研究"K－VP"和特指问句的合用情况时,发现疑问焦点有两种情况:可以是由疑问副词标记的成分,也可以特指问句中的疑问代词[21];而蒋光美(2014)则认为无论在任何情况下焦点都由疑问副词标记[16]。两相比较,蒋光美的观点明显较为片面。此外,还有同一篇文献前后内容相互矛盾的情况。在介绍"K－VP"结构插入能愿动词的特殊形式时,沈洋(2020)提到"K+能愿动词+VP"结构是没有任何倾向性的,也就是发问人的情感态度是模糊的;而他在论述"K－VP"结构的疑问功能时，又提到“K－VP”搭配能愿动词使用时，发问人的情感态度具有倾向性[14]（P32－33）。显而易见，前后两种说法相互矛盾。研究者本人尚未厘清方言的真实使用情况，其笔下的研究结论就更不能令人信服了。由于语言处于动态变化中，一些当时准确真实的调查结果在现在看来也可能已经不能反映实际情况了。因此，学者们还需要以更加严谨、求实的态度对待今后的方言研究，及时更新语言研究成果。

6.3 对未来研究的展望

第一，要加强对洪巢片各方言的系统性研究。目前洪巢片方言的反复问句研究存在不均衡的问题，之后需重视加强薄弱环节的研究，尽力将研究空白弥补起来。对反复问句的研究应当更加系统化，研究内容也要向深入、细致的方向发展。

第二，要拓宽研究视野，增添研究方法。学者们要扩展研究视野，在继续加强单点方言反复问句研究的基础上，增添区域性研究。要用多种方法展开研究，关注相关方言反复问句的对比研究，使地域方言的特色得以突出。在进行共时比较的同时，也不能忽视历时对比研究，以此探寻汉语方言语法发展演变的规律。学者们还要更加广泛地运用语言学理论，多从语言类型学的角度分析、探索方言语法的奥秘。

第三，注重对方言使用情况的实地调查。为了使研究成果尽可能准确，研究者们要深入方言点开展田野调查。调查对象的男女性别比应各占50%，他们的年龄、职业和居住地不能完全雷同，这样才能够较为全面地了解方言使用的实际情况。如果研究者发现曾经的研究成果中存在错误，也应当及时修正，以免对后续研究造成不利影响。

7 结　　语

本文对江淮官话洪巢片方言中反复问句的研究情况进行了总体性的综述。现代江淮官话洪巢片可分为淮西和淮东两个次方言片，两方言片都有

"K - VP"式、"VP - neg - VP"式、"VP - neg"式、"+M"式与合用形式的反复问句,但部分用法上淮东、淮西片不尽相同。两方言片中的反复问句都有非常丰富的句末语气词,它们可以体现不同时态、调节整句话的语气、丰富话语的语用意义,也能作为必不可少的成分协助构成句式,在反复问句中发挥着格外重要的作用。《西游记》《儒林外史》可以展现明清时期洪巢片方言反复问句的部分面貌,它们都是由在江淮官话洪巢片生活过的作家撰写的,语言上有江淮方言的特色。书中有"K - VP"式、"VP - neg - VP"式、"VP - neg"式和混合式反复问句,部分句式还存有一些特殊变式,句末可以使用语气词"么"。近现代汉语方言相比较,能够发现反复问句的主要句式基本一致,随着语言的发展,一些变式消失,又出现了另外一些新的变式,而句末语气词数量更多、作用更大。此外,方言反复问句的研究中仍有一些有争议的话题,包括"K - VP"和"VP - neg"的归类问题、"K - VP"式问句与"VP 不VP"式问句在同种方言中能否共存的问题,在这些问题上学界尚未得出统一结论。

目前,对江淮官话洪巢片方言的反复问句研究已经取得了较为丰硕的成果,这些成果横贯各地、纵及古今。但是现有研究还存在一些不足,包括缺少系统、深入的研究,研究视野有局限、研究方法较单一,部分研究成果的准确性有待考量等。因此,学者们在未来需要以更加严谨、认真的态度对待方言调查工作,加强系统性研究,拓展研究视野、增添研究方法,注重对方言使用情况的实地调查。方言研究并不会止步于此,可以预见,在学者们的不断努力之下,汉语方言研究在未来一定会有更显著的进步与提高。

参考文献

[1] 吴波.江淮官话的分区标准[J].南京师范大学文学院学报,2016(2):157 - 160.

[2] 刘祥柏.江淮官话的分区(稿)[J].方言,2007(4):353 - 362.

[3] 王荣波,贾桂云.聚类分析在方言分区上的应用——以江淮官话洪巢片为例[J].国际汉语学报,2017(1):47 - 56.

[4] 朱德熙.汉语方言里的两种反复问句[J].中国语文,1985(1):10 - 20.

[5] 张敏.汉语方言反复问句的类型学研究:共时分布及其历时蕴含[D].北京:北京大学,1990.

[6] 江蓝生.疑问副词“可”探源[J].古汉语研究,1990(3):48.
[7] 张其昀.江淮方言语法散记三则[J].盐城师专学报(哲学社会科学版),1994(4):55.
[8] 刘祥柏.六安丁集话的反复问形式[J].方言,1997(1):65-73.
[9] 贡贵训.安徽怀远方言的反复问句[J].辽东学院学报(社会科学版),2013(4):119-123.
[10] 胡媛媛.六合方言中的“给 VP”问句[J].现代语文(语言研究版),2017(11):52-54.
[11] 陈寿义.安徽庐江南部方言研究[D].重庆:西南大学,2007.
[12] 林玉婷.枞阳方言语法研究[D].南宁:广西师范学院,2017:42-43.
[13] 杨慧.南京境内方言“可 VP”句式时体范畴比较[J].文教资料,2020(7):10-12.
[14] 沈洋.类型学视野下铜陵方言疑问句研究[D].广州:暨南大学,2020.
[15] 朱维婷.安徽无为方言语法研究[D].上海:上海师范大学,2021.
[16] 蒋光美.安徽无为方言的反复问句“格 VP?”考察[J].怀化学院学报,2014(3):15-16.
[17] 吕文蓓.南京方言选择问研究[J].现代语文(语言研究版),2009(4):96.
[18] 邵敬敏.现代汉语疑问句研究(增订本)[M].北京:商务印书馆,2014:449-452.
[19] 李慧敏.合肥话的“K-VP?”疑问句[J].滁州学院学报,2008(1):17.
[20] 鲍红,王天翊.安庆方言“可 VP”型问句句法特征及其归属之我见[J].文教资料,2015(22):30-31.
[21] 唐国栋,胡德明.滁州来安南部方言“FVP”疑问句研究[J].滁州职业技术学院学报,2017(3):39-40.
[22] 刘丹青.苏州方言的发问词与“可 VP”句式[J].中国语文,1991(1):28-33.
[23] 王囡.方言中反复问句“还/阿 X”在词典中的记载及实际的使用分析[J].知识经济,2009(17):169.
[24] 姚伟嘉.南京方言反复问句使用情况调查[J].河北工程大学学报(社会科学版),2008(1):44-45.
[25] 张薇.南京方言中的反复问句[J].现代语文(语言研究版),2009(11):95-96.
[26] 赵金枝.无为话中“可 VP”式问句的表意与表时态功能[J].语文学刊,2008(8):162.
[27] 江婷婷.全椒方言疑问句研究[D].南昌:南昌大学,2020:37-38.
[28] 唐浩,王芳.江苏东海(驼峰)话的反复问句[J].盐城师范学院学报(人文社会科学版),2017(4):29-30.
[29] 李曌.汉语方言的紧缩式正反问[J].汉语学报,2021(1):91.
[30] 周星宇.淮安方言的重叠现象研究[D].武汉:武汉大学,2019.
[31] 朱德熙.“V-neg-VO”与“VO-neg-V”两种反复问句在汉语方言里的分布[J].中国语文,1991(5):321-332.
[32] 李文浩.江苏淮阴方言的重叠式反复问句[J].中国语文,2009(2):178.
[33] 刘丹青.谓词重叠问句的语言共性及其解释[C]//北京大学汉语语言学研究中心《语言学论丛》编委会编.语言学论丛:第 38 辑.北京:商务印书馆,2008:144-164.
[34] 王玉梅.泗阳方言里正反问句的几种特殊形式[J].语文学刊,2004(5):90-91.
[35] 王玉梅.泗阳方言正反问句研究[D].南京:南京师范大学,2008:15-17.

[36] 汪国胜,李曌.汉语方言的是非型正反问句[J].方言,2009(1):18-27.
[37] 蔡华祥.江苏盐城话的疑问语气词[J].汉语学报,2008(1):40-43.
[38] 刘志生.《西游记》中的选择疑问句[J].湖南社会科学,2002(3):117-118.
[39] 田永苹.近代汉语"可 VP"型反复问句地域变化及其在现代汉语方言中的留存[J].宁夏大学学报(人文社会科学版),2020(2):23-30.
[40] 吴承恩.西游记[M].北京:人民文学出版社,2010.
[41] 田永苹."可 VP"型反复问句句末疑问语气词的消失[J].安阳师范学院学报,2019(6):86-91.
[42] 姜蕾.《儒林外史》所体现的江淮方言语法和词汇现象[D].苏州:苏州大学,2003:2-8.
[43] 姜蕾.《儒林外史》中的反复问句研究[J].宁波广播电视大学学报,2007(3):62-65.
[44] 郭爱涛.《儒林外史》疑问句研究[D].南宁:广西大学,2007:97-101.
[45] 郭爱涛.《儒林外史》是非疑问句和选择疑问句研究[J].学术论坛,2011(4):96-97.
[46] 吴敬梓.儒林外史[M].北京:人民文学出版社,1958.
[47] 贺巍.获嘉方言的疑问句——兼论反复问句两种句型的关系[J].中国语文,1991(5):335.
[48] 黄正德.汉语正反问句的模组语法[J].中国语文,1988(4):679-705.
[49] 吴振国.关于正反问句和"可"问句分合的一些理论方法问题[J].语法研究,1990(2):58-64.
[50] 游汝杰.吴语里的反复问句[J].中国语文,1993(2):93-94.
[51] 袁毓林.正反问句及相关的类型学参项[J].中国语文,1993(2):103-106.
[52] 徐烈炯,邵敬敏."阿 VP"及其相关句式比较研究[J].中国语文,1999(3):172-173.
[53] 徐杰,张媛媛.汉语方言中"可 VP"问句的性质[J].汉语学报,2011(2):61-67.
[54] 何艳丽."FVP"疑问句式的共时运用对比研究[J].现代语文,2019(12):48-49.
[55] 王世华.扬州话里两种反复问句共存[J].中国语文,1985(6):415-416.
[56] 邵敬敏,周娟.汉语方言正反问的类型学比较[J].暨南学报(哲学社会科学版),2007(2):112-113.
[57] 姚亦登.江苏高邮方言的疑问句[J].渭南师范学院学报,2012(3):118.

论陶渊明诗歌动词运用所反映的语言风格

徐柳琪

摘要 陶渊明是当今公认的魏晋南北朝诗歌史，乃至中国古代诗歌史上最重要的一位诗人之一，其诗风在不同时代受到了不同角度的发掘。本文将从语言学与文学相结合的角度，分析陶诗动词的运用，以探究陶诗的语言风格。

本文分为五章。

第一章对陶诗动词异文加以校勘，分为异文形成原因与异文校勘方法。

第二章从语法角度分析陶诗动词，对动词进行分类、统计及语法功能分析。

第三章从语义角度分析陶诗动词，分析陶诗动词语义的传承变易和陶诗动词的语义场。

第四章从语用角度分析陶诗动词，第一节分析了陶诗动词的组合搭配，从最佳搭配和超常搭配两个方面加以论述。第二节分析陶诗四言与五言的动词运用及其语言风格，第三节分析陶诗不同题材的动词运用及其语言风格。

第五章分析钟嵘、萧统的陶诗风格评论。

在三、四、五章节中会穿插陶诗动词与陆机、左思和谢灵运等诗人诗歌动词及其语言风格的比较。陆左谢三人均取自钟嵘《诗品》中的上品。

最后是对陶诗动词运用所反映的语言风格的总结，并指出本文的不足之处。

关键词 陶渊明；诗歌；动词；语言风格

绪　论

一、选题意义与研究现状

（一）选题意义

陶渊明是中国古代诗歌史上最重要的诗人之一，这是自唐以来的共识。但陶渊明却不在南北朝人公认的一流诗人之列，主要是因为陶诗所具有的平淡自然之语言风格，虽在后代被推崇备至，在崇尚错彩镂金之语言美的南北朝，却落落寡合，取湮当代。只有钟嵘《诗品》和萧统《陶渊明集序》在推崇文采的前提下，对陶诗重新定位，谓其"风华清靡""词采精拔"。二子乃陶诗评价提升的先驱，而他们所推重的词采与所轻视的质直，在后世却得到了"质而实绮、癯而实腴"的融合。对陶诗风格的具体把握，对南北朝人陶诗评价的深入解读，乃至对南北朝批评史的重加梳理，都有赖于对陶诗语言的切实研究。

本文即选取陶诗语言中的动词作为研究对象，并进一步探究陶诗的语言风格。就语言学角度而言，吕叔湘先生早已指出："在某种意义上动词是句子的中心、核心、重心，别的成分都跟它挂钩，被它吸住。"①故动词的运用是语言风格极其重要的组成部分。

本文尝试对陶渊明诗歌的动词进行系统研究，在充分描写动词特征的基础上分析诗歌语言风格。这一方面有利于破除陶诗研究中语言学与文学各执一端的研究现状，将二者结合以便更精确地反映陶诗动词的特点及语言风格的形成，解读南北朝的陶诗评论。另一方面则有利于展现中古汉语的动词词类在词汇与语法上的传承变易。

（二）研究现状

前人对陶渊明诗文的语言研究多集中于字词异文考释、注解、句法、修辞等方面，对词类的专门研究较少。已发表的论文中虽有涉及陶诗动词，但

① 中国社会科学院语言研究所现代汉语研究室编：《句型和动词》，语文出版社 1987 年版，第 1 页。

仍不能全面系统地对陶诗动词进行讨论。

1. 动词语用研究

王茜、韩晓光(2011)分析陶诗动词的妙用体现在以平显奇、虚实相生、动静相映三个方面,并探讨了动词活用的修辞意义。任晓辉(2019)分析陶诗纯动词与活用类动词在再现真实自然风光、人化自然、表现情感等方面的作用。以上两文均从纯文学角度对陶诗动词进行艺术手法与语用层面的分析,而在动词描写方面不足。

封树礼(2005)从陌生化视角论述陶诗中个别动词的运用。

黄华南(2007)中提及陶诗多采用存在性的动词,可把景物对象化,但并未展开论述。

2. 动词重叠式研究

在广受关注的叠字研究中,也有部分涉及动词,但是各篇论文对重叠式动词的个数与词频的统计并不一致。刘周霏(2019)中列出的动词重叠式只有三个,并分析了“行行”的历史渊源、当时的使用情况及“去去”的词义引申。侯凯华(2010)与袁健惠(2009)均对叠字进行语法分类、类别计量与功能分析,前者统计的动词重叠式为六个共十六次,并认为动词重叠后既有做动词又有做形容词的情况,其语法功能是做谓语。后者统计的动词重叠式共三十一次,且在语法上做谓语,在语义上倾向于表达动作的反复与持续,有较浓的动作描写的性质。以上三篇论文对动词重叠后的词性与语法成分的变化的论述有所不足。

综上所述,目前的论文虽从不同角度对陶诗动词有所发明,但并未全面系统地梳理陶诗动词。陶诗动词分析多集中在文学层面,语言学层面少且有分歧。除此之外,动词的运用对陶诗语言风格的影响也缺乏专门的研究,多散见于整体艺术手法的论述中。基于此点,本文尝试把语言学与文学相结合,在陶诗动词方面进行研究。

二、研究内容

语言风格学为本文指明了方向与路径。综合张德明(1990)与程祥徽

(2000)对语言风格学的论述,文学的语言风格是文学风格的重要组成部分。研究作家作品的语言风格,需要指出作家惯用的风格要素和风格手段,认识其风格系统。词汇、语法和语音作为语言要素,都有表现风格的作用,即具有风格功能。风格语言学的研究方法主要为统计法与比较法。统计法用数学方法来进行科学研究,通过定量达到定性,使语言风格学超越了感悟体验。而比较法基于风格、来源于比较。运用比较法研究作家语言风格,要注意选择同地区、同时代的作家作比,或是选择体裁、题材相同或相近的作品作比。

基于此,本文拟从语言学与文学相结合的方式来研究陶诗动词,先对动词异文加以辨析,尽可能展现陶诗动词原貌。再对动词进行语法分类和定量统计,分析其语法功能,并讨论有关动词的词类活用。分析陶诗对前代动词词汇词义的吸纳与新变,展现词汇的历史传承与演变,以及当代动词口语入诗的情况。并且分析陶诗的语用特征,研究其搭配关系。同时探究钟嵘萧统二人陶诗风格评论的语言根据,以实现对评论的解读。此外,本文将在钟嵘《诗品》的体系中,选取代表性诗人,以其诗歌动词与陶诗动词进行历时与共时的比较,进一步突显陶诗动词的运用所反映的语言风格。

三、研究方法与手段

(一)研究方法

1. 定量与定性相结合

穷尽式地收集陶诗中的动词,整理成语料库,进行分类,统计数量,研究差异,在定量的基础上定性,在定性的基础上解释。

2. 描写与阐释相结合

详细描写陶诗中动词的词汇意义和语法功能,并运用语言学相关理论进行阐释。

3. 语言学与文学相结合

以语言学的描写来分析文学批评术语,既有语言学层面对动词的词频统计、语法与词义分析,又结合文学的艺术效果来分析动词。

4. 共时与历时相结合

除分析陶诗动词外，还结合其他诗人诗歌中的动词进行比较。本文在钟嵘《诗品》体系中选取上品人物陆机、左思与谢灵运为参照对象，因陆谢分别为太康文学与元嘉文学的代表人物，而左诗为陶诗源头之一，且陆左为西晋初人，去陶未远，谢灵运则由晋入宋，与陶同时而稍后。

（二）研究手段

1. 以宋刻递修本为底本，参校其他诸本，整理出陶诗电子版。

2. 确定动词标准，提取陶诗动词，制作语料库，按照音节与词义分类。

四、陶诗版本选用与动词数量统计标准

（一）陶诗版本选用与异文校勘

对古籍进行研究，有必要对其版本流传情况加以了解。“陶集有无自定本，因为缺少资料很难作出结论。”[1]据目前资料可知，陶渊明身后“有两本行于世，一本八卷，无序；一本六卷，并序目，编比颠乱，兼复阙少”（阳休之《陶集序录》）。南梁萧统“更加搜求，粗为区目”（《陶渊明集序》），编为八卷本。北齐阳休之再以萧统本为底本，“录统所阙，并序目等，合为一帙十卷”（《陶集序录》）。北宋宋庠本以阳休之本为底本，重新刊定陶集。然南宋之前的陶集版本皆不传。现存宋本陶集皆以宋庠本为底本，其源也即萧统八卷本。

本文所涉及的陶集重要版本之谱系大致如下：

梁萧统本→北齐阳休之本→北宋宋庠本 →宋刻递修本（毛氏汲古阁本）→袁行霈本

（以上皆不传） →绍兴苏写本

→绍熙曾集本

→咸淳汤汉本→元李公焕本→逯钦立本→孟二冬本

→清陶澍本→龚斌本

① 袁行霈：《陶渊明研究》，山东人民出版社 2020 年版，第 229 页。

"异文是指同一文献的不同版本之间相应地位的文字或者某文献的本文与他处引文用字的差异现象。"①异文往往会影响对文意的正确理解,因此需要进行校勘。异文校勘需要多本互参以定正误。本文陶诗动词异文校勘,以汲古阁藏宋刻递修十卷本为底本。宋刻递修本以北宋宋庠本为底本,又据他本陶集校订文字,是流传至今最早的陶集刻本。此本保存大量异文,但也将少量伪作一并收入。

本文的参校本及汇校本有:汤汉《陶靖节先生诗注》、李公焕《笺注陶渊明集》、逯钦立《陶渊明集》、龚斌《陶渊明集校笺》、袁行霈《陶渊明集笺注》,并参校宋尤袤《文选》刻本所录的陶诗八首。

校勘之底本共十卷,前四卷为诗歌,去其伪作,并加入第六卷中的《桃花源诗》,共计陶诗 124 首。

（二）陶诗动词数量统计标准

本文在统计陶诗动词时,有以下七点需要说明:

1. 汉语词类的划分以语法功能为主,并结合词汇意义。故动词界定如下:

(1) 语法功能:语法成分方面,动词主要充当句子谓语,亦可充任主、宾、定、状、补语等。组合关系方面,动词后面可带宾语与补语,动词可受形容词、副词等修饰。

(2) 词汇意义:动词是表示动作或动态变化的词。

2. 关于兼类词:

具有两种及以上词性的词称为兼类词。某个词若兼属动词和其他词类,本文统计为动词,且只统计用为动词的频次。如"言"在陶诗正文中出现 52 次,其中动词"言说"义 21 次,名词"言语"义 23 次,语助词无意义 8 次,则兼类词"言"统计为动词,频次为 21 次。

3. 关于活用:

(1) 其他词类活用为动词,本文不统计为动词。如"岂伊君子宝,见重我轩黄"(《读山海经》其四)中的"宝",名词活用作动词,意为"以……为

---

① 于亭:《论训诂学中的"异文"概念》,《人文论丛》2001 年第 1 期。

宝”,“宝”不计为动词。

(2) 动词活用为其他词类:① 此动词在陶诗中只有活用为其他词类的用例,则不计为动词。② 此动词在陶诗中除了活用为其他词类,还有原动词词义的用例,则计为动词,但活用的用例不计入动词词频中。如“醒”“醉”在陶诗中有原动词词义的用例,而“醒醉还相笑”(《饮酒》十三)中的“醒醉”动词活用作名词,意为“醒者”“醉者”,则此“醒醉”不计入动词词频中。

为论述的方便,其他词类活用为动词虽不统计为动词,但依旧放置于动词的语法分析中加以说明。

4. 陶诗中共有九首四言诗。陶四言祖承《诗经》,在句式上亦有重章叠句的特点。当一句诗在诗篇中反复出现时,只统计为 1 句,也即其中包含的动词之频次只统计为 1 次。如《停云》篇,“霭霭停云”“停云霭霭”分别出现在第一章与第二章的开头,虽句式不同,但仅是词序颠倒,且两句句意相同,故“停”字只统计为 1 次。再如《归鸟》篇,“翼翼归鸟”一句重复出现 4 次,“归”字只统计为 1 次。

5. 一个字在动词词类中若有多个读音和多个意义,是否应当计为不同的词,本文采用以下标准:

(1) 若该字的多个意义并无联系,不是一个词范围内的意义变化,则计为不同的词。如“俛”字在陶诗中有两个读音及相应的意义:① fǔ,同“俯”。② miǎn,僶俛,勤勉努力。“俛”计为两个动词。再如“如”字在陶诗中有两个意义:① 往。② 如同。前者属于趋向动词,后者属于比拟动词,划入不同的动词小类中,在词语下方标记数字加以区别,如“如$_1$”“如$_2$”,并分别统计其词频。

(2) 若该字的多个意义有联系,是一个词范围内的意义变化,则计为一个词,如“思”字在陶诗中可释为“思考”和“思虑”。

6. 古同字是同一个词的不同写法,故多个古同字的出现频次应当合计为一个词的频次。如“游”与“遊”同,陶诗中“游”出现 13 次,“遊”出现 8 次,则“游/遊”词频为 21 次。

7. 通假字之本字若无出现,则以通假字标记本词,如“藜羹常乏斟”(《咏贫士》其三)中的“斟”通“糁”,而“糁”字并未在陶诗中出现,则标记为

“斟{糁}”，词频为1次。若通假字之本字有出现，则将此通假字之词频计入本字词频中，因为通假字与本字表示的是同一个词。如“归鸟趣林鸣”（《饮酒》其七）中的“趣”通“趋”，而“趋”在陶诗中亦有1例，则“趋”字词频为2次。

第一章　陶诗动词异文校勘

由上文所引阳休之《陶集序录》可知，在陶渊明身后的几十年中，其诗文便已“颠乱”“阙少”，不复原貌了。后萧统加以搜求，所编定的陶集成为后世陶集之祖本。陶集流传至今已逾一千五百年，由于年代久远，加之传抄失误，陶诗异文现象非常普遍，一些诗句甚至整句皆讹异，如“矰缴奚功，卷已（一作已卷）安劳（一作旦暮逍遥）”（《归鸟》）、“兰枯柳亦衰，遂令此言负（一作时没身还朽）”（《拟古》其一）。据本文粗略统计，124首陶诗中动词异文约有259处，其中包括一个字或一句话因不同原因而有多种异文，如“检素不获展”（《和郭主簿》其二）中的“检”，形讹成“俭”，音讹成“简”；“宇暧微霄”（《时运》）或是“暧”字形讹成“暖”，或是全句音讹成“余霭微消”。因此，在对陶诗动词进行分析前，有必要对其异文加以辨析，最大程度地还原陶诗及其诗意。而此辨析过程，亦有助于对陶诗语言及诗歌整体的进一步体认。

以宋刻递修本为底本，在参校其他各本的基础上，本章将对陶诗动词异文的成因进行分类，就一部分动词加以辨析，并且总结异文的校勘方法。

第一节　陶诗动词异文之成因类型

《校勘学概论》谓“古书的讹误主要有讹、脱、衍、乱四种情况”①，讹文又可进一步分为因形近、音近、义近而讹。本节将结合陶诗动词异文的具体情况，从以下六个方面对异文成因进行分类，并对异文情况加以辨析。

一、形近而异

1. 时来苟冥会，婉娈（一作踠辔，又作宛辔）憩通衢。（《始作镇军参军

① 张涌泉、傅杰：《校勘学概论》，江苏教育出版社2007年版，第35页。

经曲阿》)

“宛/踠辔”确。逯钦立谓“踠辔,纡辔,放松马辔。指不得纵马驰骋。以马的松辔缓行,喻人的屈才从仕”①。逯说不确。前文谓时运到来而暗合于己,知陶渊明亦心怀仕途,则后不可谓“屈才从仕”。袁行霈谓:“宛辔:犹屈辔、曲辔、纡辔,均回驾之意。渊明《饮酒》其九:‘纡辔诚可学,违己讵非迷!且共欢此饮,吾驾不可回。’”②则宛辔犹回驾,回驾犹入世。又“宛”与“踠”通。而“婉娈”谓少好貌,于文不合。

2. 御冬足(一作乏)大布,粗絺以应阳。(《杂诗》其八)

“足”字确。“岂期过满腹,但愿饱粳粮。御冬足大布,粗絺以应阳”四句写希求基本的温饱,下句“止(应为正/政)尔不能得”则对之加以否定。作“乏”不合文意。

3. 和泽周(一作同)三春,华华凉秋节。(《和郭主簿》其二)

“周”字确。《说文》:“泽,光润也。”和泽,温和湿润也。若作“和泽同三春”,则谓秋季与春季一样温和湿润,不合常理。《素问》亦谓“西方生燥”,西方即秋,秋之特性为燥。周者,周遍也,谓春季温和湿润。袁行霈谓“此诗写秋,先以春陪衬”③。

二、音同或音近而异

1. 安得不相语(一作与)。(《形影神:神释》)

“语”字确。袁行霈谓:“一作‘与’,恐非是。神与形影之关系,既是‘生而相依附’,则已不仅是‘相与’矣。”④本文则认为“相与”和前句“相依附”乃语义重复。且本组诗采用“一主二客”的清谈辩答形式,伸神抑形影。故以“相语”一词引出下文神的辩说。

2. 倾家时(一作持)作乐,竟(一作竞)此岁月驰。(《杂诗》其六)

“竟”字确。《说文·音部》“乐曲尽为竟”,引申为终结。此句谓饮酒作乐而度过剩余之飞驰岁月。又,《说文·言部》谓“竞”字,“强语也。一曰逐

---

① 逯钦立:《陶渊明》,中华书局2016年版,第72页。

② 袁行霈:《陶渊明集笺注》,中华书局2016年版,第183页。

③ 袁行霈:《陶渊明集笺注》,中华书局2016年版,第148页。

④ 袁行霈:《陶渊明集笺注》,中华书局2016年版,第68页。

也。”段玉裁注：“强语谓相争。”与飞驰的岁月相竞争，不合文意。

3. 雄发指危冠，猛气冲（一作充）长缨。（《咏荆轲》）

“冲”字确。《庄子·秋水》：“梁丽可以冲城。”成玄英疏：“冲，击也。”此句谓勇猛之气冲击系冠的丝带。《广雅》：“充，满也。”不符文意。

三、义同或义近而异

1. 漉（一作拨，又作掇、挤）我新熟酒。（《归园田居》其五）

“漉”字确。漉即过滤。《宋书·陶潜传》“郡将候潜，值其酒熟，取头上葛巾漉酒，毕，还复著之”，乃本此句。

2. 寒暑有代（一作换）谢，人道每如兹。（《饮酒》其一）

“代”字确。《说文》：“代，更也。凡以此易彼，以后续前，皆曰代。……换，易也。”“代”与“换”为同义词，然“代谢”为习语，指新旧更迭，如《文子·自然》：“（道）轮转无穷，象日月之运行，若春秋之代谢。”《文选·干宝〈晋纪论晋武帝革命〉》：“帝王之兴，必俟天命，苟有代谢，非人事也。”

四、异体字或通假字所形成的异文

1. 翩彼方舟，容与（一作容裔，又作融洩）江中。（《答庞参军》）

“容与”“容裔”与“融洩”为同一联绵词的不同写法，在此处表徐动貌。

2. 俯（一作俛）仰终宇宙，不乐复何如。（《读山海经》其一）

“俛”为“俯”之异体字，均表屈身低头义。

3. 日入群动息，归鸟趣（一作趋）林鸣。（《饮酒》其七）

“趣”通“趋”，表趋向义。

五、词序颠乱而异

1. 称心而言，人亦易足（一作人亦有言，称心易足）。（《时运》）

“人亦有言，称心易足”确。陶诗《停云》谓“人亦有言，日月于征”，《命子》谓“人亦有言，斯情无假”。龚斌谓：“‘人亦有言’乃《诗经》常见句式，如《诗·大雅·荡》：‘人亦有言，颠沛之揭。’《诗·大雅·抑》：‘人亦有言，靡哲不愚。’”①

2. 善恶苟不应，何事空立（一作立空）言。（《饮酒其二》）

---

① 龚斌：《陶渊明集校笺》，上海古籍出版社2019年版，第10页。

袁本谓“立空言”亦通，龚本举多处他人诗歌中的“空言”例，认为“立空言”较胜。逯本、孟本作“空立言”。本文认为两通的情况下，当以正文“空立言”为确。

六、脱落而异

昔在高堂寝，今宿荒草乡（一本有荒草无人眠，极视正茫茫。极又作直）。（《拟挽歌辞》其三）

汤本、曾本等参校本之诗句与校语皆同于底本，而《乐府诗集》多此一句。“荒草无人眠，极视正茫茫”一句，或是传抄时脱漏而成阙文，或是误增而成衍文。是何种情况已不得而知。因此句与上下文义无违，姑且从《乐府诗集》而添上此句。

第二节　陶诗动词异文之校勘方法

上文在辨析陶诗动词异文时，已涉及了诸多校勘方法。本节将对校勘方法加以总结。需要注意的是，在实际校勘中，这些方法往往是交叉在一起综合使用的，如此才更具信服力。

一、多本互参

1. 青松夹（一作来）路生。（《拟古》其五）

“夹”字确。元李公焕本作“来”，其余各本皆作“夹”。李本时代晚于各宋本，故“来”字可信度低。又考之文意，此句当谓青松生长在路的两旁，而不是生长在诗人的来路上。且陶诗中亦有“梅柳夹门植”（《蜡日》）一句，“夹路生”与“夹门植”结构相同，且两处“夹”字同义，皆谓某处所的两旁。

2. 诗书塞座外，日昃不遑研（一作白日去不还）。（《咏贫士》其二）

“日昃不遑研”确。唐人撰修的类书《初学记》作“白日去不还”，各陶集本作“日昃不遑研”。又考之文意，“白日去不还”流露出时光难返的喟叹之情，与上句诗书满座文义不畅。且《咏贫士》组诗写贫士的穷困潦倒与坚守清节，并无一句涉及岁月流逝。此两句当是谓诗书环绕而自己却因饥寒而无暇研读。

二、依据诗歌内证

1. 道丧(一作衰)向千载,人人惜其情。(《饮酒》其三)

“丧”字确。“道丧向千载”一句亦出现在《示周掾祖谢》诗中,且此处的“丧”字无异文。又《庄子·缮性》“世丧道矣,道丧世矣,世与道相交丧也”,陶诗本于此。

2. 荣叟老带(一作萦)索,欣然方弹琴。(《咏贫士》其三)

“带”字确。“带”意为“以……为带”,陶诗《饮酒》其二谓“九十行带索”,与此诗同指一事,“带”为同样的用法与意义。又龚本按:“《列子·天瑞》:鹿裘带索。嵇康《圣贤高士传·荣启期》:披裘带索。张敏《头责子羽文》:则当如荣期之带索。”①

三、依据词义与文意

1. 草木得常理,霜露荣(一作憔)悴之。(《形影神:形赠影》)

“荣”字确。此诗将天地、山川、草木与人相对比,突出后者的短促与一往不返,故当用“荣悴”以表现草木的恒久与周而复始,即盛衰“常理”。若用“憔悴”,则草木与人无异。龚本释此句为“草木承露而荣,经霜而悴”②。

2. 相思则披(一作拂)衣,言笑无厌时。(《移居》其二)

“披”字确。“拂衣”谓提起或撩起衣服,《左传·襄公二十六年》:“(叔向)曰:‘奸以事君者,吾所能御也。’拂衣从之。”杜预注:“拂衣,褰裳也。”“拂衣”常用来表示情绪激动激愤或飘然隐逸。此处当为披衣出访。

3. 我行岂不遥,登陟(一作降)千里余。(《始作镇军参军经曲阿》)

“降”字确。《尔雅》:“登,升也。……陟,升也。”“登陟”即登高,多用于山与阁楼等高物,如孙绰《游天台山赋》序:“举世罕能登陟”,郦道元《水经注·庐江水》:“庐山之北有石门水,水出岭端,有双石高竦,其状若门,因有石门之目焉。……冠军将军刘敬宣每登陟焉。”此诗乃写宦游千里余,而非登高。又“登降”谓上下也,《文选·扬雄〈甘泉赋〉》:“登降峛崺,单埢垣兮。”李善注:“登降,上下也。”“登降”可见道路之崎岖及诗人之行旅颠沛。

---

① 龚斌:《陶渊明集校笺》,上海古籍出版社2019年版,第365页。
② 龚斌:《陶渊明集校笺》,上海古籍出版社2019年版,第78页。

4. 泛此忘忧物,远我遗(一作达)世情。(《饮酒》其七)

"达"字确。范子烨以"达"为确字,认为"'达世'之情可'远',而'遗世情'则无须'远','远我遗世情'是一种逻辑悖谬的表述"①,即释"远"为"使……远离"。然袁行霈以"遗"为确字,并释"远我遗世情"为"饮之而遗世之情愈加高远"②,即释"远"为"使……高远"。可见,对"远"的解释会决定"遗""达"二字的取舍。按,考陶诗中"远"的全部用例,如"暧暧远人村"(《归园田居》其一)、"试酌百情远"(《连雨独饮》)、"远望时复为"(《饮酒》其八),"远"皆为"遥远"义。又孟二冬释"天道幽且远"(《怨诗楚调示庞主簿邓治中》)之"远"为"玄远"③,然据陶诗所本,"子产曰:'天道远,人道迩'"。(《左传·昭公十八年》),可知此处"远"之本义依旧是"遥远"。"高远"义及其使动义不见于陶诗,故此处的"远"应理解为"使……远离"。故"达"字确。

又底本作"遗",《文选》与《艺文类聚》作"达"。逯孟袁龚本皆作"遗"。

四、依据习语与成句

1. 游(一作逝)止判殊路,旋驾怅迟迟。(《于王抚军座送客》)

"逝"字确。龚斌谓:"逝,谓行者。止,谓留者。《文选·陆机〈文赋〉》:虽逝止之无常,故崎锜而难便。李善注:逝止,由去留也。葛洪《抱朴子·对俗》:其逝止或异,何也。"④又王粲《赠士孙文始》诗:"同心离事,乃有逝止。""逝"指王抚军座上所送之客,"止"指诗人自己。而游止犹游憩,与文意不合。

2. 园田日梦想(一作想梦),安得久离析(一作拆)。(《乙巳岁三月为建威参军使都经钱溪》)

"析"字确。"离析"为习语,意为分离,离散。《论语·季氏》:"邦分崩离析,而不能守也。"何晏集解引孔安国曰:"不可会聚曰离析。"《汉书·董仲

---

① 范子烨:《春蚕与止酒:互文性视域下的陶渊明诗》,社会科学文献出版社2012年版,第103页。

② 袁行霈:《陶渊明集笺注》,中华书局2016年版,第252页。

③ 孟二冬:《陶渊明集译注》,吉林文史出版社1996年版,第74页。

④ 龚斌:《陶渊明集校笺》,上海古籍出版社2019年版,第161页。

舒传》："仲舒遭汉承秦灭学之后，六经离析，下帷发愤，潜心大业。"

3. 终日驰车走，不见所问（一作凭）津。（《饮酒》二十）

"问"字确。"问津"语出《论语 · 微子》"长沮、桀溺耦而耕，孔子过之，使子路问津焉"。《桃花源记》亦有"后遂无问津者"一句。

综上可见，第一种校勘方法属于校勘学中的对校法与他校法，第二种属于本校法，第三、四种属于理校法。在实际校勘中，这些方法往往是交叉在一起，综合使用的，如"青松夹（一作来）路生"（《拟古》其五）、"荣叟老带（一作萦）索"（《咏贫士》其三）等动词异文的校勘综合考虑了版本、内证与成句，而异文取舍须符合文意的理校思想贯穿其中。对校法以版本为依据，最具信服力，是首选的校勘方法。而当版本皆不能提供支撑时，滥用理校法便易流于主观臆测。因此，使用理校法当慎而重之，与其妄做解人，不如存而不论。陶诗中有许多动词异文，于版本而言则各本皆收，于文意而言则又两可。对于这类动词异文，在正字无明显不妥的情况下，本文皆取正字为确字，而不以语义上孰佳为依据取确字。

第二章　陶诗动词的语法分析

本章将进行陶诗动词的语法分析，分为两节。第一节对陶诗动词从音节与语义上加以分类与分析，第二节对其他词类活用为动词的情况加以分类与分析。

第一节　陶诗动词分类

陶诗动词按照音节可分为单音节动词与复音节动词。复音词的判定，关键在于区别词与词组。关于复音词的界定标准，张万起在《〈世说新语〉复音词问题》中提出"可以根据结合的紧密程度和是否有新的整体意义两方面的情况来判定复合词"①。本文将以意义标准为主、结构标准为辅并结合陶诗具体情况，来判定复音动词。

---

① 王云路、方一新编：《中古汉语研究》，商务印书馆2000年版，第79页。

1. 意义标准

(1) 两个语素组合后意义变得凝固,不是词义的简单相加,而是更为概括,此时可视为词。如:

① 禹亦稼穑(《劝农》)

稼,播种;穑,收获。"稼穑"反义连文,泛指农作,意义变得概括。

② 盥濯息檐下(《庚戌岁九月中于西田获早稻》)

盥,洗手;濯,洗足。"盥濯"同类连文,泛指洗涤,意义变得概括。

③ 分散逐风转(《杂诗》其一)

"分散"同义相连后融合而成一个整体,指分离,分开。

(2) 两个语素组合后产生了新的意义,不是字面意义的相加,此时可视为词。如:

④ 时有语默(《命子》)

"语默"不是指说话与沉默,而是借指仕隐。

⑤ 发岁始俛仰(《五月旦作和戴主簿》)

"俛仰"不是指一抬头一低头,而是借指时间短暂。

(3) 两个语素由典故紧缩或割裂而成,有其专指意义,此时可视为词。如"愠见""问津"等。

按,王云路谓"中古诗歌多用'如饥似渴',……饥与渴是生理上的反应,转而形容心理上的需求,比喻分离之苦和思念之甚。汉魏六朝诗中常去掉比喻词而用'饥渴'或'渴饥'直接代表分离的痛苦和思念之切。……又卷十七(指《先秦汉魏晋南北朝诗·晋诗卷十七》)陶渊明《读山海经》:'仲父献诚言,姜公乃见猜。临没告饥渴,当复何及哉'"①,陶诗例误。陶诗此处所用典故中,齐桓公确因饥渴而死,而非分离与思念。故此处"饥渴"仍为并列词组,意为饥饿和口渴,非词。

2. 结构标准

复音词内部语素之间不能再添加其他语素,或一个语素不能被其他同义语素替换,如"借问"一词,在结构上为偏正关系,高度凝固,不能被其他语

① 王云路:《汉魏六朝诗歌语言论稿》,陕西人民教育出版社 1997 年版,第 77 页。

素替换,语素之间也不能再插入其他语素。

又王云路谓"处于组合初期的同义复音词还未形成固定的排列方式,词素位置往往可以颠倒,即 AB 式与 BA 式可以并行不悖。经过不断的发展演变,则淘汰了 BA 式,只有 AB 一种方式流行了"①。如陶诗中的"迁化"与"化迁"并行,本文视为一个词。

据统计分析,陶诗中共有动词 699 个,其中单音动词 579 个,复音动词 120 个。复音动词均为双音节动词。

就动词意义而言,本文综合张文国、张能甫(2003)和张谊生(2016)的动词分类标准,把陶诗动词分为行为动词、趋向动词、心理动词、状态动词、存现动词、比拟动词、使令动词、能愿动词等八类,判断动词未在陶诗中出现。

一、行为动词

行为动词指人或事物的动作与行为。当行为动词做谓语时,其主语常表示动作的施事。陶诗中此类动词共见 506 个 1 249 处,其中单音节动词 423 个 1 143 处,双音节动词 83 个 106 处。其使用情况如下:

言	游/遊②	得$_1$(得到)③	见	鸣	遗	寄	从	居	倾$_1$(倾斜)
21	21	19	19	16	15	13	12	12	12
止$_1$(停止)	闻	辞	飞	负	开	息	求	望	谓
12	11	10	9	9	9	9	8	8	8
饮	遇	抱	抚	顾	挥	获	及	绝	临
8	8	7	7	7	7	7	7	7	7
送	行	别	待	道	结	被/披$_1$	敛	留	失
7	7	6	6	6	6	6	6	6	6

① 王云路:《汉魏六朝诗歌语言论稿》,陕西人民教育出版社 1997 年版,第 58 页。

② 如绪论所言,V_1./V_2.表示 V_1.、V_2.同。

③ 若一个动词有多个词义,则在( )中对其加以说明。

（续表）

肆	兴	宿	掩	养	依	採	称	弹	发
6	6	6	6	6	6	5	5	5	5
交	解	丧	守	投	托	违	问	笑	谢
5	5	5	5	5	5	5	5	5	5
用	纵	安	驰	促	歌	乖	尽	劳	立
5	5	4	4	4	4	4	4	4	4
履	勤	憩	散	疏	通	委	学	营	应$_1$
4	4	4	4	4	4	4	4	4	4
长	征	值	周	报	乘	持	逮	带	汎
4	4	4	4	3	3	3	3	3	3
放	分	逢	赋	隔	耕	观	含	积	羁
3	3	3	3	3	3	3	3	3	3
叩	哭	理	量	列	免	命	凝	欺	驱
3	3	3	3	3	3	3	3	3	3
取	劝	绕	善	侍	视	司	谈	提	衔
3	3	3	3	3	3	3	3	3	3
翔	携	写	寻	延	翳	隐	由	咏	越
3	3	3	3	3	3	3	3	3	3
沾	瞻	招	植	指	志	种	住	阻	坐
3	3	3	3	3	3	3	3	3	3
暖	蔽	辩	秉	卜	步	缠	唱	酬	俦
2	2	2	2	2	2	2	2	2	2
储	传	敦	废	伐	吠	拂	改	干	更
2	2	2	2	2	2	2	2	2	2

（续表）

共	遘	鼓	冠	灌	和	荷	候	会	戢
2	2	2	2	2	2	2	2	2	2
集	纪	夹	践	娇	竟	举	俱	亏	览
2	2	2	2	2	2	2	2	2	2
凌	罗	迈	满	纳	攀	披$_2$（分开）	凭	栖	启
2	2	2	2	2	2	2	2	2	2
迁	挈	祛	任	塞	消	赡	伤$_1$（伤害）	赏	舍/捨
2	2	2	2	2	2	2	2	2	2
设	胜	食	恃	数	说	随	替	慰	袭
2	2	2	2	2	2	2	2	2	2
显	献	啸	谐	须	驯	耀	贻	异	荫
2	2	2	2	2	2	2	2	2	2
引	映	拥	纡	余	语	誉	增	赠	照
2	2	2	2	2	2	2	2	2	2
斟$_1$（斟酒）	执	止$_2$（居住）	制	逐	伫/竚	追	酌	濯	走
2	2	2	2	2	2	2	2	2	2
奏	班	薄	比	鄙	庇	避	摽	炳	禀
2	1	1	1	1	1	1	1	1	1
飡	操	插	尝	敞	陈	澄	舂	冲	酬
1	1	1	1	1	1	1	1	1	1
畴	处	吹	垂	辍	存$_1$（省问）	达	代	延	导
1	1	1	1	1	1	1	1	1	1

（续表）

迪	涤	睇	调	定	董	动	读	掇	翻
1	1	1	1	1	1	1	1	1	1
泛	方	妨	覆	告	给	拱	构	觏	汩
1	1	1	1	1	1	1	1	1	1
挂	聒	合	横	呼	缓	惠	诲	穫	稽
1	1	1	1	1	1	1	1	1	1
激	击	极	计	检	饯	鉴	将	讲	焦
1	1	1	1	1	1	1	1	1	1
校（校订）	竭	骞	寖	拘	聚	卷	决	哢	看
1	1	1	1	1	1	1	1	1	1
抗	款	困	滥	历	练	领	笼	漉	乱
1	1	1	1	1	1	1	1	1	1
沦	旅	冒	萌	蒙	觅	蹑	弄	陪	翩
1	1	1	1	1	1	1	1	1	1
飘	曝	泣	弃	愆	侵	曲	斟$_2$｛糁｝①	尚	涉
1	1	1	1	1	1	1	1	1	1
生$_1$（生产）	使	仕	贳	收	书	赎	束	述	漱
1	1	1	1	1	1	1	1	1	1
顺	耸	索	填	殄	眺	听	停	推	卫
1	1	1	1	1	1	1	1	1	1

① 如绪论所言，V_1.｛V_2.｝中，V_1.为通假字，V_2.为本字。

（续表）

卧	舞	析	习	洗	戏	相	效	继	宣
1	1	1	1	1	1	1	1	1	1
循	研	偃	扬	谣	曳	业	揖	移	倚
1	1	1	1	1	1	1	1	1	1
逸	裛	艺	吟	萦	踰	与	浴	御	载
1	1	1	1	1	1	1	1	1	1
葬	摘	展	战	珍	争	治	置	寘	滞
1	1	1	1	1	1	1	1	1	1
掷	烛	瞩	著$_1$（写）	著$_2$（穿）	贮	翥	装	坠	终$_1$（穷尽）
1	1	1	1	1	1	1	1	1	1
咨	恣	佐	行行	借问	去去	踌躇	徘徊/裴回	躬耕	俯/俛仰
1	1	1	5	4	4	3	3	2	2
稼穑	栖/栖迟	衔觞	行游	游/游好	瞻望	语默	播植	拨置	持作
2	2	2	2	2	2	2	1	1	1
催逼	催迫	摧折	代耕	得失	定止	分别	耕织	耕种	顾眄
1	1	1	1	1	1	1	1	1	1
顾瞻	乖分	乖违	盥濯	环周	回复	回顾	饯送	交通	交游
1	1	1	1	1	1	1	1	1	1
结发	结耦	结托	经过	居止	来往	离别	离分	离隔	离析
1	1	1	1	1	1	1	1	1	1
迈迈	梦想	弥缝	耦耕	取舍	去来	容与	荣悴	搔首	觞酌
1	1	1	1	1	1	1	1	1	1

（续表）

烧燔	收敛	所生	叹息	腾化	停息	托乘	宛辔	问津	献酬
1	1	1	1	1	1	1	1	1	1
颉颃	行役	行止	寻绎	遗赠	饮饯	遊诣	遊止	游从	毁誉
1	1	1	1	1	1	1	1	1	1
愠见	招集	斟酌	止泊	装束	资待				
1	1	1	1	1	1				

二、趋向动词

行为动词表示趋向意义，即人或物体通过动作实现在空间的移动方向。陶诗中此类动词共见 27 个 231 处，其中单音节动词 26 个 230 处，双音节动词 1 个 1 处。其使用情况如下：

归	去	来	至	还	出	入	起
39	30	28	22	13	11	11	10
逝	过	往	回/迴	之	登	反/返	即
8	7	7	6	6	5	5	3
进	经	徂	趋	如$_1$(往)	旋	转	升
3	3	2	2	2	2	2	1
适	臻	登降					
1	1	1					

1. 趋向动词主要做谓语，以“去”为例，“去”既是及物动词又是不及物动词，其后可接处所宾语与处所补语，如：

（1）饥来驱我去（《乞食》）

（2）久去山泽游（《归园田居》其四）

（3）晨去于林（《归鸟》）

2. 趋向动词可做定语,以说明后面修饰的名词的运动方向,如:

(1) 徂年既流(《荣木》)

(2) 来雁有余声(《九日闲居》)

(3) 目送回舟远(《于王抚军座送客》)

3. "去""来""起"等趋向动词可做补语,补充说明前面谓语动词的方向性,如:

(1) 化去不复悔(《读山海经》其十)

(2) 归来良未央(《拟挽歌辞》其二)

(3) 卧起弄书琴(《和郭主簿》其一)

三、心理动词

心理动词表示人的心理活动,主要与情绪、意志和认知等有关。陶诗中此类动词共见 89 个 340 处,其中单音节动词 70 个 313 处,双音节动词 19 个 27 处。其使用情况如下:

知	念	悲	思	欲	爱	怀	忘
35	24	19	15	15	13	13	13
乐	欣	感	欢	觉	叹	哀	恨
13	11	9	7	6	6	5	5
恐	惜	喜	疑	惊	惧	眷	愧
5	5	5	5	4	4	3	3
虑	识	厌	忆	钦	惭	耻	骇
3	3	3	3	3	2	2	2
悔	疚	慨	恋	迷	期	悽	畏
2	2	2	2	2	2	2	2
悟	忧	怨	猜	测	怅	好	冀
2	2	2	1	1	1	1	1

（续表）

矜	吝	美	明	慕	盼	企	忍
1	1	1	1	1	1	1	1
伤$_2$ （哀伤）	嗜	恕	私	忒	望	恶	羡
1	1	1	1	1	1	1	1
想	晓	恤	意	戮	悦	愿言	依依
1	1	1	1	1	1	5	4
厌厌	悲悽	悲悦	恻恻	恻怆	怅恨	惆怅	恩爱
2	1	1	1	1	1	1	1
狐疑	眷眷	觉悟	怜伤	尚想	欣赏	欣豫	忧虑
1	1	1	1	1	1	1	1
愠喜							
1							

1. 心理动词主要做谓语，大部分为及物动词，如：

（1）未知明日事（《诸人共游周家墓柏下》）

（2）而不爱文术（《责子》）

（3）未能明多少（《蜡日》）

一部分情绪类的动词为不及物动词，但其后常常可以带意动宾语和使动宾语，如：

（4）与汝乐之（《答庞参军》）

（5）尘爵耻虚罍（《九日闲居》）

（6）众鸟欣有托（《读山海经》其一）

以上动词用为意动用法，分别释为“以……为乐”“以……为耻”“以……为欣”。

(7) 奔鲸骇流(《命子》)

(8) 上弦惊别鹤(《拟古》其五)

(9) 放意乐余年(《咏二疏》)

以上动词用为使动用法,分别释为“使……骇”“使……惊”“使……乐”。

2. 心理动词还可做定语,如:

(1) 疑义相与析(《移居》其一)

(2) 惊鸟尚未还(《戊申岁六月中遇火》)

(3) 弊庐交悲风(《饮酒》十六)

3. 心理动词做状语:

(1) 慷慨独悲歌(《怨诗楚调示庞主簿邓治中》)

(2) 日夕欢相持(《饮酒》其一)

(3) 厌闻世上语(《拟古》其六)

“悲”“欢”“厌”分别修饰后面的动词“歌”“持”“闻”。

四、状态动词

状态动词表示某事物处于持续状态中,其主语不表施事。陶诗中此类动词共见 58 个 174 处,其中单音节动词 41 个 145 处,双音节动词 17 个 27 处。其使用情况如下:

生$_2$(出生、生活)	成	没	死	流	饥	作	醉
15	12	11	10	9	8	6	6
离	落	盈	眠	颓	保	浮	寝
5	5	5	4	4	3	3	3
淹	易	饱	闭/閇	变	化	渴	寐
3	3	2	2	2	2	2	2
灭	终$_2$(死)	崩	耽	殚	凋	杜	倦
2	2	1	1	1	1	1	1

（续表）

倾$_2$(死)	阙	扇	遂	寤	醒	休	湮
1	1	1	1	1	1	1	1
育	化迁/迁化	翩翩	淹留	代谢	勉励	僶俛	飘飘
1	3	3	3	2	2	2	2
分散	归休	零落	流幻	落落	飘零	死没	寤寐
1	1	1	1	1	1	1	1
偃息	依附						
1	1						

1. 状态动词一般单独做谓语，不带受事宾语，如：

（1）天地共俱生（《读山海经》其二）

（2）天地长不没（《形影神：形赠影》）

（3）一夫终年醒（《饮酒》十三）

（4）怀役不遑寐（《辛丑岁七月赴假还江陵夜行途中》）

如果带宾语，则是带使动宾语和为动宾语，如：

（5）闲居离世纷（《述酒》）

（6）收敛不盈廛（《咏贫士》其二）

以上动词释为“使……远离”“使……盈满”。

（7）君子死知己（《咏荆轲》）

陶诗中唯一一例状态动词的为动用法，“死”释为“为……而死”。

状态动词后可以接处所补语与时间补语：

（8）根株浮沧海（《拟古》其九）

（9）幽兰生前庭（《饮酒》十七）

（10）寒云没西山（《岁暮和张常侍》）

（11）愚生三季后（《赠羊长史》）

2. 状态动词因表事物的持续状态,故常可做定语,如:

(1) 流尘集虚坐(《悲从弟仲德》)

(2) 崩浪聒天响(《庚子岁五月中从都还阻风于规林》其二)

(3) 君当恕醉人(《饮酒》二十)

(4) 春醪生浮蚁(《拟挽歌辞》其三)

五、存现动词

存现动词表示事物的存在意义。陶诗中有存现动词7个共201处,均为单音节动词。其使用情况如下:

有	无	在	靡	存$_2$(存在)	匪	微
86	74	29	5	4	2	1

“有”“无”“靡”“匪”“微”均为及物动词,其主语是被说明的对象,所带宾语是表存在的事物。从意义上来看,可以分为“领有”与“存在”两种意义。

1. 表存在意义。主语可以由处所词、方位词和谓词性成分充当,如:

(1) 林园无俗情(《辛丑岁七月赴假还江陵夜行途中》)

(2) 四面无人居(《拟挽歌辞》其三)

(3) 衔觞无欣(《答庞参军》)

主语也可以省略,如:

(4) 朝夕无哭声(《悲从弟仲德》)

(5) 匪道曷依(《荣木》)

(6) 虽微九重秀(《游斜川》)

2. 表领有意义。主语由有生名词、无生名词和代词充当,如:

(1) 人亦有言(《停云》)

(2) 大钧无私力(《形影神:神释》)

(3) 我无腾化术(《形影神:形赠影》)

“存”为不及物动词,其主语即表示存在的事物,不表示领有意义,如:

(1) 慨暮不存(《荣木》)

（2）知音苟不存（《咏贫士》其一）

“存”亦可以用于使动用法，后接宾语，表示“使……存”。陶诗中有一例：

（3）存生不可言（《形影神：影答形》）

“存生”意为“使生命存在”。

六、比拟动词

比拟动词表示事物之间类同、相似的关系，是一种联系动词，不指称具体的行为动作。陶诗中比拟动词有3个共27处，均为单音节动词。其使用情况如下：

如$_2$（像）	若	似
12	9	6

比拟动词在句中充当谓语，其后的宾语可由名词、代词、动词等充任，表示譬喻或类同义。具体用例如下：

（1）飡胜如归（《酬丁柴桑》）

（2）人生若寄（《荣木》）

（3）人生似幻化（《归园田居》其四）

（4）人道每如兹（《饮酒》其一）

七、使令动词

使令动词表示使令、促动的意义。陶诗中仅有一个使令动词“使”，共出现4次。使令动词在句中作谓语，构成兼语句。具体用例如下：

（1）但使愿无违（《归园田居》其三）

（2）弥缝使其淳（《饮酒》二十）

八、能愿动词

能愿动词又被称为助动词，表示可能、意愿、必要等意义。常位于主要动词前，接谓词性成分做宾语，或者不接宾语直接做谓语。陶诗中有能愿动词8个82处，均为单音节动词。其使用情况如下：

可	能	得$_2$（得以）	愿	足	敢	应$_2$（应当）	宜
25	18	13	10	9	3	3	1

按照意义可将能愿动词进一步分类：

1. 表可能：可、能
2. 表意愿：愿、敢
3. 表必要：应、宜
4. 表能力：得、足

第二节　陶诗中其他词类活用为动词

词类活用不仅可以使诗歌更为凝练简洁，还能使之形象生动。陶诗中其他词类活用为动词的情况，可分为形容词活用为动词和名词活用为动词，进一步可分为活用为一般动词、活用为使动和意动。下文将分别论述。

一、形容词活用为动词

陶诗中有 20 个形容词活用为动词，共 23 处用例，举例如下：

1. 活用为一般动词

(1) 枝条载荣(《停云》)　　荣：变得茂盛

(2) 生有高世名(《拟古》其二)　　高：高于

(3) 亭亭月将圆(《戊申岁六月中遇火》)　　圆：变圆

2. 活用为使动

(1) 员丘足我粮(《读山海经其八》)　　足：使……充足

(2) 灌木荒余宅(《饮酒》十五)　　荒：使……荒芜

(3) 聊以永今朝(《己酉岁九月九日》)　　永：使……永恒

3. 活用为意动

(1) 欢来苦夕短(《归园田居》其五)　　苦：以……为苦

(2) 独树众乃奇(《饮酒》其八)　　奇：以……为奇

(3) 常善粥者心(《有会而作》)　　善：以……为善

二、名词活用为动词

陶诗中有17个名词活用为动词，共22处用例，举例如下：

1. 活用为一般动词

(1) 愿尔斯才(《命子》)	才：成才
(2) 畴昔家上京(《还旧居》)	家：安家
(3) 觞弦肆朝日(《杂诗》其四)	觞：饮酒；弦：奏乐

2. 活用为意动

(1) 岂伊君子宝(《读山海经》其四)	宝：以……为宝
(2) 八政始食(《劝农》)	始：以……为始

第三章　陶诗动词的语义分析

本章将对陶诗动词的语义加以分析，主要分为两节。第一节分析陶诗动词语义的传承变易，着眼于动词的古义、今义以及陶诗的自创义。第二节分析陶诗动词的语义场。

第一节　陶诗动词语义的传承变易

任何时期的词汇词义，其来源主要有三：一是沿袭前代的词汇词义，二是发展前代的词汇词义，三是创造新词新义。本节将对陶诗动词词义的继承与发展加以分析。

一、沿用古义

语言是用来交际的，这决定了词义在一定时期内具有相对稳定性。陶诗中许多动词承袭了古义，一些古义甚至在陶渊明时代已不常见，仅出现在书面语言中，本文举例如下：

1. 脱有经过便，念来存故人(《与殷晋安别》)

“存”在陶诗中凡五见，仅有此一例表“省问”义。此义在《诗经》中已经出现，《郑风·出其东门》“虽则如云，匪我思存”。此处谓如有方便时，记得来看望我。

2. 寒气冒山泽(《于王抚军座送客》)

冒,覆盖,可见于《诗·邶风·日月》"日居月诸,下土是冒"。此处谓寒气覆盖了山泽。

3. 躬亲未曾替(《杂诗》其八)

《说文》:"替,废。"即废弃。《书·大诰》:"予惟小子,不敢替上帝命。"此处谓诗人躬耕于田而未曾废止过。

4. 愿君汩其泥(《饮酒》其九)

"汩"同"淈",意为"搅浑"。此句本于《楚辞·渔夫》"举世皆浊,何不淈其泥而扬其波"。

5. 愿言

(1) 愿言怀人(《停云》)

(2) 愿言不获(《停云》)

《诗经》中就已出现"愿言",如"愿言思子"(《邶风·二子乘舟》)、"愿言思伯"(《卫风·伯兮》),"愿"表思念,"言"为语助词,无义。"到了汉魏六朝诗中,'愿言'已凝固成词了"①,仍表"思念"义。受《诗经》影响,陶诗中"愿言"表思念义仅出现在四言诗中,而"愿"单独使用时仅表能愿义。

6. 行行

(3) 行行至斯里(《乞食》)

(4) 行行失故路(《饮酒》十七)

"行行"谓行而复行,最早见于《古诗十九首》"行行重行行,与君生别离"。(3)例谓自己不断行走而来到此处村落,(4)例谓前行不止而渐失旧路。

7. 翩彼方舟,容与江中(《答庞参军》)

容与,悠闲自得的样子,见于《楚辞·九歌·湘夫人》"时不可兮骤得,聊逍遥兮容与","逍遥""容与"可互文见义。此处谓庞参军所乘之舟在江中悠然飘荡。

8. 闲居非陈厄,窃有愠见言(《咏贫士》其二)

《论语·卫灵公篇》:"在陈绝粮,从者病,莫能兴。子路愠见曰:'君子亦

---

① 王云路:《汉魏六朝诗歌语言论稿》,陕西人民教育出版社 1997 年版,第 34 页。

有穷乎?’子曰:‘君子固穷,小人穷斯滥矣。’”诗人将“愠见”凝合成词而囊括此段大意,意谓对君子穷困之事有所怨气。

9. 代耕本非望,所业在田桑(《杂诗》其八)

旧时官吏不耕而食,便称做官食禄为代耕。其语本于《礼记·王制》“诸侯之下士,视上农夫,禄足以代其耕也”。此处谓诗人不愿做官代耕,而欲躬耕于田。

10. 汲汲鲁中叟,弥缝使其淳(《饮酒》二十)

“弥缝”谓缝合补救,可见于《左传·僖公二十六年》“弥缝其阙,而匡救其灾”。此处谓孔子急切地想要补救阙失,再使风俗淳。

11. 耕种有时息,行者无问津(《癸卯岁始春怀古田舍》其二)

“问津”本义为询问渡口、问路,出自《论语·微子篇》:“长沮、桀溺耦而耕。孔子过之,使子路问津焉。”此处“问津”所隐含的意思是汲汲然于功名仕途,四处奔走趋驰。“行者无问津”即谓此为化外之地,人们一心且勤于农耕,未被世俗所沾染。

由上可见,陶诗广泛吸收了先秦及秦汉的动词词汇与词义,包括《诗经》《楚辞》《论语》和古诗等,这使得雅正古拙成为陶诗语言风格之一。

二、使用今义

词义具有渐变性。在长期的使用过程中,词汇会因具体的语境而引申出相关的语义。这里所说的“今义”,指的是当时产生或者前代产生但当时才普遍使用的意义,举例如下:

1. 司田眷有秋,寄声与我谐(《丙辰岁八月中于下潠田舍获》)

“眷”字《说文》释为“顾也”,本义为回视,引申为关注,器重。《世说新语·宠礼》:“王珣郗超并有奇才,为大司马所眷拔。”此句谓田官关注秋熟,托人传信,与我重农之思一致。

2. 但觅梨与栗(《责子》)

“‘觅’在汉代以前的典籍、字书都没有记载,表‘求索’义,则用‘求’‘索’等。魏晋出现‘觅’字,《三国志·魏书·管辂传》:‘觅索余光’。”①又《世说新

① 王云路、方一新编:《中古汉语研究》,商务印书馆2000年版,第90页。

语·文学》:“须臾真长遣传教觅张孝廉船。”此处诗人谓小儿只知寻找梨与栗。

3. 风雪送余运,无妨时已和(《蜡日》)

《说文》:“妨,害也。”本义为妨害,《国语·越语下》:“往若行之,将妨于国家。”后引申为“妨碍”义,《世说新语·政事》:“于是悉用木屑覆之,都无所妨。”此处谓岁暮时分风雨大作,无妨时节已渐趋和暖。

4. 晨曦看山川(《乙巳岁三月为建威参军使都经钱溪》)

《说文》:“看,睎也。”即以手遮目上,障日聚光而望,先秦时便已引申为探望之义,《韩非子·外储说左下》:“梁车为邺令,其姊往望之。”魏晋时继续引申,《广雅·释诂一》:“看,视也。”晋《子夜歌》:“若不信侬语,但看霜下草。”晋《江陵乐》:“逢人驻步看,扬声皆言好。”“看”与“视”同义。

5. 住

(1) 欲留不得住(《形影神:神释》)

(2) 愿留就君住(《拟古》其五)

住,本义为“止”,《后汉书·蓟子训传》:“见者呼之:‘先生小住。’”(1)例亦同。引申为“居住”义,《世说新语·文学》:“住东安寺中。”(2)例谓诗人愿意留下来与东方士居住在一起。

6. 瞻望

(1) 嗟余寡陋,瞻望弗及(《命子》)

(2) 瞻望邈难逮(《癸卯岁始春怀古田舍》其二)

“瞻望”同义连言,表示远望,《诗·邶风·燕燕》:“瞻望弗及,泣涕如雨。”后引申为仰慕,《后汉书·杜乔传》:“先是李固见废,内外丧气,群臣侧足而立,唯乔正色无所回桡。由是海内叹息,朝野瞻望焉。”此处的两例“瞻望”,将空间上的远望不及转化为时间上的先后隔绝,表现出诗人的仰慕、惋惜与自叹不如。

7. 愿言

(3) 愿言同此归(《咏三良》)

(4) 愿言蹑清风(《桃花源诗》)

“愿言”本义为思念,到魏晋南北朝诗,此义依旧沿用,但与此同时,“‘愿言'在六朝诗中,还引申出希望、盼望义"①。

8. 良朋悠邈,搔首延伫(《停云》)

"搔首"谓以手挠头,是等待他人时的焦虑又无所事事的动作,《诗·邶风·静女》:"爱而不见,搔首踟蹰。""在汉魏晋南北朝诗中,'搔首'的动作性已不甚明显了,大多状思念貌、忧伤貌。"②《停云》序首句便谓"停云,思亲友也",可见此诗的写作背景并非等待亲友,故此处的"搔首"并非在客观地描写以手挠头的动作,而是在形容思念时的焦虑与怅恨。

9. 未知止泊处(《杂诗》其五)

泊,本义为静默,静止,《老子》第二十章:"我独泊兮其未兆。"后引申为"止舟"义,《世说新语·方正》:"我入,当泊安石渚下耳。"此处"止泊"同义连言,谓时光如同壑舟流转不已,不知将止于何处。

三、自创义

自创词义乃诗人个人行为与语用习惯,不见于前人。可见出诗人之翻新出巧、不落俗套,举例如下:

1. 挥

(1) 挥兹一觞(《时运》)

(2) 挥杯劝孤影(《杂诗》其二)

逯钦立先生谓:"《礼记·曲礼》:'饮玉爵者弗挥。'注:'振去余酒曰挥。'"③可知"挥"意为甩出杯中饮剩酒水。陶诗对"挥"字加以引申,"挥觞""挥杯"即谓倾杯而饮。

2. 衔觞

(1) 衔觞无欣(《答庞参军》)

(2) 衔觞念幽人(《和郭主簿》其二)

"衔"本义为马嚼子,引申为嘴中衔着、叼着。陶诗中"衔觞"凝合成词,专指饮酒,非谓衔着酒杯。

---

① 王云路:《汉魏六朝诗歌语言论稿》,陕西人民教育出版社 1997 年版,第 34 页。
② 王云路:《汉魏六朝诗歌语言论稿》,陕西人民教育出版社 1997 年版,第 31 页。
③ 逯钦立:《陶渊明集》,中华书局 2016 年,第 15 页。

3. 宛辔憩通衢(《始作镇军参军经曲阿》)

宛辔即纡辔,在陶诗中谓回驾,逆转而行,偏离原路,同于“行行失故路”(《饮酒》十七)之意。此处谓纡辔回车,变道而憩于仕途大路。

4. 行行向不惑,淹留自无成(《饮酒》十六)

5. 去去转欲远,此生岂再值(《杂诗》其六)

“行行”“去去”本义均指长久地出走,行而复行,去去不止。陶诗以人远走引申为时光的流逝。空间和时间本属不同的维度,诗人使之同构,这亦是一种取类比象思维,以自身来度量自然。

第二节　动词语义场分析

“词不是孤立地存在的,它们处在相互的联系之中。一批有关联的词,组成一个语义场。”①这里所说的“有关联”,指的是一批词具有相同或相近的义位,由此形成语义的类聚。一个语义场内的成员越多,说明这个语义概念受到的关注度越高,在诗人的生活中越重要,被了解得也越深入,因此诗人遣用不同的字词,来表现语义间的细微区别,使得表达更为精确。本节将选取陶诗中有五个及以上成员的动词语义场加以分析。

一、行为动词

1. “观看”语义场

“观看”语义场中的成员有15个48处,分别为:见19,望8,观3,视3,瞻3,览2,睇1,看1,眺1,相1,瞩1,瞻望2,顾眄1,顾瞻1,回顾1。具体用例如下:

(1) 见林情依(《归鸟》)

(2) 流目视西园(《和胡西曹示顾贼曹》)

(3) 乃不见吾心(《咏贫士》其三)

(4) 空视时运倾(《九日闲居》)

“见”是陶诗中词频最高的一个视觉动词,使用十分普遍,侧重表示视觉结果,即看见义。“视”与“见”相反,表视觉过程。陶诗中绝大部分的视觉动

① 蒋绍愚:《古汉语词汇纲要》,商务印书馆2019年版,第274页。

词均用于具体可感的事物，以（1）（2）例为代表。但“见”“视”各有一例除外，即（3）（4）例。时运与意念上的心都是抽象的，不可见不可触，只能感受。此处陶诗即将视觉转化为知觉，或者是说将抽象事物具象化了。

（5）我欲观其人（《拟古》其五）

（6）泛览周王传，流观山海图（《读山海经》其一）

“观”侧重于细看，有目的地看，用在（5）例中，点出了“我”对这位缺衣少食却容颜常好之士的好奇与敬仰的心态。“览”可用于景物或文字，但陶诗中仅用于书籍。不同于“观”的细看，“览”指广泛地看，（6）例中“览”“观”互文，对奇谲瑰丽的神话传说也广泛而细致地阅读，可见诗人读书之异趣，而非仅仅是“游好在六经”（《饮酒》十六）。

（7）缅然睇曾丘（《游斜川》）

“睇”字即微眄，斜视。《游斜川》一诗在风物闲美的悠游与时不我待的感叹中希望及时行乐，（7）例的“睇”字写出了诗人面对亘久不变的山丘时的若有所思貌。

（8）相彼贤达，犹勤垄亩（《劝农》）

“相”指“视察”，《说文》：“相，省视也。”此句写诗人赞赏冀缺、长沮、桀溺等贤达勤于耕作，以劝勉农耕，故此处不是泛泛地看，而是仔细地审视学习。

（9）遥瞻皆奇绝（《和郭主簿》其二）

（10）西南望昆墟（《读山海经》其三）

（11）瞻望弗及（《命子》）

（12）瞻望邈难逮（《癸卯岁始春怀古田舍》其二）

“瞻”“望”均远视之义，“瞻望”为同义连文，（11）（12）例的对象分别是先祖和孔子，时间和空间上都是邈远至极，故“瞻望”的使用十分精确。

（13）回顾惨风凉（《杂诗》十一）

《说文》“顾，还视也”，即回头看。“回”的语义已隐含在“顾”的语义中，但“回”字仍可以对“顾”字加以修饰，这实际上是一种“谓词性中心的修饰成分从隐含到呈现”①。

① 张静：《东汉译经动词专题研究》，浙江大学2016年博士学位论文。

（14）顾瞻无匹俦(《游斜川》)

“顾”为回头看,“瞻”为向前看,“顾瞻”连言,谓放眼四周。

视觉动词是陶诗中非常突出的一类动词,其数量与使用次数远超听觉动词(闻11,听1)以及并未出现的嗅觉动词,说明陶诗非常重视视觉感受与视觉描写。这是从词的层面得出的结论,接下来验之以陶诗文本。细审陶诗,视觉的景物描写可谓俯拾皆是,穿插于游玩诗、闲居诗、送别诗、酬答诗、行役诗、哀悼诗等各种题材的诗作中。陶诗中的景物主要为松菊飞鸟月华以及风,因此造语多流丽清明,如“凉风起将夕,夜景湛虚明。昭昭天宇阔,皛皛川上平”(《辛丑岁七月赴假还江陵夜行途中》),用“湛”“虚明”“昭昭”“皛皛”等多个词语渲染月色的皎洁空明,以及无边月色衬托下天空的开阔与江水的平和,画面极为疏朗阔大。陶诗长于白描,如“纷纷飞鸟还”(《岁暮和张常侍》),“纷纷”给人以众多纷纭之感,但“还”字却赋予众鸟以秩序感与目的性,描写虽简,形象动人。又如“倾耳无希声,在目皓已结”(《癸卯岁十二月中作与从弟敬远》),不形容、不刻画,耳闻目睹,朴素地写出雪落无声、游目皓然的直观印象。陶诗虽长于白描,亦不劣于工笔,如“有风自南,翼彼新苗”(《时运》)一句,写新苗在南风的吹拂下,如同舒展的鸟翼般轻轻舞动,植株的欣欣向荣与诗人的欢欣喜悦尽显于此“翼”字。此字也历来为人所称道,如陈祚明谓“翼字浑朴生动”,钟伯敬称“翼字看得细极静极”。

陶诗中除去单纯的写实之景外,还包括意象之景,言在此而意在彼,如“芳菊开林耀,青松冠岩列”(《和郭主簿》其二),以松菊之贞秀自喻,极写秋菊之灿烂耀目与青松之高大严穆;“飘飘西来风,悠悠东去云”(《与殷晋安别》),以去来无依无踪的风云喻移职东下的友人。

谢灵运以山水诗闻名,诗中亦多景物描写。不同于陶诗的白描写意,谢诗“尚巧似”而“繁富”(《诗品》),用语多雕琢,如“密林含余清,远峰隐半规”(《游南亭》),“含”字写出雨后密林饱含着湿润清凉的气息,“隐”字写出夕阳为远山所没,欲坠不坠,半显半隐的姿态。又如“林壑敛暝色,云霞收夕霏”(《石壁精舍还湖中作》),写霞光消散,暝色四合,但“敛”“收”二字却反客为主,谓林壑聚敛了浓厚的暝色,云朵收藏起了夕霞。谢诗中的拟人亦可见其造语用力之深,如“海鸥戏春岸,天鸡弄和风”(《于南山往北山经湖中瞻眺》)、“白云抱幽石,绿筱媚清涟”(《过始宁墅》)。陶诗亦多用拟人,然二者异趣。袁行霈谓“谢灵运的诗歌语言是写实的,……写风就是风,写月就是月,写山就要描尽山姿,写水就要写尽水态”①,谢诗拟人亦如此,虽然生动活泼,但仅仅是在描绘事物的情态。而陶诗拟人则是物我一体的表现,状事物的同时亦在状自我,此于下文语用分析部分会略加论述。但谢诗中亦有一些动词,古朴率然如“明月照积雪”(《岁暮》),平淡自然如“池塘生春草,园柳变鸣禽”(《登池上楼》),可与陶诗媲美。

2. “言说”语义场

“言说”语义场的成员有 15 个 54 处,分别为:言 17,谓 8,道 6,问 5,辩 2,唱 2,说 2,语 2,酬 1,诲 1,讲 1,述 1,谈 1,吟 1,借问 4。

根据语境,“言说”语义场主要由“陈说”类、“议论”类、“提问”类、“吟咏”类四类语义场组成,各个语义场间成员略有交叉。如:

(1) 说彼平生(《停云》)

(2) 父老杂乱言(《饮酒》十四)

(3) 挥觞道平素(《咏二疏》)

(4) 周生述孔业(《示周掾祖谢》)

以上属于“陈说”类语义场。

(5) 存生不可言(《形影神·影答形》)

(6) 赐也徒能辩(《咏贫士》其三)

(7) 抗言谈在昔(《移居》其一)

以上属于“议论”类语义场。

(8) 问君何能尔(《饮酒》其五)

(9) 借问采薪者(《归园田居》其四)

以上属于“提问”类语义场。

(10) 载弹载咏(《答庞参军》)

(11) 长吟掩柴门(《癸卯岁始春怀古田舍》其二)

以上属于“吟咏”类语义场。

---

① 袁行霈:《陶渊明研究》,山东人民出版社 2020 年版,第 153 页。

“言说”语义场是本节中论述的所有语义场中成员最多、用例最多的一个语义场，其中“陈说”类与“议论”类占比最大。可见诗人好发议论，诗歌多具有思辨性与哲理性，语言简朴而内蕴深厚。这是从词的层面得出的结论，可验之以陶诗文本。如《形影神》组诗借助形影神三者的自剖与批驳表达了惜生、行乐、立善与顺化等诸多思想，“甚念伤吾生”中以一“伤”字则将惜生、行乐与立善通通否定，再提出于大化中“纵浪”，极为洒脱。又如《饮酒》虽于序中称酒后题句自娱，看似漫不经心，但于诗中对仕隐、贫富、清俗等方面再三致意。再考究陶渊明所处的时代风气，“自中朝贵玄，江左称盛；因谈余气，流成文体……诗必柱下之旨归，赋乃漆园之义疏”（《文心雕龙·时序》），东晋偏安江左，玄言风炽，玄言家好以玄言入诗，阐释老庄与佛教哲理。主要生活在刘宋的谢灵运作诗都难免“玄言的尾巴”，遑论生活在东晋末的陶渊明了。但陶渊明所作的具有思辨性与哲理性的诗歌，又与玄言诗不同，不是枯燥的说教，而是具有鲜明的形象性，这又与上文提到的诗人非常重视视觉感受与视觉描写有关。心与境会，情由景生，所发议论是景、情、理的高度融合。袁行霈即谓“其（陶渊明）哲学思考虽吸收了先哲的思想资料，但主要是从其本人的生活实践中来的，是他本人的生活体验的升华，因而较少纯思辨的色彩”①，“陶诗源乎景，发乎事，缘乎情，而以理为统摄”②，故陶诗虽简朴而又一派深隽。

3.“倒/饮酒”语义场

古文中“倒酒”义与“饮酒”义的界限并不十分明朗，如《王力古汉语字典》谓“（‘酌’）泛指斟酒或饮酒”③，殷晓杰、催陈敏（2019）“（‘斟酌’）有例子既可作‘倒酒’解，亦可表‘饮酒’义”④，故本文将二者合而论之。“倒/饮酒”语义场的成员有 6 个 13 处，分别为：挥 5，斟 2，酌 2，衔觞 2，觞酌 1，斟酌 1。“挥”字的饮酒义用例全部列举如下：

---

① 袁行霈：《陶渊明研究》，山东人民出版社 2020 年版，第 20 页。
② 袁行霈：《陶渊明研究》，山东人民出版社 2020 年版，第 21 页。
③ 王力主编：《王力古汉语字典》，中华书局 2019 年版，第 1490 页。
④ 殷晓杰、崔陈敏：《“倒酒”概念域成员的历史演变研究》，《浙江大学学报（人文社会科学版）》2019 年第 6 期。

(1) 挥兹一觞(《时运》)
(2) 每恨靡所挥(《和胡西曹示顾贼曹》)
(3) 一觞聊可挥(《还旧居》)
(4) 挥杯劝孤影(《杂诗》其二)
(5) 挥觞道平素(《咏二疏》)

由语义分析一章的论述可知,"挥"字本无饮酒义,而陶诗"倒/饮酒"语义场中却以"挥"字为核心成员,出现次数最多,占比约38.5%,可见诗人十分钟情以"挥"来状自己饮酒的神态。故此处对"挥"字的情韵义略加论述。前代嵇康以四言独步,"目送归鸿,手挥五弦"(《赠秀才入军》十四)一句更是冠绝众作。顾恺之谓"画'手挥五弦'易,'目送归鸿'难"(《世说新语·巧艺》),虽则,将"挥"与"拨""弹""拢捻抹复挑"等字相比,可知"手挥五弦"亦不易画,尤以画出人物的疏朗自适、不着痕迹为难。由嵇康的"挥弦"到陶渊明的"挥觞",依凭事物虽变,但其精神内核与神情意态却是一脉相承的。但是传承中亦有发展。由(2)(3)(4)例可见,陶诗中的"挥"字,亦带有无可奈何、自我宽慰的意态。从容飘逸与故作豁达之间的张力,并显于"挥"字。

由"倒/饮酒"语义场可知,诗人喜饮酒,或借酒助兴,或恃酒遗情。萧统曾谓"有疑陶渊明诗篇篇有酒。吾观其意不在酒,亦寄酒为迹焉"(《陶渊明集序》),验之以陶诗文本,可知不误。除去"性嗜酒"(《五柳先生传》)的个人因素,需要把陶渊明的喜饮置于当时的社会风气中。鲁迅在《魏晋风度及文章与药及酒之关系》中论及阮籍所处的环境恶劣,他只能多饮酒,少说话,而且如果讲错了话,也能借醉得到别人的原谅。陶渊明之饮酒亦是委心事外的表现,其组诗《饮酒》的最末一句即谓"但恨多谬误,君当恕醉人",借醉言醉语以剖露心迹。

魏晋传统中,饮酒、醉酒是一种清高的象征。屈原"众人皆醉我独醒"的清醒者形象,到陶渊明这里,却成了"长独醉"(《饮酒》十三)的酣客醉人。虽醒醉异境,但二者却是同样的孤独与清高。

4. "耕种"语义场

"耕种"语义场的成员有10个16处,分别为:耕3、种3、艺1,躬耕2,稼穑2,播植1,耕织1,耕种1,结耦1,耦耕1。另有"植"字凡3见,因不与农耕直接相关,故不计入此语义场中。

"种"字侧重指栽种作物,如:

(1) 种豆南山下(《归园田居》其三)

(2) 种桑长江边(《拟古》其九)

"耕"字则泛指农业劳作,如:

(3) 力耕不吾欺(《移居》其二)

(4) 相命肆农耕(《桃花源诗》)

"耕种"语义场中的双音节词组合能力较弱,不带宾语,也不受副词修饰。

成员数量位列第三的"耕种"语义场颇能体现陶渊明的用语特色,即好用田家语,不避简俗质直,这又与下文将论述的田园诗题材直接相关。陶渊明用如此丰富的语词来描述先贤与他自身的农耕不辍,主要源于自身的生活状态与情趣。陶渊明家贫不能自足,胸怀壮志而屡次出仕不称其情,兼之性爱丘山,遂"终死归田里"(《饮酒》十九),荷锄种田,勤勉劝农,尽显一介老农本色。相形之下,世族出身的陆机与官宦子弟左思均过着"代耕"生活,用不着亲自务农。谢灵运虽也曾远离官场赋闲在家,可他的生活不外乎游山玩水、吟诗作赋。陆左谢并未在田园题材中耕耘,陶诗中的"耕种"语义场,自不见于此三子笔下。

5. "居憩"语义场

此"居憩"语义场即居住、栖息义,表停止义的"止""息""住"等词不包括在内。此语义场的成员有 8 个 29 处,分别为:居 11,宿 6,息 3,憩 3,栖 2、止 2,住 1,居止 1。

"居"常指一般性的长久居住,如:

(1) 闲居三十载(《辛丑岁七月赴假还江陵夜行途中》)

(2) 四面无人居(《拟挽歌辞》其三)

"宿"常指短暂性的住宿,如:

(3) 农夫野宿(《劝农》)

或者是强调居住的动作性,如:

(4) 今宿荒草乡(《拟挽歌辞》其二)

"栖"为止息义,陶诗中特指隐居,如:

(5) 聊得从君栖(《丙辰岁八月中于下潠田舍获》)

（6）未足为高栖(《饮酒》其九)

“息”“憩”常指短暂性的休息，如：

（7）息我庭柯(《停云》)

（8）憩荫若暂乖(《形影神：影答形》)

“居憩”语义场内的成员为典型的静态行为动词，管中窥豹，可以想见陶诗不好用力度强、幅度大的行为动词。这与诗人的平素性格与生活习性密切相关。诗人之闲静淡泊在其诗文中多有直接反映，“我爱其静”(《时运》)、“闲静少言”(《五柳先生传》)、“偶爱闲静”(《与子俨等疏》)，故而能“闲居三十载”(《辛丑岁七月赴假还江陵夜行途中》)而不觉枯燥乏味，能“无复东西缘”(《答庞参军》)而不汲汲于功名。而数次的短暂入世让诗人更加深刻地认识到行役之苦与安居之乐，并且常把此种心态折射到晨鸟暮归的憩息之上。诗人常言其理想生活状态之一便是“羲皇上人，北窗下卧”(《与子俨等疏》)，而“卧”“偃”等安闲舒适之态亦可见于陶诗中。此类静态动词是构成陶渊明平易舒缓诗风的重要部分。

二、状态动词

1. “死亡”语义场

“死亡”语义场中的成员有 7 个 23 处，分别为：死 10，没 6，灭 2，终 2，倾 1，归休 1，死没 1。

“死亡”语义场中“死”字词频最高，一方面是因为“死”是自古沿袭而来的常用词，另一方面“死”的组合能力最强，如：

（1）死没无复余(《归园田居》其四)

“死”可与“没”字同义连文。

（2）死去何所知(《饮酒》十一)

（3）死去何所道(《读山海经》其八)

“死”可与“去”字组成述补短语。

（4）不死复不老(《拟挽歌辞》其三)

“死”字可受否定词修饰。

（5）君子死知己(《咏荆轲》)

“死”字可用为为动用法。

"死亡"语义场中"倾"字词频最低,是因为"倾"的基本义项是倾斜和竭尽,如:

(6) 倾耳无希声(《癸卯岁十二月中作与从弟敬远》)

(7) 倾身营一饱(《饮酒》其十)

陶诗中"倾"字凡13见,仅"何意尔先倾"(《悲从弟仲德》)一处用为"死亡"义。

陶诗中与人自身有关的状态动词有"生""眠""饥""饱""醉"等词,诗序中还有"疾""病"等词,但是"死亡"语义场的成员最丰,用例最多,可见,人这一生所历经的生老病死与寤寐饥饱,对陶渊明来说,"死亡"的认知凸显性远超其他所有生理现象。

就诗歌文本而言,我们可以把陶渊明关于死亡的认知分为四个方面。

(1) 对生命短暂、无常的焦灼与哀惋,如:

① 此同既难常,黯尔俱时灭(《形影神·影答形》)

② 开岁倏五十,吾生行归休(《游斜川》)

③ 门前执手时,何意尔先倾(《悲从弟仲德》)

(2) 面对死亡的从容与豁达,如:

① 既来孰不去?人理固有终(《五月旦作和戴主簿》)

② 死去何所道,托体同山阿(《拟挽歌辞》其三)

(3) 在既定的结局下,对如何把此生过得更有意义的思考,如:

① 死去何所知?称心固为好(《饮酒》十一)

② 朝与仁义生,夕死复何求(《咏贫士》其四)

③ 君子死知己(《咏荆轲》)

(4) 在生命实质性的死亡之外,对精神存亡的关注,如:

① 身没名亦尽,念之五情热(《形影神·影答形》)

② 斯人久已死,乡里习其风。生有高世名,既没传无穷(《拟古》其二)

③ 其人虽已没,千载有余情(《咏荆轲》)

陶渊明对死亡有着如此深沉的关注与思考,与他这一生经历了父母、前妻、妹妹、从弟仲德和敬远等亲人们的纷纷离去不无关系。再就社会而言,陶渊明所处的时代政局纷乱,战火纷飞,晋鼎摇摇欲坠,又继之以大大小小的饥荒(《怨诗楚调示庞主簿邓治中》“炎火屡焚如,螟蜮恣中田。风雨纵横至,收敛不盈廛”),可知当时人民生存之艰难。就思想而言,当时士人对死亡亦感触颇深,如《兰亭集序》中王羲之喟叹“死生亦大矣,岂不痛哉”,《世说新语·伤逝》记载“王戎丧子,……悲不自胜,……曰:圣人忘情,最下不及情。情之所钟,正在我辈”。而陶的生死观不仅止步于其深情,更是集中体现了魏晋以来的全生远害思想以及更为古早的“三不朽”思想。后世人多谓陶诗自然平淡、超然悠然,而“死亡”义动词的运用,使其诗文更添一重深沉的悲悯与健劲。

三、心理动词

1. “悲哀”语义场

共9个33处:悲19,哀4,感3,凄2,伤1,哀疚1,悲凄1,恻恻1,恻怆1

2. “惊惧”语义场

共5个17处:恐5、惊4、惧4、骇2、畏2

3. “欢喜”语义场

共5个37处:乐13,欣11,欢7,喜5,悦1

4. “思念”语义场

共5个30处:思13,念9,怀5,愿言2,尚想1

以“惊惧”语义场为例分析各成员的差异。《说文》“惊,马骇也”,“惊”本义为马突然受到刺激而惊骇,后动作主体“马”的义素脱落,词义扩大,指受到突然刺激而惊骇,如:

(1) 惊鸟尚未还(《戊申岁六月中遇火》)

(2) 上弦惊别鹤(《拟古》其五)

《说文》“骇,惊也”,“骇”与“惊”同义,如:

(3) 众蛰各潜骇(《拟古》其三)

“畏”“惧”皆谓怕,郭锡良所说的二者在语法和语义上的区别在陶诗中不甚明显[①],二者的用法基本一致,如:

(4) 不喜亦不惧(《形影神:神释》)

---

① 郭锡良:《古代汉语》,商务印书馆2017年版,第898页。

（5）斯不足畏（《荣木》）

（6）但惧时我遗（《咏三良》）

（7）但畏人我欺（《拟古》其六）

郭锡良谓"'恐'也是怕，但是害怕的程度较深，常常是恐怖的意思。……'恐'一般不带宾语，如果带宾语，也往往是带谓词性词组，'恐'的词义也由'害怕'变为担心"[1]，陶诗中"恐"字皆带动词性宾语，如：

（8）常恐霜霰至（《归园田居》其二）

（9）常恐大化尽（《还旧居》）

陶诗中心理动词的类型十分丰富且分布不平衡，其中情绪类心理动词最为突出，有眷恋义、怜爱义、怅惘义、忧虑义、羞耻义、遗憾义等多种动词，而其中占据主要地位的是悲哀义、惊惧义、欢喜义以及思念义动词，愤恨义动词极少，一方面可见陶诗较少运用强度大、情感激荡的心理动词，"金刚怒目"并非其主要特色。另一方面可见陶诗行文多婉转，抑扬跌宕，昭昭分明而易感。陶渊明的生活并非一直像"采菊东篱下，悠然望南山"（《饮酒》其五）那般闲适平和，陶诗所写的"冰炭满怀抱"（《杂诗》其四）、"贫富常交战"（《咏贫士》其五），亦是其自身的委婉写照。陶渊明既欢欣鼓舞于田园自然、饮酒读书，又因岁月难返、白首无成而悲哀惊畏，在这冰火之交中，思求知己、思慕先贤的情绪尤为突出。多种情绪往往交织缠绵在陶诗中，以《和胡西曹示顾贼曹》为例，诗人在清风闲雨的舒适中流目顾盼，但联想到物之衰荣而自伤年华，兼之生活困顿，而将情绪收束于猖狂长悲之中。

综上可知，对于关注度越高的行为动作，陶渊明会运用更多更丰富的词去描绘，这不仅见出诗人遣词造句的得心应手，而且使得陶诗的表达更为精确，更让陶诗婉转多变而不单调乏味，生动流畅而不凝滞呆板。以上语义场囊括了"见""言""死""悲""乐"等在内的诸多陶诗高频词，但不论是高频词还是低频词，大多是平平无奇常见之字，且动作的力度与幅度较小，因此就动词单字而言，陶诗可谓语言平易朴实，自然而不刻意求新；就动词的聚合

---

① 郭锡良：《古代汉语》，商务印书馆 2017 年版，第 898—899 页。

而言,是灵活多变的。而在下一章陶诗动词语用分析中,我们将见到陶诗语言风格的其他方面。

第四章　陶诗动词的语用分析

“只研究语言系统、结构是不够的,还必须得研究语言运用”①,在分析完陶诗动词的语法与语义后,本章将进行陶诗动词的语用分析。何为语用学?索振羽认为,“语用学研究在不同语境中话语意义的恰当地表达和准确地理解”②。因此本文以语境为切入点,对陶诗动词的语用加以分析。索振羽对语境下的定义是“人们运用自然语言进行言语交际的言语环境”③。本章将把上文中孤立分析的陶诗动词放置在整句、整篇中,还原至具体语境,根据上下文加以理解。所谓具体语境,从宏观上来说,可以根据诗体与题材分类;从微观上来说,则是一个个情境与画面,如上文所述“翼彼新苗”之“翼”。只有在具体语境中,动词的运用才能得到正确、合理的解释。

本章主要分为三节。第一节分析动词的组合搭配,主要从最佳搭配和超常搭配两个方面论述。第二节分析陶诗四言与五言的动词运用及其风格。第三节分析陶诗不同题材的动词运用及其风格。

第一节　动词的组合搭配

本节将把陶诗动词还原至诗句与诗篇中,分析其组合搭配,主要聚焦于动词作谓语的情况。在循规蹈矩的用法之外,陶诗亦有或舍我其谁的最佳搭配,或出乎意料的超常搭配,由此可见出陶诗语言灵动鲜活之美。

一、最佳搭配

在众多可能的动词当中选取一个,最大程度精确地表现主语特性,即动词与主语的最佳搭配。举例如下:

① 索振羽:《语用学教程》,北京大学出版社2000年版,第16页。
② 索振羽:《语用学教程》,北京大学出版社2000年版,第14页。
③ 索振羽:《语用学教程》,北京大学出版社2000年版,第22页。

1. 流尘集虚坐，宿草旅前庭(《悲从弟仲德》)

此联为诗人凭吊从弟时所见旧宅之景。“流”是极具动态之词，陶诗中用“流”亦在表现流动之态，如“徂年既流”(《荣木》)、“流目视西园”(《和胡西曹示顾贼曹》)、“落落清瑶流”(《读山海经》其三)。惟此一处例外。尘埃细小轻盈，本应是四下飘流的状态，可是现在却堆集于空位之上。“集”字将流动的尘埃静态化，留下了一个长久镜头的凝固。“流”之动与“集”之静，相反相合，可见旧宅之荒芜已久，鲜有人息。

2. 青松夹路生，白云宿檐端(《拟古》其五)

此联描绘的是东方隐士的住处。“白云”可见隐士住处之高绝，“宿”字则写出了白云以隐士房檐为常宿，缭绕遮掩，隐士与白云长相见长相依，其高洁之态朗朗可见。

3. 欲言无予和，挥杯劝孤影(《杂诗》其二)

此诗写诗人秋夜贫寒难眠独饮。岁月逝于下而壮志邈乎成，诗人悲凄难平，意欲一吐胸中之气，却无人可和，灯下顾盼，只见自己的影子依依相伴。影子无声无息，诗人却想邀其共饮，故不得不一再劝酒。“劝”字形象地写出了诗人好言相劝背后的孤独冷寂。

4. 弱湍驰文鲂，闲谷矫鸣鸥(《游斜川》)

此联描绘诗人游斜川时所见之景。正因水流平缓无险，鲂鱼得以驰游穿梭而无所畏惧。“驰”字既表现出了鲂鱼的轻快，又体现了水流之平稳。

5. 迥泽散游目，缅然睇曾丘(《游斜川》)

“游目”谓游转不定之目光。“散”字谓将目光广散于迥泽之上，尽览众风物，而无法聚焦。“散”字写出了泽湖之辽阔、景物之丰美而令人目不暇接之感。

二、超常搭配

“超常搭配是言语表达者为了达到特定的修辞效果而故意超常越格的一种言语变异手段”①，陶诗中用艺术的想象将没有关联的动词与主语相组合的超常搭配，下文将列举数例。

---

① 穆军芳:《超常搭配的概念整合分析》,《沈阳大学学(社会科学版)》2016 年第 4 期。

1. 竞用新好，以招余情（《停云》）

此诗作于诗人思念亲友却无可相会之时。《说文》谓“招，手呼也”，即以手示意召之使来。“招”一字，可以想见东园之树在风中摇晃着始荣的枝叶，仿佛正以手招徕诗人的怜爱之情。又淮南小山有《招隐士》一诗，隐士潜藏不见，故需招之。“招”字既写出诗人情郁于中闷闷不乐，又写出东园之树的殷殷情意。

2. 山涤余霭，宇暖微霄（《时运》）

此句写萦绕于山的云气渐渐消散，山因而显露出来。但诗人着一“涤”字，化被动的静态的山为主动的动态的山，谓山渐渐洗涤去了残余的云气。

3. 尘爵耻虚罍，寒华徒自荣（《九日闲居》）

此句本于《诗·小雅·蓼莪》“瓶之罄矣，维罍之耻”。“尘爵”谓酒杯久置生尘，“虚罍”谓酒壶无酒而空，酒壶无酒才导致酒杯生尘，故而尘爵是虚罍的耻辱。但酒杯酒壶是无情无义之物，真正因无酒而羞耻的乃诗人自己。“耻”字移情于物，不言自我而言他物，极富情态。

4. 蔼蔼堂前林，中夏贮清阴（《和郭主簿》其一）

《说文》谓“贮，积也”，即积存，储藏。此句写仲夏时节的堂前，树木极为茂盛，投下了好一片清阴。但诗人着一“贮”字，既写出了树冠之丰厚茂密，又将清阴化为有形之物，随贮随用，更将树木无意识的行为转换成主动地为诗人贮藏阴凉，诗人之轻松愉悦之态亦可想而知。

5. 掩泪泛东逝，顺流追时迁（《杂诗》其九）

时光如水的比喻最早来自《论语·子罕》：“子在川上曰：‘逝者如斯夫，不舍昼夜。’”“追”字后面应该是接具体可感的事物，而此处“追时迁”搭配之成立，正与时光如水有关。陶诗中的“顺流”一方面是实写乘舟顺流东下，另一方面又暗自将时光比作水流，以急“追”之来表现舟行之快。袁行霈释此句为“暂且顺流而下随时光之变迁……似有顺遂时势变迁之意”①，恐误。袁行霈把具有迫切意态的“追”字暗换成了无为意态的“顺遂”。

---

① 袁行霈：《陶渊明集笺注》，中华书局 2016 年版，第 357 页。

6. 风雪送余运，无妨时已和(《蜡日》)

此诗作于岁暮腊日祭神之时。寒风呼啸、雨雪霏霏，是空间上可见可感的场景，而一年之暮则是无踪无影，动词“送”则将时空概念连串起来，造成时空同构，使得风雪之飘零带有了送旧迎新、时间流逝的意味。

在众多动词的超常搭配中，陶诗拟人手法的使用最令人称绝。除上述所论之外，尚有“羁鸟恋旧林，池鱼思故渊”(《归园田居》其一)、“鸟哢欢新节，泠风送余善”(《癸卯岁始春怀古田舍》其一)、“惊鸟尚未还”(《戊申岁六月中遇火》)、“悲风爱静夜，林鸟喜晨开”(《丙辰岁八月中于下潠田舍获》)等共情的写法，“日月掷人去”(《杂诗》其二)、“饥来驱我去”(《乞食》)、“冻馁固缠己”(《饮酒》十九)等反客为主的写法。在诗人的笔下，各种行为、心理不仅是独属于人的，自然万物、时序变迁皆有其情态，与诗人同声同气，或是殷殷相好，或是亦心有戚戚。上文曾提及陶诗拟人不同于谢诗之处，在于物之情态即诗人之情态。万物皆有灵，诗人能与之平等共情，这不是简单的移情于物，而是诗人已臻至天人合一的本初状态，不是不分物我，而是物我同化。诗人最爱状归鸟，也不知诗人是归鸟，抑或归鸟是诗人。

综上可见，一些平平无奇的动词，经过诗人奇妙的组合搭配，新奇脱俗、优美灵动，却又与诗歌的题旨情境融合无间，在状物的同时又鲜明地抒情。

第二节　不同诗体的用语及其语言风格

四言是一种古老的诗歌体式，长期被奉为诗歌正体，在汉魏五言兴起后，依旧如此。但四言自先秦流传而来，体制内容逐渐僵化，多被用于庙堂祭祀、酬赠燕饮之时，难见诗人的自我与个性。故诗三百后，鲜有佳作。而五言作为一种新兴诗体，受到了时人的追捧。东晋时期，四言五言并行不悖，陶渊明所作的124首诗歌中，亦有9首四言诗。钟嵘《诗品序》谓“四言文约意广，……每苦文繁而意少，故世罕习焉。五言居文词之要，是众作之有滋味者也，故云会于流俗。岂不以指事造形，穷情写物，最为详切者耶”，可见四言五言的区别不只是诗句的修短。但诗句的修短以及产生年代的先后，会极大影响四言五言的语言风格，而语言风格又由各自相应的话语系统来承担。本节将对陶诗四言与五言两种诗体的动词用语及其风格加以分析。因钟嵘《诗品》不论四言，萧统《文选》承袭之，亦不录陶四言，故本节将偏重于四言语言风格之论述。

陶四言祖承诗三百，许多词汇直接源于其中，不见于陶五言。如：

(1) 脂我名车(《荣木》)

脂，本义为油膏，引申为动词，用油膏涂物，《诗·邶风·泉水》“载脂载牽，还车言迈”，《诗·小雅·何人斯》“尔之亟行，遑脂尔车”。陶诗承袭诗三百，亦指将油膏涂在车轴上以润滑之。

(2) 实觏怀人(《答庞参军》)

觏，遇见。《诗·豳风·九罭》“我觏之子，衮衣绣裳”，《诗·邶风·柏舟》“觏闵既多，受侮不少”。此处谓果然遇见了我一直怀念的人。

(3) 相彼贤达(《劝农》)

相，视察。《诗·大雅·公刘》“相其阴阳，观其流泉”。此句谓仔细地省视那些贤达。

(4) 临宠不忒(《命子》)

忒，差误。《诗·大雅·抑》“取譬不远，昊天不忒”，《诗·鲁颂·閟宫》“春秋匪解，享祀不忒”。此句谓陶侃临宠而无失。

(5) 薄言东郊(《时运》)

诗三百中多次出现“薄言”一词，为语助词，无义，如《周南·芣苢》“采采芣苢，薄言采之”，《小雅·出车》“执讯获丑，薄言还归”。陶四言承袭“薄言”一词，但变换了词义，此处“薄”为迫近、接近之义，“言”为语助词，无义。此句谓诗人前往东郊。

除此之外，陶诗中还有“愿言”“搔首”等诗三百语汇。这并非谓以上动词仅出现在诗三百中，而不见于其他先秦文献。王云路谓“任何一种体裁的文献在继承前代语言时吸收最多的往往是同类作品。……汉魏六朝诗歌语汇的特点之一就是直接继承先秦诗歌语言，其比例远远超过其他类型先秦文献的语汇”①，诗三百是四言的典范之作，故陶四言理应也是更多从诗三百

---

① 王云路：《汉魏六朝诗歌语言论稿》，陕西人民教育出版社 1997 年版，第 26 页。

中吸取词汇与词义,这在“愿言”“脂”等动词上表现得尤为突出。对诗三百中先秦语汇的继承,使得陶四言呈现出来的一个特点是古朴雅正,而在《赠长沙公族祖》《命子》等述祖部分则更偏于古奥。

相形之下,陶五言语言更为通俗活泼,当时出现的口语词大多体现在五言诗作中,如“鸟哢欢新节”(《癸卯岁始春怀古田舍》其一)之“哢”为后起字,表鸟鸣声;“但觅梨与栗”(《责子》)之“觅”,如上文所说,出现在魏晋时期,指寻觅、求索。

陶四言中一些较为古朴典雅的词,在陶五言中往往会被另一些语义相同、但更为通俗的词所替换,如:

嘉游未斁(《答庞参军》)/当暑厌寒衣(《有会而作》)

袭我春服(《时运》)/被褐欣自得(《始作镇军参军经曲阿》)、相思则披衣(《移居》其二)

天集有汉(《命子》)/奇功遂不成(《咏荆轲》)

又陶四言承袭诗三百句式,有四处“载 v.载 v.”的用例,列举如下:

(1) 载欣载瞩(《时运》)

(2) 载言载眺(《酬丁柴桑》)

(3) 载弹载咏(《答庞参军》)

(4) 载翔载飞(《归鸟》)

“载”起连接两个动词的作用,在陶四言中均表示两个动作是同时发生的,突出了动作性,也使情绪表达更为鲜明。且单句中的隔字重复,使得诗句的韵律充满了节奏感。五言要描写两个同时发生的动作,则常是将之合并为双音节词。

陶四言动词前后常跟有语助词,如:

(5) 平路伊阻(《停云》)

(6) 薄言东郊(《时运》)

(7) 言息其庐(《时运》)

(8) 伊余云遘(《赠长沙公族祖》)

语助词的使用主观上是为了凑足双音节以实现韵律的和谐,但客观上使得语气舒缓自如,有别于五言的平易流畅。

四言诗由于字数的限定,其词类活用的现象更为多见且精巧,如上文所论"翼彼新苗"之"翼",极具生命力,且使语言更为精炼。五言则因多有一字的余裕,而能更为从容地描绘情韵。

由上可见,陶四言的语言风格偏向于古朴雅正,精炼舒缓,五言则更为通俗平实,流畅自然。但二者语言风格亦有相通处,如四言"有酒有酒"(《停云》)、"有客有客"(《酬丁柴桑》)与五言"过门更相呼,有酒斟酌之"(《移居》其一)之明快活泼,"花药分列,林竹翳如。清琴横床,浊酒半壶"(《时运》)与"神渊写时雨,晨色奏景风"(《五月旦作和戴主簿》)之清新流丽,"晨风清兴,好音时交"(《归鸟》)与"晨兴理荒秽,带月荷锄归"(《归园田居》其三)之闲适从容。总的来说,四言与五言的写作传统与诗句形式使得二者风格迥异,但诗人一贯的性情又使二者风格在其他方面有所趋同。

第三节 不同题材的用语及其语言风格

陶渊明的形象在后世往往被窄化。鲁迅先生便说过:"现在有人称他为'田园诗人',是个非常和平的田园诗人。……那诗文完全超于政治的所谓'田园诗人''山林诗人',是没有的。"①可见先生是反对仅仅将陶渊明目为闲适和平的田园诗人的。陶渊明在农人这一身份外,亦是他人的亲人与友人,是先贤的后生小辈,是国家的官吏。陶渊明在不同的身份之间转换,其诗文亦会呈现出不同的题材与风格。萧统《文选》共录陶诗七题八首,分别归入行旅、挽歌、杂诗与杂拟四类。本节根据《文选》的分类标准及陶诗题材的具体情况,将陶诗分为以下六类:田园诗,行役诗,酬答诗,拟古诗,悼亡诗,咏史诗。《饮酒》二十首与《杂诗》十二首等杂诗则根据其具体内容归入以上各类中。本节将以田园诗、行役诗、咏史诗为对象,分析这三类题材的动词使用情况及其所反映的语言风格。

一、田园诗

陶渊明是第一个将田园生活大量入诗的人,他所创作的田园诗主要有《归园田居》五首、《移居》二首、《癸卯岁始春怀古田舍》二首、《庚戌岁九月

---

① 鲁迅:《而已集》,鲁迅全集出版社1947年版,第121页。

中于西田获早稻》《丙辰岁八月中于下潠田舍获》《饮酒·结庐在人境》《饮酒·故人赏我趣》《读山海经·孟夏草木长》等,其中又以《归园田居》五首为其田园诗代表作。

陶渊明的田园诗主要描写田园风光与田园生活,田园生活又可分为躬耕与交游。

与田园风光直接相关的就是居住环境与田野庄稼。诗人的住宅前后,"榆柳荫后园,桃李罗堂前"(《归园田居》其一),"荫"字写出了榆柳之茂盛、后园之清凉,"罗"字则写出了住宅周围种的桃李果树之多而罗列有致,表现出了诗人初归田园时生活的丰足与安逸,这和"仰想东户时,余粮宿中田。鼓腹无所思,朝起暮归眠"(《戊申岁六月中遇火》)的描述相一致。

"平畴交远风,良苗亦怀新"(《癸卯岁始春怀古田舍》其二),自远方而来吹拂过无数平野的春风,在此刻与诗人的田畴交遇相会。《易·泰》谓"天地交而万物通也",交者,交接也,指两物之相契合。在诗人眼中,平畴远风之交遇,胜却人间无数,这不仅就其自然而然之邂逅而言,更是因其邂逅为田野植株带来无限生机。良苗怀抱着生长的绿颜新意,在亘古不息又拂过千畴万野的风中摇首晃脑,欣欣向荣,自得其乐。

诗人所生活的村野,不是只有蓬勃而无声生长着的植株,"狗吠深巷中,鸡鸣桑树巅"(《归园田居》其一)营造出了一派"鸡犬之声相闻"的祥和田家之景,而"吠""鸣"二字更是直接为画面带来了喧闹的生机,同时又映衬出村野之静谧。

诗人既不求"代耕",则力农成为其唯一选择。"晨出肆微勤,日入负禾还"(《庚戌岁九月中于西田获早稻》),实写诗人日出而作日入而息的生活状态,规律且勤劳,而"晨兴理荒秽,带月荷锄归"(《归园田居》其三)则更为写意。后一句五字内连用三个动词,描绘了诗人肩荷锄头、劳作夜归而穿行于草丛间的情景,无人同行,然披星戴月亦有其趣,不辞风露亦得其愿,于虚实相映之间,耕作虽辛而胜事空知、自得其所之态毕现,衣襟笔端犹带清凉月华。后四句"道狭草木长,夕露沾我衣。衣沾不足惜,但使愿无违","沾"字顶针连现,不过是夕露沾衣,有何惜不惜之别?陆机《为顾彦先赠妇》其一谓"京洛多风尘,素衣化为缁",想必陶渊明亦心有戚戚然,素衣为风尘所沾染,才是足惜之事。

耕作之余，诗人闲居在家，常是“白日掩荆扉”（《归园田居》其二）、“长吟掩柴门”（《癸卯岁始春怀古田舍》其二）、“荆扉昼常閇”（《癸卯岁十二月中作与从弟敬远》），“掩”“閇”字以一种封闭的抗拒之态，显现出诗人对世俗人事的回绝，毫无转圜余地。

但虚掩的柴门亦有敞开之时。“邻曲时时来”（《移居》其一）、“披草共来往”（《归园田居》其二），以“时时”和“披草”修饰来访的行为，可见诗人与农人交往之勤，即使小路野草丛生也无所妨碍。闲谈之余，大家亦会相约纵酒，“父老杂乱言”（《饮酒》十四），以“杂乱”修饰“言”，可见尽兴酣饮后无法自控的狼藉之态，令人莞尔之外，亦不免使人好奇，除了桑麻粗鄙之事，父老还在说笑些什么。

“只鸡招近局”（《归园田居》其五）、“过门更相呼”（《移居》其二），“招”“呼”二字极平易，田家毫无礼节而直爽大方的情态毕露，读者仿佛真能听见农人正高声呼喊，相招相邀，来客亦毫不推就便入门来造。上文论及东园之树“招余情”，可见“招”字自有一种绵绵情意。

在如此和美的田园生活中，诗人的心绪又常是如何？“桑麻日已长，我土日已广。常恐霜霰至，零落同草莽”（《归园田居》其二），前二句虽是叙述性语言，但在“长”“广”这样持续生长变化的动词中，隐藏着诗人之喜悦，但随后“恐”字又一转，将全诗收束于对庄稼收成的忧虑之中。诗人隐“喜”显“恐”，看似强调的是对田园生活亦有所恐惧，然展现的是另一层次的忘怀得失，即不为官场荣辱而恐惧欢喜。能牵动诗人心绪的，是他精心呵护的田野庄稼。诗人曾赞扬先祖“寄迹风云，寘兹愠喜”（《命子》），其实亦是其自身之写照。

除上文论及的“耕种”语义场，田园诗中还有其他直接提及耕作的动词词组，如开荒、理荒秽、理常业。如此细致地把隐居耕作生活与邻人间的往来劳酬写进诗中，陶渊明颇具首创之功，而后来者也寥寥无几。

与诗歌描写事物特性相一致，陶渊明田园诗中的动词都极为平易拙朴，而带有田野的蓬勃生气，一些描写农耕的动词甚至通俗而难登大雅之堂。但是陶渊明并非简单的田舍翁，深厚的学识为他造就一派雅人深致，其田园诗动词虽通俗却不粗鄙，尤其是在具体运用搭配中，造语平易自然却醇美隽永，“平淡的外表下含蓄着炽热的感情和浓郁的生活气息”①，看似矛盾的二者交相辉映于陶诗之中。

宋人高扬起了“平淡”的美学风尚，因此才真正地“发现了陶渊明，发现了那种‘寄大音于沉寥之表，存至味于淡泊之中，非具眼者不能识’的难得的大美”②。汪涌豪谓“‘平淡’是对一种平和淡远、无涉雕造的作品风格和艺术境界的指称”③，质而绮，癯而腴。田园诗毫无疑问是最能代表陶诗平淡风格的一类作品。

二、行役诗

陶渊明在三十五至四十一岁之间，仕隐无常，依次入桓玄、刘裕、刘敬宣幕府，最后一次出仕为担任彭泽令④。在此期间及之后的回忆中，陶渊明写下了多首行役诗，有《始作镇军参军经曲阿》，《庚子岁五月中从都还阻风于规林》二首，《辛丑岁七月赴假还江陵夜行途中》，《乙巳岁三月为建威参军使都经钱溪》，《饮酒·在昔曾远游》，《杂诗》其九、其十、十一等。

陶渊明数次既不显赫也不成功的宦游经历很容易为其田园诗人的光环所遮掩。若说田园诗是有和美自得的归隐思绪一以贯之，那么行役诗则集中体现了诗人“冰炭满怀抱”的矛盾、痛苦、愧疚、自责、自慰、希冀等多重情绪。在如此复杂情绪的遣使下，陶渊明行役诗的语言风格呈现出另一重风貌。

陶渊明行役诗中的心理动词极为突出，可分类如下：

(1)“思念”义：念3，思1，忆1，梦想1

(2)“欢喜”义：欣2，喜1

(3)“眷恋”义：眷1，恋1

(4)“惭愧”义：惭1，愧1

---

① 袁行霈：《陶渊明研究》，山东人民出版社2020年版，第151页。

② 汪涌豪：《中国文学批评范畴及体系》(第二版)，复旦大学出版社2017年版，第126—127页。

③ 汪涌豪：《中国文学批评范畴及体系》(第二版)，复旦大学出版社2017年版，第115页。

④ 所据为《陶渊明事迹诗文系年》，逯钦立：《陶渊明集》，中华书局2016年版，第201—230页。

(5)“悲伤”义：悲 1

(6)“恐惧”义：恐 1

(7)“怀疑”义：疑 1

行役诗不同于其他题材的一个特性是诗中往往交织多重情绪，而多重情绪的交织更迭又往往与时间性的变化密切相关。以并未出现心理动词的《辛丑岁七月赴假还江陵夜行途中》为例：

《辛丑岁七月赴假还江陵夜行途中》

闲居三十载，遂与尘事冥。
诗书敦宿好，林园无俗情。
如何舍此去，遥遥至南荆。
叩枻新秋月，临流别友生。
凉风起将夕，夜景湛虚明。
昭昭天宇阔，皛皛川上平。
怀役不遑寐，中宵尚孤征。
商歌非吾事，依依在耦耕。
投冠旋旧墟，不为好爵萦。
养真衡茅下，庶以善自名。

首四句写自己年轻时的闲居状态，“冥”字写出了诗人冥漠淡然的心境，不为世事而动情。“敦”本义为厚，此处用为使动，谓读书使自己爱好闲居之情更为深厚，可见诗人之闲适。五六句由过往闲居转入当下行役，“舍”字充满了自责与悔恨之情。“凉风”四句描绘诗人夜行途中所见，天水阔大，月光澄明剔透，本是一片空明之景，但是诗人因羁旅行役而觉孤苦难寐，无法沉浸其中。因此最后四句由当下行役转入未来想象，“投”“旋”二字一气呵成，于辞官归隐之坚定决绝外，又有羁旅行役之宽慰。闲适、自责、哀伤、思恋、期盼等诸多心绪纠缠更替，使得整首诗千回百转而跌宕昭彰。

行役诗中属于趋向动词的“返回”语义场亦值得注意，其成员有：归 7，返 1，旋 1。9 首行役诗中“返回”义动词出现 3 个 9 处，可谓几乎篇篇叙归意。诗人爱闲居，但于闲居之中，亦读六经、怀猛志、思远翥，然一旦踏上仕途，却丝毫感觉不到就任的喜悦，惟有对旧居的眷恋之情。在"舍此去"与"归思纡"的矛盾对立中，有着诗人对当下的反思与未来的思量，有着"伊余何为者，勉励从兹役"的扪心自问，而"归"字便是那个终极答案。"归"字以愁苦为前提，以眷恋为核心，又充满了思索的力量，意蕴深切。

陶诗中另有一些动词仅在行役诗中出现：

（1）目倦川途异（《始作镇军参军经曲阿》）

陶诗中消极性的动词不少，但倦怠性的动词极为少见，可见诗人性情达观，即使遭遇了愠见之事，也从不对生活失去兴趣，从不对生活产生厌倦。行役诗中有一例"倦"字，谓羁旅途中千里登降，不断变化的新异景色令人疲倦，可见诗人对行役之倦怠。

（2）谁谓形迹拘（《始作镇军参军经曲阿》）

拘，即拘束，束缚，与之同义的词，在行役诗中还有"羁"字（《杂诗》其十"暂为人所羁"）。诗人乃思矫翮之幽居士，如今却成为笼中鸟，为人事所羁绊拘束。"拘""羁"二字集中体现了诗人身不由己、事不顺遂的无奈与自伤之情。

（3）计日望旧居（《庚子岁五月中从都还阻风于规林》其一）

诗人于归途中计算着已行的日子与将行的日子，"计"字写出了诗人的殷殷期盼与急不可耐之情，大异于"乐与数晨夕"（《移居》其一）之"数"字。乡野之中与心地淳朴之人为邻，一日日点数着晨夕，"数"字表现出的是诗人因能与邻人朝夕相伴而喜悦不已的心情。

（4）崩浪聒天响（《庚子岁五月中从都还阻风于规林》其二）

此句写诗人归家而为风所阻时见到的惊骇气象。"崩"字写出了狂风掀起的巨浪在空中崩裂坍塌之震撼，"聒"字写出了风水交搏时的震耳欲聋。"崩""聒"二字极言动荡之态，亦是诗人焦虑不安之情的映射。

（5）寒气激我怀（《杂诗》其十）

此句写诗人泛舟东逝，暗淡的游宦心绪与暗淡的天气同悲，"激"字写诗人感于寒风而心绪激荡难以平静。

行役诗中还有一些动词值得玩味：

（6）凯风负我心，戢枻守穷湖（《庚子岁五月中从都还阻风于规林》其一）

诗人归家而为风所阻，“负”字将凯风拟人化，谓凯风辜负了我意欲速归的心意，表现出了诗人的嗔怪之情，又从侧面反映出诗人物我同化的天真，一心归家，则必得天时地利，万物助力，舟轻身便畅通无阻。故乡延目可见而不可即，“守”字传达出诗人焦虑被困而觉将长久守护在此偏僻之地的心情。

（7）庭宇翳余木（《杂诗》其十）

此“翳”字可与“榆柳荫后园”（《归园田居》其一）中的“荫”相对比。二字同为荫蔽义，然“翳”表现的是一派荒芜之景，诗人游宦而久不归家，生发了对庭宇日渐芜杂与日月消逝不止的怅惘之情。而“荫”如上文所述，描写的是一派茂盛清凉之景，表现的是诗人初归时对家园的喜爱之情。

陶渊明行役诗心理动词丰富，且以中性与消极性的情绪为主导，情感变幻多端。兼之行役诗多用有力度的动词，从而营造出沉郁激荡的语言风格。

以仕途为念的陆机亦写有行役诗，以《赴洛》二首与《又赴洛道中》二首为代表。陆诗中亦多用心理动词，但较为单一，以悲苦情绪为主导，如：悲，凄，哀，凄恻，忧苦等，诗中情绪平直而少变化。然相形之下，陆诗用了更多的笔墨描写自身的行为动作，如“挥泪”“抚膺”“南望”“北迈”“伫立”（以上《赴洛》其一），“抚剑”“振缨”“仰瞻”（以上《赴洛》其二），“揔辔”“伫立”“顾影”（以上《又赴洛道中》其一），“振策”“安辔”“抱影”“顿辔”“抚枕”“振衣”（以上《又赴洛道中》其二）。用如此丰富的动词描绘自己行役途中的孤寂彷徨，但用语又精巧，不负“才高辞赡，举体华美”（《诗品》）之称。但与此同时又语有重复，稍显呆板。

三、咏史诗

陶渊明从未对世事忘怀，其表现之一，便是他在不断地通过书写来自表心志，寻求理解、认同与宽慰。由诗人所写的多首赠答酬谢诗可知，诗人在现实中有促膝知己，但“愿言怀人，舟车靡从”（《停云》）的情况亦时有发生。诗人便会将目光投向身前，寻找志同道合的贤达，名曰咏史，实则咏怀，以寄己意。陶诗中的咏史诗主要有：《饮酒》其二、十一、十二、十八、二十，《拟古》其二，《咏贫士》七首，《咏二疏》，《咏三良》，《咏荆轲》，《读山海经》十三首。咏史诗可以进一步分为咏真实人物事件与神话人物事件,后者集中体现在《读山海经》十三首中。

陶渊明咏史诗中大量使用存现动词,“有”字凡见 17 次,“无”字 15 次,“存”字 1 次,“在”字 3 次,另外还有行为动词“得”字 6 次,可见诗人在咏史诗中对得失有无进行了强烈的关注。回归田园虽是诗人心之所向,然岁月空逝、壮志难酬的焦灼,饥寒交迫、幼子劳役的悲苦,逼迫诗人不得不思索作为贫素隐士,我/我们失去了什么,得到了什么,而后者显得尤为重要,因为在“何以慰吾怀”(《咏贫士》其二)的困惑中,诗人极度需要有所得。诗中“无”的用例主要有:无依、无忧、无虑、无戚、无知者(知音义)、无所须,“有”“得”之物多为先贤、志向、理趣、后世名等。

诗中会直接把得失有无并置而加以对比,如:

(1) 举世无知者,止有一刘龚(《咏贫士》其六)

(2) 万族各有托,孤云独无依(《咏贫士》其一)

举世皆有托有归,而游云却随散随聚,无所依凭。“有托”“无依”两相比对,透露出渺小又深沉的孤独之意。

(3) 形夭无千岁,猛志固常在(《读山海经》其十)

帝之少女游于东海而不返,未能享有千岁,但化为精卫以填沧海之猛志却常存,一“无”一“在”,表现了诗人对形体虽灭然精神常在的抗争精神的赞美。

有时虽写“有”实写“无”,如:

(4) 积善云有报,夷叔在西山(《饮酒》其二)

所谓“积善之家,必有余庆”(《易·坤》),“天道无亲,常与善人”(《老子》),然而谦逊忠心的伯夷、叔齐却饿死在首阳山。在先贤宣扬善恶报应之时,善恶就已倒置。对于内在自我与外在世界之间不合理的错位,诗人进行了否定的批判,在平白的叙述、婉曲的转折中,透露出了诗人怅恨不平之气。

(5) 岂忘袭轻裘?苟得非所钦(《咏贫士》其三)

不是不愿穿暖吃好,不是不能求得富贵,然不义而得、违己而得则非我所羡。以“苟”字修饰“得”,再以“非”字加以否定,从诗人对贫富的鲜明态度中亦可见儒典《论语》之影响。

所谓“隐者多是带气负性之人”(《朱子语类》),诗人对现实有不满,有疑虑,不平则鸣,发而为文,正是通过对有无的书写,诗人表达了安贫守道的哲理思考,用语虽质朴,然自有一股傲然不屈的精气。

陶渊明咏史诗多为吟咏历史人物,因此其中描绘人物神情意貌、精神状态的动词值得留心,如:

(6) 原生纳决履,清歌畅商音(《咏贫士》其三)

《韩诗外传》记载原宪弊襟决履而见子贡,使之惭,“宪乃徐步曳杖,歌《商颂》而返。声沦于天地,如出金石。”“畅”即欢畅,原宪放怀畅歌,可见其贫而乐道,不为困窘而苦。

(7) 袁安困积雪,邈然不可干(《咏贫士》其五)

《汝南先贤传》记载袁安被大雪困于家,饥寒僵卧,谓“大雪人皆饿,不宜干人”。干,求取义,以邈然高远的神态修饰之,极写袁安之固穷守节,不为口腹所役而委屈求食,正暗合诗人自身饥寒交迫却麾去粱肉的境遇。

(8) 昔在黄子廉,弹冠佐名州(《咏贫士》其七)

“弹冠”谓弹去官帽上的灰尘以备出仕,“佐”即佐治,此二字写出黄子廉功成名就、意气风发之态,与后文辞官归家、清贫难比形成强烈反差。

(9) 高啸返旧居(《咏二疏》)

《说文》:“啸,吹声也”,即撮口发出长而清越的声音。二疏功成身退,吟啸而返,“啸”字写出二疏无拘无束而洒脱旷放之意。

陶渊明咏史诗中为人所激赏的是《咏荆轲》一篇,朱熹曾谓:“陶渊明诗,人皆说是平淡,据某看他自豪放,但豪放得来不觉耳。其露出本相者,是《咏荆轲》一篇。”(《朱子语录》)《咏荆轲》诗如下:

《咏荆轲》

燕丹善养士,志在报强嬴。
招集百夫良,岁暮得荆卿。
君子死知己,提剑出燕京。
素骥鸣广陌,慷慨送我行。
雄发指危冠,猛气冲长缨。

饮饯易水上，四座列群英。
渐离击悲筑，宋意唱高声。
萧萧哀风逝，淡淡寒波生。
商音更流涕，羽奏壮士惊。
公知去不归，且有后世名。
登车何时顾？飞盖入秦庭。
凌厉越万里，逶迤过千城。
图穷事自至，豪主正怔营。
惜哉剑术疏，奇功遂不成。
其人虽已没，千载有余情。

易水送别之时，白马悲鸣，羽奏激昂，渐离击筑，宋意高唱，“鸣”“击”“唱”“奏”四字从听觉上营造出裂石穿云之感，高昂悲壮的声调仿佛一张无形密网四下包笼，壮士闻之亦流泪惊心。“指”“冲”二字写出荆轲怒发竖直、劲气环周以致顶起高冠、冲击长缨。而后荆轲提剑、出京、登车、不顾，动作一气呵成，干脆利落，一派“虽千万人吾往矣”的勇猛无畏。“飞”“越”二字则极写荆轲奋力趋驰、意气昂扬之态，直“入”秦廷，不受阻拦，警卫森严而如入无人之境。诗人以惋惜赞叹之情遣用动词，描绘荆轲则凌厉有力，描绘氛围则悲凉壮阔。此诗表现出来的豪放雄健、意气风发的悲壮，迥异于《咏贫士》组诗渗透着激愤的沉静自适。

陶渊明咏史诗通过描写安贫乐道、遗世独立的隐士，或是自强不息、勇猛无畏的志士，以致其叹慕之心。可见陶渊明的隐居绝不是避让，更不是放弃，而是另一种形式的坚守与抗争。咏史诗更多地展现出了陶渊明对出处行藏的哲人式思考，用语虽平和，亦间杂奋起有力之词，涌动着昂扬向上的力度。

第五章　钟嵘萧统陶诗风格评论解读

陶渊明是中国古代诗歌史上最重要的诗人之一，这是自唐以来无可否认的，宋代苏轼甚至将之推崇至“自曹、刘、鲍、谢、李、杜诸人，皆莫及也”（《与苏辙书》）的地位，他对陶诗“质而实绮，癯而实腴”的诗风评论更是影响至今。但是，在唐前南北朝人公认的一流诗人中，陶渊明却处于无处安放的境遇中。齐梁钟嵘在《诗品序》中对魏晋南北朝一流的五言诗人做了一个提纲挈领的梳理，谓“陈思为建安之杰，公干、仲宣为辅。陆机为太康之英，安仁、景阳为辅。谢客为元嘉之雄，颜延年为辅”。此荦荦大端者，并非钟嵘的一己之见，而是那个时代的共识。陶渊明文名不显于世，而终以隐居闻名，如颜延之《靖节征士诔》与沈约《宋书》皆以隐士目之，刘勰《文心雕龙》历数诗人而不及陶渊明。究其原因，主要是陶诗为后代推崇备至的平淡自然之语言风格，在崇尚错彩镂金之语言美的南北朝，落落寡合，取湮当代。而在“世叹其质直”（《诗品》）的基本腔调中，钟嵘独具慧眼，不仅把陶渊明擢入诗人之流，更是将其置入中品，冠以“风华清靡”之论，与众人大异其趣。萧统沿其流而扬其波，谓其诗文“词采精拔”（《陶渊明集序》），评价之高，在其后乃至初盛唐都应和寥寥。可见钟萧二人乃陶诗评价提升的先驱，而钟嵘对陶渊明的发现则是此后陶诗批评曲折攀升的起点。

然而后世之人易为时代所障目，矛头所向，《诗品》首当其冲。后人对钟嵘将陶渊明列入中品多示不满，“其上品十一人，如王粲、阮籍辈，顾右于潜耶?”（闵文振《兰庄诗话》），“钟记室谓其源出于应璩，目为中品，一言不智，难辞厥咎已”（沈德潜《说诗晬语》）。后人并未同情地看到前者的创作风气与后者的评论标准之间产生了时代先后的错位，更未看到钟嵘对陶诗批评提升所作出的努力。王叔岷《钟嵘诗品疏证》云“此非钟氏不知陶公，盖由后人不解钟氏耳”①，不可不谓精当。本节将就钟嵘萧统对陶诗的风格评论加以分析，以钟嵘评论为重点，萧统评论略加论述。

第一节 钟嵘《诗品》陶诗评论

钟嵘《诗品》将陶渊明列于中品，于“宋征士陶潜诗”条谓：“源出于应璩，又协左思风力。文体省静，殆无长语，笃意真古，辞兴婉惬。每观其文，想

---

① 曹旭：《诗品集注》，上海古籍出版社 2019 年版，第 343 页。

其人德。世叹其质直，至如'欢言酌春酒''日暮天无云'，风华清靡，岂直为田家语耶？古今隐逸诗人之宗也。"①对陶诗的源流、风格和价值作了评判。下文将对陶诗源流与风格加以分析。

一、源出解

"南朝文论对作品的体非常重视。体在多数场合不是指作品的体裁样式，而是指其体制（或体貌）风格。……南朝文论常从体制这一总体特色来考察和评论作家作品。"②《诗品》开篇第一条便拈出了"体"一字，谓古诗"体源出于《国风》"。钟嵘的所谓"源出"，当是以时代为纬，主要风格为经，以类相属，将体制风格相类的诗人先后排列，显现出承传变易的脉络，并非一定要拘泥于有直接的师承关系，或是有相似的诗歌内容与用语。

根据钟嵘的品评，陶诗源流有二：主线为楚辞—李陵—曹丕—应璩，辅线为国风—古诗—刘桢—左思。谱系中有直接上下关系的诗人，其诗风应当是有更多相似之处。因此对于陶诗文风，当着重上溯应璩与左思。

1. 源出应璩

陶渊明有诗文全集流存，而应璩诗文什不存一，二者之间缺少比较的基础和鲜明的对应关系，陶诗"源出于应璩"自古以来便成为难解之谜。古人对陶诗源出多有非议，今人则多持同情理解钟嵘的态度，从仅存的应诗文中惨淡经营，从各个方面分析陶诗与应诗的相通处，以求探源。然而钟嵘是通过风格溯源流，源流是对风格的佐证。应璩是陶渊明的直接源头，二者的主要诗风具有极大的相似性，这从钟嵘对二者的评论中明显可见。因此在下文风格解的论述中，自然可见陶诗之溯源，本文在此不论。

2. 协左思风力

何为"风力"，钟嵘并未明说，只是在对举中突显其内涵，如"干之以风力，润之以丹采"（《诗品序》）、"骨气奇高，词采华茂"（曹植条）。"风力"即"骨气"，也同于刘勰《文心雕龙》中的"风骨"。"风骨"作为中国文学批评中的重要范畴，在历代发展中其含义虽有所变化，但其核心是稳定的，"是对文

---

① 曹旭：《诗品集注》，上海古籍出版社2019年版，第336—337页。

② 王运熙、杨明：《魏晋南北朝文学批评史》，上海古籍出版社1989年版，第177页。

章外在风貌的指称”①,与内容无涉,“特征是思想感情表现鲜明爽朗,语言刚健有力”②。

“左思风力”即左思条中的“文典以怨,颇为精切,得讽谕之致”,曹旭谓“此指左思《咏史》以史实典事抒胸臆,刺怨情,颇得风人讽谕之旨”③。具体来看左思《咏史诗》八首中的动词运用。“长啸”“左眄”“右盼”“高眄”“振衣”“濯足”等词以高昂之笔极写人我的高旷风范,“困”“忧”“遗”“塞”“弃”“抱影”“沉下僚”等词则以沉郁之笔极写愤懑之情,既有对才能的自许激叹,又有对高门子弟的蔑视不屑和受压抑不得志的愤恨不平,故“胸次高旷,笔力又复雄迈”(沈德潜《古诗源》)④。

在论述左陶风力相承时,论家多以二人的咏史诗为佐证。然而,如鲁迅先生所说:“再至晋末,乱也看惯了,篡也看惯了,文章便更和平。”⑤因此,陶渊明的咏史诗,不如左思咏史那样慷慨激昂、壮怀激烈。但如上文分析的那样,陶渊明咏史诗用语虽质朴平易,带有宁静深沉的思索,但亦涌动着豪放雄健、激愤不平之气,因游好六经的陶渊明本就非等闲之辈。

除了咏史诗,陶渊明其他的诗作中亦带有左思风力,如前所述“死亡”语义场之深沉劲健、行役诗之沉郁激荡。

二、风格解

1. 文体省静,殆无长语

“省静,即省净,简洁明净。长,读如账,多余。长语,繁冗多余的话。”⑥“省静”的对立面为“繁密”,钟嵘在《诗品序》中明确反对大量用典的繁密芜累之风。从动词来看,陶诗多用白描,造语平易,不过多修饰,不刻意翻新求奇。如前所述,陶诗“观看”语义场中使用次数最多的成员为“见”,所“见”

---

① 汪涌豪:《中国古典美学风骨论》(修订本),商务印书馆 2019 年版,第 121 页。

② 王运熙:《钟嵘〈诗品〉陶诗源出应璩解》,《复印报刊资料》(中国古代·近代文学研究),1980 年第 30 期。

③ 曹旭:《诗品集注》,上海古籍出版社 2019 年版,第 195—196 页。

④ 古直:《钟记室诗品笺》,上海世纪出版集团 2007 年版,第 29 页。

⑤ 鲁迅:《而已集》,鲁迅全集出版社 1947 年版,第 121 页。

⑥ 曹旭:《诗品集注》,上海古籍出版社 2019 年版,第 343 页。

之物绝大部分皆为具体可感之物。又如：

(1) 良辰入奇怀(《和刘柴桑》)

曹植《七哀诗》谓“愿为西南风，长逝入君怀”，可见“入”字有一种强烈的主动性与目的性。此句谓良辰美景与己之心怀相冥合，“入”字赋予了良辰以绵绵情意，意态丰厚而用语极简。

(2) 向夕长风起，寒云没西山(《岁暮和张常侍》)

“起”“没”二字平直，然构图简净开阔，写大风起于薄暮时分，寒云湮没了西山，岁暮与暮年的双重悲苦亦随风而起，与云同没。

(3) 行行停出门，还坐更自思(《拟古》其六)

“行行”与“出”状己之踌躇满志，“坐”“思”则以犹豫彷徨为反转，动词虽多，却显生动而不繁冗。

2. 笃意真古

“真古”二字，曹旭《诗品集注》释为“真率古朴”，李剑锋进一步指出，“从语言上看，陶渊明笃意于古，便于诗中多用古语，即多用先秦古籍《论语》《尚书》《诗经》《庄子》等中的词语化入诗中，从而使诗具有古朴风貌”，“‘真’字从创作的角度讲就是钟嵘所说的‘直寻’，从欣赏的角度讲就是他说的‘真美’‘自然英旨’”①。所谓“真”，就情感而言，乃为情造文，直率袒露；就语言而言，自然真实而不矫揉用事，此由前文论述最佳搭配、田园实写等章节中可见一斑。所谓“古”，思想上的崇古自然会影响到用语。如前所述，陶诗中大量继承前代词汇与词义，语言古朴雅正。

3. 辞兴婉惬

曹旭释此句为“词采兴致婉曲惬意……谓其诗多兴会”②，言陶诗多起兴而委婉。如陶诗中最常出现的“归鸟”意象，乃状己之归还。又如咏史诗中吟咏先贤，状其生活状态与精神风貌的动词，乃己之写照而寄自我胸怀。再如：

(1) 霭霭停云，蒙蒙时雨(《停云》)

---

① 李剑锋：《元前陶渊明接受史》，齐鲁书社2002年版，第72、77页。

② 曹旭：《诗品集注》，上海古籍出版社2019年版，第343、344页。

首句以“停云”起兴，写自己与亲友分隔，而停凝异地互不相见的状态。

(2) 幽兰生前庭，含熏待清风(《饮酒》十七)

幽兰虽生于前庭而非深谷，亦吐纳清香而安然待风，喻己所生非世，仍坚守清高芳洁。

(3) 柯叶自摧折，根株浮沧海(《拟古》其九)

西晋初，人们以桑为晋之祥瑞。如今桑枝摧折披落，桑株离土浮海，晋室之亡不言而喻。

4. 质直、田家语

由钟嵘评价可知，对于陶诗，当时人普遍目之为“质直”“田家语”，并不推重。“质直”即质朴直率，辞采不足。“田家语”一词，曹旭释为“农夫质朴无文的日常生活语，有时兼指鄙俚之语音……与贵人典雅之语相对”①。如前文语义场的论述，陶诗中多用平平无奇的常见之字，不避俗字口语。而田园诗更是“田家语”的突出代表，描写农耕与农人交往的动词层出不穷。

5. 风华清靡

钟嵘认为，除了质直古朴之外，陶诗尚有“风华清靡”的一面。他所摘出佐证的“欢言酌春酒”“日暮天无云”两句，分属《读山海经》(其一)与《拟古》(其七)。“‘摘句评论法’可以以个别代一般，以一句代全章……摘句可以是首句，也可以是为人熟悉的佳句，可以言事理，也可以是写风景，无论景语、情语，只要凝练，概括性强，可断章取义即可。”②又仅凭两句难见诗人语言风格，因此应当将之看作是对全诗的评论。

“风华清靡”是被目为“质直”的陶诗能被钟嵘列入中品的关键所在，然各论者对这一词的阐释则不尽相同。以许文雨为代表，认为陶诗既出于应诗，则“风华清靡”义同于应诗评语“华靡”③。曹旭释之为“风韵华美清丽”④。李剑锋则从“风华清靡”中着重析出“清雅”之意，谓“清雅是陶诗区

---

① 曹旭:《诗品集注》,上海古籍出版社 2019 年版,第 346 页。
② 曹旭:《诗品集注》,上海古籍出版社 2019 年版,第 35 页。
③ 曹旭:《诗品集注》,上海古籍出版社 2019 年版,第 300 页。
④ 曹旭:《诗品集注》,上海古籍出版社 2019 年版,第 346 页。

别于一般华靡之作的艺术特点"①。本文认为,"风华清靡"虽谓文辞华美,但其侧重正在于较"华靡"所多出的"风清",即一种清新流美易于动人之品格,与华丽无涉。本文将从动词运用的角度,对这两首诗展开分析。

《拟古》其七

日暮天无云,春风扇微和。
佳人美清夜,达曙酣且歌。
歌竟长叹息,持此感人多。
皎皎云间月,灼灼叶中华。
岂无一时好,不久当如何。

此诗写燕饮之景之情。"无"字使得此诗首句即从虚处落笔,不落俗套。不见的是暮云,所见的是朗朗晴空。而后文的"云间月"则与首句的"无云"形成对比,皎皎明月为云所蔽,有力突显出诗人良辰美景不待之感。

二句"扇"字本为名词,是拂尘取凉之具,可用为动词,意为摇扇生风,引申之,为风起风吹。曹丕《与朝令歌吴质书》谓"蕤宾纪时,景风扇物",尚见不出"扇"之特性。嵇康《赠秀才入军》谓"穆穆惠风,扇彼轻尘",将轻尘微微吹拂,可见"扇"字之轻盈,此与摇扇之行为轻巧有直接关系。陶诗中此句春风的特点是轻柔和暖,在日暮时分微微吹拂,以"扇"形容之,极为精当,与"春风"形成最佳搭配,亦可见出燕饮之人的闲适安逸。

三四句中,"美"字即赞美,喜爱,喜爱良夜而酣歌达旦,既见佳人之娇媚醺醉,又见良夜之清美,更见诗人之酣畅。

《读山海经》其一

孟夏草木长,绕屋树扶疏。
众鸟欣有托,吾亦爱吾庐。
既耕亦已种,时还读我书。

---

① 李剑锋:《元前陶渊明接受史》,齐鲁书社 2002 年版,第 79 页。

穷巷隔深辙，颇回故人车。
欢然酌春酒，摘我园中蔬。
微雨从东来，好风与之俱。
泛览周王传，流观山海图。
俯仰终宇宙，不乐复何如？

此诗写诗人闲居耕读之乐。首句“长”字状初夏时节草木蓬勃生长，以致“绕”屋掩映，使人如见“江南草长，杂花生树”之景，亦可想见屋内之清凉舒适。

三句“欣”字用以形容众鸟之喜悦，为动词的超常搭配。数百年前曾有人发问，“子非鱼，安知鱼之乐”，那么陶渊明既非鸟，又何知鸟之欣？正因为吾爱吾庐，我欣有托，物我同声同气，同形同构，感应情融，故知鸟之欢欣喜悦。有所寄托才能不再飘游，或是有所飘游而能返还休养，六句“还”字属于陶诗常见“返还”语义场。

五句“耕”“种”为田园诗所特有动词，朴实无华，而充满田野的原始力度。

九句用“酌”而不用“挥”，细细比较之，可觉陶诗中“挥”字多一份洒脱、豁达甚至是无奈，而“酌”字则更为怡然自得。以“欢然”（《诗品》作“言”）修饰之，是对上文“欣”“喜”情感的深化。

十句“摘”字为后起字。诗三百中有出现多个与采摘有关的动词，如“流”“采”“芼”（《关雎》），“有”“掇”“捋”（《芣苢》），无“摘”字。“摘”字通俗平易，诗人以口语入诗，而显随性自然。

十一、十二句写好雨知时节，随风相与来，诗人亦应时而感，舒畅之情如同植株在风雨中滋生，一派深情而以平淡语出之。

十三、十四句“泛览”“流观”上文已述。诗人此处所读之书为《山海经图》与《穆天子传》。在远古的神话世界中，人们处于未被文明异化之前的原生状态，自我意识尚未独立，对奇异生物深信不疑。陶渊明对神话的阅读与接受，自然而然地反映在了诗歌的物我一体观念之中。

整首诗的动词运用，洋溢着自然万物的生机勃勃与诗人的闲适喜乐。

用语自然天成，清新流美，而并非没有巧意，意境又清美圆熟，确实不负“风华清靡”之称。

第二节 萧统《陶渊明集序》评论

与钟嵘同时稍后的南梁萧统，是整个南北朝时期对陶渊明诗文推崇最盛的人。他不仅高度评价陶渊明，为之作传，还把其诗文汇编成集，并亲自作序，谓其“文章不群，词采精拔，跌宕昭彰，独超众类。抑扬爽朗，莫之与京。横素波而傍流，干青云而直上。语时事则指而可想，论怀抱则旷而且真”。

萧统对陶诗的评论是对钟嵘评论的继承与升华，如“词采精拔”大致同于“风华清靡”而赞扬更甚，“旷而且真”即“笃意真古”之谓。因此本文主要对“跌宕昭彰”“抑扬爽朗”加以分析。

李剑锋(1997)谓：“‘跌宕’‘抑扬’近义，是指陶潜诗文情感充沛而富于变化，而非平铺直叙，寓目辄书。‘昭彰’‘爽朗’近义，是指情感表现清澈明朗，不浑浊晦涩，即《文心雕龙·风骨》所谓‘风清’‘文明’。”①如前文所述，陶渊明在诗中尤其是行役诗中大量使用心理动词，往往一首诗中多种心绪纠缠更替，千回百转，鲜明可感，此即“抑扬爽朗”之谓。又陶诗中虽亦用古语古事，但往往直抒胸臆，并不隐晦难解，如田园诗中通过描写自己的农作直接表达对田园隐居的喜爱。

亦有学者从章法角度加以解释，“‘闲居非陈厄’二句，是欲扬先抑之法，将以反起‘何以慰吾怀’二句耳，非公真有愠见言也。萧统评其文云‘抑扬爽朗，莫之与京’，此类是也”(丘嘉穗《东山草堂陶诗笺》)②。若照此方式，亦可从动词角度分析诗句的起承转合，如“颜生称为仁，荣公言有道。屡空不获年，长饥至于老。虽留身后名，一生亦枯槁。”(《饮酒》十一)，首两句称赞颜回荣启期仁心得道，三四句“不获”“长饥”又以冷酷的笔法揭露二人的困窘生活。五句“留”字肯定二人的安贫乐道使之名垂千古，六句则对二人的

① 李剑锋：《论萧统对陶渊明的接受》，《山东大学学报(哲学社会科学版)》1997年第4期。
② 龚斌：《陶渊明集校笺》(修订本)，上海古籍出版社2019年版。

枯槁贫寒不以为意。情感富于变化而溢于言表，的确称得上“跌宕昭彰”“抑扬爽朗”。

通过对钟嵘萧统评论的解读，我们大致梳理出了南北朝人对陶渊明诗歌语言风格的看法，由两部分组成：一是“田家语”的质直古朴，不尚雕琢、对偶与用典；二是“田家语”的对立面，即风力干云、风华清靡。前者是当时人的共识，后者是部分精英评论家的独见，由苏轼评陶诗文“质而实绮，癯而实腴”，焦竑“或因拙以得工，或发奇而似易，譬之岭玉渊珠，光彩自露”，可见后世对钟萧陶诗评论的继承与深化。在那个追求错彩镂金的语言美的时代中，部分精英评论家对陶诗的发现，真可谓是“独超众类”“莫之与京”。但是，在南北朝评论家的陶诗批评中，这两方面被置于形式逻辑之下，相互抵触，非此即彼，即陶诗中部分是质直古朴的，部分是词采精拔的。而后世之人却能以辩证逻辑的思维，使二者融合无间，此中见彼，彼中见此。

结　　语

本文从陶诗本体入手，从语法、语义和语用角度对其动词运用加以分析。

在全面梳理的基础上，本文认为陶诗动词所反映的语言风格主要有：

1. 古朴雅正。陶诗的古风古意可从动词对前代动词词汇词义的承袭中看出。陶四言比陶五言表现得更为明显。

2. 平淡深隽。由动词语义场分析可见，陶诗多用平平无奇又力度较小的词，但用语丰富、灵活多变而不单调乏味。而在田园诗的动词使用中，诗人朴素自然地描绘田园风光与田园生活，情深脉脉而以平淡语出之。

3. 清丽爽朗。陶诗亦多别出心裁之处，或自创新义，或巧妙组合，情景无间，清新流丽。而丰富的心理动词的使用，使其行文抑扬跌宕，爽朗昭彰。

4. 沉郁劲健。行役诗与咏史诗中力度较大、情绪激荡的动词，以及全诗中对生死贫富哲学性思考的动词，为陶诗带来郁勃劲健之气。

本文的不足之处：

1. 流于表面描写，太过粗略，未能更深层次地分析动词的运用特点。

2. 高频词能集中展现诗人的用字偏好和诗风特征。然本文并未专述，而是将之打乱进语义场与题材分析当中，略有重复与疏漏，且缺乏系统性。

3. 与其他诗人诗歌动词比较非常简略，未能很好地在对比中突显个性。

4. 过于把动词割裂而不是还原于诗句中，导致对动词及其反映的语言风格缺乏整体性与全面性的认知。

5. 过多聚焦于动宾结构的组合，而忽视了定中、动补等结构中动词的组合与创新之处。

6. 对平常词所体现出来的情韵关注不够。

7. 本文在撰写之前，曾做过一份粗略的陶诗分期。鉴于诗人的诗歌写作年份较长，诗人又曾在语默仕隐中反复抉择，其诗歌语言风格在不同的时期必定会呈现不一样的样貌。但受时间、精力所限，本文未能加以论述，是为遗憾与不足。

参考文献

[1] 宋本陶渊明集二种[M].北京：国家图书馆出版社，2019.
[2] 逯钦立.陶渊明集[M].北京：中华书局，2016.
[3] 孟二冬.陶渊明集译注[M].长春：吉林文史出版社，1996.
[4] 杨勇.陶渊明集校笺[M].上海：上海古籍出版社，2007.
[5] 袁行霈.陶渊明集笺注[M].北京：中华书局，2016.
[6] 龚斌.陶渊明集校笺(修订本)[M].上海：上海古籍出版社，2019.
[7] 许逸民.陶渊明年谱[M].北京：中华书局，1986.
[8] 北大北师大中文系师生编.陶渊明研究资料汇编[M].北京：中华书局，1961.
[9] 邓安生.陶渊明新探[M].北京：文津出版社，1995.
[10] 李剑锋.元前陶渊明接受史[M].济南：齐鲁书社，2002.
[11] 范子烨.悠然望南山——文化视域中的陶渊明[M].上海：东方出版中心，2010.
[12] 袁行霈.陶渊明研究[M].济南：山东人民出版社，2020.
[13] 王运熙，杨明.魏晋南北朝文学批评史[M].上海：上海古籍出版社，1989.
[14] 周振甫.文心雕龙注释[M].北京：人民文学出版社，1983.
[15] 古直.钟记室诗品笺[M].上海：上海世纪出版集团，2007.
[16] 曹旭.诗品研究[M].上海：上海古籍出版社，1998.
[17] 曹旭.诗品集注[M].上海：上海古籍出版社，2019.
[18] 汪涌豪.中国文学批评范畴及体系(第二版)[M].上海：复旦大学出版社，2017.
[19] 汪涌豪.中国古典美学风骨论(修订本)[M].北京：商务印书馆，2019.

[20] 中国社会科学院语言研究所现代汉语研究室编.句型和动词[M].北京：语文出版社,1987.
[21] 郭锡良.古代汉语[M].北京：商务印书馆,2017.
[22] 张谊生.现代汉语[M].北京：中国人民大学出版社,2016.
[23] 王力.汉语史稿[M].北京：中华书局,2015.
[24] 王力.汉语语法史[M].北京：北京联合出版公司,2018.
[25] 张德明.语言风格学[M].长春：东北师范大学出版社,1990.
[26] 程祥徽.语言风格学[M].南宁：广西教育出版社,2000.
[27] 刘颖.统计语言学[M].北京：清华大学出版社,2014.
[28] 刘海涛.计量语言学导论[M].北京：商务印书馆,2017.
[29] 左思民.汉语语用学[M].郑州：河南人民出版社,2000.
[30] 索振羽.语用学教程[M].北京：北京大学出版社,2000.
[31] 王云路.汉魏六朝诗歌语言论稿[M].西安：陕西人民教育出版社,1997.
[32] 王云路,方一新编.中古汉语研究[M].北京：商务印书馆,2000.
[33] 周国光.古代汉语词类活用例释[M].广州：广东高等教育出版社,2013.
[34] 柳士镇.魏晋南北朝历史语法[M].北京：商务印书馆,2019.
[35] 蒋绍愚.古汉语词汇纲要[M].北京：商务印书馆,2019.
[36] 王力主编.王力古汉语字典[M].北京：中华书局,2019.
[37] 张涌泉,傅杰.校勘学概论[M].南京：江苏教育出版社,2007.
[38] 杜泽逊.文献学概要(修订本)[M].北京：中华书局,2008.
[39] 徐公持.魏晋文学史[M].北京：人民文学出版社,2006.
[40] 曹道衡,沈玉成.南北朝文学史[M].北京：人民文学出版社,1991.
[41] 金涛声点校.陆机集[M].北京：中华书局,1982.
[42] 刘心明译注.谢灵运鲍照诗选译[M].南京：凤凰出版社,2011.
[43] 葛晓音.八代诗史[M].北京：中华书局,2012.
[44] 郭绍虞.陶集考辨[J].燕京学报,1936(20).
[45] 松冈荣志.《陶渊明集》版本小识——宋本三种[J].苏州大学学报(哲学社会科学版),1994(1).
[46] 邓小军.陶集宋本源流考[J].新宋学,2003(2).
[47] 陈欢华.《陶渊明集》版本简介[J].安徽文学(下半月),2009(7).
[48] 黄世锦.试论汤汉《陶靖节先生诗集》的内涵及其影响[J].成大中文学报,2016(55).
[49] 刘明.宋本陶渊明集考论[J].九江学院学报(社会科学版),2016(4).
[50] 苏晓威.日本藏四种稀见陶渊明文集版本考述[J].九江学院学报(社会科学版),2017(2).
[51] 周荧萍,孙源.《陶渊明集》版本研究[J].北方文学,2017(14).
[52] 贺伟.《文选》所收陶作的文献来源及相关问题[J].中国文学研究,2020(4).
[53] 朱自清.陶渊明年谱中之问题[J].清华大学学报(自然科学版),1934(3).
[54] 宋云彬.陶渊明年谱中的几个问题[J].新中华,1948(3).

[55] 邓安生.陶渊明享年无七十六岁辨：与袁行霈先生商榷[J].文学遗产,1998(2).
[56] 魏正申.陶渊明寿年63岁说辨证[J].九江师专学报,1998(A1).
[57] 李华.二十世纪陶渊明享年争辩得失平议[J].江西社会科学,1998(7).
[58] 李文初.关于陶渊明的享年问题[J].文学遗产,1998(2).
[59] 井玉贵.陶渊明享年76岁说不能成立的两点补证[J].九江师专学报,2000(3).
[60] 朱婧,罗煦.《陶渊明生卒年考》研究综述[J].金田,2011(7).
[61] 封树礼.陶渊明诗歌自然风格的语言学解读[J].渤海大学学报(哲学社会科学版),2005(2).
[62] 黄华南.陶渊明、谢灵运诗歌的语言艺术比较[J].江西科技师范学院学报,2007(4).
[63] 袁健惠.《陶渊明诗集笺注》中的重叠式及其语法分析[J].北方论丛,2009,(1).
[64] 侯凯华.《陶渊明集》重言词研究[J].文学教育·中,2010(1).
[65] 王茜,韩晓光.陶渊明诗歌中的动词运用浅析[J].九江学院学报(哲学社会科学版),2011(1).
[66] 刘周霏.陶渊明诗歌中的叠字研究[J].文学教育,2019(20).
[67] 任晓辉.陶渊明诗作的动词特色[J].中学语文教学参考,2019(15).
[68] 王运熙.钟嵘《诗品》陶诗源出应璩解[J].文学评论,1980(5).
[69] 李剑锋.论萧统对陶渊明的接受[J].山东大学学报(哲学社会科学版),1997(4).
[70] 杨合林.陶渊明诗在东晋南北朝的被读解[J].文艺理论研究,2002(2).
[71] 郭世轩.萧统为何对陶渊明高评低选[J].阜阳师范学院学报(社会科学版),2008(3).
[72] 侯芳.试论钟嵘理论体系中陶诗的艺术渊源[J].中小企业管理与科技·下旬,2010(9).
[73] 李理.钟嵘诗歌理论体系中的陶诗渊源[J].中小企业管理与科技·下旬,2010(9).
[74] 元文广.钟嵘《诗品》之陶渊明品第再研究[J].许昌学院学报,2011(4).
[75] 卞东波.谁是陶渊明,谁的陶渊明？——陶渊明之谜与陶渊明经典之变迁[J].古典文学知识,2012(6).
[76] 范瑞丽.钟嵘评陶渊明"古今隐逸诗人之宗也"辨析[J].现代语文(学术综合版),2012(7).
[77] 郭晓春.论南朝三大家对东晋陶潜之评价[J].求索,2013(9).
[78] 钟涛,包琳.论萧统在陶渊明传播史上的重要地位[J].青海社会科学,2013(2).
[79] 林葆玲.陶渊明何以被称为"古今隐逸诗人之宗"——重审陶渊明与应璩的诗学关系[J].名作欣赏,2014(19).
[80] 刘明月.浅评钟嵘《诗品》对陶渊明的评价和定位[J].时代文学,2014(8).
[81] 孙佩.钟嵘《诗品》应璩条疏证[J].天中学刊,2014(2).
[82] 杨梅.钟嵘《诗品》中应璩品第探析[J].语文教学通讯(D刊学术刊),2014(11).
[83] 张文东.也谈钟嵘《诗品》对陶渊明的评价[J].天中学刊,2014(4).
[84] 高思莉.从《文选序》和《陶渊明集序》探析萧统的文学观[J].河南工业大学学报(社会科学版),2015(2).
[85] 郭世轩."才尽""田家语"与陶诗评价——论钟嵘审美思想的折中倾向[J].阜阳师范学院学报(社会科学版),2015(3).

［86］李剑锋.关于刘勰《文心雕龙》不提陶渊明的再思考［J］.中国文论,2015(0).
［87］马朝阳.从《文选》选陶渊明作品见萧统的文学观［J］.古籍整理研究学刊,2015(6).
［88］张晓贞.浅谈钟嵘《诗品》对陶渊明的合理评定［J］.魅力中国,2017(27).
［89］陈延嘉.萧统：陶渊明之先知先觉者［J］.长春师范大学学报,2018(5).
［90］顾瑞雪.陶渊明诗歌在南北朝的接受与传播［J］.九江学院学报(社会科学版),2019(1).
［91］钟书林.从“文取旨达”到“文章不群”：论陶渊明文学史地位的升格［J］.人文杂志,2020(7).
［92］房聚棉.咏古人而已之性情俱见：论左思、陶渊明的咏诗史［J］.沈阳师范大学学报(社会科学版),1993(3).
［93］范学新.陶渊明四言诗与《诗经》的传承关系［J］.新疆师范大学学报(哲学社会科学版),2003(2).
［94］陈明富.陶诗“道狭草木长”之“长”音义辨正——兼释“孟夏草木长”之“长”［J］.东方论坛,2012(6).
［95］胡伟,王嘉.西汉文献状态动词研究［J］.殷都学刊,2013(1).
［96］刘奕.走向与世界的和解：陶渊明的行役诗［J］.古典文学知识,2014(3).
［97］穆军芳.超常搭配的概念整合分析［J］.沈阳大学学报(社会科学版),2016(4).
［98］张月.逯校本《陶渊明集》异文献疑九则［J］.湘南学院学报,2019(1).
［99］殷晓杰,崔陈敏.“倒酒”概念域成员的历史演变研究［J］.浙江大学学报(人文社会科学版),2019(6).
［100］苏悟森.论《文选》在陶诗经典化中的作用——以异文、注释、选篇为中心［J］.学术交流,2020(2).
［101］胡绍文.杜诗动词研究［D］.上海：复旦大学,2005.
［102］刘道锋.《史记》动词系统研究［D］.武汉：华中师范大学,2008.
［103］石艳娜.李白诗歌复合动词语义构词研究［D］.成都：四川师范大学,2010.
［104］李铭娜.《吕氏春秋》动词研究［D］.长春：吉林大学,2012.
［105］杨威.《诗经》动词研究［D］.成都：四川师范大学,2013.
［106］张静.东汉译经动词专题研究［D］.杭州：浙江大学,2016.
［107］赵美英.魏晋南北朝“溢满”类语义场研究［D］.沈阳：辽宁大学,2017.
［108］张盈达.《左传》心理动词研究［D］.沈阳：辽宁师范大学,2020.

上海市区方言声调和嗓音特征研究

姚雪珺

摘要 本文采用实验语音学的方法研究上海市区方言老、中、新三派的单字声调格局和嗓音特征。

声调研究分析基频、时长数据,进行归一化处理,归纳得出老、中、新三派的五度制调值。本文的声调调查与前人的记载大致吻合,但阴去的调值较为多样。入声调的时长明显短于其他类型的声调,老派的时长短促明显,新派上海话的阳入调时长有延长的趋势。

嗓音特征的研究分析音节的前、中、后三部分的开商、速度商、基频均值。整体基频与速度商存在较强的负相关关系,基频上升时速度商下降,基频下降时速度商上升。不同发声态在目标位置差异明显。入声带喉塞尾相比常态声的基频明显较高,开商值与速度商较小,声门关闭或打开度较小,声带处于紧张状态。弛声基频位于低域,张声和清声属于中域。弛声的开商与清声清送气接近,有明显气流通过,表现为声门打开、声带松弛。张声与清声不送气接近,声带处于紧张状态,声门关闭或打开度较小。

关键词 上海市区方言;声调实验;发声类型;嗓音特征

1 绪　论

1.1 上海话的简介

上海话,又称沪语,属吴语—太湖片—苏沪嘉小片方言。历史上,上海曾受到过周围地区强势方言的影响,元明时是嘉兴话和松江话,清代则是苏州话。20 世纪后,上海开埠成为对外开放的窗口,上海的经济、文化、社会等发展迅速,上海地区方言的代表上海话逐渐成为上海及周边地区的强势方言。同时,由于大批移民进入上海地区,上海方言进入了一个快速融合、发展的新阶段。

今上海话跟吴淞江以南旧属松江府辖区的华亭、上海县一带的古代方言关系比较密切,直接源头是元明时代通行于松江府上海县一带的方言。在今上海市辖区内按方言的声调特征分类,即依古调类在今方言里的情况可分为市区、松江、嘉定、练塘、崇明五个方言区。

其中市区方言区的范围限于老市区,包括 1984 年的黄浦区、南市区(2000 年与黄浦区合并)、卢湾区(2011 年与黄浦区合并)、徐汇区、长宁区、静安区、闸北区(2015 年底与静安区合并)、普陀区、虹口区、杨浦区,共十个区,面积 148.96 平方公里,人口 600 余万人。(分区详见附录)

上海话的内部可分为老中新三派。老派上海话以旧上海县城(原南市区)的口音为代表,使用者为部分 1920 年前后出生、土生土长的老年人。中派上海话为 1940—1965 年前后出生的上海本地居民使用的上海话。1920—1940 年左右出生的上海话使用者一般介于老派和中派之间。新派上海话的使用者一般为 1965 年后出生的。上海话老中新三派的差异既来源于上海方言本身的演变发展也和外部语言的影响休戚相关。

1.2 上海话语音方面的已有资料

有关上海话语音较为详尽的记录最早可追溯至英国传教士艾约瑟(J. Edkins)的 A Grammar of Colloquial Chinese as Exhibited in the Shanghai Dialect(1853 年第一版 1868 年再版),艾约瑟在其中系统地描写了 19 世纪上海开埠以来上海县城方言 10 年的语音、词类、句法三个方面的内容。其中有关声调的描写,艾约瑟在平上去入四声的基础上将每个声调再划分成两类,为 upper series(高调类)和 lower series(低调类)并从升降、快缓平、长短这几个特征来进行描述与区分。

1915—1926年期间瑞典汉学家高本汉出版《中国音韵学研究》，其中有以上古声母为分类对上海方言有3 000多字的记音描写，并在关于声调的讨论一章写出包括上海话、温州话的吴语是保存古调类最完全的方言，有八声，平上去入各分阴阳。

赵元任先生在1928年出版的《现代吴语的研究》中也对上海方言有细致的描写，并用音乐的五线谱来记录声调。赵元任先生首创的五度制标调法被大多数学者所接受，随着使用设备的改进和信息化程度的进一步精细，对于声调的描写更加清晰。

1960年出版的《江苏省和上海市方言概况》中指出上海市区方言有五个声调，平声53，阴去34，阳去14，阴入5，阳入2。古音清上、清去在上海市区方言中合成一个声调。古音浊平、浊上、浊去并成一个声调。

1962年许宝华、汤珍珠的《上海方音的内部差异》对上海市中心方言及其差异以及上海地区的方言有着较为仔细的描写。1988年由两位主编的《上海市区方言志》不仅对上海语音进行细致描写，还比较其中内部差异与北京音和中古音的差异，还在词汇和语法上对前人进行了大量的补充。

1987年，石汝杰、蒋剑平发表《上海市中年人语音共时差异的五百人调查》，描写和分析了方音的内部差异。

许宝华、汤珍珠、游汝杰接连于1987年发表《上海市和江苏省、浙江省交界地区的方音内部差异》；1988年发表《上海人祖孙三代语音情况的抽样调查》。

钱乃荣1992年所著的《当代吴语研究》则对20世纪八九十年代市中心方言作了极为详尽的描写。

2013年由游汝杰主编的《上海地区方言调查》全面调查、记录了上海市区及郊区方言并比较两者异同展现上海地区方言的变化现状。

表 1 上海市区方言音系①

	阴平	阴上	阴去	阴入	阳平	阳上	阳去	阳入	个数
1853(艾)	53	44	35	45	22	223	13	12	7~8
1928(赵)	53	44	35	5	13			12	6
今老派	53	44	35	5	13			12	6
今新派	53	34		5	13			12	5

1.3 上海市区方言语音的实验研究

1.3.1 上海话声调的研究

20 世纪 80 年代以后,对于上海方言特别是市中心区方言的研究调查报告层出不穷。

1985 年,沈同发表《新派上海话声调的底层形式》,是第一篇用生成音系学中的自主音段理论研究上海方言声调的论文。

2001 年由游汝杰主编的《吴语声调实验研究》首次用语图仪进行整个方言片的声调实验研究,给出吴语 15 个方言点的声调基频参数和调长参数并做出了单双字调的声调曲线图。

2005 年朱晓农的《上海声调实验录》对上海话的单字调和双字变调做了详细的分析得出模式,比较六种基频归一的方法得出对数 z-score(LZ)方法最佳,还提出了分域四度制等理论模型。

1.3.2 上海话嗓音特征的研究

嗓音特征的研究受到实验条件的限制,近些年才陆续有相关的研究。

2006 年任念麟《上海话发声类型和塞辅音的区别特征》中用 Rothenberg 面罩进行上海话的塞辅音的实验研究。

2010 年陈忠敏《吴语清音浊流的声学特征及鉴定标志——以上海话

① 来源:上海地方志办公室。

为例》讨论了以上海话为例的气声发声的声学特征以及吴语清音浊流的鉴定标准。

2010 年沈向荣的《喉塞音的声学表现》中以上海话中的喉塞音为例研究喉塞音的声门阻抗信号的特点。

2017 年凌锋的《新派上海话全浊擦音中的清声成分分析》研究了新派上海话全浊擦音单念时声母清声和浊声的时长关系。

2　实验准备

2.1　发音人

表 2　发音人资料

姓　名	年　龄	职　业	居住地
男老年	82	退休	卢湾区
男中年	57	退休	卢湾区
男青年	22	学生	黄浦区
女老年	81	退休	卢湾区
女青年 1	22	学生	卢湾区
女青年 2	22	学生	徐汇区

2.2　发音材料

选自游汝杰主编 2013 年出版的《上海地区方言调查研究》。

根据发音人的情况，选取中派（与新派相同）的 28 个声母与前高元音 /i/、后高元音 /u/、后低元音 /a/、带喉塞尾的韵母 /aʔ/、/iaʔ/、/iiʔ/、/oʔ/、鼻韵母 /iŋ/、/uəŋ/、/oŋ/一一组合选取常用单字并平均分布各声调，共计 122 个例字，详见附录二。

2.3　实验步骤

录音和测量步骤：采用斐风语言田野调查系统以16位采样精度44 100 Hz采样率录音，录音时同步采集声门阻抗信号（EEG signal）。

读单字表，每字试读后仅录1遍的语音信号。

2.3.1　测量基频值

使用praat软件的show pitch功能来测量基频值：

（1）在praat的声波图上选择韵体部分声波段。声波开始点为周期性波第二波的开始点，声波结束点为最后一个有规律的周期波的结束点。

（2）时长处理。因为每个语音的长度不一致，将语音分为十等分以读取等分点上的基频值以忽略掉时长差别。如下图中的黑点的值就是等分点上的基频值。

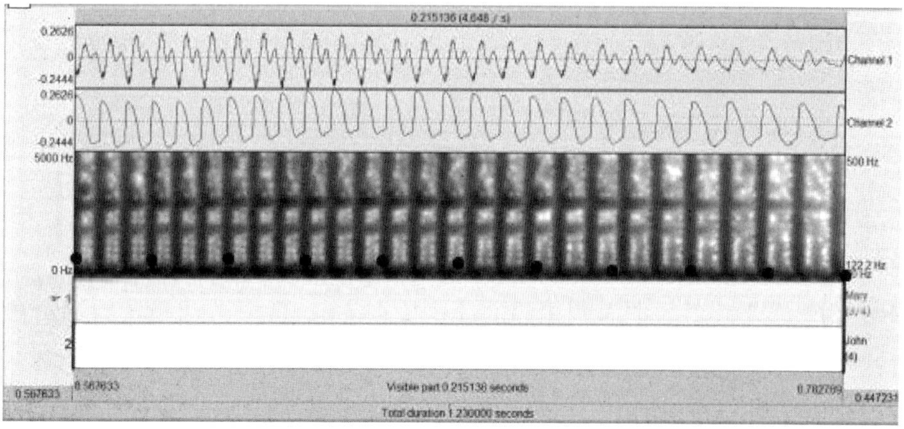

图1　基频曲线图

2.3.2　提取声门阻抗信号

使用EggWorks提取声门阻抗信号数值：

（1）提取各录音文件的声门阻抗信号（EGG Signal）通道，使用EggWorks软件的script.txt脚本提取各例字的开商、速度商数值。

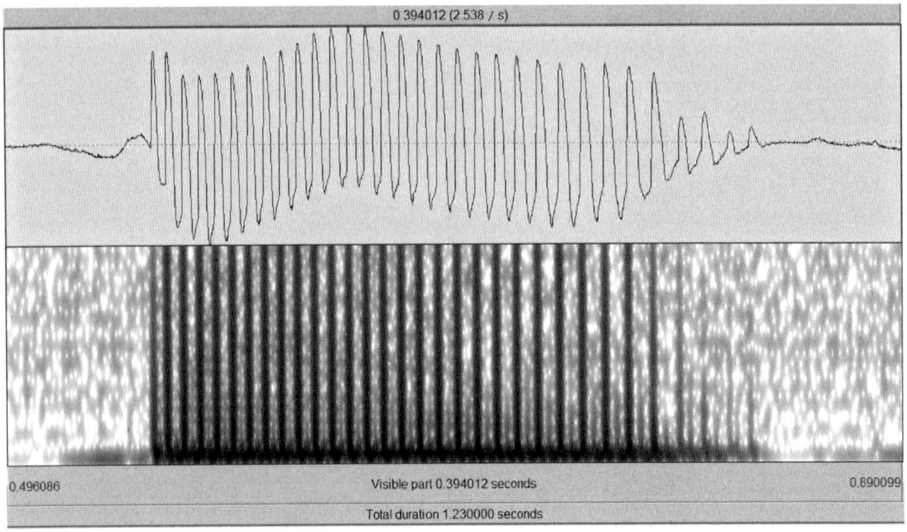

图 2　EGG 信号图

3 实验分析

3.1 声调的研究

3.1.1 数据加工(以男中年数据为例)

(1) 求平均值。把声调相同的读例放在一起,每个声调测量的读例在 18 个以上,分别对 11 个分点基频值以及时长求取平均值。如:

表 3　男中年 T1 类字基频平均值

T1	150	148	145	140	135	128	118	109	101	94	91	205
鞭	141	140	139	137	131	125	119	111	104	98	93	215
篇	152	151	146	141	136	130	122	112	104	96	92	169
鸡	143	142	139	134	127	120	112	104	96	90	90	222

（续表）

T1	150	148	145	140	135	128	118	109	101	94	91	205
签	153	150	144	137	131	125	117	109	102	96	93	221
飞	151	149	146	140	133	122	111	102	95	89	85	196
西	146	144	140	136	131	124	117	110	102	96	91	224
医	147	150	151	145	138	128	119	110	102	94	90	253
菠	150	148	146	142	137	130	123	117	111	102	96	187
坡	146	144	140	135	131	127	122	115	108	101	96	171
多	144	139	135	131	127	122	114	105	96	89	87	216
拖	148	144	139	135	131	125	113	101	91	88	86	227
租	159	155	147	138	130	121	108	97	91	89	87	295
粗	156	161	156	148	140	132	120	107	97	91	89	229
棵	154	154	149	143	136	129	119	110	101	92	87	20
乌	161	159	158	154	147	140	132	119	107	97	93	238
冰	158	158	156	150	145	137	124	111	102	97	96	178
乒	164	158	150	146	142	136	126	115	106	101	99	175
丁	144	143	141	139	134	126	114	105	101	96	92	189
厅	156	154	150	145	139	130	118	109	101	97	97	173
风	143	141	138	135	131	123	113	104	95	91	89	194
鞭	141	140	139	137	131	125	119	111	104	98	93	215

然后将各个调类的平均值放在一起，并标上读例数，作为统计量参考，读例数均在 17 个以上。如下表：

表 4　男中年基频均值

Hz	0%	10%	20%	30%	40%	50%	60%	70%	80%	90%	100%	时长(ms)	个数
阴平 T1	151	149	145	140	135	128	118	109	101	94	91	**209**	**20**
阳去 T2	106	102	99	97	96	98	101	105	111	117	117	**306**	**35**
阴去 T3	127	122	117	113	113	114	116	118	121	122	121	**300**	**21**
阴入 T4	141	141	141	140	139	138	136	134	131	126	123	**65**	**21**
阳入 T5	111	111	111	110	111	112	115	119	124	128	127	**120**	**21**

（2）去掉头部受到声母影响的点以及尾部非语言目标的点。韵体部分负载声调信息，由于声母不同，声调基频值的起始部分会受到声母影响，因此对基频测量数值处理时需要忽略掉第一个基频点的测量值。

语言目标(language target)，一般在升调、降调、凸调和平调中是基频的高点，在凹调中是基频的低点。在音节尾部由于声带要结束音节，声带的振动可能变得不太有规律，测量值因此会出现突然升高或下降，或者回归初始位置，他们不是语言发音的实际需要，因此可以忽略掉。

归一化处理。采用朱晓农(2006)《上海上海声调实验录》中设计的使用全体测量值的对数 z-score(LZ)方法。步骤如下：

首先，把各个采样点上的基频均值换算成对数值。

表 5　男中年基频对数值

Log	阴平 T1	2.18	2.17	2.16	2.15	2.13	2.11	2.07	2.04	2.00	1.98	1.96
	阳去 T2	2.02	2.01	1.99	1.98	1.98	1.99	2.00	2.02	2.04	2.07	2.07
	阴去 T3	2.10	2.09	2.07	2.05	2.05	2.06	2.06	2.07	2.08	2.09	2.08
	阴入 T4	2.15	2.15	2.15	2.15	2.14	2.14	2.13	2.13	2.12	2.10	2.09
	阳入 T5	2.04	2.04	2.04	2.04	2.04	2.05	2.06	2.07	2.09	2.11	2.10

其次,求出标准点上对数基频的均值和标准差。这是归一化参数。

表 6 男中年对数基频的均值和标准差

Log z-score		*m*	2.07	SD	0.05	max	2.18	min	1.96	*n*

最后,用这些参数求出对数。这是个人的自我归一化。

得出以下结果:

表 7 男中年基频归一化

	LZ	0%	10%	20%	30%	40%	50%	60%	70%	80%	90%	100%
LZ	阴平 T1	1.96	1.87	1.66	1.38	1.05	0.59	0.04	0.73	1.37	1.88	2.16
	阳去 T2	0.94	1.23	1.53	1.70	1.72	1.59	1.33	0.99	0.59	0.16	0.12
	阴去 T3	0.54	0.22	0.16	0.38	0.43	0.35	0.21	0.04	0.16	0.25	0.12
	阴入 T4	1.38	1.41	1.41	1.37	1.30	1.21	1.10	0.97	0.78	0.51	0.26
	阳入 T5	0.58	0.59	0.59	0.60	0.58	0.48	0.29	0.00	0.37	0.58	0.57

(4) 做声调基频折线图。

将基频测量值做 LZ 归一化后的值做成折线图。如下:

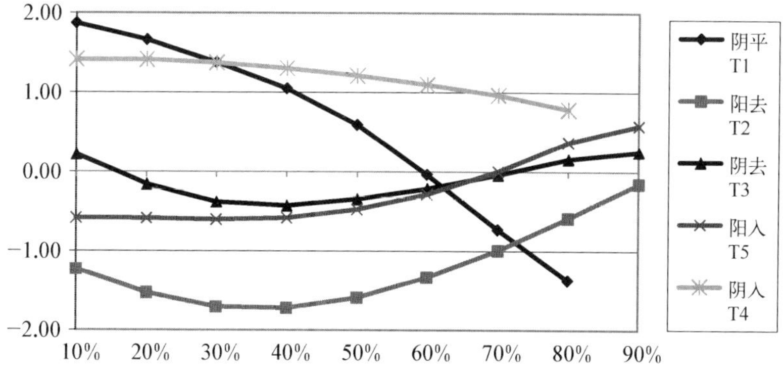

图 3 男中年声调基频折线图(无时间参数)

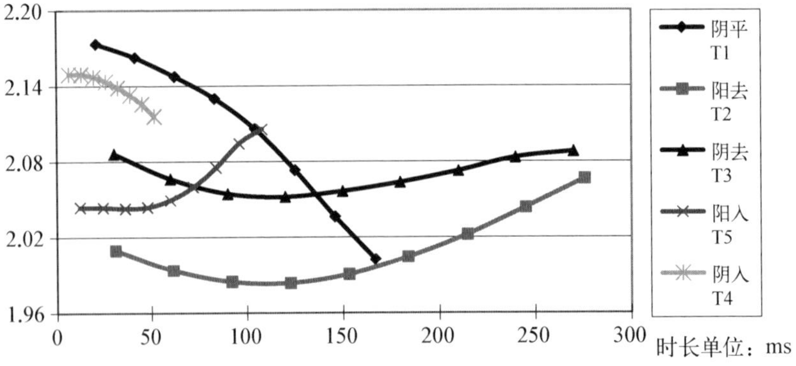

图 4　男中年声调基频折线图(有时间参数)

3.1.2　数据说明

在简介中提及 1920—1940 年左右出生的上海话使用者一般介于老派和中派之间,因此本文所调查的两位老年人的声调情况也就较为特殊。

(1) 老年女性录音人

1. 高降调类有两个趋势:一类可以被描述为 53 调,另一类调头稍低可为 43 调,但该分类中的例字在中古调类中都为平声调、清声类,在另一位老年男性录音人的材料中也未发现,因此将这两类仍并为阴平调分析。

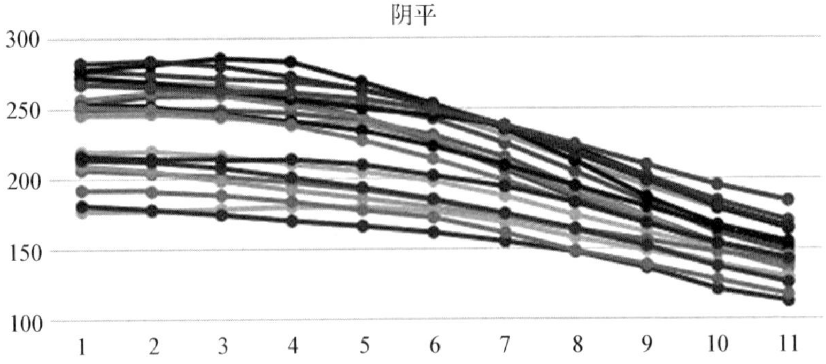

图 5　老年女性阴平调基频折线图(无时间参数)

2. 上海市区方言中的中派和新派在记载中阴上和阴去合并为一类，调值为35。如图老年女性的平调或缓升调的基频分布差异明显，可以被区分为两个调类，例字在中古音记录中都为清声类，在声调上包括上、去两类，暂定为阴上和阴去调类。

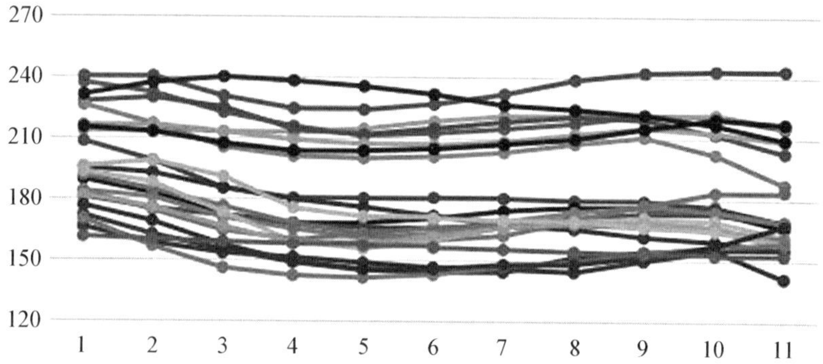

图6　老年女性阴上阴去调型基频折线图(无时间参数)

3. 老年女性的读音中有部分字在中间处出现嘎裂的现象，基频值如下表，例字中有3例全浊、1例次浊，1例清声，调类上全浊都为古平声，次浊和清声都为古上声，该例字在老年男性样本中也有曲折感，但没有出现嘎裂的现象，由于样本数不多，暂不计入分析。

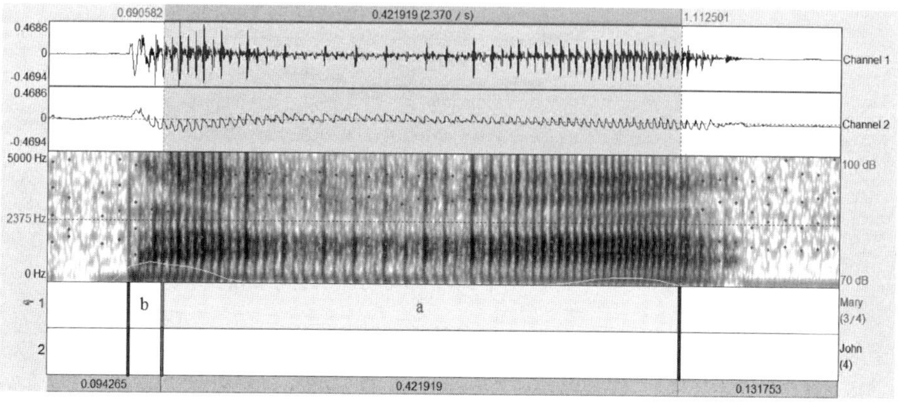

图7　老年女性例字“牌”语图

表 8　老年女性疑似嘎裂例字基频值

例字	0%	10%	20%	30%	40%	50%	60%	70%	80%	90%	100%	ms
鞋	153.0	156.0	79.1	80.9	83.9	86.4	90.5	93.2	96.3	93.5	90.0	58
牌	148.4	71.3	63.5	63.1	38.5	62.3	66.1	70.4	78.1	177.5	94.2	22
汏	140.6	120.5	116.4	113.9	57.6	59.2	60.9	22.0	150.6	161.1	175.7	03
茄	131.6	138.3	65.6	60.6	58.9	65.6	69.3	71.7	153.2	164.4	178.0	11
惹	154.8	147.4	137.4	130.0	134.3	67.1	64.8	67.8	75.4	84.3	86.5	37
矮	191.0	196.1	187.4	181.0	89.4	89.0	89.8	180.7	184.2	187.3	184.1	20

（2）老年男性录音人

1. 阴平调类有两个调型：高平调型和高降调型，例字在中古音记录中大都为平声的次清或全清，高平调型在老年女性录音人处没有发现，与原有记载出入较大，因此暂时不记录。

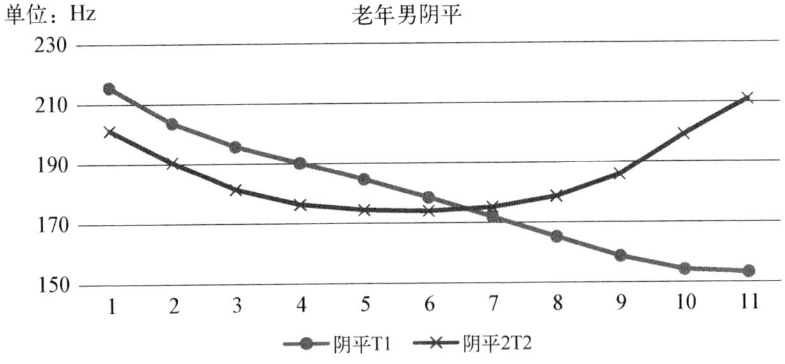

图 8　老年男性阴平调型折线图（无时间参数）

2. 老年女性的读音中有部分字在中间处出现嘎裂的现象，但该些例字在老年男性样本中有曲折感，但没有出现嘎裂的现象，因此计入分析。

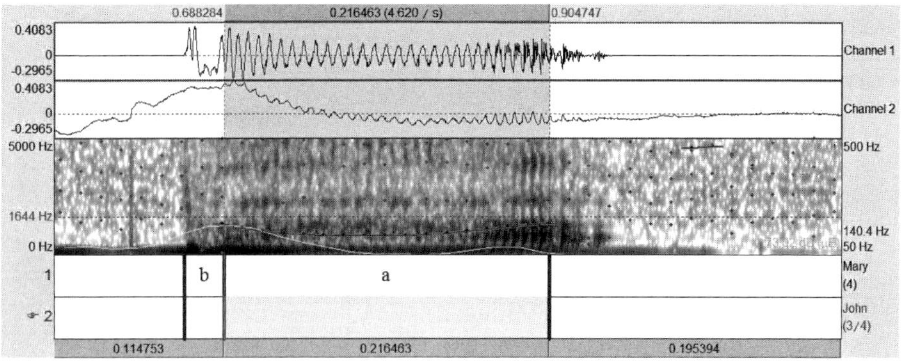

图 9　老年男性例字“牌”语图

3.1.3　结果

表 9　上海市区方言各声调调值拟定总表

声调调值拟定表								
	阴平	阴上	阴去	阴入	阳平	阳上	阳去	阳入
老年女	52	44	322	43	13			23
老年男	52	324		55	24(14)			23
中年男	52	33		54	213			23
青年男	52	23(323)		54	13			12
青年女 1	52	34		44	13			13
青年女 2	52(51)	323		54	213			23

市区中派和新派上海话的调类为五类分别为阴平、阴去、阴入、阳去、阳入。市区中派上海话的调类为 5 类，分别是阴平 52 是一个高降调，阴去 323 是缓升调，阳去 213 是一个缓升调，阳入 23(12)是一个缓升调，阴入 54 是略降的高调。时长上，阳去>阴去>阴平>阳入>阴入，入声调的时长明显短于其他类型的声调，这与入声直而促的特点相吻合，时长是区分入声字的重要依据。五个声调的类型调值区别明显。

表 10 上海市区方言各声调时长总表

各声调时长表(ms)								
	阴平	阴上	阴去	阴入	阳平	阳上	阳去	阳入
老年女	154	241	251	41	341			82
老年男	162	197		55	211			95
中年男	209	300		65	306			120
青年男	117	187		53	170			98
青年女 1	164	332		108	287			210
青年女 2	231	296		79	306			117

市区新派上海话的调类与中派相同为 5 类,分别是阴平 52 是一个高降调,阳去 13(213)是一个缓升调,阴去 323(34)是缓升高调,阳入 12 是一个缓升低调,阴入 54(44)是略降的高调。时长上,新派的阴去>阳去>阴平>阳入>阴入,与中派一样入声调的时长明显短于其他类型的声调,但青年女 1 的样本中阳入的时长超过阴平的时长,听感上入声也非明显的促调,可能是受到普通话的影响,喉塞尾的脱落,其语音演变的速度相比其他两位更快。新派上海话的五个声调的类型区别明显,但调值上阳去和阳入较为接近。

老派上海话的调类为六个,调值为阴平 52,阴上 44,阴去 322,阴入 43,阳去 13,阳入 23。其中阴上调、阴入调与前人记载相差较大,阴上调为调头稍高的折调,调值也与前人记载上升的 35 调型有一定差异。阴入调的调型差异不大,但调值明显低于前人的记载,处于其个人声域的中域位置,鉴于样本数较少,无法排除个人因素影响。时长上表现为阳去>阴去>阴上>阴平>阳入>阴入,入声与其他声调的时长差异极为明显。

本文的声调调查与前人的记载大致吻合,但在老派的记录上有较大差异,录音人可能处于老派和中派的过渡阶段,较为复杂,但由于样本数有限,且无法排除个人差异,存在较大误差。

3.1.4 声调小结

上海市市区方言本属松江方言区,开埠以后各地移民在短时间内涌入市中心区域,人口主要的来源是周边的江浙两省。他们将带有原住地特征的方言混合到了上海话中,使得市区方言脱离原松江方言区的演变轨迹,形成具有自己特色的方言区。开埠带来的人口激增、经济、社会等方方面面的发展,同样加速了方言的发展,但随着共同语普通话的强势普及,随着使用场合的减少,方言逐渐式微。此次调查中的个别字在青年群体中已产生误读或与普通话较为接近的读法,如嚼/ʑiaʔ/的读音有些是塞尾有脱落的迹象,还有被误读为削/ɕiaʔ/的变调。入声字的情况更为明显,老派发音人入声字的促调明显,但新派随着日常使用场合的锐减,入声喉塞尾脱落,尤其是阳入调的舒化趋势较快。

3.2 嗓音特征的研究

3.2.1 数据加工①

在一个声带脉冲周期中,将声带从开启点到闭合点的这段时间叫作开相(OP, open phase, the open time),将声带从关闭点到开启点的这段时间叫作闭相(CP, close phase, the close time),开相和闭相之和是一个声带脉冲周期。开相与声带脉冲周期的比值叫作开商(OQ, the open quotient),闭相与声带脉冲周期的比值叫作闭商(CQ, the close quotient)可以反映声带振动情况的量。

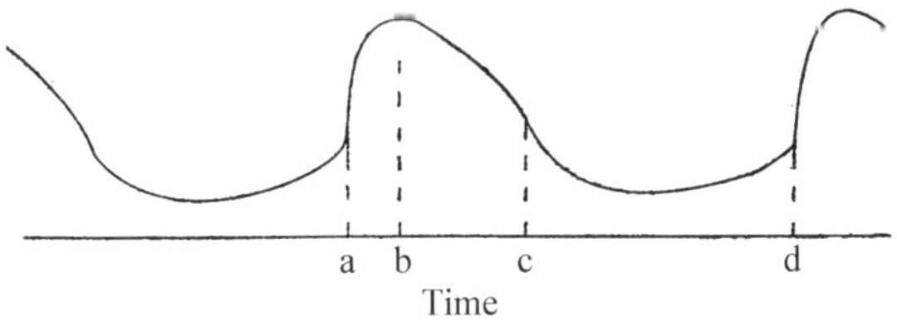

图 10 声门阻抗信号的开商和速度商的基本定义

图 10 为语音声门阻抗信号的积分形式,也就是原始形式。图中 ad 为周期,ac 为闭相,cd 为开相,bc 为声门正在打开相,ab 为声门正在关闭相。基

① 嗓音特征的研究样本仅选取了较为适合的青年男和青年女 2 的数据进行比较分析。

频、开商和速度商可以用以下公式来定义：

基频(F0)= 1/周期(ad)

开商(OQ)= 开相(cd)/周期(ad) * 100%

闭商(CQ)= 闭相(ac)/周期(ad) * 100%

速度商(SQ,speed quotient)= 声门正在打开相(bc)/声门正在关闭相(ab) * 100%

闭商 CQ 的算法采用 EGG 分析结果中的 CQ 算法，具体见附录三。

(1) 选取各例字 EGG 信号在 10%、50%、100%位置开商、速度商和基频的均值。

(2) 根据发音人的 5 个声调分类，比较各调类开商、速度商和基频的关系。

(3) 比较元音韵尾、喉塞音韵尾和鼻音韵尾的差异。

(4) 比较张声、清声(清送/不送)、弛声声母元音的差异。

3.2.2 结果

开商与声门气流大小、强度有关，反应声门张开度和发声类型。速度商反应声带关闭与开启的快慢，与发声类型有关。

(1) 开商、速度商和基频的关系

表 11 青年男各声调开商、速度商、基频表

青年男	OQ			SQ			F0		
类型	前	中	后	前	中	后	前	中	后
阴平	0.46	0.45	0.50	2.29	3.13	3.02	125	115	95
阳去	0.47	0.48	0.49	1.95	1.68	1.96	95	92	105
阴去	0.48	0.49	0.49	1.75	1.62	1.84	108	100	109
阴入	0.51	0.49	0.48	2.66	2.75	3.53	128	122	118
阳入	0.51	0.51	0.48	2.10	1.75	2.34	95	93	99

表 12　青年女 2 各声调开商、速度商、基频表

青年女 2	OQ			SQ			F0		
类型	前	中	后	前	中	后	前	中	后
阴平	0.53	0.49	0.49	2.87	2.99	3.22	243	207	162
阳去	0.51	0.47	0.57	2.09	2.00	2.69	177	162	187
阴去	0.57	0.54	0.58	2.42	2.42	2.74	206	183	196
阴入	0.57	0.51	0.53	2.63	2.47	2.06	241	222	207
阳入	0.50	0.49	0.54	2.19	2.00	2.39	194	178	191

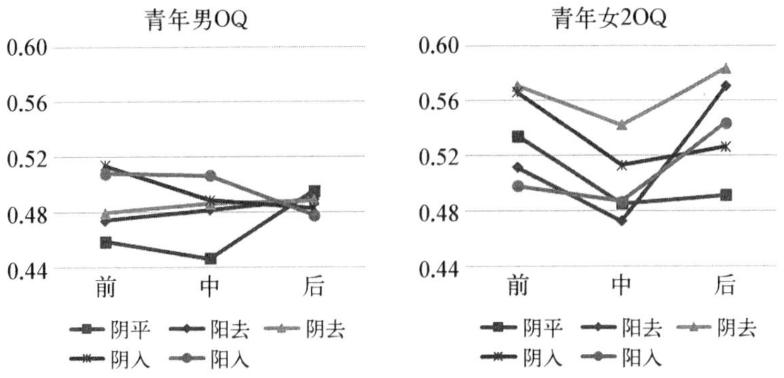

图 11　青年男(左)、青年女 2(右)各声调开商折线图

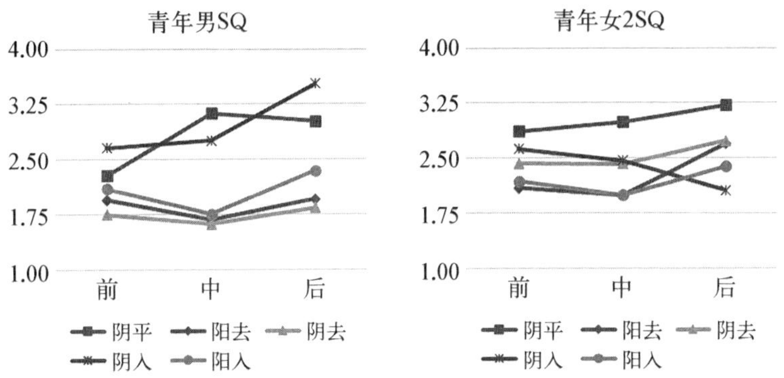

图 12　青年男(左)、青年女 2(右)各声调速度商折线图

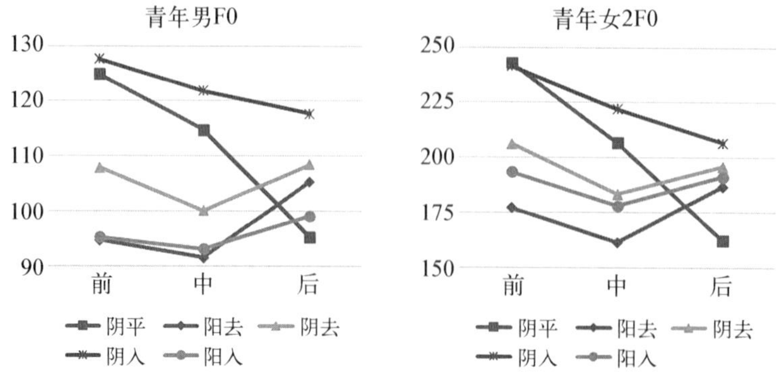

图 13　青年男(左)、青年女 2(右)各声调基频折线图(单位: Hz)

已知声调和基频有直接性关系,分析青年男和青年女 2 的开商、速度商、基频后可以发现,除青年女 2 阴入声调的速度商和基频都为下降(速度商下降趋势小于基频下降趋势)外,其余各声调的速度商 SQ 与基频 F0 具有较强的负相关关系,速度商上升,基频下降;速度商下降,基频上升。开商与基频之间,青年男的样本中存在正相关关系,而在青年女 2 的样本中除阴平调外其余声调更接近负相关关系,存在多样性。

(2) 元音韵尾、喉塞音韵尾和鼻音韵尾元音的差异

入声韵韵尾[-ʔ]是一个位于音节末不破裂的喉塞音,元音韵尾在汉语中有高元音[-i]、[-u],鼻音韵尾有[-m]、[-n]、[-ŋ],三者的特征部位在音节的末尾,因此可以比较三种类型的中、后段的数值进行比较。

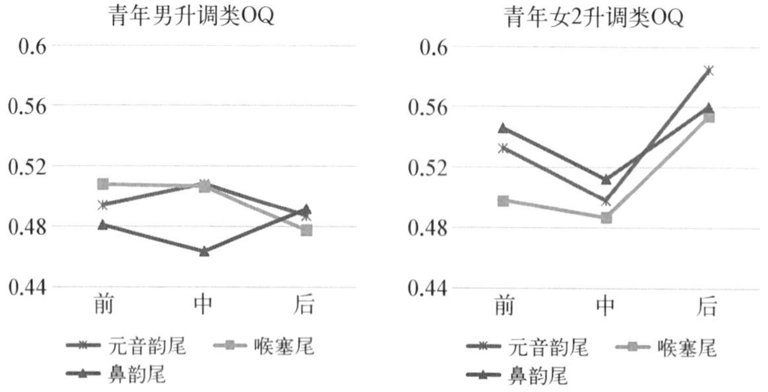

图 14　青年男(左)、青年女 2(右)升调类开商折线图

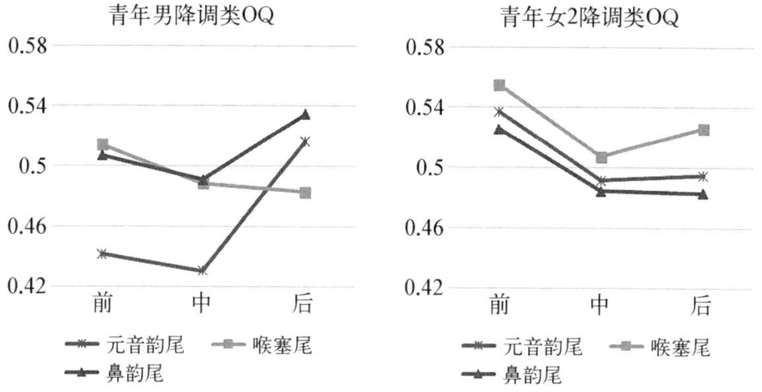

图 15　青年男(左)、青年女 2(右)降调类开商折线图

从图中可知两人的开商 OQ 数值范围为 0.42—0.6 之间,青年女 2 的整体值略高于青年男的整体值。比较三种类型的中、后段开商 OQ 数值发现:

喉塞音韵尾的 OQ 值在中间及尾部大部分均小于元音韵尾及鼻音韵尾的 OQ 值,青年女 2 的降调类 OQ 值均高于其他韵尾的 OQ 值,可能存在时长过短或塞尾脱落的情况。

鼻音韵尾的开商 OQ 数值具有个人特征,青年男的鼻音韵尾后部 OQ 值与元音韵尾的 OQ 值更为接近,鼻音韵尾的 OQ 值则略高于元音韵尾的 OQ 值。青年女 2 的鼻音韵尾的 OQ 值略低于元音韵尾的 OQ 值,但升调类鼻音韵尾的 OQ 值和喉塞音韵尾的 OQ 值更接近。

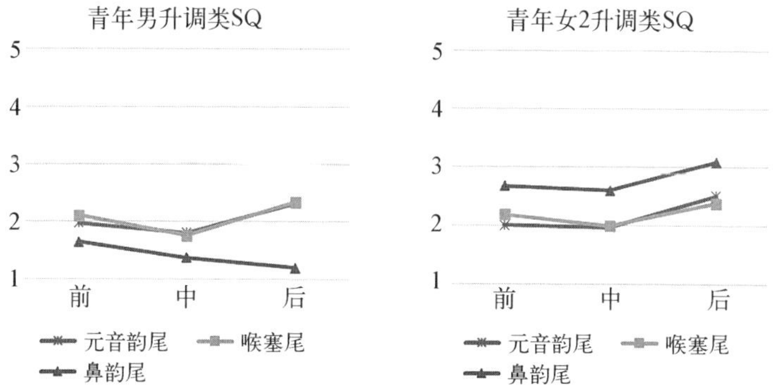

图 16　青年男(左)、青年女 2(右)升调类速度商折线图

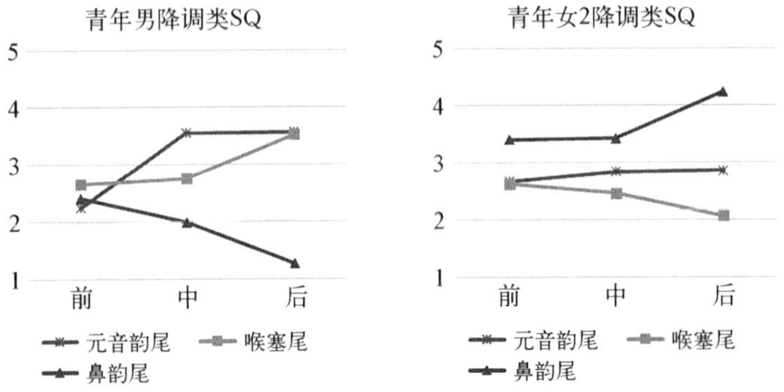

图 17　青年男(左)、青年女 2(右)降调类速度商折线图

从图中可知两人的速度商 SQ 范围在 1—5 之间。比较三种类型中、后段的速度商 SQ 数值发现:

喉塞音韵尾的速度商数值升调类上两人的 SQ 数值与元音韵尾的 SQ 数值更接近,降调类青年男则中间位置喉塞音尾的 SQ 数值略低,青年女 2 则在尾部低于元音韵尾的 SQ 数值。

鼻音韵尾的速度商 SQ 与开商 CQ 一样具有个人特征,青年男的鼻音韵尾后段速度商值始终最低,青年女 2 的鼻音韵尾尾部速度商值始终高于其他两类的后段速度商值。

表 13　常态声、喉塞尾、鼻韵尾基频值总表

F0						
	青年男			青年女 2		
	前	中	后	前	中	后
元音韵尾	112	104	100	214	188	176
喉塞尾	111	107	108	218	200	199
鼻韵尾	116	108	103	223	192	178

比较两人三种类型全声调的基频值可以发现喉塞音韵尾的基频值在后端明显高于其他类型,鼻韵尾的基频值略高于元音韵尾的值。

(3) 张声、清声(清送/不送)、弛声声母元音的差异

弛声：上海话浊音声母[b、d、g、dʑ、ʑ、z、v]处于单字和连读字组的前字、升调后字的地位时,实际音值是[pɦ、tɦ、kɦ、tɕɦ、ɕɦ、sɦ、fɦ]是先清后浊的"清音浊流"或"半浊音"。①

张声：上海话清音声母和鼻音、边音声母的变体[ʔm、ʔn、ʔl、ʔȵ、ʔŋ]配阴调(高调)类。

三者的特征部位都为音节的开头,因此可以比较三种类型的前、中段的数值进行比较。

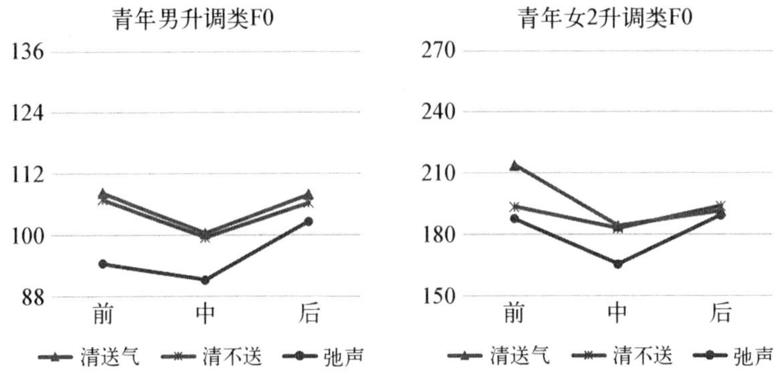

图 18　青年男(左)、青年女(右)升调类声母基频折线图(单位：Hz)

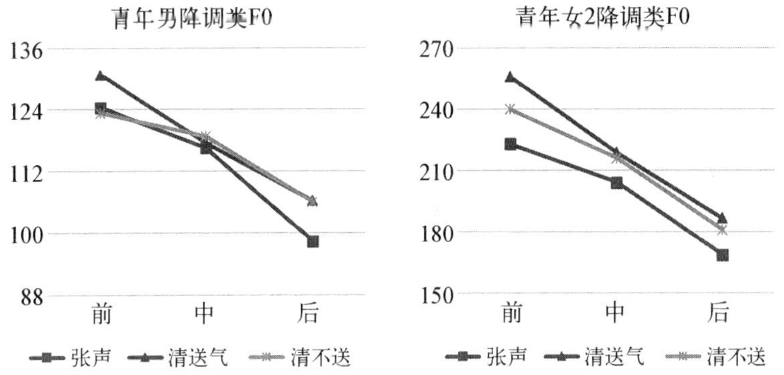

图 19　青年男(左)、青年女(右)降调类声母基频折线图(单位：Hz)

① 来源上海地方志办公室

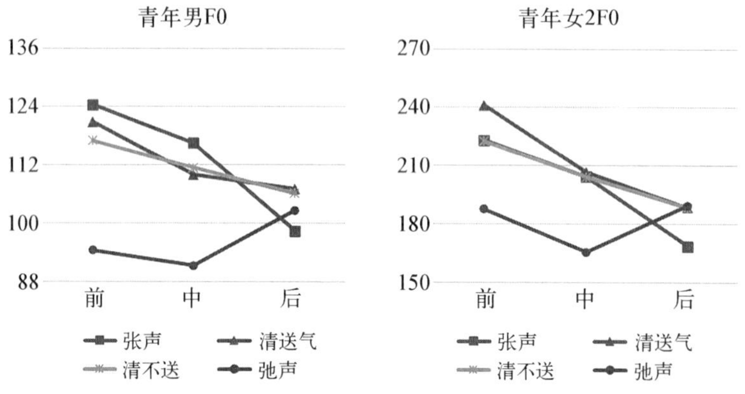

图 20　青年男(左)、青年女(右)声母基频折线图(单位：Hz)

比较两人相同调型(升调类、降调类)的张声、清声(清送/不送)、弛声声母元音进行分析,两人的基频曲线在前段(前-中)的变化趋势相较后段(中-后)较为平缓,后段的基频曲线与声调类型一致,前段为不同发声类型一致①,因此下文比较前段特征时不限定基频趋势。在基频上可以看出在前段(前-中)弛声处于最低位置。青年女 2 的样本中清送气的基频最高,张声与清声不送气的分界不大,且明显与弛声属于两个域。青年男样本的四类分界

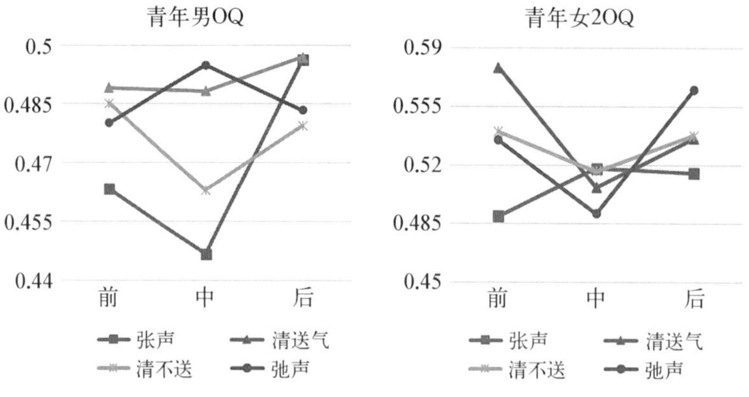

图 21　张声、清声(送气/不送气)、弛声开商折线图

① "声母会影响调头,从而影响调形。清声、张声声母会产生高起音,也就是一个下降的调头。气声、带声、嘎裂声声母会产生低起音,也就是上升的调头。"朱晓农,语言语音学和音法学：理论新框架.语言研究,2011(01)：79.

明显,张声处于最高位置,清声送气、不送气其次,弛声处于最低位置的低域。

从图中可知两人的开商 OQ 范围为 0.44—0.59 之间,男女差异较小。比较各种类型前段的开商 OQ 数值发现:

青年男的 OQ 值在音节的起始位置弛声与清送气、清不送气几乎相同,张声的 OQ 值最低,其后发展趋势较为分散,在音节的中部弛声最高,清送气次之,清不送气再次,张声最低。

青年女 2 的 OQ 值在起点处即为清送气最高,清不送气和弛声接近,张声处于最低位置,在中间部分趋于所有类接近。

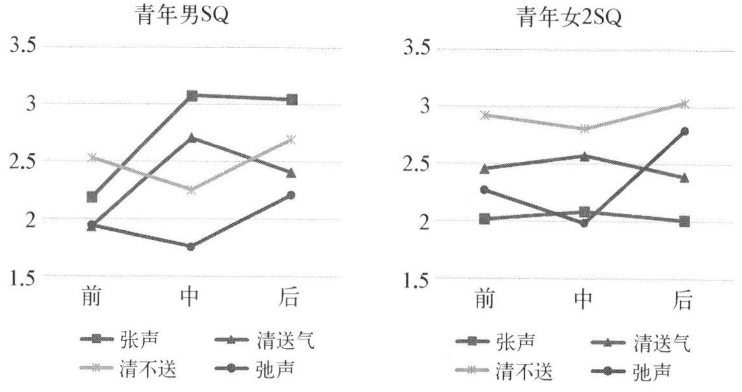

图 22　张声、清声(送气/不送气)、弛声速度商折线图

从图中可知两人的速度商 SQ 范围差异不大,两人的范围区间都为 0.5—3.5 之间。比较两人前段(前-中)的速度商 SQ 数值发现:

在音节的前端,两人的速度商值最高的都为清不送气,且清不送气的 SQ 值都与清送气的 SQ 值最接近。但两人的整个趋势较为不同,在开头位置,青年男张声的 SQ 值高于弛声的 SQ 值,而青年女 2 张声的 SQ 值低于弛声的 SQ 值。

3.2.3　嗓音特征小结

发声态指的是说话时声门(主要是声带)活动的各种状态。朱晓农先生在《语言语音学和音法学:理论新框架》(2011 年)一文中提出了语音学六类发声态十三种次发声态和分域四度的标调框架。

表 14　朱晓农发声活动总览

<table>
<tr><td>声域</td><td>听感</td><td>发声态</td><td>次发声态</td><td>例</td><td>超发声态</td><td></td><td>类发声态</td></tr>
<tr><td>高域</td><td>非洌嗓</td><td>I.假声</td><td>1. 假声</td><td>ά</td><td rowspan="3">时长</td><td>长</td><td>内爆音</td></tr>
<tr><td rowspan="2">高/低</td><td rowspan="2">洌嗓</td><td rowspan="2">II.张声</td><td>2. 前喉塞</td><td>ʔp</td><td>中</td><td>喷音</td></tr>
<tr><td>3. 喉塞尾</td><td>aʔ</td><td>短</td></tr>
<tr><td rowspan="3">中域</td><td rowspan="3">洌嗓</td><td rowspan="3">III.清声</td><td>4. 清送</td><td>pʰ</td><td rowspan="6">音高</td><td rowspan="2">重音
两度高低</td></tr>
<tr><td>5. 弱送</td><td>p’</td></tr>
<tr><td>6. 不送</td><td>p</td><td rowspan="2">高低调
三度高低</td></tr>
<tr><td rowspan="7">低/中

低域</td><td rowspan="3">非洌嗓</td><td rowspan="3">IV.僵声</td><td>7. 喉堵态</td><td>a̰</td></tr>
<tr><td>8. 嘎裂声</td><td>a</td><td rowspan="2">平仄调
至少三类升降</td></tr>
<tr><td>9. 弱僵</td><td></td></tr>
<tr><td>洌嗓</td><td>V.带声</td><td>10. 带声</td><td>b</td></tr>
<tr><td rowspan="3">非洌嗓</td><td rowspan="3">VI.气声</td><td>11. 浊送气</td><td>bʱa</td></tr>
<tr><td>12. 弛声</td><td>pa</td></tr>
<tr><td>13. 弱弛</td><td>pa̤</td></tr>
</table>

三个声域取决于发声态，假声定义高域、清声定义中域、低域由弛声定义，这三种定义声域的发声态与音高相关，假声音高最高，清声居中，弛声最低。张声的音高居于假声和清声之间，它一般不能独自定义一个声域，如果假声出现，张声会和假声共组一个高域。如果假声不出现，它只是清声的一个变体。音高主要与发韵腹元音时的声带纵向紧张度相关，在图 24 右侧小图中是从上往下紧张度逐渐降低，假声最高，清声居中，弛声最低。

上海市区方言作为吴语下属类方言，存在着张声、清声、带声、气声四类发声态，有着较为特色的前喉塞、喉塞尾、清送气、弛声四种次发声态。分域四度制下上海话所在的吴方言包括了中域和低域两域，共为五度。

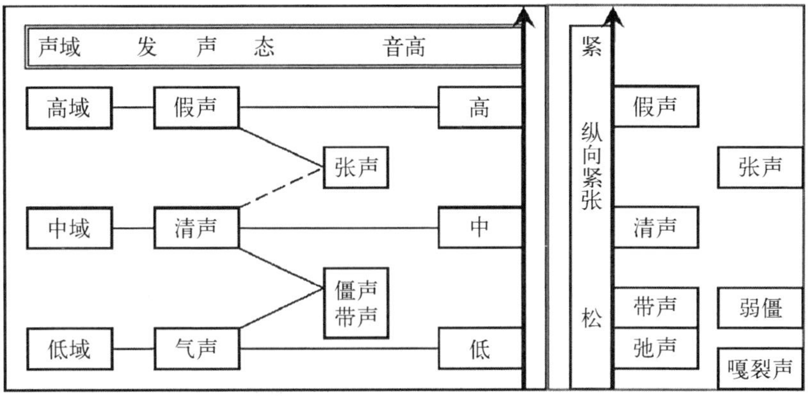

图 23　“高、中、低”三个声域、六类发声态以及音高的关系(左)与声域对应的发声态与声带纵向紧张的关系(右)

声　域	声　母	发声态	次声态	标　音	转　写
中　域	清不送	Ⅱ. 张声	2. 前喉塞	ʔp	p
		Ⅲ. 清声	4. 不送	p	
	清　送	Ⅲ. 清声	6. 清送	p^h	p^h
低　域	清音浊流	Ⅵ. 气声	12. 弛声	pa	b
		Ⅴ. 带声	10. 带声	b	

图 24　朱晓农吴语声母中的三分发声态

根据本文对于开商、速度商、基频的分析,可以得出:

上海话作为声调语言基频与速度商存在较强的负相关关系,基频上升时速度商呈下降趋势,基频下降时速度商呈上升趋势。基频和开商的关系较为多样,没有特别明显的趋势体现。

入声带喉塞尾相比常态声的基频明显较高,开商值较小,速度商较小,这是因为发带喉塞音[-ʔ]元音时,后下部靠近声门的部位紧缩,声门关闭或打开度较小,声带处于紧张状态。

前喉塞张声、清声清送气、清声不送气、弛声四类相比,基频值:弛声<清声清送气<清声不送气<前喉塞张声，其中弛声基频最低，位于低域，清声不送气和清声清送气属于中域，前喉塞张声稍高于清声。开商值：清声不送气<前喉塞张声<弛声<清声清送气。速度商值：清送气<弛声<前喉塞张声<清声不送气。处于音节开头的喉塞音因为协同发声的影响会引起发后接元音时，声带也处于紧张状态，声门处于关闭状态或打开度较小，张声与清不送气两类较为接近，两者除了在基频上差异较大外，在开商、速度商的差异较小。弛声即所谓的清音浊流是清辅音后有一段浊流，与清送气的开商接近，有明显的气流通过，表现为声门打开，声带松弛。

4 总　结

本文从声调、嗓音特征两个角度对上海市区方言进行了实验研究，得出上海市区方言中派和新派都有五类单字调，调值分别为阴平 52，阴去 323（34），阳去 13（213），阳入 23，阴入 54。市区老派的调类有六类，分别为阴平 52，阴上 44，阴去 322，阳去 13，阴入 43，阳入 23。入声调的时长明显短于其他类型的声调，老派的时长短促明显，新派上海话的阳入调时长有延长的趋势。不同嗓音的特征区别明显，弛声位于低域，张声和清声属于中域。入声带喉塞尾相比常态声的基频明显较高，开商值与速度商较小，声门关闭或打开度较小，声带处于紧张状态。张声声带处于紧张状态，声门关闭或打开度较小。弛声的开商与清送气接近，有明显气流通过，表现为声门打开声带松弛。

5 进一步讨论和思考

1. 老年男性样本声调中的高平调与江苏部分方言的调型类似，可能是受到上海市区人口来源多样性的影响，对研究社会语言学的方言接触影响研究有一定的参考性。

表 15　老年男性样本中来源中古阴平的高平调

	44	平 2	201.3	190.5	181.5	176.4	174.5	174.0	175.1	178.7	185.9	199.3	211.0	78
平	清	鞭	182.9	171.2	164.1	159.0	161.7	165.1	167.4	170.5	178.9	192.2	199.6	247
平	次清	篇	185.1	174.2	161.4	150.1	150.9	153.0	155.9	160.2	166.0	173.9	175.6	79
平	清	鸡	220.4	210.9	204.9	201.3	197.8	194.9	192.0	188.9	186.5	189.8	200.5	22
平	次清	签	188.7	181.7	177.2	175.3	174.1	172.6	173.0	175.6	180.2	186.9	195.4	143
平	清	西	197.2	190.2	185.1	182.2	180.2	178.5	178.0	178.1	179.4	186.7	196.5	139
平	清	菠	217.5	207.2	199.4	195.4	190.2	188.8	193.2	198.0	206.6	226.7	255.8	172
平	清	坡	190.0	184.2	178.8	174.7	172.3	172.5	174.7	183.3	201.1	229.2	250.0	46
平	清	多	216.6	201.8	191.5	187.6	186.7	187.6	188.7	191.9	196.2	203.3	176.4	54
平	清	拖	196.4	189.5	182.8	176.9	170.0	166.7	169.4	179.7	197.6	225.3	256.0	81
		乒	214.7	195.3	176.0	166.6	167.2	169.3	173.3	176.8	181.3	191.8	203.8	07
上		棵	218.0	208.1	200.6	195.8	192.0	189.4	188.8	192.0	200.8	221.8	255.9	40
平	清	厅	193.4	181.1	167.3	162.3	161.1	161.9	161.8	165.8	175.7	189.9	198.9	88
上	清	洒	195.2	181.4	170.6	165.7	164.0	161.4	160.9	162.9	166.9	173.6	179.1	99

2. 老年女性样本中的嘎裂声(数据说明中已有数据)在老年男性样本中也体现为折调,但没有产生嘎裂的现象,产生的原因是什么?

3. EGG 信号得出的数值下表中的例字在开头位置速度商 SQ 的值都特别突出,是什么引起的?

表 16　EGG 信号异常例字

青年男	中古音	音标	例字	今调类	SQ			F0		
全浊	止开三平之群	dʑi6	旗	阴去	**40.32**	0.68	0.09	92	91	95
青年女 2										

（续表）

青年男	中古音	音标	例字	今调类	SQ			F0		
次清	咸开三平盐清	tɕʰi1	签	阴平	**284.28**	0.47	0.38	251	210	181
全清	蟹开四平齐心	ɕi1	西	阴平	**40.60**	0.47	0.88	226	195	163
全清	宕开三入药精	tɕʱiɪʔ7	阴平	阴平	**31.12**	1.43	1.97	247	227	209

4. 韵尾部分如果是喉塞音即喉闭态即张声会提升调尾，造成整体升调或部分升调。上海话中入声带喉塞尾分为阳入和阴入，阳入调值一般为 12，是一个部分升调（本文记为 23），但是阴入调值大多记为 55 或 54（本文记为 54）调尾是下降趋势，是否是因为受到其他发声态的影响？

罗杰瑞 1988	42	345	234	55	23
许宝华等 1988	53/52	334/434	113/223	55/54	12/23
徐云扬 1988	51	34	14	44	13
平悦铃 2001	51	445	113	44	23
钱乃荣 2003	52	334	223	5	12
顾　钦 2004	53	34	13	5	12/23
朱晓农 2005	53/42	334	14/113	44/34/54	24/223

图 25　部分上海市区方言声调调值汇总

参考文献

[1] 游汝杰.上海地区方言调查研究[M].上海：复旦大学出版社，2013.
[2] 朱晓农.语音学[M].北京：商务印书馆，2013.

[3] 朱晓农.上海声调实验录[M].上海：上海教育出版社,2005.
[4] 孔江平.实验语音学基础教程[M].北京：北京大学出版社,2015.
[5] 任念麒.上海话发声类型和塞辅音的区别特征[M].上海：上海辞书出版社,2006.
[6] 上海市志：第四十卷 方言上海市地方志办公室,2008-8-21,10：23：41,http://www.shtong.gov.cn/Newsite/node2/node2247/node4601/index.html.
[7] 凌锋.新派上海话全浊擦音中的清声成分分析[J].中国语文,2017(06)：733-746+768.
[8] 陈忠敏. 解码上海方言[N]. 文汇报,2016-10-14(W02).
[9] 钱乃荣.论北部吴语从邪澄崇船禅母音变中的词汇扩散——答陈忠敏先生[J].方言,2016,38(03)：309-315.
[10] 王轶之,陈忠敏.吴语全浊塞音声母的感知研究——以上海话为例[J].语言研究,2016,36(02)：44-50.
[11] 陈忠敏.论160年前上海话声母[dz]/[z]变异——兼论北部吴语从邪澄崇船禅等母读音变异现象[J].方言,2015(04)：340-345.
[12] 马良,陈忠敏,魏建国.论清浊塞音的发音协调机制——以上海话为例[J].语言研究集刊,2015(01)：320-327+361.
[13] 邵丹丹.基于EGG的梅县、福州、长沙方言声调实验研究[D].南京：南京师范大学,2012.
[14] 宋益丹基于EGG的吴语阻塞音发声研究[D].南京：南京师范大学,2009.
[15] 王轶之.吴语塞音声母的声学和感知研究[D].杭州：浙江大学,2012.
[16] 徐越,朱晓农.喉塞尾入声是怎么舒化的——孝丰个案研究[J].中国语文,2011(03)：263-270+288.
[17] 朱晓农,语言语音学和音法学：理论新框架[J]. 语言研究,2011(01)：64-87.
[18] 陈忠敏.吴语清音浊流的声学特征及鉴定标志——以上海话为例[J].语言研究,2010,30(03)：20-34.
[19] 陈小莹等.基于EGG信号的安多藏语元音嗓音特征研究[J].西北民族大学学报(自然科学版),2010,31(01)：20-23+78.
[20] 朱晓农.发声态的语言学功能[J].语言研究,2009,29(03)：1-19.
[21] 朱晓农,徐越.弛化：探索吴江次清分调的原因[J].中国语文,2009(04)：324-332+383.
[22] 沈向荣,喉塞音的声学表现[J]. 语言研究,2010(03)：35-39.
[23] 陈忠敏.上海市区话舒声阳调类合并的原因[J].方言,2007(04)：305-310.
[24] 钱乃荣.上海话在北部吴语分区中的地位问题[J].方言,2006(03)：272-277.
[25] 游汝杰.上海话在吴语分区上的地位——兼论上海话的混合方言性质[J].方言,2006(01)：72-78.
[26] 钱乃荣.上海城市方言中心的形成[J].上海大学学报(社会科学版),1998(03)：28-35.
[27] 高云峰.150年来中古咸山摄舒声字在上海话中的语音变迁[J].语言研究,1996(02)：53-62.

[28] 朱晓农，夏剑钦.上海音系[J].国外语言学，1996(02)：29－37.
[29] 许宝华，汤珍珠，陈忠敏.上海地区方言的分片[J].方言，1993(01)：14－30.
[30] 钱乃荣.吴语声调系统的类型及其变迁[J].语言研究，1988(02)：63－80.
[31] 尤敦明.方言向普通话靠拢一例——谈上海话入声字的读音变化[J].上海师范大学学报(哲学社会科学版)，1988(03)：114－116.
[32] 沈同.新派上海话声调的底层形式[J].语言研究，1985(02)：85－101.
[33] 沈同.上海话老派新派的差别[J].方言，1981(04)：275－283.

图书在版编目(CIP)数据

光启人文论丛. 六 / 查清华主编. —上海：中西书局，2023.12
ISBN 978 - 7 - 5475 - 2216 - 5

Ⅰ.①光… Ⅱ.①查… Ⅲ.①中国文学—古典文学研究—文集 Ⅳ.①I206.2 - 53

中国国家版本馆 CIP 数据核字(2024)第 000357 号

GUANGQI RENWEN LUNCONG (LIU)

光启人文论丛(六)

主编 查清华 本卷主编 刘 辉

责任编辑 周美玲
装帧设计 梁业礼
责任印制 朱人杰

出版发行 上海世纪出版集团
中西书局(www.zxpress.com.cn)
地 址 上海市闵行区号景路 159 弄 B 座(邮政编码：201101)
印 刷 常熟市兴达印刷有限公司
开 本 720 毫米×1000 毫米 1/16
印 张 35.5
字 数 525 000
版 次 2023 年 12 月第 1 版 2023 年 12 月第 1 次印刷
书 号 ISBN 978 - 7 - 5475 - 2216 - 5/I · 248
定 价 148.00 元